FUNDAMENTOS DO DIREITO CIVIL

VOLUME 1

TEORIA GERAL DO DIREITO CIVIL

O GEN | Grupo Editorial Nacional – maior plataforma editorial brasileira no segmento científico, técnico e profissional – publica conteúdos nas áreas de concursos, ciências jurídicas, humanas, exatas, da saúde e sociais aplicadas, além de prover serviços direcionados à educação continuada.

As editoras que integram o GEN, das mais respeitadas no mercado editorial, construíram catálogos inigualáveis, com obras decisivas para a formação acadêmica e o aperfeiçoamento de várias gerações de profissionais e estudantes, tendo se tornado sinônimo de qualidade e seriedade.

A missão do GEN e dos núcleos de conteúdo que o compõem é prover a melhor informação científica e distribuí-la de maneira flexível e conveniente, a preços justos, gerando benefícios e servindo a autores, docentes, livreiros, funcionários, colaboradores e acionistas.

Nosso comportamento ético incondicional e nossa responsabilidade social e ambiental são reforçados pela natureza educacional de nossa atividade e dão sustentabilidade ao crescimento contínuo e à rentabilidade do grupo.

GUSTAVO **TEPEDINO**
MILENA DONATO **OLIVA**

FUNDAMENTOS DO DIREITO CIVIL

VOLUME

TEORIA GERAL DO DIREITO CIVIL

6ª edição revista, atualizada e ampliada

- Os autores deste livro e a editora empenharam seus melhores esforços para assegurar que as informações e os procedimentos apresentados no texto estejam em acordo com os padrões aceitos à época da publicação, e todos os dados foram atualizados pelos autores até a data de fechamento do livro. Entretanto, tendo em conta a evolução das ciências, as atualizações legislativas, as mudanças regulamentares governamentais e o constante fluxo de novas informações sobre os temas que constam do livro, recomendamos enfaticamente que os leitores consultem sempre outras fontes fidedignas, de modo a se certificarem de que as informações contidas no texto estão corretas e de que não houve alterações nas recomendações ou na legislação regulamentadora.

- Fechamento desta edição: *28.01.2025*

- Os autores e a editora se empenharam para citar adequadamente e dar o devido crédito a todos os detentores de direitos autorais de qualquer material utilizado neste livro, dispondo-se a possíveis acertos posteriores caso, inadvertida e involuntariamente, a identificação de algum deles tenha sido omitida.

- **Atendimento ao cliente:** (11) 5080-0751 | faleconosco@grupogen.com.br

- Direitos exclusivos para a língua portuguesa
  Copyright © 2025 by
  Editora Forense Ltda.
  Uma editora integrante do GEN | Grupo Editorial Nacional
  Travessa do Ouvidor, 11 – Térreo e 6º andar
  Rio de Janeiro – RJ – 20040-040
  www.grupogen.com.br

- Reservados todos os direitos. É proibida a duplicação ou reprodução deste volume, no todo ou em parte, em quaisquer formas ou por quaisquer meios (eletrônico, mecânico, gravação, fotocópia, distribuição pela Internet ou outros), sem permissão, por escrito, da Editora Forense Ltda.

- Capa: Aurélio Corrêa

- **CIP-BRASIL. CATALOGAÇÃO NA PUBLICAÇÃO**
  SINDICATO NACIONAL DOS EDITORES DE LIVROS, RJ

T292f
6. ed.

    Tepedino, Gustavo
        Fundamentos do direito civil : teoria geral do direito civil / Gustavo Tepedino, Milena Donato Oliva. - 6. ed., rev., atual. e reform. - Rio de Janeiro : Forense, 2025.
        448 p. ; 24 cm.   (Fundamentos do direito civil ; 1)

    Inclui bibliografia
    "Material suplementar"
    ISBN 978-85-3099-667-3

    1. Direito civil - Brasil. I. Oliva, Milena Donato. II. Título. III. Série.

25-96039   CDU: 347(81)

Meri Gleice Rodrigues de Souza - Bibliotecária - CRB-7/6439

SOBRE OS AUTORES

Gustavo Tepedino (Coordenador e Autor)

Professor Titular de Direito Civil e ex-diretor da Faculdade de Direito da Universidade do Estado do Rio de Janeiro (UERJ). Presidente do Instituto Brasileiro de Direito Civil (IBDCivil). Sócio fundador do escritório Gustavo Tepedino Advogados – GTA.

Milena Donato Oliva

Professora da Faculdade de Direito da Universidade do Estado do Rio de Janeiro – UERJ. Secretária-Geral do Instituto Brasileiro de Direito Civil – IBDCivil. Sócia fundadora do Escritório Gustavo Tepedino Advogados – GTA.

AGRADECIMENTOS E APRESENTAÇÃO À 6ª EDIÇÃO

Os autores agradecem à professora Danielle Tavares Peçanha e à pesquisadora Francisca Maria de Medeiros Marques, as quais, com pesquisas e trabalhos de revisão, generosamente contribuíram para a elaboração da 6ª edição desta obra.

Na edição atual, o leitor encontrará importantes atualizações legislativas, doutrinárias e jurisprudenciais, com especial destaque para novos desdobramentos relativos à penhorabilidade do bem de família, bem como para a possibilidade de a impenhorabilidade abranger imóveis formalmente registrados em nome de pessoas jurídicas. Importante atualização ocorreu no capítulo relativo à representação, assim como na análise da figura do consumidor por equiparação. A obra atualizada proporciona visão abrangente e atualizada dos temas nela tratados.

AGRADECIMENTOS

Os autores agradecem a todos os que, com pesquisas e trabalhos de revisão, generosamente contribuíram para a elaboração desta obra. Em especial, agradecem aos Professores Ana Luiza Maia Nevares, Andre Vasconcelos Roque, Danielle Tavares Peçanha, Eduardo Nunes de Souza, Filipe José Medon Affonso, Francisco de Assis Wagner Viégas, Henrique de Moraes Fleury da Rocha, Rachel Maçalam Saab Lima, Renan Soares Cortazio, Rodrigo da Guia Silva, Rose Melo Vencelau Meireles, Sofia Temer, Thamis Dalsenter Viveiros de Castro, Vitor de Azevedo Almeida Junior e Vivianne da Silveira Abílio, bem como aos acadêmicos de direito Bruna Vilanova Machado, Francisca Maria de Medeiros Marques e Victor Felipe de Oliveira Nascimento.

Os autores agradecem, ainda, muito especialmente, à Universidade do Estado do Rio de Janeiro – UERJ, nossa *Alma Mater*; e aos integrantes do escritório Gustavo Tepedino Advogados, com os quais compartilham diuturnamente os instigantes problemas que fazem do direito civil a mais fascinante das disciplinas jurídicas.

APRESENTAÇÃO GERAL DA OBRA

Diante de uma biblioteca jurídica repleta de manuais, cursos, compilações, esquemas didáticos impressos e eletrônicos, o leitor se perguntará qual a justificativa para mais uma obra sistematizadora como estes *Fundamentos do Direito Civil*.

Fruto de longos anos de pesquisa e de experiência didática de seus autores, os Fundamentos se contrapõem a dois vetores que ameaçam, constantemente, o mercado editorial. O primeiro deles é a repetição acrítica da dogmática tradicional, haurida dos postulados históricos do direito romano, com cosméticas adaptações, em suas sucessivas edições, à evolução legislativa. O segundo é a aderência casuística a soluções jurisprudenciais de ocasião, que aparentemente asseguram feição prática e abrangente aos manuais, sem aprofundar, contudo, a justificativa doutrinária dos problemas jurídicos e as formas adequadas de solucioná-los.

A coleção ora trazida a público, em sentido oposto, encontra-se inteiramente construída a partir do sistema instaurado pela Constituição da República de 1988, que redefiniu os modelos jurídicos com os princípios e valores que se incorporam às normas do Código Civil e à legislação infraconstitucional, estabelecendo, assim, novas bases dogmáticas que, unificadas pelo Texto Constitucional, alcançam coerência sistemática apta à compreensão dos problemas jurídicos e de seus alicerces doutrinários.

Para os estudantes e estudiosos do direito civil, pretende-se oferecer instrumento de conhecimento e de consulta a um só tempo didático e comprometido com o aprofundamento das teses jurisprudenciais mais atuais, voltado para a interpretação e aplicação do direito em sua contínua transformação.

No sentido de facilitar a leitura, as ideias-chave de cada capítulo encontram-se destacadas na margem das páginas. Ao iniciar cada capítulo, o leitor terá acesso a um *QR Code* que o conduzirá ao vídeo de apresentação do capítulo. Adicionalmente, também foram incluídos, ao final de cada capítulo, problemas práticos relacionados aos temas estudados, acompanhados por um *QR Code* para acesso a vídeos com comentários dos autores sobre alguns dos temas mais emblemáticos, bem como o acesso a material jurisprudencial e bibliográfico de apoio ao debate e aprofundamento teórico.

O leitor perceberá, certamente, que a metodologia do direito civil constitucional se constitui na mais genuína afirmação do direito civil, revitalizado em suas possibilidades aplicativas mediante a incorporação dos valores e normas da Constituição Federal à totalidade dos institutos e categorias, na formulação da legalidade constitucional.

VOLUMES DA COLEÇÃO
Coleção
Fundamentos do Direito Civil

Vol. 1 – Teoria Geral do Direito Civil
Autores: Gustavo Tepedino e Milena Donato Oliva

Vol. 2 – Obrigações
Autores: Gustavo Tepedino e Anderson Schreiber

Vol. 3 – Contratos
Autores: Gustavo Tepedino, Carlos Nelson Konder e Paula Greco Bandeira

Vol. 4 – Responsabilidade Civil
Autores: Gustavo Tepedino, Aline de Miranda Valverde Terra e Gisela Sampaio da Cruz Guedes

Vol. 5 – Direitos Reais
Autores: Gustavo Tepedino, Carlos Edison do Rêgo Monteiro Filho e Pablo Renteria

Vol. 6 – Direito de Família
Autores: Gustavo Tepedino e Ana Carolina Brochado Teixeira

Vol. 7 – Direito das Sucessões
Autores: Gustavo Tepedino, Ana Luiza Maia Nevares e Rose Melo Vencelau Meireles

APRESENTAÇÃO DO VOLUME 1 – TEORIA GERAL DO DIREITO CIVIL

A Teoria Geral do Direito Civil fixa os alicerces dogmáticos essenciais a todos os ramos do direito, compreendendo temas de relevância geral, tais como interpretação, fontes do direito, ordenamento jurídico, pessoa, personalidade, bens, negócio jurídico, ato ilícito, prescrição, entre outros. Por isso, constitui-se provavelmente no mais árduo e complexo ramo do direito civil.

O presente volume busca agregar ao aprofundamento teórico linguagem didática, com o maior número possível de exemplos e análises de casos. Busca-se proporcionar ao leitor acesso às discussões mais atuais do direito, influenciadas pelas transformações sociais e tecnológicas, cada vez mais profundas e desafiadoras, e para as quais se faz necessária a construção de soluções jurídicas adequadas, a partir do rico instrumental existente e em consonância com a axiologia constitucional.

A metodologia do direito civil-constitucional, presente em cada página desta coletânea, propõe-se a revisitar e revitalizar o direito civil à luz das normas da Constituição da República, a partir das quais o instrumental jurídico deve ser permanentemente reconstruído para responder às mais diversas demandas da vida cotidiana, em reconhecimento de que a realidade normativa e a social se influenciam reciprocamente, não sendo possível apartar o estudo do direito da sociedade na qual se insere.

SUMÁRIO

Capítulo I – Introdução ao Direito Civil 1
1. Ordem social e ordem jurídica 1
2. Norma jurídica. Formas de composição de conflitos. Fins do Direito: justiça e segurança jurídica. Função repressiva e função promocional 3
3. Direito e moral: teorias introdutórias. A norma jurídica e sua singularidade 5
4. Introdução ao estudo do Direito Civil 8
   Problemas práticos 10

Capítulo II – Norma Jurídica e Ordenamento Jurídico. Fontes do Direito 11
1. Norma jurídica: atributos, estrutura e conteúdo 11
2. Classificação das normas jurídicas 15
3. Ordenamento jurídico: normas constitucionais e elementos do caso concreto na construção unitária do sistema 17
4. Fontes do direito 23
   Problemas práticos 27

Capítulo III – Pluralidade de Fontes Normativas, Código Civil e Constituição 29
1. Codificação e os Códigos Civis brasileiros. O processo legislativo do Código Civil de 2002. *Summa divisio* entre direito público e privado 29
2. Legislação setorial e os chamados microssistemas 37
3. Interpretação do Código de Defesa do Consumidor à luz da Constituição: a relevância da noção de vulnerabilidade. Conceito de consumidor 44
4. Crise de fontes normativas e o papel da Constituição. O Direito civil-constitucional 50
   Problemas práticos 52

Capítulo IV – Interpretação do Direito 53
1. Noção introdutória. A atividade interpretativa na complexidade do ordenamento. Espécies de interpretação 53

2. Métodos de interpretação, unidade do ordenamento e a integração do sistema jurídico 55
3. Técnicas de integração do ordenamento. Lacunas do Direito 61
4. Analogia 62
5. Costume 64
6. Princípios gerais do direito 67
7. Equidade 68
8. Interpretação e aplicação do direito: superação da subsunção, ponderação e colisão de direitos 68
9. A técnica da razoabilidade 73
📝 Problemas práticos 77

Capítulo V – Vigência da Lei no Tempo e no Espaço 79

1. Pluralidade de leis e segurança jurídica. Vigência da lei e *vacatio legis*. Ab-rogação e derrogação. Revogação e repristinação 79
2. Conflitos de leis no tempo. Ato jurídico perfeito, direito adquirido, expectativa de direito e expectativa de fato. Retroatividade das leis 83
3. Conflitos de leis no espaço 90
📝 Problemas práticos 94

Capítulo VI – Relação Jurídica 95

1. Relações jurídicas como conexão entre situações jurídicas subjetivas 95
2. Direito subjetivo. Classificação dos direitos subjetivos 97
3. Outras situações jurídicas subjetivas: direito potestativo; poder jurídico; faculdades 99
4. Nascimento, modificação e extinção de situações jurídicas subjetivas 100
📝 Problemas práticos 103

Capítulo VII – Personalidade e Capacidade 105

1. Personalidade, subjetividade, capacidade, legitimação 105
2. Incapacidade absoluta e relativa. Estatuto da Pessoa com Deficiência 107
3. Emancipação 110
4. Início e fim da personalidade 112
5. Ausência. Sucessão provisória e definitiva 115
6. Pessoa jurídica. Natureza. Classificação. Extinção 117
7. Eficácia dos direitos fundamentais nas associações 124
8. Desconsideração da personalidade jurídica 125
9. Entes despersonalizados 133
10. Condomínio edilício e subjetividade 134
11. Personalidade e Inteligência Artificial 137
📝 Problemas práticos 140

Capítulo VIII – Direitos da Personalidade 141
1. Noções introdutórias 141
2. Fontes dos direitos da personalidade 143
3. Características dos direitos da personalidade 144
4. Crítica aos direitos da personalidade: correntes 146
5. Os direitos da personalidade no Código Civil. Pessoas transgênero. Autodeterminação do paciente. Nome e pseudônimo. Direito à identidade pessoal. Direito ao esquecimento. Imagem e honra 150
6. Liberdade de expressão e as biografias não autorizadas 160
7. Proteção de dados pessoais 164
8. Tutela da personalidade após a morte 168
9. Herança digital 169
10. Tutela da personalidade e pessoa jurídica 171
    Problemas práticos 172

Capítulo IX – Domicílio 173
1. Noção de domicílio 173
2. Pluralidade, falta e mudança de domicílio 174
3. Domicílio necessário 175
4. Domicílio das pessoas jurídicas 177
5. Domicílio geral e domicílio especial 177
    Problemas práticos 178

Capítulo X – Teoria dos Bens Jurídicos 179
1. Objeto de direito, coisa e bem jurídico. Perspectiva funcional na análise dos bens jurídicos 179
2. O livro eletrônico e o perfil funcional dos bens jurídicos 181
3. Classificação dos bens: novos bens e sua dinâmica funcional. Itinerário histórico: *res nullius*; *res derelicta*; *res mancipi* e *res nec mancipi* 184
4. Bens corpóreos e incorpóreos 186
5. Critérios de classificação do Código Civil 188
6. Bens imóveis e móveis 188
7. Bens fungíveis e infungíveis 192
8. Bens consumíveis e não consumíveis 193
9. Bens duráveis e não duráveis 194
10. Bens divisíveis e indivisíveis 195
11. Bens simples ou compostos; bens singulares e bens coletivos; universalidades 196
12. Segue: universalidade de fato e de direito 197
13. Bens principais e acessórios 198
14. Pertenças 199
15. Frutos e suas espécies. Produtos 201

16. Benfeitorias 202
17. Bens públicos e privados 203
18. Bem de família 206
19. Patrimônio 214
20. Patrimônio de afetação 217
21. Fundo de investimento imobiliário 220
22. Securitização de créditos imobiliários 222
23. Incorporação imobiliária 223
24. O sistema de pagamento brasileiro 224
25. Depósito centralizado de ativos financeiros e valores mobiliários 225
26. O sistema de consórcio 226
27. Relações jurídicas entre patrimônios. Ausência de confusão. Possibilidade de compensação 227
28. Patrimônio de afetação e patrimônio mínimo 229
29. Taxatividade dos patrimônios de afetação 231
📝 Problemas práticos 232

Capítulo XI – Fato, Ato, Atividade e Negócio Jurídico 233

1. Autonomia privada e perspectiva funcional da atividade jurídica (fatos, atos e negócios) 233
2. Fato social e fato jurídico: superação da distinção 236
3. Classificação dos fatos jurídicos: fato, ato e negócio jurídico – os chamados atos-fatos 238
4. A noção de negócio jurídico 239
5. Ato jurídico *stricto sensu*, ato-fato e negócio jurídico em perspectiva funcional 242
6. Negócio jurídico no Código Civil e seus três planos de análise: elementos de existência, requisitos de validade, fatores de eficácia 245
7. Forma e prova do negócio jurídico 248
8. Classificação dos negócios jurídicos 258
9. Negócio fiduciário e negócio indireto 260
10. O papel da boa-fé objetiva na interpretação do negócio jurídico 263
11. Negócio fiduciário e *trust* 265
12. *Trust* e planejamento patrimonial: o exemplo das cláusulas de incomunicabilidade, impenhorabilidade e inalienabilidade 267
13. Atividade contratual sem negócio jurídico 270
📝 Problemas práticos 275

Capítulo XII – Representação 277

1. Autonomia da representação voluntária no Código Civil de 2002 277
2. Elementos essenciais do mandato e da representação 278

3.	Disciplina da representação voluntária...	280
	3.1. Procuração é o instrumento da representação, não do mandato	280
	3.2. Abstração da outorga de poderes: autonomia da representação em relação ao negócio subjacente..	281
	3.3. O princípio da atração da forma aplica-se à representação, não ao mandato...	283
	3.4. Substabelecimento	284
	3.5. Procuração (não mandato) em termos gerais ou especiais	286
	3.6. Procuração (não mandato) em causa própria..	287
	3.7. Irrevogabilidade da outorga de poderes quando associada a outros contratos	288
	3.8. Renúncia dos poderes pelo representante	289
	3.9. Ratificação e teoria da aparência..	289
	3.10. Autocontrato ou contrato consigo mesmo	291
	Problemas práticos..	293

Capítulo XIII – Modalidades do Negócio Jurídico: Condição, Termo e Encargo.. 295

1.	Elementos acidentais do negócio jurídico..	295
2.	Condição: conceito, características e classificações. Cláusula resolutória. Efeitos..	296
3.	Termo inicial e termo final. Contagem dos prazos	306
4.	Encargo	309
	Problemas práticos..	310

Capítulo XIV – Erro, Dolo e Coação 311

1.	Defeitos do negócio jurídico	311
2.	Erro. Espécies. Requisitos	312
3.	Dolo	317
4.	Coação...	319
	Problemas práticos..	321

Capítulo XV – Estado de Perigo, Lesão e Fraude Contra Credores............. 323

1.	Estado de perigo	323
2.	Lesão..	325
3.	Fraude contra credores. Fraude à execução	329
	Problemas práticos..	335

Capítulo XVI – Invalidade do Negócio Jurídico 337

1.	Introdução: planos de análise do negócio jurídico e merecimento de tutela ..	337
2.	Nulidade e anulabilidade: aspectos gerais	339
	2.1. Hipóteses de nulidade	340
	2.2. Hipóteses de anulabilidade	342
	2.3. Distinção entre nulidade e anulabilidade	344

3. Simulação. Hipóteses de simulação 348
4. Negócio fiduciário e negócio indireto 351
5. Princípio da Conservação. Redução e conversão do negócio jurídico 352
📝 Problemas práticos 354

Capítulo XVII – Ato Ilícito e Abuso do Direito 355
1. Ato ilícito: definição, generalidades e requisitos 355
   1.1. Contrariedade ao direito 356
   1.2. Culpa ou dolo 356
   1.3. Dano 359
   1.4. Nexo de causalidade: teorias e jurisprudência 365
2. Excludentes de ilicitude 369
3. Abuso do direito 371
📝 Problemas práticos 373

Capítulo XVIII – Prescrição e Decadência 375
1. Noções introdutórias: prescrição e decadência 375
2. Prescrição extintiva e prescrição aquisitiva (*rectius*, usucapião) 376
3. Objeto da prescrição 377
4. Termo inicial da prescrição 379
5. Imprescritibilidade de determinadas pretensões. *Suppressio* 381
6. Causas impeditivas e suspensivas da prescrição 382
7. Causas interruptivas da prescrição 386
8. Prazos prescricionais no Código Civil 388
9. Decadência 392
📝 Problemas práticos 394

Referências Bibliográficas 395

Capítulo I
INTRODUÇÃO AO DIREITO CIVIL

Sumário: 1. Ordem social e ordem jurídica – 2. Norma jurídica. Formas de composição de conflitos. Fins do Direito: justiça e segurança jurídica. Função repressiva e função promocional – 3. Direito e moral: teorias introdutórias. A norma jurídica e sua singularidade – 4. Introdução ao estudo do Direito Civil – Problemas práticos.

1. ORDEM SOCIAL E ORDEM JURÍDICA

A espécie humana mostra-se essencialmente gregária.[1] O ser humano não consegue viver isolado. A saga de Daniel Defoe, *Robinson Crusoe*, escrita em 1719, bem o demonstra, sublinhando a luta do homem contra a solidão que o degenera, por mais de 25 anos, na ilha deserta, até o encontro com o nativo Sexta-Feira. A prescindir das numerosas leituras filosóficas que o tema suscita, pode-se afirmar que o impulso de viver em sociedade caracteriza o homem, como se do reconhecimento da alteridade derivasse a própria existência humana. Nessa direção, afirma-se que "a complexidade da vida social faz com que a relevância e o significado da existência só se possam individuar como existência no social, ou seja, como 'coexistência': existir é coexistir".[2] Do ponto de vista da ética, afirma-se que o comportamento individual é determinado pela convivência em sociedade: "é o outro, é seu olhar, que nos define e nos forma.

<small>Coexistência</small>

---

[1] Pense-se no aforismo em que Aristóteles afirmava: "o homem é por natureza um animal social, e um homem que por natureza, e não por mero acidente, não fizesse parte de cidade alguma, seria desprezível ou estaria acima da Humanidade" (*Política*, Brasília: UnB, 1985, 1253a).

[2] Pietro Perlingieri, *O direito civil na legalidade constitucional*, Rio de Janeiro: Renovar, 2008, 1ª ed., p. 170.

Nós (assim como não conseguimos viver sem comer ou sem dormir) não conseguimos compreender quem somos sem o olhar e a resposta do outro".[3]

Regulação da vida em sociedade

Na vida associativa, por mais primitiva que se possa cogitar, torna-se indispensável a criação de regras de convivência, de tal modo que a liberdade de um não se torne obstáculo para o exercício da liberdade dos demais. Não fosse a existência de regras a disciplinar os interesses sobrepostos dos indivíduos, a sociedade não sobreviveria. Instalar-se-ia o caos.[4] Não se vislumbra, por outro lado, a existência de grupo social, do mais amplo ao mais restrito, em cujo âmbito não se verifiquem, diuturnamente, conflitos de interesses, de tal modo que a satisfação de um dos membros do grupo pressupõe, de ordinário, a invasão da esfera de interesses de outros.[5] A composição desses conflitos se revela, assim, tarefa primordial para a sociedade, vez que o destino de cada indivíduo na vida comunitária depende da admissão de restrições ou limites à atividade dos demais.[6]

Estímulo e contenção da liberdade individual

Nesse cenário, pode-se definir o direito como o conjunto de mecanismos voltados à adequação do comportamento humano à vida associativa, o que requer estímulo à liberdade de cada um e a imposição coercitiva de limites à atuação individual e egoísta.[7] A experiência jurídica mostra-se, assim, paradoxal, por promover e reprimir, a um só tempo, as liberdades individuais. De algum modo, o Direito deve dar conta de resolver o dilema entre propiciar Justiça – essencial à liberdade – e a segurança social – mediante limites previamente estabelecidos.[8]

A concepção que identifica na liberdade da conduta humana o produto final de uma ordem jurídica destinada a conter a própria liberdade tem gerado perplexidades, ao longo dos séculos, a filósofos e juristas.[9] Trata-se, de fato, de dúplice questão: a investigação da forma pela qual o Direito pode, a um só tempo, limitar e promover a liberdade deve ser logicamente precedida pela indagação quanto à existência de liberdades externas ao Direito, vale dizer, não abrangidas pela ordem jurídica.

Tradicionalmente, tem-se afirmado que o Direito apenas se interessa por certos fatos específicos da vida humana, sobre os quais faz incidir suas normas, atribuindo-lhes qualificações e efeitos particulares. Nessa perspectiva, amplo espectro de atividades ou fatos humanos seriam indiferentes ao mundo jurídico, alheios à regulamentação normativa, invulneráveis à atuação do direito.

---

[3] Umberto Eco, Carta a Carlo Maria Martini. In: Umberto Eco e Carlo Maria Martini, *Em que creem os que não creem?*, Rio de Janeiro: Editora Record, 1999, 1ª ed., p. 83.

[4] Francesco Ferrara, *Trattato di diritto civile italiano*, Roma: Athenaeum, 1921, p. 4.

[5] San Tiago Dantas, *Programa de direito civil*, vol. I, Rio de Janeiro: Forense, 2001, 3ª ed., p. 13.

[6] Pietro Perlingieri, *O direito civil na legalidade constitucional*, cit., p. 170.

[7] Caio Mário Pereira da Silva, *Instituições de direito civil*, vol. I, Rio de Janeiro: Forense, 2019, 32ª ed. rev. e atualizada por Maria Celina Bodin de Moraes (1ª ed., 1961), p. 3.

[8] Miguel Reale, *Filosofia do direito*. São Paulo: Saraiva, 1991, 14ª ed., p. 563; San Tiago Dantas, *Programa de direito civil*, vol. I, cit., p. 16.

[9] Hans Kelsen, *Teoria pura do direito*, São Paulo: WMF Martins Fontes, 2009, 8ª ed., pp. 109-110; Rousseau, *O contrato social*: princípios do direito político. São Paulo: Martins Fontes, 1999, p. 26.

Se o Direito, porém, encontra sua relevância justamente na função de garantir a vida humana em comunidade, torna-se difícil negar relevância a toda e qualquer atividade humana, como exercício da liberdade garantida pelo Direito. Assim, fatos banais como ir à praia, tomar o ônibus, enviar mensagens pela internet, ou qualquer outra ação humana, por mais ingênua que pareça, podem ser considerados expressão da liberdade garantida pela ordem jurídica – embora nem sempre tais atividades produzam efeitos jurídicos imediatos ou específicos.[10]

<small>Todos os fatos sociais são relevantes para o Direito</small>

A partir do sutil mecanismo de garantir liberdades por meio da limitação das liberdades, desponta o Direito como instrumento para regulamentar a vida em sociedade, cuja existência é assegurada por meio de normas que disciplinam o procedimento humano. Por isso mesmo, como sintetizado por Norberto Bobbio, *"a experiência jurídica é uma experiência normativa"*.[11]

2. NORMA JURÍDICA. FORMAS DE COMPOSIÇÃO DE CONFLITOS. FINS DO DIREITO: JUSTIÇA E SEGURANÇA JURÍDICA. FUNÇÃO REPRESSIVA E FUNÇÃO PROMOCIONAL

Na vida quotidiana, deparamo-nos com uma infinidade de normas de conduta. Nem todas as regras que condicionam a conduta humana representam, porém, normas jurídicas. Encontramo-nos diariamente em situações disciplinadas (por vezes de forma concorrente) por regras religiosas, morais, jurídicas, sociais, culturais, costumeiras, dentre muitas outras. Afirma-se, mesmo, que estamos envoltos em *un mondo di norme*,[12] a significar que estas são tantas e tão diversas, que nossa conduta resulta, necessariamente, do produto, não raro inconsciente, de modelos de comportamento ditados por normas das mais variadas naturezas e hierarquias. A norma jurídica constitui, assim, apenas uma das modalidades de normas éticas, vale dizer, normas que expressam juízo de valor ao qual se liga uma sanção.[13] Tais sanções podem revestir as mais variadas formas. A depender da natureza da norma que as prescreve, podem representar a desaprovação social diante de determinada conduta, ou gerar, simplesmente, sentimento de culpa para o agente. Não é jurídica a consequência do descumprimento de regra de etiqueta, que em sua etimologia significa, singelamente, "ética menor".

<small>Normas de conduta e normas jurídicas</small>

A primeira tarefa do jurista reside em identificar as diferenças entre o conjunto de normas que regulam a sociedade e as normas propriamente jurídicas. O estudo do direito, dentro da perspectiva paradoxal acima anunciada, consubstancia-se na experiência de contenção dos instintos humanos. A função precípua de mediação e

---

[10] Pietro Perlingieri, *O direito civil na legalidade constitucional*, cit., p. 639: "Fato relevante não é somente aquele produtor de consequências jurídicas bem individualizadas, mas qualquer fato que, enquanto expressão positiva ou negativa (fato ilícito) de valores ou princípios presentes no ordenamento, tenha um significado próprio segundo o direito". A respeito, v. Capítulo 11, *infra*.
[11] Norberto Bobbio, *Teoria da norma jurídica*, Bauru: Edipro, 2001, p. 23.
[12] Norberto Bobbio, *Teoria da norma jurídica*, cit., p. 23.
[13] Miguel Reale, *Lições preliminares de direito*, 27 ed., São Paulo: Saraiva, 2002, p. 35.

solução de conflitos, porém, não se mostra suficiente como elemento diferenciador da norma jurídica em face de outras espécies de normas. Isso porque, como parece intuitivo, a composição de conflitos não encontra lugar apenas no âmbito jurídico.

Numerosos mecanismos na vida associativa destinam-se a pacificar a colisão de interesses contrapostos. Os inevitáveis conflitos sociais podem ser resolvidos, em primeiro lugar, unilateralmente. Não é de todo impensável que o próprio indivíduo abra mão de seu interesse por sua própria consciência (moral individual); esta, porém, justamente por variar de um indivíduo para outro, não constitui parâmetro seguro para a pacificação social.[14] Vislumbram-se, assim, mecanismos bilaterais de composição de interesses.

Composição voluntária

O mais vetusto meio de resolução de conflitos é provavelmente a composição voluntária. Trata-se do procedimento rudimentar a partir do qual as partes, elas próprias, solucionam a desavença, o que pode ocorrer de maneira harmoniosa, quando ao interesse cedido corresponde vantagem obtida; ou por conta de pressão exercida por quem detém maior poder econômico, político ou até religioso, no grupo social. A solução mostra-se imperfeita, já que, mesmo diante de aparente "acordo de cavalheiros", estimula o predomínio de poderes hegemônicos e a cristalização de injustiças, atribuindo-se à consciência humana o papel de julgar seu próprio comportamento. O mecanismo, por outro lado, estimula a chamada "justiça pelas próprias mãos", ou a prática de vingança privada, reprovada na maior parte das sociedades.[15]

Justiça Salomônica

Outro método de solução de conflitos, especialmente comum nas comunidades primitivas, era a atribuição de poderes a uma terceira pessoa para decidir o caso concreto. As partes atribuíam a terceiro alheio à controvérsia o poder de decidir a questão. Os critérios para essa investidura podiam ser os mais variados, e não se encontrava o árbitro vinculado à regra de comportamento previamente estabelecida. O líder político ou religioso, por exemplo, instado a dar a palavra final sobre a controvérsia, decidia como lhe parecesse justo, de acordo com as circunstâncias específicas que se lhe apresentassem. Eram a sua respeitabilidade e o reconhecimento social de seu senso de justiça que asseguravam credibilidade à decisão. Costuma-se referir a tal forma de solução de conflitos como justiça salomônica, em referência ao Rei dos Hebreus, que, chamado a decidir sobre qual dentre duas mulheres era a verdadeira mãe de certa criança, determinou o corte desta em duas partes iguais para que pudesse ser dividida entre aquelas, identificando, a partir da renúncia que uma das mulheres veio a fazer em prol da vida do filho, a evidência da maternidade.

---

[14] San Tiago Dantas, *Programa de direito civil*, vol. I, cit., p. 14.

[15] Norberto Bobbio, *Teoria da norma jurídica*, cit., p. 162. Na experiência brasileira, o exercício arbitrário das próprias razões é tipificado como crime pelo Código Penal Brasileiro, em seu art. 345, *verbis*: "Fazer justiça pelas próprias mãos, para satisfazer pretensão, embora legítima, salvo quando a lei o permite: Pena – detenção, de quinze dias a um mês, ou multa, além da pena correspondente à violência. Parágrafo único – Se não há emprego de violência, somente se procede mediante queixa".

Diante das imperfeições de tais formas de solução de conflitos, desenvolveram-se paulatinamente mecanismos de composição institucionalizada. Trata-se da solução obtida a partir do Direito; sua especificidade consiste em vincular a composição do conflito a um comando geral e abstrato, capaz de gerar uma universalidade de soluções para casos semelhantes.[16] Considera-se essa a forma mais evoluída de composição de conflitos conhecida pela experiência social, na medida em que oferece, com maior eficiência, o equilíbrio de interesses consubstanciado no ideal de justiça e a certeza necessária às relações humanas que se obtém pela segurança jurídica.

<small>Composição institucionalizada de conflitos</small>

No que diz respeito ao papel das normas jurídicas em face dos conflitos de interesses, torna-se possível identificar duas funções distintas: evitar conflitos (*função preventiva*) e compor conflitos já instaurados (*função repressiva*).[17] A essas duas funções clássicas da norma jurídica vem a doutrina contemporânea acrescentar uma terceira, dita *função promocional*, na medida em que o Direito tem caminhado em direção ao encorajamento de condutas valoradas positivamente, de maneira complementar à técnica de punição e prevenção de condutas socialmente indesejáveis.[18]

<small>Funções das normas jurídicas</small>

3. DIREITO E MORAL: TEORIAS INTRODUTÓRIAS. A NORMA JURÍDICA E SUA SINGULARIDADE

Delineados os elementos característicos da norma jurídica, cabe diferenciá-la de outra ordem normativa, também de natureza ética e, portanto, também baseada na atribuição de sanção às condutas humanas a partir de certo juízo de valor (positivo ou negativo): a ordem moral. Trata-se, com efeito, do segundo grupo de normas que, ao lado das normas jurídicas, regulam o comportamento humano. Em apertada síntese, a moral atua na consciência do homem, como definidora interna de sua conduta. As normas dessa ordem são subjetivas e unilaterais, isto é, atuam internamente no espírito humano sem contrapô-lo a qualquer elemento externo.

<small>Normas morais</small>

Diferentemente das normas morais, as normas jurídicas não atuam necessariamente na consciência dos homens, mas incidem de maneira exógena na sua conduta,

<small>Normas jurídicas</small>

---

[16] San Tiago Dantas, *Programa de direito civil*, vol. I, cit., p. 15: "O que caracteriza então o comando jurídico como norma de composição dos interesses em conflito é a sua universalidade. Universalidade quer dizer a sua adaptação não apenas ao caso concreto do conflito que nós temos em exame, mas a todos os outros conflitos que venham a se formar e que possam se enquadrar dentro dele".

[17] Norberto Bobbio, A função promocional do direito. In: Norberto Bobbio, *Da estrutura à função*: novos estudos de teoria do direito, Barueri: Manole, 2008, p. 2.

[18] Norberto Bobbio, *A função* promocional do direito, cit., *passim* e, especificamente, pp. 17-18: "Já há algum tempo, os juristas têm ressaltado que uma das características mais evidentes do sistema jurídico de um Estado assistencial é o aumento das chamadas leis de incentivo ou leis-incentivo. O elemento novo das leis de incentivo, aquele que permite o agrupamento dessas leis em uma única categoria, é exatamente o fato de que elas, diferentemente da maioria das normas de um ordenamento jurídico, denominadas sancionatórias (com referência ao fato de que preveem ou cominam uma sanção negativa), empregam a técnica do encorajamento, a qual consiste em promover os comportamentos desejados, em vez da técnica do desencorajamento, que consiste em reprimir os comportamentos não desejados".

mediante imposição de comportamento independentemente da concordância ou da iniciativa espontânea de cada indivíduo. Nessa perspectiva, o Direito constitui-se no conjunto de normas dotado de coercitividade.

Distinção entre direito e moral

Muito se escreveu, na filosofia do Direito, relativamente à distinção entre Direito e Moral. A primeira distinção de grande relevo observada entre as duas esferas normativas atribui-se a Thomasius, que identificou no Direito (*iustum*) o imperativo atinente ao *forum externum* do indivíduo e às ações intersubjetivas, ao passo que as regras morais ou pertenceriam ao foro íntimo (*honestum*) ou seriam relações sem reciprocidade entre os agentes (*decorum*).[19] Dentre as muitas teorias subsequentes que buscaram relacionar as duas esferas, destacaram-se:

Teoria dos círculos concêntricos

(i) Teoria dos círculos concêntricos (Jeremy Bentham), segundo a qual a ordem jurídica estaria incluída totalmente no campo da Moral, esta representada por um campo de maior diâmetro. Projetam-se, didaticamente, dois círculos concêntricos, considerando-se que o maior representa a Moral e o menor, o Direito. Assim, a esfera moral seria mais ampla do que a esfera jurídica, e esta seria integralmente com-

Teoria do mínimo ético

preendida na primeira. (ii) Teoria do mínimo ético (Georg Jellinek), segundo a qual o Direito representa apenas o mínimo de Moral obrigatório para que a sociedade possa sobreviver.[20] Trata-se, portanto, de teoria que se coaduna com aquela dos cír-

Teoria dos círculos secantes

culos concêntricos, supramencionada. (iii) Teoria dos círculos secantes (Claude du Pasquier), segundo a qual Direito e Moral coexistem, não se separam, pois há um campo de competência comum onde há regras com qualidade jurídica e caráter moral. A norma de trânsito que obriga que os veículos trafeguem pela via da direita não teria qualquer conteúdo moral.[21] Em contrapartida, há normas morais que não são dotadas de juridicidade, como o dever moral de suprir as necessidades vitais de subsistência de alguém que tenha ajudado outrem por toda a vida, mas não se inclui no rol das pessoas que têm direito a receber alimentos.

Filosofia kantiana

De importância fundamental para o pensamento ocidental atinente ao debate entre Moral e Direito situa-se o pensamento kantiano. Para Emmanuel Kant a Moral e o Direito poderiam ser representados graficamente como círculos tangentes (traduzindo, respectivamente, normas autônomas e heterônomas). Nessa perspectiva, a diferença fundamental entre as duas esferas normativas estaria, retomando-se a lição de Thomasius, no fato de que as normas morais pertenceriam ao foro interno do agente, ao passo que a regra jurídica impor-se-ia externamente sobre o indivíduo.[22]

---

[19] Norberto Bobbio, *O positivismo jurídico*, São Paulo: Ícone, 1995, p. 150. Ainda no sentido de destacar a nota de exterioridade do Direito em oposição à interioridade típica da ordem moral, v. os comentários de Armando Carlini à obra de Giovanni Gentile, "Diritto". In: *Nuovo Digesto Italiano*, vol. IV, Torino: Tipografia Sociale Torinese, 1938, p. 885.

[20] Fernando de Los Ríos, *Obras completas*, vol. V, Madrid: Fundación Caja de Madrid, 1997, p. 514.

[21] Miguel Reale, *Lições preliminares de direito*, cit., p. 42.

[22] Norberto Bobbio, *Direito e Estado no pensamento de Immanuel Kant*, São Paulo: Mandarim, 2000, 1ª ed., p. 95.

Do pensamento kantiano extraem-se os principais corolários decorrentes dessa diferenciação entre Direito e Moral, que ainda hoje influenciam toda a cultura ocidental:

<small>Critérios distintivos entre Direito e Moral</small>

a) A Moral caracteriza-se por seu caráter *autônomo*, ao passo que o Direito é ontologicamente *heterônomo*.[23] Trata-se de consequência direta da exterioridade do Direito (objetividade do Direito contra a subjetividade moral).[24]

<small>Autonomia e heteronomia</small>

b) Os comandos morais são, por sua natureza, *unilaterais*; o Direito, por sua vez, determina comandos *bilaterais*, vale dizer, cria deveres ou modelos de comportamento heterônomos para cada indivíduo em face dos demais. Fala-se, por isso, em "bilateralidade atributiva" para caracterizar esse aspecto necessariamente intersubjetivo do direito.[25] A vida em sociedade acarreta, de fato, uma série de interferências recíprocas no agir cotidiano. A nota de bilateralidade atributiva do direito exsurge, nesse cenário, como atributo apto a fazer com que a medida da liberdade de cada pessoa em face das demais seja dada por comando exterior e objetivo que sirva, a um só tempo, à contenção e à garantia do agir humano.

<small>Unilateralidade e bilateralidade</small>

Todo sistema normativo conhece a possibilidade de violação. Nas ciências físico-matemáticas, a violação da norma acarreta o seu desaparecimento, ameaçando a legitimidade do sistema nela fundado. Efeito diverso ocorre nos sistemas éticos, cujo sistema admite violação, graças à existência da sanção que assegura a sua restauração. Na ordem moral a ação não é coercitivamente imposta. A sanção pela violação existe – seja internamente (e.g., a angústia, a culpa, o arrependimento), seja externamente em relação ao sujeito (e.g., exclusão de círculos sociais) –, mas por certo sem a coercitividade característica da norma jurídica.[26] Para o Direito, com efeito, a *coercitividade* (possibilidade de imposição de sanção diante de violação) é essencial para a manutenção do próprio sistema de composição de conflitos. Tal percepção torna possível, por um lado, associar a gênese da norma jurídica à previsão de sanção externa para o caso de inobservância,[27] e, por outro lado, identificar precisamente na coercitividade o mais sólido critério distintivo da norma jurídica em face da moral.[28] Esse caráter coercitivo tem levado muitos autores a reduzir o Direito à mera força, o

<small>Coercitividade</small>

---

[23] Norberto Bobbio, *Direito e Estado no pensamento de Immanuel Kant*, cit., p. 103.
[24] Miguel Reale, *Lições preliminares de direito*, cit., p. 49.
[25] Giorgio Del Vecchio, *Lezioni di filosofia del diritto*, Milano: Giuffrè, 1963, p. 79.
[26] Cf. Vicente Ráo, *O direito e a vida dos direitos*, São Paulo: Editora Revista dos Tribunais, 2013, 7ª ed. rev. e atualizada. por Ovídio Rocha Barros Sandoval (1ª ed. 1960), p. 89; Luiz da Cunha Gonçalves, *Tratado de direito civil*, vol. I, t. I, São Paulo: Max Limonad, 1955, 2ª ed. atualizada e aumentada por Orozimbo Nonato, Costa Manso e Laudo de Camargo (1ª ed. 1929), p. 29; Hermes Lima, *Introdução à Ciência do Direito*, Rio de Janeiro: Freitas Bastos, 1996, 31ª ed. rev. e atualizada. (1ª ed. 1933), pp. 114-115; San Tiago Dantas, *Programa de direito civil*, vol. I, cit., pp. 18-19; Hans Kelsen, *Teoria pura do direito*, cit., pp. 29-30.
[27] Norberto Bobbio, *Teoria da norma jurídica*, cit., p. 160: "(...) 'normas jurídicas' são aquelas cuja execução é garantida por uma sanção externa e institucionalizada".
[28] Norberto Bobbio, "Diritto". In: *Novissimo digesto italiano*, vol. V, Torino: UTET, 1960, p. 774: "as regras jurídicas não se distinguem mais pela forma, conteúdo, fim ou sujeito, mas pelo caráter da sanção: (...) são as únicas a serem sancionadas mediante o aparato da coação".

que suscita diversas críticas.[29] Com efeito, afigura-se mais preciso afirmar que o Direito não é a própria força, mas o mecanismo de organização da sociedade baseado no controle da força.[30]

Nesse ponto, há que se mencionar a crítica promovida pelas teorias institucionalistas, segundo a qual a norma jurídica acarretaria simplesmente uma sanção externa e institucionalizada, não necessariamente do Estado. A ideia de estatalidade provém da noção de Estado moderno, onde o Estado é detentor do monopólio da força coercitiva. Em exemplo clássico de Santi Romano, faz-se remissão a uma associação de delinquentes, no âmbito da qual as normas, muito embora não fossem emanadas do Estado, teriam estrutura jurídica. Em resposta à crítica, Bobbio adverte que, sem a nota da estatalidade, a norma não pode ser considerada jurídica (uma vez que a juridicidade decorreria não da estrutura da norma, mas sim da existência de um conjunto orgânico de normas – o ordenamento estatal), embora reconheça que o fenômeno jurídico é um fenômeno social e que o Direito se associa visceralmente à organização social.[31]

Direito positivo

Afirma-se, portanto, que a norma jurídica contém uma característica que resume as demais: a *positividade*. Trata-se do elemento que Ihering contrapõe à subjetividade, significando, a um só tempo, que a norma jurídica é dotada de coercitividade, externalidade e institucionalidade. Por isso, o conjunto das normas jurídicas costuma ser denominado *direito positivo*.

4. INTRODUÇÃO AO ESTUDO DO DIREITO CIVIL

Relações intersubjetivas patrimoniais e existenciais

No cerne do Direito Civil encontra-se o estudo das relações entre as pessoas, admitindo-se que tais relações apresentem natureza patrimonial ou extrapatrimonial, sujeitas a técnicas e instrumentos inteiramente diversos. A Constituição da República explicita tal dualidade ao prever, de um lado, a tutela da dignidade da pessoa humana e de sua personalidade, em todas as suas possíveis manifestações, como objetivo fundamental da República (CR, art. 1º, III). A vida (CR, art. 5º, *caput*), a saúde (CR, art. 6º), a privacidade (CR, art. 5º, X), o direito de informar e de ser informado (art. 5º, XIV, CR), a liberdade de crença (CR, art. 5º, VI), a livre expressão da ativida-

---

[29] Hans Kelsen, *Teoria*, cit., p. 121: "Se o Direito é concebido como uma ordem de coerção, isto é, como uma ordem estatuidora de atos de coerção, então a proposição jurídica que descreve o Direito toma a forma da afirmação segundo a qual, sob certas condições ou pressupostos pela ordem jurídica determinados, deve executar-se um ato de coação, pela mesma ordem jurídica especificado". Em crítica a tais teorias, afirma-se que "as definições de Kelsen e Ross parecem limitativas também com respeito ao ordenamento jurídico tomado em seu conjunto, porque confundem a parte com o todo, o instrumento com o fim" (Norberto Bobbio, *Teoria do ordenamento jurídico*, p. 70).

[30] Norberto Bobbio, *Teoria do ordenamento jurídico*, cit., p. 69-70.

[31] Sustenta o autor "a necessidade (...) de deixar a norma em particular pelo ordenamento. Se a sanção jurídica é só a institucionalizada, isso significa que, para que haja Direito, é necessário que haja, grande ou pequena, uma organização, isto é, um completo sistema normativo. Definir o direito através da noção de sanção organizada significa procurar o caráter distintivo do Direito não em um elemento da norma mas em um complexo orgânico de normas" (*Teoria do ordenamento jurídico*, cit., p. 27).

de artística e intelectual (CR, art. 5º, IX) são alguns dos direitos decorrentes da proteção constitucional das relações existenciais. De outro lado, tem-se a tutela da propriedade (CR, art. 5º, XXII) e da atividade econômica privada (CR, art. 170, *caput*) como expressão das relações patrimoniais.

Propõe-se, habitualmente, a divisão do direito civil em diversos ramos, com finalidade didática.[32] De acordo com a divisão do Código Civil de 2002, já observada no Código Civil de 1916 e herdada do BGB (1900), divide-se o estudo do Direito Civil em Parte Geral (ou Teoria Geral), em que são apresentados os conceitos fundamentais de que se servirá toda a disciplina do direito civil (e, muitas vezes, também os diversos outros ramos jurídicos); e uma Parte Especial, na qual se procede ao estudo dos direitos obrigacionais, responsabilidade civil, direitos reais, direitos de família e direitos sucessórios. O Código Civil de 2002 absorveu também, em seu seio, o direito de empresa, na tentativa de unificação do direito privado, dedicado ao estudo da atividade empresarial e objeto de análise específica por parte do direito comercial. *Ramos do direito civil*

Os direitos obrigacionais, também ditos de crédito, conferem ao seu titular a faculdade de exigir de outrem certa prestação patrimonial.[33] Exemplificativamente, incluem-se entre os direitos obrigacionais: o direito do credor de que o devedor pague; o direito que tem o empregador de que o empregado preste certos serviços; o direito que tem o depositante a que o depositário guarde a coisa; o direito que tem alguém que sofreu um dano injusto a que aquele que lhe causou providencie o ressarcimento integral. Trata-se de situações jurídicas subjetivas nas quais uma pessoa tem direito a pretender da outra certa prestação patrimonial. *Direitos obrigacionais*

A responsabilidade civil abrange o estudo do ressarcimento de danos, patrimoniais e morais, decorrentes de atos ilícitos ou de hipóteses consideradas pelo legislador como hábeis a gerar indenização pelos danos causados. *Responsabilidade civil*

Direitos reais constituem o campo do direito civil dedicado ao controle dos bens jurídicos mediante a posse, a apropriação e a extração de benefícios econômicos a eles inerentes. Tem-se como modelo central o direito subjetivo de propriedade e o exercício das faculdades que compõem o conteúdo econômico do domínio. *Direitos reais*

Os direitos de família referem-se a relações entre pessoas, tanto de natureza existencial quanto de natureza patrimonial, no âmbito das entidades familiares. *Direitos de família*

Por fim, os direitos sucessórios versam sobre a transmissão de patrimônio após a morte. O direito sucessório estabelece as regras para a transferência de direitos transmissíveis e respectivos deveres. *Direitos sucessórios*

---

[32] San Tiago Dantas, *Programa de direito civil*, vol. I, cit., p. 4.
[33] Caio Mário da Silva Pereira, *Instituições de direito civil*, cit., p. 39-40: "Em razão desta faculdade atribuída à pessoa do sujeito ativo, por muito tempo empregou-se a denominação *pessoais* para os direitos de crédito, o que ainda hoje subsiste para muitos escritores. A designação é, contudo, imprópria, pois todo direito é pessoal, no sentido de exprimir uma faculdade atribuída à pessoa do titular".

PROBLEMAS PRÁTICOS

1. Diferencie Direito e Moral, dando exemplos.
2. Quais são as funções das normas jurídicas?

 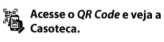

Acesse o *QR Code* e veja a Casoteca.

> https://uqr.to/1p8nj

Capítulo II
NORMA JURÍDICA E ORDENAMENTO JURÍDICO. FONTES DO DIREITO

SUMÁRIO: 1. Norma jurídica: atributos, estrutura e conteúdo – 2. Classificação das normas jurídicas – 3. Ordenamento jurídico: normas constitucionais e elementos do caso concreto na construção unitária do sistema – 4. Fontes do direito – Problemas práticos.

1. NORMA JURÍDICA: ATRIBUTOS, ESTRUTURA E CONTEÚDO

A experiência jurídica mostra-se essencialmente normativa, voltada à organização social e à definição de comportamentos compatíveis com a vida em sociedade. Por isso mesmo, afirma-se, como visto no capítulo anterior, que a norma jurídica se singulariza, em meio a tantas regras sociais de conduta, por ser dotada de bilateralidade atributiva[1] e coercitividade institucionalizada. Vale dizer, o comando prescrito pela norma jurídica atribui poderes e limites às relações intersubjetivas; e se impõe mediante o conjunto de mecanismos destinados a torná-lo efetivo.[2] Essa força coercitiva, para que possa cumprir sua finalidade de compor conflitos de interesse e assegurar a paz social, há de ser (i) externa, no sentido de escapar ao arbítrio do interessado; (ii) institucionalizada, de modo a assegurar isenção e imparcialidade; (iii) certa, isto é, dotada de previsibilidade da reação do ordenamento; e (iv) proporcional, em intensidade adequada à sua finalidade diante de determinado comportamento.

Atributos da norma jurídica

---

[1] O termo foi consagrado na doutrina brasileira por Miguel Reale, *Lições preliminares de direito*, São Paulo: Saraiva, 2012, 27ª ed., p. 51.

[2] Sobre a relevância da coercitividade para a caracterização da norma jurídica, cf., por todos, Norberto Bobbio, *O positivismo jurídico*, São Paulo: Ícone, 1995, p. 147 e ss.

Perspectivas estrutural e funcional

Inserida visceralmente no ordenamento, a norma jurídica deve ser estudada em sua perspectiva estrutural e funcional. A perspectiva estrutural, ou seja, a forma como se apresenta ou sua morfologia, subdivide-se em dois aspectos, que revelam sua estrutura interna e externa. Por estrutura interna entende-se o binômio preceito-sanção.[3] A norma jurídica, em sua *estrutura interna*, é dotada de um comando ou preceito, designado como proposição categórica, que impõe certo comportamento, e também de uma sanção, isto é, a consequência do descumprimento do comando, que coincide com a reação previsível e proporcional destinada a coibir o descumprimento.[4] Note-se aqui, mais uma vez, a singularidade do sistema jurídico que, ao contrário do sistema científico, não se desconstitui com a violação, mas provê, uma vez constatada a sua contrariedade, ao restabelecimento, mediante mecanismos próprios, da ordem emanada pelo comando.

Estrutura interna da norma jurídica

Estrutura externa da norma jurídica

Por *estrutura externa* entende-se o veículo pelo qual a norma é conduzida aos seus destinatários, sendo por isso mesmo entendida como a fonte formal dos comandos normativos. Tem-se aqui a Constituição da República, as diversas espécies de leis, decretos, portarias e numerosos vetores normativos que incidem sobre a sociedade.[5] Norma jurídica não se confunde, portanto, com a lei que a veicula. Uma determinada lei pode conter diversas proposições normativas.

Conteúdo da norma jurídica

Do ponto de vista funcional, entende-se como *conteúdo* do preceito (ou sua fonte material) a sua base axiológica, que se encontra na cultura da sociedade, em seus diversos matizes éticos e econômicos. Diante de uma norma jurídica, podem-se identificar os três aspectos apontados (a estrutura externa, a estrutura interna e seu conteúdo).

Ilustrativamente: o art. 1.694 do Código Civil impõe o dever de prestar alimentos a parentes, cônjuges ou companheiros que deles "necessitem para viver de modo compatível com a sua condição social, inclusive para atender às necessidades de sua educação". A estrutura externa dessa norma é o art. 1.694 do Código Civil (fonte formal). A estrutura interna é composta do comando, o dever de prestação alimentar, vinculado à sanção pelo descumprimento, a deflagrar a execução por parte do interessado e até mesmo, em casos extremos, a prisão civil do alimentante. Do ponto de vista funcional, vê-se que o conteúdo do dever de alimentos associa-se à solidariedade social e à dignidade da pessoa humana. Tal base axiológica, por ter sido normatizada pelo Constituinte, vincula o legislador, embora este preserve considerável espectro de alternativas para o alcance do desiderato constitucional.

Imperatividade, generalidade e abstração

No que tange à estrutura interna, a norma jurídica mostra-se (i) imperativa, já que insuscetível de escolha pelo destinatário quanto ao seu cumprimento; (ii) geral,

---

[3] San Tiago Dantas, *Programa de direito civil*, vol. I, Rio de Janeiro: Forense, 2001, 3ª ed., p. 32.
[4] Pietro Trimarchi, *Istituzioni di diritto privato*, Milano: Giuffrè, 2016, 21ª ed., pp. 1-2.
[5] Confira-se, ao propósito, o Decreto n. 12.002, de abril de 2024, que regula a elaboração, redação, alteração e consolidação de atos normativos. Estabelece o decreto as principais diretrizes acerca da estrutura dos atos normativos, composta por epígrafe, ementa e preâmbulo, indicando regras relativas à cláusula de revogação, vigência e *vacatio legis*, a maneira como deve ser feita a numeração e nomenclatura dos atos, entre outras regras.

por se aplicar a todos os que se encontrem em determinada situação fática; e (iii) abstrata, já que o binômio comando-sanção se apresenta antes do surgimento do caso concreto que individualiza o conflito de interesses. Essa indispensável universalidade da norma não é requisito ontológico, senão ideológico, próprio de ordem jurídica em que se pretenda evitar privilégios e desigualdades.[6] Tais características da estrutura interna dão à norma jurídica atributos de universalidade, decorrentes da imperatividade, generalidade e abstração que a caracterizam.

<small>Universalidade da norma jurídica</small>

Ainda quanto à sua estrutura interna, discute-se a prescindibilidade da sanção para a caracterização da norma jurídica. Poderia, afinal, existir norma sem sanção? Imagine-se, por exemplo, o art. 18 da Constituição da República, em cuja linguagem se lê: "A organização político-administrativa da República Federativa do Brasil compreende a União, os Estados, o Distrito Federal e os Municípios, todos autônomos, nos termos desta Constituição". E em seguida: "§ 1º. Brasília é a Capital Federal". Tal determinação constitucional constitui norma jurídica?

<small>Norma jurídica e sanção</small>

Há quem sustente que a sanção é dispensável, sendo possível identificar norma jurídica desprovida de sanção. Autores jusnaturalistas advogaram tal ponto de vista, ao argumento de que certos mandamentos antecedem a presença coercitiva do Direito, suscitando adesão espontânea, independentemente do vetor sancionatório. Segundo esse mesmo entendimento, seria inegável a presença de certos modelos normativos que, embora destituídos de sanção, não poderiam deixar de ser considerados como norma jurídica.

Em contrapartida, demonstrou-se que somente a ordem jurídica pode estabelecer deveres e diretos, sendo certo que, imperativos anteriores ao direito, por maior que seja a sua força moral, não se mostram suficientes a definir padrões de comportamento e compor conflitos de interesse. Imagine-se, por exemplo, o dever de alimentos acima mencionado, estabelecido pelo art. 1.694 do Código Civil. Fosse suficiente o imperativo moral para lhe garantir juridicidade, não se conseguiria explicar a ausência de dever de prestar alimentos em favor de entes queridos que, igualmente plasmados pelo substrato da solidariedade social, não foram abrangidos pelo dispositivo legal. Inexiste dever legal de prestar alimentos a alguém que, por toda a sua vida, se dedica como serviçal e acompanhante, convivendo por anos a fio como verdadeiro membro da família. Certamente haverá aí dever moral, mas não jurídico.

A rigor, do ponto de vista das sanções, poder-se-ia identificar três modelos normativos: (a) aqueles que fixam consequências determinadas para a prática de certos atos – a prática de ato ilícito gera o dever de indenizar, nos termos dos arts. 186 do Código Civil; (b) aqueles que, como sanção, tornam ineficazes certos atos reprovados socialmente – "é nulo o negócio jurídico simulado", *ex vi* do art. 167 do Código Civil; e (c) as normas de organização, mediante o qual o legislador estrutura a sociedade com suas instituições e órgãos necessários ao seu funcionamento, como no caso do art. 18 da Constituição da República, acima mencionado.

<small>Modelos normativos</small>

---

[6] Norberto Bobbio, *Teoria da norma jurídica*, Bauru: Edipro, 2001, 1ª ed., p. 182.

A sanção advém do ordenamento jurídico

O ordenamento não pode sobreviver sem esses três tipos de norma jurídica, ao mesmo tempo em que não seria possível estabelecer sanção para cada preceito inserido pelo legislador. Por isso mesmo, rejeitar as normas sem sanção ou, ao reverso, admitir a prescindibilidade do conteúdo sancionatório, transformando o comando em mera recomendação à sociedade, resultam soluções insatisfatórias. Diante disso, demonstrou-se que a sanção se encontra necessariamente presente, por ser essencial ao sistema jurídico, mas não advém de cada norma específica, senão do ordenamento como um todo, assim entendido o conjunto de normas jurídicas que, unitariamente considerado, é capaz de garantir a coercitividade do Direito e, ao mesmo tempo, assegurar juridicidade ao conjunto de prescrições não necessariamente dotadas, vale repetir, cada uma delas, de conteúdo sancionatório.[7]

Categorias de sanções do direito civil

Ao compor a estrutura interna da norma jurídica, a sanção se apresenta como a resposta do ordenamento jurídico ao descumprimento do comando normativo. As sanções do direito civil podem ser classificadas, de maneira sintética, em três categorias:

Sanção direta

Pela *sanção direta* a ordem jurídica provê, de maneira coercitiva, a execução da conduta devida. Tem-se exemplo de sanção direta na execução específica de obrigação de fazer, dispondo o art. 501 do CPC que "na ação que tenha por objeto a emissão de declaração de vontade, a sentença que julgar procedente o pedido, uma vez transitada em julgado, produzirá todos os efeitos da declaração não emitida".

Sanção indireta

Já a *sanção indireta* apresenta-se como resposta do ordenamento à hipótese em que não há possibilidade de restauração da situação anterior ao descumprimento da norma jurídica. É o que ocorre no caso de violação da cláusula contratual de não divulgar ao concorrente segredos de negócio, a qual, uma vez desrespeitada, ensejará reparação pelos danos sofridos, sem que seja possível, por outro lado, desfazer o repasse já consumado de informações confidenciais.

O Código Civil, seguindo tendência semelhante do direito processual, tem procurado assegurar, sempre que possível, a sanção direta, ao contrário do regime do Código Civil de 1916, cuja dogmática, com raízes no voluntarismo do Século XIX, tinha como regra geral a sanção indireta, somente autorizando, em hipóteses excepcionais, a sanção direta.

Medidas coercitivas

Terceira espécie de sanção consiste nas *medidas coercitivas*, ou expedientes restritivos à liberdade ou aos bens do devedor destinados a compeli-lo ao cumprimento da prestação. Constituem exemplos dessa espécie as hipóteses em que o Código Civil autoriza ao possuidor de determinado bem o direito de retenção sobre ele, ou a possibilidade de prisão por dívida de pensão alimentar.[8]

---

[7] Norberto Bobbio, *Teoria da norma jurídica*, cit., p. 167.

[8] Ilustrativamente, v. art. 644, *caput*, do Código Civil: "O depositário poderá reter o depósito até que se lhe pague a retribuição devida, o líquido valor das despesas, ou dos prejuízos a que se refere o artigo anterior, provando imediatamente esses prejuízos ou essas despesas". Sobre a prisão por dívida alimentar, v. art. 528 do CPC.

Tais são as espécies de sanção que se configuram no exame da chamada *função repressiva* da norma jurídica, a mais tradicional forma de atuação do ordenamento jurídico. Ao lado desta, identifica-se atualmente uma função promocional, que lança mão das chamadas sanções positivas ou premiais. Enquanto a sanção tradicional visa ao desestímulo de certas condutas (aquelas vedadas pelo ordenamento, ou o descumprimento daquelas exigidas pela lei), a sanção dita positiva visa ao incentivo de comportamentos, premiando os indivíduos que promoverem determinados valores ou interesses tutelados pela ordem jurídica.[9]

Função repressiva e função promocional da norma jurídica

2. CLASSIFICAÇÃO DAS NORMAS JURÍDICAS

Diversas classificações das normas jurídicas merecem destaque. Em primeiro lugar, dividem-se as *normas de conduta* e as *normas de organização* ou *estrutura*.[10] De fato, o ordenamento não pode simplesmente proibir ou permitir condutas, devendo também estabelecer os parâmetros dentro dos quais as próprias normas jurídicas podem ser validamente criadas e produzir efeitos, bem como estruturar, no âmbito normativo, as instituições do aparato estatal. Por isso, convivem no sistema jurídico tanto normas valorativas de condutas quanto normas dedicadas à organização do ordenamento (ou do comportamento do legislador no processo de produção de normas).[11]

Normas de conduta e normas de organização

De particular importância para o direito privado revela-se a classificação entre normas *imperativas* (ditas também cogentes ou de ordem pública) e *dispositivas*.[12] Tradicionalmente, cuidava o direito civil de normas eminentemente dispositivas, assim compreendidas aquelas cujo conteúdo pode ser livremente alterado ou afastado por convenção das partes, e que apenas incidem no silêncio destas. Já as normas imperativas, vale dizer, aquelas que não podem ser afastadas pela vontade particular,

Normas imperativas e normas dispositivas

---

[9] Explica Norberto Bobbio que "a introdução da técnica do encorajamento reflete uma verdadeira transformação na função do sistema normativo em seu todo e no modo de realizar o controle social. Além disso, assinala a passagem de um controle passivo – mais preocupado em desfavorecer as ações nocivas do que em favorecer as vantajosas – para um controle ativo – preocupado em favorecer as ações vantajosas mais do que em desfavorecer as nocivas" (A função promocional do direito. In: *Da estrutura à função*, Barueri: Manole, 2007, p. 15). V. tb. Arnaldo Vasconcelos, "Sanção – I", *Enciclopédia Saraiva do Direito*, vol. 66, São Paulo: Saraiva, 1981, pp. 519-520.

[10] Conforme observa Miguel Reale, o aspecto comum tanto às normas de organização quanto às normas de comportamento reside em sua imperatividade: "quer se destinem a organizar, por exemplo, um serviço público (normas de organização) quer tenham por fim disciplinar a conduta dos indivíduos (normas de comportamento) as regras jurídicas se constituem visando a que se faça ou deixe de fazer alguma coisa. A imperatividade é uma das características essenciais do Direito." (*Lições preliminares de direito*, cit., p. 128).

[11] Segundo Norberto Bobbio, "Costuma-se dizer que o ordenamento regula a própria produção normativa. Existem normas de comportamento ao lado de normas de estrutura. As normas de estrutura podem também ser consideradas como as normas para a produção jurídica: quer dizer, como as normas que regulam os procedimentos de regulamentação jurídica. Elas não regulam o comportamento, mas o modo de regular um comportamento, ou, mais exatamente, o comportamento que elas regulam é o de produzir regras." (*Teoria do ordenamento jurídico*, cit., p. 45).

[12] Sobre o ponto v. Caio Mário da Silva Pereira, *Instituições de direito civil*, vol. I, Rio de Janeiro, Forense, 2019, pp. 88-90.

eram tradicionalmente consideradas excepcionais no âmbito do direito privado. A evolução do direito civil, no entanto, propiciou a introdução de princípios de ordem pública nas relações particulares, processo acelerado com a progressiva funcionalização do direito civil ao longo do século XX.

A distinção entre normas cogentes e normas dispositivas nem sempre se afigura clara, a suscitar frequentes embates hermenêuticos. Como se pode afirmar de forma geral sobre todo o processo de interpretação jurídica, revela-se falho o recurso ao mero critério linguístico, ou seja, à interpretação literal da letra da lei, como parâmetro para definir a dispositividade de certa norma. Não raro, o legislador emprega o verbo "poder" quando pretende, na verdade, criar um dever jurídico; ou, ao revés, descreve determinada obrigação quando objetivava criar simples faculdade.[13] Exige-se, assim, que se recorra ao grau de interesse público contido na norma para que se possa classificá-la como cogente ou, diversamente, para afirmar sua dispositividade, quando nela preponderar o interesse particular.[14]

Normas rígidas e normas elásticas

Faz-se alusão ainda a normas *rígidas* e normas *elásticas*, conforme se considerar a maior ou menor flexibilidade de seu conteúdo. Rígidas, também ditas cerradas, seriam as normas que oferecem menor margem de discricionariedade ao intérprete, ao passo que elásticas, ou abertas, seriam aquelas que, expressando conteúdos vagos ou demasiadamente amplos, suscitariam maior espaço à atividade criativa do intérprete.[15] A classificação deve ser compreendida com cautela, na medida em que se aproxima da noção, contemporaneamente superada, que considerava certas normas claras o suficiente para dispensarem interpretação.[16] Como se sabe, todo processo de aplicação do direito implica sua interpretação, parecendo mais adequado fazer referência, por força disso, ao tipo de técnica legislativa adotada na produção da norma, a saber, a técnica regulamentar, que se dirige a hipóteses fáticas específicas, de modo analítico (normas rígidas), em oposição à técnica de cláusulas gerais, dirigida à quantidade indeterminada de hipóteses, de modo a oferecer ao magistrado, mediante argumentação fundamentada, maior espectro de incidência normativa.

---

[13] Interessante exemplo, a suscitar viva controvérsia doutrinária, é o do art. 924 do Código Civil de 1916, que dispunha: "Quando se cumprir em parte a obrigação, poderá o juiz reduzir proporcionalmente a pena estipulada para o caso de mora, ou de inadimplemento". Embora o legislador aludisse a uma faculdade, entendia-se que o juiz necessariamente deveria reduzir proporcionalmente o valor da cláusula penal. O dispositivo equivalente no Código Civil atual é o art. 413, que corrigiu a redação: "A penalidade deve ser reduzida equitativamente pelo juiz se a obrigação principal tiver sido cumprida em parte, ou se o montante da penalidade for manifestamente excessivo, tendo-se em vista a natureza e a finalidade do negócio".

[14] Leciona Miguel Reale: "Ordem pública aqui está para traduzir a ascendência ou primado de um interesse que a regra tutela, o que implica a exigência irrefragável do seu cumprimento, quaisquer que sejam as intenções ou desejos das partes contratantes ou dos indivíduos a que se destinam. O Estado não subsistiria, nem a sociedade poderia lograr seus fins, se não existissem certas regras de conteúdo estável, cuja obrigatoriedade não fosse suscetível de alteração pela vontade dos obrigados". (*Lições preliminares de direito*, cit., pp. 130-131).

[15] V. Paulo Nader, *Introdução ao estudo do direito*, Rio de Janeiro: Forense, 2010, 32ª ed., p. 92.

[16] Para uma crítica a essa concepção, cf. item 3 deste Capítulo.

Releva, igualmente, a classificação entre normas jurídicas *gerais* e *especiais*, conforme se destinem à generalidade das pessoas ou a grupos mais restritos de indivíduos. Trata-se de conceito bastante relativo, como se percebe: a norma segundo a qual todos os nascimentos devem ser registrados no Registro Civil das Pessoas Naturais pode ser considerada geral, na medida em que todos devem ter seu nascimento registrado; será, no entanto, considerada específica em relação aos cidadãos brasileiros, tendo-se em conta que os nascimentos de estrangeiros não seguem o sistema registral pátrio. A classificação, assim, carece de maior serventia, exceto em situações de normas tão específicas que se podem designar normas individualizadas: a lei que visa à criação de pessoa jurídica de direito público, por exemplo, tem como seu único destinatário o ente por ela criado, excepcionando, de certo modo, o princípio da generalidade da norma jurídica.[17]

Normas gerais e normas especiais

Quanto aos seus destinatários, classificam-se as normas entre *primárias* e *secundárias*. As primeiras seriam dirigidas aos cidadãos em geral, referindo-se à prescrição ou proibição de condutas; as segundas, na medida em que preveem uma sanção jurídica ao seu descumprimento, dirigir-se-iam ao Estado, responsável pela aplicação dessa sanção.[18]

Normas primárias e normas secundárias

3. ORDENAMENTO JURÍDICO: NORMAS CONSTITUCIONAIS E ELEMENTOS DO CASO CONCRETO NA CONSTRUÇÃO UNITÁRIA DO SISTEMA

O conjunto das normas jurídicas formado a partir de fontes formais denomina-se *direito positivo*, contraposto ao direito natural.[19] O direito natural, que possui diversas vertentes filosóficas, pode ser entendido, em sentido amplo, como o direito universal extraído da razão ou da "natureza das coisas". Na medida em que se vincularia a uma ideia universal de justiça, deveria pautar as leis positivas, que são aquelas promulgadas pelo poder local.[20] O direito natural não seria promulgado, mas encontrado, correspondendo ao ideal universal de justiça, o que independeria das diversas formas de organização social, pois o sentido de justi-

Direito Positivo e Direito Natural

---

[17] Cf. Miguel Reale, *Lições preliminares de direito*, cit., pp. 136-137.
[18] V. Norberto Bobbio, *O positivismo jurídico*, São Paulo: Ícone, 1995, p. 156.
[19] Vicente Ráo, *O direito e a vida dos direitos*, São Paulo: Editora Revista dos Tribunais, 2013, 7ª ed. rev. e atualizada por Ovídio Rocha Barros Sandoval (1ª ed. 1960), p. 89; Antonio Luiz da Camara Leal, *Manual elementar de direito civil*, vol. I, São Paulo: Saraiva, 1930, 1ª ed., p. 26; Norberto Bobbio, *O positivismo jurídico*, São Paulo: Ícone, 1995, p. 119. Destacando a diferença entre os dois paradigmas, afirma Miguel Reale: "Existe apenas uma realidade jurídica, embora ela possa ser abordada a partir de diferentes perspectivas: o direito natural, atendendo às suas consequências histórico-axiológicas-transcendentais, e o direito positivo, como manifestações concretas da inter-relação dialética entre fatos e valores. Com outras palavras: o direito natural, como esquema normativo de exigências transcendentais, e o direito positivo, como ordenamento normativo de fatos e valores no plano experiencial" (Miguel Reale, *Lições preliminares de Direito*, São Paulo: Saraiva, 2002, 27ª ed., p. 433).
[20] Hermes Lima, *Introdução à ciência do direito*, Rio de Janeiro: Freitas Bastos, 1996, 31ª ed. rev. e atualizada. (1ª ed. 1933), p. 203; Sergio Cotta, Diritto naturale. In: *Enciclopedia del diritto*, vol. XII, Giuffrè, 1964, p. 647.

ça transcenderia até mesmo as diversidades culturais, sendo um valor absoluto e universal. O direito natural, portanto, corresponderia a paradigma constituído por princípios e valores considerados naturalmente absolutos e estáveis, moralmente definidos e decorrentes de condição natural, além de serem possuidores de validade autônoma e independente de positivação.[21]

O direito positivo, a seu turno, é aquele historicamente determinado, produzido segundo as condições sociais de cada época com base na técnica legislativa então adotada.[22] O direito positivo não se confunde com o positivismo jurídico, vertente filosófica que exacerba o caráter científico do direito em prol de formalismo que amesquinha o papel dos valores no sistema jurídico.[23]

> Ordenamento jurídico

A norma apenas adquire juridicidade porque incluída em sistema unitário, orgânico e coerente, designado como ordenamento jurídico,[24] capaz de assegurar

---

[21] Robert Alexy, *La institucionalización de la justicia*, Editora Granada, 2005, trad. José Antonio Seoane; Eduardo Roberto Sodero e Pablo Rodríguez. Nas palavras de Luís Roberto Barroso: "Sua ideia básica consiste no reconhecimento de que há, na sociedade, um conjunto de valores e de pretensões humanas legítimas que não decorrem de uma norma jurídica emanada do Estado, isto é, independem do direito positivo. Esse direito natural tem validade em si, legitimado por uma ética superior, e estabelece limites à própria norma estatal." (Fundamentos teóricos e filosóficos do novo Direito Constitucional brasileiro (pós-modernidade, teoria crítica e pós-positivismo). In: *Revista de Direito Administrativo*, 2001, pp. 17-20.)

[22] Hermes Lima, *Introdução à ciência do direito*, cit., p. 40; Vittorio Frosini, Diritto positivo. In: *Enciclopedia del diritto*, vol. XII, Giuffrè, 1964, p. 653; Norberto Bobbio, *O positivismo jurídico*: lições de filosofia do direito, São Paulo: Ícone, 1995, p. 21.

[23] Sobre o positivismo jurídico: "O positivismo jurídico rejeita os elementos de abstração na área do Direito, a começar pela ideia de direito natural, por julgá-la metafísica e anticientífica, despreza os juízos de valor, para se apegar apenas aos fenômenos observáveis. Para essa corrente de pensamento, o objeto da Ciência do Direito tem por missão estudar as normas que compõem a ordem jurídica vigente. Nessa tarefa, o investigador deverá utilizar apenas os juízos de constatação e de realidade, não considerando os juízos de valor. Em relação à justiça, a atitude positivista é a de um ceticismo absoluto. Por considerá-la um ideal irracional, acessível apenas por vias da emoção, o positivismo se omite em relação aos valores" (Paulo Nader, *Introdução ao Estudo do Direito*, Rio de Janeiro: Forense, 2004, 24ª ed., p. 376); "O jusnaturalismo moderno, desenvolvido a partir do século XVI, aproximou a lei da razão e transformou-se na filosofia natural do Direito. Fundado na crença em princípios de justiça universalmente válidos, foi o combustível das revoluções liberais e chegou ao apogeu com as Constituições escritas e as codificações. Considerado metafísico e anticientífico, o direito natural foi empurrado para a margem da história pela ascensão do positivismo jurídico, no final do século XIX. Em busca de objetividade científica, o positivismo equiparou o Direito à lei, afastou-o da filosofia e de discussões como legitimidade e justiça e dominou o pensamento jurídico da primeira metade do século XX. Sua decadência é emblematicamente associada à derrota do fascismo na Itália e do nazismo na Alemanha, regimes que promoveram a barbárie sob a proteção da legalidade. Ao fim da 2ª Guerra, a ética e os valores começam a retornar ao Direito. A superação histórica do jusnaturalismo e o fracasso político do positivismo abriram caminho para um conjunto amplo e ainda inacabado de reflexões acerca do Direito, sua função social e sua interpretação. O pós-positivismo busca ir além da legalidade estrita, mas não despreza o direito posto: procura empreender uma leitura moral do Direito, mas sem recorrer a categorias metafísicas." (Luís Roberto Barroso, Neoconstitucionalismo e constitucionalismo do Direito (o triunfo tardio do direito constitucional no Brasil). In: *Revista de Direito Administrativo*, 2005, pp. 4-5). V. tb. Eduardo Carlos Bianca Bittar; Guilherme Assis Almeida, *Curso de filosofia do Direito*, São Paulo: Atlas, 2015, p. 328.

[24] Na lição de Norberto Bobbio, "enquanto, pela teoria tradicional, um ordenamento se compõe de normas jurídicas, na nova perspectiva normas jurídicas são aquelas que venham a fazer parte de um ordenamento jurídico. Em outros termos, não existem ordenamentos jurídicos porque há

coercitividade aos comandos normativos e se realimentar pela evolução dos fatos sociais sobre os quais incide. Afirma-se, nessa direção, que a definição satisfatória do Direito não pode ser extraída da norma jurídica em si considerada, senão do *ordenamento jurídico*.[25]

O ordenamento jurídico compreende o *conjunto organizado de normas*, afirmando-se que seria impossível cogitar de ordenamento composto de única norma destinada a regular (isto é: permitir, proibir ou ordenar) todas as condutas humanas[26] e também a própria produção de normas jurídicas.[27] O ordenamento contém não apenas normas de conduta, mas também normas destinadas a atribuir legitimidade de certos agentes políticos para, cumprindo determinado procedimento, produzir novas normas jurídicas. Desse modo, o ordenamento pressupõe mais de uma norma destinada à ordenação sistemática de aspectos materiais e valorativos, assim como de aspectos formais e procedimentais.

Nessa perspectiva, entende-se que no centro desse conjunto sistematizado de normas reside a norma constitucional, hierarquicamente superior e, portanto, responsável pela unidade axiológica e formal do ordenamento jurídico.[28] A Constituição serve de fundamento de validade para a norma jurídica, atribuindo, mercê de sua posição hierárquica superior, validade a todas as demais normas (que lhe são hierarquicamente inferiores). Dessa maneira, as normas editadas anteriormente à promulgação da Constituição, para serem consideras válidas em determinado ordenamento, devem ser compatíveis com o novo Texto Constitucional, o qual lhes atribui novo fundamento de validade, em expediente técnico denominado de *recepção*. Entende-se que as normas infraconstitucionais serão recepcionadas pela nova Constituição somente quando com ela consentâneas. A partir de sua promulgação e vigência, a

<small>Hierarquia superior da norma constitucional</small>

<small>Recepção</small>

---

normas jurídicas, mas existem normas jurídicas porque há ordenamentos jurídicos distintos dos ordenamentos não jurídicos" (*Teoria do ordenamento jurídico*, cit., pp. 30-31).

[25] Norberto Bobbio, *Teoria do ordenamento jurídico*, cit., p. 22.

[26] "As normas de Direito Positivo são agrupadas sistematicamente, formando os *institutos jurídicos*. A coordenação dos diversos institutos jurídicos em um todo harmônico forma, por sua vez, o *sistema jurídico*. (...) A locução *instituto jurídico* usa-se em dois sentidos; ora para designar a matéria que constitui o objeto de disciplina jurídica por normas agrupadas e coordenadas, ora para qualificá-las. A coordenação processa-se pela afinidade do conteúdo. (...) Ao complexo de normas que organizam a vida social de um povo denomina-se *ordenamento jurídico*. A expressão comporta, todavia, significados diversos, primando o que lhe atribui a corrente institucionalista, constituída pelos que firmam a atenção sobre o aspecto particular da experiência jurídica, constituído pela *organização social*. Particulariza-se, segundo a doutrina institucional, para significar os corpos sociais, estáveis ou permanentes, que têm estruturas e organizações próprias. Emprega-se, entretanto, em sentido geral, sem conotações de escola". (Orlando Gomes, *Introdução ao direito civil*, Rio de Janeiro: Forense, 2016, 21ª ed. rev. e atualizada por Edvaldo Brito e Reginalda Paranhos de Brito (1ª ed. 1957), pp. 10-12).

[27] Norberto Bobbio, *Teoria do ordenamento jurídico*, cit., p. 31 e ss.

[28] A Constituição, nesse sentido, "figura hoje no centro do sistema jurídico, de onde irradia sua força normativa, dotada de supremacia formal e material. Funciona, assim, não apenas como parâmetro de validade para a ordem infraconstitucional, mas também como vetor de interpretação de todas as normas do sistema". (Luís Roberto Barroso, *O novo direito constitucional brasileiro*, Belo Horizonte: Forum, 2013, 1ª ed., p. 212).

Constituição estabelece, por meio de normas de organização, mecanismos para a produção das demais normas. Do ponto de vista material e valorativo, igualmente, em virtude da eficácia normativa da Constituição (que não apenas assegura validade às normas infraconstitucionais mas vincula os agentes públicos e privados ao seu cumprimento),[29] a tábua axiológica constitucional torna-se o parâmetro de interpretação e aplicação conjunta de todas as demais normas, unificando o sistema jurídico em sua complexidade de valores e fontes normativas.[30]

Aplicabilidade direta das normas constitucionais

Sustenta-se, desde a década de 1980, no direito civil brasileiro, a imprescindibilidade da aplicação direta das normas constitucionais nas relações jurídicas de direito privado.[31] Não obstante o relativo consenso obtido quanto à eficácia normativa do Texto Constitucional, percebe-se ainda forte resistência quanto à sua aplicação direta nas relações intersubjetivas. Tal oposição pretende encontrar justificativa em duas ordens de argumentação. A primeira delas no sentido de que, com a redução do papel do Estado Social, arrefeceria o intervencionismo pretendido pelo constituinte, tornando desnecessária e até indesejada a aplicação direta do texto constitucional nos espaços de atuação da autonomia privada.

O argumento não colhe. Ao propósito, basta sublinhar a absoluta atualidade da discussão acerca da força normativa dos princípios constitucionais e de sua aplicação nas relações jurídicas de direito privado, a despeito das tendências neoliberais. Na Europa continental, a discussão adquiriu renovado fôlego com o debate em torno da unificação da Europa, sendo o jurista conclamado a ponderar e harmonizar as diretivas transnacionais na ordem constitucional interna de cada Estado-membro. Ao mesmo tempo, o arrefecimento do papel assistencialista do Estado, aqui e alhures, em nada reduz o debate quanto à constitucionalização do direito civil, sendo tal metodologia decorrência imperativa não do tamanho que se pretenda atribuir ao Estado, mas da concepção unitária e hierarquicamente centralizada do ordenamento jurídico.

Vale dizer, a alteração da forma de intervenção estatal não subleva a imprescindibilidade da submissão da autonomia privada aos princípios normativos que, inseridos no vértice da hierarquia mandamental, plasmam, funcionalizam e asseguram o valor social da livre iniciativa. A atenção, portanto, se volta para a indispensável unidade interpretativa exigida no cenário de pluralidade de fontes normativas, a partir dos valores constitucionais, cuja utilização direta na solução das controvérsias do direito privado assegura, a um só tempo, a abertura do sistema e a sua unidade.[32]

---

[29] Para um histórico do reconhecimento da força normativa das normas constitucionais no Brasil, cf. Luís Roberto Barroso, *O direito constitucional e a efetividade de suas normas*, Rio de Janeiro: Renovar, 2003, 7ª ed., p. 75 e ss.

[30] Sobre a crise de fontes normativas do ordenamento jurídico contemporâneo, v. Capítulo 3 desta obra.

[31] Cf. Gustavo Tepedino, Pelo princípio de isonomia substancial na nova Constituição – notas sobre a função promocional do direito. In: *Atualidades forense*, n. 112, 1987, republicado na *Revista Trimestral de Direito Civil*, vol. 42, Rio de Janeiro: Padma, out-dez/2012.

[32] Sobre o tema, Pietro Perlingieri afirma que "numerosas leis especiais têm disciplinado, embora de modo fragmentado e por vezes incoerente, setores relevantes. O Código Civil certamente perdeu a

A segunda ordem de argumentos compressora da força normativa dos princípios constitucionais vincula-se à técnica da subsunção. Ao se interpretar o dado positivo, atribui-se ao legislador infraconstitucional, e especialmente ao codificador, o papel de decifrar, por meio da técnica regulamentar, os princípios fundamentais do ordenamento. Estes, por serem menos detalhados, e dotados de menor densidade analítica, acabariam inevitavelmente tendo sua força normativa reduzida à prescrição contida nas regras. Em consequência, segundo tal raciocínio, a regra deveria prevalecer sobre o princípio, pois indicaria opção política indiscutível quanto a certa norma de comportamento. Tratar-se-ia de versão remodelada no vetusto brocardo latino *in claris non fit interpretatio*, o qual pressupõe a norma como unidade lógica isoladamente considerada, descartando a necessidade, para que adquira sentido *in concreto*, de confrontá-la com todas as demais normas que compõem o sistema.[33] Na esteira de tal entendimento, acaba-se por subverter a ordem hierárquica do ordenamento, aplicando-se os princípios à luz de regras infraconstitucionais, que *decodificariam* o seu sentido axiológico.

<small>Subsunção e suposta clareza da norma</small>

Todavia, se a força normativa dos princípios constitucionais decorre da concepção unitária do ordenamento jurídico, no qual a Constituição ocupa posição hierárquica suprema, nem o tamanho do Estado e tampouco as reformas legislativas hão de alterar a normatividade constitucional. Ao revés, como antes demonstrado, as normas constitucionais afiguram-se parte integrante do instrumental teórico do direito civil, remodelando e revitalizando seus institutos, em torno de sua força reunificadora do sistema. Não se trata de subjugar a dogmática do direito civil, mas de reconstrui-la a partir dos valores constitucionais, tendo-se presente que as categorias e conceitos jurídicos não são estáticos, mas dinâmicos e historicamente determinados. Nessa mesma vertente, o Código Civil não pode ser considerado sistema monolítico, apartado das leis especiais, equivocadamente tratadas como microssistemas. O ordenamento jurídico, para ser como tal considerado, não admite fragmentações ou compartimentos indenes à tábua de valores constitucional, que o unifica e o vivifica.

Em outras palavras, se são verdadeiras, como parecem, tais observações, pode-se aduzir que a aplicação direta dos princípios constitucionais constitui resposta hermenêutica a duas características essenciais da própria noção de ordenamento: unidade e complexidade.[34] O conceito de ordenamento pressupõe

<small>Unidade e complexidade do ordenamento jurídico</small>

---

centralidade de outrora. O papel unificador do sistema, tanto nos seus aspectos mais tradicionalmente civilísticos quanto naqueles de relevância publicista, é desempenhado de maneira cada vez mais incisiva pelo Texto Constitucional. Falar de descodificação relativamente ao Código vigente não implica absolutamente a perda do funcionamento unitário do ordenamento, de modo a propor a sua fragmentação em diversos microordenamentos e em diversos microssistemas, com ausência de um desenho global. Desenho que, se não aparece no plano legislativo, deve ser identificado no constante e tenaz trabalho do intérprete, orientado a detectar os princípios constantes na chamada legislação especial, reconduzindo-os à unidade, mesmo do ponto de vista de sua legitimidade" (*Perfis do direito civil*: introdução ao direito civil constitucional, Rio de Janeiro: Renovar, 2002, p. 6).

33   V. Pietro Perlingieri, *Perfis do direito civil*, cit., p. 71.
34   Cf. Pietro Perlingieri, Complessità e unitarietà dell'ordinamento giuridico vigente. In: *Rassegna di diritto civile*, vol. 1/05, *Edizioni Scientifiche Italiane*, pp. 192-195.

conjunto de normas destinadas a ordenar a sociedade segundo determinado modo de vida historicamente determinado.³⁵ Daqui decorre, como consequência fundamental, que o ordenamento há de ser sistemático, orgânico, lógico, axiológico, prescritivo, uno, monolítico, centralizado. Por ser o ordenamento jurídico composto por uma pluralidade de fontes normativas, apresenta-se necessariamente como sistema heterogêneo e aberto. Daí sua complexidade, que só alcança a unidade se assegurada a centralidade da Constituição, que contém a tábua de valores que caracterizam a identidade cultural da sociedade.³⁶

Mostra-se equivocado imaginar uma linha divisória entre normas valorativas (oriundas da Constituição) e normas prescritivas (legislação infraconstitucional); ou entre, de um lado, regras gerais e abstratas (premissa maior), e, de outro, o fato jurídico (premissa menor), restando o papel do juiz circunscrito à finalidade complementar em relação ao legislador, consubstanciado na valoração de *standards* de comportamento nos espaços em que não há regulamentação específica.

> Interpretação e aplicação

O sistema jurídico, bem ao contrário, há fazer convergir a atividade interpretativa e legislativa na aplicação do direito, sendo aberto justamente para que se possa nele incluir todos os vetores condicionantes da sociedade, inclusive aqueles que atuam na cultura dos magistrados, na construção da solução para o caso concreto. A pluralidade de fontes normativas, nessa perspectiva, não pode significar a perda do fundamento unitário do ordenamento, devendo sua harmonização se operar de acordo com a Constituição, que o recompõe, conferindo-lhe, assim, a natureza de sistema. Ou seja, a pluralidade de núcleos legislativos deve conviver harmonicamente com a noção de unidade do ordenamento.³⁷

> Ordenamentos do caso concreto

Desse modo, chega-se à noção de ordenamento não como repositório de normas jurídicas, mas como *conjunto de ordenamentos dos casos concretos*,³⁸ para cuja construção o intérprete levará em conta os elementos condicionantes dos fatos e das normas jurídicas conjuntamente interpretadas em cada conflito de interesses. Daí a importância atual da argumentação jurídica, a qual não se repete, por isso mesmo, entre dois casos concretos (sendo sempre singular e indispensável para a legitimidade desta fusão de culturas e de compreensões de mundo operada pelo magistrado na

---

35 Pietro Perlingieri, *Perfis do direito civil*, cit., p. 2.
36 V. Maria Celina Bodin de Moraes, "O conceito de dignidade humana: substrato axiológico e conteúdo normativo". In: Ingo Sarlet (org.), *Constituição, direitos fundamentais e direito privado*, Porto Alegre: Livraria dos Advogados, 2003, p. 107; Pietro Perlingieri, *Complessità e unitarietà dell'ordinamento giuridico vigente*, cit., pp. 202 e 209.
37 A propósito, destaca Pietro Perlingieri: "a unidade do ordenamento não exclui a pluralidade e a heterogeneidade das fontes". (*Perfis do direito civil*, cit., pp. 7-8).
38 Adverte ainda Pietro Perlingieri: "*La complessità dell'ordinamento nel momento del suo effettivo riscontro, cioè nel momento ermeneutico vòlto a realizzarsi come ordinamento del caso concreto, non può non risultare unitaria: un insieme di principi e regole individuato dal giudice che, nella totalità del sistema socio-normativo, si accinge doverosamente ad applicare. Sotto questo profilo, che è quello che realmente conta, in una scienza giuridica che è scienza pratica, l'ordinamento, per quanto complesso sia, di qualsiasi complessità si caratterizzi, non può che essere uno, anche se risultante da una pluralità di fonti e componenti*". (*Complessità e unitarietà dell'ordinamento giuridico vigente*, cit., p. 196).

decisão judicial).[39] E tendo em vista a unidade indispensável à própria existência do ordenamento, a interpretação desse processo complexo há de ser feita, necessariamente, à luz dos princípios emanados pela Constituição da República, que centraliza hierarquicamente os valores superiores do sistema jurídico, devendo suas normas, por isso mesmo, incidir diretamente nas relações privadas.

4. FONTES DO DIREITO

Pelo termo "fonte do direito" costumam-se designar os mecanismos por meio dos quais a norma jurídica surge com força obrigatória legítima. A classificação tradicional das fontes do direito reflete quatro grandes expressões de poder: as leis, advindas do Poder Legislativo; a jurisprudência, emanada pelo Poder Judiciário; os usos e costumes jurídicos, tradução do poder social; e finalmente, a fonte negocial, fruto do poder individual, da autonomia privada.[40]

Classificação

Nos sistemas da família romano-germânica, a *lei*, entendida como *norma legislada*, afirma-se como a fonte primária do direito. Em outros termos, da interpretação sistemática da norma legislada se extrai, com prioridade, o Direito, recorrendo-se às demais fontes apenas de modo auxiliar ou subsidiário. Faz-se referência à lei em sentido lato, entendida como norma escrita, comando normativo dotado de generalidade, destinada à certa permanência no tempo (sem prejuízo de sua revogabilidade), emanada por autoridade competente e dotada de sanção ou coercibilidade em caso de não cumprimento voluntário.[41] Como o ordenamento jurídico mostra-se maior que o direito legislado propriamente dito, deve-se compreender que esta fonte primária contenha igualmente todos os valores e princípios subjacentes ao ordenamento, ainda que não expressos, indispensáveis à interpretação e aplicação unitária do sistema.

Lei

Por outro lado, deve-se incluir na fonte legal todo o ordenamento jurídico positivo, principalmente a normativa constitucional. Conforme afirmado anteriormente, do reconhecimento de força normativa à Constituição decorre a sua incidência sobre toda espécie de relação jurídica – inclusive as relações privadas –, seja mediante a sua incorporação hermenêutica às normas infraconstitucionais, seja de forma direta, incorporando-se à regra específica do caso concreto.

Entretanto, na experiência metodológica contemporânea, a aplicação direta dos princípios constitucionais nas relações de direito privado ainda encontra posições refratárias, reunidas em quatro objeções centrais: (i) os princípios constitucionais, mesmo tomados como preceitos normativos, constituiriam normas de organização política e social e, portanto, valer-se deles para a regulamentação das relações jurídicas interindividuais traduziria verdadeiro salto sobre o legislador

Objeções à aplicação direta da Constituição às relações privadas

---

[39] Pietro Perlingieri, *Complessità e unitarietà dell'ordinamento giuridico vigente*, cit., p. 195.
[40] Miguel Reale, *Lições preliminares de direito*, São Paulo: Saraiva, 2012, 27ª ed., p. 141.
[41] Tais características são previstas por Caio Mário Pereira da Silva, *Instituições de direito civil*, vol. I, cit., pp. 53-54.

ordinário, dotado de vocação específica para disciplinar as relações intersubjetivas; (ii) a baixa concretude dos princípios constitucionais suscitaria exagerada discricionariedade por parte dos juízes; (iii) as normas constitucionais sujeitam-se a reformas, compromissos e contingências político-eleitorais, ao contrário das normas do direito privado, mais afeitas à estabilidade própria da sua dogmática, em grande parte herdada, em tradição milenar, do direito romano; e (iv) o controle de merecimento de tutela imposto pela aplicação direta das normas constitucionais, para além do juízo de licitude da atividade privada, representaria ingerência valorativa indevida nos espaços privados, reduzindo o espectro de escolhas e liberdades individuais.

Respostas às objeções

Todas as quatro críticas, embora respeitáveis, mostram-se descontextualizadas, relacionando-se com realidade inteiramente obsoleta, por pressupor o cenário característico da codificação do Século XIX, quando se delineava, então, clara dicotomia entre o direito público e o direito privado, este destinado à sublimação da autonomia da vontade. A codificação atual, interpretada em conjunto com a Constituição da República, adquire sentido axiológico que altera radicalmente o significado da autonomia privada e da aquisição, controle e utilização dos bens jurídicos.

Dignidade da pessoa humana

Com efeito, a dignidade da pessoa humana, esculpida no art. 1º, III, da CR, impõe transformação radical na dogmática do direito civil, estabelecendo dicotomia essencial entre as relações jurídicas existenciais e as relações jurídicas patrimoniais. Consagrada como valor basilar do ordenamento jurídico, a dignidade da pessoa humana remodela as estruturas e a dogmática do direito civil brasileiro, operando a funcionalização das situações jurídicas patrimoniais às existenciais, de modo a propiciar o pleno desenvolvimento da pessoa humana.[42] Assim, torna-se obsoleta a

Superação da summa divisio entre direito público e direito privado

summa divisio que estremava, no passado, direito público e direito privado, bem como de menor repercussão a partição entre direitos reais e obrigacionais, ou entre direito comercial e direito civil, fundadas nos aspectos estruturais das situações jurídicas subjetivas, não já nos seus aspectos funcionais.

Tábua axiológica constitucional

Nessa mesma linha axiológica, ao lado da dignidade humana, figuram como fundamentos da República na Constituição de 1988 o princípio da isonomia (art. 3º, III) e a solidariedade social (art. 3º, I). No que tange ao primeiro, enquanto a igualdade formal (art. 5º, *caput*), conquista indiscutível da Revolução Francesa, garante a justiça de retribuição, essencial ao Estado de Direito, impondo equidade no tratamento de indivíduos em paridade de situação, a igualdade substancial assegura a justiça distributiva, típica do Estado Social de Direito, e requer, dos agentes públicos e privados, tratamento preferencial àqueles indivíduos colocados, nas relações econômicas e jurídicas, em posição de inferioridade, de modo a reduzir as desigualdades sociais e regionais. Mediante o princípio da solidariedade, por outro lado, altera-se por completo o conteúdo da autonomia privada, exigindo-se, no âmbito negocial, a observância de princípios

---

[42] Gustavo Tepedino, *Do sujeito de direito à pessoa humana*, Editorial à Revista Trimestral de Direito Civil, vol. 2, abr-jun./2000.

como a boa-fé objetiva, o equilíbrio econômico do contrato e a função social (do contrato, da empresa, da propriedade e de todas as relações patrimoniais).

Particularmente no que diz à propriedade privada, insculpiu-a o constituinte como garantia fundamental (art. 5º, XXII), juntamente com a sua função social (art. 5º, XXIII), podendo-se afirmar que a ordem constitucional brasileira não tutela a propriedade privada *tout court*, mas a propriedade socialmente útil.[43] Corrobora a natureza instrumental da propriedade privada o art. 170 da Constituição da República, no qual se lê que "a ordem econômica, fundada na valorização do trabalho humano e na livre iniciativa, tem por fim assegurar a todos existência digna, conforme os ditames da justiça social", com a observância de diversos princípios que tutelam valores extrapatrimoniais como a defesa do consumidor (art. 170, V), a defesa do meio ambiente (art. 170, VI) e a livre-concorrência (art. 170, IV).

<small>Propriedade privada e função social</small>

Tais princípios constitucionais denotam vocação normativa, admitindo-se, por conseguinte, sua plena eficácia sobre as relações privadas, seja como parâmetro interpretativo à legislação infraconstitucional, seja por meio de sua aplicação direta. Assegura-se, com isso, a plena eficácia do projeto constitucional, ao mesmo tempo em que se reconhece a unidade lógica e axiológica do ordenamento. Em uma palavra, a principal fonte do direito brasileiro reside não propriamente na lei escrita, mas na legalidade constitucional.

No que tange à *jurisprudência*, trata-se do conjunto de decisões reiteradas dos tribunais em sua atividade de interpretar e aplicar o direito. Nos sistemas da família romano-germânico, a jurisprudência constitui fonte subsidiária do direito, ao contrário dos sistemas da *common law*, cuja fonte principal é o precedente jurisprudencial e, apenas de forma acessória, a norma legislada.[44] Ainda assim, a fonte jurisprudencial tem adquirido crescente eficácia nos últimos anos no direito brasileiro, em grande parte por força do fenômeno crescente de judicialização de inúmeras demandas políticas da sociedade, às quais o Judiciário tem sido chamado a responder de forma mais ágil e, em certos aspectos, com maior representatividade social que o próprio Legislativo.

<small>Jurisprudência</small>

A adoção do sistema de Súmulas Vinculantes, veiculado pela Emenda Constitucional n. 45/2004, que introduziu o art. 103-A na Constituição, permite ao Supremo Tribunal Federal, "de ofício ou por provocação, mediante decisão de dois terços dos seus membros, após reiteradas decisões sobre matéria constitucional, aprovar súmula que, a partir de sua publicação na imprensa oficial, terá efeito vinculante em relação aos demais órgãos do Poder Judiciário e à administração pública direta e indireta (...)". Dessa maneira, o aparato estatal e administrativo se torna adstrito à orientação fixada pela Súmula Vinculante, que adquire natureza típica de fonte do direito. Ao propósito, os verbetes das Súmulas dos Tribunais Superiores brasileiros, mesmo em

<small>Súmula vinculante</small>

---

[43] Cf. Gustavo Tepedino e Anderson Schreiber, A garantia da propriedade no direito brasileiro. In: *Revista da Faculdade de Direito de Campos*, a. 6, n. 6, jun./2005.
[44] Miguel Reale, *Lições preliminares de direito*, cit., pp. 141-142; Washington de Barros Monteiro, *Curso de direito civil*, vol. I: parte geral, São Paulo: Saraiva, 2007, 41ª ed., pp. 20-21.

não se tratando das Súmulas Vinculantes do STF, costumam ser usualmente invocados como se se tratasse de norma positiva, refletindo a grande valorização atribuída ao entendimento jurisprudencial no Brasil.

<small>Jurisprudência no CPC/2015</small>

O Código de Processo Civil de 2015 atribui relevância à jurisprudência em uma série de disposições, valendo destacar, a título ilustrativo: (i) a possibilidade de concessão de tutela da evidência (ou seja, provimento fundado em cognição sumária do juiz independentemente de urgência) desde que as alegações de fato possam ser comprovadas apenas documentalmente e haja tese firmada em julgamento de casos repetitivos ou em Súmula Vinculante (CPC, art. 311, II); (ii) a previsão de que não se considera fundamentada decisão judicial que "deixar de seguir enunciado de súmula, jurisprudência ou precedente invocado pela parte, sem demonstrar a existência de distinção no caso em julgamento ou a superação do entendimento" (CPC, art. 489, § 1º, VI); (iii) a dispensa de caução, para fins de cumprimento provisório da sentença que reconhece a exigibilidade de obrigação de pagar quantia certa, quando esta "estiver em consonância com súmula da jurisprudência do Supremo Tribunal Federal ou do Superior Tribunal de Justiça ou em conformidade com acórdão proferido no julgamento de casos repetitivos" (CPC, art. 521, IV); (iv) a imposição, aos tribunais, do dever de "uniformizar sua jurisprudência e mantê-la estável, íntegra e coerente" (CPC, art. 926, *caput*); (v) a previsão de que os juízes e tribunais observarão as decisões do Supremo Tribunal Federal em controle concentrado de constitucionalidade, as súmulas dos tribunais superiores, os acórdãos em incidente de assunção de competência ou de julgamento de casos repetitivos e a orientação do plenário ou do órgão especial aos quais estiverem vinculados (CPC, art. 927); e (vi) possibilidade de sentença liminar de improcedência, prevista no art. 332 do CPC, quando o pedido contrariar (a) enunciado de súmula do Supremo Tribunal Federal ou do Superior Tribunal de Justiça; (b) acórdão proferido pelo Supremo Tribunal Federal ou pelo Superior Tribunal de Justiça em julgamento de recursos repetitivos; (c) entendimento firmado em incidente de resolução de demandas repetitivas ou de assunção de competência; (d) enunciado de súmula de tribunal de justiça sobre direito local.

Além disso, o Código de Processo Civil de 2015 estruturou institutos que têm por finalidade precípua a formação de precedentes com força vinculante, entre os quais se destacam o incidente de assunção de competência (art. 947), o incidente de resolução de demandas repetitivas (arts. 976 a 987) e os recursos repetitivos (arts. 1.036 a 1.041), que tiveram a sua disciplina aprimorada e aprofundada na atual legislação.

<small>Costume</small>

O *costume*, caracterizado por sua prática social reiterada e pela convicção de sua exigibilidade, é indicado pela Lei de Introdução às Normas do Direito Brasileiro como fonte subsidiária do direito, útil à integração das chamadas lacunas no ordenamento. Admite-se como fonte subsidiária o costume consentâneo com a lei escrita (*secundum legem* e *praeter legem*), desde que não seja contrário à norma legislada (*contra legis*).

<small>Negócio jurídico</small>

O *negócio jurídico*, instrumento máximo da autonomia privada, enseja intenso debate no que tange à sua qualificação como fonte do direito, na medida em que autorizada doutrina entende que sua juridicidade decorre da lei, não admitindo fonte convencional de normas jurídicas. Tanto o costume quanto o negócio jurídico serão objeto de análise de capítulos seguintes, aos quais se faz remissão.

PROBLEMAS PRÁTICOS

1. Qual é o papel da Constituição da República no ordenamento jurídico? Justifique.
2. A sanção é elemento de toda norma jurídica individualmente considerada?

Acesse o *QR Code* e veja a Casoteca.

> https://uqr.to/1p8nk

Capítulo III

PLURALIDADE DE FONTES NORMATIVAS, CÓDIGO CIVIL E CONSTITUIÇÃO

Sumário: 1. Codificação e os Códigos Civis brasileiros. O processo legislativo do Código Civil de 2002. *Summa divisio* entre direito público e privado – 2. Legislação setorial e os chamados microssistemas – 3. Interpretação do Código de Defesa do Consumidor à luz da Constituição: a relevância da noção de vulnerabilidade. Conceito de consumidor – 4. Crise de fontes normativas e o papel da Constituição. O Direito civil-constitucional – Problemas práticos.

1. CODIFICAÇÃO E OS CÓDIGOS CIVIS BRASILEIROS. O PROCESSO LEGISLATIVO DO CÓDIGO CIVIL DE 2002. *SUMMA DIVISIO* ENTRE DIREITO PÚBLICO E PRIVADO

Do ponto de vista da história do direito, codificação traduz a unificação orgânica e sistemática das leis, expressão do racionalismo e do individualismo que dominaram o processo de elaboração legislativa da Europa Continental dos séculos XVIII e XIX.[1] A codificação reflete, assim, a preocupação com a organização lógica e racional, a estabilidade e a segurança jurídicas, consagrando o império das leis em detrimento da discricionariedade do soberano, e a legitimidade da propriedade privada e da autonomia da vontade. Dois Códigos Civis servem de paradigmas para o movi-

Codificação

---

[1] V. R. C. Van Caenegem, *Uma introdução histórica ao direito privado*, São Paulo: Martins Fontes, 2001, p. 2; Franz Wieacker, *História do direito privado moderno*, Lisboa: Fundação Calouste Gulbenkian, 2010, p. 378.

mento das codificações. O Código Civil Francês de 1804,[2] e o Código Civil Alemão (*Bürgerliches Gesetzbuch*, BGB) de 1896.[3]

Código Por outro lado, em acepção mais ampla, entende-se por Código o corpo de normas sistematicamente organizadas com vistas a disciplinar conjunto significativo de relações jurídicas, ainda que desprovido do sentido de unidade política e axiológica própria das codificações dos séculos XVIII e XIX. Inclui-se nessa noção de codificação tanto as compilações legislativas, como o agrupamento sistemático de leis de determinada sociedade, quanto as reformas setoriais contemporâneas, destinadas a disciplinar, de modo orgânico, setor específico do direito. Em tal perspectiva, a primeira codificação historicamente relevante para o sistema romano-germânico foi a compilação do *Corpus Juris Civilis* pelo imperador Justiniano, a elaborar o direito comum romano nas Idades Média e Moderna.[4]

Movimento das codificações

Já o movimento das codificações, na perspectiva histórica acima aludida, expandiu-se por toda a Europa Continental e perdurou até o século XX, comportando o embate de distintas concepções filosóficas em seu processo evolutivo. Na Alemanha, em que o BGB apenas entraria em vigor em 1900 – quase um século após o surgimento do Código Civil francês, em 1804 –, a resistência à codificação provinha da Escola Histórica, capitaneada por Savigny, que buscava o fenômeno jurídico no costume social (o espírito do povo, *Volksgeist*) e entendia que o Código, ao condensar o direito na previsão legal, negava o caráter histórico e relativo do direito.[5]

Os Códigos Civis francês e alemão bem traduzem o racionalismo e o iluminismo, no plano filosófico, associados, no plano político, à ascensão da burguesia e às revoluções liberais.[6] Tiveram por objetivo a criação de leis pautadas pela simplicidade e pela unidade, por oposição ao Estado Absoluto e ao período Feudal, em que o direito era produzido em grande volume e se encontrava territorialmente limitado em regiões esparsas. O Código Civil, na forma como antevisto pelos jusracionalistas, representaria o triunfo da razão humana sobre a desordem jurídica.

Histórico do Código Civil francês

O jurista Cambacérès apresentou, em menos de quatro anos, três projetos para o Código Civil francês. O primeiro, de 1793, era inspirado, segundo seu autor, pela reaproximação à natureza, pela unicidade e pela simplicidade. Dividia-se em duas partes, relativas às pessoas e aos bens, e previa a liberdade pessoal e a igualdade de

---

[2] António Manuel Hespanha, *Cultura jurídica europeia: síntese de um milênio*, Publicações Europa-América, 2003, p. 131 e ss.

[3] Ainda que a influência do BGB em relação ao Código Bevilaqua tenha sido modesta, conforme comenta Franz Wieacker: "as influências limitam-se à adoção de 62 (num total de 1807) parágrafos. Dos outros códigos civis europeus, influenciaram-no sobretudo o Code Civil e o Código Civil Português (pertencente a esta família jurídica). Os direitos patrimoniais basearam-se largamente no direito consuetudinário luso-americano e nas leis dos Estados federados". (*História do direito privado moderno*, Lisboa: Calouste Gulbekian, 1967, p. 557).

[4] Norberto Bobbio, *O positivismo jurídico*, São Paulo: Ícone, 1995, p. 64.

[5] Norberto Bobbio, *O positivismo jurídico*, cit., p. 63; José Theodoro Mascarenhas Menck (org.), *Código Civil brasileiro no debate parlamentar*, Brasília: Câmara dos Deputados, Edições Câmara, 2012, p. 35.

[6] Cf. Francisco Amaral, *Direito civil: introdução*, São Paulo: Saraiva Educação, 2018, 10ª ed., p. 214.

todos os cidadãos perante a lei. O segundo, de 1794, menos técnico e bem menos extenso, trazia apenas "princípios fundamentais" que deveriam inspirar posteriormente, fosse o próprio legislador, fosse o juiz na análise do caso concreto. Baseava-se nas três exigências que o burguês teria na sociedade: ser senhor de si próprio, possuir bens para as suas necessidades e poder dispor deles. Dividia-se, por isso mesmo, em três partes destinadas às pessoas, aos direitos reais e às obrigações. O terceiro, de 1796, afastou-se ainda mais do ideário jusnaturalista, mas promoveu notável elaboração técnica, contando com mais de mil artigos. O projeto definitivo, que abandonaria em definitivo o jusnaturalismo, foi criado por uma comissão nomeada por Napoleão, composta por Tronchet, Maleville, Bigot-Préameneau e Portalis. A primeira edição do Código recebeu o nome de *Code Civil des Français*, de 1804, e a segunda, de 1807, *Code Napoléon*, a refletir a obsessiva e visceral identificação de Napoleão Bonaparte com a codificação.[7]

Com a invasão da Alemanha por Napoleão, o discurso favorável à codificação volta à tona, trazendo consigo a ideia de igualdade formal e unidade sistemática, ainda estranha à Alemanha então predominantemente feudal, cuja ciência jurídica era dominada pela pandectística ou jurisprudência dos conceitos. Tornou-se célebre a defesa elaborada por Thibaut sobre a necessidade dos códigos, em oposição ao historicismo então vigente e defendido por Savigny.[8] Segundo Thibaut, a boa legislação deve ser perfeita tanto do ponto de vista formal (normas claras e precisas) quanto substancial (normas que abranjam as relações sociais), o que não seria encontrado no farto material doutrinário existente na época, com diferentes origens.

Em direção oposta à maioria dos países latino-americanos, que tiveram Códigos Civis editados até o final do século XIX, o direito civil brasileiro manteve-se imune, até então, à influência do Código Napoleão.[9] Esse fato costuma ser atribuído à herança do centralismo jurídico imposto pelas Ordenações do Reino, que vigoraram por mais de quatro séculos no Brasil – mais tempo do que permaneceram em vigor em Portugal –, além do fato de que a sociedade brasileira, ainda marcada por sua origem

<small>Histórico brasileiro</small>

---

[7] Este percurso histórico é relatado, com maior riqueza de detalhes, por Norberto Bobbio, *O positivismo jurídico*, cit., pp. 68-72.

[8] V. Capítulo 4 desta obra.

[9] De fato, em 1845, a República Dominicana reconheceu vigência em seu território ao Código Civil francês. O Código Civil da Bolívia já fora promulgado em 1830, consistindo em uma cópia resumida do Código francês, tendo sido posteriormente adaptado pela Costa Rica em 1841; o Código Civil do Peru, um pouco mais original e inspirado na legislação espanhola, data de 1852, tendo sido adotado pela Guatemala em 1877; o Código Civil chileno foi promulgado em 1855, entrando em vigor em 1857 e sendo adotado pelo Equador em 1858, por El Salvador em 1859, pela Venezuela em 1862, pela Nicarágua em 1867, por Honduras em 1840, pela Colômbia em 1887 e pelo Panamá em 1903; o Código Civil argentino, amplamente inspirado na codificação francesa, foi promulgado em 1869, entrando em vigor em 1871 e sendo adotado pelo Paraguai em 1876 e pela Nicarágua em 1904 (substituindo o anterior); o Código Civil uruguaio foi promulgado e entrou em vigor em 1868. Para um interessante panorama dos códigos na América Latina, cf. Gustavo Alberto Bossert, A influência do Código Civil francês sobre o Código Civil argentino com referência a outros códigos da América Hispânica. In: *Revista da EMERJ*, v. 7, n. 27, 2004.

colonial e fortemente firmada na tradição escravocrata, não comportava as inovações estrangeiras que levaram à edição do Código Civil português em 1867.[10]

As Ordenações Afonsinas (1500-1514), atribuídas a João Mendes, Rui Fernandes, Lopo Vasques, Luis Martins e Fernão Rodrigues, foram elaboradas sob os reinados de João I, D. Duarte e Afonso V, tendo sido finalizadas nesse último reinado.[11] Compunham-se de cinco livros, compreendendo: organização judiciária, competências, relações da Igreja com o Estado, processo civil e comercial. Tomavam por fontes subsidiárias, dentre outras, os direitos romano e canônico e as soluções dadas pelo Monarca.[12]

As Ordenações Manuelinas (1514-1603) foram compiladas por Rui Boto, Rui da Grã e João Cotrim, que iniciaram seu trabalho em 1501, no reinado do Dom Manuel I. Apresentaram uma segunda edição em 1521 e buscaram ressistematizar as Ordenações anteriores, que haviam sido drasticamente emendadas, bem como impuseram uma ordem de preferência do direito romano sobre o canônico como fontes subsidiárias.[13]

As Ordenações Filipinas (1603-1916), finalmente, são atribuídas aos juristas Paulo Afonso, Pedro Barbosa, Jorge de Cabedo, Damião Aguiar, Henrique de Souza, Diogo da Fonseca e Melchior do Amaral, que começaram seus trabalhos no reinado do rei espanhol Felipe I e terminaram-no em 1603, no reinado de Felipe II.[14] Sem preverem significativas inovações, tais Ordenações buscaram, ainda uma vez, reorganizar as inúmeras leis esparsas editadas sob a vigência das Ordenações anteriores, vigendo no Brasil até o advento do Código Civil de 1916.[15]

A Constituição brasileira de 1824 previu, em seu art. 179, XVIII,[16] que fosse elaborado o Código Civil. Seguiram-se inúmeras tentativas frustradas nesse sentido.[17] Como trabalho preparatório confiou-se a consolidação do direito privado comum em

---

[10] Orlando Gomes, *Raízes históricas e sociológicas do Código Civil brasileiro*, São Paulo: Martins Fontes, 2003, p. 11.

[11] Paulo Dourado de Gusmão, *Introdução ao estudo do direito*, Rio de Janeiro: Forense, 1992, 15ª ed., p. 343.

[12] Afirma-se que as Ordenações Afonsinas decorreram de "um vasto trabalho de consolidação das leis promulgadas desde Afonso II, das resoluções das cortes desde Afonso IV e das concordatas de D. Dinis, D. Pedro e D. João, da influência do direito canônico e Lei de Sete Partidas, dos usos e costumes". (Walter Vieira Nascimento, *Lições de história do direito*, Rio de Janeiro: Forense, 1984, p. 201).

[13] Guilherme Braga da Cruz, *Obras esparsas*: estudos de história do direito, vol. II, Coimbra: Almedina, 1981, p. 308 e ss.

[14] Paulo Dourado de Gusmão, *Introdução ao estudo do direito*, cit., pp. 343-344.

[15] Antônio Carlos Wolkmer, *Fundamentos de história do direito*, Belo Horizonte: Del Rey, 2008, p. 355.

[16] Art. 179: (...) "XVIII. Organizar-se-ha quanto antes um Código Civil, e Criminal, fundado nas solidas bases da Justiça, e Equidade".

[17] Chegou-se mesmo a reputar a empreitada como algo impossível: "Eusébio de Queiroz, o estadista brasileiro nascido em Angola, e que logo mais se celebrizará com a autoria de Lei que pôs efetivamente termo ao tráfico negreiro, considera a revisão geral e codificação das leis civis e de processo propugnadas por Carvalho Moreira tarefa impossível. Em contraposição defende a adoção do Digesto Português, de Corrêa Telles". (José Theodoro Mascarenhas Menck, *O Código Civil brasileiro no debate parlamentar*, cit., p. 36).

vigor, em 1855, a Augusto Teixeira de Freitas que, em 1858, concluiu sua *Consolidação das Leis Civis* e foi, então, incumbido de redigir o Projeto do Código Civil Brasileiro. O célebre *Esboço* de Teixeira de Freitas foi submetido à análise de uma comissão, mas os trabalhos acabaram interrompidos; o texto original foi aproveitado para a elaboração do Código Civil Argentino.

A incumbência da elaboração do Projeto do Código Civil foi em seguida confiada pelo Império a Nabuco de Araújo, trabalho que seria interrompido por sua morte. Em 1881, Joaquim Felício dos Santos apresentou ao governo seus *Apontamentos para o Projeto do Código Civil Brasileiro*; esses acabaram rejeitados pela comissão responsável por sua análise. Em 1889, o Ministro da Justiça, Cândido de Oliveira, nomeou nova comissão para a elaboração do projeto, cujos trabalhos seriam interrompidos com a proclamação da República.

Em 1890, o governo encomendou novo Projeto de Código Civil ao jurista Coelho Rodrigues, que o concluiu em 1893, sem, contudo, obter a aprovação da comissão responsável por analisar o trabalho. No governo de Campos Sales, finalmente, por encomenda do Ministro da Justiça, Epitácio Pessoa, novo Projeto foi encomendado ao jovem jurista Clovis Bevilaqua em 1899, que o elaborou em menos de um ano.[18] Aprovado pela comissão designada para apreciá-lo, o texto foi encaminhado, com a Exposição de Motivos elaborada pelo Ministro, ao Presidente, e, por este, ao Congresso Nacional, em 1900. O Presidente da Câmara dos Deputados nomeou, então, uma comissão de vinte e um membros, sob a presidência de J.J. Seabra.[19] O projeto, com algumas modificações, foi aprovado e enviado ao Senado, sendo afinal sancionado pelo Presidente Wenceslau Braz em 1916 e entrando em vigor em 1º de Janeiro de 1917.

<small>Processo legislativo do Código Civil de 1916</small>

---

[18] Sobre a crítica formulada por Rui Barbosa ao projeto Bevilaqua, cf. Gustavo Tepedino, Rui Barbosa e o Código Civil. In: *Temas de direito civil*, t. 1, Rio de Janeiro: Renovar, 2008.

[19] Na tramitação parlamentar do projeto Bevilaqua, tornou-se célebre a crítica a ele formulada por Rui Barbosa: "Aprovado na Câmara dos Deputados com relativa rapidez, não obstante de renhida oposição do Conselheiro Andrade Figueira, o projeto vai sofrer seus maiores obstáculos no Senado Federal, onde a destruidora verve de Rui Barbosa se levantou contra o Projeto Bevilaqua. Em uma época em que se valorizava sobremaneira a língua, Rui Barbosa analisa profundamente o vernáculo utilizado pelo projeto, desqualificando-o completamente. Rui, assíduo colunista dos jornais da época, declara em artigos publicados nA Imprensa que a obra de Bevilaqua era 'tosca, indigesta e aleijada'. Afirma que o seu autor, além de imaturo, desconhecia 'a vernaculidade, a casta correção do escrever'" (José Theodoro Mascarenhas Menck, *O Código Civil brasileiro no debate parlamentar*, cit., p. 38). A escolha pela crítica vernacular ao projeto foi explicada por San Tiago Dantas: "Uma crítica aos fundamentos jurídicos, ao plano da obra ou a seus dispositivos principais, não teria a força de comover o prestígio do Projeto, a não ser perante um número limitado de entendidos. A matéria jurídica, por sua natureza, ou é de acesso difícil a quem lhe não possua a chave gramatical, ou é de tal maneira opinativa, que uma opinião vale a outra, aos olhos de quem não tenha, sobre o ponto em exame, uma experiência pessoal. Lavrar sobre o Projeto um parecer jurídico, seria, muito provavelmente, naquele fim de governo, o mesmo que lavrar um voto vencido. Ora, não era a sua responsabilidade científica, era o interesse do país, naquilo que lhe poderia ser mais caro, que Rui Barbosa se propunha acautelar. Daí, o Parecer literário. (...) Naquela sociedade em que a literatura era a única forma superior de viver, um ataque como que Rui Barbosa desferiu no Projeto do Código Civil era de molde a aniquilar todo o esforço aprobatório, que se comunicara à máquina parlamentar". (*Rui Barbosa e o Código Civil*, Rio de Janeiro: Casa de Rui Barbosa, 1949, pp. 30-31).

Individualismo e voluntarismo Embora o Brasil ainda se constituísse em sociedade rural, agrária e profundamente desigual, o Código Civil de 1916 reflete perfeitamente a doutrina individualista e voluntarista consagrada pelo Código Napoleão e incorporada pelas codificações posteriores, servindo de modelo para o legislador brasileiro na virada do século XIX. Para o Código Civil, o valor fundamental era o indivíduo. O direito privado tratava de regular, do ponto de vista formal, a atuação dos sujeitos de direito, notadamente o contratante e o proprietário, os quais, por sua vez, nada aspiravam senão ao aniquilamento de todos os privilégios feudais: poder contratar, fazer circular as riquezas, adquirir bens como expansão da própria inteligência e personalidade, sem restrições ou entraves legais. Eis aí a filosofia que marcou a elaboração do tecido normativo consubstanciado no primeiro Código Civil brasileiro. Afirmava-se, significativamente, que o Código Civil era a Constituição do direito privado.[20] Cuidava-se da garantia legal mais elevada quanto à disciplina das relações patrimoniais, resguardando-as contra a ingerência do Estado ou de particulares que dificultassem a circulação de riquezas. O direito público, por sua vez, não interferiria na esfera privada, assumindo o Código Civil, portanto, o papel de estatuto único e monopolizador das relações privadas. O Código almejava a completude, que justamente deveria distingui-lo, no sentido de ser destinado a regular, através de situações-tipo, todos os possíveis centros de interesse jurídico de que o sujeito privado viesse a ser titular.

Centralidade do Código Civil

Papel constitucional do Código Civil Essa espécie de papel constitucional do Código Civil e a crença do individualismo como verdadeira religião marcam as codificações do século XIX[21] e, portanto, o Código Civil de 1916, fruto de uma época que Stefan Zweig, em síntese feliz, designaria como "o mundo da segurança". Segurança – é de se sublinhar – não no sentido dos resultados que a atividade privada alcançaria, senão quanto à disciplina balizadora dos negócios, quanto às regras do jogo. Ao direito civil cumpriria garantir à atividade privada, e em particular ao sujeito de direito, a estabilidade proporcionada por regras quase imutáveis nas suas relações econômicas. Os chamados riscos do negócio, advindos do sucesso ou do insucesso das transações, expressariam a maior ou menor inteligência, a maior ou menor capacidade de cada indivíduo.[22]

---

[20] Michele Giorgianni, "Il diritto privato ed i suoi atuali confini". In: *Rivista trimestrale di diritto e procedura civile*, 1961, p. 399 e ss., traduzida no Brasil por Maria Cristina De Cicco ("O direito privado e as suas atuais fronteiras". In: *Revista dos Tribunais*, vol. 747, jan./1998, p. 35 e ss.), em sua belíssima aula inaugural de 1961 da Faculdade de Direito da Universidade de Nápoles, observa que "este significado 'constitucional' dos códigos civis do início do século oitocentista não decorre das normas individualmente invocadas, mas lhes é imanente, quando se tem presente que a propriedade privada e o contrato, que constituíam as colunas do sistema, vinham, por assim dizer, a 'constitucionalizar' uma certa concepção de vida econômica, ligada, como é notório, à ideia liberal".

[21] Orlando Gomes, Raízes históricas e sociológicas do Código Civil brasileiro. In: *Direito privado (novos aspectos)*, Rio de Janeiro: Freitas Bastos, 1961, p. 83.

[22] Sobre a influência deste período histórico e dos valores do liberalismo nas relações contratuais, v. Natalino Irti, *L'età della decodificazione*, Milano: Giuffrè, 1976, p. 9 e ss., o qual se vale da expressão, citada no texto. O ambiente cultural, político e filosófico que antecedeu o Código Napoleão, fundamental para a compreensão histórica da codificação moderna, é analisado por Giovanni Tarello, *Le ideologie della codificazione nel secolo XIX*, Genova: ECIG, s.d. Cf., sobre o tema, objeto de conceituadíssima doutrina, dentre outros, Georges Ripert, *Le régime démocratique et le droit*

A era de estabilidade e segurança, retratada pelo Código Civil de 1916, no entanto, entrou em declínio na Europa já na segunda metade do século XIX, com reflexos na política legislativa brasileira a partir dos anos 1920. Os movimentos sociais e o processo de industrialização crescentes do século XIX, aliados às vicissitudes do fornecimento de mercadorias e à agitação popular intensificadas pela eclosão da Primeira Grande Guerra, atingiriam profundamente o direito civil europeu, e também, na sua esteira, o ordenamento brasileiro, quando se tornou inevitável a necessidade de intervenção estatal cada vez mais acentuada na economia. O Estado legislador movimentou-se então mediante leis extracodificadas, atendendo a demandas contingentes e conjunturais, no intuito de reequilibrar o quadro social delineado pela consolidação de novas castas econômicas, que se formavam na ordem liberal e que reproduziam, em certa medida, as situações de iniquidade que, justamente, o ideário da Revolução Francesa visava debelar.[23]

Declínio da "era da segurança"

Em 1941, publicou-se importante Projeto de Lei relativo ao Código das Obrigações, elaborado pelos professores Orozimbo Nonato, Filadelfo Azevedo e Hahnemann Guimarães, o qual acabou não vingando como se esperava. Duas décadas após, o professor Orlando Gomes foi convidado para a redação de um anteprojeto do novo Código Civil, devendo se ocupar das matérias atinentes aos direitos de família, reais e das sucessões. Ao professor Caio Mário da Silva Pereira foi cometida a elaboração do Anteprojeto de Lei relativo ao Código das Obrigações. Ambos os projetos foram entregues no ano de 1963.[24] No entanto, não foi bem acolhida a ideia da existência de dois códigos distintos.[25] Ao final, "[o] trabalho do Prof. Orlando Gomes transformou-se em Projeto de Código Civil pela Comissão constituída do respectivo autor, e dos juristas Orozimbo Nonato e Caio Mário da Silva Pereira."[26]

Projeto de Código das Obrigações

O anteprojeto do Código de Obrigações foi então convertido em projeto, que foi submetido à revisão efetuada por Comissão composta pelos professores Caio Mário, Orozimbo Nonato, Theóphilo Azeredo Santos, Sylvio Marcondes, Orlando Gomes e Nehemias Gueiros.[27]

Em 1969, sem que houvesse razão aparente, o governo simplesmente nomeou nova Comissão, composta pelos Professores Miguel Reale, que a presidiu, José Carlos Moreira Alves, Agostinho Alvim, Sylvio Marcondes, Ebert Chamoun, Clóvis do Couto e Silva e Torquato Castro. Os trabalhos desta Comissão resultaram no Projeto

Processo legislativo do Código Civil de 2002

---

civil moderne, Paris: Librairie Génerale de Droit et de Jurisprudence, 1948, 2ª ed., *passim*; Pietro Rescigno, L'autonomia dei privati. In: *Justitia*, 1967, p. 3 e ss.

23   O momento histórico, que assinalaria, na Europa, a falência do individualismo jurídico, substituído, através de portentosa legislação extracodificada, por uma generalizada socialização do direito, é retratado por Michele Giorgianni, *"Il diritto privato ed i suoi atuali confini"*, cit., p. 399 e ss.

24   Francisco Amaral, *Direito civil*: introdução, cit., pp. 227-228. Ver também Mensagem n. 160/75, do Projeto de Lei n. 634 de 1975. In: *Diário do Congresso Nacional*. Disponível em: http://imagem.camara.gov.br/Imagem/d/pdf/DCD13JUN1975SUP_B.pdf#page=1, p. 107. Acesso em: 27 dez. 2022.

25   Mensagem n. 160/75, do Projeto de Lei n. 634 de 1975. In: *Diário do Congresso Nacional*. Disponível em: http://imagem.camara.gov.br/Imagem/d/pdf/DCD13JUN1975SUP_B.pdf#page=1, p. 107. Acesso em: : 27 dez. 2022.

26   Francisco Amaral, *Direito civil*: introdução, cit., p. 228.

27   Francisco Amaral, *Direito civil*: introdução, cit., p. 228.

de Lei n. 634/1975[28], o qual, depois de numerosas alterações, permaneceu esquecido por quase vinte anos, sendo finalmente alçado à agenda prioritária do Congresso Nacional, e aprovado por meio da Lei n. 10.406, de 10 de janeiro de 2002.[29]

Durante todo esse tumultuado arco de tempo, o Código de 1916 foi sendo profundamente alterado, de maneira gradual, mas intensa, por intermédio da magistratura e do legislador especial, sobretudo depois da entrada em vigor da Constituição de 1988. Pouco a pouco, o esmorecimento do interesse pelo velho Projeto de Lei parecia coincidir com a perda de centralidade do Código Civil no sistema de fontes normativas. Assim como na Europa Continental, numerosas leis especiais passaram a regular setores relevantes do ordenamento, na medida em que a disciplina do Código era considerada mais e mais ultrapassada. A complexidade da produção normativa e a necessidade de uma releitura da legislação ordinária à luz da Constituição tornavam sempre mais remota a aprovação do Projeto de Código Civil. Por outro lado, a doutrina punha em dúvida a necessidade de novo Código Civil, dissociado de uma clara transformação da cultura jurídica, que fosse capaz de demonstrar a plena consciência do impacto da Constituição nas relações de direito privado.[30] Ao lado disso, o interminável *iter* parlamentar tornava sempre mais legítima a suspeita de que o Projeto não fosse destinado a se transformar em lei. Tais circunstâncias explicam a ausência de discussão profunda entre os civilistas, sempre mais incrédulos, e as perplexidades suscitadas pela decisão do governo de retomar o andamento do processo parlamentar e fazer aprovar o Projeto. Nada obstante, o Código foi finalmente aprovado e promulgado, revelando em seu texto a influência dos Códigos Civis alemão – BGB –, de 1896, italiano, de 1942, e português, de 1966. Na esteira da técnica legislativa do BGB e ao contrário da sistemática do Código Civil italiano, a adoção pelo Código Civil de 2002 de uma Parte Geral, por si só alvo de objeções doutrinárias, coincidiu com a tradição consolidada no Código Civil de 1916.

O Código Civil de 2002

Ao contrário do que de ordinário se verifica no processo de codificação, o Código Civil brasileiro não traduz identidade ideológica, em razão da distância entre os contextos políticos do início e da conclusão de sua elaboração.[31] Tal circunstância indica a complexidade axiológica da atual codificação brasileira, a exigir especial atenção da atividade do intérprete. Do ponto de vista metodológico, duas são as principais características do Código Civil: de um lado, a unificação do direito das obrigações e, do outro, a adoção da técnica das cláusulas gerais, ao lado da técnica

---

[28] Para conferir a tramitação completa, com acesso a documentos históricos, ver: https://www.camara.leg.br/proposicoesWeb/fichadetramitacao?idProposicao=15675. Acesso em: 27 dez. 2022.

[29] Francisco Amaral, *Direito civil*: introdução, cit., p. 228.

[30] Contrapondo-se à conveniência de um novo Código, Francisco Amaral, A descodificação do direito civil brasileiro. In: *Revista do Tribunal Regional Federal da 1ª Região*, vol. 8, out.-dez./1996, p. 635 e ss.

[31] O exemplo mais eloquente de unidade ideológica de um corpo codificado tem-se no Código Napoleão, por isso mesmo chamado de *Code des Français*, em relação ao qual "*si può parlare quasi di un fatale incontro con la storia*", conforme assinala Stefano Rodotà, Un Codice per L'Europa? Diritti nazionali, diritto europeo, diritto globale. In: P. Cappellini e B. Sordi (a cura di), *Codici – una riflessione di fine millennio*, Milano: Giuffrè, 2002, p. 541 e ss.

regulamentar, como resultado de processo de socialização das relações patrimoniais, introduzindo-se no direito codificado a função social da propriedade privada e da atividade contratual.

Quanto à primeira das características apontadas, seu impacto se faz sentir especialmente no livro relativo ao direito das empresas, já a partir do art. 966 do Código Civil, que traz à ribalta o conceito de empresário, objetivamente considerado como o titular de atividade econômica profissionalmente organizada. No que tange à segunda característica, verifica-se que as cláusulas gerais previstas pelo Código Civil de 2002, se, por um lado, revelam atualização em termos de técnica legislativa, por outro exigem cuidado especial do intérprete. Adotadas em diversos Códigos Civis, como no caso do Código Comercial brasileiro de 1850, no Código alemão de 1896 e no Código italiano de 1942, as cláusulas gerais, só por si, não significam transformação qualitativa do ordenamento. No caso do Código Comercial brasileiro, a boa-fé objetiva não chegou a ser utilizada. A doutrina e a jurisprudência alemãs, a propósito da dicção do § 242 do BGB, precisaram de mais de 40 anos para determinar o real significado da boa-fé ali enunciada. Não foi muito diversa a experiência italiana, onde as cláusulas gerais que, no Código Civil de 1942, eram inspiradas em uma clara ideologia produtivista e autárquica, assumiram significado inteiramente diverso por obra doutrinária, sobretudo depois do advento da Constituição de 1948.[32]

Em outras palavras, as cláusulas gerais em codificações anteriores suscitaram compreensível desconfiança, em razão do alto grau de discricionariedade atribuída ao intérprete: ou se tornavam letra morta ou dependiam de construção doutrinária capaz de lhes atribuir conteúdo menos subjetivo. Para evitar a insuperável objeção, o legislador contemporâneo adota amplamente a técnica das cláusulas gerais de modo só aparentemente semelhante à técnica do passado, reproduzida pelo Código de 2002. Com efeito, o legislador atual procura associar a seus enunciados genéricos prescrições de conteúdo completamente diverso em relação aos modelos tradicionalmente reservados às normas jurídicas. Cuida-se de normas que não prescrevem uma certa conduta, mas, simplesmente, definem valores e parâmetros hermenêuticos. Servem assim como ponto de referência interpretativo e oferecem ao intérprete os critérios axiológicos e os limites para a aplicação das demais disposições normativas.

2. LEGISLAÇÃO SETORIAL E OS CHAMADOS MICROSSISTEMAS

Conforme anteriormente explicitado, logo após a promulgação do Código Civil de 1916, teve o legislador que fazer uso de *leis extravagantes*, assim chamadas por dissentirem dos princípios dominantes do corpo codificado. O Código Civil mantinha a fisionomia de ordenador único das relações privadas, e as leis extravagantes, se contrariavam os princípios do Código Civil, o faziam de maneira excepcional, de modo que não desmentiam o sentido de completude e de exclusividade pretendido pelo Código.

---

[32] Pietro Perlingieri, *Profili del diritto civile*, Napoli: ESI, 1994, 3ª ed., p. 32.

Assim concebidas, tais leis extracodificadas corroboravam o papel constitucional do Código no que concerne às relações privadas, como lecionava a dogmática tradicional, permitindo que situações não previstas pudessem ser reguladas excepcionalmente pelo Estado. Daí por que ter-se também designado como "de emergência" esse conjunto de leis, locução que, de modo eloquente, a um só tempo exprimia a circunstância histórica justificadora da intervenção legislativa e preservava a integridade do sistema em torno do Código Civil: a *legislação de emergência* pretendia-se episódica, casuística, fugaz, não sendo capaz de abalar os alicerces da dogmática do direito civil. Delineia-se assim o cenário dessa primeira fase intervencionista do Estado, que tem início logo após a promulgação do Código Civil de 1916, sem que fosse alterada substancialmente a sua centralidade e exclusividade na disciplina das relações de direito privado.[33]

Tal situação, no entanto, foi pouco a pouco sendo alterada, pela insofismável necessidade de o Estado contemporizar os conflitos sociais emergentes, bem como em razão das inúmeras situações jurídicas suscitadas pela realidade econômica e simplesmente não alvitradas pelo Código Civil. Assim é que se contabiliza, a partir dos anos 1930, no Brasil, robusto contingente de leis extravagantes que, por sua abrangência, já não se compadeceriam com o pretendido caráter excepcional, na imagem anterior que retratava uma espécie de lapso esporádico na completude monolítica do Código Civil. Cuida-se de uma sucessão de leis que disciplinam, sem qualquer caráter emergencial ou conjuntural, matérias não previstas pelo codificador.[34]

<small>Perda da exclusividade do Código Civil de 1916</small>

Pode-se registrar, assim, uma segunda fase no percurso interpretativo do Código Civil, em que se revela a perda do seu caráter de exclusividade na regulação das relações patrimoniais privadas. A disciplina codificada deixa de representar o direito exclusivo, tornando-se o direito comum, aplicável aos negócios jurídicos em geral. Ao seu lado situava-se a legislação extravagante que, por ser destinada a regular novos institutos, surgidos com a evolução econômica, apresentava característica de especialização, formando, por isso mesmo, um direito especial, paralelo ao direito comum estabelecido pelo Código Civil. Mediante tais normas, conhecidas como *leis especiais*

<small>Leis especiais</small>

– justamente por sua técnica, objeto e finalidade de especialização, em relação ao corpo codificado –, o legislador brasileiro levou a cabo longa intervenção assistencialista, expressão da política legislativa do *Welfare State* que se corporifica a partir

---

[33] Tal situação se intensifica com o impacto causado, na economia mundial, pelas duas grandes guerras. Sobre a legislação de guerra e seus efeitos econômicos e jurídicos, v. Filippo Vassalli, "Della legislazione di guerra e dei nuovi confini del diritto privato" (1918). In: *Studi giuridici*, vol. II, Roma: Soc. ed. del foro italiano, 1939, p. 43 e ss.; Francesco Ferrara, "Influenza giuridica della guerra nei rapporti civili" (1915). In: *Scritti giuridici*, vol. I, Milano: Giuffrè, 1954, p. 33 e ss. e, especificamente, "Diritto di guerra e diritto di pace", p. 63 e ss., para uma interessante classificação da normativa promulgada durante o período bélico, em termos de técnica legislativa; Emilio Betti, "Problemi dello sviluppo del capitalismo e della tecnica di guerra". In: *Studi in onore di A. Cicu*, vol. II, Milano: Giuffrè, 1951, p. 589 e ss.

[34] Cf. Arnoldo Medeiros da Fonseca, *Caso fortuito e teoria da imprevisão*, Rio de Janeiro, 1943, 2ª ed., p. 193 e ss., para uma minuciosa resenha da intervenção legislativa.

dos anos 1930, ganha assento constitucional em 1934 e cuja expressão, na teoria das obrigações, se constituiu no fenômeno do dirigismo contratual.

Tal modificação no papel do Código Civil representou profunda alteração na própria dogmática. Identificavam-se sinais de esgotamento das categorias do direito privado, constatando-se ruptura que bem poderia ser definida, conforme a preciosa análise de Ascarelli, como uma crise entre o instrumental teórico e as formas jurídicas do individualismo pré-industrial, de um lado; e, de outro, a realidade econômica industrial ou pós-industrial, que repelem o individualismo. Os novos fatos sociais dão ensejo a soluções objetivistas e não mais subjetivistas, a exigirem do legislador, do intérprete e da doutrina preocupação com o conteúdo e com as finalidades das atividades desenvolvidas pelo sujeito de direito.[35]

Esse estado de coisas ensejou a abrangência cada vez menor do Código Civil, contrapondo-o à vocação expansionista da legislação especial. A partir do longo processo de industrialização que tem curso na primeira metade do século XX, das doutrinas reivindicacionistas e dos movimentos sociais instigados pelas dificuldades econômicas, que realimentavam a intervenção do legislador, verifica-se a introdução, nas Cartas políticas e nas grandes Constituições do pós-guerra, de princípios e normas que estabelecem deveres sociais no desenvolvimento da atividade econômica privada. Assumem as Constituições compromissos a serem levados a cabo pelo legislador ordinário, demarcando os limites da autonomia privada, da propriedade e do controle dos bens. A Constituição brasileira de 1946 constitui claro exemplo dessa tendência, expressa nitidamente na Constituição italiana de 1947.

O Código Civil perde, assim, definitivamente, o seu papel de Constituição do direito privado. Os textos constitucionais, paulatinamente, definem princípios relacionados a temas antes reservados exclusivamente ao Código Civil e ao império da vontade: a função social da propriedade, os limites da atividade econômica, a organização da família, matérias típicas do direito privado, passam a integrar a nova ordem pública constitucional. Por outro lado, o próprio direito civil, através da legislação extracodificada, desloca sua preocupação central, que já não se volta tanto para o indivíduo, senão para as atividades por ele desenvolvidas e os riscos delas decorrentes. A exagerada atenção do vetusto Código Comercial para com o comerciante dá lugar à ênfase central em relação aos atos de comércio e à empresa. A tônica excessiva do Código Civil em torno do sujeito de direito cede à atenção do legislador especial para com as atividades, seus riscos e impacto social, e para a forma de utilização dos bens disponíveis, de maneira a assegurar resultados sociais pretendidos pelo Estado.

Perda de centralidade do Código Civil

A legislação especial é o instrumento dessa profunda alteração, avalizada pela Constituição da República. O Código Civil preocupava-se em garantir as regras do jogo (a estabilidade das normas); já as leis especiais as alteram sem-cerimônia, para

Direito comum e direito especial

---

[35] Tulio Ascarelli, Norma giuridica e realtà sociale. In: *Il diritto dell'economia*, 1955, p. 1.179 e ss.; Michelle Giorgianni, *Il diritto privato ed i suoi atuali confini*, cit., *passim*; Rosario Nicolò, Diritto civile. In: *Enciclopedia del diritto*, XII, Milano: Giuffrè, 1964, p. 907 e ss.

garantir objetivos sociais e econômicos definidos pelo Estado. O Poder Público persegue certas metas, desenvolve nesta direção programas assistenciais, intervém conspicuamente na economia, vale-se de dirigismo contratual acentuado. O legislador trabalha freneticamente para atender à demanda setorial crescente, fala-se mesmo em uma "orgia legiferante".[36] Configurava-se, assim, de um lado, o direito comum, disciplinado pelo Código que regulava, sob a velha ótica subjetivista, as situações jurídicas em geral; e, de outro, o direito especial, cada vez mais relevante e robusto, que retratava a intervenção do legislador em uma nova realidade econômica e política.

"Era dos estatutos"

A intensificação desse processo intervencionista subtraiu do Código Civil inteiros setores da atividade privada, mediante um conjunto de normas que não se limitava a regular aspectos especiais de certas matérias, disciplinando-as integralmente. O Estatuto da Criança e do Adolescente, o Código de Defesa do Consumidor, a Lei de Locações, o Estatuto do Idoso, na mesma esteira de outras leis anteriores à Constituição, como o Estatuto da Terra, apresentam-se radicalmente diversos das legislações excepcional e especial de outrora. Tais diplomas não se circunscrevem a tratar do direito substantivo, mas, no que tange ao setor temático de incidência, introduzem dispositivos processuais, não raro instituem tipos penais, veiculam normas de direito administrativo e estabelecem, inclusive, princípios interpretativos. Não se tem aqui, do ponto de vista técnico, relação de gênero e espécie, ou de direito comum e especial em relação ao Código Civil.

Características dos estatutos

No que tange às características desses estatutos, em primeiro lugar nota-se alteração profunda na técnica legislativa. Cuida-se de leis que definem objetivos concretos, que vai muito além da simples garantia de regras estáveis para os negócios. O legislador fixa as diretrizes da política nacional do consumo; estabelece as metas a serem atingidas no tocante à locação de imóveis urbanos; define programas e políticas públicas para a proteção integral da criança e do adolescente. Vale-se de cláusulas gerais, abdicando da técnica regulamentar que, na égide da codificação, define os tipos jurídicos e os efeitos deles decorrentes. Cabe ao intérprete depreender das cláusulas gerais os comandos incidentes sobre inúmeras situações futuras, algumas delas sequer alvitradas pelo legislador, mas que se sujeitam ao tratamento legislativo pretendido por se inserirem em certas situações-padrão: a tipificação taxativa dá lugar a cláusulas gerais, abrangentes e abertas.

Linguagem

Em segundo lugar, verifica-se a alteração radical na linguagem empregada pelo legislador. As leis passaram a ter linguagem menos jurídica e mais setorial; linguagem que, não obstante os protestos dos juristas, atende a exigências específicas, ora atinentes a questões da informática, ora relacionadas a inovações tecnológicas ou a novas operações contratuais, ora a assuntos financeiros ou econômicos, suscitando muitas vezes dificuldades para o intérprete.

---

[36] Mauro Cappelletti, "Riflessioni sulla creatività della giurisprudenza nel tempo presente". In: *Rivista trimestrale di diritto e procedura civile*, 1982, p. 774.

Em terceiro lugar, quanto aos objetivos das normas, o legislador, para além de coibir comportamentos indesejados – os atos ilícitos –, em atuação repressiva, age através de leis de incentivo, propõe vantagens ao destinatário da norma jurídica, quer mediante financiamentos subsidiados, quer mediante a redução de impostos, taxas ou tarifas públicas; para com isso atingir objetivos propostos por tais leis, as chamadas leis-incentivo, com finalidades específicas. Revela-se, então, o novo papel assumido pelo legislador, argutamente identificado por Norberto Bobbio como "a função promocional do direito", consubstanciada exatamente na promoção de certas atividades ou comportamentos, almejados pelo legislador, através de normas que incentivam os destinatários, mediante o oferecimento de vantagens individuais.[37]

Função promocional

Em quarto lugar, não mais se limita o legislador à disciplina das relações patrimoniais. Na esteira do texto constitucional, que impõe inúmeros deveres extrapatrimoniais nas relações privadas, tendo em mira a realização da personalidade e a tutela da dignidade da pessoa humana, o legislador mais e mais condiciona a proteção de situações contratuais ou situações jurídicas tradicionalmente disciplinadas sob ótica exclusivamente patrimonial ao cumprimento de deveres não patrimoniais. Bastaria passar em revista as inúmeras normas introduzidas pelo Código de Defesa do Consumidor, algumas delas relacionadas à melhoria de sua qualidade de vida; ou aquelas relativas aos deveres do locador, no exercício do direito de propriedade regulado pela lei do inquilinato; ou ainda as regras que disciplinam as relações entre pais e filhos, nos termos inovadores do Estatuto da Criança e do Adolescente.

Instrumentalização das situações jurídicas patrimoniais às extrapatrimoniais

Mais ainda, como quinto característico na nova forma de legislar, nota-se o caráter contratual de tais estatutos. As associações, os sindicatos, os grupos interessados na regulação dos respectivos setores da sociedade negociam e debatem a promulgação de suas leis, buscam a aprovação de normas que atendam a exigências específicas, setorialmente localizadas. O legislador do Código Civil de 1916, que legislava de maneira geral e abstrata, tendo em mira o cidadão comum, dá lugar ao *legislador-negociador*, com vocação para a *contratação*, que produz a normatização para determinados grupos — locador e locatário, fornecedores e consumidores, e assim por diante.[38]

Caráter contratual

A intervenção direta do Estado nas relações de direito privado não significa um agigantamento do direito público em detrimento do direito civil que, dessa forma, perderia espaço. Muito ao contrário, a perspectiva de interpretação civil-constitucional permite que sejam revigorados os institutos de direito civil, muitos deles defasados da realidade contemporânea e por isso mesmo relegados ao esquecimento e à ineficácia, repotencializando-os, de modo a torná-los compatíveis com as demandas sociais e econômicas da sociedade atual.

Revitalização do direito civil

O dirigismo contratual, bem como as instâncias de controle social instituídas em uma sociedade cada vez mais participativa, alteram o comportamento do Estado

Direito público e direito privado

---

[37] Norberto Bobbio, *Dalla struttura alla funzione*, Milano: Edizioni di comunità, 1977, p. 63 e ss.
[38] Natalino Irti, *L'età della decodificazione*, cit., p. 29.

em relação ao cidadão, redefinindo os espaços daquela que outrora foi considerada a *summa divisio* entre direito público e privado, de tal sorte que a distinção deixa de ser qualitativa e passa a ser meramente quantitativa, nem sempre se podendo definir qual exatamente é o território do direito público e qual o território do direito privado. Em outras palavras, pode-se provavelmente determinar os campos do direito público ou do direito privado pela prevalência do interesse público ou do interesse privado, não já pela inexistência de intervenção pública nas atividades de direito privado ou pela exclusão da participação do cidadão nas esferas da administração pública. A alteração tem enorme significado hermenêutico, e é preciso que venha a ser absorvida pelos operadores.

<small>Remodelação do direito civil à luz dos princípios constitucionais</small>

Entre controvérsias, aplausos e objeções, o direito civil assistiu ao deslocamento de seus princípios fundantes do Código Civil para a Constituição Federal, em difusa experiência contemporânea, da Europa Continental à América Latina. Tal realidade, vista por muitos com certo desdém, na tentativa de reduzi-la a fenômeno de técnica legislativa – ou mesmo à mera atecnia –, revela processo de profunda transformação social, em que a autonomia privada passa a ser remodelada por valores não patrimoniais, de cunho existencial, inseridos na própria noção de ordem pública. Propriedade, empresa, família, relações contratuais tornam-se institutos funcionalizados à realização da dignidade da pessoa humana, fundamento da República, para a construção de uma sociedade livre, justa e solidária, objetivo central da Constituição brasileira de 1988.

<small>"Era da descodificação" e polissistema</small>

O direito civil perdeu, assim, inevitavelmente, a cômoda unidade sistemática antes assentada, de maneira estável e duradoura, no Código Civil de 1916. A teoria geral dos contratos passou a não mais atender às necessidades próprias da sociedade de consumo, da contratação em massa, da contratação coletiva. A teoria da propriedade já não respondia à pluralidade de situações jurídicas em que se dá o exercício do domínio que, por isso mesmo, se fragmenta. No âmbito comercial, o direito de propriedade, unitariamente concebido, não era suficiente para abranger a cisão operada entre o controle da empresa e a titularidade das ações. Em matéria de responsabilidade, o mesmo se percebeu, tornando-se evidente a insuficiência da responsabilidade fundada na culpa para explicar e solucionar problemas há muito emergentes, e que se intensificaram com o desenvolvimento industrial e tecnológico. Diante de tais circunstâncias, verificadas em diversos países europeus, o Professor Natalino Irti, da Universidade de Roma, anunciou a chamada "era da descodificação", com a substituição do *monossistema*, representado pelo Código Civil, pelo *polissistema*, formado pelos estatutos, verdadeiros microssistemas do direito privado. Essa posição metodológica foi logo aderida, no caso brasileiro, pelo Professor Orlando Gomes, mas deve ser examinada com enorme cautela.[39]

---

[39] A expressão dá o título à coletânea e é recorrente nos trabalhos reunidos em Natalino Irti, *L'età della decodificazione*, cit. V. também, Orlando Gomes, A agonia do Código Civil. In: *Revista de Direito Comparado Luso-brasileiro*, n. 7, 1988, p. 1 e ss. Cf., em sentido contrário: Adriano de Cupis, A proposito di codice e di decodificazione. In: *Rivista di diritto civile*, 1979, II, p. 47 e ss.; Rodolfo

Não há dúvida que a aludida relação estabelecida entre o Código Civil e as leis especiais, tanto na fase da excepcionalidade quanto na fase da especialização, constituía uma espécie de *monossistema*, no qual o Código Civil de 1916 figurava como o grande centro de referência e as demais leis especiais funcionavam como satélites, ao seu redor. Com as modificações aqui relatadas, vislumbrou-se o chamado *polissistema*, onde gravitariam universos isolados, que normatizariam inteiras matérias a prescindir do Código Civil. Tais universos legislativos foram identificados pela mencionada doutrina como *microssistemas*, que funcionariam com inteira independência temática, a despeito dos princípios do Código Civil. O Código Civil passaria, portanto, a ter função meramente residual, aplicável tão somente às matérias não reguladas pelas leis especiais.

Microssistemas e fragmentação do sistema

Nesse estado de coisas, segundo a mesma corrente doutrinária, estar-se-ia diante de um direito civil fragmentado. Em face dos microssistemas, o Código Civil perderia mais e mais a sua posição hegemônica, em nada servindo, por consequência, as propostas de nova codificação, desesperada e vã tentativa de unificar interesses jurídicos múltiplos, díspares, insuscetíveis de recondução a um núcleo normativo monolítico. Afinal, a proliferação das leis especiais, segundo a mesma análise, seria reflexo da inelutável multiplicação de grupos sociais em ascensão, de corporações, e de centros de interesses novos e diversificados que passaram a habitar o universo jurídico.

Não obstante a extraordinária análise histórica oferecida por Natalino Irti, o fato é que tal doutrina, levada às últimas consequências, representaria grave fragmentação do sistema, permitindo a convivência de universos legislativos isolados, responsáveis pela disciplina completa dos diversos setores da economia, sob a égide de princípios e valores díspares, não raro antagônicos e conflitantes, ao sabor dos grupos políticos de pressão.[40]

Tal cenário, além de politicamente indesejável, não pode ser admitido diante da realidade constitucional, tendo em conta o cuidado do constituinte em definir princípios e valores bastante específicos no que concerne às relações de direito civil, particularmente quanto trata da propriedade, dos direitos da personalidade, da política nacional das relações de consumo, da atividade econômica privada, da empresa e da família. Diante do novo texto constitucional, torna-se forçoso para o intérprete redesenhar o tecido do direito civil à luz da legalidade constitucional.[41]

Unidade do direito civil à luz da legalidade constitucional

Sacco, Codificare: modo superato di legisferare?. In: *Rivista di diritto civile*, 1983, II, p. 118 e ss.; G. Azzariti, Codificazione e sistema giuridico. In: *Politica del diritto*, 1982, p. 537 e ss.; e as diversas contribuições reunidas em *Temi della cultura giuridica contemporanea, Prosettive sul diritto privato. Il tramonto del codice civile. Il giurista nella società industriale* – Atti del Convegno di studi svoltosi a Roma il 27 e 28 ottobre 1979, Padova: Cedam, 1981. V., ainda, na perspectiva metodológica do texto: Carmine Donisi, Verso la 'depatrimonializzazione' del diritto privato. In: *Rassegna di diritto civile*, 1980, p. 644 e ss.; e, principalmente, Pietro Perlingieri, Le ragioni di un Convegno. Le leggi `speciali' in materia civile: tecniche legislative e individuazione della normativa. In: *Scuole, tendenze e metodi*, Napoli: ESI, 1989, p. 251 e ss. e, na mesma coletânea, Un parere sulla decodificazione, p. 307 e ss.

[40] Nesta direção, v. Pietro Perlingieri, Norme costituzionali e rapporti di diritto civile: In: *Scuole, tendenze e metodi*, cit., p. 109 e ss., e especialmente p. 134.

[41] Carmine Donisi, Verso la 'depatrimonializzazione' del diritto privato, cit., p. 684.

3. INTERPRETAÇÃO DO CÓDIGO DE DEFESA DO CONSUMIDOR À LUZ DA CONSTITUIÇÃO: A RELEVÂNCIA DA NOÇÃO DE VULNERABILIDADE. CONCEITO DE CONSUMIDOR

Consumidor como destinatário final

O Código de Defesa do Consumidor (CDC) define consumidor,[42] no *caput* do seu art. 2º, como aquele que adquire ou utiliza produto ou serviço, oferecido por um fornecedor, na qualidade de *destinatário final*. Na definição legal, consumidor é o destinatário final do produto ou serviço, para cuja caracterização não se afigura necessária a existência de vínculo contratual, haja vista o preceito expressamente aludir a adquirente *ou utente*. Controverte-se, desde a promulgação do CDC, acerca da locução *destinatário final*. Da variedade de entendimentos, mostra-se possível apreender, na consagrada classificação de Claudia Lima Marques, dois grandes grupos, a saber, os maximalistas e os finalistas.

Maximalismo

Para os primeiros, a despeito de suas variantes,[43] destinatário final seria o *destinatário fático* do produto ou serviço,[44] não se exigindo que a destinação, para ser reputada final, seja completamente alheia à atividade profissional,[45] mas apenas que não integre diretamente a cadeia produtiva mediante beneficiamento ou transformação.[46]

---

[42] Sobre o tema, v. também: Gustavo Tepedino; Milena Donato Oliva, A proteção do consumidor no ordenamento brasileiro. In: Claudia Lima Marques; Bruno Miragem (orgs.), *Diálogo das Fontes*: Novos estudos sobre a coordenação e aplicação das normas no direito brasileiro, São Paulo: Revista dos Tribunais, 2020.

[43] Assim advertiu o Ministro Jorge Scartezzini no julgamento do REsp 541.867, ocorrido em 10.11.2004: "Verifica-se, porém, entre os maximalistas, certo dissenso no que tange à destinação profissional dada ao bem ou serviço consumido. Pode-se dizer que prevalece o entendimento no sentido de que tal finalidade desnatura a relação de consumo tão-somente se o bem ou serviço passa a integrar, direta (revenda) ou indiretamente (por transformação, beneficiamento ou montagem), o produto ou serviço a ser finalmente inserido no mercado, tratando-se, então, de instrumento de produção". Cf., por oportuno, STJ, 3a T., REsp 208.793/MT, Rel. Min. Carlos Alberto Menezes Direito, julg. 18.11.1999, publ. *DJ* 1.8.2000, colhendo-se, do voto do relator, a seguinte passagem: "De fato, pode uma determinada empresa comprar matéria-prima que será utilizada na sua produção, o que quer dizer que o bem adquirido, no caso, será transformado, integrando o novo produto que será destinado ao público; ou, ainda, pode a mesma empresa adquirir um bem que seja necessário ao seu fim, mas que seja consumido por ela própria, sem que participe diretamente do produto que será oferecido, após o ciclo da produção, ao mercado. São duas situações bem nítidas que podem facilitar o trabalho do intérprete. Na primeira, a matéria-prima integra o ciclo produtivo, na segunda, não; na primeira, evidentemente, não é a empresa destinatária final; na segunda, claro, é".

[44] Claudia Lima Marques, Antonio Herman Benjamin, Bruno Miragem, *Comentários ao Código de Defesa do Consumidor*, São Paulo: Revista dos Tribunais, 2013, p. 116.

[45] "De nossa parte, não podemos concordar com a equiparação que se quer fazer de uso final com uso privado pois que tal equiparação não está autorizada na lei e não cabe ao intérprete restringir aonde a norma não o faz (...)" (Arruda Alvim, Thereza Alvim, Eduardo Arruda Alvim e James Marins, *Código do Consumidor comentado*, São Paulo: Revista dos Tribunais, 1995, p. 22). Na mesma direção, cf. João Batista de Almeida, *A proteção jurídica do consumidor*, São Paulo: Saraiva, 2009, p. 43; James Marins, *Responsabilidade da empresa pelo fato do produto*, São Paulo: Revista dos Tribunais, 1993, p. 66.

[46] "A empresa que adquire, por exemplo, um veículo para transporte de sua matéria-prima ou de seus funcionários, certamente o faz na qualidade de adquirente e usuário final daquele produto, que não será objeto de transformação, nem tampouco, nesta hipótese, será implementado o veículo no objeto de produção da empresa (aqui 'consumidor-pessoa jurídica'). O veículo comprado atinge aí o seu ciclo final, encontrando na empresa o seu 'destinatário final', em circunstância bastante

Haveria ato de consumo final, assim, sempre que o bem não fosse utilizado diretamente na cadeia produtiva.[47]

Já para os finalistas, a figura do consumidor restringe-se àquele que emprega o produto ou o serviço para finalidade não profissional.[48] A utilização direta ou indireta na atividade econômica descaracteriza, de acordo com esse entendimento, a destinação final, por transformar o bem ou serviço em instrumento do ciclo produtivo de outros bens ou serviços.[49] Dessa sorte, destinatário final consubstancia aquele

<small>Finalismo</small>

---

diferente do exemplo utilizado acima em que os elásticos seriam fisicamente incorporados a outro produto, o que, consequentemente, remete a outro 'destinatário' a qualidade de 'final'" (Arruda Alvim, Thereza Alvim, Eduardo Arruda Alvim e James Marins, *Código do Consumidor comentado*, São Paulo: Revista dos Tribunais, 1995, p. 29). V. tb. João Batista de Almeida, *A proteção jurídica do consumidor*, cit., p. 41; Fátima Nancy Andrighi, O conceito de consumidor direto e a jurisprudência do Superior Tribunal de Justiça. In: *Revista de Direito Renovar*, n. 29, Rio de Janeiro: Renovar, 2004, p. 5.

[47] "A segunda corrente, chamada de objetiva (ou maximalista), considera que a aquisição ou uso de bem ou serviço na condição de destinatário final fático caracteriza a relação de consumo, por força do elemento objetivo, qual seja, o ato de consumo. Não influi na definição de consumidor o uso privado ou econômico-profissional do bem, porquanto quem adquire ou utiliza, bem ou serviço, com vistas ao exercício de atividade econômica, sem que o produto ou serviço integre diretamente o processo de produção, transformação, montagem, beneficiamento ou revenda, o faz na condição de destinatário final, ainda que meramente fático, o que caracteriza o conceito de consumidor" (trecho do voto da Ministra Nancy Andrighi, no julgamento do CC n. 41.056, em 23.6.2004, publ. no *DJ* em 20.09.2004). "A expressão 'destinatário final', pois, deve ser interpretada de forma ampla, bastando à configuração do consumidor que a pessoa, física ou jurídica, se apresente como *destinatário fático* do bem ou serviço, isto é, que o retire do mercado, encerrando objetivamente a cadeia produtiva em que inseridos o fornecimento do bem ou a prestação do serviço. Não importa perquirir a finalidade do ato de consumo, ou seja, é totalmente irrelevante se a pessoa objetiva a satisfação de necessidades pessoais ou profissionais, se visa ou não ao lucro ao adquirir a mercadoria ou usufruir do serviço. Dando ao bem ou ao serviço uma *destinação final fática*, a pessoa, física ou jurídica, profissional ou não, caracteriza-se como consumidora (...)". (trecho do voto do Ministro Jorge Scartezzini no julgamento do REsp 541.867, ocorrido em 10.11.2004).

[48] Claudia Lima Marques, Antonio Herman Benjamin, Bruno Miragem, *Comentários ao Código de Defesa do Consumidor*, São Paulo: Revista dos Tribunais, 2013, p. 116. No âmbito do Superior Tribunal de Justiça, é ver-se: "O conceito de consumidor, na esteira do finalismo, portanto, restringe-se, em princípio, às pessoas, físicas ou jurídicas, *não profissionais*, que não visam ao lucro em suas atividades, e que contratam com profissionais. Entende-se que não há falar em consumo final, mas *intermediário*, quando um profissional adquire produto ou usufrui de serviço com o fim de, direta ou indiretamente, *dinamizar ou instrumentalizar seu próprio negócio lucrativo*" (trecho do voto do Ministro Jorge Scartezzini no julgamento do REsp 541.867, ocorrido em 10.11.2004). Confira-se, ainda, a clássica definição de Fábio Konder Comparato: "O consumidor é, pois, de modo geral, aquele que se submete ao poder de controle dos titulares de bens de produção, isto é, os empresários. É claro que todo produtor, em maior ou menor medida, depende por sua vez de outros empresários, como fornecedores de insumos ou financiadores, por exemplo, para exercer a sua atividade produtiva; e, nesse sentido, é também consumidor. Quando se fala, no entanto, em proteção do consumidor quer-se referir ao indivíduo ou grupo de indivíduos, os quais, ainda que empresários, se apresentam no mercado como simples adquirentes ou usuários de serviços, sem ligação com a sua atividade empresarial própria" (A proteção do consumidor: importante capítulo do direito econômico. In: *Revista de Direito do Consumidor*, 77, São Paulo: Revista dos Tribunais, 2011, pp. 29-30).

[49] "É de se notar, que para os defensores desta corrente, pouco importa se o bem ou serviço adquirido será revendido ao consumidor (diretamente ou por transformação, montagem ou beneficiamento) ou simplesmente agregado ao estabelecimento empresarial (por exemplo: maquinário adquirido para a fabricação de produtos, veículo utilizado na entrega de mercadorias, móveis e utensílios que

que emprega o produto ou o serviço sem finalidade econômica, isto é, sem qualquer conexão, direta ou indireta, com a atividade profissional desenvolvida.[50]

Caráter profissional

A despeito das nuances e variações, a principal distinção entre maximalistas e finalistas vincula-se ao caráter profissional da aquisição, que os finalistas não admitem, quer direta ou indiretamente, ao passo que os maximalistas aceitam com algumas limitações. Aludidos posicionamentos apresentam parâmetros relevantes para a delimitação do conceito de consumidor, muito embora nenhum deles possa ser aplicado em sua plenitude, haja vista sua inaptidão para solucionar a multiplicidade de manifestações da vulnerabilidade no mercado de consumo.

Vulnerabilidade

Com efeito, muito embora seja possível afirmar que o não profissional é destinatário final, equiparar as noções acaba por excluir uma série de situações que reclama tutela interventiva. Por outro lado, se a crítica ao finalismo é que sua excessiva restrição deixa de fora algumas hipóteses de vulnerabilidade, a solução não pode ser uma definição que possibilite abranger os não vulneráveis. Nessa esteira, alegar que o liame apenas indireto com a atividade econômica desenvolvida seria o suficiente para caracterizar o destinatário final também se afigura problemático. Afinal, como determinar com segurança o tipo de vínculo do produto ou serviço com a atividade desenvolvida? Além disso, em que medida aludido liame tem o condão de aferir a vulnerabilidade inspiradora da ideia de destinação final?

Proteção do vulnerável que não seja destinatário final

Ao embate entre maximalistas e finalistas pode-se, ainda, acrescentar outra dúvida: é possível que o profissional que adquire produto ou serviço para utilizar *diretamente* em sua atividade possa estar em situação de vulnerabilidade tal que, a despeito de não configurar destinatário final, lhe seja consentido invocar a tutela protetiva do CDC?

---

irão compor o estabelecimento, programas de computador e máquinas utilizados para controle de estoque ou gerenciamento): a sua utilização, direta ou indireta, na atividade econômica exercida, *descaracteriza a destinação ou fruição final do bem, transformando-o em instrumento do ciclo produtivo de outros bens ou serviços*". (Fátima Nancy Andrighi, O conceito de consumidor direto e a jurisprudência do Superior Tribunal de Justiça. In: *Revista de Direito Renovar*, n. 29, Rio de Janeiro: Renovar, 2004, p. 2).

[50] "(...) não há falar em relação de consumo quando a aquisição de bens ou a utilização de serviços, por pessoa natural ou jurídica, tem como escopo incrementar a sua atividade comercial. (...). A lei consumerista, à evidência, não veio contemplar o comerciante, puro e simples, que no seu campo de atuação profissional adquire bens e contrata serviços com a finalidade de implementar a sua atividade negocial" (trecho do voto do Ministro Barros Monteiro no julgamento do REsp 541.867, ocorrido em 10.11.2004). De acordo com Claudia Lima Marques, "relações de consumo por excelência são aquelas entre um leigo, o consumidor pessoa física, e um profissional, pessoa física ou jurídica que exerce atividade de fornecimento de produtos ou serviços" (Apresentação à obra de Alinne Arquette Leite Novais, *A teoria contratual e o Código de Defesa do Consumidor*, Biblioteca de Direito do Consumidor, n. 17, São Paulo: Revista dos Tribunais, 2001, p. 16). "O conceito de consumidor, na esteira do finalismo, portanto, restringe-se, em princípio, às pessoas, físicas ou jurídicas, *não profissionais*, que não visam lucro em suas atividades e que contratam com profissionais. Entende-se que não se há falar em consumo final, mas *intermediário*, quando um profissional adquire produto ou usufrui de serviço com o fim de, direta ou indiretamente, *dinamizar ou instrumentalizar seu próprio negócio lucrativo* (Sergio Cavalieri Filho, *Programa de direito do consumidor*, São Paulo: Atlas, 2008, p. 51). V., ainda, Adalberto Pasqualotto, O destinatário final e o consumidor intermediário. In: *Revista de Direito do Consumidor*, vol. 74, 2010, p. 10.

Não se mostra tarefa simples identificar as variadas facetas da vulnerabilidade no mercado aptas a atraírem a aplicação do CDC, sendo certo, contudo, que a definição do conceito de consumidor e a determinação da incidência do CDC devem ocorrer em obediência à axiologia constitucional, isto é, com vistas a reequilibrar a concreta relação jurídica, de forma a promover a igualdade substancial.

Nesse contexto, as formulações que se reconduzem ao maximalismo acabam, em maior ou menor grau, se prendendo a análises eminentemente estruturais do que se deve entender por insumo, por ato de consumo, por utilização direta ou indireta do produto ou serviço, o que, a um só tempo, se afasta da compreensão axiológica da tutela do consumidor e abre uma miríade de possibilidades interpretativas que remanescem em eterno e insolúvel impasse.

De outra parte, o finalismo compreendido de maneira estrita acaba por exasperar o caráter não profissional em detrimento da vulnerabilidade em concreto, o que, involuntariamente, ocasiona recorte da realidade de maneira nem sempre harmônica com o sistema. Muito embora seja possível reputar o não profissional sempre vulnerável perante o fornecedor, de modo a incluí-lo, com segurança, na noção de destinatário final, não se pode reduzir esta àquele e excluir que, em determinadas hipóteses, o profissional possa consubstanciar destinatário final. Com efeito, o médico que adquire um computador para seu consultório não está menos vulnerável nesta transação do que quando adquire um computador para uso doméstico.

Nem sempre é possível, note-se, aferir com precisão em que medida a aquisição de bens e serviços ocorre no âmbito da atividade profissional. Além disso, como se ressaltou, mesmo nestas hipóteses não se pode descartar a presença da vulnerabilidade justificadora do regime tutelar,[51] especialmente em se tratando de pessoa física.[52]

A partir dessa percepção, o Superior Tribunal de Justiça, em entendimento que prestigia a unidade axiológica do ordenamento, estende a tutela protetiva do CDC sempre que configurada, em concreto, a vulnerabilidade justificadora da proteção especial, ainda que se esteja diante de profissionais.[53] Com isso, não ape-

O posicionamento do STJ

---

[51] "Na verdade, o que se deve examinar prioritariamente não é se a aquisição do produto ou serviço está fora da atividade principal da empresa, mas se, no caso concreto, a vulnerabilidade (fática, técnica, jurídica, informacional) está presente. Ou seja, a vulnerabilidade, que é a razão de proteção jurídica de determinadas pessoas perante atividades desenvolvidas no mercado, serve, também, para solucionar os casos polêmicos de incidência do CDC sobre determinado suporte fático". (Leonardo Roscoe Bessa, *Relação de consumo e aplicação do Código de Defesa do Consumidor*, São Paulo: Revista dos Tribunais, 2009, pp. 57-58).

[52] "Apesar de a pessoa jurídica ser considerada consumidora em diversos ordenamentos jurídicos, a necessidade de tutela da pessoa humana no mercado é mais intensa e evidente justamente em razão de sua dignidade humana e, como projeção, dos direitos da personalidade que estão expostos no mercado de consumo. Este ponto, reitere-se, há de ser considerado como critério hermenêutico nas situações geradoras de controvérsias". (Leonardo Roscoe Bessa, *Relação de consumo e aplicação do Código de Defesa do Consumidor*, São Paulo: Revista dos Tribunais, 2009, p. 40).

[53] "Denota-se, todavia, certo abrandamento na interpretação finalista, na medida em que se admite, *excepcionalmente e desde que demonstrada 'in concreto' a vulnerabilidade técnica, jurídica*

nas os casos difíceis concernentes à aquisição de bens ou serviços por profissionais, como também as hipóteses em que inequivocamente não se está diante de destinatário final, mas resta configurada a vulnerabilidade, ficam protegidas sob o manto do CDC.[54]

<small>Finalismo aprofundado</small>

O Superior Tribunal de Justiça instituiu, assim, o que se tem chamado de finalismo aprofundado, segundo o qual, uma vez configurada a vulnerabilidade da parte, seria aplicável o CDC, especialmente em casos difíceis envolvendo pequenas empresas que utilizam insumos para a sua produção, mas não em sua área de *expertise*.[55]

O finalismo aprofundado, a rigor, consagra a orientação hermenêutica que festejada doutrina, desde a inauguração do diploma protetivo, denominou de vocação expansionista do CDC.[56] Aludido fenômeno, que não se confunde, em absoluto, com o maximalismo, prestigia a unidade do ordenamento a partir da axiologia constitucional, a impor não o alargamento acrítico ou formalista da incidência do CDC, mas a tornar imperiosa a aplicação do regime tutelar sempre que presente a vulnerabilidade que fundamenta a proteção constitucional.[57]

---

ou econômica, a aplicação das normas do Código de Defesa do Consumidor a determinados consumidores profissionais, como pequenas empresas e profissionais liberais. Quer dizer, ao revés do preconizado pelos maximalistas, não se deixa de perquirir acerca do uso, profissional ou não, do bem ou serviço; apenas, como exceção e à vista da hipossuficiência concreta de determinado adquirente ou utente, não obstante seja um profissional, passa-se a considerá-lo consumidor". (trecho do voto do Ministro Jorge Scartezzini no julgamento do REsp 541.867, ocorrido em 10.11.2004).

[54] "O critério da vulnerabilidade em concreto para os casos difíceis também se mostra mais adequado do que a análise relativa à circunstância de o produto ou serviço adquirido caracterizar-se como insumo ou incremento da atividade econômica desenvolvida pelo comprador. Isto porque inúmeras dúvidas e divergências podem surgir quanto ao entendimento jurídico do significado de insumo, incremento ou qualquer outro termo que se utilize para delimitar e melhor compreender o conceito de destinatário final" (Leonardo Roscoe Bessa, *Relação de consumo e aplicação do Código de Defesa do Consumidor*, São Paulo: Revista dos Tribunais, 2009, p. 62). E remata: "A melhor posição é, pelas razões apresentadas, examinar, nos casos difíceis, particularmente de pessoas jurídicas que atuam no mercado, a vulnerabilidade em concreto, o que, em última análise, atende à própria razão de existência da Lei 8.078/1990: proteção de situações de vulnerabilidade no mercado de consumo". (Leonardo Roscoe Bessa, *Relação de consumo e aplicação do Código de Defesa do Consumidor*, São Paulo: Revista dos Tribunais, 2009, p. 66).

[55] Claudia Lima Marques, Antonio Herman Benjamin, Bruno Miragem, *Comentários ao Código de Defesa do Consumidor*, São Paulo: Revista dos Tribunais, 2013, p. 117. Em suas palavras: "(...) os finalistas evoluíram para uma posição mais branda, se bem que sempre teleológica, aceitando a possibilidade de o Judiciário, reconhecendo a vulnerabilidade de uma pequena empresa ou profissional, que adquiriu, por exemplo, um produto fora de seu campo de especialidade, interpretar o art. 2º de acordo com o fim da norma, isto é, proteção ao mais fraco na relação de consumo, e conceder a aplicação das normas especiais do CDC, analogicamente, também a estes profissionais" (*Comentários ao Código de Defesa do Consumidor*, São Paulo: Revista dos Tribunais, 2013, p. 116).

[56] Gustavo Tepedino, As relações de consumo e a nova teoria contratual. In: *Temas de direito civil*, Rio de Janeiro: Renovar, 2008, pp. 233-246.

[57] Gustavo Tepedino, Código de Defesa do Consumidor, Código Civil e complexidade do ordenamento. In: *Revista Trimestral de Direito Civil*, vol. 22, Rio de Janeiro: Padma, 2005, p. iii-v.

CAPÍTULO III | PLURALIDADE DE FONTES NORMATIVAS, CÓDIGO CIVIL E CONSTITUIÇÃO   49

O STJ, que já decidiu à luz dos critérios maximalistas,[58] a partir de 2004[59] alterou sua orientação prevalente para, a partir dos parâmetros do finalismo, aplicar o CDC sempre que presentes os fundamentos constitucionais da proteção do consumidor.[60] Desprende-se o STJ, dessa sorte, de parâmetros rígidos para, com base na investigação da vulnerabilidade em concreto, definir os contornos de incidência do CDC.[61] Desse modo, o STJ, em última análise, supera a discussão da destinação final para, sempre

---

[58] V., sobre o entendimento do Superior Tribunal de Justiça até 2004, Adalberto Pasqualotto, O destinatário final e o 'consumidor intermediário'. In: *Revista de Direito do Consumidor*, vol. 74, 2010. No sentido maximalista, eis, exemplificativamente, os seguintes julgados: STJ, 3ª T., REsp 208.793/MT, Rel. Min. Carlos Alberto Menezes Direito, julg. 18.11.1999, publ. *DJ* 1.8.2000; STJ, 3ª T., REsp 286441/RS, Rel. p/acórdão Min. Carlos Alberto Menezes Direito, julg. 7.11.2002, publ. *DJ* 3.2.2003; STJ, 1a T., REsp 263229/SP, Rel. Min. José Delgado, julg. 14.11.2000, publ. *DJ* 9.4.2001; STJ, 2a S., CC 41056/SP, Rel. Min. Nancy Andrighi, julg. 23.6.2004, publ. *DJ* 20.9.2004.

[59] O julgamento que marcou a mudança de entendimento do STJ foi o do REsp 541.867, pela 2a Seção. Eis a ementa: "(...). A aquisição de bens ou a utilização de serviços, por pessoa natural ou jurídica, com o escopo de implementar ou incrementar a sua atividade negocial, não se reputa como relação de consumo e, sim, como uma atividade de consumo intermediária. (...)". (STJ, 2ª Seção, REsp n. 541.867/BA, Rel. Min. Antônio de Pádua Ribeiro, julg. 10.11.2004, publ. *DJ* 16.5.2005).

[60] "(...). No que tange à definição de consumidor, a Segunda Seção desta Corte, ao julgar, aos 10.11.2004, o REsp n. 541.867/BA, perfilhou-se à orientação doutrinária finalista ou subjetiva, de sorte que, de regra, o consumidor intermediário, por adquirir produto ou usufruir de serviço com o fim de, direta ou indiretamente, dinamizar ou instrumentalizar seu próprio negócio lucrativo, não se enquadra na definição constante no art. 2º do CDC. Denota-se, todavia, certo abrandamento na interpretação finalista, na medida em que se admite, excepcionalmente, a aplicação das normas do CDC a determinados consumidores profissionais, desde que demonstrada, in concreto, a vulnerabilidade técnica, jurídica ou econômica". (STJ, 4ª Turma, REsp n. 660.026/RJ, Rel. Min. Jorge Scartezzini, julg. 3.5.2005, publ. *DJ* 27.6.2005).

[61] Confiram-se alguns exemplos: "(...). A jurisprudência do STJ se encontra consolidada no sentido de que a determinação da qualidade de consumidor deve, em regra, ser feita mediante aplicação da teoria finalista, que, numa exegese restritiva do art. 2º do CDC, considera destinatário final tão somente o destinatário fático e econômico do bem ou serviço, seja ele pessoa física ou jurídica. 2. Pela teoria finalista, fica excluído da proteção do CDC o consumo intermediário, assim entendido como aquele cujo produto retorna para as cadeias de produção e distribuição, compondo o custo (e, portanto, o preço final) de um novo bem ou serviço. Vale dizer, só pode ser considerado consumidor, para fins de tutela pela Lei n. 8.078/90, aquele que exaure a função econômica do bem ou serviço, excluindo-o de forma definitiva do mercado de consumo. 3. A jurisprudência do STJ, tomando por base o conceito de consumidor por equiparação previsto no art. 29 do CDC, tem evoluído para uma aplicação temperada da teoria finalista frente às pessoas jurídicas, num processo que a doutrina vem denominando finalismo aprofundado, consistente em se admitir que, em determinadas hipóteses, a pessoa jurídica adquirente de um produto ou serviço pode ser equiparada à condição de consumidora, por apresentar frente ao fornecedor alguma vulnerabilidade, que constitui o princípio-motor da política nacional das relações de consumo, premissa expressamente fixada no art. 4º, I, do CDC, que legitima toda a proteção conferida ao consumidor. (...)" (STJ, 3ª Turma, REsp n. 1.195.642/RJ, Rel. Min. Nancy Andrighi, julg. 13.11.2012, publ. *DJ* 21.11.2012). "(...). 1. A Segunda Seção do STJ, ao julgar o REsp 541.867/BA, Rel. Min. Pádua Ribeiro, Rel. p/ Acórdão o Min. Barros Monteiro, *DJ* 16.05.2005, optou pela concepção subjetiva ou finalista de consumidor. 2. Todavia, deve-se abrandar a teoria finalista, admitindo a aplicação das normas do CDC a determinados consumidores profissionais, desde que seja demonstrada a vulnerabilidade técnica, jurídica ou econômica. 3. Nos presentes autos, o que se verifica é o conflito entre uma empresa fabricante de máquinas e fornecedora de softwares, suprimentos, peças e acessórios para a atividade confeccionista e uma pessoa física que adquire uma máquina de bordar em prol da sua sobrevivência e de sua família, ficando evidenciada a sua vulnerabilidade econômica. 4. Nesta hipótese, está justificada a aplicação das regras de proteção ao consumidor, notadamente a nulidade da cláusula eletiva de foro". (STJ, 3ª T., REsp 1010834/GO, Rel. Min. Nancy Andrighi, julg. 3.8.2010, publ. *DJ* 13.10.2010). V. tb. STJ,

que em concreto ocorrer a vulnerabilidade justificadora da proteção constitucional do consumidor, haver a incidência do CDC.

O entendimento do Superior Tribunal de Justiça, em apoio à necessária compatibilização da pluralidade de fontes normativas na unidade do ordenamento, consagra a perspectiva de que é a proteção da dignidade da pessoa humana, posta no ápice da hierarquia axiológica constitucional, que assegura a tutela privilegiada do consumidor, como pessoa em particular vulnerabilidade no mercado de consumo. Evita-se, assim, perspectiva interpretativa fragmentária, que pudesse reclamar a proteção do consumidor em si mesmo considerado, como categoria formal. Bem ao contrário, na legalidade constitucional, é a pessoa humana em situação de particular vulnerabilidade que dá ensejo à sua tutela prioritária nas relações de consumo.

Registra-se, nos últimos anos, inquietante extensão da figura do consumidor por equiparação, previsto em dois distintos suportes fáticos: no art. 17 do CDC, no caso de acidente de consumo, e no art. 29 do CDC, na hipótese de práticas comerciais abusivas a consumidores.[62] Essa importantíssima categoria do consumidor por equiparação destina-se a equiparar, para fins de proteção consumerista, as vítimas não consumidoras de acidentes de consumo (art. 17 do CDC) e, em situação diversa, as vítimas de práticas comerciais abusivas perpetradas a consumidores (art. 29 do CDC). Trata-se de admirável instrumento previsto pelo legislador brasileiro, o qual se pretende indevidamente alargar, como na hipótese de acidente ambiental em que se busca estender a proteção do art. 17 do CDC às vítimas atingidas, mesmo quando inexista acidente de consumo na origem do evento danoso. Entretanto, sem a ocorrência de acidente de consumo na origem do evento danoso (acidente de consumo base), a ampliação do espectro de incidência do CDC, ainda que bem-intencionada, banaliza a defesa do consumidor. Afinal, na chamada sociedade de consumo, em cujo contexto a economia gira em torno da produção de bens e serviços, a ausência da exigibilidade de relação de consumo base para a caracterização da figura do consumidor por equiparação equivaleria a considerar todo e qualquer dano extracontratual ou contratual submetido ao CDC.

4. CRISE DE FONTES NORMATIVAS E O PAPEL DA CONSTITUIÇÃO. O DIREITO CIVIL-CONSTITUCIONAL

Reconhecendo embora a existência dos mencionados universos legislativos setoriais, é de se buscar, do ponto de vista hermenêutico, a unidade do sistema, deslocando-se para a tábua axiológica da Constituição da República o ponto de referência antes localizado no Código Civil.[63] Se o Código Civil se tornou incapaz – até mesmo por sua posição hierárquica – de informar, com princípios estáveis, as regras contidas nos diversos estatutos, o texto constitucional há de fazê-lo, já que o constituinte, deliberada-

---

3ª T., REsp 1080719/MG, Rel. Min. Nancy Andrighi, julg. 10.2.2009, publ. *DJ* 17.8.2009; STJ, 4ª T., REsp 611872/SP, Rel. Min. Antonio Carlos Ferreira, julg. 2.10.2012, publ. *DJ* 23.10.2012.

62   Para análise da matéria, cfr. Gustavo Tepedino, O inquietante retorno de doutrinas maximalistas. Editorial. In: *Revista Brasileira de Direito Civil – RBDCivil*, vol. 33, n. 2, abr./jun. 2024, p. 13-15.

63   Pietro Perlingieri, *Un parere sulla decodificazione*, cit., p. 307.

mente, mediante princípios e normas, interveio nas relações de direito privado, determinando, conseguintemente, os critérios interpretativos de cada uma das leis setoriais. Recupera-se, assim, o universo desfeito, reunificando-se o sistema.[64]

Como se afirmou, na experiência brasileira, o Estatuto da Criança e do Adolescente, o Código de Defesa do Consumidor e o Estatuto da Cidade constituem bons exemplos de ampla utilização da técnica das cláusulas gerais e de conceitos jurídicos indeterminados associados a *normas descritivas de valores*. O Código Civil de 2002, por sua vez, inspirado nas codificações anteriores aos anos 1970, introduziu numerosas cláusulas gerais e conceitos jurídicos indeterminados sem oferecer qualquer ponto de referência valorativo. Torna-se imprescindível, por isso mesmo, que o intérprete promova a conexão axiológica entre o corpo codificado e a Constituição da República, que define os valores e os princípios fundantes da ordem pública. Desta maneira mostra-se possível alcançar sentido valorativo uniforme às cláusulas gerais, à luz da principiologia constitucional, que assumiu o papel de reunificação do direito privado, diante da crise decorrente da pluralidade de fontes normativas combinada à progressiva perda de centralidade interpretativa do Código Civil de 1916. Dito diversamente, as cláusulas gerais do novo Código Civil representam alteração relevante no panorama do direito privado brasileiro desde que lidas e aplicadas segundo a lógica da solidariedade constitucional e da técnica interpretativa contemporânea.

<small>Conexão axiológica com a Constituição</small>

No panorama brasileiro contemporâneo, cabe ao intérprete, não mais ao legislador, a obra de integração do sistema jurídico; e esta tarefa há de ser realizada em consonância com a legalidade constitucional. No que concerne à Parte Geral do Código Civil, algumas cláusulas gerais utilizadas pelo codificador merecem especial atenção, relativamente à proteção dos direitos da personalidade e à boa-fé objetiva como cânone interpretativo. A superação dos chamados direitos da personalidade típicos em prol de uma tutela integral da dignidade da pessoa humana, prevista no art. 1º, III, da Constituição como um dos fundamentos da República, mostra-se, nesse sentido, imperativa na interpretação do limitado e antiquado rol de direitos previstos pelo codificador de 2002.[65] No que tange à boa-fé objetiva, apenas seu desenvolvimento doutrinário e jurisprudencial, realizado de forma criteriosa, e evitando-se o que já se denominou a superutilização[66] do princípio, pode permitir a implementação, no âmbito da autonomia privada, do projeto solidarista do constituinte (CR, art. 3º, I).

Por *direito civil-constitucional* entende-se a metodologia que, em busca da unidade do ordenamento jurídico, conforme acima longamente explicitado, propõe que a interpretação e a aplicação do direito ocorram mediante a incidência conjunta das

<small>Direito civil-constitucional</small>

---

[64] Pietro Perlingieri, Norme costituzionali e rapporti di diritto civile. In: *Scuole, tendenze e metodi*, cit. e, do mesmo autor, *Perfis do direito civil* (trad. Maria Cristina de Cicco), Rio de Janeiro: Renovar, 1997. Na doutrina brasileira, v. Maria Celina Bodin de Moraes, A Caminho de um Direito Civil Constitucional. In: *Revista de Direito Civil*, vol. 65, p. 21 e ss.

[65] V. Capítulo 8 desta obra.

[66] Anderson Schreiber, *A proibição de comportamento contraditório*: tutela da confiança e *venire contra factum proprium*, Rio de Janeiro: Renovar, 2007, p. 121.

normas infraconstitucionais e das normas constitucionais, visceralmente vinculadas, de tal modo que cada comando normativo, em qualquer grau hierárquico ou setor que se localize, possa exprimir, de maneira uniforme, as diretrizes constitucionais. Tal procedimento potencializa as categorias do direito civil, permitindo que, para além da disciplina de cada caso singular, os modelos jurídicos cumpram o papel de promoção da tábua de valores da Constituição.[67]

> Reelaboração dogmática do direito civil à luz da Constituição

Nessa vertente, a adjetivação atribuída à renovação do direito civil, que se afirma *constitucionalizado*, ou *socializado*, ou *despatrimonializado* pretende demonstrar a necessidade de sua inserção no tecido normativo constitucional e na ordem pública sistematicamente considerada, preservando, evidentemente, a sua autonomia dogmática. Tais designações poderiam suscitar a falsa impressão de que a dogmática do direito civil resta inalterada, servindo os adjetivos para aportar elementos externos às categorias que, ao contrário do que se pretende, permaneceriam ontologicamente imutáveis. Semelhantes adjetivos, contudo, não indicam a mera superposição de elementos exógenos do direito público sobre conceitos estratificados, mas a interpenetração dos direitos público e privado, de tal maneira a se reelaborar a dogmática do direito civil com a absorção do influxo constitucional.[68]

> Ordem pública

Trata-se, em uma palavra, de estabelecer novos parâmetros para a definição de ordem pública, relendo o direito civil não somente à luz da Constituição, mas mediante a incorporação das normas extraídas do Texto Maior à legislação infraconstitucional. Privilegiam-se, dessa maneira, os valores não patrimoniais e, em particular, a dignidade da pessoa humana, o desenvolvimento da sua personalidade, os direitos sociais e a justiça distributiva, para cujo atendimento devem se voltar a iniciativa econômica privada e as situações jurídicas patrimoniais.

PROBLEMAS PRÁTICOS

1. Pode-se estender a tutela protetiva do CDC a profissionais que empreguem o produto ou serviço adquirido em seu processo produtivo? Exemplifique.
2. Em que consistem os estatutos?

 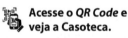

Acesse o *QR Code* e veja a Casoteca.

> https://uqr.to/1p8nl

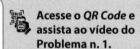

Acesse o *QR Code* e assista ao vídeo do Problema n. 1.

> https://uqr.to/n3zv

---

[67] Pietro Perlingieri, *O direito civil na legalidade constitucional*, Rio de Janeiro: Renovar, 2008, p. 591; Gustavo Tepedino, Premissas metodológicas para a constitucionalização do direito civil. In: *Temas de direito civil*, t. 1, Rio de Janeiro, Renovar, 2008; Luiz Edson Fachin, A construção do direito privado contemporâneo na experiência crítico-doutrinária brasileira a partir do catálogo mínimo para o Direito Civil-Constitucional no Brasil. In: Gustavo Tepedino (org.), *Direito civil contemporâneo*: novos problemas à luz da legalidade constitucional, São Paulo: Atlas, 2008.

[68] Pietro Perlingieri, O direito civil na legalidade constitucional, cit., p. 139 e ss.

Capítulo IV
INTERPRETAÇÃO DO DIREITO

Sumário: 1. Noção introdutória. A atividade interpretativa na complexidade do ordenamento. Espécies de interpretação – 2. Métodos de interpretação, unidade do ordenamento e a integração do sistema jurídico – 3. Técnicas de integração do ordenamento. Lacunas do Direito – 4. Analogia – 5. Costume – 6. Princípios gerais do direito – 7. Equidade – 8. Interpretação e aplicação do direito: superação da subsunção, ponderação e colisão de direitos – 9. A técnica da razoabilidade – Problemas práticos.

1. NOÇÃO INTRODUTÓRIA. A ATIVIDADE INTERPRETATIVA NA COMPLEXIDADE DO ORDENAMENTO. ESPÉCIES DE INTERPRETAÇÃO

Interpretar constitui-se na tarefa primordial do jurista. Configura processo cognitivo pelo qual se dá vida aos textos normativos, transpondo-os de previsões abstratas para a concretude da realidade social. Afirma-se, em síntese feliz, que "interpretar é conhecer".[1] Na lição de Ruggiero, "interpretar significa procurar o sentido e o valor da norma para medir a sua extensão precisa e avaliar da sua eficiência concreta sobre as relações jurídicas, não apenas no que respeita às normas legislativas obscuras e incertas, mas também no que respeita às normas de direito consuetudinário e às que são claras e não ambíguas".[2] A teoria do conhecimento das normas jurídicas denomina-se hermenêutica jurídica.[3]

Hermenêutica jurídica

---

[1] Ebert Chamoun, *Apostila do curso de direito civil*, Ministrado na Faculdade de Direito da Universidade do Estado da Guanabara em 1972, impresso sem responsabilidade da cátedra.
[2] Roberto de Ruggiero, *Instituições de direito civil*, vol. I, Campinas: Bookseller, 2005, p. 177.
[3] Hermes Lima, *Introdução à ciência do direito*, Rio de Janeiro: Freitas Bastos, 1996, 31ª ed. rev. e atualizada. (1ª ed. 1933), p. 152.

<small>Crítica ao brocardo *in claris non fit interpretatio*</small>

Não há norma jurídica que escape à interpretação, já que somente mediante a interpretação a norma se vivifica, construída com o fato ao qual se destina. A interpretação, portanto, não se reduz às hipóteses em que a definição normativa se mostre aparentemente mais árdua em razão da ambiguidade do texto legal ou da ausência de comando explícito para a questão em análise. A atividade de interpretação constitui-se em processo necessário para que, juntamente com o fato social, cujas nuances o fazem sempre singular, seja produzida a norma jurídica aplicada. Por isso afirma-se que a clareza da norma não antecede, mas decorre da atividade do intérprete.[4] Em consequência, não se justifica o vetusto brocardo latino *in claris non fit interpretatio*. Isso porque a afirmação da nitidez da lei resulta de processo cognitivo pelo qual o intérprete, ao compreender o texto legal, estabelece o seu conteúdo e espectro de incidência. Dessa forma, "o reconhecimento da clareza ou obscuridade de uma norma jurídica é uma fase do processo interpretativo e, aí sim, de sua valoração poderá decorrer.[5]

<small>Espécies de interpretação</small>

Costuma-se indicar algumas espécies de interpretação que, a rigor, poderiam ser consideradas como aspectos ou perspectivas de análise do processo hermenêutico, a serem levadas em conta, de modo não vinculante, pelo intérprete. Assim têm-se (i) a interpretação autêntica; (ii) a interpretação doutrinária; e (iii) a interpretação judicial.

<small>Interpretação autêntica</small>

Por interpretação autêntica entende-se a explicitação do sentido pretendido pela norma e que, por ser estabelecida pelo próprio legislador, considera-se genuína, sob o predicado da autenticidade.[6] Nesse caso, o legislador emana dispositivo legal pelo qual descreve ou esmiúça o que visa a alcançar. Embora designada como interpretação autêntica, a diretriz assim emanada não dispensa a atividade do intérprete, que deverá concretizá-la. Tem-se tão somente a explicitação da perspectiva do legislador em relação ao texto da lei.

<small>Interpretação doutrinária</small>

Já por interpretação doutrinária tem-se a compreensão dos doutrinadores quanto ao sentido pretendido pelo comando legal. Trata-se do ponto de vista do jurista, o qual, ao valorar o sentido normativo, leva em conta os métodos diversos de interpretação de que dispõe, construindo os fundamentos teóricos de aplicação da norma, que dão origem à dogmática jurídica. Por dogmática se entende o conjunto de con-

---

[4] Afirma Pietro Perlingieri que "a clareza não é um *prius* (o pressuposto), mas é um *posterius* (o resultado) da interpretação" (*O direito civil na legalidade constitucional*, Rio de Janeiro: Renovar, 2008, 1ª ed., p. 616). V. tb. Carlos Maximiliano, *Introdução à ciência do direito*, cit., p. 152; Roberto de Ruggiero, *Instituições de direito civil*, cit., p. 178.

[5] Ebert Chamoun (*Apostila do curso de direito civil*, cit.) de quem se apreende, ainda: "as leis todas, claras ou obscuras, se interpretam, com maior ou menor facilidade. O simples fato de afirmarmos que ela é clara, é porque já a conhecemos". No mesmo sentido, Pietro Perlingieri: "A qualificação de 'clara' reservada a uma palavra, ainda mais a uma proposição linguística, é somente relativa, sobretudo quando a mensagem tem, em relação ao momento da sua recepção por parte do destinatário, uma diversidade temporal. As palavras assumem no tempo significados diversos, segundo a cultura compartilhada pela comunidade" (*O direito civil na legalidade constitucional*, cit., p. 621).

[6] Carlos Maximiliano, *Interpretação e aplicação*, cit., p. 87.

ceitos e princípios teóricos que sistematizam e sintetizam as categorias e modelos jurídicos no âmbito do direito vigente em determinado contexto histórico.[7]

Interpretação judicial é a apreensão das normas pela magistratura. Tem-se aqui a perspectiva pela qual os juízes aplicam o preceito no caso concreto, mediante decisões práticas que, embora não vinculem ao mesmo entendimento os demais casos submetidos a julgamento – já que cada caso é dotado de singularidade –, constituem relevante orientação, conhecida como Jurisprudência, compreendida como o conjunto de decisões capaz de indicar o entendimento da magistratura acerca de determinada matéria.[8] *Interpretação judicial*

O processo interpretativo encontra dificuldades inerentes à complexidade do ordenamento, composto por elementos linguísticos cujo significado se altera constantemente, ao longo do tempo e do espaço. A linguagem do legislador nem sempre se faz precisa, mostrando-se ora lacunosa, ora redundante, ora aparentemente contraditória ou ociosa.[9] Incumbe ao intérprete, mediante métodos interpretativos diversos, harmonizar os diversos elementos de análise, com o objetivo de preservar a unidade sistemática. Para tanto, vale-se de diversos métodos interpretativos, formulados segundo motivações políticas, econômicas e culturais próprias do período histórico e das sociedades em que foram concebidos, os quais, uma vez contextualizados, se mostram ainda úteis como instrumentos de análise. *Dificuldades do processo interpretativo*

2. MÉTODOS DE INTERPRETAÇÃO, UNIDADE DO ORDENAMENTO E A INTEGRAÇÃO DO SISTEMA JURÍDICO

O primeiro método de interpretação, e talvez o mais intuitivo, é o da intepretação literal, também conhecida por gramatical ou filológica.[10] Por ser o direito essencialmente formal, o processo cognitivo se inicia pela apreensão da linguagem dos comandos normativos, embora a literalidade se mostre insuficiente para decifrar em plenitude o seu conteúdo. Tenha-se, por exemplo, a regra estatuída pelo art. 1.511 do Código Civil: *"O casamento estabelece comunhão plena de vida, com base na igualdade de direitos e deveres dos cônjuges".* A linguagem da lei permite compreensão imediata. Entretanto, a despeito da dicção textual, de pouca valia revela-se a interpretação gramatical do comando transcrito sem que se conheça (*rectius*, interprete) o significado da expressão "comunhão plena de vida" e a abrangência do mencionado princípio da "igualdade" diante dos "direitos e deveres dos cônjuges" estabelecidos por outros preceitos constitucionais e legais. O significado último do preceito somente poderá ser extraído em conjunto com as demais normas, constitucionais e infracons- *Interpretação literal, gramatical ou filológica*

---

[7] Ana Prata, *Dicionário jurídico*, vol. I, Coimbra: Almedina, 2008, p. 554; San Tiago Dantas, *Programa de direito civil*, vol. I, cit., p. 7.
[8] Serpa Lopes, *Curso de direito civil*, vol. I, Rio de Janeiro: Freitas Bastos, 1989, pp. 91-92.
[9] Ebert Chamoun, *Apostila do curso de direito civil*, cit.: "Pode o legislador dizer mais do que pretendia, ou ao contrário, as palavras de que se serviu não refletirem com exatidão seu pensamento. No entanto prevalece a lei e não o pensamento do legislador".
[10] Miguel Reale, *Lições preliminares de direito*, São Paulo: Saraiva, 2012, 27ª ed., p. 279.

tucionais, que, informadas pelos princípios da igualdade entre os cônjuges, da solidariedade social e da democracia na família, incidem sobre a vida em comum, restringindo ou assegurando direitos a cada um dos cônjuges. Daí a necessidade de se recorrer aos demais métodos de interpretação.

Em outras hipóteses, a literalidade mostra-se enganosa. No regime do Código Civil de 1916, o art. 485 estatuía: "Considera-se possuidor todo aquele que tem de fato o exercício, pleno, ou não, de algum dos poderes inerentes *ao domínio, ou propriedade*". Segundo observado em doutrina, a interpretação literal do dispositivo mostrava-se infrutífera. Ou bem "propriedade" e "domínio" deveriam ser considerados expressões sinonímias, sendo ociosa, portanto, a aposição pelo Código de uma delas; ou bem pretendia o Código Civil estabelecer a distinção conceitual entre propriedade e domínio. A controvérsia jamais seria solucionada, até que o codificador atual alterou a linguagem do preceito equivalente, suprimindo o vocábulo domínio do art. 1.196: "Considera-se possuidor todo aquele que tem de fato o exercício, pleno ou não, de algum dos poderes inerentes à *propriedade*". A alteração legislativa, embora significativa do ponto de vista linguístico, em nada alterou o regime da propriedade ou da posse, a demonstrar a insuficiência da interpretação literal para a definição do conteúdo normativo.

Interpretação racional ou lógica

Nessa perspectiva, deve-se recorrer, em seguida, *ao método racional ou lógico*.[11] Trata-se do exame da racionalidade intrínseca ao texto, composta por dois elementos fundamentais: a *occasio legis*, entendida como o conjunto de circunstâncias que justificam a criação da lei, a conjuntura em que foi promulgada, os fenômenos sociais e econômicos que lhe deram origem e os quais pretendeu o legislador disciplinar; e a *ratio legis*, entendida como o conjunto de finalidades e objetivos perseguidos pelo legislador.[12] Por racionalidade, portanto, tem-se o contexto histórico e os fins colimados pelo legislador, os quais permitem compreender a razão de ser do comando.

Mens legis

Afirma-se, nessa direção, que o intérprete, após revelar o sentido das palavras, *verba legis*, procura se distanciar delas, para verificar seus fundamentos fora do texto escrito, na busca do espírito das leis, a *mens legis*. A lei, traduzida por elementos verbais, *verba*, ou *verba legis*, como qualquer proposição linguística, apresenta-se permeada por elementos abstratos, associados ao contexto histórico e social em que foi promulgada, que justificam a sua exteriorização, designados como *mens legis*, ou o espírito das leis. Segundo as fontes romanas: "*Scire leges non hoc est verba earum tenere, sed vim ac potestatem*" – saber as leis não é compreender as palavras, senão o seu sentido, a sua força, o seu poder.[13]

Mens legislatoris

Essa investigação do significado racional da lei, no contexto de sua promulgação, não se confunde com o pretendido pelo legislador, subjetivamente considerado. Torna-se necessário objetivar essa pesquisa, para não reduzi-la à investigação das

---

[11] V. Henri de Page, *Traité élémentaire de droit civil belge*, vol. I, Bruxelles: Émile Bruylant, 1948, p. 10.
[12] Hermes Lima, *Introdução à ciência do direito*, cit., p. 155.
[13] O preceito, enunciado por Celso, consta do Digesto, Livro I, fragmento 3, §17.

intenções de quem a promulgou (*mens legislatoris*), já que, independentemente dos propósitos políticos que possam presidir o processo legislativo, a racionalidade histórica se identifica com as circunstâncias que atuam sobre o texto promulgado (e não sobre quem o editou).[14]

Nessa esteira deve ser compreendido o método racional, capaz de impedir a violação da lei de maneira indireta, designada como fraude à lei. Vale dizer, respeitando-se embora a literalidade do texto legal (em obediência aos *verba legis*), viola-se a razão de ser do comando, que justifica a sua prescrição, chamado por isso de espírito da lei, ou a *mens legis*. Tem-se então a fraude à lei, notabilizada na jurisprudência do direito romano clássico pelo pretor que, para superar limite imposto por reforma agrária, emancipou seu filho para que parte das terras fosse para ele.[15]

Fraude à lei

Finalmente, volta-se o intérprete para o método de interpretação sistemática, pelo qual o sentido normativo há de ser compreendido no âmbito do sistema, como vetor de promoção dos princípios e valores do ordenamento.[16] Se a noção de ordenamento pressupõe unidade sistemática, como antes examinado, cada preceito deve ser compreendido não isoladamente mas no âmbito do sistema, como veículo de afirmação e promoção de valores comuns a todo o conjunto normativo. A esse respeito, afirma-se que o sistema jurídico, ao contrário das ciências exatas, cuja violação representa a sua desconstituição (se a lei da gravitação universal não for respeitada, em experiência empírica, não sobreviverá o sistema criado pelo físico Isaac Newton), tem o condão de se autopreservar mediante a atividade interpretativa. Para tanto, basta que os diversos comandos que o compõem não se contradigam, consigam se compatibilizar sistematicamente, vale dizer, logrem convergir para finalidades comuns definidas pelo ordenamento como sistema.

Interpretação sistemática

Nessa perspectiva, Norberto Bobbio alude ao *principio della ragionevolezza del legislatore*, no sentido de se afastarem os sentidos normativos contraditórios com o sistema.[17] Todos esses métodos interpretativos, como acima anotado, devem ser

Principio della ragionevolezza del legislatore

---

[14] Caio Mário da Silva Pereira, *Instituições de direito civil*, vol. I, Rio de Janeiro, Forense, 2019, 32ª ed., pp. 166-168.

[15] Trata-se da "*Lex Licina de Modus Agris et Pecoris*, que proibia a um cidadão romano possuir mais de quinhentos acres de terra, pois seu escopo era acabar com o latifúndio. Licínio Stolonis, pretor que fora um dos autores da norma, no intuito de escapar à sua incidência, emancipou um filho para que este, adquirindo a qualidade de *sui juris*, pudesse também ser senhor de quinhentos acres. Eis aí caracterizada a fraude" (Silvio Rodrigues, Fraude à lei. In: Rubens Limongi França (coord.), *Enciclopédia Saraiva do Direito*, vol. 38, São Paulo: Saraiva, 1977, p. 307). No direito atual, hipótese semelhante é formulada por Regis Fichtner Pereira, aludindo a desmembramento de terras levado a efeito por proprietário que busca escapar à desapropriação iminente: " a regra do ordenamento jurídico que permite o desmembramento de terras – regra permissiva – está sendo utilizada para fraudar a lei da reforma agrária, que somente permite a desapropriação pelo poder público de áreas de terras acima de determinadas proporções – regra proibitiva" (*A fraude à lei*, Rio de Janeiro: Renovar, 1994, p. 30).

[16] Segundo Hermes Lima, o processo sistemático é "capaz de precisar os laços íntimos que prendem a disposição aos princípios do direito positivo como um todo coerente, pois, isolada, qualquer disposição é suscetível de restrições ou ampliações que o seu enquadramento no sistema não justifica" (*Introdução à ciência do direito*, cit., p. 155).

[17] Norberto Bobbio, *O positivismo jurídico*: lições de filosofia do direito, São Paulo: Ícone, 2006, p. 214.

usados concomitantemente, com a prudência necessária para contextualizá-los, tendo-se presente que remontam a correntes históricas determinadas.

Escola da Exegese

A Escola da Exegese surge logo após a Revolução francesa, que proclamara a igualdade formal perante a lei.[18] No sentido de por fim aos privilégios do *ancien régime,* propunha-se a afastar a pluralidade de "sistemas jurídicos particularistas com pretensão de soberania perante o Estado. Os privilégios e prerrogativas da nobreza e do clero desapareceram para que o Direito se revelasse apenas através da vontade geral". Para que tal ideal político fosse alcançado, a soberania da lei, como comando estatal geral e abstrato, deveria ser absoluta, a exigir interpretação que vinculasse o magistrado ao seu fiel cumprimento, sujeito apenas a procedimento lógico, para revelar o sentido preciso dos conceitos adotados pelo legislador. O intérprete deveria esclarecer o sentido dos conceitos (jurisprudência dos conceitos) e do sistema (interpretação lógico-sistemática), em busca da intenção do legislador (*mens legislatoris*).[19] Assim compreendida, a Escola da Exegese sujeitou-se a justa crítica, no sentido de negligenciar, em sua análise, os diversos matizes que, ao lado da lei imposta pelo Estado, interferem na normatização da vida social, constituindo-se em fontes do direito, como a jurisprudência, a influência das forças religiosas, políticas e econômicas, os costumes da sociedade.[20] Expressão do apego da Escola da Exegese ao texto legal revela-se na máxima de Montesquieu, em página clássica: o juiz é a boca da lei.[21]

Escola Histórica

Na esteira das críticas à Escola da Exegese desenvolveu-se a corrente histórica e evolutiva, surgida na primeira metade do século XIX. Para os adeptos da interpretação histórica, por ser o direito fenômeno histórico, as leis já nascem defasadas, devendo, em consequência, ser interpretadas evolutivamente.[22] Não existiria, segundo seus fautores, uma única interpretação – imutável ou exclusiva – como resultado de

---

[18] Conforme relata Henri de Page, a escola da exegese perduraria até o final do século XIX, quando seria substituída pela escola científica de Saleilles e Gény. O autor cita como principais representantes da escola da exegese Demolombe, Troplong, Aubry et Rau, Baudry-Lacantinerie e, na Bélgica, Laurent et Arntz (*Traité* élémentaire, cit., p. 11).

[19] Miguel Reale, *Lições preliminares de direito*, cit., p. 277.

[20] Em página clássica, afirma Henri De Page: "A escola da exegese negligenciou sistematicamente todas as fontes reais do direito: o costume, a jurisprudência, a equidade, a história, a auscultação e a experimentação do meio social e das realidades viventes, para se jogar exclusivamente no culto da regra, da forma. A marcha das ideias está cercada de períodos de progresso e de períodos de pausa. A estes últimos períodos corresponde uma espécie de saturação, de tendência ao repouso, que se manifeste pelo culto cego da regra, o amor pela forma, e a coagulação de todo esforço em cânones estereotipados de verdade ou de beleza. Após o esforço formidável de 1789, o mundo jurídico seguiu a lei comum. Caiu no academicismo. Também podemos dizer que na história do desenvolvimento das ideias jurídicas, a escola da exegese constitui um parêntese. Ela representa uma parada, mais que um progresso". (*Traité* élémentaire, cit., p. 12, tradução livre).

[21] No texto original: "*Mais les juges de la nation ne sont, comme nous avons dit, que la bouche qui prononce les paroles de la loi; des êtres inanimés qui n'en peuvent modérer ni la force ni la rigueur*" (Montesquieu, De l'esprit des lois, t. 1er., Paris, P. Pourrat, 1831, p. 305).

[22] Afirma Hermes Lima: "É conquista definitiva da escola histórica a noção do caráter social dos fenômenos jurídicos, com seus dois elementos essenciais: continuidade e transformação. A escola mostrou que os fundamentos do direito se encontram na vida social. Eram esses fundamentos que as teorias precedentes iam buscar na razão" (*Introdução à ciência do direito*, cit., p. 228).

processo lógico, porque o Direito deve refletir as contínuas mudanças sociais. O legislador colhe o cenário do seu tempo, devendo o intérprete continuamente ajustar o comando normativo ao momento presente.[23] Diante do pressuposto da inadequação da lei ao momento atual, os defensores da Escola Histórica opuseram-se ferozmente à codificação civil alemã, pretendendo reviver, mediante processo interpretativo histórico, as fontes romanas.[24] O maior nome da Escola Histórica foi Savigny, em cuja obra intitulada *Da vocação do nosso século para a legislação e a jurisprudência*,[25] contestava a proposta de Thibaut, finalmente vitoriosa, em favor da codificação civil.[26] A maior crítica à Escola Histórica voltava-se para o excesso de confiança depositada por seus autores na consciência social (*Volksgeist*), que seria capaz de corrigir distorções e desvios do texto normativo, harmonizando espontaneamente, mediante a aplicação cotidiana das leis, a convivência na sociedade.[27]

Em polo oposto, surgiu no início do Século XX a Escola da Livre Pesquisa do Direito, capitaneada por François Gény, que atribuía ao intérprete a liberdade e a responsabilidade de completar o Código Civil.[28] Em posição mais avançada, Eugen Ehrlich ("Princípios fundamentais de sociologia do Direito") criaria a corrente conhecida como "Livre indagação do Direito", compreensão sociológica segundo a qual seria facultado ao juiz estabelecer livremente solução própria sempre que da lei não fosse possível extrair comando correspondente ao suporte fático. Para essa corrente de pensamento, os rumos da evolução jurídica são determinados pela sociedade.[29]

Escola da Livre Pesquisa do Direito

Livre indagação do Direito

---

[23] V. Miguel Reale, *Lições preliminares de direito*, cit., p. 282.

[24] A respeito, v. o relato de Norberto Bobbio, *O positivismo jurídico*, São Paulo: Ícone, 1995, p. 57 e ss.

[25] Savigny assim respondia à proposta dos defensores da codificação: "Temos o escopo comum: nós desejamos o fundamento de um direito não dúbio, seguro da usurpação do arbítrio, e dos assaltos da injustiça, esse direito igualmente comum a toda nação, e a concentração dos esforços científicos da mesma. Por esse escopo eles desejam um código [...]. Já eu vejo o verdadeiro meio em uma organizada e progressiva ciência do direito, a qual possa ser comum à inteira nação. No julgar da atual condição, somos unânimes, eles e eu, em a termos por defeituosa. Entretanto, eles veem a razão do mal nas fontes do direito e estimam remediá-lo com um código: eu, ao revés, encontro o mal em nós mesmos; e precisamente por isso acredito não sermos nós mesmos idôneos para uma codificação". (*La vocazione del nostro secolo per la legislazione e la giurisprudenza*, Verona: Libreria alla Minerva Editrice, 1857, pp. 201-202, tradução livre).

[26] Thibaut afirmou no texto *Sur la nécessité d'un droit civil général pour l'Allemagne* que os alemães jamais seriam "felizes em suas relações civis" a não ser que todos os príncipes alemães se reunissem para a redação de um código válido para toda a Alemanha. Os principais textos relacionados ao célebre embate entre Savigny e Thibaut podem ser encontrados na coletânea *Thibaud und Savigny: ihre programmatischen Schriften*, Franz Vallen, 2002.

[27] Hermes Lima, *Introdução à ciência do direito*, cit., p. 228.

[28] A obra mais relevante de Gény neste ponto seria *Ciência e técnica no direito privado positivo*, publicada em 1914: propunha-se a *libre recherche*, "além do Código Civil, mas através do Código Civil". O trabalho de pesquisa só deve inovar na medida em que complementa o sistema positivo existente, mas sem lhe alterar o significado fundamental. Na Alemanha, foi importante a obra de Zitelmann, *As lacunas no direito*, de 1903, admitindo a existência de lacunas na legislação: "O trabalho de Zitelmann já aconselhava a procurar-se, fora da lei, meios e modos técnicos para se preencherem as lacunas verificadas. Ele o fazia, entretanto, com aquela mesma cautela e equilíbrio que distinguem a obra de Gény" (Miguel Reale, *Lições preliminares de direito*, cit., p. 287).

[29] Na tradução inglesa, a proposta central da obra é sumarizada pelo autor na seguinte sentença: "*At the present as well as at any other time the center of gravity of legal development lies not in legislation,*

Escola do Direito Livre

Paralelamente a tais movimentos, ganhou notoriedade a Escola do Direito Livre, liderada por Hermann Kantorowicz, na Alemanha, que publica, sob o pseudônimo de Gnaeus Flavius, em 1906, a obra "A luta pela ciência do direito".[30] Para Kantorowicz, mesmo se houver previsão normativa específica, cabe ao magistrado julgar segundo a dogmática jurídica e sua própria consciência;[31] deve, por isso, "preparar-se intelectualmente para fazer prevalecer o *direito justo*, mesmo se, para isso, tiver que julgar contra a lei (*contra legem*)".[32]

Todas essas correntes, que ampliam ou restringem o poder do juiz, giram em torno da supremacia da lei como fonte primordial do Direito, reflexo da organização do Estado posteriormente à revolução burguesa. No âmbito de ordenamentos assim concebidos, desenvolveu-se, ao longo do tempo, o dogma da completude, associado historicamente à concepção estatal do Direito.[33]

Completude do ordenamento jurídico

Diante do dever do juiz de julgar, indefectivelmente, e do compromisso de julgar com base no direito positivo, identificado fundamentalmente com a lei que lhe serve de fonte primária, estabeleceu-se o pressuposto, como presunção absoluta, de que o ordenamento é completo, devendo ser suficiente para compor todo e qualquer conflito de interesse. Para superar as eventuais lacunas do direito, assim consideradas as hipóteses fáticas não disciplinadas pelo direito positivo, desenvolveram-se, ao longo do tempo, as técnicas de integração do sistema, subdivididas em autointegração e heterointegração, inseridas nas codificações dos ordenamentos de origem romano-germânica como válvula de escape (para manter a completude) do sistema.

Mecanismos de autointegração e de heterointegração do ordenamento jurídico

No ordenamento brasileiro, com esta finalidade de integrar o ordenamento, o art. 4º da Lei de Introdução às Normas do Direito Brasileiro (LINDB) preceitua: "quando a lei for omissa, o juiz decidirá o caso de acordo com a analogia, os costumes e os princípios gerais de direito". A analogia e os princípios gerais de direito são mecanismos de autointegração, pelo qual o ordenamento busca, no âmbito da própria fonte do direito positivo, a solução para a hipótese fática não prevista. Já os costumes, ali indicados, assim como a equidade, não mencionada pelo art. 4º, e cuja utilização

---

nor in juristic science, nor in judicial decision, but in society itself" (Eugen Ehrlich, *Fundamental principles of sociology of law*, New Brunswick: Transaction Publishers, 2009).

[30] A escola do direito livre se diferencia da seguinte forma da escola da livre pesquisa: "Ehrlich e Gény atribuem ao juiz liberdade ampla, relativamente criadora, em falta de disposição escrita ou costumeira; portanto, autorizam-no a agir *praeter legem*. Kantorowicz, embora filiado à mesma escola, induz o magistrado a buscar o ideal jurídico, o Direito justo (*richtiges Recht*), onde quer que se encontre, dentro ou fora da lei, na ausência desta ou – a despeito da mesma, isto é, a decidir *praeter* e também *contra legem*: não se preocupe com os textos; despreze qualquer interpretação, construção, ficção ou analogia; inspire-se, de preferência, nos dados sociológicos e siga o determinismo dos fenômenos, atenha-se à observação e à experiência, tome como guias os ditames imediatos do seu sentimento, do seu tato profissional, da sua consciência jurídica" (Carlos Maximiliano, *Hermenêutica e aplicação do direito*, cit., p. 73).

[31] Kantorowicz, *La lotta per la scienza del diritto*, Milano, 1908, p. 85.

[32] Miguel Reale, *Lições preliminares de direito*, cit., p. 288. "Para Kantorowicz, ao lado da lei, como norma jurídica geral, o juiz produziria a norma jurídica individual, transitória e "frágil como as próprias estrelas" (Carlos Maximiliano, *Hermenêutica e aplicação do direito*, cit., p. 76).

[33] Norberto Bobbio, *Teoria dell'ordinamento giuridico*, cit., p. 132.

é prevista especificamente em algumas normas (como o art. 413, do Código Civil, que autoriza o juiz a reduzir equitativamente a multa contratual diante de certos pressupostos), são tidos como instrumentos de heterointegração, a significar o recurso a elementos externos ao direito positivo para a definição da norma aplicável.[34]

3. TÉCNICAS DE INTEGRAÇÃO DO ORDENAMENTO. LACUNAS DO DIREITO

A necessidade de utilização de mecanismos de integração surge quando são identificadas *lacunas*, assim entendidas como a ausência de norma para a hipótese examinada. Em imagem recorrente, alude-se a vazios normativos, por inexistir norma expressamente destinada à solução de certa controvérsia jurídica.[35] Para se estabelecer a presença de lacuna e, assim, deflagrar o processo de integração, há que se diferenciar as lacunas próprias, em que há ausência de regulamentação da matéria, das lacunas impróprias ou ideológicas, em que o legislador, deliberadamente ou não, deixou de regular adequadamente determinada matéria ou atividade, impedindo que esta se realize, ou autorizando-a de forma inconveniente. Cuida-se aqui de opção legislativa, que poderá ser avaliada pela sociedade como de má técnica ou injusta, mas que não será dirimida senão em sede legislativa, para que tal falha ou omissão possa ser sanada.[36]

<small>Lacunas</small>

<small>Lacunas próprias e lacunas impróprias</small>

Por outro lado, considerando-se a presunção de completude do ordenamento, segundo a qual a totalidade das relações sociais estaria coberta pelo manto do direito positivo, não haveria, a rigor, lacuna de direito propriamente dita, segundo argutamente observado, senão lacunas aparentes, destinadas a serem preenchidas pela atividade interpretativa. Consoante esse entendimento, a integração soluciona as hipóteses de lacunas aparentes, devendo-se, ao contrário, designar como lacuna, do ponto de vista técnico, tão somente a hipótese em que o ordenamento não forneça elementos suficientes para que se possa, integrando o sistema, solucionar determinada controvérsia. Supondo-se que a ausência de norma expressa para certo comportamento possa significar tanto a sua proibição (norma geral excludente do que não é autorizado) quanto a sua autorização (norma geral inclusiva de tudo o que não for proibido), lacuna de direito ocorrerá no momento em que o intérprete não dispuser de fundamentação jurídica para decidir quanto à legitimidade de tal comportamento (de modo a poder considerá-lo autorizado ou proibido) em relação ao qual a lei se mostra omissa.[37]

<small>Lacunas aparentes</small>

---

[34] Cf. Carnelutti, *Teoria geral do direito*, cit., p. 184.
[35] Miguel Reale, *Lições preliminares de direito*, cit., p. 296.
[36] Norberto Bobbio, *Teoria dell'ordinamento giuridico*. Torino: G. Giappichelli, 1960, p. 158.
[37] "Poichè la mancanza di una norma si chiama di solito 'lacuna' (in uno dei sensi del termine 'lacuna'), 'completezza' significa 'mancanza di lacune'. In altre parole, un ordinamento è completo quando il giudice può trovare in esso una norma per regolare qualsiasi caso gli si presenti, o, meglio, non c'è caso che non possa essere regolato con una norma tratta dal sistema. Volendo dare una definizione più tecnica di completezza, possiamo dire che un ordinamento è completo quando non si verifica mai il caso

4. ANALOGIA

Analogia legis

O método de integração mais utilizado é a analogia. Como anteriormente observado, o ordenamento há de ser necessariamente unitário e coerente, como forma de preservação do sistema jurídico. Em razão de tal circunstância compreende-se a analogia, também designada como *analogia legis*, como operação hermenêutica mediante a qual o magistrado, à míngua de regulamentação expressa para certa hipótese fática, vale-se da disciplina estabelecida pelo legislador para hipótese semelhante, fazendo-a incidir sobre a hipótese não regulada expressamente.[38]

Analogia e silogismo

A efetivação do raciocínio analógico dá-se mediante *silogismo* fundado na proporcionalidade das prescrições de um mesmo ordenamento, cuja coerência interna torna inadmissível que duas situações semelhantes sejam reguladas diversamente. A legitimidade de tal procedimento lógico, por outro lado, depende do reconhecimento, pelo intérprete, de grau de *semelhança relevante* ou suficiente a justificar a identidade de regime jurídico.

Em exemplo clássico, o raciocínio analógico pode se apresentado com o seguinte silogismo: todos os homens são mortais; os cavalos são semelhantes aos homens; portanto, os cavalos são mortais. Tal conclusão somente será válida se os cavalos forem semelhantes aos homens "em uma qualidade que seja a razão suficiente pela qual os homens são mortais". Não basta, dessa forma, uma semelhança qualquer para autorizar o processo analógico, exigindo-se *semelhança relevante*. No caso, a semelhança relevante, suficiente à dedução da mortalidade dos cavalos, é o fato de ambos, homens e cavalos, serem seres vivos.[39] Interessante sublinhar, ao propósito, a colossal distinção entre homens e cavalos, de tal modo que, no raciocínio analógico, o silogismo somente se justifica para as conclusões decorrentes do traço comum de semelhança relevante.

Identidade de ratio

A definição da *semelhança relevante* equivale à identidade de *ratio* ou razão de existência dos comandos em cotejo, que autorizará o raciocínio analógico para que a disciplina expressa para uma hipótese fática possa se aplicar à outra. Afirma-se que *ubi eadem ratio, ibi eadem iuris dispositio*.[40]

Norma geral inclusiva e norma geral exclusiva

A Teoria do Direito entrevê, na valoração da identidade de *ratio*, duas normas implícitas em todos os ordenamentos: a norma geral inclusiva e a norma geral exclusiva. A primeira determina a incidência no mesmo comando normativo de todas as situações com identidade de *ratio*, configurando precisamente o raciocínio analógico.[41] A segunda move-se em sentido contrário, excluindo necessariamente do espectro de incidência da norma todas as situações que não guardem com ela semelhança relevante.

---

che ad esso non possano dimostrarsi appartenenti né una certa norma né la norma contraddittoria" (Norberto Bobbio, *Teoria dell'ordinamento giuridico*, cit., p. 125).

[38] Norberto Bobbio, Analogia. In: *Novissimo digesto italiano*, vol. I, t. I, Torino: UTET, 1957, p. 602.
[39] Norberto Bobbio, *Teoria dell'ordinamento giuridico*, cit., p. 174.
[40] Norberto Bobbio, *Teoria dell'ordinamento giuridico*, cit., p. 175.
[41] Norberto Bobbio, *Teoria dell'ordinamento giuridico*, cit., p. 172.

A busca da semelhança relevante como razão justificativa determinará a inclusão ou exclusão da hipótese analisada no raio de incidência de determinada norma. Dois argumentos lógicos, designados como argumentos *a fortiori* e *a contrario sensu*, são usualmente empregados para, respectivamente, incluir (norma geral inclusiva) ou excluir (norma geral exclusiva) a aplicação de determinada norma em caso não previsto expressamente.

Pelo primeiro deles, afirma-se que se a lei permite o mais, permite implicitamente o menos, e se a lei proíbe o menos está implicitamente a proibir o mais. Trata-se do argumento *a fortiori*.[42] No âmbito da intepretação das disposições negociais, pode-se pensar no exemplo do representante, com procuração para alienar determinado imóvel (mais), poder dar quitação quanto ao recebimento do preço (menos), mesmo que essa possibilidade não esteja expressamente prevista no instrumento de outorga. Em relação às servidões, o Código Civil explicita a regra hermenêutica ao estabelecer, no art. 1.385, § 2º, que "nas servidões de trânsito, a de maior inclui a de menor ônus, e a menor exclui a mais onerosa".

Argumento *a fortiori*

Já pelo argumento *a contrario sensu* invoca-se a norma geral excludente quando o legislador expressamente associa o comando à característica ou enumeração determinadas, permitindo ao intérprete subtrair do espectro de incidência daquela norma as espécies destituídas das peculiaridades indicadas. O argumento *a contrario sensu* pode ser utilizado, por exemplo, para se denegar a prestação de alimentos exigida por um amigo, que enfrentasse privações, em face de outro. À falta de norma expressa, o intérprete recorre ao art. 1.694, do Código Civil, segundo o qual "podem *os parentes, os cônjuges ou companheiros* pedir uns aos outros os alimentos de que necessitem para viver de modo compatível com a sua condição social, inclusive para atender às necessidades de sua educação". Diante da expressa delimitação legal dos legitimados à pretensão de alimentos, exclui-se do dever alimentar, *a contrario sensu*, o amigo, a despeito da proximidade afetiva dos interessados.[43]

Argumento *a contrario sensu*

San Tiago Dantas suscitou interessante exercício para o raciocínio analógico, diante de suposta portaria do Reitor da Universidade que autorizasse os estudantes do primeiro ano do Curso de Medicina a almoçarem gratuitamente no bandejão universitário às quartas-feiras, dia em que tais estudantes cumprem horário integral, dedicados a atividades curriculares do laboratório de anatomia. Indaga-se se os alunos do primeiro ano do Curso de Direito poderiam, por analogia, se aproveitarem do almoço gratuito naquele dia da semana. A resposta dependerá, certamente, da verificação de identidade, pelos acadêmicos de Direito, da razão justificativa da norma da Reitoria. Se tais estudantes cumprem horário integral equivalente, a

---

[42] "Os argumentos *a majori ad minus* e *a minori ad majus* levam a aplicar uma norma aos casos não previstos, nos quais se encontra o motivo, a razão fundamental da hipótese expressa, porém mais forte, em mais alto grau de eficácia. Compreendem-se os dois em uma denominação comum – argumento *a fortiori*" (Carlos Maximiliano, *Hermenêutica e aplicação do direito*, cit., p. 246).

[43] V. Francesco Carnelutti, *Teoria geral do direito*, cit., p. 177; Carlos Maximiliano, *Hermenêutica e aplicação do direito*, cit., p. 245.

norma geral inclusiva poderia ser legitimamente invocada, sob pena de violação do princípio da igualdade.⁴⁴

Por questão de política legislativa, o legislador exclui a analogia em determinadas matérias, como no direito penal, cuja tipicidade estrita na capitulação das penas favorece a liberdade dos réus. Essa exclusão do raciocínio analógico pelo legislador em determinadas situações desperta a necessidade de distinção entre a analogia e a interpretação extensiva. A analogia constrói norma jurídica para hipótese não expressamente regulada, enquanto a interpretação extensiva amplia o espectro de incidência da norma dentro da mesma hipótese expressamente regulada.

Analogia e interpretação extensiva

Interpretação extensiva pode ser levada a cabo, a título ilustrativo, para definir a abrangência do conceito de corretor previsto no art. 722 do Código Civil. Segundo o dispositivo, "pelo contrato de corretagem, uma pessoa, não ligada a outra em virtude de mandato, de prestação de serviços ou por qualquer relação de dependência, obriga-se a obter para a segunda um ou mais negócios, conforme as instruções recebidas". Supondo-se que alguém (não *aproxima*, mas) *induz eficazmente ao fechamento do negócio* duas pessoas que já se conheciam previamente, pode-se considerar tal atividade como corretagem, por *interpretação extensiva* do art. 722, sem que se tenha criado norma nova.⁴⁵

5. COSTUME

Por costume entende-se a prática constante, notória e reiterada, reconhecida e garantida no convívio social. Conforme estabelece o art. 4º da LINDB, o magistrado, na ausência de solução legislativa expressa, recorrerá à analogia e, revelando-se esta infrutífera, ao costume, como fonte secundária.⁴⁶ Na tradição dos ordenamentos de família romano-germânica, a lei escrita apresenta-se como fonte primária do Direito, expressão formal da organização estatal para prever e compor conflitos de interesse.

Leis e normas jurídicas

O termo "lei" pode ser entendido em sentido amplo (lei complementar, lei ordinária, decretos, portarias, atos administrativos que definam deveres etc.) e em sentido estrito (elaborada mediante processo legislativo constitucionalmente previsto). Em sentido estrito, a lei revela a norma jurídica escrita, geral e abstrata, emanada pelo órgão do Estado competente e coercitivamente imposta e garantida pelo Poder Público enquanto não for revogada. As leis, portanto, não configuram expressão sinonímia de normas jurídicas, mas fontes de normas jurídicas que, por metonímia, por vezes são a estas equiparadas. Uma lei pode conter diversas normas jurídicas, sendo certo que nem todas as normas jurídicas decorrem da lei. Afirma-se, por isso mesmo, constituir-se a lei, em seu sentido amplo, a fonte primária do direito, utilizada pelo

---

44 San Tiago Dantas, *Programa de direito civil*, vol. I, cit., p. 109.
45 Sobre a distinção em entre analogia e interpretação extensiva, v. Norberto Bobbio, *Teoria dell'ordinamento giuridico*, cit., p. 176; e, ainda, Francesco Carnelutti, *Teoria geral do direito*, cit., p. 175.
46 Cf. Norberto Bobbio, *Enciclopedia del diritto*. vol. IX, Milano: Giuffrè, 1961, p. 427.

magistrado para a solução de controvérsias. Já o costume, além de sua aplicação, de maneira geral, nos termos do art. 4º da LINDB, o legislador expressamente prevê a sua utilização em circunstâncias específicas, como nas dicções dos arts. 597 do Código Civil[47] e 8º da CLT.[48] Ao contrário de sistemas jurídicos fundados no direito costumeiro, o direito brasileiro reduz a adoção do costume como fonte do direito, admitindo-o, em caráter suplementar à lei escrita, e desde que com esta não colida.[49]

Subsidiariedade do costume

Como fontes do direito, diferenciam-se o costume e a lei quanto à forma e condições de validade e eficácia. No que tange à forma, a lei decorre de processo legislativo previsto na Constituição ou em leis infraconstitucionais, tendo sua origem, tramitação, promulgação e publicação submetidas a rigor formal, que lhe assegura certeza quanto à sua validade. Em sentido contrário, o surgimento do costume associa-se à prática espontânea e insinuosa pela qual se constitui e consolida na sociedade.[50] Relativamente às condições de validade e eficácia, a norma legal enuncia a data de sua entrada em vigor e de sua eficácia, que se estenderá por prazo determinado ou até que nova lei venha a revogá-la. Já os costumes, em contrapartida, por surgirem espontaneamente, têm sua publicidade vinculada exclusivamente à prática social reiterada. Não têm prazo de validade estipulado e sua revogação se dará pelo simples desuso.[51] Em consequência de tais características, a lei, desde que formalmente em vigor, dispensa prova quanto à sua validade e eficácia, sujeitando-se, ao revés, o direito costumeiro, à prova de sua existência por parte do interessado, que poderá inclusive se valer de procedimento judicial declaratório no sentido de assegurar a sua legitimidade.

Distinções entre lei e costume

Costuma-se distinguir três espécies de costumes: a) contrários à lei (*consuetudo contra legem*); b) conforme a previsão legal (*consuetudo secundum legem*); c) complementar à fonte legal (*consuetudo praeter legem*).[52] Como fonte secundária, admite-se a validade tão somente do costume *praeter legem*, que serve a suprir as lacunas aparentes do direito positivo, regulando aspectos da vida social não expressamente regulados.

Espécies de costumes

Os costumes contrários à lei são repelidos pelo ordenamento, atuando frequentemente o legislador com a precípua finalidade de exterminar práticas sociais consideradas nocivas à sociedade.[53] Bastaria pensar em costumes do direito de família que admitiam, no passado, o predomínio do marido sobre a mulher ou, mais grave ainda, a violência doméstica na correção dos filhos. Por outro lado, os costumes conforme

Costume contra legem

---

47 Art. 597 do Código Civil: "A retribuição pagar-se-á depois de prestado o serviço, se, por convenção, ou costume, não houver de ser adiantada, ou paga em prestações".
48 Art. 8º da Consolidação das Leis do Trabalho: "As autoridades administrativas e a Justiça do Trabalho, na falta de disposições legais ou contratuais, decidirão, conforme o caso, pela jurisprudência, por analogia, por equidade e outros princípios e normas gerais de direito, principalmente do direito do trabalho, e, ainda, de acordo com os usos e costumes, o direito comparado, mas sempre de maneira que nenhum interesse de classe ou particular prevaleça sobre o interesse público [...]".
49 Caio Mário da Silva Pereira, *Instituições de direito civil*, cit., pp. 58-59.
50 Norberto Bobbio, "Consuetudine (teoria generale)", cit., p,. 426.
51 Sobre tais características, v. Miguel Reale, *Lições preliminares de direito*, cit., p. 156.
52 Roberto de Ruggiero, *Instituições de direito civil*, cit., p. 124.
53 Orlando Gomes, *Introdução ao direito civil*, Rio de Janeiro: Forense, 2016, 21ª ed., p. 35.

a previsão legal têm-se por ociosos, já que disciplinados pela fonte primária, a lei que os regula ou autoriza. De todo modo, sua invocação pelo legislador poderá revelar o intuito de flexibilizar, deliberadamente, o rigor da prescrição legal, em favor da solução mutante e flexível da práxis. É o que ocorre na previsão do art. 597 do Código Civil, que vincula o magistrado, desde que não haja convenção em sentido contrário, a submeter-se à prática costumeira quanto à antecipação da remuneração de prestação de serviço, preferindo esta ao critério subsidiário do pagamento posterior ao serviço prestado.

<small>Costume praeter legem</small>

Admitidos como fonte secundária,[54] os costumes *praeter legem*, subsidiários à atividade legislativa, e admitidos desde que com esta não colidam, adquirem grande importância em certos setores do direito em que a atividade econômica, por seu dinamismo, se adianta ao legislador, afirmando-se espontaneamente (formas de contratação e pagamento em mercados específicos de produtos e serviços); e no caso de práticas sociais não reguladas, como a fila para a aquisição de ingressos ou atendimento do público. Embora não regulamentada por lei, a ordem de chegada na fila é socialmente reconhecida, valendo-se por vezes o interessado até mesmo de força policial para assegurá-la, a revelar coercitividade estatal típica de norma jurídica.[55] Por outro lado, em setores da economia em que ainda prevalece a contratação verbal (atividades agropecuárias como a venda de gado ou cana de açúcar por pequenos produtores rurais), somente o direito costumeiro permite ao juiz estabelecer o "lugar e forma" pela qual as prestações devem ser cumpridas (CC, art. 394), discernindo assim o adimplemento e o inadimplemento de obrigações contratuais.

Importa, ainda, diferenciar os costumes até aqui analisados da cláusula geral de bons costumes, referida por diversos artigos do Código Civil. No artigo 13, atua como limite aos atos de disposição do próprio corpo. No artigo 122, constitui-se parâmetro de licitude para as condições. No artigo 187, os limites impostos pelos bons costumes indicam abuso do direito por quem os excede manifestamente. No inciso IV do artigo 1.336, revela-se como dever do condômino não utilizar suas partes de maneira prejudicial aos bons costumes. E, finalmente, no inciso III do artigo 1.638, a prática de atos contrários à moral e aos bons costumes pode ter como consequência a perda do poder familiar.[56]

Cabe, por derradeiro, fazer referência às chamadas *práticas comerciais* ou, como se refere o inciso II, do § 1º do artigo 113 do Código Civil, *práticas do mercado*. Os usos e práticas negociais revelam, no curso da relação contratual, modelos prescritivos de integração e de interpretação da vontade dos contratantes, de tal sorte que se torna

---

[54] Acerca da subsidiariedade do costume *preater legem* como fonte do direito, v. Paulo Dourado de Gusmão, *Introdução ao estudo do direito*, Rio de Janeiro: Forense, 1992, 15ª ed., p. 131.

[55] Paolo Grossi, *Prima lezione di diritto*, Roma: Laterza, 2003, p. 15; Paulo Nader, *Introdução ao estudo do direito*, Rio de Janeiro: Forense, 2010, 32ª ed., p. 156-157.

[56] Sobre o tema, cf. Thamis Dalsenter Viveiros de Castro. Notas sobre a cláusula geral de bons costumes: a relevância da historicidade dos institutos tradicionais do direito civil. In: *Pensar*, Fortaleza, vol. 22, n. 2, p. 425-443, maio/ago. 2017, p. 439.

possível aquilatar o sentido das normas contratuais consensualmente aceitas a partir da sua prática pregressa ou difusa em determinado setor ou localização geográfica, integrando-se, assim, o conteúdo da avença ao lado das cláusulas escritas.

6. PRINCÍPIOS GERAIS DO DIREITO

Os princípios gerais do direito, também designados como *analogia iuris*, constituem-se na formulação de norma jurídica geral a partir da verificação de diversas regras, formuladas para hipóteses específicas, na mesma direção. Ao contrário da *analogia legis*, em que a semelhança relevante entre a hipótese regulada e a não regulada permite a equiparação de ambas as situações para a incidência normativa, no caso dos princípios gerais de direito não há semelhança tão intensa entre duas situações. Entretanto, a constatar-se a presença de traço comum de convergência de distintas regras infraconstitucionais, autoriza-se a extração, pelo raciocínio indutivo, de norma mais ampla, designada tradicionalmente de princípio geral de direito, capaz de solucionar determinada controvérsia.

Servem de exemplos de princípios gerais de direito alguns enunciados difusamente conhecidos: a) quem obtém vantagens de certa relação jurídica, deve suportar igualmente os ônus dela decorrentes. Tal preceito, embora não expresso, pode ser extraído, por método indutivo, de diversas regras do Código Civil, que proíbem, por exemplo, ao sócio furtar-se da responsabilidade pelas perdas sociais (art. 1.007), ou ao condômino não assumir as despesas de conservação da coisa comum (art. 1.315); b) o acessório segue o principal: esse princípio geral decorre igualmente de numerosas regras da legislação infraconstitucional, como a nulidade da fiança no caso de invalidade do contrato que serve de garantia (art. 824), ou a previsão de que a obrigação de dar coisa certa abrange todos os seus acessórios, ainda que não mencionados (art. 233).

Alguns princípios gerais de direito, por sua importância, são incorporados pelo legislador, como ocorreu, na codificação de 2002, com a proibição de locupletamento sem causa, introduzido pelo art. 884 do Código Civil, embora amplamente reconhecido anteriormente pela doutrina e jurisprudência.[57]

Sublinhe-se que a construção dos princípios gerais de direito deve ocorrer no âmbito da legislação infraconstitucional, a partir de regras que, por incidirem em hipóteses específicas, não poderiam ser estendidas diretamente não fosse pelo raciocínio indutivo acima enunciado. Não se confundem, portanto, os princípios gerais de direito, como fonte secundária destinada à integração legislativa subsidiária, com os princípios constitucionais, que se situam no vértice da hierarquia do ordenamento

---

[57] Art. 884 do Código Civil: "Aquele que, sem justa causa, se enriquecer à custa de outrem, será obrigado a restituir o indevidamente auferido, feita a atualização dos valores monetários". Ao propósito do percurso histórico da vedação ao enriquecimento sem causa no direito brasileiro, v. Rodrigo da Guia Silva, *Enriquecimento sem causa*: as obrigações restitutórias no direito civil, São Paulo: Thomson Reuters Brasil, 2018, p. 42 e ss.

e que, por esse motivo, precedem às leis ordinárias na atividade interpretativa.[58] A confusão entre esses dois conceitos, estimulada por frequente polissemia na locução "princípios gerais", subverte a atuação do intérprete, que reduziria, assim, a eficácia normativa dos princípios constitucionais à integração subsidiária, em posição subalterna, atribuída pelo art. 4º da LINDB aos princípios gerais de direito.

7. EQUIDADE

Caráter excepcional do juízo de equidade

A equidade constitui-se em forma de integração pela qual o magistrado, em busca do direito justo, corrige desproporção existente entre a norma geral e abstrata e a peculiaridade do caso concreto. Embora se traduza como imperativo de justiça, válvula de escape para situações em que o resultado hermenêutico poderia se mostrar teratológico, a equidade, aplicada na generalidade dos casos, ameaçaria o princípio da segurança jurídica, sendo por esse motivo admitida somente nas hipóteses em que o próprio legislador a autoriza, conforme elucidam o Código de Processo Civil[59] e a Lei de Arbitragem.[60]

Equidade e tábua axiológica constitucional

Os fundamentos da equidade devem ser bem definidos, sob pena de se equiparar a valoração do magistrado à "revisão" do legislador. Seria equivocado imaginar que o magistrado pudesse "corrigir" a norma jurídica no caso concreto. Por esse motivo, não se poderia admitir equidade como o "direito justo", voltado para o caso concreto, que se anteporia ao Direito Estatal, abstrato e injusto. Nesta linha de raciocínio, equidade significa hipótese em que o legislador, deliberadamente, encoraja o magistrado a atuar de forma flexível, expressão de opção legislativa igualmente compatível com o sistema.

Pressupostos de legitimidade do juízo de equidade

Para que a equidade seja legítima – considerando que o magistrado, sempre e necessariamente, busca a justiça no caso concreto – deve ser acompanhada de dois pressupostos: (i) a solução geral apresentada pelo legislador é também compatível com o ordenamento, sob pena de sua incompatibilidade com o sistema, por inconstitucional (sem que se precisasse fazer uso da equidade); (ii) os fundamentos da decisão por equidade encontram-se no próprio sistema jurídico, no âmbito dos valores e princípios do ordenamento, e não fora dele, sob pena de violação da legalidade constitucional.[61]

8. INTERPRETAÇÃO E APLICAÇÃO DO DIREITO: SUPERAÇÃO DA SUBSUNÇÃO, PONDERAÇÃO E COLISÃO DE DIREITOS

Como se disse anteriormente, o magistrado tem o dever de julgar, encontrando a solução para todos os casos que lhe são submetidos. E deve fazê-lo com base no

---

[58] V. Pietro Perlingieri, *O direito civil na legalidade constitucional*, cit., p. 573.
[59] Art. 140, parágrafo único, do Código de Processo Civil: "O juiz só decidirá por equidade nos casos previstos em lei".
[60] Art. 2º da Lei n. 9.307/1996: "A arbitragem poderá ser de direito ou de equidade, a critério das partes".
[61] Ao propósito, observa Pietro Perlingieri: "A equidade se coloca neste ordenamento e não pode nunca com ele contrastar" (*O direito civil na legalidade constitucional*, cit., pp. 226-228).

ordenamento,[62] que é unitário, complexo e sistemático.[63] Vale-se de princípios e valores que uniformizam o sentido das decisões, reconduzindo-as da fragmentação da casuística à unidade axiológica indispensável à compreensão do ordenamento como sistema. Para tanto, não pode levar em conta uma regra isoladamente considerada, ainda que apropriada para a hipótese, mas o conjunto das normas inserido no ordenamento.

Esta perspectiva, contudo, encontra resistência por parte da doutrina tradicional, que usualmente distingue a interpretação, considerada como escolha da norma a ser utilizada, e a aplicação do direito propriamente dita, esta reduzida à operação mecânica pela qual o intérprete se limitaria a fazer incidir a previsão normativa "selecionada", abstratamente concebida pelo legislador, no caso concreto. Decompõe-se, assim, o processo hermenêutico, que, a rigor, é unitário, na interpretação e aplicação do direito (a partir do e) no caso concreto.

Define-se como subsunção esta chamada segunda etapa do processo hermenêutico, pela qual se opera a incidência da norma ao fato concreto. O intérprete se restringiria, nesta etapa, a reconduzir o fato social à previsão genérica e abstrata, estabelecendo-se, assim, falsa perspectiva binária entre o Direito e a realidade social, e circunscrevendo-se a aplicação do direito ao mero enquadramento do fato (localizado no plano fenomenológico do mundo real) à disposição normativa (localizada no plano deontológico do direito). *Técnica da subsunção*

A persistência da subsunção deve-se à aparente neutralidade técnica de sua utilização, mediante operação lógica conhecida como silogismo, pela qual o processo interpretativo consistiria na identificação da previsão legislativa geral e abstrata (chamada premissa maior) contendo a hipótese fática em questão (chamada de premissa menor). A etapa seguinte seria mecânica, mediante a aplicação da premissa maior à premissa menor, enquadrando esta àquela.[64] *Aparência de neutralidade da subsunção*

Entretanto, a despeito da racionalidade lógica do silogismo, há duas premissas equivocadas que autorizam a subsunção. A primeira delas é a separação entre o mundo abstrato das normas e o mundo real dos fatos no qual aquelas devem incidir, já que, a rigor, o direito se insere na sociedade e, por conseguinte, os textos legais e a realidade mutante se condicionam mutuamente no processo interpretativo. Em segundo lugar, a subsunção distingue artificialmente o momento da interpretação da norma abstrata (identificação da premissa maior) e o momento da aplicação da norma ao suporte fático concreto (enquadramento da premissa menor ao texto normativo). Contrariamente a tal compreensão, não é possível interpretar a norma aplicável sem levar em conta a hipótese fática que, por sua vez, se encontra moldada pelas normas de comportamento estabelecidas pelo direito (o qual condiciona a atuação individual). Daí a unicidade da interpretação e aplicação, sendo falsa a ideia *Impossibilidade de cisão entre fato e norma* *Unicidade da interpretação e aplicação do direito*

---

[62] Norberto Bobbio, *Teoria do ordenamento jurídico*, Brasília: UnB, 1995, pp. 118-119.
[63] Pietro Perlingieri, *O direito civil na legalidade constitucional*, Rio de Janeiro: Renovar, 2008, p. 194.
[64] Para a descrição da subsunção em sua perspectiva clássica, v., dentre outros, Karl Engisch, *Introdução ao pensamento jurídico*. Lisboa: Calouste Gulbekian, 2001, 8ª ed. p. 94.

de que haveria normas ideais em abstrato, capazes de tipificar e captar as relações jurídicas em concreto.[65]

Mediante o raciocínio da subsunção, reduz-se a atividade do magistrado à aplicação mecânica da norma ao fato concreto, procedimento que se torna ainda menos criativo quando o texto legal é considerado claro: *in claris fit non interpretatio*, eis o brocardo que se tornou verdadeiro dogma para a hermenêutica clássica.

Ainda como consequência de tal orientação, a norma infraconstitucional, porque tendencialmente mais detalhada, torna-se a protagonista do processo de interpretação do direito, exercendo papel de mediadora entre os princípios e o suporte fático sobre o qual incide. Já os princípios constitucionais, incompletos como modelo abstrato de comportamento, mostram-se inaptos para exercerem a função de premissa maior da subsunção, o que os torna coadjuvantes das regras, a despeito de sua superioridade hierárquica sobre estas. Desse modo, a tarefa do intérprete circunscreve-se à adequação do conteúdo principiológico à regra infraconstitucional, a qual será legítima desde que não viole frontalmente o Texto constitucional. Reduz-se, assim, a força normativa da Constituição ao conteúdo estabelecido pelo legislador infraconstitucional. O princípio, em uma palavra, será aquilo que o legislador infraconstitucional entender sê-lo. E como, por exigência prática, quanto mais pedestre se situar a regra na pirâmide normativa mais analítica e minuciosa será a sua linguagem, os valores e princípios constitucionais transformam-se em limite remoto à atuação (teratológica) do legislador ordinário.

Norma do caso concreto

Em direção oposta, consolida-se hoje o entendimento de que cada regra deve ser interpretada e aplicada em conjunto com a totalidade do ordenamento, refletindo a integralidade das normas em vigor. A norma do caso concreto é definida pelas circunstâncias fáticas nas quais incide, sendo extraída do complexo de textos normativos em que se constitui o ordenamento. O objeto da interpretação são as disposições infraconstitucionais integradas visceralmente às normas constitucionais, sendo certo que cada decisão abrange a totalidade do ordenamento, complexo e unitário. Cada decisão judicial, nessa perspectiva, é um ordenamento singular extraído da mesma tábua axiológica.[66]

Casos difíceis (*hard cases*)

Curiosamente, o último bastião em defesa da subsunção tem sido a possibilidade de excepcioná-la, como válvula de escape para o sistema. Admite-se, com efeito, em hipóteses específicas, que o magistrado possa valer-se de princípios, afastando a previsão regulamentar, nos chamados casos difíceis – *hard cases* –, assim discricionariamente compreendidos certos casos sensíveis à sociedade, dignos de comoção popular, que justificariam, ao contrário de todas as outras causas julgadas pelo

---

[65] Para uma crítica veemente à subsunção em julgamento do Supremo Tribunal Federal, v. STF, Tribunal Pleno, ADIn 3.689/PA, Rel. Min. Eros Grau, julg. 10.5.2007, publ. *DJ* 29.6.2007.

[66] Pietro Perlingieri, Complessità e unitarietà dell'ordinamento giuridico vigente. In: Rassegna di diritto civile, vol. 1/05, Edizioni Scientifiche Italiane, p. 192; Gustavo Tepedino, Normas constitucionais e direito civil na construção unitária do ordenamento. In: *Temas de direito civil*, t. 3, Rio de Janeiro: Renovar, 2009, p. 11.

mesmo magistrado – e consideradas (a *contrario sensu*) fáceis – o abandono da subsunção e a adoção franca dos princípios constitucionais. Explicam-se assim certas decisões importantes dos Tribunais, como ocorreu no caso de levantamento do FGTS para o tratamento de doenças graves não incluídas no rol taxativo do art. 20 da Lei 8.036/1990.[67]

Tal solução mostra-se arbitrária e injustificada. Os chamados casos difíceis são aqueles que, por sua suposta dificuldade, decorrente de colisão de direitos, autorizariam o juiz a afastar regra expressa, que lhe serviria comodamente de premissa maior, evitando a subsunção em favor da ponderação. Todavia, cada caso concreto mostra-se sempre singular e difícil, devendo ser resolvido mediante a aplicação integral do ordenamento – insista-se: unitário, complexo, sistemático e coerente. Mesmo quando aparentemente o magistrado aplica somente uma regra, de linguagem clara e direta, vale-se a rigor de cada uma das normas que convivem unitariamente no ordenamento, reclamando coerência e inter-relação normativa; e especialmente dos princípios que lhe dão fundamento, respeitada a hierarquia constitucional. Por isso, e a despeito da dificuldade em estabelecer a fronteira entre casos difíceis e fáceis, não se pode considerar a ponderação como expediente excepcional, a ser utilizado em hipóteses extremas, quando não fosse possível a aplicação mecânica das regras, sob pena de se subverter a hierarquia do ordenamento.

Tais conclusões estimulam a revisão do conceito de segurança jurídica. A subsunção propicia a falsa impressão de garantia de igualdade na aplicação da lei. Entretanto, não há respeito à isonomia quando o magistrado deixa de perceber a singularidade de cada caso concreto e, mediante procedimento mecânico, faz prevalecer o texto abstrato da regra. Por outro lado, o silogismo revela-se capaz de camuflar intenções subjetivas ou ideológicas do magistrado, poupando-lhe da imperiosa necessidade de justificar sua decisão e oferecendo-lhe salvo-conduto para escapar do controle social quanto à aderência de sua atividade interpretativa à axiologia constitucional. Segurança jurídica deve ser alcançada pela compatibilidade das decisões judiciais com os princípios e valores constitucionais, que traduzem a identidade cultural da sociedade. <!-- Segurança jurídica -->

A superação da subsunção, como visto, associa-se à unificação do processo hermenêutico, integrando-se interpretação e aplicação do direito, e, ao mesmo tempo, exige particular atenção para a valoração dos múltiplos interesses conflitantes na relação jurídica examinada, de modo a definir qual interesse há de prevalecer. Essa operação de sopesamento dos interesses potencialmente em conflito <!-- Ponderação -->

---

[67] "FGTS. Levantamento do saldo. Mal de Parkinson. Possibilidade. 1. É tranquila a jurisprudência do STJ no sentido de permitir o saque do FGTS, mesmo em situações não contempladas pelo art. 20 da Lei 8.036/90, tendo em vista a finalidade social da norma. 2. O princípio constitucional da dignidade da pessoa humana, com assento no art. 1º, III, da CF/88, é fundamento do próprio Estado Democrático de Direito, que constitui a República Federativa do Brasil, e deve se materializar em todos os documentos legislativos voltados para fins sociais, como a lei que instituiu o Fundo de Garantia por Tempo de Serviço. 3. Precedentes da Corte. 4. Recurso especial improvido" (STJ, 2ª T., REsp. 670.027/CE, Rel. Min. Eliana Calmon, julg. 16.11.2004, publ. *DJ* 13.12.2004).

para a definição da norma aplicada ao caso concreto é conhecida como ponderação. Trata-se de técnica hermenêutica usualmente descrita em três etapas, a saber: i) identificação das normas pertinentes ao caso concreto e seus potenciais conflitos; ii) exame dos elementos fáticos e sua interação com o elemento normativo; e iii) atribuição de pesos às normas em disputa, decidindo-se quais devem preponderar em face das demais.[68]

Embora a ponderação se torne mais evidente na hipótese conhecida como colisão de princípios,[69] em que a controvérsia antepõe dois princípios igualmente valiosos para o ordenamento, de mesmo grau hierárquico, ambos expressos mediante enunciado genérico, a obrigar o intérprete a escolhas por vezes dramáticas, com sacrifício de um deles (basta pensar, por exemplo, no conflito entre a liberdade de expressão e a privacidade), a técnica da ponderação deve ser utilizada permanentemente na atividade hermenêutica.[70]

Submissão de princípios e regras à ponderação

Com efeito, tendo-se em conta a complexidade do ordenamento e das relações jurídicas em conflito, a ponderação torna-se indispensável para o sopesamento dos diversos vetores normativos incidentes no caso concreto. Por isso mesmo, não deve ser adotada apenas na aplicação de princípios, mas também entre regras, e regras e princípios, já que todos os enunciados normativos dialogam entre si, contemporaneamente, sob a mesma tábua axiológica.[71] E a valoração prévia do legislador, na sociedade democrática, não afasta, antes reclama, o exercício do dever inderrogável do magistrado de compatibilizar as escolhas legislativas com as escolhas efetuadas pelo constituinte.

O dever de fundamentação das decisões judiciais constitui-se no principal limite à discricionariedade do juiz, incorporado aos mais diversos diplomas legais.[72] Ilustrativamente, o art. 489 do CPC estabelece que não se considerarão fundamentadas as

---

[68] Assim, Luís Roberto Barroso, *Curso de direito constitucional contemporâneo*, São Paulo, Saraiva: 2009, p. 334.

[69] A doutrina constitucionalista costuma restringir a técnica da ponderação às hipóteses de compatibilização de princípios em conflito, conforme descrito na festejada passagem de Robert Alexy: "*The first stage involves establishing the degree of non-satisfaction of, or detriment to, a first principle. This is followed by a second stage in which the importance of satisfying the competing principle is established. Finally, in the third stage, it is established whether the importance of satisfying the latter principle justifies the detriment to or non-satisfaction of the former*" (Balancing, constitutional review, and representation. In: *International Journal of Constitutional Law*, vol. 3, n. 4, 2005, p. 574).

[70] Cf. Pietro Perlingieri, *O direito civil na legalidade constitucional*, cit., p. 596.

[71] Para aplicações da ponderação no direito civil atual, v., dentre outros, Anderson Schreiber, *Novos paradigmas da responsabilidade civil*, Rio de Janeiro: Renovar, 2007, p. 146 e ss. (em matéria da identificação de danos ressarcíveis na responsabilidade civil); Ana Luiza Maia Nevares, *A função promocional do testamento: tendências do direito sucessório*, Rio de Janeiro, Renovar, 2009, p. 170 e ss. (em matéria de controle da autonomia privada testamentária); Roberta Mauro Medina Maia, *Teoria geral dos direitos reais*, São Paulo: Revista dos Tribunais, 2013, p. 256 e ss. (em matéria de relatividade dos efeitos obrigacionais).

[72] Gustavo Tepedino, Construção interpretativa do direito civil: ativismo judicial e o dever de fundamentação das decisões judiciais. In: Gilmar Ferreira Mendes; Victor Marcel Pinheiro (org.). *Súmulas, Teses e Precedentes: estudos em homenagem a Roberto Rosas*, Rio de Janeiro: GZ, 2023, p. 1-812.

seguintes decisões: i) aquela que se limitar a indicar, reproduzir ou parafrasear ato normativo, sem explicar sua relação com a causa ou questão decidida; ii) empregar conceitos jurídicos indeterminados, sem explicar o motivo concreto de sua incidência no caso; iii) invocar motivos que se prestariam a justificar qualquer outra decisão; iv) não enfrentar todos os argumentos deduzidos e capazes de, em tese, infirmar a conclusão adotada pelo julgador; v) se limitar a invocar precedente ou enunciado sumular, sem identificar seus fundamentos determinantes ou demonstrar que o caso sob julgamento se ajusta àqueles fundamentos; iv) deixar de seguir enunciado de súmula, jurisprudência ou precedente invocado pela parte, sem demonstrar a existência de distinção no caso em julgamento ou a superação do entendimento.[73]

A técnica da ponderação como mecanismo de utilização indispensável na atividade interpretativa decorre da constatação de que o texto legislativo se mostra necessariamente incompleto e de que a decisão judicial revela procedimento de construção da norma do caso concreto. Interpretação e aplicação da norma constituem-se em processo unitário, inexistindo duplicidade de etapas entre a qualificação do fato e do direito aplicável. Tal conclusão implica a definitiva superação da subsunção como método interpretativo.[74]

9. A TÉCNICA DA RAZOABILIDADE

A equivalência entre as noções de razoabilidade e proporcionalidade mostra-se controvertida.[75] Adverte-se que o controle de razoabilidade tem origem no direito

---

[73] Eis o teor do dispositivo: CPC/2015, "Art. 489. São elementos essenciais da sentença: I – o relatório, que conterá os nomes das partes, a identificação do caso, com a suma do pedido e da contestação, e o registro das principais ocorrências havidas no andamento do processo; II – os fundamentos, em que o juiz analisará as questões de fato e de direito; III – o dispositivo, em que o juiz resolverá as questões principais que as partes lhe submeterem. § 1º Não se considera fundamentada qualquer decisão judicial, seja ela interlocutória, sentença ou acórdão, que: I – se limitar à indicação, à reprodução ou à paráfrase de ato normativo, sem explicar sua relação com a causa ou a questão decidida; II – empregar conceitos jurídicos indeterminados, sem explicar o motivo concreto de sua incidência no caso; III – invocar motivos que se prestariam a justificar qualquer outra decisão; IV – não enfrentar todos os argumentos deduzidos no processo capazes de, em tese, infirmar a conclusão adotada pelo julgador; V – se limitar a invocar precedente ou enunciado de súmula, sem identificar seus fundamentos determinantes nem demonstrar que o caso sob julgamento se ajusta àqueles fundamentos; VI – deixar de seguir enunciado de súmula, jurisprudência ou precedente invocado pela parte, sem demonstrar a existência de distinção no caso em julgamento ou a superação do entendimento".

[74] Afirmou-se, nesta direção, que o "CC não é um conjunto de normas. É um conjunto de possibilidades de normas. Um ordenamento em potência. Só será norma depois da interpretação. O intérprete desvencilha o texto do seu invólucro. A norma é o resultado da interpretação" (Eros Grau, *A construção do direito: da elaboração do texto à produção da norma*, palestra proferida na Faculdade de Direito da Universidade do Estado do Rio de Janeiro – UERJ, em 31.3.2008). V. tb. Lênio Streck, A atualidade do debate da crise paradigmática do direito e a resistência positivista ao neoconstitucionalismo. In: *Revista do Instituto de Pesquisas e Estudos*, Bauru, vol. 40, n. 45, jan.-jun. 2006, p. 258.

[75] Jane Reis. Os imperativos da proporcionalidade e da razoabilidade: um panorama da discussão atual e da jurisprudência do STF. In: Daniel Sarmento; Ingo Sarlet (Orgs.). *Direitos fundamentais no Supremo Tribunal Federal*: balanço e crítica. Rio de Janeiro: Lumen Juris, 2011. p. 168.

norte-americano, integrado à noção de devido processo legal substantivo, enquanto a noção de proporcionalidade possui raízes no direito administrativo europeu, tendo adquirido perfil analítico e sistemático pela Corte Constitucional alemã, que a decompôs nos conhecidos três subprincípios da: a) "adequação" (meio apto ao alcance do fim almejado); b) "necessidade" (medida restritiva empregada deve ser a menos onerosa para o direito restringido, quando comparada a outras alternativas); e c) "proporcionalidade em sentido estrito", isto é, o proveito obtido deve compensar os sacrifícios produzidos. Os argumentos erigidos em prol da distinção entre as duas categorias fundamentam-se em aspectos históricos, formais e estruturais.[76]

Verifica-se, contudo, identidade funcional entre tais categorias.[77] A diferença apontada entre tais métodos situa-se nas origens históricas e na forma procedimental idealizada para a sua aplicação.[78] A associação usual entre razoabilidade e proporcionalidade *stricto sensu* parece comprovar a afinidade funcional, a demonstrar a tendência do intérprete no sentido de testar a razoabilidade como relação custo-benefício (*bilan coûts-avantages*), a partir de pressuposto lógico de que determinada norma é adequada e necessária (do contrário seria proscrita por antijuridicidade de alguma espécie). Afinal, não se pode aferir intensidade (juízo quantitativo) sem previamente avaliar a adequação e necessidade (juízo qualitativo).[79]

---

[76] Afirma-se, assim: "postulado da proporcionalidade pressupõe a relação de causalidade entre o efeito de uma ação (meio) e a promoção de um estado de coisas (fim). Adotando-se o meio, promove-se o fim: o meio leva ao fim. Já na utilização da razoabilidade como exigência de congruência entre o critério de diferenciação escolhido e a medida adotada há uma relação entre uma qualidade e uma medida adotada: uma qualidade não leva à medida, mas é critério intrínseco a ela" (Humberto Ávila. *Teoria dos princípios*: da definição à aplicação dos princípios jurídicos. São Paulo: Malheiros, 2016. p. 203). Destaque-se a ressalva efetuada logo a seguir pelo autor: "é possível enquadrar a proibição de excesso e a razoabilidade no exame da proporcionalidade em sentido estrito. (...) Se a proporcionalidade em sentido estrito compreender a ponderação dos vários interesses em conflito, inclusive dos interesses pessoais dos titulares dos direitos fundamentais restringidos, a razoabilidade como equidade será incluída no exame da proporcionalidade. Isso significa que um mesmo problema teórico pode ser analisado sob diferentes enfoques e com diversas finalidades, todas com igual dignidade teórica. Não se pode, portanto, afirmar que esse ou aquele modo de explicar a proporcionalidade seja correto e outros equivocados" (p. 203-204).

[77] Gisela S. da Cruz Guedes afirma: "razoabilidade e proporcionalidade são noções consideradas 'próximas o suficiente para serem intercambiáveis'. Tanto a proporcionalidade quanto a razoabilidade apresentam um conteúdo material positivo, atuando na ponderação de interesses em consonância com as normas constitucionais. A verdade é que 'razoabilidade envolve proporcionalidade e vice-versa'" (*Lucros cessantes*: do bom senso ao postulado normativo da razoabilidade. São Paulo: Revista dos Tribunais, 2011, p. 216).

[78] Luís Roberto Barroso, O começo da história: a nova interpretação constitucional e o papel dos princípios no direito brasileiro. In: Luís Roberto Barroso (Org.), *A nova interpretação constitucional*: ponderação, direitos fundamentais e relações privadas, Rio de Janeiro: Renovar, 2006. p. 362-363. O intercâmbio dos conceitos é igualmente observado em Gilmar Mendes, O princípio da proporcionalidade na jurisprudência do Supremo Tribunal Federal: novas leituras. In: *Revista Diálogo Jurídico*, n. 5, 2001.

[79] Pietro Perlingieri, em entrevista concedida em 2001 à Revista Trimestral de Direito Civil, traz à luz o papel de destaque a ser exercido pelas noções de razoabilidade e proporcionalidade na atividade decisória, em âmbito de interpretação e aplicação do direito ao caso concreto. Esclareceu então que "a jurisprudência, não apenas da Corte constitucional, e a própria doutrina não podem deixar de utilizar noções como a proporcionalidade e a razoabilidade na reconstrução dos institutos jurí-

CAPÍTULO IV | INTERPRETAÇÃO DO DIREITO   75

O debate quanto à estrutura, à terminologia e à forma da utilização de tais técnicas mostra-se, atualmente, ocioso, assim como parece secundária a discussão acerca da qualificação da razoabilidade ou proporcionalidade como princípio, postulado, técnica ou método. Mais produtiva mostra-se a definição de elementos substanciais para a sua adoção, sendo sobejamente conhecido e repetido, mediante etapas e sofisticados parâmetros formais, o itinerário do intérprete para verificação da adequação, da necessidade e da proporcionalidade em sentido estrito.[80] O desbravamento desse itinerário procedimental revela-se frágil se lhe falta o conteúdo a ser empregado para tal aferição, sendo modesta a contribuição que efetivamente se empresta ao controle da discricionariedade subjetiva de cada intérprete.

A ponderação revela-se técnica de sopesamento e calibração da incidência normativa, para atuação permanente diante de interesses em conflito.[81] O raciocínio ponderativo aplica-se sempre, diante de regras e de princípios, já que o merecimento de tutela de determinada posição jurídica depende necessariamente da análise da hipótese concreta à luz da totalidade dos vetores normativos de incidência.

Tal linha de raciocínio encontra-se presente, a título ilustrativo, na jurisprudência do Superior Tribunal de Justiça, em hipótese de conflito entre a "irrepetibilidade de alimentos" e a "vedação ao enriquecimento sem causa". Entendeu-se que as situações que justificam a irrepetibilidade das verbas de caráter alimentar não poderiam ser transportadas, "sem as ressalvas e distinções necessárias", para caso em que prevalecem interesses exclusivamente patrimoniais: "Diante de rescisão parcial de decisão judicial que ensejou a fixação de honorários de sucumbência, é possível que o autor da rescisória, em posterior ação de cobrança, pleiteie a restituição da parte indevida da verba advocatícia, ainda que o advogado, de boa-fé, já a tenha levantado".

O entendimento do STJ

Conforme destacado no voto do relator, Min. João Otavio de Noronha, não se trata de "questionar a atribuição de natureza alimentar aos honorários para esses

---

dicos. A sua incidência deverá ser particularmente forte no momento da decisão, a qual deverá se distanciar cada vez mais de uma inspiração dogmática, de um enquadramento mecânico do fato numa rígida *fattispecie* abstrata. A decisão deverá cada vez mais inspirar-se no conhecimento das peculiaridades do caso concreto, a uma avaliação destas em termos axiológicos, com uma atitude equilibrada, congruente, adequada e equitativa, em suma, razoável. Tudo isto envolve uma mudança de mentalidade de método, uma aproximação diferente, mais direta, menos condicionada por dogmas não mais atuais". (Entrevista com o Professor Pietro Perlingieri, publicada na seção "Diálogos com a Doutrina". In: *Revista Trimestral de Direito Civil* – RTDC, v. 6, Rio de Janeiro: Padma, abr.-jun./2001, pp. 293-294.)

[80] "Não basta dizer que algo é razoável; é preciso saber com que parâmetros, em quais dos sentidos da expressão e, principalmente, por quê" (Thomas da Rosa de Bustamante, A razoabilidade na dogmática jurídica contemporânea: em busca de um mapa semântico. In: *Teoria do Direito e decisão racional*: temas de teoria da argumentação jurídica, Rio de Janeiro: Renovar, 2008, pp. 305-338).

[81] Gustavo Tepedino, A razoabilidade na experiência brasileira. In: Gustavo Tepedino; Ana Carolina Brochado Teixeira; Vitor Almeida (coords.). *Da dogmática à efetividade do Direito Civil*: anais do Congresso Internacional de Direito Civil Constitucional – IV Congresso do IBDCivil. Belo Horizonte: Fórum, 2019, 2. ed., p. 30.

específicos fins, e sim de verificar o alcance dessa qualificação para dirimir o suposto conflito entre os princípios da irrepetibilidade dos alimentos e o da vedação ao enriquecimento sem causa". A partir do princípio da razoabilidade, concluiu-se que "a lógica que deve pautar todo o sistema também deve incidir no caso concreto, para ficar definido que a questão da irrepetibilidade de verba de caráter alimentar pode e deve sofrer temperamentos".[82]

Em outro julgado, o STJ invocou a razoabilidade ao examinar o interesse na pretensão de alimentos de filha em face de seu pai. Ao analisar o pedido, o STJ deu provimento ao recurso especial para desonerar o pai de prestar alimentos à sua filha, que era maior de idade, possuía ensino superior completo e já cursava mestrado em universidade pública. Conforme consta do voto da Ministra Nancy Andrighi: "Os filhos civilmente capazes e graduados podem e devem gerir suas próprias vidas, inclusive buscando meios de manter sua própria subsistência e limitando seus sonhos – aí incluídos a pós-graduação ou qualquer outro aperfeiçoamento técnico-educacional – à própria capacidade financeira. Assim, deitando-se as mãos sobre o princípio da razoabilidade e tendo em conta o momento socioeconômico do país, possível se depreender que a missão de criar os filhos se prorroga mesmo após o término do Poder Familiar, porém finda com a conclusão, pelo alimentado, de curso de graduação".[83]

Neste caso, portanto, utilizou-se o princípio da razoabilidade para promover o sopesamento dos interesses da filha e do pai à luz das circunstâncias fáticas, considerando inclusive as condições socioeconômicas do Brasil para identificar os limites dos deveres do pai em relação ao sustento da filha. Segundo afirmou-se no acórdão, a conclusão do ensino superior afigura-se suficiente para que uma pessoa possa se sustentar.

Nos casos analisados, percebe-se que o Superior Tribunal de Justiça, valendo-se expressamente da razoabilidade, buscou construir, a partir da identificação de critérios substanciais, e valendo-se sempre da técnica da ponderação, a solução do caso concreto pautada nos valores extraídos do ordenamento jurídico. O desenvolvimento da razoabilidade como técnica hermenêutica permite que se afaste a subsunção, impondo-se a consideração das circunstâncias concretas na formulação da norma interpretada, sempre de acordo com os valores do ordenamento, sem distinguir casos fáceis ou difíceis. Tal técnica não prescinde, portanto, da construção de fundamentação argumentativa suscetível de controle. E mesmo a razoabilidade, nessa esteira, não se encontra imune à relatividade e à historicidade. Não se configura postulado neutro e permanente.[84]

A razoabilidade, por outro lado, não pode ter por fundamento tão somente as especificidades do caso concreto, como se o caso a ser sopesado fosse a exceção ao

---

[82] STJ, 3ª Turma, REsp n. 1.549.836/RS, Rel. p/ Acórdão Min. João Otávio de Noronha, julg. 17.5.2016, *DJe* 6.9.2016.

[83] STJ, 3ª Turma, REsp n. 1.218.510/SP, Rel. Min. Nancy Andrighi, julg. 27.9.2011, *DJe* 3.10.2011.

[84] G. Perlingieri, Profili applicativi della ragionevolezza nel diritto civile. In: G. Perlingieri et al. (Diretta da). *Cultura giuridica e rapporti civili*, 14, Napoli: Edizioni Scientifiche Italiane, 2015. p. 26.

direito formal e abstrato, espontaneamente flexibilizado de acordo com a sensibilidade do magistrado, sem que houvesse fundamento axiológico para a incidência da razoabilidade. A técnica da razoabilidade, em definitivo, há de ser aplicada necessariamente à luz do ordenamento.[85]

PROBLEMAS PRÁTICOS

1. É possível admitir a validade e a eficácia da pós-datação de cheque (chamado cheque pré-datado) ao argumento de que, embora vedada pelo art. 32 da Lei n. 7.357/1985, essa prática configura costume consagrado na experiência brasileira?
2. Diferencie princípios constitucionais de princípios gerais do direito.

---

[85] V. Gustavo Tepedino, A razoabilidade na experiência brasileira. In: Gustavo Tepedino, Ana Carolina Brochado Teixeira, Vitor Almeida (orgs.), *Da dogmática à efetividade do direito civil*: anais do Congresso Internacional de Direito Civil Constitucional, Belo Horizonte: Fórum, 2018, 2ª ed., pp. 29-40.

Capítulo V

VIGÊNCIA DA LEI NO TEMPO E NO ESPAÇO

Sumário: 1. Pluralidade de leis e segurança jurídica. Vigência da lei e *vacatio legis*. Ab-rogação e derrogação. Revogação e repristinação – 2. Conflitos de leis no tempo. Ato jurídico perfeito, direito adquirido, expectativa de direito e expectativa de fato. Retroatividade das leis – 3. Conflitos de leis no espaço – Problemas práticos.

1. PLURALIDADE DE LEIS E SEGURANÇA JURÍDICA. VIGÊNCIA DA LEI E *VACATIO LEGIS*. AB-ROGAÇÃO E DERROGAÇÃO. REVOGAÇÃO E REPRISTINAÇÃO

A norma jurídica incide nas relações humanas em determinada circunscrição territorial e por determinado período. Expressão da complexidade do ordenamento, numerosas leis se sucedem, emanadas por diversas fontes normativas, ao mesmo tempo em que, em contrapartida, a atividade humana produz efeitos nem sempre coincidentes com os limites territoriais e espaciais das normas jurídicas em vigor. Daí tornar-se imprescindível estabelecer limites temporais e espaciais de vigência da norma legal, para que esta possa cumprir seu papel pacificador das relações sociais, com a promoção do princípio da segurança jurídica, mediante o estabelecimento, do modo mais transparente possível, da lei aplicável. _{Pluralidade de leis}

Nessa direção, dois princípios encontram-se inseridos na tradição jurídica brasileira: (i) o princípio da obrigatoriedade das leis, pelo qual a prescrição legal, uma vez em vigor, vincula todos os indivíduos sujeitos à soberania estatal; e (ii) o princípio da continuidade das leis, segundo o qual a incidência normativa não sofre solução de continuidade, sendo válida e vigente a norma até que outra ocupe o seu lugar, de acordo com mecanismos, previstos pelo próprio sistema legal, designados como revogação ou ab-rogação. _{Princípios da obrigatoriedade e da continuidade das leis}

Processo legislativo e espécies normativas

Para que seja assegurada a obrigatoriedade das leis, a primeira preocupação do ordenamento dirige-se à certeza quanto à sua vigência, fixada em rigoroso processo legislativo, submetido a procedimento complexo e formal previsto na Constituição da República.[1] Nos termos do art. 59 da Constituição da República, o processo legislativo compreende a elaboração de uma série de espécies normativas, nomeadamente: emendas à Constituição; leis complementares; leis ordinárias; leis delegadas; medidas provisórias; decretos legislativos; resoluções. O Poder legislativo brasileiro, com atribuição legislativa, é bicameral, composto pelo Senado Federal e pela Câmara dos Deputados (CR, art. 44).[2] Ao Poder Legislativo cumpre debater e votar projetos de lei, os quais, após aprovados, são submetidos à sanção do Presidente da República, Chefe do Poder Executivo, a qual antecede a promulgação da lei, ato formal que estabelece seu nascimento e a força obrigatória (CR, art. 66).[3] Uma vez promulgada, a lei é publicada, divulgando-se assim o seu conteúdo para conhecimento geral, bem como a data de início de sua entrada em vigor, quando passa a incidir efetivamente.[4]

Vigência da lei e *vacatio legis*

O período entre a publicação da lei e a sua entrada em vigor, quando se torna vigente o novo comando legal, é designado pela expressão latina *vacatio legis*, com elevada importância prática.[5] O legislador, em regra, indica, no próprio texto da lei, o início de sua vigência, que poderá variar de acordo com as características do texto normativo e de sua repercussão social. No silêncio quanto à *vacatio legis*, prevalece a regra do art. 1º da Lei de Introdução às Normas do Direito Brasileiro (Dec.-Lei 4.657/1942), segundo a qual, "salvo disposição contrária, a lei começa a vigorar em todo o país quarenta e cinco dias depois de oficialmente publicada". O Código Civil, por exemplo, pelo enorme espectro de incidência na vida da

---

[1] José Afonso da Silva, *Curso de direito constitucional positivo*, São Paulo, Malheiros, 1994, 9ª ed., p. 458.

[2] A propósito da estruturação do Congresso Nacional e de cada uma de suas Casas, cf. Guilherme Peña de Moraes, *Curso de direito constitucional*, São Paulo: Atlas, 2012, 4ª ed. p. 400 e ss.

[3] Gilmar Ferreira Mendes e Paulo Gustavo Gonet Branco sintetizam o processo legislativo brasileiro: "O processo legislativo tem início quando alguém ou algum ente toma a *iniciativa* de apresentar uma proposta de criação de novo direito. O projeto de lei deve ter início na Câmara dos Deputados, se não resulta de iniciativa de senador ou de comissão do Senado. (...) Depois de apresentado, o projeto é debatido nas comissões e nos plenários das Casas Legislativas. Podem ser formuladas emendas (proposições alternativas aos projetos). (...) Findo o período de debates, segue-se a votação, que deverá seguir o *quórum* estabelecido especificamente para a proposição a ser debatida. Em não se exigindo *quórum especial*, a proposição será aprovada por maioria simples. (...) O Presidente da República participa do processo legislativo tanto quando toma a iniciativa de provocar o Congresso Nacional a deliberar como também ao ser chamado para, terminada a votação, sancionar ou vetar o projeto. (...) O veto não é absoluto. É dito *relativo*. Com isso se designa a possibilidade de o Congresso Nacional rejeitar o veto, mantendo o projeto que votou. A rejeição do veto acontece na sessão conjunta que deve ocorrer dentro de trinta dias da sua aposição comunicada ao Congresso. Exige-se maioria absoluta dos deputados e maioria absoluta dos senadores, em escrutínio secreto, para que o veto seja rejeitado" (Gilmar Ferreira Mendes, Paulo Gustavo Gonet Branco, *Curso de direito constitucional*, São Paulo: Saraiva, 2012, 7ª ed., pp. 934-939).

[4] Paulo Roberto de Figueiredo Dantas, *Curso de direito constitucional*, São Paulo: Atlas, 2012, pp. 715-716.

[5] V., sobre a matéria, Teresa Ancona Lopes, Vacatio legis. In: *Enciclopédia Saraiva do Direito*, vol. 76, São Paulo: Saraiva, 1977, p. 310.

sociedade, foi objeto da Lei n. 10.406, promulgada em 10 de janeiro de 2002 e publicada no Diário Oficial da União em 11 de janeiro de 2002, contendo previsão expressa de *vacatio legis* de um ano, nos termos do art. 2.044: "Este Código entrará em vigor 1 (um) ano após a sua publicação".[6]

Igualmente associado ao princípio da obrigatoriedade, em favor da segurança jurídica, encontra-se a regra do art. 3º da LINDB, segundo a qual "ninguém se escusa de cumprir a lei, alegando que não a conhece". O legislador, por esse dispositivo, em favor da segurança jurídica, se limita a rechaçar qualquer argumento relativo ao desconhecimento da lei por parte dos destinatários que pudesse afastar a sua implacável incidência.[7]

Inescusabilidade do desconhecimento da lei

Ao lado da obrigatoriedade situa-se o princípio da continuidade da lei. A incidência normativa há de ser preservada de modo ininterrupto. Uma vez em vigor, o comando normativo conservará eficácia de modo permanente, a menos que contenha prazo de vigência expressamente estabelecido em seu próprio texto ou até que outra lei provoque a sua revogação – que poderá ser parcial, quando apenas alguns de seus dispositivos são eliminados, hipótese designada como derrogação; ou total, em que a integralidade do comando é extinta, designando-se também esta hipótese como ab-rogação.[8]

Princípio da continuidade da lei

Ab-rogação e derrogação

Esses mecanismos revocatórios são estabelecidos no art. 2º da LINDB, em cujo *caput* se lê: "Não se destinando à vigência temporária, a lei terá vigor até que outra a modifique ou revogue". O mesmo art. 2º, em seus três parágrafos, estabelece as seguintes regras para a revogação: "§ 1º A lei posterior revoga a anterior quando expressamente o declare, quando seja com ela incompatível ou quando regule inteiramente a matéria de que tratava a lei anterior. § 2º A lei nova, que estabeleça disposições gerais ou especiais a par das já existentes, não revoga nem modifica a lei anterior. § 3º Salvo disposição em contrário, a lei revogada não se restaura por ter a lei revogadora perdido a vigência".

Extraem-se do dispositivo três cânones interpretativos: (a) admite-se a revogação expressa e a revogação tácita; (b) prevalecem os critérios cronológico e da especialidade; (c) não há repristinação da lei revogada por força da sucessiva revogação da lei revogadora.

Cânones interpretativos

Tem-se, em primeiro lugar, a possibilidade de *revogação expressa ou tácita*. Haverá revogação expressa, total ou parcial, quando a lei nova expressamente suprime a eficácia da lei anterior.[9] Em contrapartida, considera-se tácita a revogação quando

Revogação expressa ou tácita

---

[6] Sobre a data da entrada em vigor do Código Civil, v. Gustavo Tepedino, Heloisa Helena Barboza, Maria Celina Bodin de Moraes *et. al.*, *Código Civil interpretado conforme a Constituição da República*, vol. IV, Rio de Janeiro: Renovar, 2014, p. 949.

[7] Hermes Lima, *Introdução à ciência do direito*, Rio de Janeiro: Freitas Bastos, 1996, 31ª ed. rev. e atualizada. (1ª ed. 1933), p. 138; Eduardo Espinola e Eduardo Espinola Filho, *A Lei de Introdução ao Código Civil Brasileiro*, Rio de Janeiro: Renovar, 1995, 2ª ed., pp. 78-79.

[8] Clovis Bevilaqua, *Teoria geral do direito civil*, Rio de Janeiro: Francisco Alves, 1976, 2ª ed., p. 54.

[9] Eduardo Espínola, *A Lei de Introdução ao Código Civil Brasileiro*, cit., pp. 61-62.

o legislador retira indiretamente a eficácia da lei anterior, mediante (i) emanação de comando com esta incompatível ou (ii) regulamento integral da matéria regulada pela norma anterior. Em ambos os casos, a incompatibilidade entre o novo e o antigo comando justificam a revogação tácita. A incompatibilidade entre a lei nova e a antiga, como se vê, constitui-se em critério crucial para a revogação, sendo certo que, como anteriormente explicitado, a noção de ordenamento implica necessariamente compatibilidade sistemática, sendo inconcebível a permanência em vigor de duas leis antagônicas.

Critérios cronológico e da especialidade

Precisamente por esse motivo, o mesmo preceito estabelece dois critérios a serem empregados pelo intérprete no exame da revogação: o *critério cronológico e o da especialidade*. Pelo critério cronológico, inserido no § 1º, a lei mais recente tem força revogatória sobre a mais antiga; já o critério da especialidade tempera a ordem cronológica, afastando a incompatibilidade se a lei mais recente se destinar a regular matéria especial, hipótese em que a lei mais antiga permanecerá com sua eficácia indene no que tange à matéria (geral) não disciplinada pela legislação mais recente. Com isso, poderá ocorrer que a lei nova venha a revogar apenas parcialmente a lei anterior, retirando-lhe validade especificamente quanto à matéria especial por ela disciplinada.[10]

Repristinação

Finalmente, a eventual revogação da lei revogadora não tem efeito repristinatório sobre a lei abolida, senão quando expressamente o legislador assim disponha. Afasta-se, em regra, a repristinação legal, sendo certo que, uma vez revogada, a lei somente poderá ressurgir por expressa deliberação segundo o regular processo legislativo.[11]

Revogação e teoria da recepção

Note-se que tais regras se limitam à revogação infraconstitucional. No caso de alteração do Texto Constitucional, entende-se inexistir propriamente revogação, senão perda do suporte de validade normativa, tendo em conta a supremacia hierárquica da Constituição, que informa e legitima o conjunto de leis em vigor. Trata-se da teoria da recepção, segundo a qual, havendo compatibilidade, todas as leis antecedentes à reforma constitucional consideram-se recebidas ou recepcionadas pelo ordenamento. Já em caso de colisão do dispositivo legal com Emenda Constitucional, aquele perde seu suporte de validade normativa, não sendo recepcionado pela Constituição reformada.[12]

Controle de constitucionalidade

Ao Poder Judiciário é atribuída a missão de declarar a ineficácia da lei quando esta é considerada inconstitucional, vale dizer, incompatível com a Constituição.[13] Cuida-se de controle de constitucionalidade, que poderá ocorrer de modo difuso ou concentrado. No controle difuso, qualquer magistrado suscitará a inconstitucionalidade, a qual, mediante sucessivos recursos por parte dos interessados, poderá ser examinada por diversas instâncias, incluindo o Supremo Tribunal Federal, mediante

---

[10] Norberto Bobbio, *Teoria do ordenamento jurídico*, Brasília: UnB, 1995, pp. 96-97.
[11] Roberto de Ruggiero, *Instituições de direito civil*, vol. I, cit., p. 220.
[12] Daniel Sarmento e Cláudio Pereira de Souza Neto, *Direito constitucional*: teoria, história e métodos de trabalho. Belo Horizonte: Fórum, 2012, 1ª ed., p. 558.
[13] Paulo Bonavides, *Curso de direito constitucional*, São Paulo: Malheiros, 1994, 5ª ed., p. 277.

Recurso Extraordinário. Já o controle concentrado destina-se a autorizar exclusivamente um órgão do Poder Judiciário – que será o Supremo Tribunal Federal em se tratando da Constituição Federal –, mediante procedimentos próprios, a examinar a constitucionalidade (Ação Declaratória de Constitucionalidade – ADC, art. 102, I, *a*, da CR) ou a inconstitucionalidade da lei (Ação Direta de Inconstitucionalidade – ADIn, art. 102, I, *a*, da CR; ou Arguição de Descumprimento de Preceito Fundamental – ADPF, art. 102, § 1º, da CR).[14]

Controverte-se, ainda, acerca de revogação legal pelo desuso, diante da reiterada não incidência de certa lei, que perde eficácia ao longo do tempo, substituída por costume que com ela colida. A matéria é polêmica e não compreende, evidentemente, os casos em que a inércia do Poder Público retira temporariamente a coercitividade do dispositivo legal, muito embora este permaneça em vigor. A revogação pelo desuso, ao contrário, se circunscreve a casos em que a sociedade já não reconheça mais legitimidade ao comando, dirigindo-se à adoção de comportamento socialmente admitido, em colisão com a orientação legal. Nesse caso, não frequente, ainda que a lei seja a fonte primária do ordenamento, como antes examinado, não poderia o Direito ser indiferente à realidade social.[15] Por isso, mostra-se forçoso admitir, ao menos em tese, a possibilidade de se identificar a ineficácia informal e absoluta de certas leis, que se tornam obsoletas e superadas por comportamento social reiterado em sentido contrário.[16]

Revogação da lei pelo desuso

2. CONFLITOS DE LEIS NO TEMPO. ATO JURÍDICO PERFEITO, DIREITO ADQUIRIDO, EXPECTATIVA DE DIREITO E EXPECTATIVA DE FATO. RETROATIVIDADE DAS LEIS

A abrangência temporal e espacial da incidência legislativa suscita dificuldades frequentes designadas respectivamente como limites temporais e espaciais da norma legal. Cuida-se de estabelecer a lei aplicável quando (i) os efeitos dos atos jurídicos manifestam-se posteriormente à revogação da lei vigente no momento de sua constituição (conflito de leis do tempo); e (ii) os interesses subjacentes à sua incidência projetam-se por mais de uma jurisdição estatal (conflitos de lei no espaço).[17]

Abrangência temporal e espacial da lei

Quanto aos conflitos de lei no tempo, verifica-se que a alteração legislativa pode vir, em tese, a afetar as relações jurídicas constituídas sob o império da lei anterior. Confrontam-se, então, mais uma vez, duas preocupações fundamentais do Direito:

Conflitos de leis no tempo

---

[14] Sobre o tema, v., por todos, Luís Roberto Barroso, *O controle de constitucionalidade no direito brasileiro*, São Paulo: Saraiva, 2006, 2ª ed., p. 47; J.J. Gomes Canotilho, *Direito constitucional e teoria da Constituição*, Coimbra: Almedina, 1999, p. 833; Clèmerson Merlin Clève, *A fiscalização abstrata de constitucionalidade no direito brasileiro*, São Paulo: Revista dos Tribunais, 1ª ed., 1995, p. 266.

[15] V. Miguel Reale, *Teoria tridimensional do direito*, São Paulo: Saraiva, 1994, 5ª ed., p. 77.

[16] Clovis Bevilaqua, *Teoria geral do direito civil*, Rio de Janeiro: Francisco Alves, 1929, 2ª ed., pp. 34-35.

[17] Para análise do tema, permita-se remeter a Gustavo Tepedino, Conflito de leis no tempo e harmonização das fontes normativas. In: Desdêmona T. B. Toledo Arruda; Roberto Dalledone Machado Filho; Christine Oliveira Peter da Silva (orgs.), *Ministro Luiz Edson Fachin: cinco anos de Supremo Tribunal Federal*, São Paulo: Editora Fórum, 2021, vol. 1, capítulo 5.

justiça e segurança. De um lado, há de se exigir, tão logo entre em vigor, o cumprimento da lei nova, que traduz, nos regimes democráticos, decisão da maioria quanto ao padrão de comportamento a ser adotado e quanto à reprovação social do modelo de conduta regulado pela lei revogada (imperativo de justiça). De outro lado, contudo, exige-se respeito às situações jurídicas constituídas sob o regime anterior, em atendimento ao padrão de conduta exigível à época de sua constituição (imperativo de segurança). Não se mostraria consentâneo com o sistema repudiar, com base na lei nova, a atividade conduzida rigorosamente dentro da lei então em vigor, ainda que esta tenha sido posteriormente afastada pela sociedade.

Eficácia imediata das leis

No ordenamento brasileiro, os critérios para a solução dessa potencial colisão de interesses encontram-se no art. 6º da LINDB, que estabelece o efeito peremptório e imediato da nova lei, ressalvando como limites à sua incidência o respeito ao "ato jurídico perfeito, ao direito adquirido e a coisa julgada".

Ato jurídico perfeito

Por ato jurídico perfeito, o legislador considera, no § 1º do citado art. 6º da LINDB, o ato "já consumado segundo a lei vigente ao tempo em que se efetuou". Vale dizer, o ato que se aperfeiçoou inteiramente, constituindo-se sob a regência da lei anterior.[18] Por direito adquirido, entende-se o direito que, tendo se constituído por fato idôneo a produzi-lo, já se incorporou ao patrimônio de seu titular.[19] Suponha-se, assim, que o legislador alterasse os requisitos para a aquisição da propriedade móvel, exigindo que, para além do consenso e da entrega do bem adquirido, a transferência somente ocorreria com a transcrição do contrato de compra e venda em determinado cartório registral. Nesse caso, o proprietário de uma bicicleta adquirida anteriormente à entrada em vigor da nova lei teria o direito adquirido à propriedade, transferida segundo os requisitos exigidos pela lei anterior.

Direito adquirido

Expectativa de direito e expectativa de fato

Do direito adquirido diferenciam-se a expectativa de direito e a expectativa de fato: a primeira recebe tutela jurídica, ao contrário da segunda. A expectativa de direito é a situação jurídica daquele que possui direito sob condição suspensiva (direito eventual).[20] Já na expectativa de fato, há simples possibilidade abstrata de aquisição do direito, razão pela qual a ordem jurídica não a protege. Como exemplo, tem-se a esperança dos herdeiros testamentários em herdar quando o testador morrer.[21]

Coisa julgada

Finalmente, considera-se coisa julgada a decisão judicial transitada em julgado, de que já não caiba recurso. Em outras palavras, o sentido material da coisa julgada

---

[18] Clovis Bevilaqua, *Código Civil dos Estados Unidos do Brasil comentado*, vol. I, Rio de Janeiro: Rio, 1956, 11ª ed., p. 77.

[19] Gabba, *Teoria della retroattività delle leggi*, vol. I, Torino: UTET, 1884, p. 191.

[20] V., sobre o tema, o Capítulo 13 desta obra. Ilustra Carlos Alberto da Mota Pinto: "É o caso do comprador sob condição suspensiva: enquanto se não verificar a condição não adquire o direito à entrega da coisa, nem o direito de propriedade sobre ela; tem, porém, uma expectativa jurídica – não uma mera expectativa de fato – pois a lei protege já, em determinados termos, a sua posição" (*Teoria geral do direito civil*, Coimbra: Coimbra Editora, 1989, 6ª ed., pp. 180-181).

[21] Cf. Francisco Amaral, *Direito civil*: introdução, São Paulo: Saraiva Educação, 2018, 10ª ed., p. 303; Pontes de Miranda, *Tratado de direito privado*, t. V, São Paulo: Revista dos Tribunais, 2013, p. 359; Pietro Perlingieri, *O direito civil na legalidade constitucional*, Rio de Janeiro: Renovar, 2008, p. 691.

significa que "a solução dada ao litígio pelo juiz se torna imune a contestações juridicamente relevantes, não apenas no âmbito daquele mesmo processo em que se proferiu a decisão, mas também fora dele, vinculando as partes e quaisquer juízes de eventuais processos subsequentes".[22] Tais limites foram reproduzidos na Constituição da República, que prevê, dentre as garantias fundamentais do art. 5º, em seu inciso XXXVI, que "a lei não prejudicará o direito adquirido, o ato jurídico perfeito e a coisa julgada".

A matéria mostra-se complexa especialmente nas hipóteses de relações jurídicas a trato sucessivo ou de execução continuada, em que o ato jurídico perfeito, elaborado sob a égide de determinada lei, destina-se a produzir efeitos por longo período de tempo, quando a sociedade, alterando a legislação de regência, não mais admite como legítimos os efeitos jurídicos ali estabelecidos.[23] Não é infrequente, por exemplo, contrato de fornecimento celebrado anteriormente ao Código de Defesa do Consumidor, em que numerosas cláusulas, hoje consideradas abusivas, foram aperfeiçoadas regularmente, destinadas a assegurar ao fornecedor determinadas garantias por vinte ou trinta anos.[24] Ou imagine-se contrato de mútuo celebrado com taxa de juros posteriormente considerada, por conta de reforma legislativa, ilícita, em patamar que caracteriza crime contra a economia popular. O respeito ao ato jurídico perfeito, constitucionalmente garantido, pode tornar tais contratos invulneráveis à deliberação democrática da sociedade?

> Relações jurídicas a trato sucessivo ou de execução continuada

Mais ainda: a linguagem do aludido inciso XXXVI da Constituição, segundo a qual "a lei não prejudicará o direito adquirido, o ato jurídico perfeito e a coisa julgada", que se constitui em cláusula pétrea, ou seja, insuscetível de emenda constitucional (CR, art. 60, § 4º, IV), importa vedar ao legislador e até mesmo ao Constituinte alterar os efeitos futuros de contratos privados (atos jurídicos perfeitos)?

> Cláusula pétrea constitucional

Para responder a tais indagações, e para que se bem compreendam os limites legais e constitucionais de eficácia imediata da lei nova sobre a vida jurídica, há que se observar, antes de mais nada, inexistir um suposto princípio da irretroatividade

> Não existe princípio da irretroatividade das leis

---

[22] José Carlos Barbosa Moreira, A eficácia preclusiva da coisa julgada material no sistema do processo civil brasileiro. In: *Temas de direito processual*, Primeira Série, São Paulo: Saraiva, 1977, p. 97. Ver, ainda, Giovanni Bonato, Algumas considerações sobre coisa julgada no novo Código de Processo Civil brasileiro: limites objetivos e eficácia preclusiva. In: *Revista de Processo Comparado*, vol. 2, jul./dez., 2015, pp. 121-143, *passim*; Humberto Theodoro Junior, *Curso de direito processual civil*, Rio de Janeiro: Forense, 2018, 59ª. ed., (1. ed., 1985), pp. 1137-1138.

[23] A propósito da necessidade de interpretação restritiva da noção de direito adquirido, de molde a não abranger os efeitos futuros de negócios jurídicos que, posto praticados legalmente no passado, são hostilizados pela lei nova, v. Gustavo Tepedino, As relações de consumo e a nova teoria contratual (texto de conferência proferida em 1996). In: *Temas de direito civil*, Rio de Janeiro: Renovar, 2008, p. 248 e ss.

[24] Especificamente em relação ao CDC, o STJ pacificou a aplicação do diploma a relações de consumo que, iniciadas antes de sua vigência, fossem de duração ou trato sucessivo. Nesse sentido, v., entre outros, STJ, 3ª T., REsp 331.860/RJ, Rel. Min. Carlos Alberto Menezes Direito, julg. 28.5.2002, publ. *DJ* 5.8.2002; STJ, 3ª T., REsp 439.410/SP, Rel. Min. Carlos Alberto Menezes Direito, julg. 10.12.2002, publ. *DJ* 10.3.2003; STJ, 3ª T., REsp. 735.168/RJ, Rel. Min. Nancy Andrighi, julg. 11.3.2008, publ. *DJ* 26.3.2008.

no ordenamento brasileiro, já que toda lei nova, inevitavelmente, atingirá efeitos de atos constituídos anteriormente à sua vigência, os quais se originam, portanto, no passado, e sobre os quais a lei nova projetará sua incidência.[25] Com efeito, construiu-se, ao longo das últimas décadas, pensamento que sacraliza a noção de direito adquirido, considerando-o cláusula pétrea superior axiologicamente a todas as outras e, como tal, insuscetível de alcance por emenda constitucional. O equívoco desse entendimento acaba por impedir as reformas sociais, antepondo-se uma barreira refratária ao legislador e a todas as novas aspirações alvitradas pela sociedade, mesmo se projetadas pelo constituinte derivado.[26]

Leis de direito público e leis de direito privado

Por outro lado, sob a influência dos civilistas franceses, onde a proteção ao direito adquirido e à coisa julgada tem matriz infraconstitucional, difundiu-se entendimento segundo o qual as leis de direito público retroagiriam, ao contrário das leis de direito privado, em cujo império a reforma legislativa seria impenetrável.[27] Tal orientação, contudo, que ganhou força na interpretação do art. 6º da LINDB, editada originalmente em 1942 (Lei n. 4.657), sob a égide da Constituição de 1937, que não continha previsão semelhante, não colhe no ordenamento brasileiro atual diante da tutela constitucional a tais garantias, que as insere na órbita da ordem pública interna.[28]

Graus de retroatividade das leis

Retroatividade máxima

Ao propósito, identificam-se historicamente três graus de retroatividade no direito civil: máxima, média e mínima.[29] A *retroatividade máxima* (também chamada *restitutória*) ocorre quando a lei nova abrange a coisa julgada ou os fatos jurídicos consumados (ato jurídico perfeito e direito adquirido). Assim, por exemplo, a lei canônica do Papa Alexandre III, que, no século XII, abolia a usura e obrigava o credor solvável a restituir ao devedor, aos seus herdeiros ou, na falta destes, aos pobres os juros já recebidos. Ou, ainda, a Lei francesa de 12 brumário do ano II (3 nov. 1793) que admitiu os filhos naturais à sucessão paterna e materna, em

---

[25] Eduardo Espínola, *Lei de Introdução ao Código Civil*, vol. I, cit., p. 270.

[26] Carlos Young Tolomei, *A proteção do direito adquirido sob o prisma civil-constitucional*: uma perspectiva sistemático-axiológica, Rio de Janeiro: Renovar, 2005, 1ª ed., p. 283.

[27] A ilustrar a referida linha de entendimento veja-se: "Recurso especial. Locação. Diferenciais locatícios. MP 542/94. Efeito imediato da lei nova. Inexistência de violação de ato jurídico perfeito. 1. Por ser de ordem pública, a Medida Provisória n. 542/94, convertida na Lei n. 9.069/95, é de incidência imediata e plena, alcançando os contratos em curso, sem que se lhe possa opor direito subjetivo adquirido ou ato jurídico perfeito, à razão de serem ajustados à anterior avença locatícia" (STJ, 6ª T., REsp. 94850/SP, Rel. Min. Hamilton Carvalhido, julg. 18.12.2002, publ. DJ 4.8.2003).

[28] O STF, que tradicionalmente considerara a ordem pública prevalente em face do direito adquirido, alterou seu entendimento no julgamento da ADIn 493/1992, em que, liderado pelo voto do Relator, Min. Moreira Alves, rejeitou a supremacia das leis de ordem pública sobre o direito adquirido em razão de este receber tutela constitucional. Ou seja, por merecer proteção constitucional, inserindo-se, assim, na ordem pública brasileira, o direito adquirido seria inviolável: "O disposto no artigo 5, XXXVI, da Constituição Federal se aplica a toda e qualquer lei infraconstitucional, sem qualquer distinção entre lei de direito público e lei de direito privado, ou entre lei de ordem pública e lei dispositiva" (STF, Tribunal Pleno, ADIn. 493/DF, Rel. Min. Moreira Alves, julg. 25.6.1992, publ. DJ 4.9.1992).

[29] Arnoldo Wald, *Direito civil*, vol. 1, São Paulo: Saraiva, 2011, 13ª ed., p. 133.

igualdade de condições com os filhos legítimos desde 14 de julho de 1789,[30] data em que, segundo os ideais revolucionários *"les droits de la nature on repris leur empire"*,[31] refazendo até mesmo partilhas já definitivamente julgadas. A Constituição brasileira de 1937 também previa a retroatividade máxima, conferindo ao Congresso a atribuição de rever decisões judiciais, sem executar as transitadas em julgado, que declarassem certa lei inconstitucional.[32]

Já a *retroatividade média* se caracteriza quando a lei nova atinge os efeitos de direitos que se tornaram exigíveis sob a regência da lei anterior, mas não estavam consumados quando a nova lei entra em vigor.[33] Bastaria pensar em certa lei que diminuísse a taxa de juros e viesse a incidir, imediatamente, para reduzir juros contratados e já vencidos (portanto, perfeitamente válidos sob a égide da lei anterior), desde que ainda não houvessem sido pagos.

Retroatividade média

Finalmente, por *retroatividade mínima* (*temperada* ou *mitigada*) entende-se a hipótese em que a lei nova atinge apenas os efeitos futuros de negócios jurídicos aperfeiçoados sob a vigência da lei anterior. Prestações exigíveis antes da vigência da nova lei devem ser pagas de acordo com a lei anterior. Assim ocorreu com a constituição de Justiniano que limitou a 6%, após a sua vigência, a taxa de juros dos contratos anteriores. Outro exemplo, no direito pátrio, é o Dec. 22.626, de 7 de abril de 1933 (Lei da Usura), que reduziu a 12% em geral as taxas de juros vencidos após a data da sua obrigatoriedade.

Retroatividade mínima

Nas duas primeiras espécies, não persiste dúvida alguma de que a lei nova retroage efetivamente. Por outro lado, no que se refere à retroatividade mínima, discute-se se seria espécie de retroatividade, ou se apenas configuraria aplicação imediata da lei. Há autores, dentre eles Planiol,[34] que afirmam não se tratar propriamente de retroatividade, e sim de aplicação imediata da lei. No caso brasileiro, menor importância adquire a contenda terminológica acerca da retroatividade mínima, já que inexiste princípio constitucional que, tutelando a irretroatividade, tornasse relevante a classificação. O que se protege, no direito brasileiro, é o direito adquirido, o ato jurídico perfeito e a coisa julgada, que devem ter seu alcance concretamente determinado, em cotejo com os demais princípios constitucionais incidentes no caso concreto.

Aplicação imediata da lei

---

[30] José Carlos de Matos Peixoto, *Curso de direito romano*, t. I, Rio de Janeiro: Renovar, 1997, 4ª ed., p. 227.

[31] A frase consta dos arquivos parlamentares da Convenção Nacional francesa, sessão de 26.12.1793.

[32] Art. 96, parágrafo único: "No caso de ser declarada a inconstitucionalidade de uma lei que, a juízo do Presidente da República, seja necessária ao bem-estar do povo, à promoção ou defesa de interesse nacional de alta monta, poderá o Presidente da República submetê-la novamente ao exame do Parlamento: se este a confirmar por dois terços de votos em cada uma das Câmaras, ficará sem efeito a decisão do Tribunal". O dispositivo seria revogado pela Emenda Constitucional n. 18/1945.

[33] João Baptista Machado, *Introdução ao direito e ao discurso legitimador*, Coimbra: Almedina, 2000, p. 226.

[34] Planiol, *Traité élémentaire de droit civil*, vol. I, 4ª ed., n. 243, Librarie Générale de Droit & de Jurisprudence, Paris, 1906, p. 95.

Em síntese estreita, a retroatividade máxima atinge direitos adquiridos e atos jurídicos perfeitos; a retroatividade média atinge o direito às prestações vencidas e ainda não realizadas; e a retroatividade mínima se confunde com o efeito imediato da lei, respeitando o direito adquirido e atingindo tão somente o ato jurídico perfeito quanto aos seus efeitos futuros, isto é, implicando a aplicação da lei nova às consequências (que a sucederem) de atos jurídicos celebrados sob a lei anterior.

Ponderação

Os graus de retroatividade acima referidos, como se percebe, baseiam-se essencialmente no nível de tutela conferida ao direito adquirido. A esse respeito, parece razoável concluir que essa tutela deve, necessariamente, ser analisada à luz da proporcionalidade.[35] De fato, mesmo um direito incluído no rol das garantias fundamentais não pode ser isolado do sistema, aplicando-o automaticamente à hipótese fática, a despeito de outros direitos fundamentais em questão. Em matéria de direitos fundamentais, aliás, comprova-se a insuficiência e a completa superação da técnica da subsunção pura e simples, substituída pela concreção do princípio no caso concreto, sopesando os valores em conflito em favor da máxima eficácia social.

Ausência de caráter absoluto da tutela ao direito adquirido

Assim, em que pese sua importância para o sistema, os direitos adquiridos não desfrutam de proteção absoluta, superior à tutela conferida pelo ordenamento a outros princípios constitucionais, como a solidariedade social e a igualdade substancial. Se uma cláusula pétrea fosse levada ao extremo da imponderabilidade, far-se-ia tábula rasa da estabilidade política que, com ela, pretendeu alcançar o legislador.[36] Ou seja, se nem mesmo o constituinte derivado, como expressão da vontade popular, pudesse sopesar direitos adquiridos em favor de outros princípios igualmente importantes, e inseridos, também eles, no rol das garantias constitucionais, eventuais alterações políticas e sociais só se poderiam concretizar mediante movimento revolucionário, sendo impotentes as instituições democráticas, especialmente os Poderes constituídos, para levar a cabo as aspirações democráticas de transformações sociais.[37]

---

[35] Para a análise da proporcionalidade, concebida como método ou técnica de ponderação na atualidade hermenêutica, v. Gustavo Tepedino, La ragionevolezza nell'esperienza brasiliana. In: *Rassegna di diritto civile*, v. 2, 2017, pp. 653-664; Gustavo Tepedino, A razoabilidade e sua adoção à moda do jeitão. In: Revista Brasileira de Direito Civil – RBDCivil, v. 8, 2016, pp. 6-8.

[36] A discussão, que por longo período parecia adormecida em face da cristalização da tese majoritária em favor da proteção absoluta ao direito adquirido, foi reaberta pelo Ministro Joaquim Barbosa, no STF, na ocasião do julgamento da ADIn. 3.105, Tribunal Pleno, Rel. Min. Ellen Gracie, Rel. p/ Ac. Min. Cezar Peluso, julg. 18.8.2004, publ. *DJ* 18.2.2005, que questionava a constitucionalidade da Emenda Constitucional 41/2003. Afirmou o Min. Joaquim Barbosa que a amplitude desmesurada da teoria das cláusulas pétreas revela-se "uma construção intelectual conservadora, para não dizer reacionária, antidemocrática, irrazoável, com uma propensão oportunista e utilitarista a fazer abstração de vários outros valores igualmente protegidos pelo nosso sistema constitucional". Rematou o ministro: "No constitucionalismo moderno, somente através dos procedimentos de emenda constitucional e da jurisdição constitucional, fenômeno jurídico hoje quase universal, é que se consegue manter a sincronização entre constituição e realidade social, cuja evolução é contínua e se dá a ritmo avassalador".

[37] Assim se sustentou no Editorial à *Revista Trimestral de Direito Civil*, vol. 18, Rio de Janeiro: Padma, abr.-jun./2004.

Nessa perspectiva, inexiste proteção constitucional da irretroatividade, mas a garantia fundamental em favor do ato jurídico perfeito, da coisa julgada e do direito adquirido.[38] Em certa medida, todas as leis novas atingem efeitos produzidos por atos nascidos na vigência da lei anterior, dentro de uma perspectiva cronológica em que se sucedem os fatos da vida. Assim sendo, há de se estabelecer que tipo de retroatividade é legítima e qual, ao revés, mostra-se hostilizada pelo sistema. O critério de legitimidade para tal aferição funda-se, justamente, na investigação da violação, por parte da lei nova, do ato jurídico perfeito, do direito adquirido ou da coisa julgada, estes sim institutos tutelados constitucionalmente e, conseguintemente, insuscetíveis de serem alcançados pelo legislador superveniente.[39]

Não há direito adquirido, portanto, aos efeitos futuros das situações jurídicas constituídas sob a égide da lei antiga. Exemplo emblemático de tal raciocínio pode ser extraído, na experiência jurisprudencial brasileira, da conclusão acerca da incidência do Código de Defesa do Consumidor aos contratos de execução diferida celebrados anteriormente à sua vigência, consoante anteriormente aludido.[40]

Vale notar, por oportuno, que a legislação relativa à disciplina do padrão monetário tem incidência imediata, alcançando todas as relações jurídicas em curso, não importando tenham sido constituídas antes ou depois do advento da lei nova.[41] Tal é o entendimento da doutrina e da jurisprudência do Supremo Tribunal Federal, que considera o vínculo jurídico às regras monetárias como *regime legal*,[42] diferentemente das avenças reguladas pela autonomia privada, o que afasta a invocação, mesmo

Incidência imediata do regime legal

---

[38] Nesse sentido, v. Gustavo Tepedino, Reflexões sobre o art. 38 da Lei n. 8.880/1994. In: *Soluções práticas de direito*, vol. I, São Paulo: Revista dos Tribunais, 2012, pp. 426-427; Daniel Sarmento, Direito adquirido, emenda constitucional, democracia e justiça social. In: *Revista Trimestral de Direito Civil*, vol. 20, Rio de Janeiro: Padma, 2004.

[39] Gustavo Tepedino, *Reflexões sobre o art. 38 da Lei n. 8.880/1994*, cit., pp. 426-427.

[40] Na direção do texto, v., entre outros, STJ, 4ª T., AgRg no AgRg nos EDcl no REsp 323.519/MT, Rel. Min. Raul Araújo, julg. 28.8.2012, publ. *DJ*. 18.9.2012; STJ, 3ª T., REsp. 193.584/RJ, Rel. Min. Antônio de Pádua Ribeiro, julg. 29.3.2005, publ. *DJ* 18.4.2005; STJ, 3ª T., REsp 331.860/RJ, Rel. Min. Carlos Alberto Menezes Direito, julg. 28.5.2002, publ. *DJ* 05.8.2002. Em doutrina, v. por todos, Cláudia Lima Marques, *Contratos no Código de Defesa do Consumidor*: o novo regime das relações contratuais, São Paulo: Revista dos Tribunais, 2002, 4.ª ed., pp. 583-584.

[41] "Nesta direção situam-se, unanimemente, doutrina e jurisprudência brasileiras, ressaltando-se o entendimento do STF, reiteradamente exposto, segundo o qual 'não há direito adquirido a determinado padrão monetário, seja à moeda de pagamento, seja à moeda de conta, devendo ter aplicação imediata as leis monetárias, alcançando os efeitos posteriores de contratos firmados anteriormente à sua vigência (RE 105.137; RTJ 115/379; RE 107.763; RTJ 122/1077; RE 110.930; RE 111.779; RTJ 122/1146; RE 106.132; RTJ 117/376; RE 105.322 e RE 107.720)'. Cuidando-se, pois, de preceito normativo definidor da moeda aplicável em certo período de tempo, a sua incidência, para trocas e contas, alcança todas as relações jurídicas em curso, não importando tenham surgido antes ou depois do advento da norma" (Gustavo Tepedino, A incidência imediata dos planos econômicos e a noção de direito adquirido – reflexões sobre o art. 38 da Lei n. 8.880/1994 (plano real). In: *Soluções práticas*, vol. 1, 2012, p. 423).

[42] "As regras de interpretação das normas aplicadas na política de controle da inflação, por serem de ordem pública, são diferentes das seguidas para as relações jurídicas de direito privado. No direito contemporâneo, o surgimento de lei nova, com características de ordem pública e voltada para estabelecer mudança de padrão monetário, produz efeitos imediatos, atingindo os contratos em curso" (STJ, 1ª Turma, EDCl no REsp n. 663.781/RJ, Rel. Min. José Delgado, julg. 15.12.2005,

em tese, da tutela conferida pelo art. 5º, XXXVI, ao ato jurídico perfeito, ao direito adquirido e à coisa julgada.

Segundo esta construção, os vínculos obrigacionais decorrentes dos contratos geram direito adquirido para os contratantes. Já os decorrentes de relações de natureza institucional, que se submetem a certo regime jurídico, sujeitam-se a alterações legais imediatas, não constituindo para os interessados situação jurídica incorporada ao seu patrimônio, senão mera expectativa de direito. Tal linha de entendimento se associa ao fenômeno que a doutrina italiana denominou de *fonti di integrazioni contrattuali*,[43] a indicar a justaposição, no regulamento contratual, de um regime obrigacional voluntário e de um regime jurídico legal insuscetível de alteração pela vontade dos contratantes.

3. CONFLITOS DE LEIS NO ESPAÇO

Territorialidade das leis

Expressão da soberania estatal, as leis vigoram, de ordinário, dentro dos limites da jurisdição territorial do Estado que as emanou.[44] Fora do território nacional vigem as normas adotadas por outros Estados, enquanto, em contrapartida, no território nacional não têm vigor as normas estrangeiras. Costumam-se distinguir as normas comuns, como o Código Civil, que incidem sobre todo o território nacional, das normas particulares ou locais, circunscritas ao Estado membro que as emanou (leis estaduais) ou ao respectivo Município, em se tratando de leis municipais.[45] A natureza de norma comum das leis atinentes ao direito civil encontra-se determinada pelo art. 22, I, da Constituição da República.[46]

Normas comuns e normas locais

Muitas vezes, contudo, constitui-se a relação jurídica em um país, mas seus efeitos serão produzidos em outro; ou as pessoas que dela participam, antes domiciliadas no país onde o negócio jurídico foi celebrado, mudam-se de país, havendo efeitos da mesma relação jurídica em mais de uma jurisdição Estatal; ou ainda, pessoas casadas em país em que admite o casamento entre pessoas do mesmo sexo domiciliam-se em país onde somente são admitidos casamento entre homem e mulher. Para regular tais hipóteses, cada Estado emana leis destinadas a resolver o conflito de leis divergentes em países alcançados pela mesma relação jurídica, admitindo-se, nesses casos, a vigência de leis estrangeiras.[47] Cuida-se de vigência extraterritorial das leis nacionais, assim aplicadas em território estrangeiro para a solução de conflitos de interesse que encontram ponto de contato relevante com a norma estrangeira.

Extraterritorialidade das leis

---

publ. *DJ* 20.3.2006). V. tb. STF, RE n. 226.855-7/RS, Rel. Min. Moreira Alves, julg. 31.08.2000, publ. *DJ* 13.10.2000.

[43] V. Stefano Rodotá, *Le fonti di integrazione del contratto*, Milano: Giuffré Editore, 1969, *passim*.

[44] Caio Mário da Silva Pereira, *Instituições de direito civil*, vol. I, Rio de Janeiro: Forense, 2019, 32ª ed., p. 143.

[45] Paulo Dourado de Gusmão, *Introdução ao estudo do direito*, Rio de Janeiro: Forense, 1992, 15ª ed., p. 99.

[46] Art. 22 da CR: "Compete privativamente à União legislar sobre: I – direito civil, comercial, penal, processual, eleitoral, agrário, marítimo, aeronáutico, espacial e do trabalho [...]".

[47] San Tiago Dantas, *Programa de direito civil*, vol. I, cit., p. 65.

Há normas editadas exclusivamente com a finalidade de decidir qual lei deve ser aplicada diante do conflito entre elas, e que constituem o direito internacional privado, conhecido igualmente como sobredireito, isto é, o direito que define o direito aplicável em situações de conflitos de leis entre mais de um Estado soberano. Em outras palavras, "acima das normas jurídicas materiais destinadas à solução dos conflitos de interesses, sobrepõem-se as regras sobre o campo da aplicação destas normas. São as regras que compõem o chamado sobredireito, que determinam qual a norma competente na hipótese de serem potencialmente aplicáveis duas normas diferentes à mesma situação jurídica".[48]

Para que a comunicação entre ordenamentos seja estabelecida, vale-se o direito de elementos de conexão, isto é, as circunstâncias que servem de ponto de contato e critérios para determinar a territorialidade ou a extraterritorialidade de certa lei.[49] No direito brasileiro, de acordo com a matéria, são estabelecidos os seguintes critérios, por opção legislativa:

a) *Lei pessoal*: aplica-se a lei do domicílio da pessoa às matérias atinentes ao começo e fim da personalidade, ao nome, à capacidade e aos direitos de família (art. 7º da LINDB). A lei do último domicílio do falecido ou desaparecido aplica-se na abertura de sucessão por morte ou ausência. E a lei do domicílio do herdeiro ou legatário define a sua capacidade para suceder. Se a sucessão alcançar bens de estrangeiro situados no Brasil, prevalecerá a lei brasileira em benefício do cônjuge ou dos filhos brasileiros, sempre que não lhes for mais favorável a lei pessoal do falecido (art. 10, *caput* e §§ 1º e 2º da LINDB).

b) *Lei do lugar da coisa*: aplica-se a lei do país onde se situam os bens imóveis para qualificá-los e disciplinar as relações dele decorrentes. Por outro lado, prevalece a lei pessoal do domicílio do proprietário quanto aos bens móveis que ele trouxer ou se destinarem a transporte para outros lugares (art. 8º, *caput* e § 1º da LINDB).

c) *Lei do lugar em que é constituído o negócio jurídico*: aplica-se às obrigações a lei do lugar de sua constituição. Eis o teor do *caput* do art. 9º, LINDB: "Para qualificar e reger as obrigações, aplicar-se-á a lei do país em que se constituírem". Duas particularidades são estabelecidas no mesmo dispositivo, nos termos do § 1º: "Destinando-se a obrigação a ser executada no Brasil e dependendo de forma essencial, será esta observada, admitidas as peculiaridades da lei estrangeira quanto aos requisitos extrínsecos do ato". Imagine-se, por exemplo, um contrato de compra e venda celebrado em Estado estrangeiro versando sobre bem imóvel situado no Brasil e cujo valor seja superior a 30 vezes o maior salário mínimo vigente no país. "Em caso como

---

[48] Jacob Dolinger, *Direito internacional privado*: parte geral, Rio de Janeiro: Renovar, 2003, 7ª ed., p. 27. V. tb. Haroldo Valladão, *Direito internacional privado*: em base histórica e comparativa, positiva e doutrinária, especialmente dos Estados americanos, vol. 1, Rio de Janeiro: Freitas Bastos, 1980, 5ª ed., p. 19.

[49] A propósito, v., por todos, Jacob Dolinger; Carmen Tiburcio, *Direito internacional privado*: parte geral e processo internacional, Rio de Janeiro: Forense, 2016, 12ª ed., pp. 309-311; Nadia de Araujo, *Direito internacional privado*: teoria e prática brasileira, Rio de Janeiro: Renovar, 2011, 5ª ed., pp. 383-384; Amílcar de Castro, *Direito internacional privado*, Rio de Janeiro: Forense, 1956, p. 221.

este, sendo o imóvel situado no Brasil, se for vendido no estrangeiro, deve o contrato ser feito por escritura pública, de acordo com a exigência do direito brasileiro, mas os requisitos extrínsecos (a forma dessa escritura) devem obedecer às peculiaridades do direito estrangeiro".[50]

Além disso, nos termos do § 2º do art. 9º da LINDB, "a obrigação resultante do contrato reputa-se constituída no lugar em que residir o proponente". Referido dispositivo objetiva disciplinar as hipóteses de contratos entre ausentes, em que os contratos são celebrados sem que as respectivas partes estejam uma na presença da outra. Tal distanciamento físico entre proponente e aceitante no processo de formação do contrato suscita dúvidas sobre qual legislação há de prevalecer na regência da relação contratual. Assim é que o dispositivo em análise vem a definir como legislação aplicável a do local de residência do proponente. Exemplos tradicionalmente apontados nesta matéria são aos contratos por correspondência epistolar e os contratos por telegrama.[51] Especificamente no tocante aos contratos eletrônicos, para os quais a literalidade do preceito indicaria a aplicabilidade da lei da sede do fornecedor-proponente em possível prejuízo aos consumidores-aderentes, se tem sustentado a incidência do Código de Defesa do Consumidor, em deliberado abrandamento do critério da lei do local da celebração.[52]

d) *Lex voluntatis*: em se tratando de direitos patrimoniais disponíveis, as partes poderão decidir convencionalmente a lei a ser aplicada.[53] Não se considera apta a afastar a incidência desse critério a ausência de sua previsão legal expressa no direito brasileiro.[54] A definição pelas partes da lei aplicável, contudo, não há de ser arbitrária, exigindo-se conexão funcional da lei aplicável com o contrato. Ao propósito, aludem os especialistas ao princípio da proximidade.[55]

---

[50] Amílcar de Castro, *Direito internacional privado*, vol. II, Rio de Janeiro: Forense, 1956, 1ª ed., p. 178. No mesmo sentido, v. Jacob Dolinger; Carmen Tiburcio, *Direito internacional privado*, cit., p. 360. "Em direito internacional privado, a obrigação de alienar entra na regra *locus regit actum*. A tradição e a transcrição, porém, necessárias à transferência do direito real, operam-se no lugar da situação do bem, e segundo a lei que aí domina – locus rei sitae" (Clovis Bevilaqua, *Código Civil dos Estados Unidos do Brasil comentado*, vol. I, Rio de Janeiro: Francisco Alves, 1953, p. 111).

[51] Oscar Tenório, *Direito internacional privado*, vol. II, Rio de Janeiro, Freitas Bastos, 1976, 11ª ed., p. 181.

[52] Anderson Schreiber, Contratos eletrônicos e consumo. In: *Revista Brasileira de Direito Civil*, v. 1, jul.-set./2014, pp. 102-103.

[53] Nessa direção, v. San Tiago Dantas, *Programa de direito civil*, vol. I, cit., p. 72. Para o panorama de controvérsia doutrinária sobre o tema, v. Carmen Tiburcio, Disciplina legal da pessoa jurídica à luz do direito internacional brasileiro. In: *Revista de Direito Bancário e do Mercado de Capitais*, vol. 53, 2011, para a qual "é posição mais acertada admitir a autonomia privada como critério de determinação da lei aplicável" (p. 190).

[54] Jacob Dolinger, *Direito internacional privado*: parte especial, vol. II, Rio de Janeiro: Renovar, 2007, p. 69; Caitlin Sampaio Mulholland, Autonomia da vontade no âmbito do direito internacional privado: por uma interpretação liberal do artigo 9º da Lei de Introdução às Normas do Direito Brasileiro. In: CONPEDI (Org.), *Direito internacional II*, João Pessoa: Conpedi, 2015, pp. 463-480.

[55] Sobre o princípio da proximidade, v. Jacob Dolinger, *Direito internacional privado*: parte especial, vol. II, Rio de Janeiro: Renovar, 2003, pp. 293-296.

Uma vez que de nada adiantaria a definição da legislação aplicável se não se pudesse saber o órgão jurisdicional competente para julgar a controvérsia, importa ainda fazer referência ao art. 12 da LINDB. A respeito, tem-se que as normas de organização judiciária brasileira serão aplicadas para a determinação do juízo competente sempre que a ação tenha como réu um cidadão brasileiro, ou verse sobre obrigação que deva ser cumprida no país. Trata-se, como se percebe, de regra para a identificação da jurisdição prevalente, não da lei aplicável, motivo pelo qual o tema se encontra disciplinado de forma pormenorizada no Código de Processo Civil, em seus arts. 21 e ss.

Jurisdição

Questão igualmente intrigante em matéria de eficácia da lei no espaço constitui o chamado *retorno*, *devolução* ou *reenvio*, que tem lugar sempre que "as regras de conflito de cada um dos sistemas atribui competência para reger a matéria não à sua própria lei, mas à lei interna do outro sistema, ou seja, o país A considera aplicável a lei do país B, enquanto este país indica como aplicável a lei do país A".[56] Imagine-se, por exemplo, que em certa controvérsia litiguem dois brasileiros domiciliados na França. Qual a lei a ser aplicada? A lei francesa. Abre, então, o juiz o *Code* e nele encontra a prevalência da lei da nacionalidade. Que deverá o juiz fazer? Aplicar o Código Civil brasileiro ou o *Code Napoléon*?

Reenvio ou retorno

O problema descrito poderia ser resumido na seguinte indagação: "se uma norma de conflito declara aplicável à relação jurídica uma lei estrangeira, qual é, precisamente, a norma contida nessa lei estrangeira a que se deve considerar feito o reenvio? A norma de direito substancial ou a norma de conflito que por sua vez essa legislação contenha?"[57] Em outras palavras, a questão consiste em saber se a remissão determinada pela norma de conflito se refere à normativa de direito material ou igualmente à normativa de direito internacional privado, pois nesse último caso ter-se-ia instaurado conflito lógico insolúvel, verdadeiro ciclo vicioso, que se designa reenvio. Fosse admissível o reenvio, imperioso seria cogitar-se ainda de outro problema, o chamado *reenvio de segundo grau*, entendido como "aquele em que a devolução é feita não à *lex fori*, e sim à lei de um terceiro país".[58] Trata-se, como se percebe, de questão de interesse prático da mais alta relevância.

Muito já se discutiu sobre os benefícios e os malefícios da adoção da teoria do retorno. Diante da magnitude da controvérsia, optou o legislador brasileiro por pacificar a questão por meio da proibição expressa ao reenvio, no art. 16 da LINDB. Desse modo, o juiz brasileiro ao qual couber julgar a controvérsia com base em legislação estrangeira tão somente levará em consideração o respectivo direito material, pondo de lado as eventuais regras de conflito propostas pela lei alienígena.[59]

---

[56] Jacob Dolinger, *Direito internacional privado: parte geral*, Rio de Janeiro: Renovar, 2005, 8ª ed., p. 332.
[57] Roberto de Ruggiero, *Instituições de direito civil*, vol. I, cit., p. 244.
[58] Clovis Bevilaqua, *Princípios elementares de direito internacional privado*, Rio de Janeiro: Freitas Bastos, 1938, 3ª ed., p. 131.
[59] Oscar Tenório, *Direito internacional privado*, cit., p. 354.

PROBLEMAS PRÁTICOS

1. A lei revogada volta automaticamente a vigorar caso a lei revogadora venha a perder vigência? Fundamente.
2. Em que consiste o reenvio? Ele é admitido no direito brasileiro?

Capítulo VI
RELAÇÃO JURÍDICA

Sumário: 1. Relações jurídicas como conexão entre situações jurídicas subjetivas. – 2. Direito subjetivo. Classificação dos direitos subjetivos – 3. Outras situações jurídicas subjetivas: direito potestativo; poder jurídico; faculdades – 4. Nascimento, modificação e extinção de situações jurídicas subjetivas – Problemas práticos.

1. RELAÇÕES JURÍDICAS COMO CONEXÃO ENTRE SITUAÇÕES JURÍDICAS SUBJETIVAS

As relações sociais, seja porque produzem, ao menos potencialmente, efeitos jurídicos, seja porque traduzem o exercício de liberdades fundamentais na vida em sociedade, constituem relações jurídicas. O direito regula as ações humanas a partir da identificação de centros de interesses que, por se destinarem, atual ou potencialmente, à titularidade de sujeitos de direitos, configuram situações subjetivas. As relações jurídicas, nessa perspectiva, apresentam-se como conexão entre situações jurídicas subjetivas.[1]

Relações sociais e relações jurídicas

Por conta de herança teórica do individualismo, a doutrina tradicional circunscreve-se à análise do aspecto estático e estrutural das titularidades, isto é, da estrutura de poder do titular em face dos bens, no âmbito, as mais das vezes, do direito subjetivo do proprietário (direito de propriedade) e do titular de direitos obrigacionais (direito de crédito). Mostra-se mais proveitoso, contudo, na perspectiva dinâmica e funcional definida pelos princípios constitucionais, que vinculam as titularidades à solidariedade social, o estudo dos interesses jurídicos de maneira

Aspecto dinâmico das relações jurídicas

---
[1] Pietro Perlingieri, *O direito civil na legalidade constitucional*, cit., p. 730.

relacional, verificando a sua legitimidade em face dos demais interesses contrapostos ou concorrentes.[2] A relação jurídica, mais que regular o poder entre o indivíduo e o bem jurídico ou entre credor e devedor, apresenta-se como regulamento de situações jurídicas subjetivas, que disciplina a conexão entre centros de interesse atribuíveis às titularidades atuais ou futuras. Nessa vertente, a legitimidade dos poderes conferidos aos titulares de situações jurídicas, mediante modelos de atuação predispostos pela autonomia privada, dependerá da função desempenhada pelo centro de interesse. Vale dizer: as estruturas jurídicas se justificam pela legitimidade de sua função. Para compreender "como agir" deverá o jurista indagar "para que finalidade agir".

Situação jurídica subjetiva e titularidade

Nessa mesma linha de raciocínio, haverá situação jurídica subjetiva independentemente da presença atual de titular, hipótese em que o ordenamento preserva vivo o centro de interesse, porque digno de proteção, mesmo à míngua do titular atual (titulação latente ou potencial). Imagine-se, por exemplo, um singelo ingresso de cinema, que confere ao seu portador o direito a assistir a determinado espetáculo. Supondo-se que se perca o respectivo ingresso, e que não seja possível a emissão de segunda via, tem-se naquele ingresso centro de interesse ainda em vida, desprovido embora de titulação atual. Essa situação jurídica, que se constitui em direito de crédito (assistir ao espetáculo), poderá ter sua subjetividade restaurada caso seja o ingresso encontrado, restabelecendo-se assim sua titularidade.

Relações jurídicas de cooperação e de concorrência

Na perspectiva estrutural, costumava-se distinguir as relações jurídicas de cooperação (quando seus titulares têm objetivo comum, como no contrato de sociedade) e de concorrência (quando há interesses colidentes, como no direito de vizinhança).[3] Do ponto de vista funcional, entretanto, todas as relações jurídicas demandam esforço de cooperação para o alcance de interesses socialmente legítimos. Ainda em consequência da perspectiva funcional, a todo poder jurídico correspondem deveres de conduta, dentre os quais avultam os decorrentes da boa-fé objetiva, que vinculam os titulares a cooperarem reciprocamente para o alcance de finalidades comuns perseguidas mediante interesses contrapostos.[4]

---

[2] Para Pietro Perlingieri, "em uma visão conforme aos princípios de solidariedade social, o conceito de relação representa a superação da tendência que exaure a construção dos institutos civilísticos em termos exclusivos de atribuição de direitos. O ordenamento não é somente um conjunto de normas, mas também um sistema de relações: o ordenamento, no seu aspecto dinâmico, não é nada mais que o nascimento, a realização, a modificação e a extinção de relações jurídicas, isto é, o conjunto das suas vicissitudes" (*O direito civil na legalidade constitucional*, cit., pp. 728-729). Também em perspectiva relacional, v. Caio Mário da Silva Pereira, *Instituições de direito civil*, vol. I, Rio de Janeiro, Forense, 2019, p. 36.

[3] Assim, dentre outros, Francesco Carnelutti, *Teoria geral do direito*, São Paulo: Saraiva, 1942, pp. 286-288.

[4] V. Judith Martins-Costa, *A boa-fé no direito privado*: sistema e tópica no processo obrigacional, São Paulo: Revista dos Tribunais, 2000, pp. 440-441; Gustavo Tepedino, Interpretação contratual e boa-fé objetiva. In: *Soluções práticas de direito*, vol. II, São Paulo: Revista dos Tribunais, 2012, pp. 387-402.

2. DIREITO SUBJETIVO. CLASSIFICAÇÃO DOS DIREITOS SUBJETIVOS

Direito subjetivo, em uma primeira aproximação, constitui-se em atribuição de poderes ao titular de situação jurídica subjetiva para a tutela do respectivo interesse. Por sua importância dogmática, a categoria do direito subjetivo suscita, ao longo do tempo, diversas teorias que procuram defini-lo, destacando-se a posição voluntarista de Savigny, que o define como *poder da vontade*, ou *facccultas agendi*, em que a ênfase se encontra no aspecto volitivo, intencional ou psicológico da ação humana;[5] e a construção objetiva de Ihering, para a qual o direito subjetivo configura o interesse juridicamente tutelado, em que sobreleva a visão teleológica ou finalística do titular do direito.[6] Nos dias de hoje, costuma-se aludir à noção moderna, ou teoria mista, a qual, congregando diversas construções anteriores, reconhece o elemento volitivo e finalístico, definindo o direito subjetivo como atribuição de poder para o exercício de interesse juridicamente tutelado.[7]

Teorias sobre o direito subjetivo

Classificam-se os direitos subjetivos em absolutos e relativos, de acordo com a extensão de sua eficácia. Os direitos subjetivos absolutos produzem efeitos perante todas as pessoas (*erga omnes*), vinculadas ao respeito ao seu exercício. O direito de propriedade assim como os chamados direitos de personalidade (honra, privacidade, identidade pessoal etc.) seriam direitos absolutos, já que toda a sociedade se torna vinculada ao dever jurídico de conformar-se ao seu exercício. Supõe-se que o proprietário de uma bicicleta, só por circular com o veículo, ostenta seu direito em face de todos que com ele se relacionam. Já os direitos relativos ou pessoais têm no direito de crédito seu paradigma, por vincularem ao seu exercício centros de interesses (credor e devedor) determinados. Ao tomar emprestada certa quantia, o devedor vincula-se apenas ao credor para o cumprimento da prestação de restituição da quantia emprestada.

Direitos subjetivos absolutos e relativos

Tal critério distintivo, embora didaticamente útil, tem sua validade condicionada à política legislativa concernente ao sistema registral, que poderá ampliar ou reduzir

---

[5] Na palavra clássica de Savigny: "O direito, se nós o considerarmos tal como na vida real, cerca-nos e nos penetra de todos os lados, aparece-nos como um poder do indivíduo. Nos limites desse poder, a vontade do indivíduo reina, e reina com o consentimento de todos. Esse poder ou faculdade, nós o chamamos *direito*, e alguns o chamam direito no sentido subjetivo" (*Traité de droit romain*, t. 1, Paris: Firmin Didot Frères, 1840, p. 7, tradução livre).

[6] Na consagrada síntese de Ihering: "Dois elementos constituem o princípio do direito: um substancial, no qual reside o fim prático do direito, e que é a utilidade, a vantagem, o ganho assegurado pelo direito, o outro formal, que se relaciona com esse fim unicamente como meio, a saber: a proteção do direito, a ação na justiça. Por si mesmo o primeiro não cria mais do que um estado de utilidade ou de fruição (*interesse de fato*) que qualquer um, que, de fato, tenha meios para tanto, pode impunemente, a cada instante, enfraquecer ou derrubar. Essa situação não se torna menos precária, menos instável, até que a lei venha protegê-la. A fruição ou a perspectiva da fruição se torna assim mais garantida; ela se torna um *direito*. A garantia jurídica da fruição é a base do princípio do direito. *Os direitos são interesses juridicamente protegidos*" (*L'esprit du droit romain*, vol. IV, Paris: A. Maresq, 1880, p. 326, tradução livre).

[7] Roberto de Ruggiero, *Istituzioni di diritto civile*, vol. 1, Messina: Giuseppe Principato, 1934, 7ª ed., p. 190.

as hipóteses de eficácia a terceiros de certos direitos, sendo certo que qualquer situação jurídica subjetiva, ainda que seu conteúdo possa ter eficácia restrita, se revela oponível a toda a sociedade, estabelecendo o dever de respeito às posições jurídicas (relativas ou absolutas) alheias.[8]

Direitos subjetivos reais e pessoais

Ao lado da partição entre direitos absolutos e relativos, distinguem-se os direitos subjetivos reais dos pessoais. Em acepção clássica, os direitos reais incidem imediata e diretamente sobre os bens jurídicos, com vistas ao seu aproveitamento econômico. Considera-se por isso mesmo que os direitos reais aderem ao bem, tal a vinculação visceral entre o exercício do direito e o seu objeto. Já os direitos subjetivos pessoais ou de crédito configuram direitos à prestação desempenhada pelo devedor.[9] Aduz-se, por isso mesmo, serem direitos que apenas indireta ou mediatamente atribuiriam ao credor o poder sobre o bem jurídico objeto da prestação.[10]

Esses elementos, que retratam características estruturais relevantes, têm alterado o seu papel no direito contemporâneo. Mostram-se de fato insuficientes para o exame da legitimidade de cada uma das categorias em sua concreta manifestação, na medida em que tanto os direitos reais quanto os de crédito constituem relações patrimoniais, protegidas igualmente no âmbito da ordem econômica e da livre iniciativa, pela Constituição da República (CR, arts. 1º, IV, e 170, *caput*). Torna-se imprescindível, portanto, ter-se em conta a distinção funcional entre tais relações patrimoniais e as existenciais, estas atinentes aos valores da personalidade, que recebem tutela prevalente pelo Texto Constitucional, como objetivo e fundamento da República, por conta dos princípios da dignidade da pessoa humana (CR, art. 1º, III), da solidariedade social (CR, art. 3º, I) e da igualdade substancial (CR, art. 5º, *caput*), sendo ainda objeto de garantias fundamentais específicas (por exemplo, os direitos previstos pelo art. 5º, X, da CR).

Tutela prioritária da dignidade da pessoa humana

Aludidos princípios permitem ao intérprete assegurar a prioridade axiológica e sistemática estabelecida pelo constituinte à pessoa humana e à promoção de seu pleno desenvolvimento. Consagram-se, dessa maneira, disciplinas jurídicas diferenciadas para as situações jurídicas existenciais (saúde, integridade psicofísica, direito a informar e ser informado, à identidade pessoal etc.) e situações patrimoniais (propriedade, contratos, empresa etc.), cuja tutela se encontra funcionalizada à promoção de valores existenciais.

---

[8] Conforme registra Roberta Mauro Medina Maia: "a oponibilidade *erga omnes* e a obrigação passiva universal, seu consectário lógico, não representam uma peculiaridade dos direitos reais, mas são conceitos inerentes àquele de direito subjetivo ou, se assim se preferir, constituem mecanismo indispensável de proteção, pelo ordenamento jurídico, dos bens ou faculdades que atribui aos indivíduos" (*Teoria geral dos direitos reais*, São Paulo: Revista dos Tribunais, 2013, p. 185).

[9] A respeito da classificação, v. a contundente crítica de Michele Giorgianni, Diritti reali (diritto civile). In: *Novissimo digesto italiano*, t. 5, Torino: UTET, 1968, p. 748 e ss. No direito contemporâneo, cf., Pablo Renteria, *Penhor e autonomia privada*, São Paulo: Atlas, 2016; e, ainda, com ampla bibliografia, Gustavo Tepedino. In: Antônio Junqueira de Azevedo (coord.), *Comentários ao Código Civil*, vol. 14, São Paulo: Saraiva, 2011, p. 48 e ss.

[10] Cf. Marco Comporti, Diritti reali in generale. In: Piero Schlesinger, *Trattato di diritto civile e commerciale*, vol. VIII, t. I, Milano: Giuffrè, 1980, p. 64, e, na doutrina brasileira, Pablo Renteria, *Penhor e Autonomia Privada*, São Paulo: Atlas, 2016, pp. 7-83.

A percepção da ordem jurídica como essencialmente relacional, que estabelece inevitável conexão funcional entre situações jurídicas subjetivas, permite diferenciar diversos centros de interesse que, tradicionalmente, eram definidos como direito subjetivo. Este não abrange todos os centros de interesse, mas se constitui em específica situação jurídica em que ao direito do titular se contrapõe dever jurídico prestacional (prestação). Dessa contraposição decorre, de um lado, a pretensão (*Anspruch*, na terminologia alemã) ao cumprimento de prestação correspondente ao direito; e, de outro, a possibilidade de descumprimento da prestação. Se não há violação, tem-se o exercício do direito subjetivo em sua fase fisiológica. No caso de descumprimento, deflagra-se a fase patológica do direito subjetivo.

Centros de interesse

3. OUTRAS SITUAÇÕES JURÍDICAS SUBJETIVAS: DIREITO POTESTATIVO; PODER JURÍDICO; FACULDADES

Além dos direitos subjetivos, outras situações jurídicas apresentam estruturas peculiares. Examine-se, em primeiro lugar, o direito potestativo, também designado como direito formativo, pelo qual ao seu titular é atribuído o poder de interferir na esfera jurídica alheia, produzindo efeitos jurídicos independentemente da atuação da pessoa sobre cuja esfera jurídica tais efeitos recaiam.[11] Diferentemente do direito subjetivo, ao seu exercício não corresponde prestação alguma, limitando-se a estabelecer, em face dos interessados, a submissão a seus efeitos.[12] Imagine-se, por exemplo, o direito assegurado aos contratantes de extinguir contrato por prazo indeterminado. Titular de tal direito, o contratante denuncia unilateralmente o contrato quando bem entender, perfazendo, assim, o direito potestativo independentemente do concurso de vontade da contraparte, sobre a qual os efeitos extintivos do contrato são produzidos.[13]

Direito potestativo

Ao lado do direito potestativo, tem-se a figura do *poder jurídico*, usualmente regulado nas relações de família, para o qual serve de exemplo a *autoridade parental* dos pais em relação aos filhos menores.[14] Designado igualmente como *poder familiar* (CC, art. 1.630), atribui-se aos pais, por meio de tal situação jurídica subjetiva, o direito de interferência na esfera jurídica dos filhos, com vistas ao melhor interesse da criança e do adolescente, que se submetem aos efeitos jurídicos produzidos. Diferentemente do direito potestativo, o poder jurídico há de ser exercido no interesse (não de seu titular, mas) da pessoa em cuja esfera jurídica se projeta.[15] No caso, os filhos menores submetidos à autoridade parental. Por isso mesmo, por ser exercido

Poder jurídico

---

[11] Caio Mário da Silva Pereira, *Instituições de direito civil*, vol. I, cit., p. 30.
[12] Por todos, Francesco Ferrara, *Trattato di diritto civile italiano*, vol. I, Firenze: Athenaeum, 1921, pp. 347-348.
[13] A propósito do conceito de direito potestativo, v. Gustavo Tepedino, O *call option* e o abuso de poder perante o acordo de acionistas. In: *Soluções práticas de direito*: Empresa e atividade negocial, vol. III, São Paulo: Revista dos Tribunais, 2012, pp. 372-373.
[14] Para uma análise das situações jurídicas subjetivas de potestade, com ampla bibliografia, v. Eduardo Nunes de Souza, Situações jurídicas subjetivas: aspectos controversos. In: *Civilistica.com*, a. 4, n. 1, 2015, p. 11 e ss.
[15] V. Caio Mário da Silva Pereira, *Instituições de direito civil*, vol. I, cit., p. 31.

de modo altruístico, considera-se o poder jurídico como direito-dever, ou ofício de direito privado.[16]

Faculdade — Denominam-se, ainda, faculdades as prerrogativas decorrentes do conteúdo dos direitos. As faculdades, nessa perspectiva, se inserem em outros centros de interesse, qualificando-se como poderes conferidos ao titular de determinada situação jurídica subjetiva.[17]

Status — De outra parte, faz-se alusão à qualidade jurídica ou *status* para designar o regime jurídico incidente sobre determinada pessoa, de modo a atrair, por conta de tal posição jurídica, o conjunto de prerrogativas e deveres correspondentes.[18] Afirma-se, nessa vertente, que o *status* ou estado civil de determinada pessoa – casada ou solteira, divorciada ou viúva –, consiste na qualidade jurídica capaz de determinar o regime jurídico aplicável a numerosas situações patrimoniais e extrapatrimoniais sobre ela incidentes.

4. NASCIMENTO, MODIFICAÇÃO E EXTINÇÃO DE SITUAÇÕES JURÍDICAS SUBJETIVAS

Vicissitudes das situações jurídicas subjetivas — Designam-se como vicissitudes das situações jurídicas subjetivas os eventos que definem o seu percurso na ordem jurídica, atraindo particular atenção do ordenamento. Costuma-se afirmar que as situações jurídicas subjetivas se submetem a três fases distintas em sua existência, analogicamente à pessoa humana: nascimento, vida e morte. O nascimento equivale à sua constituição ou aquisição por seu titular; o período de vida traduz-se por mutações por que passa; e, finalmente, a morte representa a sua extinção ou desaparecimento. Cada uma dessas vicissitudes, dotada de características próprias, produz efeitos jurídicos peculiares.

Aquisição originária e derivada — A aquisição, ou momento aquisitivo da situação jurídica, apresenta-se de modo originário ou derivado. É originária a aquisição que se produz independentemente de relação entre o adquirente e o titular anterior do direito. Adquire-se, desse modo, direito novo, ainda que já existisse direito de igual conteúdo em favor de outrem. Não há, neste caso, transmissão, isto é, mudança de titularidade do direito (que se mantém inalterado), mas sequência de direitos, uma vez que o direito adquirido substitui-se ao preexistente. Em outras palavras, surge o novo direito e, por conseguinte, extingue-se o direito anterior.[19]

---

[16] Afirma-se que o poder jurídico "constitui um verdadeiro ofício, uma situação de direito-dever: como fundamento da atribuição dos poderes existe o dever de exercê-los." (Pietro Perlingieri, *O direito civil na legalidade constitucional*, cit., pp. 699-700).

[17] A respeito das faculdades, registra-se em doutrina: "Consistem na possibilidade de atuação jurídica que o direito reconhece na pessoa que se encontra em determinada situação. Por exemplo, o direito de propriedade (CC, art. 1.228) confere ao titular as faculdades de usar, gozar e de dispor da coisa. As faculdades jurídicas distinguem-se, assim, dos direitos subjetivos por não terem autonomia e deles serem dependentes. São como que desdobramentos do próprio direito, sem existência autônoma" (Francisco Amaral, *Direito civil*: introdução, São Paulo: Saraiva Educação, 2018, 10ª ed., p. 302).

[18] Francisco Amaral, *Direito civil*: introdução, cit., pp. 285-287.

[19] Na lição de lição de Andreas Von Tuhr: "A aquisição pode ser originária, mesmo que já exista um direito de igual conteúdo em favor de outro sujeito de direito; a aquisição é, apesar disso,

Por sua vez, a aquisição derivada opera-se por meio da transmissão do direito, justificada em relação existente entre o adquirente e o titular precedente.[20] Nesta hipótese, não há direito novo nem extinto, mas um mesmo direito que muda de titular, deslocando-se de um patrimônio para outro. O adquirente sucede o transmitente, assim, na titularidade do direito.

Compreende-se bem a distinção diante do seguinte exemplo. Supondo-se enterrado ou ocultado objeto valioso roubado, o qual anos depois é encontrado, a ordem jurídica o qualifica como tesouro; sua aquisição será originária, considerando-se perdida a vinculação com o titular original. Se, ao contrário, houvesse sido a mesma coisa roubada transferida do ladrão a terceiro, a aquisição seria derivada, com a preservação da existência do titular anterior. Na primeira hipótese, embora originariamente o tesouro tenha sido objeto de roubo ou furto, considera-se lícita a apropriação pelo novo titular, por se tratar de aquisição originária. Na segunda hipótese, mesmo que o adquirente tenha pagado justo preço pelo objeto roubado, a ilicitude da aquisição anterior permitirá ao antigo proprietário reivindicar o bem que lhe fora subtraído, contaminando-se a aquisição pelo ilícito antecedente.[21] Como se vê, a distinção revela-se fundamental, já que, por ser derivada a aquisição, os vícios da situação jurídica anterior se comunicam ao novo adquirente.

Quanto à modificação das situações jurídicas, trata-se de categoria ampla, capaz de abranger numerosas vicissitudes. As modificações das situações jurídicas reputam-se subjetivas ou objetivas. As modificações subjetivas revelam alteração da sua titularidade.[22] Toda aquisição derivada traduz modificação,[23] o que já demonstra a amplitude da noção. Ao ser transferida a propriedade de um bem, por exemplo, configura-se alteração da titularidade dominial (sucessão no domínio), sem que com isso se verifique a extinção e o nascimento do direito subjetivo de propriedade.

Modificação das situações jurídicas

---

originária se o direito atual não deriva do anterior, mas tem um fato constitutivo próprio. Não há, então, sucessão, mas uma sequência de direitos que se pode chamar de suplantação ou substituição de direitos, conforme o nascimento do novo ou a extinção do antigo direito se apresente como o *prius* lógico. A suplantação ocorre quando o direito anterior se extingue porque sua subsistência seria incompatível com a existência do direito novo. O caso mais importante das incompatibilidades de direitos se apresenta na propriedade. O exemplo típico de suplantação é a usucapião; (...). O efeito primário da usucapião é a aquisição da propriedade, e dele decorre a extinção da propriedade anterior, porque duas propriedades não podem coexistir sobre a mesma coisa" (Andreas Von Tuhr, *Derecho civil*: teoria general del derecho civil alemán, Buenos Aires: Depalma, 1946, pp. 46-47, tradução livre).

[20] Como esclarece Emilio Betti: "(...) se a aquisição é justificada por meio de uma relação do adquirente com outra pessoa legitimada, por intermédio da qual a transmissão necessariamente se opera, ela tem caráter derivado. Se, pelo contrário, a aquisição é justificada por uma relação imediata com o objeto de cuja aquisição se trata, sem passar pelas mãos de outra pessoa, nem depender da relação com outra pessoa, então ela tem caráter originário" (Emilio Betti, *Teoria geral do negócio jurídico*, Campinas: Servanda, 2008, p. 26).

[21] O exemplo é de San Tiago Dantas, *Programa de direito civil*, vol. I, cit., p. 204.

[22] Sobre o tema, Orlando Gomes, *Introdução ao direito civil*, Rio de Janeiro: Forense, 2016, 21ª ed., p. 192.

[23] San Tiago Dantas, *Programa de direito civil*, vol. I, cit., p. 205.

Modificação subjetiva

A modificação subjetiva verifica-se, portanto, com a perda de titularidade de certa situação jurídica, sempre que não houver a sua extinção, desde que o centro de interesse permaneça em vida, conservando a sua vocação funcional. Por vezes, como acima assinalado, as situações jurídicas podem permanecer, temporariamente, sem titular, sem que, com isso, tenha-se a sua extinção. Assim sucede no exemplo anteriormente aludido do ingresso perdido que, uma vez encontrado, restaura a sua titularidade subjetiva.

Modificação objetiva

As modificações objetivas, por sua vez, indicam alteração no objeto da situação jurídica. Tome-se como exemplo a obrigação do prestador de serviço que se compromete a erguer um muro (obrigação de fazer) em certo prazo improrrogável, designado como termo essencial, de modo a indicar que a obra deixará de interessar ao credor se não for concluída até a data aprazada. Caso tal prestação seja descumprida, o vínculo jurídico não se extingue, mas se modifica, transformando-se a obrigação de fazer descumprida em obrigação de pagar perdas e danos (obrigação de dar quantia certa). Verifica-se igualmente modificação objetiva quando, diante do desaparecimento do objeto da prestação, a lei o substitui, sem extinção do vínculo obrigacional. É o caso da sub-rogação real, por exemplo, em que o imóvel hipotecado, atingido por incêndio, é substituído pela indenização securitária (CC, art. 1.425, § 1º).[24]

Extinção das situações jurídicas subjetivas

Já a extinção das situações jurídicas subjetivas, metaforicamente associada à sua morte, corresponde ao seu fim. Há aqui intervenção objetiva ou subjetiva que acarreta a extinção da situação jurídica, a qual não consegue se manter em vida. A extinção terá natureza objetiva na hipótese de perda do objeto sobre o qual incide a situação jurídica, sem possibilidade de substituição. Tem-se assim a extinção do direito de propriedade se o bem perece, a exemplo da fruta que se ingere.[25]

Direitos personalíssimos

Do ponto de vista subjetivo, haverá extinção quando a perda da titularidade incide sobre direitos personalíssimos, em cujo centro de interesse a pessoa de determinado titular é essencial à sua vocação funcional. Designam-se personalíssimos os direitos constituídos em razão da pessoa de seu titular (*intuitu personae*) e que, por esse motivo, por sua visceral vinculação com específica titularidade, não admitem alteração subjetiva, a qual acarreta a sua extinção. Exemplificativamente, o falecimento do mandatário acarreta a extinção do contrato de mandato, haja vista o vínculo personalíssimo calcado na confiança (CC, art. 682, II).

No direito de família e nas relações existenciais verifica-se, com frequência, a presença de situações jurídicas personalíssimas, as quais não comportam alteração na titularidade. Os deveres decorrentes da autoridade parental, por exemplo, são

---

[24] Cfr. San Tiago Dantas, *Programa de direito civil*, vol. I, cit., p. 206; Orlando Gomes, *Introdução ao direito civil*, cit., p. 192.

[25] Conforme assinala Francisco Amaral, "perece o objeto sempre que ele perde suas qualidades essenciais ou o valor econômico, como acontece quando um terreno é coberto pelo mar, ou quando o objeto se confunde com outro, de modo a não poder se distinguir, ou quando fica em lugar donde não pode ser retirado, por exemplo, a joia que se perde no mar, tudo isso como decorrência de fato natural (terremoto, incêndio, catástrofe etc.) ou da vontade humana (destruição voluntária do objeto)" (*Direito civil*: introdução, cit., p. 277).

intransferíveis e a perda da titularidade determinará a sua extinção. Em algumas hipóteses, o legislador, em atenção à natureza de certos direitos, os torna insuscetíveis de alteração subjetiva. É o caso do usufruto, ao qual se atribui historicamente natureza alimentar. Por isso, prevê-se expressamente a sua extinção com a morte do usufrutuário. De outra parte, a autonomia privada pode estabelecer obrigação de fazer personalíssima, prevendo-se a extinção contratual diante da inexecução da prestação por determinada pessoa. Imagine-se, a título ilustrativo, a expectativa criada pela apresentação de determinado músico, cuja ausência não comportaria substituição, independentemente das qualidades do suplente. Trata-se de recital insuscetível de ser executado por outro profissional.

Em regra, contudo, as situações jurídicas se mostram transmissíveis. Não sendo personalíssimo o direito, a perda da titularidade autoriza modificação subjetiva, como acima enunciado, preservando-se as situações jurídicas, sem extinção. No caso de morte do titular, dá-se sua transferência *causa mortis*, com a sucessão patrimonial da titularidade do *de cujus* por seus herdeiros.

<small>Transmissibilidade das situações jurídicas</small>

Vicissitude singular se dá na *renúncia* a direitos. Cuida-se de ato unilateral pelo qual o titular abdica de sua posição jurídica, pura e simplesmente, sem transferi-la a quem quer que seja. Por se tratar de ato unilateral, não há, na melhor técnica, renúncia translativa (ou renúncia em favor de outrem), isto é, dirigida à transferência do direito a terceiro. Nesse caso, sob as vestes de renúncia, haveria verdadeira transferência consensual (modificação subjetiva com aquisição derivada). É o que ocorre quando o herdeiro renuncia à sua parte da herança em favor de outro. Cuida-se não de renúncia, mas de cessão gratuita (doação). Para disciplinar as consequências jurídicas da renúncia, evitando indefinição de titularidade, a ordem jurídica regula os efeitos jurídicos dela decorrentes, determinando ora a substituição legal do titular, ora a extinção da situação jurídica subjetiva, com a subsequente constituição de outra situação jurídica autônoma incidente sobre o centro de interesse remanescente.

<small>Renúncia</small>

PROBLEMAS PRÁTICOS

1. É possível, em alguma circunstância, a transmissão a terceiros do direito aos alimentos, ou a cessão de parte do seu valor para reembolsar aquele que, diante do inadimplemento do alimentante, proveu aquele que tem direito aos alimentos com as quantias necessárias para a sua sobrevivência?
2. Diferencie, exemplificando, direito subjetivo e direito potestativo.

Capítulo VII

PERSONALIDADE E CAPACIDADE

Sumário: 1. Personalidade, subjetividade, capacidade, legitimação – 2. Incapacidade absoluta e relativa. Estatuto da Pessoa com Deficiência – 3. Emancipação – 4. Início e fim da personalidade – 5. Ausência. Sucessão provisória e definitiva – 6. Pessoa jurídica. Natureza. Classificação. Extinção – 7. Eficácia dos direitos fundamentais nas associações – 8. Desconsideração da personalidade jurídica – 9. Entes despersonalizados – 10. Condomínio edilício e subjetividade – 11. Personalidade e Inteligência Artificial – Problemas práticos.

1. PERSONALIDADE, SUBJETIVIDADE, CAPACIDADE, LEGITIMAÇÃO

Preceitua o art. 1º do Código Civil de 2002 que "toda pessoa é capaz de direitos e deveres na ordem civil". Significa dizer que todas as pessoas, indistintamente, possuem aptidão para participar de relações jurídicas, adquirindo direitos e contraindo deveres. Essa noção qualitativa é tradicionalmente designada pela doutrina como personalidade, ou, ainda, como capacidade de direito ou de gozo.[1] A capacidade de fato, por sua vez, refere-se à possibilidade de a pessoa exercer por si os seus direitos.[2]

Capacidade de direito e capacidade de fato

---

[1] Clovis Bevilaqua, *Código Civil dos Estados Unidos do Brasil*, vol. I, Rio de Janeiro: Francisco Alves, 1956, pp. 138-139; Luís Cabral de Moncada, *Lições de direito civil*, Coimbra: Almedina, 1995, p. 250; Manuel A. Domingues de Andrade, *Teoria geral da relação jurídica*, vol. I, Coimbra: Almedina, 2003, pp. 30-31; e Luiz da Cunha Gonçalves, *Tratado de direito civil*, vol. I, Coimbra: Coimbra Editora, 1929, p. 168.

[2] Sobre o tema, v. Manuel A. Domingues de Andrade, *Teoria geral da relação jurídica*, cit., p. 31; Orlando Gomes, *Introdução ao direito civil*, Rio de Janeiro: Forense, 2016, 21ª ed., pp. 127-128; Luiz da Cunha Gonçalves, *Tratado de direito civil*, cit., p. 170; Gustavo Tepedino, Heloisa Helena Barboza, Maria Celina Bodin e Moraes *et al.*, *Código Civil interpretado conforme a Constituição da República*, vol. I, Rio de Janeiro: Renovar, 2014, p. 5; Luís Cabral de Moncada, *Lições de direito civil*, cit., p. 252

A capacidade de *ter* direitos não se confunde, assim, com a capacidade de *exercer* os direitos.

Legitimação

Além da capacidade, deve-se verificar a legitimação do sujeito para figurar como parte em determinada relação jurídica.[3] Vale dizer, muito embora capaz, é possível que, em virtude dos interesses em jogo, falte-lhe legitimação para agir, como o tutor para adquirir bens do tutelado[4] e o ascendente para alienar bem a descendente sem o consentimento dos outros descendentes e do cônjuge.[5]

Personalidade

Note-se que, a rigor, há dois sentidos técnicos para o conceito de personalidade. O primeiro confunde-se com a noção de capacidade de gozo, associando-se à qualidade para ser sujeito de direito, conceito aplicável tanto às pessoas físicas quanto às jurídicas. O segundo, por outro lado, traduz o conjunto de características e atributos da pessoa humana, considerada como objeto de proteção prioritária pelo ordenamento, sendo peculiar, portanto, à pessoa natural.

Subjetividade

Na medida em que a promoção da realização da dignidade da pessoa humana consubstancia o fim último do ordenamento,[6] há inconvenientes na designação da personalidade como valor da pessoa natural e, ao mesmo tempo, como aptidão para ser sujeito de direitos e de obrigações, já que, nesta última acepção, torna-se elemento estrutural da relação jurídica, qualidade igualmente atribuída às pessoas morais. Preferível dizer, por isso mesmo, que, tal como a pessoa humana, a pessoa jurídica é dotada de (personalidade no sentido específico de) subjetividade, possuindo capacidade para ser sujeito de direito.[7]

A subjetividade, assim, indica uma qualidade, a aptidão para ser sujeito de direito – correspondendo ao conceito de capacidade de gozo –, ao passo que a capacidade de fato consiste na possibilidade de exercer por si os seus direitos. Por conseguinte, a subjetividade, não já a personalidade, é atribuída às pessoas jurídicas. Em contrapartida, somente as pessoas naturais são dotadas de personalidade (no sentido objetivo) e, por isso mesmo, tornam-se objeto de proteção máxima pelo ordenamento.

---

e Miguel Maria de Serpa Lopes, *Curso de direito civil*, vol. I, Rio de Janeiro: Freitas Bastos, 1989, 7ª ed., p. 267.

[3] Washington de Barros Monteiro, *Curso de direito civil*, vol. I: parte geral, São Paulo: Saraiva, 2007, 41ª ed., p. 67; Luís A. Carvalho Fernandes, *Teoria geral do direito civil*, vol. I, Lisboa: Lex, 1995, p. 121.

[4] Art. 1.749 do Código Civil: "Ainda com a autorização judicial, não pode o tutor, sob pena de nulidade: I – adquirir por si, ou por interposta pessoa, mediante contrato particular, bens móveis ou imóveis pertencentes ao menor; (...)". Art. 497, Código Civil: "Sob pena de nulidade, não podem ser comprados, ainda que em hasta pública: I – pelos tutores, curadores, testamenteiros e administradores, os bens confiados à sua guarda ou administração; (...)".

[5] Art. 496 do Código Civil: "É anulável a venda de ascendente a descendente, salvo se os outros descendentes e o cônjuge do alienante expressamente houverem consentido. Parágrafo único. Em ambos os casos, dispensa-se o consentimento do cônjuge se o regime de bens for o da separação obrigatória".

[6] Cf. Gustavo Tepedino, Esboço de uma classificação funcional dos atos jurídicos. In: *Revista Brasileira de Direito Civil* – RBDCivil, v. 1, 2014, pp. 101-109.

[7] Na direção do texto, v. Pietro Perlingieri, *La persona e i suoi diritti*, Napoli: Edizioni Scientifiche Italiane, 2005, p. 13.

2. INCAPACIDADE ABSOLUTA E RELATIVA. ESTATUTO DA PESSOA COM DEFICIÊNCIA

Como nem todas as pessoas dispõem de capacidade de fato, o direito tradicionalmente oferece mecanismos para suprir dois diversos níveis de incapacidade, diferenciando o absolutamente incapaz – cujos atos da vida civil deverão ser efetuados, em seu nome e em seu exclusivo interesse, por representante definido por lei – do relativamente incapaz –, que pratica, ele próprio, os atos da vida civil, embora assistido por pessoas especialmente designadas pelo legislador para esse fim. A manifestação volitiva do absolutamente incapaz, efetuada sem o intermédio de representante, acarreta a nulidade do ato, conforme dispõe o art. 166, I, do Código Civil. De outra parte, os atos realizados por relativamente incapaz sem a devida assistência consideram-se anuláveis (CC, art. 171, I).

O regime das incapacidades foi formulado com vistas a proteger o incapaz, tido como Regime das incapacidades aquele que não possuiria vontade idônea para a prática, por si mesmo, de atos civis. Nada obstante, o modelo de proteção abstrato, que diferencia a incapacidade em absoluta ou relativa, sem permitir, salvo algumas hipóteses específicas, como no caso do pródigo, a modulação dos efeitos da incapacidade, acabou por tolher indevidamente a autonomia do incapaz, notadamente nas situações existenciais.[8]

Se nas situações patrimoniais mostra-se possível dissociar a titularidade do seu exercício, no caso das situações existenciais a subtração da capacidade de fato acaba por suprimir o próprio direito.[9] Por isso, impossibilitar aos incapazes a escolha, por si mesmos, de práticas de lazer e de esportes, ou de seus laços de amizade e afetivos, equivale a alijá-los dessas situações existenciais. Daí a necessidade de o regime das incapacidades ser aplicado de forma diversa para relações patrimoniais e existenciais.[10] Nessa esteira, o Enunciado 138 da III Jornada de Direito Civil assim estipula: "A vontade dos absolutamente incapazes, na hipótese do inc. I do art. 3º, é juridicamente relevante na concretização de situações existenciais a eles concernentes, desde que demonstrem discernimento bastante para tanto".[11] Daqui a necessária reconstrução do regime das incapacidades, para se assegurar ao incapaz o maior respeito possível às suas opções de vida. Em consequência, os efeitos da in-

Titularidade e exercício

---

[8] V. Vitor Almeida, A capacidade civil das pessoas com deficiência e os perfis da curatela, Belo Horizonte: Fórum, 2019, pp.168-186.

[9] "Na categoria do ser não existe dualidade entre sujeito e objeto, pois ambos representam o ser, e a titularidade é institucional, orgânica. Quando o objeto de tutela é a pessoa, a perspectiva deve mudar: torna-se uma necessidade lógica reconhecer, em razão da natureza especial do interesse protegido, que é exatamente a pessoa a constituir ao mesmo tempo o sujeito titular do direito e o ponto de referência objetivo da relação" (Pietro Perlingieri, *O direito civil na legalidade constitucional*, cit., p. 764).

[10] Ana Carolina Brochado Teixeira, Deficiência psíquica e curatela: reflexões sob o viés da autonomia privada. In: *Revista Brasileira de Direito das Famílias e Sucessões*, n. 7, 2009, p. 70.

[11] O Enunciado 574 da VI Jornada de Direito Civil estabelece que: "A decisão judicial de interdição deverá fixar os limites da curatela para todas as pessoas a ela sujeitas, sem distinção, a fim de resguardar os direitos fundamentais e a dignidade do interdito (art. 1.772)".

capacidade devem ser proporcionais à exata medida do déficit psíquico ou da dificuldade de expressar sua vontade, para que o intuito protetivo não propicie a indevida supressão da autonomia do sujeito.[12]

Aferição do concreto discernimento

Cuida-se, assim, de assegurar mecanismos para que aqueles que não possuam pleno discernimento sejam protegidos e para que o exercício das situações existenciais seja expandido ao máximo possível, adotando-se como parâmetro o concreto discernimento, não já padrões abstratos. Em uma palavra, a incapacidade, como mecanismo protetivo, deve se ajustar às necessidades do incapaz, o que se mostra especialmente relevante nas situações existenciais.

Estatuto da Pessoa com Deficiência

O Estatuto da Pessoa com Deficiência (EPD) veio ao encontro dessas preocupações, introduzindo nova redação para a disciplina das incapacidades contida no Código Civil. Atualmente, consideram-se absolutamente incapazes apenas os menores de 16 anos (art. 3º do Código Civil). Embora essa alteração suscite dúvida (especialmente no caso de pessoas que, por conta de grave enfermidade, se encontram sem discernimento algum, em coma ou em estado vegetativo),[13] o EPD pretende a investigação, no caso concreto, de possível aptidão psíquica e cognitiva remanescente, de modo a preservá-la.[14] Com o advento do Estatuto da Pessoa com Deficiência, portanto, a pessoa com deficiência afigura-se plenamente capaz. Nada obstante, ostenta especial vulnerabilidade que a lei busca debelar com a previsão de uma série de medidas que objetivam a sua inclusão social e a vedação à discriminação.[15]

---

[12] Cf. Gustavo Tepedino e Milena Donato Oliva, Personalidade e capacidade na legalidade constitucional. In: Joyceane Bezerra de Menezes (Org.), *Direito das pessoas com deficiência psíquica e intelectual nas relações privadas*: Convenção sobre os Direitos da Pessoa com Deficiência e Lei Brasileira de Inclusão, Rio de Janeiro: Processo, 2016, pp. 237-238.

[13] O art. 4º, III, do Código Civil trata como relativamente incapazes "aqueles que, por causa transitória ou permanente, não puderem exprimir sua vontade". A rigor, contudo, o estado vegetativo é incompatível com o instituto da assistência. Sobre o tema, v. Heloisa Helena Barboza e Vitor Almeida, A capacidade civil à luz do Estatuto da Pessoa com Deficiência. In: Joyceane Bezerra de Menezes (org.), *Direito das pessoas com deficiência psíquica e intelectual nas relações privadas*: Convenção sobre os direitos da pessoa com deficiência e Lei Brasileira de Inclusão, Rio de Janeiro: Processo, 2016, pp. 264-265; Eduardo Nunes de Souza, Rodrigo da Guia Silva, Dos negócios jurídicos celebrados por pessoa com deficiência psíquica e/ou intelectual: entre a validade e a necessidade de proteção da pessoa vulnerável. In: Joyceane Bezerra de Menezes (org.), *Direito das pessoas com deficiência psíquica e intelectual nas relações privadas*: Convenção sobre os direitos da pessoa com deficiência e Lei Brasileira de Inclusão, Rio de Janeiro: Processo, 2016, p. 313.

[14] Na mesma perspectiva, v., Judith Martins-Costa, Capacidade para consentir e esterilização de mulheres. In: Judith Martins-Costa; Letícia Ludwig Moller (Orgs.), *Bioética e responsabilidade*, Rio de Janeiro: Forense, 2009, p. 326.

[15] Para a análise de tais mecanismos protetivos introduzidos pela referida lei, v. Heloisa Helena Barboza e Vitor Almeida, A capacidade à luz do Estatuto da Pessoa com Deficiência. In: Joyceane Bezerra de Menezes (Coord.). *Direito das pessoas com deficiência psíquica e intelectual nas relações privadas*: convenção sobre os direitos das pessoas com deficiência e Lei Brasileira de Inclusão. Rio de Janeiro: Processo, 2016, p. 48. Promulgou-se, em 2023, o Decreto n. 11.793, que instituiu o Plano Nacional dos Direitos da Pessoa com Deficiência – Novo Viver sem Limites, o qual prevê, dentre outras ações, "a ampliação da participação das pessoas com deficiência nas várias dimensões da vida social, mediante a diminuição das barreiras e das desigualdades sociais."

Se a pessoa com deficiência for destituída de aptidão cognitiva para a prática de atos civis, a lei busca suprir essa carência na exata proporção de suas necessidades.[16] Prevê-se, em primeiro lugar, o processo de tomada de decisão apoiada, regulamentado no art. 1.783-A do Código Civil. Por esse expediente, a pessoa com deficiência elege pelo menos duas pessoas idôneas, com as quais mantenha vínculo e sejam da sua confiança, com vistas a prestar-lhe apoio na tomada de decisão sobre atos da vida civil, fornecendo-lhe para tanto os elementos e informações necessários.[17] Além disso, apenas se estritamente necessário, a pessoa com deficiência será submetida à curatela, que constitui, nos termos do art. 84, § 3º, do EPD, medida protetiva extraordinária, proporcional às necessidades e às circunstâncias de cada caso, a se estender o menor tempo possível. Note-se que a curatela, consoante dispõe o art. 85, "afetará tão somente os atos relacionados aos direitos de natureza patrimonial e negocial". O § 1º do art. 85 expressamente ressalva que a definição da curatela não alcança o direito ao próprio corpo, à sexualidade, ao matrimônio, à privacidade, à educação, à saúde, ao trabalho e ao voto.[18] Nada obstante, no intuito de compatibilizar os valores da autonomia e da tutela protetiva dos vulneráveis, o Enunciado 637 da VIII Jornada de Direito Civil admite ser possível a "(...) outorga ao curador de poderes de representação para alguns atos da vida civil, inclusive de natureza existencial, a serem especificados na sentença, desde que comprovadamente necessários para proteção do curatelado em sua dignidade".

<small>Capacidade da pessoa com deficiência</small>

Por outro lado, a capacidade dos indígenas é regulada pela Lei n. 6.001/1973 (Estatuto do Índio), que determina a aplicação das "normas de direito comum às relações entre índios não integrados e pessoas estranhas à comunidade indígena", excetuadas as regras que forem menos favoráveis aos indígenas e ressalvadas as disposições previstas na própria lei (Lei n. 6.001/1973, art. 6º, parágrafo único). Consideram-se "nulos os atos praticados entre índio não integrado e qualquer pessoa estranha à comunidade indígena quando não tenha havido assistência do órgão tutelar competente" (Lei n. 6.001/1973, art. 8º). A invalidade será afastada se o índio revelar conhecimento e consciência do ato praticado e de seus efeitos, "desde que não lhe seja prejudicial" (Lei n. 6.001/1973, art. 8º, parágrafo único).[19] O Código Civil substituiu o termo

<small>Capacidade dos indígenas</small>

---

[16] Conforme anotado por Vitor Almeida, "o direito protetivo superou o sistema de substituição pelo sistema de apoio, estruturado para favorecer o exercício da capacidade jurídica da pessoa com deficiência e, portanto, modulado às suas estritas necessidades para o alcance da autonomia possível" (*A capacidade civil das pessoas com deficiência e os perfis da curatela*, Belo Horizonte: Fórum, 2019, pp. 199-200).

[17] Sobre o ponto, Ana Luiza Maia Nevares e Anderson Schreiber, Do sujeito à pessoa: uma análise da incapacidade civil. In: Gustavo Tepedino, Ana Carolina Brochado Teixeira e Vitor Almeida (Coords.), *O direito civil entre o sujeito e a pessoa*: estudos em homenagem ao Professor Stefano Rodotá, Belo Horizonte: Fórum, 2016, p. 49 e ss. Cf., ainda, Joyceane Bezerra de Menezes, *O direito protetivo no Brasil após a Convenção sobre a Proteção da Pessoa com Deficiência*, cit., pp. 16-18.

[18] V. Paula Greco Bandeira, Notas sobre a autocuratela e o Estatuto da Pessoa com Deficiência. In: Joyceane Bezerra de Menezes (org.), *Direito das pessoas com deficiência psíquica e intelectual nas relações privadas*: Convenção sobre os direitos da pessoa com deficiência e Lei Brasileira de Inclusão, Rio de Janeiro: Processo, 2016, pp. 264-265.

[19] Em interessante precedente, decidiu o STF (1ª T., HC 79.530/PA, Rel. Min. Ilmar Galvão, julg. 16.12.1999, publ. *DJ* 25.2.2000) que não se podia considerar que o paciente – índio – tivesse difi-

"silvícolas", que adquiriu, ao longo do tempo, conotação discriminatória, por "índios", em consonância com a terminologia constitucional (CR, arts. 231 e 232).

3. EMANCIPAÇÃO

A emancipação representa a plena aquisição da capacidade de fato antes da idade legal.[20] Em regra, a menoridade cessa aos 18 (dezoito) anos. Prevê o Código Civil, no entanto, algumas hipóteses de aquisição de capacidade plena anterior à maioridade (CC, art. 5º). A hipótese mais frequente é a emancipação voluntária, por concessão conjunta dos pais ou de um deles na falta do outro, mediante instrumento público, independentemente de homologação judicial, ou por sentença do juiz, ouvido o tutor, desde que completados dezesseis anos (CC, art. 5º, parágrafo único, inciso I). Ao lado da emancipação voluntária situa-se a emancipação legal, nas hipóteses expressamente previstas na lei (CC, art. 5º, parágrafo único, incisos II a V).

Emancipação voluntária

Como antes assinalado, a emancipação voluntária consiste no ato unilateral e irrevogável realizado pelos pais de comum acordo e no interesse do filho, mediante instrumento público e independentemente de homologação judicial, no sentido de retirar o menor púbere (assim entendidos os relativamente incapazes em razão da faixa etária) da condição de incapaz. Na falta de um dos pais, como no caso de falecimento, poderá o outro conceder a emancipação. A responsabilidade dos pais pelos atos dos filhos, no entanto, não cessa plenamente com a emancipação voluntária. A jurisprudência do Superior Tribunal de Justiça se firmou no sentido de que, mesmo sem que haja fraude na emancipação, imputa-se aos pais o dever de indenizar danos injustos causados pelo menor emancipado.[21] Tal responsabilidade não subsiste, em regra, nos casos de emancipação legal.

Emancipação legal

No âmbito da emancipação legal, cessa a incapacidade pela celebração de casamento. Ocorrida a emancipação pelo casamento, a incapacidade não se restabelece em caso de divórcio ou morte do outro cônjuge.[22] Controverte-se acerca da aptidão da união estável para acarretar a emancipação do menor, à semelhança do casamento. Há entendimentos que reconhecem a emancipação com base na similitude entre as

---

culdade de compreender o caráter ilícito de ato por ele praticado, uma vez que era funcionário da FUNAI, residia na cidade em imóvel adquirido sem necessidade de assistência, falava português, era eleitor, requereu passaporte, tinha conta corrente bancária e habilitação para dirigir veículos automotores, além de "possuir empresa por meio da qual realiza comércio de exportação de óleo de castanha para a Inglaterra".

[20] Clovis Bevilaqua, *Teoria geral do direito civil*, cit., p. 157.

[21] "A emancipação voluntária, diversamente da operada por força de lei, não exclui a responsabilidade civil dos pais pelos atos praticados por seus filhos menores" (STJ, 4ª Turma, AgRg no Ag n. 1.239.557/RJ, Rel. Min. Maria Isabel Gallotti, julg. 9.10.2012, publ. *DJ* 17.10.2012). No mesmo sentido: STJ, AgRg no Ag 1239068/RJ, Dec. Mon., Min. Isabel Gallotti, julg. 12.9.2016, publ. *DJ* 19.9.2016; STJ, REsp. 586399, Dec. Mon., Rel. Min. Ricardo Villas Bôas Cueva, julg. 21.11.2012, publ. *DJ* 4.12.2012; STJ, REsp. 505110, Dec. Mon., Min. Ricardo Villas Bôas Cueva, julg. 26.11.2012, publ. *DJ* 4.12.2012; STJ, 3ª T., REsp. 122.573/PR, Rel. Min. Eduardo Ribeiro, julg. 23.6.1998, publ. *DJ* 18.12.1998.

[22] Renan Lotufo, *Código Civil comentado*, vol. 1, São Paulo: Saraiva, 2003, p. 30.

entidades familiares[23] e há os que a rejeitam ao argumento de que não consta expressamente do rol das causas legais de emancipação.[24] Embora o casamento e a união estável sejam entidades familiares com igual *status* constitucional, não é possível a equiparação absoluta para fins de emancipação, sem a interferência de outras circunstâncias, pois a espontaneidade da união estável não parece compatível com a exigência de autorização dos pais para sua configuração, ao contrário do casamento, que pressupõe anuência dos responsáveis, tornando inequívoca a ruptura com o poder familiar e a inauguração de comunhão de vida entre os cônjuges (CC, art. 1.517).

Acarretam a emancipação por força de lei, ainda, o exercício de emprego público efetivo e a colação de grau em curso de ensino superior. A existência de relação de emprego ou estabelecimento civil e comercial, que possibilite ao menor com 16 anos ter economia própria, também faz cessar a incapacidade deste. Buscou o legislador tutelar prioritariamente os terceiros de boa-fé que viessem a negociar com o menor que desenvolve atividade profissional e, a partir dela, detém economia própria.[25] A expressão *economia própria* compreende-se como a renda suficiente para a sobrevivência individual, de acordo com o padrão de vida de cada família. Por outro lado, diante de realidade social em que sobeja o emprego informal e o subemprego de jovens, a noção há de ser interpretada extensivamente, de modo a contemplar tais setores da economia, segundo as realidades regionais.[26]

A emancipação faz cessar a incapacidade de fato, mas não tem o condão, por exemplo, de alterar a maioridade penal, ou a idade mínima para dirigir veículos ou

<small>Maioridade</small>

---

[23] "A constituição de união estável é estabelecida como causa apta à desoneração alimentar por parte do genitor, porquanto faz supor a completa emancipação, gerando a presunção de estar a filha, junto com seu convivente, apta a prover a manutenção própria e da família que constituiu, mesmo que esta frequente instituição de nível superior" (TJAP, Câmara Única, AI 0002856-49.2018.8.03.0000, Rel. Des. Eduardo Contreras, julg. 22.1.2019). Nesse sentido, v., ainda, TJSC, 4ª CCrim, AC 09000596720178240019, Rel. Des. José Everaldo Silva, julg. 5.7.2018. Na doutrina, v. Augusto Manoel Guanaes Silva de Carvalho Farias, A emancipação através do reconhecimento da união estável. In: *Revista de Direito UNIFACS*, n. 181, jul./2015, *passim*.

[24] "Nos termos da lei, os filhos dependentes dos servidores públicos estaduais têm direito ao recebimento de pensão por morte até que cesse sua dependência. O art. 5º, Parágrafo único, I e II, do Código Civil é taxativo ao definir as hipóteses que levam à emancipação do menor, não constando dentre elas sua convivência em união estável, mas tão somente quando celebrado casamento" (TJ/MG, 2ª C.C., Ap. Cív. 10042140048226001, Rel. Des. Marcelo Rodrigues, julg. 25.4.2017, publ. *DJ* 5.5.2017); "Ação de reconhecimento e dissolução de união estável cumulada com declaração de emancipação. A hipótese legal de cessação da menoridade, prevista no inciso II do art. 5º do CC, é restrita ao casamento" (TJ/RS, 7ª C.C., AG 70072387152, Rel. Des. Jorge Luís Dall'Agnol, julg. 22.2.2017, publ. *DJ* 24.2.2017). V., ainda, TJ/RS, 7ª C.C., AG 70071667067, Rel. Des. Liselena Schifino Robles Ribeiro, julg. 2.12.2016; TJ/RS, 7ª C.C., AC 70042308163, Rel. Des. Sérgio Fernando de Vasconcellos Chaves, julg. 29.6.2011, publ. *DJ* 5.7.2011; TJ/MG, 15ª C.C., AC 0317085-82.2006.8.13.0290, Rel. Des. José Affonso da Costa Côrtes, julg. 14.8.2008, publ. *DJ* 3.9.2008; TJ/MG, 7ª C.C., Ap. Cív. 10042140048226001, Rel. Des. Marcelo Rodrigues, julg. 25.4.2017, publ. *DJ* 5.5.2017; TJ/MG, AG 102100703986930011, Rel. Des. Kildare Carvalho, julg. 9.8.2007, publ. *DJ* 23.8.2007; TJ/MG, Ap. Cív. 4224235-45.2000.8.13.0000, Rel. Des. Dárcio Lopardi Mendes, julg. 2.9.2004, publ. *DJ* 17.9.2004.

[25] Assim, Silvio Rodrigues, *Direito civil*, vol. I, cit., p. 59.

[26] Gustavo Tepedino, Heloisa Helena Barboza, Maria Celina Bodin de Moraes et al., *Código Civil interpretado conforme a Constituição da República*, vol. I, cit., pp. 19-20.

consumir bebidas alcóolicas.²⁷ Nessa direção encontra-se o Enunciado 530 da VI Jornada de Direito Civil do CJF: "a emancipação, por si só, não elide a incidência do Estatuto da Criança e do Adolescente". Veja-se que o art. 81 da Lei n. 8.069/1990 (Estatuto da Criança e do Adolescente) proíbe a venda de "armas, munições e explosivos" (inciso I), "bebidas alcoólicas" (inciso II) e "produtos cujos componentes possam causar dependência física ou psíquica ainda que por utilização indevida" (inciso III) à criança ou ao adolescente.

4. INÍCIO E FIM DA PERSONALIDADE

Correntes

Determina o Código Civil, como termo inicial da personalidade humana (e, por consequência, da capacidade de direito) o nascimento com vida (CC, art. 2º). Ressalvou o legislador, no entanto, desde a concepção, os direitos do nascituro, que é o ser já concebido e que está no ventre materno.²⁸ Delineiam-se, a partir da dicção legal, ao menos três correntes interpretativas: (i) a concepcionista, pela qual há personalidade desde a concepção; (ii) a da personalidade condicional, pela qual o nascituro seria sujeito de direito, sendo sua personalidade condicionada ao nascimento com vida; e (iii) a natalista, pela qual somente com o nascimento com vida há personalidade, sem prejuízo da ampla proteção ao nascituro conferida pela ordem jurídica.²⁹

Para a primeira, o feto, desde a concepção, torna-se titular de relações jurídicas³⁰ – "e só pode ser titular de direitos quem tiver personalidade, donde concluir-se que, formalmente, o nascituro tem personalidade jurídica".³¹ Para a segunda, o nascituro, desde a concepção, seria dotado de personalidade condicionada ao seu nascimento com vida. Nascendo com vida, a personalidade reputa-se adquirida desde a concepção, para todos os fins de direito.³² É a corrente natalista, porém, que parece se revelar mais consentânea com o art. 2º do Código Civil.³³ De fato, parece indiscutível a impossibilidade de se traçar, com precisão, o momento

---

[27] "A emancipação, apesar de equivalente, não é igual à maioridade. Sempre que o legislador fizer alusão expressa à maioridade, para a aquisição ou extinção de direitos e deveres, não se estenderá a regra aos emancipados" (Paulo Lôbo, *Direito civil*: parte geral, São Paulo: Saraiva, 2017, 6ª ed., p. 126). V., ainda, Pontes de Miranda, *Tratado de direito privado*, t. I, São Paulo: Revista dos Tribunais, 2012, p. 302.

[28] Silvio Rodrigues, *Direito civil*, vol. I, São Paulo, Saraiva, 2007, 34ª ed., p. 36.

[29] Cf. Vitor Almeida, *A capacidade das pessoas com deficiência e os perfis da curatela*, Belo Horizonte: Fórum, 2019, pp. 141-142 [n. 414].

[30] J. M. Leoni Lopes de Oliveira, *Novo Código Civil anotado*, vol. I, Rio de Janeiro: Lumen Juris, 2006, pp. 6-7; Silmara Chinelato, *Tutela civil do nascituro*, São Paulo: Saraiva, 2000, p. 160; Rubens Limongi França, *Instituições de direito civil*, São Paulo: Saraiva, 1994, 3ª ed., p. 49; Renan Lotufo, *Código Civil comentado*, vol. I, cit., p. 13.

[31] Francisco Amaral, *Direito civil*: introdução, São Paulo: Saraiva Educação, 2018, 10ª ed., p. 325.

[32] Marcel Planiol Georges Ripert, *Traité pratique de droit civil français*, Paris: Librairie Générale de Droit et Jurisprudence, 1952, p. 10; Arnoldo Wald, *Curso de direito civil*, vol. I, São Paulo: Saraiva, 2002, p. 120; César Fiúza, *Direito civil*: curso completo, Belo Horizonte: Del Rey, 2006, p. 127.

[33] San Tiago Dantas, *Programa de direito civil*, vol. I, Rio de Janeiro: Forense, 2001, 3ª ed., pp. 134-135.

em que se daria a centelha da vida humana.³⁴ Nessa perspectiva, por opção legislativa legítima, o Código Civil brasileiro exige o nascimento com vida como requisito para a aquisição da personalidade e a titularidade própria de direitos, ainda que o nascituro mereça ampla proteção pelo ordenamento. Tal proteção da situação jurídica do nascituro justifica a difusa referência aos chamados "direitos do nascituro", indicando a possibilidade, reconhecida pela jurisprudência, de se cobrar, após o nascimento com vida, indenização por danos morais em face de terceiros³⁵ e dos próprios pais,³⁶ por fato ocorrido durante a gestação. Nessa direção, na jurisprudência, o STJ já concluiu que, independentemente da teoria que se adote, "há de se reconhecer a titularidade de direitos da personalidade ao nascituro, dos quais o direito à vida é o mais importante".³⁷ Alude-se, nessa perspectiva, ao chamado dano-morte não apenas da pessoa nascida com vida, mas também de "pessoa já formada, plenamente apta à vida extrauterina, embora ainda não nascida".³⁸ Reconhece-se, ainda, que o nascituro tem direito à compensação dos danos morais decorrentes da morte do genitor.³⁹

<small>Nascimento com vida</small>

<small>"Direitos do nascituro"</small>

Indaga-se também a natureza jurídica dos embriões, questão que se torna tão mais relevante quanto mais se desenvolvem as tecnologias de reprodução assistida e de preservação de embriões congelados.⁴⁰ Do ponto de vista jurídico, não se trata de nascituro, uma vez ausente a implantação no útero da mulher, inexistindo, por maioria de razão, personalidade.⁴¹ Os chamados embriões excedentários – isto é, aqueles

<small>Embriões</small>

---

[34] A questão remete à arguta ponderação de Umberto Eco (*Em que creem os que não creem*, Rio de Janeiro: Record, 2001, p. 33): "talvez estejamos condenados a saber apenas que existe um processo, que seu resultado final é o milagre do recém-nascido".

[35] Alguns autores sustentam que "também ao nascituro se assegura o direito de indenização por danos morais decorrentes do homicídio de que foi vítima seu genitor. É desimportante o fato de ter nascido apenas após o falecimento do pai. Mesmo que não o tenha conhecido, por certo, terá o menino, por toda a vida, a dor de nunca ter conhecido o pai. Certamente, esta dor é menor do que aquela sentida pelo filho que já conviveu por muitos anos com o pai e vem a perdê-lo. Todavia, isso só influi na gradação do dano moral, eis que sua ocorrência é incontroversa. Todos sofrem com a perda de um familiar, mesmo aquele que nem o conheceu. Isso é normal e presumido" (Yussef Cahali, *Dano moral*, São Paulo: Revista dos Tribunais, 2011, pp. 127-128). Em sentido contrário à gradação do *quantum* indenizatório para o nascituro, v. STJ, 3ª T., REsp 931.556/RS, Rel. Min. Nancy Andrighi, julg. 17.6.2008, publ. *DJ* 5.8.2008).

[36] Antonio Junqueira de Azevedo, Responsabilidade civil dos pais. In: Yussef Cahali (org.), *Responsabilidade civil*: doutrina e jurisprudência, São Paulo: Saraiva, 1988, pp. 72-73; Maria Helena Diniz, Reflexões sobre a problemática das novas técnicas científicas de reprodução humana e a questão da responsabilidade civil por dano moral ao embrião e ao nascituro. In: *Livro de estudos jurídicos*, vol. VIII, Rio de Janeiro: Instituto de Estudos Jurídicos, 1994, p. 221; Tânia da Silva Pereira, *Direito da criança e do adolescente*, Rio de Janeiro: Renovar, 1996, p. 148.

[37] STJ, 4ª Turma, REsp n. 1.415.727/SC, Rel. Min. Luis Felipe Salomão, julg. 4.9.2014, publ. *DJ* 29.9.2014.

[38] STJ, 3ª Turma, REsp n. 1.120.676/SC, Rel. p/ Ac. Min. Paulo de Tarso Sanseverino, julg. 7.12.2010, publ. *DJ* 4.2.2010.

[39] STJ, 3ª T., A.Rg no A.Rg no AREsp. 150.297/DF, Rel. Min. Sidnei Beneti, julg. 19.2.2013, publ. *DJ* 7.5.2013.

[40] Heloisa Helena Barboza, O estatuto ético do embrião humano. In: Daniel Sarmento, Flávio Galdino (Coords), *Direitos fundamentais*: Estudos em homenagem ao Professor Ricardo Lobo Torres, Rio de Janeiro: Renovar, 2006. p. 528.

[41] Fábio Ulhoa Coelho, *Curso de direito civil*, São Paulo: Saraiva, 2003, pp. 148-152.

não implantados no útero –[42] podem ser utilizados para fins de pesquisa, como prevê o art. 5º, da Lei n. 11.105/2005, desde que haja autorização de seus genitores.[43] Cuida-se, assim, de bem jurídico protegido pelo ordenamento, ainda que não na condição técnica de pessoa, não se lhes atribuindo personalidade jurídica.

Término da personalidade

Termina a personalidade da pessoa natural com a sua morte, por expressa disposição do Código Civil (art. 6º). Considera-se atualmente o momento da morte como aquele do encerramento da atividade cerebral,[44] ainda que outros sistemas vitais não tenham cessado (o que pode ocorrer, inclusive, por força da manutenção do suporte vital por meio de aparelhos). Assim como o nascimento, também o óbito deve necessariamente ser levado a registro, junto ao Registro Civil das Pessoas Físicas (art. 9º, I, do Código Civil e art. 29, I e III, da Lei de Registros Públicos – Lei n. 6.015/1973).

Morte presumida

Admite a lei a caracterização de *morte presumida* em duas hipóteses específicas. De um lado, no caso de ausência, presume-se a morte da pessoa no momento em que a lei autoriza a abertura de sua sucessão definitiva (CC, art. 6º, *in fine*). De outro, admite-se a declaração de morte presumida, sem a necessidade de decretação de ausência, nos casos em que o óbito for extremamente provável, porque a pessoa corria risco de vida ou se encontrava em situação potencialmente perigosa, aludindo o Código Civil nomeadamente ao caso de guerra. A declaração de morte presumida deve ser excepcional, exigindo-se a realização de exaustivas buscas e necessárias averiguações do paradeiro do desaparecido previamente à presunção de seu falecimento.

Comoriência

Questão tormentosa relacionada à morte no direito civil reside nos casos em que morrem em um mesmo acidente duas ou mais pessoas entre as quais há legitimação sucessória. Seria necessário identificar qual delas morreu primeiro, de modo a verificar se houve transmissão hereditária entre elas. Se não se torna possível verificar qual das mortes antecedeu à outra, admite o Código Civil, em seu art. 8º, a figura da *comoriência*, presumindo que as pessoas morreram simultaneamente, sem

---

[42] Cf. Heloisa Helena Barboza, Reprodução assistida. In: Maria de Fátima Freire de Sá e Bruno Torquato de Oliveira Naves (coords.), *Bioética, biodireito e o novo Código Civil de 2002*, Belo Horizonte: Del Rey, 2004, p. 238 e Resolução 2168/2017 do CFM.

[43] De acordo com o item V.3 da Resolução 2168/2017 do CFM: "No momento da criopreservação, os pacientes devem manifestar sua vontade, por escrito, quanto ao destino a ser dado aos embriões criopreservados em caso de divórcio ou dissolução de união estável, doenças graves ou falecimento de um deles ou de ambos, e quando desejam doá-los". Registre-se, por oportuno, a vedação constitucional a todo tipo comercialização: Art. 199, § 4º: "A lei disporá sobre as condições e os requisitos que facilitem a remoção de órgãos, tecidos e substâncias humanas para fins de transplante, pesquisa e tratamento, bem como a coleta, processamento e transfusão de sangue e seus derivados, sendo vedado todo tipo de comercialização".

[44] Segundo Caio Mário da Silva Pereira, "situava-se o momento da morte na cessação das grandes funções orgânicas: ausência dos batimentos cardíacos, término dos movimentos respiratórios e da contração pupilar. A ciência moderna, entretanto, chega a uma conclusão diferente. A vida do indivíduo está subordinada à atividade cerebral. E enuncia que a vida termina com a 'morte cerebral', ou morte encefálica. A ciência admite que, ocorrendo esta, será lícita a remoção de órgãos para fins de transplante, ou outras finalidades científicas" (*Instituições de direito civil*, vol. I, Rio de Janeiro: Forense, 2019, 32ª ed., p. 189).

transmitirem, portanto, direitos hereditários uma à outra.[45] Se não há condições médico-legais de identificar o momento da morte com precisão, o legislador brasileiro não considera legítimo lançar mão de distinções como idade, sexo ou condição de saúde dos falecidos para presumir qual morte teve precedência.[46] Daí assumir o Código Civil que os óbitos ocorreram ao mesmo tempo. De acordo com o Enunciado n. 645 da IX Jornada de Direito Civil, "a comoriência pode ocorrer em quaisquer das espécies de morte previstas no direito civil brasileiro".[47]

5. AUSÊNCIA. SUCESSÃO PROVISÓRIA E DEFINITIVA

O instituto da ausência regula o destino dos bens da pessoa que desapareceu do seu domicílio sem deixar notícias ou procurador, tornando incerta sua existência.[48] Sintetiza-se na conhecida fórmula "não presença + falta de notícias + decisão judicial = ausência".[49] Com a decretação de ausência, nomeia-se curador para administrar os bens do ausente, com vistas a preservar os seus interesses, na expectativa de seu retorno.

De acordo com o art. 22 do Código Civil, "desaparecendo uma pessoa do seu domicílio sem dela haver notícia, se não houver deixado representante ou procurador a quem caiba administrar-lhe os bens, o juiz, a requerimento de qualquer interessado ou do Ministério Público, declarará a ausência, e nomear-lhe-á curador". O art. 23 complementa estabelecendo que "também se declarará a ausência, e se nomeará curador, quando o ausente deixar mandatário que não queira ou não possa exercer ou continuar o mandato, ou se os seus poderes forem insuficientes". Interessado, para fins do art. 22, são os sucessores, sócios, credores e todos aqueles que têm alguma pretensão patrimonial em face do ausente, inclusive o devedor que almeja se liberar da dívida.[50]

Declaração da ausência

---

[45] Clovis Bevilaqua, *Teoria geral do direito civil*, cit., p. 162.
[46] Caio Mário da Silva Pereira, *Instituições de direito civil*, vol. I, cit., pp. 197-198.
[47] Decidiu a 3ª Turma do STJ que, no contrato de seguro de vida sem indicação de beneficiários, a comoriência do segurado e da pessoa que seria sua herdeira não afasta o direito de representação dos filhos dessa herdeira. Assim decidiu a Corte ao examinar caso em que o titular do seguro de vida – que não tinha cônjuge, pais vivos ou filhos – faleceu em acidente de trânsito junto com a sua irmã, que tinha dois filhos. Como o contrato não indicava beneficiários, a seguradora pagou a indenização integralmente para a única irmã viva do segurado, sua herdeira colateral. Em sentido contrário, contudo, a Corte Superior acolheu Recurso Especial interposto pelos filhos da irmã que faleceu simultaneamente ao segurado. Conforme ressaltou a Relatora, Min. Nancy Andrighi, a indispensável proteção do interesse dos filhos que perderam precocemente seus pais "ganha ainda mais relevo quando os que pleiteiam o direito de representação são crianças e adolescentes, inseridos na condição peculiar de pessoas em desenvolvimento, conforme reconhecido pelo ECA". Para o STJ, portanto, a comoriência, prevista no art. 8º do Código Civil, embora exclua o direito sucessório entre aqueles simultaneamente falecidos, não afasta o direito de representação (STJ, 3ª T., REsp 2.095.584, Rel. Min. Nancy Andrighi, julg. 10.9.2024, publ. *DJe* 12.9.2024).
[48] Cf. J. M. de Carvalho Santos, *Código Civil brasileiro interpretado*, vol. VI, Rio de Janeiro: Freitas Bastos, 1961, p. 448.
[49] Washington de Barros Monteiro, *Curso de direito civil*, vol. I: parte geral, São Paulo: Saraiva, 2007, 41ª ed., p. 120.
[50] J. M. de Carvalho Santos, *Código Civil brasileiro interpretado*, vol. VI, cit., p. 451; Clovis Bevilaqua, *Código Civil dos Estados Unidos do Brasil*, vol. II, Rio de Janeiro: Francisco Alves, 1956, p. 362.

Curador — Com a decretação de ausência, os bens passam a ser administrados por um curador, que tem o dever de preservá-los e, assim, todos aqueles que possam ter direitos sobre o patrimônio do ausente são beneficiados. Em síntese, para que haja a nomeação de curador em virtude da declaração de ausência, deve-se congregar os seguintes requisitos: bens em abandono, ausência de notícias do proprietário, não ter este deixado procurador ou, se deixou, ele não quer ou não pode exercer o mandato.[51]

Ausência de bens — Observe-se que a declaração de ausência se justifica mesmo que o ausente não possua bens. Nesse caso, não haverá a nomeação de curador, mas apenas a declaração de ausência. A declaração de ausência possui efeitos para além da esfera patrimonial, de que constituem exemplos a regra de que os filhos menores serão postos sob tutela no caso de os pais serem declarados ausentes (CC, art. 1.728, I), bem como a determinação de que, havendo a ausência do tutor, a obrigação de prestar contas passa aos seus herdeiros ou representantes (CC, art. 1.759).

Estágios **Curadoria dos bens do ausente** **Sucessão provisória** — Quando o ausente tem bens, os efeitos da ausência podem se projetar em três estágios, que se diferenciam conforme a probabilidade de reaparecimento do ausente. Em primeiro lugar, ocorre a nomeação do curador (arts. 22 a 25 do Código Civil), que deve administrar os bens do ausente de modo a preservar os interesses deste. Em um segundo momento, opera-se a sucessão provisória (arts. 26 a 36 do Código Civil),[52] fase em que não mais o curador gere os bens, mas os sucessores, que adentram na posse do patrimônio do ausente,[53] embora não tenham plena liberdade,[54] vez que o ordenamento, nesta fase, ainda resguarda os interesses do ausente diante da eventualidade de seu retorno.[55] A sucessão provisória, ao mesmo tempo em que busca

---

[51] J. M. de Carvalho Santos, *Código Civil brasileiro interpretado*, vol. VI, cit., p. 449.

[52] No tocante ao prazo de um ano da arrecadação dos bens, estabelecido pelo art. 26 do Código Civil, inaugura-se em doutrina discussão acerca de possível revogação tácita do aludido prazo com o advento do CPC/2015. O §1º do art. 745 do CPC estabelece que "findo o prazo previsto no edital, poderão os interessados requerer a abertura da sucessão provisória, observando-se o disposto em lei". Diferentemente da norma correspondente na legislação processual anterior (art. 1.163 CPC/1973), não há mais menção ao prazo de um ano. Sobre o tema, afirma Flávio Tartuce: "Como o Novo CPC é norma posterior e trata inteiramente da matéria, ao presente autor parece que houve revogação tácita do art. 26 do CC/2002 no que diz respeito ao prazo para abertura da sucessão provisória. Assim, deve-se considerar o lapso temporal fixado no próprio edital e não mais um ano da arrecadação dos bens do ausente, ou, se ele deixou representante ou procurador, passando-se três anos" (*Direito civil*: lei de introdução e parte geral, vol. 1, Rio de Janeiro: Forense, 2019, 15ª ed., p. 239).

[53] "O sucessor provisório é um herdeiro presuntivo, que gere um patrimônio supostamente seu. O *verus dominus* é, porém, o ausente. E, como há possibilidade de seu retorno, a ele, em regressando, cabe receber as contas do sucessor provisório, ao qual, desta sorte, compete *si et in quantum* a posse dos bens" (Caio Mário da Silva Pereira, *Instituições de direito civil*, vol. I, cit., p. 194).

[54] Veja-se, por oportuno, a limitação estabelecida no art. 31 do Código Civil quanto à alienação dos bens do ausente: "Os imóveis do ausente só se poderão alienar, não sendo por desapropriação, ou hipotecar, quando o ordene o juiz, para lhes evitar a ruína".

[55] Deve haver, inclusive, como regra, prestação de caução pelos sucessores para poderem ingressar na posse dos bens do ausente. Veja-se o que dispõe o art. 30 do Código Civil: "Os herdeiros, para se imitirem na posse dos bens do ausente, darão garantias da restituição deles, mediante penhores ou hipotecas equivalentes aos quinhões respectivos. § 1º Aquele que tiver direito à posse provisória, mas não puder prestar a garantia exigida neste artigo, será excluído, mantendo-se os bens que lhe deviam caber sob a administração do curador, ou de outro herdeiro designado pelo juiz, e que preste

preservar os interesses do ausente, também tutela os sucessores, que, ao contrário do curador, podem extrair proveitos dos bens sob sua posse. Nessa direção, estabelece o art. 33 do Código Civil, em sua parte inicial, que o "descendente, ascendente ou cônjuge[56] que for sucessor provisório do ausente, fará seus todos os frutos e rendimentos dos bens que a este couberem".

Por fim, tem-se a sucessão definitiva (CC, arts. 37-39), em que a propriedade dos bens passa para os sucessores, adstritos apenas a restituí-la ao ausente, no estado em que se encontrarem, caso este regresse "nos dez anos seguintes à abertura da sucessão definitiva", nos termos do art. 39 do Código Civil. Cuida-se, portanto, de propriedade resolúvel, que só se torna definitiva após transcorrido o prazo do art. 39 do Código Civil. De todo modo, regressando o ausente, preservam-se os direitos de terceiros e ele só terá direito a receber os "bens existentes no estado em que se acharem, os sub-rogados em seu lugar, ou o preço que os herdeiros e demais interessados houverem recebido" (CC, art. 39. V. tb. CC, art. 1.360).

<small>Sucessão definitiva</small>

Segundo o Enunciado n. 614 da VIII Jornada de Direito Civil, "os efeitos patrimoniais da presunção de morte posterior à declaração da ausência são aplicáveis aos casos do art. 7º, de modo que, se o presumivelmente morto reaparecer nos dez anos seguintes à abertura da sucessão, receberá igualmente os bens existentes no estado em que se acharem".

6. PESSOA JURÍDICA. NATUREZA. CLASSIFICAÇÃO. EXTINÇÃO

Considera-se pessoa jurídica a entidade à qual a lei confere aptidão para a titularidade de direitos e obrigações na ordem civil. Trata-se de ente dotado de personalidade jurídica própria e independente daquela de seus membros. A pessoa jurídica, também chamada de pessoa moral, não se confunde com a pessoa física ou natural (pessoa humana), embora seja dotada, assim como esta, de subjetividade. Ao lado das pessoas humanas, o ordenamento atribui subjetividade às pessoas jurídicas, de modo a possibilitar que sejam sujeitos de direito, contraindo, em próprio nome, direitos e obrigações. Possuem capacidade de direito e de fato, estrutura organizativa, bem como patrimônio próprio e autônomo em relação ao de seus integrantes. Além disso, caracterizam-se pela publicidade da sua constituição, mediante o registro dos seus atos constitutivos nas repartições competentes.

<small>Conceito e principais características</small>

A pessoa jurídica consubstancia importante instrumento para a promoção do valor constitucional da livre iniciativa, previsto no art. 1º, IV, da Constituição da República. Embora já os romanos atribuíssem personalidade a entes abstratos, como as corporações,[57] foi com o capitalismo mercantil que as pessoas jurídicas se prolife-

<small>Pessoa jurídica e livre iniciativa</small>

---

essa garantia. § 2º Os ascendentes, os descendentes e o cônjuge, uma vez provada a sua qualidade de herdeiros, poderão, independentemente de garantia, entrar na posse dos bens do ausente".

[56] O preceito também se aplica ao companheiro.

[57] Por todos, v. Giambattista Impallomeni, Persona giuridica (Diritto Romano). In: *Novissimo digesto italiano*, vol. XII, Torino: UTET, 1965, pp. 1.029-1.031. Na doutrina nacional, cf. José Carlos Moreira Alves, *Direito romano*, vol. I, Rio de Janeiro: Forense, 2000, pp. 131-136.

raram, delineando-se instrumento decisivo para o desenvolvimento econômico e social. Com efeito, a autonomia patrimonial, característica inerente à personalidade jurídica (CC, art. 49-A), permitiu formidável mobilização de recursos para o atendimento de interesses privados e públicos – já que também o Estado contemporâneo se apresenta sob forma eminentemente organizacional.[58]

A pessoa jurídica equipara-se à pessoa física no que tange à capacidade que lhe é conferida para ser sujeito de direitos e contrair obrigações, embora seja distinta a sua natureza, desprovida que é dos atributos da pessoa humana, a suscitar disciplina inteiramente diversa. A pessoa jurídica possui autonomia patrimonial, elemento funcionalmente vinculado ao exercício do princípio constitucional da livre iniciativa.

Natureza da pessoa jurídica

Muito já se debateu acerca da natureza da pessoa jurídica. Dentre os entendimentos mais difundidos, destacam-se, em primeiro lugar, a correntes negativistas, que não concebiam a pessoa jurídica como ente com existência real, reputando alguns, inclusive, desnecessária a personificação desses entes para os efeitos jurídicos pretendidos. De outra parte, havia os que sustentavam consistir a pessoa jurídica em ficção legal. Nesta perspectiva, apenas a pessoa humana seria, verdadeiramente, pessoa, sendo a pessoa jurídica artificialmente criada pela lei.[59]

Em contraponto às teorias ficcionistas, despontaram as teorias realistas, destacando-se, entre elas, a da realidade objetiva e a da realidade técnica. A primeira admite a existência real da pessoa jurídica, em analogia com os seres humanos. A segunda, por sua vez, sustenta que a realidade das pessoas jurídicas é fruto da técnica jurídica, que lhes dá forma. A personificação, assim, seria uma realidade técnica, não já criação artificial da lei.[60] Trata-se, à luz desse entendimento, de realidade ideal, não corporal, haja vista que a circunstância de inexistir substrato material equivalente ao da pessoa física não quer dizer que a pessoa jurídica não exista, autonomamente, em perspectiva jurídica.[61]

Sem prejuízo da riqueza das discussões acerca da natureza da pessoa jurídica, a subjetividade não é atributo natural, mas jurídico: trata-se de predicado conferido pelo ordenamento a determinados centros de interesse ou de imputação jurídica. A capacidade para ser sujeito de direitos e deveres é atributo jurídico que o direito confere a todo aquele que esteja em condições, na perspectiva jurídica, de ser centro de imputação subjetiva.[62]

---

[58] V. arts. art. 41 e 42 do Código Civil.
[59] Acerca das diversas teorias envolvendo a natureza jurídica da pessoa jurídica, cf., entre outros, Orlando Gomes, *Introdução ao direito civil*, cit., p. 143; Pontes de Miranda, *Tratado de direito privado*, t. I, São Paulo, Editora Revista do Tribunais, 2012, p. 453; Miguel Maria de Serpa Lopes, *Curso de direito civil*, vol. I Rio de Janeiro: Freitas Bastos, 1989, p. 315.
[60] Orlando Gomes, *Introdução ao direito civil*, cit., p. 143.
[61] Alexandre Ferreira Assumpção Alves, O elemento subjetivo da relação jurídica: pessoa física, pessoa jurídica e entes não personificados. In: *Revista Trimestral de Direito Civil*, n. 5, jan.-mar./2001, p. 41.
[62] San Tiago Dantas, *Programa de direito civil*, vol. I, cit., p. 169.

As pessoas jurídicas podem ser de direito público, interno ou externo, ou de direito privado. Constituem pessoas jurídicas de direito público interno, nos termos do art. 41 do Código Civil, as entidades componentes da Administração Pública direta e indireta. De acordo com o art. 42 do Código Civil, são pessoas jurídicas de direito público externo os Estados estrangeiros e todas as pessoas que forem regidas pelo direito internacional público, a exemplo da Organização das Nações Unidas (ONU).

Classificação das pessoas jurídicas

O art. 43 do Código Civil estabelece que "as pessoas jurídicas de direito público interno são civilmente responsáveis por atos dos seus agentes que nessa qualidade causem danos a terceiros, ressalvado direito regressivo contra os causadores do dano, se houver, por parte destes, culpa ou dolo". Costuma-se distinguir em três fases, didaticamente, a evolução da responsabilidade civil da administração pública.[63] A primeira etapa, dos Estados absolutos, caracteriza-se pela irresponsabilidade dos atos do Estado, em razão de sua própria soberania e autoridade incontestável, sintetizada pela conhecida expressão do direito inglês *The King can do no wrong*. O funcionário público que, no exercício de suas funções, violasse direitos individuais, poderia ser evidentemente responsabilizado, pessoalmente, sem que o dever de reparar fosse transferido para o erário.

Responsabilidade civil da administração pública

Seguiram-se historicamente as construções teóricas do século XIX, em que, com o individualismo em expansão, procurou-se separar os atos do Estado entre atos de império e os atos de gestão (*iure imperii* e *iure gestionis*), de modo que apenas estes últimos gerariam responsabilidade por parte do Estado. As dificuldades para distinguir os atos de império (*governamental activities*) e de gestão (*proprietary activities*), normalmente entrelaçados ou superpostos, levaram à derrocada da elaboração doutrinária (embora tenha perdurado, como regra, no direito inglês, até a *Crown Proceedings Act*, de 1947, e, nos Estados Unidos da América, até o *Federal Tort Claims Act*, de 1946).[64]

Na terceira fase, finalmente, a partir do início do século XX, o dever de reparação vincula indistintamente particulares e Poder Público. Inicialmente, exigia-se a culpa do funcionário ou preposto para que se pudesse vincular a administração pública ao dever de reparar. Diante de um ato ilícito praticado pelo agente estatal, o Estado responderia. Daí designar-se tal elaboração como a teoria da culpa administrativa do agente estatal, que influenciou o art. 15 do Código Civil de 1916. As dificuldades atribuídas à vítima no sentido de demonstrar a conduta culposa do funcionário público, intensificadas pela complexidade e agigantamento da máquina estatal, incentivaram o desenvolvimento de uma segunda corrente, no seio do direito administrativo, denominada *teoria da falta impessoal do serviço público* (ou simplesmente *teoria da culpa administrativa*). De acordo com tal orientação teórica, o dever de reparação do Estado decorre da falta do serviço, não já da falta do servidor. Bastaria demonstrar a falha

---

[63] V., sobre o tema, Caio Tácito, Tendências atuais sobre a responsabilidade civil do Estado. In: *Revista de Direito Administrativo*, vol. 55, 1959, p. 262 e ss.; Hely Lopes Meirelles, *Direito administrativo brasileiro*, São Paulo: Malheiros, 1995, 20ª ed., p. 555 e ss.; Maria Sylvia Di Pietro, *Direito administrativo*, São Paulo: Atlas, 2015, 28ª ed., p. 786 e ss.

[64] Caio Tácito, Tendências atuais sobre a responsabilidade civil do Estado, cit., pp. 263 e 264.

ou o mau funcionamento do serviço público, como fundamento do dano causado ao particular, para que se impusesse o dever de reparação em face do Estado, entendimento que, no caso brasileiro, ampliou, significativamente, o espectro interpretativo do art. 15 do Código Civil de 1916.

Sob a égide da Constituição de 1988 consagrou-se, definitiva e expressamente, a responsabilidade objetiva das pessoas jurídicas de direito público. Nos termos do art. 37, § 6º, "as pessoas jurídicas de direito público e as de direito privado prestadoras de serviços públicos responderão pelos danos que seus agentes, nessa qualidade, causarem a terceiros, assegurado o direito de regresso contra o responsável nos casos de dolo ou culpa". Na esteira da norma constitucional, o Código Civil de 2002 abandonou a orientação subjetivista contida no art. 15 da codificação anterior, prevendo em seu art. 43 a responsabilidade objetiva das pessoas jurídicas de direito público.[65]

Pessoas jurídicas de direito privado

As pessoas jurídicas de direito privado previstas no Código Civil são as associações, as sociedades, as fundações, as organizações religiosas, os partidos políticos, as empresas individuais de responsabilidade limitada. Cumpre diferenciar as associações das fundações e das sociedades. As fundações formam-se a partir da dotação especial de bens livres, por meio de escritura pública ou testamento, para os fins estabelecidos pelo Código Civil (art. 62). As sociedades, por sua vez, voltam-se para o exercício de atividade econômica com a distribuição dos resultados (lucros) aos sócios (CC, art. 981). O art. 53 do Código Civil define as associações como a "união de pessoas que se organizem para fins não econômicos". A despeito de o preceito aludir a "fins não econômicos", não é a ausência de finalidade econômica que diferencia as associações das sociedades. A rigor, o que distingue as duas espécies de pessoa jurídica é a finalidade lucrativa.

Fundações, associações e sociedades

A antiga concepção da associação como entidade altruística encontra-se, há muito, superada.[66] Ao se unirem para determinado fim, os associados podem ter como escopo a obtenção de alguma espécie de vantagem, que não raro resulta de atividade ou serviço prestado pela associação, o que redundaria em atividade econômica. O que

---

[65] Sobre o ponto, v. Gustavo Tepedino, A evolução da responsabilidade civil no direito brasileiro e suas controvérsias na atividade estatal. In: *Temas de Direito Civil,* Rio de Janeiro: Renovar, 2008, pp. 214-227. V. ainda, de modo mais abrangente, o volume de Responsabilidade Civil destes Fundamentos.

[66] Confira-se, na doutrina italiana, Alberto Auricchio: "Su questo ostacolo è fondata la critica alla formulazione classica, secondo cui l'associazione avrebbe uno scopo altruistico, mentre lo scopo della società sarebbe egoistico. Contro questa teoria è stato obiettato che essa dimentica l'esistenza di associazioni che nascono per realizzare un vantaggio degli associati" (*Associazioni (diritto civile) – Premessa generale,* in Francesco Calasso (dir.), Enciclopedia del Diritto, Milano: Giuffrè, 1958, p. 873). Dele não diverge C. Massimo Bianca: "L'associazione si costituisce per il perseguimento di uno scopo non lucrativo che è la funzione pratica che il gruppo assolve e per la quale è giuridicamente tutelato. L'associazione ha spesso uno scopo ideale o altruistico ma può anche soddisfare un interesse economico dei suoi membri. L'interesse economico deve tuttavia essere realizzato esclusivamente attraverso una utilità percepita direttamente dall'associato. Se, invece, l'attività comune tende a realizzare un proffito e a dividerlo tra i compartecipi, il gruppo si identifica nello schema della società" (*Istituzioni di diritto privato,* Milano: Giuffrè, 2014, p. 147).

não há, nas associações, é finalidade lucrativa, ou seja, o objetivo de produzir lucros e reparti-los entre os associados.[67]

Com efeito, as associações podem desempenhar atividades econômicas e inclusive obter remuneração por elas. O que não pode ocorrer é a distribuição do resultado positivo dessas atividades aos associados. Na sociedade, ao revés, a persecução do lucro e sua consequente distribuição integra sua essência.[68] As sociedades pressupõem contribuição dos sócios com bens ou serviços e se dirigem ao desenvolvimento de atividade lucrativa, cujos resultados devem ser necessariamente partilhados entre os sócios.[69]

Atento aos característicos próprios das associações, o Código Civil especifica matérias cujo tratamento é imprescindível ao estatuto social, sob pena de nulidade. Confira-se, nesse sentido, a dicção do art. 54: "Sob pena de nulidade, o estatuto das associações conterá: I – a denominação, os fins e a sede da associação; II – os requisitos para a admissão, demissão e exclusão dos associados; III – os direitos e deveres dos associados; IV – as fontes de recursos para sua manutenção; V – o modo de constituição e de funcionamento dos órgãos deliberativos; VI – as condições para a alteração das disposições estatutárias e para a dissolução. VII – a forma de gestão administrativa e de aprovação das respectivas contas".

O art. 55, por seu turno, consagra a igualdade de tratamento entre os associados, que deverão ter os mesmos direitos, sendo possível, contudo, que o estatuto institua categorias com vantagens especiais. Há de se distinguir a legítima concessão de vantagens especiais da diferenciação de direitos, considerada discriminatória.[70] Assim, o estatuto pode estabelecer prerrogativas diversas entre os associados, desde que tal distinção se justifique no âmbito das finalidades da pessoa jurídica, sendo possível a criação de diferentes classes de associados com base em critérios razoáveis e dignos de tutela pelo ordenamento.

---

[67] Nesta direção, a lição sempre referida de Tulio Ascarelli, *Società, associazione, consorzi, cooperative e trasformazione*, in Rivista del Diritto Commerciale e del Diritto Generale delle Obbligazioni, anno XLVII (1949), parte seconda, pp. 425-426: "è possibile distinguere tra società e mutua – nell'ambito del contratto plurilaterale – in quanto scopo della società è quello di conseguire utili da ripartire tra i soci; scopo della mutua quello di offrire agli associati determinati servizi; diritto del socio quello di partecipare al riparto delgi utili conseguiti dalla società nell'esercizio dell'attività comune; diritto dell'associato alla mutua quello di fruire dei servizi dell'associazione (...)".

[68] Na feliz síntese de Caio Mário da Silva Pereira, Instituições de direito civil, vol. I, Rio de Janeiro: Forense, 2019, 32ª ed., p. 299: "Associação é aquela que se propõe a realizar atividades não destinadas a proporcionar interesse econômico aos *associados*; sociedade é a que oferece *vantagens pecuniárias aos seus componentes*. Com este critério, classificam-se ainda na categoria de associações aquelas que realizam negócios visando ao alargamento patrimonial da pessoa jurídica, sem proporcionar ganhos aos associados".

[69] Art. 981 do Código Civil: "Celebram contrato de sociedade as pessoas que reciprocamente se obrigam a contribuir, com bens ou serviços, para o exercício de atividade econômica e a partilha, entre si, dos resultados. Parágrafo único. A atividade pode restringir-se à realização de um ou mais negócios determinados". A ideia de partilha necessária dos resultados é reforçada em outros dispositivos do Código Civil, como no art. 1.008, em que se lê: "É nula a estipulação contratual que exclua qualquer sócio de participar dos lucros e das perdas".

[70] Cf. Silvio de Salvo Venosa, *Direito Civil*, vol. I, São Paulo: Atlas, 2002, 2ª ed., p. 278.

Como elucida o art. 58 do Código Civil, nenhum associado pode ser impedido de exercer direito ou função que lhe tenha sido legitimamente conferido, a não ser nos casos e pela forma previstos na lei ou no estatuto. Além disso, a qualidade de associado é intransmissível, salvo se o estatuto dispuser de modo diverso, nos moldes do art. 56. Tal disposição fundamenta-se na ideia de corpo social, de tal sorte que não se poderia impor aos associados a aceitação de novos integrantes que não se mostrem aptos a auxiliar na busca do fim almejado pela pessoa jurídica.

Para deliberar sobre a eleição e destituição de administradores e a alteração do estatuto, deve-se convocar assembleia geral, conforme estabelecido nos arts. 59 e 60. Por outro lado, a vida cotidiana da associação é normalmente direcionada por um órgão administrativo, a diretoria, podendo ser criados outros órgãos auxiliares.

Merece destaque, ainda, o art. 57, que versa sobre a exclusão de associados, exigindo para tanto que haja justa causa, assim reconhecida em procedimento que assegure direito de defesa e de recurso, nos termos previstos no estatuto. Deve ser observado o princípio constitucional do devido processo legal nas associações, garantindo-se ao associado que se pretende excluir o direito ao contraditório e à ampla defesa.[71]

Extinção das associações

A Constituição da República, no art. 5º, XIX, estabelece que as associações só poderão ser compulsoriamente dissolvidas ou ter suas atividades suspensas por decisão judicial, sendo que a dissolução exige o trânsito em julgado da decisão judicial. Em relação ao patrimônio líquido remanescente, o art. 61 estabelece que deve ser destinado à entidade de fins não econômicos designada no estatuto. Se o estatuto for silente, os associados devem, mediante deliberação, destinar à instituição municipal, estadual ou federal de fins idênticos ou semelhantes. Na ausência de instituição municipal, estadual ou federal de fins idênticos ou semelhantes, o que remanescer do seu patrimônio se devolverá à Fazenda do Estado, do Distrito Federal ou da União. O patrimônio remanescente é alcançado após dedução do que se deve restituir aos associados, nos termos do art. 61 do Código Civil. Note-se que eventual pagamento aos associados ocorre a título de restituição, não já de distribuição de lucros, preservando-se, assim, a natureza jurídica da associação. Destaque-se, ainda, o Enunciado n. 615 da VIII Jornada de Direito Civil, de acordo com o qual "[a]s associações civis podem sofrer transformação, fusão, incorporação ou cisão".

Ressalte-se que a Lei n. 14.010, de 10 de junho de 2020, que dispõe sobre o Regime Jurídico Emergencial e Transitório das relações jurídicas de Direito Privado (RJET) no período da pandemia do coronavírus (Covid-19), em seu art. 5º, estabelece que "a assembleia geral, inclusive para os fins do art. 59 do Código Civil, até 30 de outubro de 2020, poderá ser realizada por meios eletrônicos, independentemente de previsão nos atos constitutivos da pessoa jurídica." Além disso, como dispõe o seu parágrafo único, "a manifestação dos participantes poderá ocorrer por qualquer meio

---

[71] "Na hipótese de exclusão de associado decorrente de conduta contrária aos estatutos, impõe-se a observância ao devido processo legal, viabilizado o exercício amplo da defesa" (STF, RE 158215, Rel. Min. Marco Aurélio, 2ª T., julg. 30.04.1996, *DJ* 7.6.1996).

eletrônico indicado pelo administrador, que assegure a identificação do participante e a segurança do voto, e produzirá todos os efeitos legais de uma assinatura presencial."

As empresas individuais de responsabilidade limitada (EIRELI),[72] instituídas pela Lei n. 12.441/2011, foram revogadas pela Lei n. 14.382/2022. Em 2019, a Lei n. 13.874 criou a sociedade limitada unipessoal, na qual, de forma automática, as EIRELIs existentes foram convertidas. Atualmente, portanto, a estrutura societária disponível para que o empresário individual busque limitar sua responsabilidade, segregando seu patrimônio pessoal do profissional, é a sociedade limitada unipessoal. A Lei n. 14.382/2019 incluiu os §§ 1º e 2º no art. 1.052 do Código Civil para regular a sociedade limitada unipessoal. De acordo com o artigo 1.052, § 1º, do Código Civil, "a sociedade limitada pode ser constituída por 1 (uma) ou mais pessoas". E, conforme o § 2º, "se for unipessoal, aplicar-se-ão ao documento de constituição do sócio único, no que couber, as disposições sobre o contrato social".

EIRELI

Consoante estabelece o art. 45 do Código Civil, "começa a existência legal das pessoas jurídicas de direito privado com a inscrição do ato constitutivo no respectivo registro, precedida, quando necessário, de autorização ou aprovação do Poder Executivo, averbando-se no registro todas as alterações por que passar o ato constitutivo". O ato constitutivo consubstancia ato volitivo direcionado à criação da pessoa jurídica, a qual nasce, como ente dotado de subjetividade, com a inscrição do ato constitutivo no registro competente. Caso haja defeito no ato constitutivo, caberá aos interessados o direito de anular a constituição da pessoa jurídica no prazo decadencial de até três anos contados da publicação da inscrição no registro.

Início da existência da pessoa jurídica

De acordo com o art. 47, "obrigam a pessoa jurídica os atos dos administradores, exercidos nos limites de seus poderes definidos no ato constitutivo". O administrador presenta (e não simplesmente representa) a pessoa jurídica, pois não atua como intermediário, mas forma a vontade da pessoa jurídica.[73] De todo modo, deve agir nos limites dos poderes que lhe foram concedidos no ato constitutivo da pessoa jurídica, vez que, se extrapolá-los, seu ato não a vinculará, salvo incidência da teoria da aparência (v. capítulo XII desta obra). O Enunciado n. 145 da III Jornada de Direito Civil estabelece que "o art. 47 não afasta a aplicação da teoria da aparência".

Vinculação da pessoa jurídica

A pessoa jurídica pode ser extinta por deliberação das pessoas competentes; pela cassação da autorização de funcionamento, quando necessária; por determinação legal; pelo término do prazo estabelecido nos atos constitutivos ou pelo alcance de sua finalidade.[74] As pessoas jurídicas, quaisquer que sejam as causas do seu término, não se extinguem instantaneamente, pois deve haver a liquidação de suas dívidas,

Extinção da pessoa jurídica

---

[72] Sobre a EIRELI, v. Fábio Ulhoa Coelho, *Curso de direito comercial*, São Paulo: Saraiva, 2014, p. 161; Marcela Maffei Quadra Travassos, *Empresa individual de responsabilidade limitada (EIRELI)*: análise constitucional do instituto, unipessoalidade e mecanismos de controle de abusos e fraudes, Rio de Janeiro: Renovar, 2015, p. 163.

[73] Pontes de Miranda, *Tratado de direito privado*, t. I, cit., pp. 412-415.

[74] Washington de Barros Monteiro, *Curso de direito civil*, vol. I: parte geral, cit., p. 154; Orlando Gomes, *Introdução ao direito civil*, Rio de Janeiro: Forense, 2016, 21ª ed., p. 154; Caio Mário da Silva Pereira, *Instituições de direito civil*, vol. I, cit., pp. 302-306.

resguardando-se legítimos interesses de terceiros. Em seguida, deve-se, em relação a eventual saldo, dar-se a destinação prevista em lei ou, conforme o caso, nos atos constitutivos.[75] Encerrada a liquidação, ocorre o cancelamento da inscrição da pessoa jurídica (CC, art. 51).

Digna de nota é a previsão no Código Civil do art. 48-A, introduzido pela Lei n. 14.382/2022, que, afinada com as alterações sociais observadas em decorrência dos efeitos da Pandemia da Covid-19, previu que "As pessoas jurídicas de direito privado, sem prejuízo do previsto em legislação especial e em seus atos constitutivos, poderão realizar suas assembleias gerais por meio eletrônico, inclusive para os fins do disposto no art. 59 deste Código, respeitados os direitos previstos de participação e de manifestação".

7. EFICÁCIA DOS DIREITOS FUNDAMENTAIS NAS ASSOCIAÇÕES

Liberdade de associação

A liberdade de associação encontra-se proclamada na Constituição da República nos incisos XVII a XXI do art. 5º. Mostra-se essencial às associações a afinidade entre seus membros para a persecução dos fins pretendidos.[76] Por isso mesmo, não encontraria justificativa no sistema jurídico a imposição, aos associados, da aceitação de novos integrantes que não se mostrassem aptos a auxiliar na busca do fim colimado, a ameaçar, desse modo, os ideais associativos. Tem-se, assim, que os associados, reunidos em assembleia ou por meio de disposição estatutária, possuem a liberdade juridicamente tutelada de definir os critérios a serem aplicados na admissão de seus associados. Não se pode restringir aprioristicamente a liberdade de estabelecer, mediante regras estatutárias claras, como prevê o art. 54, II, do Código Civil, "*os requisitos para a admissão, demissão e exclusão dos associados*".

Vedação à discriminação arbitrária

O Superior Tribunal de Justiça já teve ocasião de afirmar que "a interpretação dos arts. 54 e 55 do Código Civil deve ser feita à luz dos princípios constitucionais, que impedem discriminações arbitrárias em associações profissionais". Na ocasião, discutia-se negativa de ingresso em associação civil de caráter profissional, tendo-se concluído que, uma vez cumpridos todos os requisitos postos no estatuto para ingresso do autor nos quadros da associação, a recusa seria injusta e violaria as normas constitucionais. Em seu voto, a Min. Rel. Maria Isabel Gallotti consignou que "as associações devem observar a teoria da eficácia horizontal dos direitos fundamentais".[77]

Observância do devido processo legal

Outro exemplo de aplicação direta das normas constitucionais às associações tem-se na exigência de respeito ao contraditório e à ampla defesa na exclusão de associado, conforme reiteradamente decidido pelo Supremo Tribunal Federal (CF, art.

---

[75] Cf. Caio Mário da Silva Pereira, *Instituições de direito civil*, vol. I, cit., p. 305.
[76] Conforme anota Francisco Amaral, as associações se caracterizam "pelo seu aspecto eminentemente pessoal (*Universitas personarum*), enquanto nas fundações o aspecto dominante é o material (*Universitas bonorum*)" (*Direito Civil*: introdução, cit., p. 400). V. tb. Alberto Trabucchi, *Istituzioni di Diritto Civile*, 46 ed., Padova: Cedam, 2013, p. 324.
[77] STJ, 4ª Turma, AgInt no AREsp n. 330.494/SP, Rel. Min. Maria Isabel Gallotti, julg. 29.9.2016, *DJe* 5.10.2016.

5º, incisos LIV e LV).[78] No julgamento do Recurso Extraordinário n. 201.819, em 11 de outubro de 2005, o Supremo Tribunal Federal assentou que "a ordem jurídico-constitucional brasileira não conferiu a qualquer associação civil a possibilidade de agir à revelia dos princípios inscritos nas leis e, em especial, dos postulados que têm por fundamento direto o próprio texto da Constituição da República, notadamente em tema de proteção às liberdades e garantias fundamentais". Dessa forma "os direitos fundamentais assegurados pela Constituição vinculam diretamente não apenas os poderes públicos, estando direcionados também à proteção dos particulares em face dos poderes privados".[79]

Em tal perspectiva, a submissão do ingresso ou da saída de associados a critérios restritivos ou seletivos não parece ser, só por si, incompatível com a tábua de valores constitucional, devendo-se ponderar liberdade e igualdade, tendo-se por parâmetros de valoração: (i) os critérios estatutários (art. 54, CC); (ii) o respeito a procedimentos democráticos em atenção aos princípios da legalidade, do devido processo legal e da ampla defesa (art. 5º, II, LIV e LV, C.R.); (iii) a natureza e as finalidades da associação; (iv) as circunstâncias fáticas que no caso específico poderão indicar ausência de merecimento de tutela do critério estatutário.

8. DESCONSIDERAÇÃO DA PERSONALIDADE JURÍDICA

O debate acerca da desconsideração da personalidade jurídica intensificou-se no Brasil com a introdução, pelo legislador de 2002, de dispositivo específico no Código Civil destinado à regulamentação da matéria. A aplicação da teoria da desconsideração da personalidade jurídica tem suscitado dificuldades no tocante à extensão e ao alcance do instituto, sobretudo diante da necessidade de compatibilização das diversas fontes normativas, especialmente do Código Civil e do Código de Defesa do Consumidor. Indaga-se em quais hipóteses se encontra autorizada a desconsideração da pessoa jurídica, tendo em vista que, em regra, a autonomia patrimonial há de ser respeitada, para a preservação dos princípios constitucionais da livre iniciativa, indispensável à ordem democrática, e da segurança jurídica.

A teoria da desconsideração da personalidade jurídica originou-se no direito anglo-saxão a partir de precedentes da Inglaterra e dos Estados Unidos (*disregard of legal entity*), como forma de se levantar o véu da pessoa jurídica (*lifting the corporate veil*) para atingir o patrimônio de seus sócios, notadamente em hipóteses de confusão

Origens

---

[78] STF, RE 158.215, 2ª T., Rel. Min. Marco Aurélio, julg. 30.4.1996.
[79] STF, 2ª Turma, RE n. 201.819, Rel. Min. Ellen Gracie, Rel. p/ Acórdão Min. Gilmar Mendes, julg. 11.10.2005. Em âmbito estadual, o Tribunal de Justiça do Rio de Janeiro afirmou a nulidade do ato de exclusão de associado de iate clube, ao qual foi negado acesso à Ata da Reunião em que se deliberava sua exclusão. Entendeu-se que não foram respeitadas as garantias constitucionais da ampla defesa e contraditório, violando o devido processo legal, garantia processual constitucional crucial (TJRJ, Ap. Cív. 5426/08, 3ª C.C., Rel. Des. Luis Fernando Ribeiro de Carvalho, julg. 10.06.2009). No mesmo sentido: TJ/RJ, Ap. Cív. 0071139-94.2006.8.19.0002, 5ª C.C., Rel. Des. Teresa de Andrade Castro Neves, julg. 30.7.2008; TJ/RJ, Ap. Cív. 0008588-44.2007.8.19.0002, 18ª C.C., Rel. Des. Jorge Luiz Habib, julg. 12.5.2009; TJ/MG, Ap. Cív. 1.0000.15.059416-6/001, 9ª C.C., Rel. Des. Márcio Idalmo Santos Miranda, julg. 2.6.2016.

patrimonial, abuso da pessoa jurídica ou fraude. De acordo com essa teoria, não obstante subsistir distinção bem clara entre a pessoa jurídica e a pessoa dos seus sócios, em hipóteses excepcionais de desvio de finalidade e de confusão patrimonial, autoriza-se a desconsideração.

No sempre citado caso Salomon *versus* Salomon & Co. Ltd., julgado na Inglaterra, o comerciante Aaron Salomon e seis componentes de sua família constituíram uma companhia e, cedendo aquele seu fundo de comércio, passou a titularizar 20.000 ações representativas do capital social e recebeu 10 mil libras esterlinas, ao passo que os demais sócios receberam apenas uma ação. Na prática, o comerciante apenas amealhou o seu fundo de comércio e passou a se utilizar da companhia como mera fachada para a sua proteção patrimonial. Posteriormente, a companhia passou a atrasar seus pagamentos e, após um ano, entrou em liquidação, ocasião em que se verificou que seus bens eram insuficientes para satisfazer as obrigações assumidas.

O liquidante, em nome e no interesse dos credores quirografários, alegou que Salomon havia constituído a sociedade apenas como fachada com vistas à limitação de sua responsabilidade, devendo, por isso, ser condenado ao pagamento dos débitos da companhia. A pretensão do liquidante foi acolhida pelo magistrado de 1ª instância e pela Corte, concluindo-se que os seis subscritores das ações eram meros testas-de-ferro, escolhidos apenas para alcançar o mínimo de sete acionistas necessário à constituição da sociedade, e que a companhia fora utilizada como *agent* de Salomon para realizar seus negócios, de modo a autorizar a desconsideração da personalidade jurídica da companhia. Apesar de a *House of Lords*, ao final, ter reformado a decisão, isentando Salomon de qualquer responsabilidade pelas dívidas da companhia, o caso serviu de paradigma para o desenvolvimento da teoria.[80]

Efeitos da desconsideração
Importante notar que a desconsideração da personalidade jurídica não tem por objetivo a anulação da personalidade ou a dissolução da pessoa jurídica, mas tão somente a desconstituição de cenários reprovados socialmente. Supera-se o escudo protetor conferido pela pessoa jurídica, episodicamente, a fim de atribuir os efeitos (*rectius*, responsabilidade) de determinada relação obrigacional aos seus sócios ou administradores, os quais passam, por conseguinte, a responder com seu patrimônio pela dívida da pessoa jurídica.[81] Daí a doutrina afastar o termo "despersonalização", tendo também o Código Civil seguido este caminho ao distanciar-se da tentação autoritária, cogitada no projeto originário, que aventava a possibilidade de dissolução da pessoa jurídica nos casos de

---

[80] Para maiores detalhes sobre o caso, v. Rubens Requião, Abuso de direito e fraude através da personalidade jurídica. In: *Revista dos Tribunais*, n. 803, Rio de Janeiro: Revista dos Tribunais, 2002, p. 757 e ss.

[81] "Não se trata, é bom esclarecer, de considerar ou declarar *nula* a personificação, mas de torná-la ineficaz para determinados atos" (Rubens Requião, *Curso de Direito Comercial*, vol. I, São Paulo: Saraiva, 1995, p. 277). V., ainda, Caio Mário da Silva Pereira, *Instituições de direito civil*, vol. I, pp. 284-286; Francisco Amaral, *Direito civil*: introdução, cit., p. 418; Gustavo Saad Diniz, Responsabilidade dos administradores por débitos negociais das sociedades limitadas. In: *Revista de Direito Privado*, vol. 18, 2004, pp. 42-65; José Lamartine Correia de Oliveira, *A dupla crise da pessoa jurídica*, São Paulo: Saraiva, 1979, p. 613.

fraude ou abuso. A dissolução da pessoa jurídica como remédio à sua utilização fraudulenta foi, assim, inteiramente afastada, restando consagrada a desconsideração como medida pontual, específica, e não contraposta à garantia da personalidade jurídica e da autonomia patrimonial, informadas pelo valor constitucional da livre iniciativa.

No Brasil, a personalidade autônoma das pessoas jurídicas consubstancia garantia derivada da tutela constitucional dos legítimos interesses privados, no âmbito da qual se apresenta o princípio da autonomia patrimonial das pessoas jurídicas.[82] Dessa forma, a desconsideração da personalidade jurídica mostra-se excepcional.[83] O Código Civil, em seu art. 50, indicou requisitos precisos para a desconsideração. O preceito revela a preocupação do legislador em assegurar o caráter extraordinário do remédio da desconsideração, estabelecendo pressupostos definidos e efeitos específicos.[84] Os requisitos previstos pelo art. 50 vieram a ser objeto de regramento mais detalhado a partir da Lei n. 13.874/2019 ("Lei da Liberdade Econômica").[85]

Excepcionalidade

Lei da Liberdade Econômica

Em primeiro lugar, exige-se o desvio de finalidade. A pessoa jurídica é constituída para o desempenho de determinadas funções. Constitui-se novo sujeito de direito que figurará nas relações jurídicas direcionadas ao alcance dessas finalidades preestabelecidas. As vicissitudes das pessoas físicas fundadoras ou integrantes da pessoa jurídica não afetam essas relações jurídicas, pois não são dela parte.[86]

Desvio de finalidade

---

[82] Ao propósito, afirma-se em doutrina: "O princípio da autonomia patrimonial das pessoas jurídicas, observado em relação às sociedades empresárias, socializa as perdas decorrentes do insucesso da empresa entre seus sócios e credores, propiciando o cálculo empresarial relativo ao retorno dos investimentos. Em virtude de sua importância fundamental para a economia capitalista, o princípio da personalização das sociedades empresárias, e sua repercussão quanto à limitação da responsabilidade patrimonial dos sócios, não pode ser descartado na disciplina da atividade econômica" (Fábio Ulhoa Coelho, *Curso de direito comercial*, vol. 2, São Paulo: Saraiva, p. 38).

[83] Mostra-se significativa a advertência do primeiro comercialista brasileiro a defender a desconsideração no ordenamento pátrio: "Quando propugnamos pela divulgação da doutrina da desconsideração da pessoa jurídica em nosso direito o fazemos invocando aquelas mesmas cautelas e zelos de que a revestem os juízes norte-americanos, pois sua aplicação há de ser feita com extremos cuidados; e apenas em casos excepcionais, que visem a impedir a fraude ou o abuso de direito em vias de consumação" (Rubens Requião, Abuso de direito e fraude através da personalidade jurídica. In: *Revista dos Tribunais*, vol. 410, dez. 1969, p. 23, republicado na mesma revista no vol. 803, ano 91, set. 2002, p.763). Veja-se, nesta direção, Enunciado 146 da III Jornada de Direito Civil do CJF: "Nas relações civis, interpretam-se restritivamente os parâmetros de desconsideração da personalidade jurídica previstos no art. 50 (desvio de finalidade ou confusão patrimonial)". Ao propósito, Gustavo Tepedino, Notas sobre a desconsideração da personalidade jurídica. In: *Diálogos sobre direito civil*, vol. II, Rio de Janeiro: Renovar, 2008, p. 7 e ss.

[84] V. Alexandre Ferreira de Assumpção Alves, *A desconsideração da personalidade jurídica à luz do Direito Civil-Constitucional*: o descompasso entre as disposições do Código de Defesa do Consumidor e a disregard doctrine, Tese (Doutorado em Direito), Rio de Janeiro, 2003, p. 142.

[85] Cf. Gustavo Tepedino, A MP da liberdade econômica e o direito civil, Editorial à *Revista Brasileira de Direito Civil*, v. 20, abr.-jun./2019, p. 12; Gustavo Tepedino e Laís Cavalcanti, Notas sobre as alterações promovidas pela Lei n. 13.874/2019 nos artigos 50, 113 e 421 do Código Civil. In: Luis Felipe Salomão; Ricardo Villas Bôas Cueva; Ana Frazão (coords.), *Lei de Liberdade Econômica e seus impactos no direito brasileiro*, São Paulo: Thomson Reuters Brasil, 2020, pp. 487-513.

[86] Fábio Konder Comparato, Calixto Salomão Filho, *O poder de controle na sociedade anônima*, Rio de Janeiro: Forense, 2005, p. 356. V. tb. Calixto Salomão Filho, *O novo direito societário*, São Paulo: Malheiros, 2015, pp. 233-274.

Ocorre desvio de finalidade quando essa imputação autônoma de situações subjetivas na pessoa jurídica é desvirtuada, de modo que sua autonomia seja utilizada de forma disfuncional, isto é, em contrariedade aos propósitos para os quais o ordenamento tutela sua existência autônoma. É nesse contexto que deve ser lido o § 1º do art. 50, segundo o qual "para os fins do disposto neste artigo, desvio de finalidade é a utilização da pessoa jurídica com o propósito de lesar credores e para a prática de atos ilícitos de qualquer natureza". Com efeito, o exame da utilização abusiva da pessoa jurídica, embora compreenda o intuito emulativo ou o propósito de lesar, não se limita a essas hipóteses, havendo desvio de finalidade toda vez que, a despeito de faltar o elemento intencional de malversação da pessoa jurídica, esta tiver sua função vulnerada e, conseguintemente, sua autonomia comprometida.[87] Além disso, o ato ilícito referido no parágrafo primeiro do art. 50 deve ser entendido como ato ilícito *lato sensu*, o que abrange o ato ilícito *stricto sensu* e o abuso do direito.[88]

Confusão patrimonial

Já a confusão patrimonial – o *commingling of funds* da experiência norte-americana – caracteriza-se pela ausência de separação de fato entre os patrimônios (§ 2º do art. 50). Não se trata de interferências patrimoniais pontuais, que podem ocorrer licitamente por meio de relações obrigacionais estabelecidas entre os sócios e a sociedade, mas de efetiva sobreposição entre as duas esferas patrimoniais em análise. Desrespeita-se, na confusão patrimonial, a linha divisória que separa o conjunto de bens da pessoa jurídica da de seus membros, de tal maneira que a desconsideração vem apenas atribuir efeitos jurídicos a situação que, de fato, já se apresentava. Traz o § 2º do art. 50 dois importantes parâmetros para aferir a confusão patrimonial, quais sejam, (i) cumprimento repetitivo pela sociedade de obrigações do sócio ou do administrador ou vice-versa; e (ii) transferência de ativos ou de passivos sem efetivas contraprestações, exceto os de valor proporcionalmente insignificante. O inciso III elucida que esses comportamentos não excluem outros que denotem violação à autonomia patrimonial, a ser concretamente aferida.

Grupo econômico

A LLE explicitou que a mera existência de grupo econômico, sem a presença de desvio de finalidade ou de confusão patrimonial, não autoriza a desconsideração da

---

[87] Cf., sobre o tema, Ana Frazão, Desconsideração da personalidade jurídica e tutela de credores. In: Fábio Ulhoa Coelho; Maria de Fátima Ribeiro (coords.), *Questões de direito societário em Portugal e no Brasil*, Coimbra: Almedina, 2012, pp. 479-514; Gustavo Tepedino, Laís Cavalcanti, Notas sobre as alterações promovidas pela Lei n. 13.874/2019 nos artigos 50, 113 e 421 do Código Civil. In: Luis Felipe Salomão; Ricardo Villas Bôas Cueva; Ana Frazão (coord.), *Lei de Liberdade Econômica*, São Paulo: Revista dos Tribunais, 2020, p. 487-514.

[88] Cf. Arnoldo Wald, Da aplicação da desconsideração da personalidade jurídica pelo Superior Tribunal de Justiça – Comentários ao acórdão no REsp 693.235/MT (rel. Min. Luis Felipe Salomão, DJe 30.11.2009). In: O Superior Tribunal de Justiça e a Reconstrução do Direito Privado, Gustavo Tepedino, Ana Frazão (coords.) São Paulo: Editora Revista dos Tribunais, 2011, p. 142; Fábio Konder Comparato e Calixto Salomão Filho, O poder de controle na sociedade anônima, 4ª ed., Rio de Janeiro: Forense, 2005, p. 356.

personalidade da pessoa jurídica (§ 4º, art. 50, CC).[89-90] Também elucidou que não constitui desvio de finalidade a simples expansão ou a alteração da finalidade original da atividade econômica específica da pessoa jurídica (§ 5º do art. 50). A LLE, como se percebe, teve por escopo ressaltar a excepcionalidade do remédio da desconsideração da personalidade jurídica, haja vista que a banalização do instituto ameaça indevidamente a livre iniciativa e a segurança jurídica. Nessa linha de aplicação excepcional do instituto, a 2ª Seção do STJ decidiu que o encerramento das atividades das sociedades, ainda que irregular, não deve dar ensejo, por si só, à desconsideração da personalidade jurídica. Confira-se: "Tratando-se de regra de exceção, de restrição ao princípio da autonomia patrimonial da pessoa jurídica, a interpretação que melhor se coaduna com o art. 50 do Código Civil é a que relega sua aplicação a casos extremos, em que a pessoa jurídica tenha sido instrumento para fins fraudulentos, configurado mediante o desvio da finalidade institucional ou a confusão patrimonial. O encerramento das atividades ou dissolução, ainda que irregulares, da sociedade não são causas, por si só, para a desconsideração da personalidade jurídica, nos termos do Código Civil".[91]

Ainda no que concerne à nova redação do art. 50, o §3º prevê a desconsideração inversa da personalidade jurídica, mediante a qual é possível que as obrigações dos sócios ou administradores atinjam o patrimônio da pessoa jurídica.[92] Na IV Jornada de Direito Civil foi aprovado o Enunciado 283, segundo o qual "é cabível a desconsideração da personalidade jurídica denominada 'inversa' para alcançar bens de sócio que se valeu da pessoa jurídica para ocultar ou desviar bens pessoais, com prejuízo a

Desconsideração inversa

---

[89] Enunciado 406 da V Jornada de Direito Civil do CJF: "A desconsideração da personalidade jurídica alcança os grupos de sociedade quando estiverem presentes os pressupostos do art. 50 do Código Civil e houver prejuízo para os credores até o limite transferido entre as sociedades". Sobre o tema, v., com ampla bibliografia, Nelly Potter, *Grupos societários de fato*, Rio de Janeiro: Lumen Juris, 2016, *passim*.

[90] A propósito, a 4ª Turma do STJ cassou os efeitos da extensão da falência decretada contra três empresas, cujos bens foram atingidos no processo falimentar de companhia têxtil com a qual mantinham intensa relação econômica. O incidente de extensão do concurso falimentar foi instaurado logo após a decretação da falência, alegando-se que o grupo econômico teria maquiado relações comerciais. Entretanto, de acordo com a relatora, Min. Isabel Gallotti, sem a demonstração, de forma objetiva e clara, da confusão patrimonial com a falida ou o desvio de finalidade, nos termos legais, não se admite a desconsideração da personalidade e a extensão da falência, providência que deveria ser excepcional na ordem jurídica. Mostra-se insuficiente, portanto, "o tipo de relação comercial travada entre as empresas, ou mesmo a existência de grupo econômico, por si só", assim como "não é relevante perquirir se as empresas recorrentes agiram com a intenção de ajudar a falida ou com o objetivo de lucro" (STJ, 4ª T., REsp 1.897.356, Rel. Min. Isabel Gallotti, julg. 3.9.2024, publ. *DJe* 10.9.2024).

[91] STJ, 2ª Seção, EREsp n. 1.306.553/SC, Rel. Min. Maria Isabel Gallotti, julg. 10.12.2014, publ. *DJ* 12.12.2014. V. tb.: STJ, 3ª T., AgInt no REsp 1.847.849/SP, Rel. Min. Moura Ribeiro, julg. 20.4.2020, publ. *DJ* 23.4.2020; e STJ, 4ª T., AgInt no AREsp 1.797.130/SP, Rel. Min. Raul Araújo, julg. 21.6.2021, publ. *DJ* 1.7.2021.

[92] Sobre o tema da desconsideração inversa da personalidade jurídica no âmbito do direito de família e das sucessões, cf. Rolf Madaleno, *A desconsideração judicial da pessoa jurídica e da interposta pessoa física no direito de família e no direito das sucessões*, Rio de Janeiro: Forense, 2009, 2ª ed., p. 81; Caroline Pomjé, Simone Tassinari Cardoso Fleischmann, Ensaio sobre a dupla dimensão procedimental da desconsideração inversa da personalidade jurídica aplicada ao direito de família. In: *Revista Brasileira de Direito Civil – RBDCivil*, v. 27, Belo Horizonte, jan.-mar./2021, p. 63-81, p. 68.

terceiros".[93] De acordo com o Superior Tribunal de Justiça, "incide o instituto da desconsideração inversa da personalidade jurídica (art. 50 do CC/2002 c/c art. 133, § 2º, do CPC/2015) na hipótese em que o administrador ou sócio esvazia seu patrimônio pessoal para ocultá-lo de credores sob o manto de uma pessoa jurídica".[94]

Ineficácia da autonomia patrimonial

Na normativa codificada, presente o abuso da personalidade por uma das modalidades previstas no *caput* do art. 50 – o desvio de finalidade ou a confusão patrimonial – os efeitos são precisamente apontados pelo legislador: desconsideração da personalidade jurídica para que "os efeitos de certas e determinadas relações de obrigações sejam estendidos aos bens particulares de administradores ou de sócios da pessoa jurídica beneficiados direta ou indiretamente pelo abuso". A desconsideração da personalidade jurídica, assim, importa ineficácia da autonomia patrimonial, restrita ao ato em questão, permanecendo a autonomia da pessoa jurídica para os demais aspectos, sem atingir sua constituição, estrutura e existência, e, em última análise, sem implicar a extinção da entidade.

Note-se que a decisão judicial de desconsiderar a personalidade jurídica não pode ocorrer de ofício, impondo-se o imprescindível e expresso requerimento da parte ou do Ministério Público,[95] sendo certo que não há hipótese de desconsideração da personalidade jurídica sem pronunciamento jurisdicional.[96] Além disso,

---

[93] A propósito, a 3ª Turma do Superior Tribunal de Justiça decidiu que os efeitos da desconsideração inversa podem atingir fundos de investimento. O relator, Min. Villas Bôas Cueva, reconheceu que, embora o fundo de investimento, nos termos da Lei n. 4.728/1965, seja destituído de personalidade jurídica, disciplinado sob a forma de condomínio fechado que exerce suas atividades por meio de administrador, ele é dotado de direitos, deveres e obrigações. No caso, considerou-se que a própria constituição do fundo de investimento ocorreu de forma fraudulenta, para encobrir ilegalidades e ocultar o patrimônio de empresas integrantes do mesmo grupo econômico. Por isso, a Corte entendeu que a impossibilidade de responsabilização do fundo por dívidas do acionista deve ceder diante da comprovação inequívoca de sua constituição fraudulenta, a evidenciar "abuso de direito, caracterizado pelo desvio de finalidade (ato intencional dos sócios com o intuito de fraudar terceiros), e confusão patrimonial" (STJ, REsp 1.965.982/SP, 3ª T., Rel. Min. Ricardo Villas Bôas Cueva, julg. 05.04.2022, publ. DJ 08.04.2022).

[94] STJ, REsp 1.810.414, 2ª T., Rel. Min. Francisco Falcão, julg. 15.10.2019, *DJe* 18.10.2019. V. tb. STJ, REsp 1.584.404, 3ª T., Rel. Min. Paulo de Tarso Sanseverino, julg. 13.9.2016, *DJe* 27.9.2016; STJ, REsp 1.522.142, 3ª T., Rel. Min. Marco Aurélio Bellizze, julg. 13.6.2017, publ. DJ 22.6.2017; STJ, REsp 1.810.414, 2ª T., Rel. Min. Francisco Falcão, julg. 15.10.2019, publ. DJ 18.10.2019; STJ, AgInt no REsp 1.331.399, 4.ª T., Rel. Min. Luis Felipe Salomão, julg. 20.8.2019, publ. DJ 23.08.2019.

[95] A necessidade de pedido da parte ou do Ministério Público restou consagrada no art. 133 do Código de Processo Civil. Sobre os aspectos processuais da desconsideração da personalidade jurídica, v. Henrique de Moraes Fleury da Rocha, *Desconsideração da personalidade jurídica*. Salvador: JusPodivm, 2022.

[96] A 4ª Turma do STJ reconheceu que a pretensão creditícia em face da empresa devedora sujeita-se a prazo prescricional próprio e não se confunde com a pretensão de desconsideração da personalidade jurídica da sociedade, com a execução do patrimônio dos sócios administradores, que poderá ocorrer a qualquer tempo para satisfação do credor, desde que presentes os requisitos legais. Como ressaltou a Relatora, Min. Isabel Gallotti, a execução dos bens dos sócios da empresa, por meio de desconsideração da personalidade jurídica, não precisa ser efetuada dentro do prazo prescricional da pretensão creditícia. Isso porque a pretensão executiva em face da devedora originária é inteiramente distinta da pretensão dirigida aos seus sócios com o pedido de desconsideração da personalidade jurídica. Esse último encerra, de acordo com o que já vinha sendo decidido pela 3ª Turma, "direito potestativo do credor/exequente, de forma que, inexistindo prazo especial estipulado em lei para seu exercício, deve prevalecer a regra geral da perpetuidade, segundo a qual os direitos

exige-se do interessado prova do desvio de finalidade ou da confusão patrimonial, não bastando a existência de meros indícios.[97] Trata-se de limitação expressa no exercício do poder de desconsideração, que se explica justamente por sua excepcionalidade e pela garantia de autonomia patrimonial da pessoa jurídica, expressão da tutela constitucional da livre iniciativa. Além disso, registre-se que, embora a desconsideração da personalidade jurídica seja comumente aplicada às sociedades, não há dúvidas de que o instituto, positivado no âmbito das disposições gerais sobre as pessoas jurídicas, incide sobre todas as modalidades de ente personificado, desde que presentes os pressupostos para sua aplicação. Nessa direção, o Enunciado n. 284 da IV Jornada de Direito Civil afirma que "as pessoas jurídicas de direito privado sem fins lucrativos ou de fins não-econômicos estão abrangidas no conceito de abuso da personalidade jurídica".

Da mesma forma, entendeu a 3ª Turma do STJ ser possível a desconsideração da personalidade jurídica de entidades associativas, devendo se limitar, todavia, à responsabilidade patrimonial dos seus dirigentes. De acordo com a Corte, embora a matéria se encontre disciplinada tão somente no âmbito das pessoas jurídicas societárias, é possível a aplicação excepcional e pontual da desconsideração de associações civis, desde que se estabeleça a dissociação entre a posição de administração da pessoa jurídica e a simples condição de associado. Assim, segundo o Relator, Ministro Marco Aurelio Bellizze, a despeito das diferenças estruturais e funcionais entre sociedades empresárias e associações, admite-se a imputação da responsabilidade àqueles que se encontram em posição de poder na condução da entidade, sem prescindir da indispensável verificação dos requisitos legais para a desconsideração: o desvio de finalidade e a confusão patrimonial.[98]

O Código de Defesa do Consumidor trata da desconsideração da personalidade jurídica em seu art. 28. O *caput* assim estabelece: "o juiz poderá desconsiderar a personalidade jurídica da sociedade quando, em detrimento do consumidor, houver abuso de direito, excesso de poder, infração da lei, fato ou ato ilícito ou violação dos estatutos ou contrato social. A desconsideração também será efetivada quando houver falência, estado de insolvência, encerramento ou inatividade da pessoa jurídica provocados por má administração". O § 5º do art. 28 dispõe que "também poderá ser desconsiderada a pessoa jurídica sempre que sua personalidade for, de alguma forma, obstáculo ao ressarcimento de prejuízos causados aos consumidores".

Código de Defesa do Consumidor

---

não se extinguem pelo não uso" (STJ, 4ª T., AgInt no REsp 2.033.259/PR, Rel. Min. Isabel Gallotti, julg. 26.2.2024, publ. *DJe* 29.2.2024).

[97] "(...) Não é possível a aplicação da Teoria da Desconsideração da Personalidade Jurídica com base em indícios de que esteja ocorrendo uso da sociedade como escudo ao descumprimento de obrigações e dívidas assumidas. Há necessidade de provas concretas do abuso da personalidade jurídica e desvio de finalidade, até o momento não produzidas pelo credor" (TJ/RS, 18ª CC, Ag. Instr. 70005933130, Rel. Des. Cláudio Augusto Rosa Lopes Nunes, julg. 7.8.2003). V. tb. Sérgio Campinho, *O direito de empresa à luz do novo Código Civil*, Rio de Janeiro: Renovar, 5ª ed., 2005, p. 73.

[98] STJ, 3ª T., REsp 1.812.929, Rel. Min. Marco Aurelio Bellizze, julg. 12.9.2023, publ. *DJe* 28.9.2023.

Discute-se acerca do alcance do § 5º, vale dizer, se pode haver a desconsideração da personalidade jurídica sempre que esta inviabilizar a reparação dos consumidores, independentemente de restarem configurados os pressupostos previstos no *caput*. A questão não parece definitivamente solucionada pela doutrina, sendo certo que, ao se invocar o § 5º sem a demonstração de qualquer outro requisito indicado pelo *caput* do art. 28, há ameaça ao princípio da segurança jurídica, pela ausência de parâmetros objetivos para a desconsideração em relações de consumo, com o consequente esvanecimento da autonomia patrimonial dos fornecedores de produtos e serviços. Do ponto de vista jurisprudencial, permanece como referência o acórdão proferido em 2004 pelo STJ no caso do Osasco Shopping Center. Decidiu, por maioria, a 3ª Turma que "a aplicação da teoria menor da desconsideração às relações de consumo está calcada na exegese autônoma do § 5.º do art. 28 do CDC, porquanto a incidência desse dispositivo não se subordina à demonstração dos requisitos previstos no *caput* do artigo indicado, mas apenas à prova de causar, a mera existência da pessoa jurídica, obstáculo ao ressarcimento de prejuízos causados aos consumidores".[99]

Teorias maior e menor — Na esteira do precedente acima citado, considerando-se a maior elasticidade da disciplina da desconsideração da personalidade jurídica no âmbito das relações de consumo, em função da autonomia atribuída ao § 5º do art. 28, tem-se considerado que o CDC adotou a chamada teoria menor da desconsideração da personalidade jurídica, pela qual a insolvência patrimonial seria suficiente para autorizar a desconsideração. Em contrapartida, em virtude da necessidade de demonstração dos requisitos constantes no Código Civil para a quebra da autonomia patrimonial, reconhece-se a adoção, em relações paritárias, da chamada teoria maior da desconsideração da personalidade jurídica.[100]

De acordo com a teoria menor, com efeito, o magistrado se encontra livre para proceder à desconsideração da pessoa jurídica, bastando, para tanto, que se prove a inexistência de bens sociais suficientes para satisfazer a dívida e a solvência de qualquer um dos sócios.[101-102] À teoria menor da desconsideração contrapõe-se a denominada

---

[99] STJ, REsp 279.273/SP, 3.ª T., Rel. Min. Ari Pargendler, Rel. p/ acórdão Min. Nancy Andrighi, julg. 4.12.2003, *DJ* 29.3.2004.

[100] Cf. Gustavo Tepedino, Notas sobre a desconsideração da personalidade jurídica. In: *Diálogos sobre direito civil*, vol. II, Rio de Janeiro: Renovar, 2008, p. 17. Na jurisprudência do Superior Tribunal de Justiça, afastando a incidência da teoria menor em relações empresariais, v. STJ, 3ª T., REsp 1526287/SP, Nancy Andrighi, julg. 16.5.2017, publ. *DJ* 26.5.2017.

[101] "Trata-se da teoria menor, que se contenta com a demonstração pelo credor da inexistência de bens sociais e da solvência de qualquer sócio, para atribuir a este a obrigação da pessoa jurídica. (...) O seu pressuposto é simplesmente o desatendimento de crédito titularizado perante a sociedade, em razão da insolvabilidade ou falência desta. De acordo com a teoria menor da desconsideração, se a sociedade não possui patrimônio, mas o sócio é solvente, isto basta para responsabilizá-lo por obrigações daquela" (Osmar Vieira da Silva, *Desconsideração da Personalidade Jurídica: aspectos processuais*, Rio de Janeiro: Renovar, Série Biblioteca de Teses, 2002, pp. 102-103). V., ainda, sobre a teoria menor da desconsideração da personalidade jurídica, Rachel Sztajn, Desconsideração da personalidade jurídica. In: *Revista de Direito do Consumidor*, n. 2, Rio de Janeiro: Revista dos Tribunais, 1990, p. 74; Márcio Souza Guimarães, Aspectos modernos da teoria da desconsideração da personalidade jurídica. In: *Revista da EMERJ*, Rio de Janeiro: EMERJ, 2004, pp. 232-233.

[102] Na jurisprudência, a 3ª Turma do STJ decidiu que o deferimento de pedido de recuperação judicial de sociedade não impede a execução dos bens de seus sócios no caso de desconsideração da perso-

teoria maior, de acordo com a qual somente nas hipóteses excepcionais de desvio de finalidade ou confusão patrimonial se admite a desconsideração da personalidade jurídica, que, portanto, não se opera diante da mera insuficiência patrimonial da sociedade.[103] Em decisão de sua 4ª Turma, o STJ concluiu pela inviabilidade de se conferir interpretação extensiva ao art. 28, § 5º, do Código de Defesa do Consumidor (CDC), de modo que nem sempre a desconsideração da personalidade jurídica atingirá o administrador não sócio.[104]

Destaque-se, ainda, que o art. 4º da Lei n. 9.605/1998, que regula as sanções penais e administrativas de atividades lesivas ao meio ambiente, estabelece que "poderá ser desconsiderada a pessoa jurídica sempre que sua personalidade for obstáculo ao ressarcimento de prejuízos causados à qualidade do meio ambiente". O único requisito para a desconsideração parece ser a insuficiência patrimonial da pessoa jurídica para a reparação dos danos causados ao meio ambiente, o que insere essa hipótese no âmbito da teoria menor. Como já decidiu o Superior Tribunal de Justiça: "No que tange à aplicação do art. 4º da Lei 9.605/1998 (= lei especial), basta tão somente que a personalidade da pessoa jurídica seja 'obstáculo ao ressarcimento de prejuízos causados à qualidade do meio ambiente', dispensado, por força do princípio da reparação *in integrum* e do princípio poluidor-pagador, o requisito do 'abuso', caracterizado tanto pelo 'desvio de finalidade', como pela 'confusão patrimonial', ambos próprios do regime comum do art. 50 do Código Civil (= lei geral)".[105]

<small>Danos ao meio ambiente</small>

9. ENTES DESPERSONALIZADOS

Ao lado das pessoas humanas, o ordenamento atribui subjetividade às pessoas jurídicas, de modo a possibilitar que sejam sujeitos de direito, contraindo, em próprio nome, direitos e obrigações. Por política legislativa, entes formados para fins determinados podem adquirir direitos e contrair deveres mediante a atribuição de

---

nalidade, já que tal processo não afeta o patrimônio ou a capacidade de reestruturação da empresa em recuperação. Por outro lado, entendeu a Corte que a desconsideração da personalidade jurídica com base na teoria menor prevista pelo art. 28 do CDC também se aplica às sociedades anônimas e pode ser deflagrada mediante a demonstração do estado de insolvência da empresa, desde que a insolvência da companhia se constitua em obstáculo ao ressarcimento dos prejuízos causados. Para o Relator, Min. Villas Bôas Cueva, comprovou-se que os recorrentes, além de acionistas, eram os controladores da sociedade e possuiriam efetivo poder de controle sobre a gestão da sociedade anônima cuja personalidade foi desconsiderada, autorizando-se, por isso mesmo, a medida excepcional de execução sobre o patrimônio dos recorrentes (STJ, 3ª T., REsp 2.034.442, Rel. Min. Villas Bôas Cueva, julg. 12.9.2023, publ. *DJe* 15.9.2023).

[103] "A teoria maior se fundamenta em maior apuro e precisão do instituto da desconsideração da personalidade jurídica, baseando-se em requisitos sólidos identificadores da fraude – a utilização da couraça protetora para camuflar atos eivados de fraude pelo sócio com a utilização da sociedade (...) Com efeito, a insuficiência patrimonial, a falência, insolvência, ou inadimplência não se apresentam como causas para a desconsideração (...)" (Márcio Souza Guimarães, *Aspectos Modernos da Teoria da Desconsideração da Personalidade Jurídica*, cit., pp. 232-233, grifou-se).

[104] STJ, 4ª Turma, REsp n. 1.860.333/DF, Rel. Min. Marco Buzzi, julg. 11.10.2022, *DJe* 27.10.2022.

[105] STJ, 2ª Turma, REsp n. 1.339.046/SC, Rel. Min. Herman Benjamin, julg. 5.3.2013, *DJe* 7.11.2016.

subjetividade pelo ordenamento, que os transforma, assim, em centro autônomo de imputação subjetiva.[106] O ordenamento seleciona e avalia quais centros de interesse podem receber subjetividade e participar autonomamente de relações jurídicas, como titulares de situações subjetivas.[107]

Por outro lado, a doutrina identifica entes que, embora se aproximem das pessoas jurídicas em razão de a lei os tratar, cada qual, como uma unidade em si, não têm personalidade jurídica.[108] Costuma-se enumerar como entes não personificados o condomínio edilício, a massa falida e o espólio.[109] Tais centros de interesse despersonalizados possuem, de acordo com a doutrina, por força do Código de Processo Civil,[110] capacidade processual.[111]

Note-se que há sujeito de direito na massa falida (falido, que não perde a titularidade dos bens pela mera decretação de falência), na herança (herdeiros, por força da *saisine*) e no condomínio (condôminos, titulares do direito real), de modo que a alusão a entes despersonalizados, em tais hipóteses, serve apenas a denotar disciplina jurídica que transcende a relação individual de titularidade.[112]

10. CONDOMÍNIO EDILÍCIO E SUBJETIVIDADE

O condomínio ordinário ou compropriedade consiste no direito de propriedade exercido por mais de uma pessoa, conjuntamente, sobre uma coisa, sendo atribuído a cada uma delas o mesmo poder jurídico na totalidade e nas mínimas partes da

---

[106] Cf. Orlando Gomes, *Introdução ao direito civil*, cit., pp. 141; Alexandre Ferreira de Assumpção Alves, O elemento subjetivo da relação jurídica: pessoa física, pessoa jurídica e entes não personificados. In: *Revista Trimestral de Direito Civil*, n. 5, Rio de Janeiro: Padma, 2001, p. 37; Francesco Ferrara, *Trattato di diritto civile italiano*, vol. I, Roma: Athenaeum, 1921, pp. 597-598; L. Cabral de Moncada, *Lições de direito civil*, vol. I, Coimbra: Atlântida, 1959, p. 375; e Luiz da Cunha Gonçalves, *Tratado de direito civil*, cit., pp. 173-174; e Alberto Gnocchi, *Istituzioni di Diritto Privato*, cit., p. 54.

[107] Cf. Rubens Requião, *Curso de direito comercial*, vol. I, São Paulo: Saraiva, 2003, p. 380; Alexandre Ferreira de Assumpção Alves, *O elemento subjetivo da relação jurídica: pessoa física, pessoa jurídica e entes não personificados*, cit., pp. 41-42; Caio Mário da Silva Pereira, *Instituições de direito civil*, vol. I, cit., pp. 254-255; A. Ferreira Coelho, *Código Civil dos Estados Unidos do Brasil*, vol. 5, Oficinas gráficas do "Jornal do Brasil": Rio de Janeiro, 1928, p. 182.

[108] Luís Cabral de Moncada, *Lições de direito civil*, cit., p. 344; Sílvio de Salvo Venosa, *Entidades com personificação anômala*. Disponível em: http://www.buscalegis.ufsc.br/revistas/files/anexos/8013-8012-1-PB.htm. Acesso em: 17 nov. 2023.

[109] Cf. Alexandre Ferreira de Assumpção Alves, *elemento subjetivo da relação jurídica: pessoa física, pessoa jurídica e entes não personificados*, cit., p. 42 e Fábio Ulhoa Coelho, *Curso de direito comercial*, vol. 2, São Paulo: Saraiva, 2013, pp. 27-28.

[110] V. art. 75 do CPC.

[111] Alexandre Freitas Câmara, *Lições de direito processual civil*, vol. I, Rio de Janeiro: Lumen Juris, 2006, p. 238; Cândido Rangel Dinamarco, *Instituições de direito processual civil*, vol. II, São Paulo: Malheiros, 2017, 7ª ed., pp. 335-336.

[112] Para a análise, em perspectiva crítica, da noção e qualificação difusamente atribuídas aos entes despersonalizados, v. Milena Donato Oliva, Condomínio edilício e subjetividade: análise crítica da categoria dos entes despersonalizados. In: Carlos Eduardo Guerra de Mores; Ricardo Lodi Ribeiro (coords.), Carlos Edison do Rêgo Monteiro *et. al.* (orgs.), *Direito civil*, Rio de Janeiro: Freitas Bastos, 2015, *passim*.

coisa.[113] Assegura-se a cada condômino uma quota ou fração ideal da coisa, e não uma parcela material desta. A atribuição da quota ou fração ideal não significa que a cada um dos coproprietários se reconhece a plenitude dominial sobre somente uma parcela física do bem, mas quer significar, ao revés, que todos os comunheiros têm direitos qualitativamente iguais sobre a totalidade do bem, limitados quantitativamente na proporção em que concorrem com os outros coproprietários na titularidade sobre o conjunto.[114]

O condomínio edilício, a seu turno, caracteriza-se, nos dizeres de Caio Mário da Silva Pereira, pela "simbiose orgânica da propriedade exclusiva da unidade, com todos os atributos do direito de propriedade, e a copropriedade sobre as partes e coisas comuns do edifício. Sem esta configuração inexiste o condomínio nos edifícios coletivos".[115] Dessa forma, o que o condomínio especial trouxe de novidade foi a "conjugação ou simultaneidade do domínio e do condomínio".[116] Tal circunstância, na concepção de Darcy Bessone, indica a natureza jurídica da propriedade horizontal.[117]

Condomínio edilício

Para a configuração do condomínio edilício, as partes que são utilizadas com independência, sujeitas ao regime da propriedade exclusiva, devem ter autonomia de acesso a logradouro público, sem depender de passagem por qualquer outra parte submetida ao regime da propriedade individual. A passagem deve ser de propriedade comum, ou seja, de copropriedade (CC, art. 1.331).

No condomínio edilício, ao contrário do condomínio ordinário, a situação de indivisão não é temporária, mas permanente, tendo como característica a perpetuidade.[118] Além disso, o condomínio especial é indissolúvel. Segundo Caio Mário, "aí está a própria razão existencial. Se pudesse cessar, seria a propriedade horizontal mesma que desapareceria".[119] O condomínio edilício, note-se, não se confunde com a sociedade: a união está na coisa, não nas pessoas.[120]

---

[113] Clovis Bevilaqua, *Direito das Coisas*, vol. I, 5ª ed. Rio de Janeiro: Forense, p. 219. Cf. tb. Conselheiro Lafayette, *Direito das Coisas*, Rio de Janeiro: Editora Rio, 1977, vol. I, p. 120-121; Rafaele Corona, *Contributo alla Teoria del Condominio negli Edifici,* Milano: Giuffrè Editore, 1973, p. 204.

[114] Caio Mário da Silva Pereira, *Instituições de Direito Civil*, vol. IV, Rio de Janeiro: Forense, 2004, p. 176. Nas palavras de Carlos Maximiliano: "Condomínio é uma relação de igualdades que se limitam reciprocamente; uma situação de equilíbrio que torna possível a coexistência de direitos iguais sobre a mesma coisa, limitando em cada um o poder de gozo e de disposição da mesma, tanto quanto é exigido por igual direito dos outros" (*Condomínio*, Rio de Janeiro: Freitas Bastos, 1956, p. 7).

[115] Caio Mário da Silva Pereira, Condomínio e incorporação: trinta anos. In: *ADV-COAD*, n. 2, 1995, p. 9; Miguel Maria de Serpa Lopes, *Curso de Direito Civil*, vol. VI, cit., p. 392.

[116] Caio Mário da Silva Pereira, Condomínio especial em edifício coletivo. In: *Revista Forense*, n. 245, 1974, p. 46.

[117] Darcy Bessone, *Direitos Reais,* São Paulo: Saraiva, 1996, p. 69.

[118] Afranio de Carvalho, O condomínio no registro de imóveis. In: *Revista Forense*, vol. 260, 1977, p. 117.

[119] Caio Mário da Silva Pereira, Condomínio e incorporação: trinta anos, cit., p. 10.

[120] Carlos Maximiliano, *Condomínio*, cit., p. 107; Carlos Alberto Bittar, *Os Direitos Reais*, Rio de Janeiro: Forense Universitária, 1991, p. 147-148; Clovis Bevilaqua, *Direito das Coisas*, vol. I, cit., p. 220; Miguel Maria de Serpa Lopes, *Curso de Direito Civil*, cit., vol. VI, p. 440.

Parte da doutrina critica a opção legislativa de não atribuir personalidade jurídica ao condomínio edilício, argumentando que uma série de dúvidas e limitações advém dessa circunstância, acarretando entrave à prática de negócios jurídicos pelo condomínio.[121] Por tal razão, na Jornada de Direito Civil, promovida pelo Centro de Estudos Judiciários do Conselho da Justiça Federal – CJF, no período de 11 a 13 de setembro de 2002, sob a coordenação científica do saudoso Ministro Ruy Rosado de Aguiar Júnior, do Superior Tribunal de Justiça, foi aprovado o seguinte enunciado de número 90: "Art. 1.331: Deve ser reconhecida personalidade jurídica ao condomínio edilício nas relações jurídicas inerentes às atividades de seu peculiar interesse". Na III Jornada de Direito Civil, ocorrida de 24 a 26 de novembro de 2004, produziu-se o enunciado número 246, pelo qual foi suprimida a parte final do enunciado 90, que passou a ostentar a seguinte redação: "Deve ser reconhecida personalidade jurídica ao condomínio edilício".

Ausência de personificação

Uma vez que o legislador não conferiu personalidade jurídica ao condomínio edilício, deve-se investigar por qual expediente são viabilizadas as relações jurídicas de interesse dos condôminos. Na medida em que o condomínio edilício consubstancia união indissolúvel entre a propriedade comum e a exclusiva, e sendo a alienação da propriedade exclusiva livre, não poderia a administração da parte comum se sujeitar a variações constantes e aleatórias dos condôminos. Por essa razão, criou o legislador mecanismos para a proteção do condomínio, de modo a tornar sua rotina administrativa insuscetível às mutações dos consortes.

Representação legal

Neste sentido, há, em relação ao condomínio edilício, tipo específico de representação legal, em que o síndico tem poderes para vincular diretamente uma coletividade determinável, não já previamente determinada de condôminos. Cuida-se de representação legal, mas de coletividade dinâmica, que se altera constante e aleatoriamente, e não de pessoa determinada. Ou seja, quem é parte nas contratações, em todas as contratações "do condomínio", são os próprios condôminos, que figuram nas relações jurídicas por meio do síndico, representante "do condomínio" (*rectius*, dos condôminos). Por esse motivo, afirma-se que o fim coletivo é perseguido com técnica diversa da atribuição de subjetividade ao condomínio, qual seja, o mecanismo da representação de coletividade determinável. Para as hipóteses em que seja necessária

---

[121] Vale, ao propósito, transcrever a seguinte passagem de J. Nascimento Franco: "Entre nós, insiste-se em negar personalidade jurídica ao condomínio, razão pela qual à jurisprudência cabe avançar um pouco mais alargando o caminho aberto por algumas decisões pioneiras, que enfrentaram o problema admitindo no condomínio capacidade processual, o que, todavia, é ainda pouco. De fato, quando começaram as adjudicações, ao condomínio, da fração ideal do terreno e da construção pertencentes aos adquirentes em atraso, nos termos do art. 63, § 3º, da Lei 4.591, os oficiais do Registro de Imóveis cautelarmente suscitavam dúvidas de que, não tendo personalidade jurídica, não podia o condomínio obter registro da adjudicação em seu nome" (*Condomínio*, São Paulo: Revista dos Tribunais, 2005, p. 326-327). E prossegue: "Na realidade, o condomínio em edifício distingue-se perfeitamente da pessoa de cada um dos condôminos. Consequentemente, nada mais razoável do que considerá-lo com personalidade jurídica para, uma vez autorizado por sua assembleia geral, realizar as aquisições de que necessite, ou as alienações de seu interesse (...)" (Op. cit., p. 328). V. tb. José Lamartine Corrêa de Oliveira, *A dupla crise da pessoa jurídica*, cit., 216.

a deliberação dos condôminos, alcançado o *quorum* exigido, ainda que haja dissidência de alguns consortes, o síndico agirá e vinculará a todos, mesmo os que discordaram da deliberação.[122]

A representação própria do condomínio edilício consiste em espécie de representação legal na medida em que é o legislador que estabelece que a atuação de um indivíduo, no caso o síndico, em nome e por conta da coletividade, vincula diretamente cada um de seus membros, não importando quem ou quantos a componham. Em outras palavras, o síndico é representante legal de um conjunto de pessoas, recaindo os efeitos jurídicos de sua atuação em nome e por conta deste conjunto no patrimônio de cada consorte individualmente considerado, independentemente de específica anuência ou de compor a coletividade no momento em que o síndico agiu. Tamanho poder de vinculação só pode advir da lei, daí se afirmar que a representação condominial configura espécie de representação legal.[123]

11. PERSONALIDADE E INTELIGÊNCIA ARTIFICIAL

Segundo John McCarthy, a quem é atribuída a paternidade do termo, a Inteligência Artificial pode ser definida como "a ciência e a engenharia de criar máquinas inteligentes, especialmente programas de computador inteligentes. Ela está relacionada à tarefa similar de utilizar computadores para entender a inteligência humana, mas a IA não tem que se confinar aos métodos que são biologicamente observáveis".[124]

Diante dos danos[125] decorrentes da crescente autonomia da Inteligência Artificial, que se torna possível graças a técnicas como o *machine learning* (aprendizado de máquina), tem-se discutido quanto à conveniência de lhe ser atribuída personalidade jurídica.[126] Tem-se aludido à "personalidade eletrônica" como pos-

> Personalidade eletrônica

---

[122] "O síndico, embora não granjeie os sufrágios da *unanimidade* dos consortes, torna-se mandatário de todos, inclusive ausentes e dissidentes" (Carlos Maximiliano, *Condomínio*, cit., p. 262).

[123] Sobre o tema, cf. Milena Donato Oliva, Condomínio e subjetividade. In: Gustavo Tepedino e Luiz Edson Fachin (coord.), *Diálogos sobre Direito Civil*, vol. II, Rio de Janeiro: Renovar, 2008, pp. 61-97.

[124] No original: "It is the science and engineering of making intelligent machines, especially intelligent computer programs. It is related to the similar task of using computers to understand human intelligence, but AI does not have to confine itself to methods that are biologically observable." Disponível em: <http://www-formal.stanford.edu/jmc/whatisai/node1.html> Acesso em: 17 nov. 2023. V. tb. Paulius Čerka, Jurgita Grigienė, Gintarė Sirbikytė, Liability for damages caused by Artificial Intelligence. In: *Computer Law & Security Review*, Elsevier, v. 31, n. 3, p. 376-389, jun. 2015, p. 378; Filipe Medon, *Inteligência Artificial e Responsabilidade Civil*: autonomia, riscos e solidariedade. Salvador: JusPodivm, 2020; Thatiane Cristina Fontão Pires, Rafael Peteffi da Silva, A responsabilidade civil pelos atos autônomos da inteligência artificial: notas iniciais sobre a resolução do Parlamento Europeu. In: *Rev. Bras. Polít. Públicas*, Brasília, v. 7, n. 3, 2017, *passim*.

[125] Para mais sobre o tema, v. Capítulo XVII deste volume.

[126] Como afirma Mafalda Miranda Barbosa, a discussão da subjetivação de robôs e sistemas de Inteligência Artificial passa pela "eventual atribuição de personalidade jurídica aos mecanismos dotados de inteligência artificial e justifica-se pela cada vez maior complexidade e sofisticação que os referidos mecanismos – *robots, bots, androids* – apresentam: é crescente a sua autonomia, bem como a sua capacidade para aprenderem com base na experiência acumulada e para tomarem decisões

sível caminho para auxiliar na solução de tormentosos problemas de responsabilidade civil.[127] A atribuição de personalidade à IA, elevando-a à categoria de sujeito de direitos, a tornaria centro autônomo de imputação subjetiva e responsável pelos atos que praticar.[128]

O tema é controvertido,[129] ressaltando-se que, embora a atribuição de personalidade jurídica possa eventualmente facilitar a reparação das vítimas, esse expediente não pode, só por si, exonerar de responsabilidade quem coloca a IA em circulação ou dela se beneficia em alguma medida.[130] Gunther Teubner lembra que, ao menos hoje, as máquinas não agem em seu próprio interesse, senão naquele das pessoas físicas e jurídicas.[131] Afirma Jack Balkin, nesse sentido, que, em verdade, as "[n]ossas interações com robôs e sistemas de IA são interações com as pessoas que estão implementando essas novas tecnologias, mesmo quando nós não o percebemos".[132]

---

independentes" (O Código Civil português e os sujeitos da relação jurídica. In: *Revista Brasileira de Direito Civil – RBDCivil*, v. 22, Belo Horizonte, out.-dez./2019, pp. 101-138, p. 132).

[127] V. David C. Vladeck, Machines without principals: liability rules and Artificial Intelligence. In: *Washington Law Review*, vol. 89, n. 117, 2014, p. 122. Nesse sentido, cf. item 59, "f" da Resolução do Parlamento Europeu, de 16 de fevereiro de 2017, que contém recomendações à Comissão sobre disposições de Direito Civil sobre Robótica (2015/2103(INL)): "Criar um estatuto jurídico específico para os robôs a longo prazo, de modo a que, pelo menos, os robôs autónomos mais sofisticados possam ser determinados como detentores do estatuto de pessoas eletrónicas responsáveis por sanar quaisquer danos que possam causar e, eventualmente, aplicar a personalidade eletrónica a casos em que os robôs tomam decisões autónomas ou em que interagem por qualquer outro modo com terceiros de forma independente" (Resolução do Parlamento Europeu, de 16 de fevereiro de 2017, que contém recomendações à Comissão sobre disposições de Direito Civil sobre Robótica (2015/2103(INL)). Disponível em: http://www.europarl.europa.eu/doceo/document/TA-8-2017-0051_PT.html?redirect. Acesso em: 17 nov. 2023).

[128] Cf. Caitlin Mulholland. Responsabilidade civil e processos decisórios autônomos em sistemas de Inteligência Artificial (IA): autonomia, imputabilidade e responsabilidade. In: Ana Frazão; Caitlin Mulholland (coords.), *Inteligência Artificial e Direito*: ética, regulação e responsabilidade. São Paulo: Thomson Reuters Brasil, 2019, pp. 338-339.

[129] Em perspectiva crítica, cf. Danilo Doneda, Laura Schertel Mendes, Carlos Affonso Souza, Norberto Nuno Gomes de Andrade, Considerações iniciais sobre inteligência artificial, ética e autonomia pessoal. In: *Pensar*, Fortaleza, v. 23, n. 4, p. 1-17, out./dez. 2018, p. 9.

[130] Cf. Gunther Teubner, Digital Personhood? The Status of Autonomous Software Agents in Private Law. Tradução de Jacob Watson. In: *Ancilla Iuris*, 2018, pp. 43-44; Filipe Medon, *Inteligência Artificial e Responsabilidade Civil*: autonomia, riscos e solidariedade. Salvador: JusPodivm, 2020.

[131] Gunther Teubner, Digital Personhood? The Status of Autonomous Software Agents in Private Law. Tradução de Jacob Watson. In: *Ancilla Iuris*, 2018, pp. 42-43.

[132] No original: "Our interactions with robots and AI systems are interactions with the people who are deploying these new technologies, even when we do not realize it" (Jack Balkin, The path of robotics law. In: *California Law Review Circuit*, Berkeley, v. 06, jun. 2015, p. 59). "Ainda que se pretenda atribuir personalidade jurídica aos robôs dotados de inteligência artificial – o que também parece ser nonsense –, a responsabilidade civil será sempre imputada ao ser humano, jamais à máquina em si. Reconhecer tal fato seria mais bizarro do que se fazia séculos atrás, quando se julgavam animais pelos danos por eles causados." (Eduardo Tomasevicius Filho, Inteligência artificial e direitos da personalidade: uma contradição em termos? In: *Revista da Faculdade de Direito da Universidade de São Paulo*, v. 113, p. 133-149, jan./dez. 2018. p. 137).

CAPÍTULO VII | PERSONALIDADE E CAPACIDADE

Para além da atribuição de personalidade jurídica aos robôs e sistemas comandados por Inteligência Artificial, tem-se referido aos seguros obrigatórios e à constituição de fundos complementares como mecanismos alternativos de proteção às vítimas de danos ocasionados pela IA.[133] Nessa direção, a Resolução do Parlamento Europeu, de 16 de fevereiro de 2017, que contém recomendações à Comissão sobre disposições de Direito Civil sobre Robótica (2015/2103(INL)), assim estabelece: "57. Destaca que uma possível solução para a complexidade de atribuir responsabilidade pelos danos causados pelos robôs cada vez mais autónomos pode ser um regime de seguros obrigatórios, conforme acontece já, por exemplo, com os carros; observa, no entanto que, ao contrário do que acontece com o regime de seguros para a circulação rodoviária, em que os seguros cobrem os atos e as falhas humanas, um regime de seguros para a robótica deveria ter em conta todos os elementos potenciais da cadeia de responsabilidade; 58. Considera que, à semelhança do que acontece com os veículos motorizados, esse regime de seguros poderia ser complementado por um fundo de garantia da reparação de danos nos casos não abrangidos por qualquer seguro; insta o setor dos seguros a criar novos produtos e novos tipos de ofertas que estejam em linha com os avanços na robótica".

Mais recente, a Resolução do Parlamento Europeu, de 20 de outubro de 2020, que contém recomendações à Comissão sobre o regime de Responsabilidade Civil aplicável à Inteligência Artificial (2020/2014(INL)), atenta às objeções da doutrina, promoveu mudança de paradigma ao rejeitar, pelo menos no estado atual do desenvolvimento tecnológico e científico, a criação de uma personalidade jurídica própria aos sistemas comandados por Inteligência Artificial.[134]

Na experiência brasileira, o legislador, além de decidir qual a natureza jurídica a ser revestida por eventual fundo complementar relativo à IA, também precisará se posicionar, entre outros aspectos, quanto às finalidades do fundo, ao possível abatimento dos valores pagos pelo fundo às vítimas em relação ao valor indenizatório fixado no âmbito da reponsabilidade civil, além de estabelecer quem contribuirá para

Seguros obrigatórios e fundos complementares

---

[133] V. Caitlin Mulholland, Responsabilidade civil e processos decisórios autônomos em sistemas de Inteligência Artificial (IA): autonomia, imputabilidade e responsabilidade. In: Ana Frazão, Caitlin Mulholand (coords.). *Inteligência Artificial e Direito*: ética, regulação e responsabilidade. São Paulo: Thomson Reuters Brasil, 2019, pp. 342-343; Filipe Medon, *Inteligência Artificial e Responsabilidade Civil*: autonomia, riscos e solidariedade. Salvador: JusPodivm, 2020; Milena Donato Oliva e Renan Soares Cortazio, Desafios da responsabilidade civil no contexto da inteligência artificial e o debate em torno da utilidade do patrimônio de afetação. In: Gustavo Tepedino, Rodrigo da Guia Silva, *O Direito Civil na Era da Inteligência Artificial*, São Paulo: Thomson Reuters Brasil, 2020, pp. 721-738.

[134] Resolução do Parlamento Europeu, de 20 de outubro de 2020, que contém recomendações à Comissão sobre o regime de responsabilidade civil aplicável à inteligência artificial (2020/2014(INL)). Disponível em: <https://www.europarl.europa.eu/doceo/document/TA-9-2020-0276_PT.html> Acesso em: 17 nov. 2023. Cf., sobre o tema, Filipe Medon, Inteligência Artificial e Responsabilidade Civil: Diálogos entre Europa e Brasil. In: Anna Carolina Pinho, *Discussões sobre Direito na Era Digital*, Rio de Janeiro: GZ, 2021, pp. 360-361.

formar o patrimônio do fundo e como se dará a sua gestão.[135] A Estratégia Brasileira de Inteligência Artificial, publicada em 2021, não trouxe considerações específicas a esse respeito.[136]

PROBLEMAS PRÁTICOS

1. É possível que a pessoa jurídica responda por obrigações assumidas por seus sócios ou administradores em nome próprio e em seu próprio interesse? Explique.

2. A emancipação voluntária faz cessar a responsabilidade dos pais pelos atos dos filhos menores?

Acesse o *QR Code* e veja a Casoteca.
> https://uqr.to/1p8np

---

[135] Milena Donato Oliva e Renan Soares Cortazio, Desafios da responsabilidade civil no contexto da inteligência artificial e o debate em torno da utilidade do patrimônio de afetação. In: Gustavo Tepedino, Rodrigo da Guia Silva, *O Direito Civil na Era da Inteligência Artificial*, São Paulo: Thomson Reuters Brasil, 2020, pp. 721-738.

[136] Disponível em: <https://www.gov.br/mcti/pt-br/acompanhe-o-mcti/transformacaodigital/arquivosinteligenciaartificial/ia_estrategia_documento_referencia_4-979_2021.pdf>. Acesso em: 17 nov. 2023.

Capítulo VIII
DIREITOS DA PERSONALIDADE

Sumário: 1. Noções introdutórias – 2. Fontes dos direitos da personalidade – 3. Características dos direitos da personalidade – 4. Crítica aos direitos da personalidade: correntes – 5. Os direitos da personalidade no Código Civil. Pessoas transgênero. Autodeterminação do paciente. Nome e pseudônimo. Direito à identidade pessoal. Direito ao esquecimento. Imagem e honra – 6. Liberdade de expressão e as biografias não autorizadas – 7. Proteção de dados pessoais – 8. Tutela da personalidade após a morte – 9. Herança digital – 10. Tutela da personalidade e pessoa jurídica – Problemas práticos.

1. NOÇÕES INTRODUTÓRIAS

Ao lado do conceito de personalidade como aptidão para a titularidade de relações jurídicas, o direito civil protege também a personalidade em sua dimensão existencial, aspecto inerente e peculiar à pessoa humana. Perduraram, todavia, por muito tempo, hesitações da doutrina quanto à existência conceitual dos direitos da personalidade. Daí a intensa controvérsia acerca da natureza, conteúdo e disciplina aplicável aos direitos da personalidade, que não encontrava previsão normativa no Código Civil de 1916.

Dimensão existencial da personalidade

Do ponto de vista de sua evolução histórica, destacam-se, em primeiro lugar, as chamadas teorias negativistas (cf., dentre outros, Roubier; Unger; Dabin; Savigny; Thon; Von Tuhr; Enneccerus; Zitelmann; Crome; Iellinek; Ravà; Simoncelli), que, no século dezenove, refutaram a categoria dos direitos da personalidade. Afirmava-se, em resumo, que a personalidade, identificando-se com a titularidade de direitos (subjetividade e capacidade), não poderia, ao mesmo tempo, ser considerada como objeto deles. Tratar-se-ia de contradição lógica.[1]

Teorias negativistas

---

[1] V., por todos, Enneccerus, *Tratado de derecho civil*, vol. I, Parte general, Barcelona: Bosch, 1947, p. 307.

Segundo a famosa construção de Savigny, a admissão dos direitos da personalidade levaria à legitimação do suicídio ou da automutilação, sendo também eloquente a objeção formulada por Iellinek, para quem a vida, a saúde e a honra não se enquadrariam na categoria do *ter*, mas do *ser*, o que as tornaria incompatíveis com a noção de direito subjetivo, predisposto à tutela das relações patrimoniais e, em particular, da propriedade privada (com as faculdades de usar, fruir e dispor contidas na estrutura do direito subjetivo).[2]

Críticas

Muitas foram as críticas antepostas às teorias negativistas. Atacou-se sua premissa, ressaltando-se que a personalidade, a rigor, pode ser considerada sob dois pontos de vista. O primeiro deles toma a personalidade como a aptidão a ser sujeito de direito, identificando-a com a capacidade de direito. Eis o ponto de vista estrutural (atinente à estrutura das situações jurídicas subjetivas), em que a pessoa, tomada em sua subjetividade, identifica-se como o elemento subjetivo das situações jurídicas.[3]

Em outra perspectiva, todavia, tem-se a personalidade como o conjunto de características e atributos da pessoa humana, considerada como objeto de proteção prioritária por parte do ordenamento jurídico. A pessoa, vista deste ângulo, há de ser tutelada das agressões que afetam a sua personalidade, identificando a doutrina, por isso mesmo, a existência de situações jurídicas subjetivas oponíveis *erga omnes*. Dito diversamente, considerada como sujeito de direito, a personalidade não pode ser dele o seu objeto. Examinada, ao revés, como valor, tendo em conta o conjunto de atributos inerentes e indispensáveis ao ser humano (que se irradiam da personalidade), constitui bem jurídico digno de tutela privilegiada.[4]

Nesta direção, lecionava em 1942 o professor San Tiago Dantas: "A palavra personalidade está tomada, aí, em dois sentidos diferentes. Quando falamos em *direitos de personalidade*, não estamos identificando aí a personalidade como a capacidade de ter direitos e obrigações; estamos então considerando a personalidade como um fato natural, como um conjunto de atributos inerentes à condição humana; estamos pensando num homem vivo e não nesse atributo especial do homem vivo, que é a capacidade jurídica em outras ocasiões identificada como a personalidade".[5]

Adriano De Cupis, em página clássica, afirma que "existem direitos sem os quais a personalidade restaria uma atitude completamente insatisfeita, privada de qualquer valor concreto; direitos desacompanhados dos quais todos os outros direitos subjetivos perderiam qualquer interesse para o indivíduo: a ponto de chegar-se a dizer que, se esses não existissem, a pessoa não seria mais a mesma. São esses os chamados direitos essenciais".[6] Francesco Ferrara, no início do século, admitia a existência dos direitos

---

[2] Tais argumentos são analisados e rebatidos por Francesco Ferrara, *Trattato di diritto civile italiano*, vol. I, Dottrine Generali, Roma: Athenaeum, 1921, p. 395.
[3] V., sobre o ponto, cap. 7.
[4] Sobre o tema, v. Francesco Carnelutti, *Diritto alla vita privata (contributo alla vita privata)*. In: *Rivista trimestrale di diritto pubblico*, 1955, p. 3 e ss.
[5] San Tiago Dantas, *Programa de direito civil*, vol. I, Rio de Janeiro: Forense, 2001, 3ª ed., p. 152.
[6] Adriano De Cupis, I diritti della personalità, Milano: Giuffrè, 1950, pp. 18-19.

da personalidade, identificando-os com os "direitos supremos do homem, aqueles que lhe garantem o gozo dos seus bens pessoais", a propiciar a senhoria de cada pessoa sobre as suas próprias forças físicas e espirituais.[7]

Assim é que a doutrina predominante, a partir dos anos 50, admitiu a existência dos direitos subjetivos atinentes à personalidade, embora bastante apegada, como adiante se demonstrará, ao modelo dos direitos subjetivos patrimoniais, e em particular à propriedade.

2. FONTES DOS DIREITOS DA PERSONALIDADE

Provavelmente na tentativa de se ampliar o espectro da tutela da pessoa humana, debate-se, de maneira acirrada, o problema das fontes dos direitos da personalidade. Grande parte da doutrina, incluindo-se aí os autores brasileiros em larga maioria, nega a primazia do direito positivo, buscando em fontes supralegislativas a legitimação dos direitos inerentes à pessoa humana. Considera-se, desse modo, que "o fundamento próximo da sua sanção é realmente a extratificação no direito consuetudinário ou nas conclusões da ciência jurídica. Mas o seu fundamento primeiro são as imposições da natureza das coisas, noutras palavras, o *direito natural*".[8]

Teorias jusnaturalistas

Tal posição justifica-se historicamente,[9] embora não se possa com ela concordar nos dias de hoje. A concepção dos direitos da personalidade teve sua gênese ligada, inicialmente, às teorias jusnaturalistas, como forma de proteção do homem contra o arbítrio do totalitarismo e, de forma geral, do poder público. Daí a concepção desses direitos como inatos e invulneráveis ao arbítrio do Estado-legislador.[10]

Observe-se que a própria Declaração dos Direitos do Homem e do Cidadão emanada pela Assembleia Constituinte francesa de 20 a 26 de agosto de 1789 invoca, em seu preâmbulo, "*les droits naturels inaliénables et sacrés de l'homme*".[11] Tal circunstância histórica, contudo, que se justifica mais por razões metajurídicas do que técnico-jurídicas, não autoriza a construção de uma categoria de direitos impostos à sociedade independentemente de sua própria formação cultural, social e política. À essa luz, Adriano De Cupis aduz que a suscetibilidade de ser titular de direitos da personalidade não está menos vinculada ao ordenamento jurídico do

Críticas às concepções jusnaturalistas

---

[7] Francesco Ferrara, *Trattato di diritto civile italiano*, vol. I, Roma: Athenaeum, 1921, p. 389.

[8] Rubens Limongi França, *Direitos da personalidade I*. In: *Enciclopédia Saraiva do Direito*, vol. XXVIII, São Paulo: Saraiva, 1979, p. 142. Na mesma direção, Maria Helena Diniz, *Curso de direito civil brasileiro*, vol. I, *Teoria geral do direito civil*, São Paulo: Saraiva, 2004, p. 116; Fabio De Mattia, *Direitos da personalidade*, cit., p. 154; e, ainda, Carlos Alberto Bittar, *Teoria geral do direito civil*, São Paulo: Forense Universitária, 1995, p. 8. O mesmo autor, em monografia específica, *Os direitos da personalidade*, São Paulo: Forense Universitária, 1989, pp. 7-8, salienta: "Esses direitos existem antes e independentemente do direito positivo, como inerentes ao próprio homem, considerado em si e em suas manifestações". V. tb. Diogo Leite de Campos, *Lições de direitos da personalidade*, cit., p. 38.

[9] V., sobre o ponto, Francisco Amaral, *Direito civil*: introdução, São Paulo: Saraiva Educação, 2018, pp. 358-361.

[10] V., sobre o tema, Adriano De Cupis, *I diritti della personalità*, cit., pp. 19-20.

[11] O registro é de Adriano De Cupis, *I diritti della personalità*, cit., p. 20.

que estão os demais direitos e obrigações. Dessa maneira, qualquer situação jurídica só pode nascer do dado positivo, ou seja, de uma lei.[12]

Conforme leciona Pietro Perlingieri, o equívoco das escolas jusnaturalísticas está no fato de que mesmo os princípios da razão e da natureza apresentam-se como "noções historicamente condicionadas: (...) o direito natural (dever ser) é sempre condicionado pela experiência do direito positivo (ser)".[13] E prossegue: "os direitos do homem, para ter uma efetiva tutela jurídica, devem encontrar o seu fundamento na norma positiva. O direito positivo é o único fundamento jurídico da tutela da personalidade; a ética, a religião, a história, a política, a ideologia, são apenas aspectos de uma idêntica realidade. (...) a norma é, também ela, noção histórica".[14]

À vista de tais considerações, parece possível considerar os direitos da personalidade como inatos unicamente pelo fato de nascerem juntamente com a pessoa humana, segundo a disciplina do direito positivo, sem qualquer conotação jusnaturalista. Neste diapasão, todos os direitos inatos são direitos da personalidade, embora nem todos os direitos da personalidade sejam inatos (por exemplo, o direito moral do autor, cuja existência pressupõe a criação intelectual).[15]

3. CARACTERÍSTICAS DOS DIREITOS DA PERSONALIDADE

Poucos temas revelam maiores dificuldades conceituais quanto os direitos da personalidade.[16] De um lado, os avanços da tecnologia e dos agrupamentos urbanos expõem a pessoa humana a novas situações que desafiam o ordenamento jurídico, reclamando disciplina; de outro lado, a doutrina parece buscar em paradigmas do passado as bases para as soluções das controvérsias que, geradas na sociedade contemporânea, não se ajustam aos modelos nos quais se pretende enquadrá-las.

A preocupação com a pessoa humana, intensificada com particular destaque por força das declarações de direitos,[17] a partir da necessidade de proteger o cidadão contra o arbítrio do Estado totalitário, limitava-se à tutela conferida pelo direito público à integridade física e a outras garantias políticas, não existindo nas relações de direito privado um sistema de proteção fora dos limites dos tipos penais: o indivíduo não encontrava limites nas relações jurídicas patrimoniais, cuidando o direito privado basicamente de estipular garantias para que o domínio fosse exercido sem ingerência externa; e para que a transferência de riqueza (da propriedade, portanto)

---

[12] Adriano De Cupis, *I diritti della personalità*, ob. e loc. cit.
[13] Pietro Perlingieri, *La personalità umana nell'ordinamento giuridico*, Napoli: ESI, 1972, p. 131.
[14] Pietro Perlingieri, *La personalità umana nell'ordinamento giuridico*, cit., p. 131.
[15] Adriano De Cupis, *I diritti della personalità*, cit., p. 41.
[16] Para uma percuciente análise da gênese e evolução histórica da tutela da personalidade, desde a antiguidade oriental, v. R. Capelo de Sousa, *O direito geral de personalidade*, Coimbra: Coimbra Editora, 1995, p. 26 e ss. Cf., ainda, sobre o tema, Ebert Chamoun, *Instituições de direito romano*, Rio de Janeiro: Forense, 1951, p. 398; e Elimar Szaniawski, *Direitos da personalidade na antiga Roma*. In: *Revista de Direito civil*, vol. 43, p. 28 e ss. e, especialmente, pp. 37 e 38.
[17] Francisco Amaral, *Direito civil*: introdução, cit., p. 360.

pudesse ter livre curso mediante a disciplina dos contratos. A lesão à integridade das pessoas era matéria do direito público, que asseguraria, com o direito penal, a repressão aos delitos.[18]

Na medida em que a pessoa humana se tornou objeto de proteção também nas relações de direito privado, com o estabelecimento de direitos subjetivos para a tutela de valores atinentes à personalidade, trataram os civilistas de definir a sua configuração dogmática, delineando-se arcabouço teórico dos direitos da personalidade iluminado pelo paradigma do direito subjetivo privado por excelência, o direito de propriedade. *Direitos subjetivos privados*

Ao lado de tais direitos subjetivos privados conviveriam, assim, os direitos subjetivos públicos, também chamados direitos civis, os quais atenderiam às aspirações do indivíduo em face do Estado, para protegê-lo das opressões oriundas do poder estatal, "cujo objeto seria sempre o mesmo, embora diversificado nas suas manifestações".[19] Quando o ordenamento considerasse que certas necessidades do homem possuiriam características tais a justificar a proteção do direito privado, além daquela que a ordem pública oferece para a tutela da pessoa humana, estabeleceria o respectivo direito subjetivo privado.[20] *Direitos subjetivos públicos*

Daí considerar-se que "os direitos humanos são, em princípio, os mesmos da personalidade; mas deve-se entender que quando se fala dos direitos humanos, referimo-nos aos direitos essenciais do indivíduo em relação ao direito público, quando desejamos protegê-los contra as arbitrariedades do Estado. Quando examinamos os direitos da personalidade, sem dúvida nos encontramos diante dos mesmos direitos, porém sob o ângulo do direito privado, ou seja, relações entre particulares, devendo-se, pois, defendê-los frente aos atentados perpetrados por outras pessoas".[21] *Direitos humanos e direitos da personalidade*

Assim sendo, considerados como direitos subjetivos privados, os direitos da personalidade possuem como características, no dizer da doutrina brasileira especializada, a generalidade, a extrapatrimonialidade, o caráter absoluto, a inalienabilidade e a intransmissibilidade.[22] *Características dos direitos da personalidade*

A generalidade significa que esses direitos são naturalmente concedidos a todos, pelo simples fato de estar vivo, ou pelo só fato de ser. Por isso mesmo alguns autores *Generalidade*

---

[18] "A categoria dos direitos da personalidade, também denominados direitos individuais ou direitos personalíssimos, é relativamente recente, entendendo-se antigamente que a vida, a saúde, a honra, a liberdade eram bens protegidos exclusivamente pelo direito penal e pelo direito público, não constituindo direitos subjetivos amparados pelo direito civil" (Arnoldo Wald, *Direito civil*, vol. I, São Paulo: Saraiva, 2011, 13ª ed., p. 172). No mesmo sentido, Carlos Alberto Bittar, *Os direitos da personalidade*, Rio de Janeiro: Forense, 1989, p. 21.

[19] Adriano De Cupis, *I diritti della personalità*, Milano: Giuffrè, 1950, p. 27.

[20] Para o exame da configuração dogmática dos direitos da personalidade, v. E. H. Perreau, Des droits de la personnalité. In: *Revue trimestrielle de droit civil*, 1909, p. 33 e ss; Adolfo di Majo Giaquinto, Profili dei diritti della personalità. In: *Rivista trimestrale di diritto e procedura civile*, 1962, p. 69 e ss.

[21] Fabio de Mattia, Direitos da personalidade II. In: *Enciclopédia Saraiva do Direito*, vol. XXVIII, São Paulo: Saraiva, 1979, p. 150.

[22] V., por todos, Milton Fernandes, *Os direitos da personalidade*, São Paulo: Saraiva, 1986, p. 12 e ss.

os consideram como inatos, terminologia que, todavia, mostra-se por vezes dúbia, já que suscita a conotação jusnaturalista, adotada por alguns autores, no sentido de que tais direitos preexistiriam à ordem jurídica, independentemente, portanto, do dado normativo (v. item 2, supra). A extrapatrimonialidade consistiria na insuscetibilidade de avaliação econômica destes direitos, ainda que sua lesão gere reflexos econômicos.[23] São absolutos, já que oponíveis *erga omnes*, impondo-se à coletividade o dever de respeitá-los.

A inalienabilidade retiraria do seu titular a possibilidade de deles dispor, tornando-os também irrenunciáveis e impenhoráveis. Da indisponibilidade deriva o intenso debate sobre a licitude dos atos lesivos aos direitos da personalidade praticados com o consenso do interessado. De acordo com Adriano De Cupis, não existe um princípio geral de invalidade de tais atos, os quais, embora por vezes reprimidos pelo ordenamento, não necessariamente afetam a ordem pública, refletindo um aspecto particular e mais modesto da faculdade de dispor.[24]

O Código Civil de 2002, no art. 11, preceitua que "com exceção dos casos previstos em lei, os direitos da personalidade são intransmissíveis e irrenunciáveis, não podendo o seu exercício sofrer limitação voluntária". No entanto, especialmente com relação a essa última parte, a doutrina interpreta o dispositivo com cuidado (v. item 5 infra), como ficou expresso no Enunciado n. 4 da I Jornada de Direito Civil do CJF, segundo o qual: "o exercício dos direitos da personalidade pode sofrer limitação voluntária, desde que não seja permanente nem geral". O Enunciado n. 139, aprovado na III Jornada, apresenta o seguinte teor: "os direitos da personalidade podem sofrer limitações, ainda que não especificamente previstas em lei, não podendo ser exercidos com abuso de direito de seu titular, contrariamente à boa-fé objetiva e aos bons costumes".

Mostra-se possível, de forma circunstanciada, que a pessoa decida por praticar atos que acarretem limitação à proteção dispensada à sua personalidade, como ocorre, ilustrativamente, com a exposição nas redes sociais. Essa renúncia, vale advertir, deve se coadunar com o ordenamento jurídico, ou seja, a autolimitação ao exercício dos direitos da personalidade é admitida quando atende genuinamente ao propósito de realização da personalidade do seu titular.[25]

4. CRÍTICA AOS DIREITOS DA PERSONALIDADE: CORRENTES

Com a consagração dos direitos da personalidade como direitos subjetivos privados, absolutos, oponíveis *erga omnes*, dúvidas surgiram quanto à sua tipificação, debatendo as correntes pluralista (defensora da existência de múltiplos direitos da

---

[23] Sobre esta específica característica, cf., na doutrina estrangeira, a lição de Adriano De Cupis, *I diritti della personalità*, cit., p. 28.
[24] Adriano De Cupis, *I diritti della personalità*, cit., p. 50.
[25] Cf., sobre o ponto, Anderson Schreiber, *Direitos da personalidade*, São Paulo: Atlas, 2014, 3ª ed., pp. 26-27.

personalidade) e monista (que sustenta a existência de um único direito da personalidade, originário e geral).

A favor da pluralidade de direitos, sustenta-se: "admitido que a individuação dos bens ocorra com base na individuação das necessidades, e admitido que a exigência da existência seja distinta em relação àquela da liberdade; que a necessidade de viver de maneira honrada não se confunda com a necessidade de se distinguir dos outros sujeitos, etc. (...), daí decorre por consequência que distintos são também os bens correspondentes assim como os direitos sobre estes".[26] *Corrente pluralista*

Em defesa da tese oposta, argumenta-se que a pessoa humana consubstancia valor unitário e que os seus interesses relativos ao *ser*, mesmo se dotados de características conceituais próprias, apresentam-se substancialmente interligados. Disso resultaria que as diversas normas atinentes à tutela da personalidade, disseminadas pelo Código Civil, Código Penal e leis especiais, mais do que constituírem direitos autônomos, representariam disciplina específica de alguns aspectos particulares da sua tutela, da qual seriam o concreto desenvolvimento. "Não existem direitos da personalidade; existe um direito da personalidade: um direito único, com conteúdo indefinido e diversificado (como indefinido e diversificado é, em outro campo, o conteúdo do domínio), que não se identifica com a soma de suas múltiplas expressões individualmente protegidas por normas particulares".[27] *Corrente monista*

San Tiago Dantas, defendendo a pluralidade dos direitos da personalidade, contrapondo-se à tese segundo a qual a personalidade é una e a honra, a integridade corpórea, a liberdade e a vida são aspectos de manifestações da personalidade, daí resultando um único direito da personalidade e não uma coleção deles, leciona: "A esse argumento pode se objetar com uma expressão que os lógicos empregam frequentemente: o argumento prova demais. Ele prova não só que não existem direitos da personalidade vários, como prova, também, que não existem direitos patrimoniais vários, porque assim como a personalidade é uma só, o patrimônio também é um só. Os bens, a propriedade, a posse, os contratos, todos os direitos que se distinguem dentro da esfera dos direitos patrimoniais, podem ser considerados de um modo unitário; sendo possível, então, dizer que só existe um direito patrimonial e que todos esses, que habitualmente se estudam, são dele simples face ou manifestações".[28]

Curiosamente, o paralelo com os direitos patrimoniais é também utilizado por Giampiccolo, mas em sentido oposto, vale dizer, no intuito de demonstrar a unicidade do direito da personalidade que, como a propriedade, não poderia ser desmembrado em tantos direitos quantas são as prerrogativas do proprietário. Veja-se o interessante passo do autor italiano: "Do proprietário de um terreno não se pensa, decerto, que

---

[26] Adriano De Cupis, *I diritti della personalità*, cit., pp. 25-26.
[27] Giorgio Giampiccolo, La tutela giuridica della persona umana e il c.d. diritto alla riservatezza. In: *Rivista trimestrale di diritto e procedura civile*, 1958, p. 463. V. tb., em posição semelhante, Elimar Szaniawski, *Direitos de personalidade e sua tutela*, São Paulo: Editora Revista dos Tribunais, 1993, p. 57.
[28] San Tiago Dantas, *Programa de direito civil*, vol. I, cit., p. 153.

ele tenha um distinto direito à integridade do bem, a mantê-lo fechado, à sua desafetação e assim por diante; nem se postula do ordenamento uma específica norma para a proteção dessas qualidades individualizadas, que no seu conjunto fazem a coisa ser exatamente o que é e permitem que ela sirva à sua função. Por que então, com estranha contradição, dever-se-ia considerar diferentemente quanto à pessoa, se o homem é exatamente o valor fundamental sobre o qual incide todo o ordenamento? Porque o homem deveria ter proteção limitada somente aos aspectos expressamente regulados por uma norma, não se estendendo esta proteção indistintamente a todos os interesses da personalidade que possam parecer socialmente relevantes, e assim merecedores de tutela?"[29]

Crítica ao modelo do direito subjetivo

A insuficiência das elaborações examinadas — monista e pluralista — para a proteção da pessoa humana foi posta em evidência por atenta doutrina, segundo a qual tais correntes tratam, uma e outra, os direitos da personalidade como expressão de tutela meramente ressarcitória e de tipo dominical. Segundo Pietro Perlingieri, principal artífice desta crítica, a personalidade humana mostra-se insuscetível de recondução a uma "relação jurídica-tipo" ou a um "novelo de direitos subjetivos típicos", sendo, ao contrário, valor jurídico a ser tutelado nas múltiplas e renovadas situações em que o homem possa se encontrar a cada dia. Daí resulta que o modelo do direito subjetivo tipificado será necessariamente insuficiente para atender às possíveis situações subjetivas em que a personalidade humana reclame tutela jurídica.[30] Ainda de acordo com Pietro Perlingieri, "a pessoa se realiza não através de um único esquema de situação subjetiva, mas com uma complexidade de situações que ora se apresentam como poder jurídico (*potestà*), ora como interesse legítimo, ora como direito subjetivo, faculdade, poderes".[31]

Paradigma dos direitos patrimoniais

O que se verifica, a rigor, do debate antes enunciado em torno das diversas correntes que buscam explicar a conceituação, o objeto e o conteúdo dos direitos de personalidade, é que todas elas se baseiam no paradigma dos direitos patrimoniais: ora se entende que, como o direito de propriedade, o direito em tela deve compreender uma série de atributos que, como no caso do domínio, são postos à disposição do titular — sem que se possa fracionar o poder dominical em vários direitos; ora, ao revés, entende-se que, tal qual o patrimônio, a universalidade de direitos não justifica a *reductio in uno*, sendo certo que uma única massa patrimonial comporta tantos direitos quantas distintas relações jurídicas possam ser identificadas, à luz dos interesses em jogo — ainda que entre tais relações jurídicas haja um vínculo orgânico.

Não se subestime o elevado valor de todas as orientações doutrinárias que permitiram a ampliação da tutela dos direitos humanos, antes limitada aos tipos do direito penal e às relações entre Estado e cidadão, e hoje estendida às relações de direito privado. Isso ocorreu a partir das construções que engendraram os direitos da

---

[29] Giorgio Giampiccolo, *La tutela giuridica della persona umana e il c.d. diritto alla riservatezza*, cit., p. 469.

[30] Pietro Perlingieri, *La personalità umana nell'ordinamento giuridico*, cit., esp. p. 174 e ss.

[31] Pietro Perlingieri, *Perfis do direito civil*, Rio de Janeiro: Renovar, 1999, p. 155.

personalidade, quer mediante a tipificação de uma série de direitos subjetivos, quer através da configuração de uma relação jurídica-tipo, generalizante e abrangente. Entretanto, a realização plena da dignidade humana, como quer o projeto constitucional em vigor, não se conforma com a setorização da tutela jurídica ou com a tipificação de situações previamente estipuladas, nas quais pudesse incidir o ordenamento.

Imaginando-se a personalidade humana do ponto de vista estrutural (ora o elemento subjetivo da estrutura das relações jurídicas, identificada com o conceito de capacidade jurídica, ora o elemento objetivo, ponto de referência dos direitos da personalidade) e protegendo-a em termos apenas negativos, no sentido de repelir as ingerências externas à livre atuação do sujeito de direito, segundo a técnica própria do direito de propriedade, a tutela da personalidade será sempre setorial e insuficiente. <small>Insuficiência da lógica proprietária</small>

Nem parece suficiente o mecanismo simplesmente repressivo, próprio do direito penal, de incidência normativa limitada às manifestações patológicas das relações jurídicas, no momento em que ocorre a violação do direito, sob a moldura de *situações-tipo*. A tutela da pessoa humana, além de superar a perspectiva setorial (direito público e direito privado), não se satisfaz com as técnicas ressarcitória e repressiva (binômio lesão-sanção), exigindo, ao reverso, instrumentos de promoção do homem, considerado em qualquer situação jurídica de que participe, contratual ou extracontratual, de direito público ou de direito privado.[32] Daí resulta que o modelo do direito subjetivo tipificado, adotado pelo codificador brasileiro, será necessariamente insuficiente para atender às possíveis situações subjetivas em que a personalidade humana reclame tutela jurídica. <small>Insuficiência do mecanismo repressivo</small>

Na medida em que a tutela da personalidade não se exaure nos direitos da personalidade concebidos aos moldes do direito subjetivo tradicional, a expressão direitos da personalidade deve ser lida com cautela, para que não se transmita a ideia de que a proteção da pessoa humana se restringe aos confins da tutela repressiva conferida ao direito subjetivo.

Os direitos da personalidade devem ser entendidos como especificação analítica da cláusula geral de tutela da personalidade prevista no Texto Constitucional contida nos arts. 1º, III (dignidade humana como valor fundamental da República), 3º, III (igualdade substancial) e 5º, § 2º (mecanismo de expansão do rol dos direitos fundamentais).[33] Com base nessa cláusula geral, deverá o intérprete romper com a <small>Cláusula geral de tutela da personalidade</small>

---

[32] Para uma crítica aguda às técnicas tradicionais dos direitos da personalidade, v. Ezio Capizzano, *Vita e integrità fisica*, cit., p. 1.003 e Massimo Dogliotti, I diritti della personalità: questioni e prospettive. In: *Rassegna di diritto civile*, 1982, p. 657 e ss.

[33] Acerca da identificação no Texto Constitucional da cláusula geral de tutela da personalidade, v. Gustavo Tepedino. In: *Temas de direito civil*, Rio de Janeiro: Renovar, 2001, 2ª ed., p. 25 e ss. Pertinente, ao propósito, o Enunciado n. 274 da IV Jornada de Direito Civil do CJF: "Os direitos da personalidade, regulados de maneira não exaustiva pelo Código Civil, são expressões da cláusula geral de tutela da pessoa humana, contida no art. 1º, III, da Constituição (princípio da dignidade da pessoa humana). Em caso de colisão entre eles, como nenhum pode sobrelevar os demais, deve-se aplicar a técnica da ponderação".

ótica tipificadora seguida pelo Código Civil, ampliando a tutela da pessoa humana para além do rol de direitos subjetivos previstos pelo legislador.

Nessa direção, mostra-se insuficiente qualquer construção doutrinária que, tipificando vários direitos da personalidade ou cogitando de um único direito geral da personalidade, acaba por limitar a proteção da pessoa à atribuição de poder para salvaguarda meramente ressarcitória, seguindo a lógica dos direitos patrimoniais. Ao propósito, a tutela da personalidade é dotada do atributo da elasticidade, não se confundindo tal característica, todavia, com a elasticidade própria do direito de propriedade. No caso da pessoa humana, elasticidade significa a abrangência da tutela, capaz de incidir a proteção do legislador e, em particular, o ditame constitucional de salvaguarda da dignidade humana, a todas as situações, previstas ou não, em que a personalidade, entendida como valor máximo do ordenamento, seja o ponto de referência objetivo.[34]

Em respeito ao texto constitucional, portanto, a personalidade não configura novo reduto de poder do indivíduo, no âmbito do qual seria exercida a sua titularidade, mas representa o valor máximo do ordenamento, modelador da autonomia privada, capaz de submeter toda a atividade econômica a novos critérios de validade. A tutela da personalidade – convém insistir – não pode se conter em setores estanques, de um lado os direitos humanos e de outro as chamadas situações jurídicas de direito privado. A pessoa, à luz do sistema constitucional, requer proteção integrada, que supere a dicotomia direito público e direito privado e atenda à cláusula geral fixada pela Constituição. Daí por que, como já destacado, a proteção da pessoa humana não se resume às situações que configuram delito ou que causam dano injusto – momento patológico da tutela da personalidade –, mas se estende a todos os momentos da atividade econômica, funcionalizando os atos jurídicos ao desenvolvimento da pessoa humana.

5. OS DIREITOS DA PERSONALIDADE NO CÓDIGO CIVIL. PESSOAS TRANSGÊNERO. AUTODETERMINAÇÃO DO PACIENTE. NOME E PSEUDÔNIMO. DIREITO À IDENTIDADE PESSOAL. DIREITO AO ESQUECIMENTO. IMAGEM E HONRA

Ausentes no Código Civil de 1916 – mas admitidos por força de construções doutrinárias e com base em leis especiais e na Constituição da República –, os direitos da personalidade foram previstos pelo Código Civil de 2002, que deles tratou nos arts. 11 a 21. A regulamentação do Código Civil é insuficiente para determinar o regime jurídico aplicável aos direitos da personalidade. A uma porque os direitos nele tratados não exaurem todas as manifestações da pessoa humana (ilustrativamente, não consta o direito à identidade pessoal). A duas porque o tratamento dispensado pelo Código Civil é pouco elucidativo, não oferecendo parâmetros suficientes para auxiliar o intérprete.

---

[34] Pietro Perlingieri, *La personalità umana nell'ordinamento giuridico*, pp. 185-186.

O fundamento normativo para a proteção da pessoa humana encontra-se na Constituição da República, que elevou a dignidade humana ao ápice do ordenamento jurídico. Tanto para a identificação dos direitos da personalidade como para a individuação da disciplina que lhes será aplicável, deve o intérprete recorrer à axiologia constitucional. Importante destacar, como já se elucidou, que a tutela da pessoa humana não ocorre apenas na fase patológica, revestindo-se, igualmente, de caráter promocional. Vale dizer: mostra-se mais ampla do que o simples binômio dano-reparação, ameaça de dano-medidas assecuratórias, buscando-se a realização do valor da pessoa humana em todas as relações jurídicas. O art. 12 do Código Civil trata da proteção à personalidade sob perspectiva repressiva, *in verbis*: "pode-se exigir que cesse a ameaça, ou a lesão, a direito da personalidade, e reclamar perdas e danos, sem prejuízo de outras sanções previstas em lei".

O Código Civil, em seu art. 13, estabelece que os atos de disposição do corpo são vedados quando ocasionarem diminuição permanente da integridade física ou quando contrariarem os bons costumes. Ressalva-se, contudo, a hipótese de necessidade médica.[35] O dispositivo deve ser lido com cautela. Com efeito, dele não se pode extrair a vedação a práticas socialmente aceitas, como a circuncisão de crianças da religião judaica. Também não pode funcionar como permissivo para qualquer ato que importe diminuição temporária da integridade física. Assim, atos como a colocação de *microship* subcutâneo para o controle de ponto de funcionários devem ser avaliados não apenas com base no art. 13, e sim a partir da cláusula geral de proteção à pessoa humana.[36] Como destaca o Enunciado n. 646 da IX Jornada de Direito Civil, "[a] exigência de autorização de cônjuges ou companheiros, para utilização de métodos contraceptivos invasivos, viola o direito à disposição do próprio corpo". Na mesma direção, o Senado Federal já aprovou – pendendo de aprovação pela Câmara dos Deputados – o PL n. 2.889/2021, que proíbe que os planos de saúde exijam referido consentimento. Reforça-se, assim, a autonomia e a liberdade sobre o próprio corpo.

<small>Atos de disposição do corpo</small>

O Enunciado n. 276 da IV Jornada de Direito Civil afirma que "o art. 13 do Código Civil, ao permitir a disposição do próprio corpo por exigência médica, autoriza as cirurgias de transgenitalização, em conformidade com os procedimentos estabelecidos pelo Conselho Federal de Medicina, e a consequente alteração do preno-

<small>Pessoas transgênero</small>

---

[35] Eis a dicção do preceito: "Salvo por exigência médica, é defeso o ato de disposição do próprio corpo, quando importar diminuição permanente da integridade física, ou contrariar os bons costumes. Parágrafo único. O ato previsto neste artigo será admitido para fins de transplante, na forma estabelecida em lei especial".

[36] Os exemplos são trazidos por Anderson Schreiber, *Direitos da personalidade*, cit., p. 39 e p. 45. Ainda sobre os atos de disposição do próprio corpo, merece destaque a utilização de dispositivos intra e extracorpóreos tecnológicos para melhoria da saúde e da qualidade de vida das pessoas, num processo amplamente descrito por Stefano Rodotà como Transumanismo (Stefano Rodotà, *Il diritto di avere diritti*, Bari-Roma: Editori Laterza, 2012, edizione digitale). Com o advento das novas tecnologias e a Inteligência Artificial, agigantam-se preocupações atinentes aos dados pessoais sensíveis coletados diretamente no corpo da pessoa humana, despertando discussões intensas no Direito e na Bioética.

me e do sexo no Registro Civil". Registre-se que, atualmente, a mudança do prenome é assegurada ainda que não tenha havido a cirurgia de transgenitalização. Tutelam-se as pessoas transgênero – aquelas cuja identidade de gênero é dissonante da que lhe foi designada ao nascer[37] – independentemente de qualquer avaliação médica, justamente por se entender que a designação do gênero é livre manifestação da autonomia da pessoa humana e não mais se vincula ao reconhecimento de qualquer patologia médica. O Supremo Tribunal Federal, no julgamento da ADI 4.275/DF, decidiu que a declaração da identidade de gênero dissonante daquela que lhe foi designada ao nascer por auto identificação firmada em declaração escrita legitima a pessoa transgênero "à alteração do prenome e da classificação de gênero no registro civil pela via administrativa ou judicial, independentemente de procedimento cirúrgico e laudos de terceiros, por se tratar de tema relativo ao direito fundamental ao livre desenvolvimento da personalidade".[38]

> Autonomia do paciente e consentimento informado

O art. 15 do Código Civil estabelece que "ninguém pode ser constrangido a submeter-se, com risco de vida, a tratamento médico ou a intervenção cirúrgica".

---

[37] "No que tange à identidade de gênero, as pessoas podem ser identificadas como cisgêneros ou como transgêneros. Os cisgêneros são todos aqueles que se identificam com o gênero atribuído socialmente ao sexo biológico com o qual nasceram. Por outro lado, os transgêneros são aqueles que não se identificam com o gênero atribuído socialmente ao sexo biológico com o qual nasceram" (Vinícius Lapoian Leite, João Carlos Magalhães Prates Junior, A inconstitucionalidade das leis que proíbem o estudo de gênero, de sexualidade e de diversidade sexual. In: *Revista de Direito Constitucional e Internacional*, vol. 108/2018, Jul-Ago/2018, p. 5). V. tb. Jaqueline Gomes Jesus. *Orientações sobre identidade de gênero*: conceitos e termos. Brasília: 2012. Disponível em: www.diversidadesexual.com.br/wp-content/uploads/2013/04/g%c3%8anero-conceitos-e-termos.pdf. Acesso em: 17 nov. 2023).

[38] Veja-se a ementa da decisão: "Ação direta de inconstitucionalidade. Direito constitucional e registral. Pessoa transgênero. Alteração do prenome e do sexo no registro civil. Possibilidade. Direito ao nome, ao reconhecimento da personalidade jurídica, à liberdade pessoal, à honra e à dignidade. Inexigibilidade de cirurgia de transgenitalização ou da realização de tratamentos hormonais ou patologizantes. 1. O direito à igualdade sem discriminações abrange a identidade ou expressão de gênero. 2. A identidade de gênero é manifestação da própria personalidade da pessoa humana e, como tal, cabe ao Estado apenas o papel de reconhecê-la, nunca de constituí-la. 3. A pessoa transgênero que comprove sua identidade de gênero dissonante daquela que lhe foi designada ao nascer por autoidentificação firmada em declaração escrita desta sua vontade dispõe do direito fundamental subjetivo à alteração do prenome e da classificação de gênero no registro civil pela via administrativa ou judicial, independentemente de procedimento cirúrgico e laudos de terceiros, por se tratar de tema relativo ao direito fundamental ao livre desenvolvimento da personalidade. 4. Ação direta julgada procedente" (STF, Tribunal Pleno, ADI n. 4.275/DF, Rel. p/ Acórdão Min. Edson Fachin, julg. 1.3.2018, publ. *DJ* 7.3.2019). O entendimento veio a ser reafirmado no julgamento do RE 670.422/RS, em que o Supremo Tribunal Federal fixou a seguinte tese: "i) O transgênero tem direito fundamental subjetivo à alteração de seu prenome e de sua classificação de gênero no registro civil, não se exigindo, para tanto, nada além da manifestação de vontade do indivíduo, o qual poderá exercer tal faculdade tanto pela via judicial como diretamente pela via administrativa; ii) Essa alteração deve ser averbada à margem do assento de nascimento, vedada a inclusão do termo 'transgênero'; iii) Nas certidões do registro não constará nenhuma observação sobre a origem do ato, vedada a expedição de certidão de inteiro teor, salvo a requerimento do próprio interessado ou por determinação judicial; iv) Efetuando-se o procedimento pela via judicial, caberá ao magistrado determinar de ofício ou a requerimento do interessado a expedição de mandados específicos para a alteração dos demais registros nos órgãos públicos ou privados pertinentes, os quais deverão preservar o sigilo sobre a origem dos atos".

O dispositivo deve ser lido de modo a garantir autonomia do paciente e, por conseguinte, o consentimento informado. A leitura a *contrario sensu* no sentido de que, inexistindo risco de vida, qualquer pessoa pode ser constrangida a se submeter a tratamento médico, é inadmissível, pois contrária à disciplina que rege a relação médico-paciente.[39] Atualmente, o médico deve obter o consentimento informado ou qualificado do paciente, o qual pressupõe a plena elucidação quanto aos riscos do tratamento, prognósticos, natureza da intervenção, justificativa, objetivos, contraindicações, duração, bem como eventual existência de método alternativo.[40] Além disso, o consentimento esclarecido requer a compreensão do paciente do teor das informações prestadas. Assim, "tais esclarecimentos devem ser feitos em termos compreensíveis ao leigo, mas suficientemente esclarecedores para atingir seu fim, pois se destinam a deixar o paciente em condições de se conduzir diante da doença e de decidir sobre o tratamento recomendado ou sobre a cirurgia proposta".[41]

Controverte-se acerca da possibilidade de submissão compulsória de Testemunhas de Jeová à transfusão de sangue, religião que impede o recebimento de sangue alheio. A Resolução CFM n. 1.021/1980 estabelece que se "o paciente se encontra em iminente perigo de vida e a transfusão de sangue é a terapêutica indispensável para salvá-lo", não "deverá o médico deixar de praticá-la apesar da oposição do paciente ou de seus responsáveis em permiti-la". Essa orientação conferia primazia ao direito à vida, muito embora a Constituição da República não atribua maior relevância à vida do que a outros direitos fundamentais, os quais concorrem para que haja *vida digna*, ou seja, vida conforme as escolhas de cada pessoa. Só o paciente pode, por isso mesmo, avaliar que aspecto é preponderante para a tutela da sua personalidade.

Transfusão de sangue

Em 2019, a referida Resolução foi revogada pela Resolução CFM n. 2.232, de acordo com a qual "é assegurado ao paciente maior de idade, capaz, lúcido, orientado e consciente, no momento da decisão, o direito de recusa à terapêutica proposta em tratamento eletivo, de acordo com a legislação vigente". Excepcionalmente, dispõe o art. 5º que a recusa terapêutica do paciente não deverá ser aceita pelo médico quando restar configurada situação de abuso do direito, que, segundo o § 1º, é caracterizada por: "I – A recusa terapêutica que coloque em risco a saúde de terceiros. II – A recusa terapêutica ao tratamento de doença transmissível ou de qualquer outra condição semelhante que exponha a população a risco de contaminação".

---

[39] Cf. Anderson Schreiber, *Direitos da personalidade*, cit., p. 53; Gustavo Tepedino Heloisa Helena Barboza, Maria Celina Bodin de Moraes et al., *Código Civil interpretado conforme à Constituição da República*, vol. I, Rio de Janeiro: Renovar, 2014, pp. 42-45.

[40] V., Daniel Romero Muñoz e Paulo Antonio Carvalho Fortes, O Princípio da Autonomia e o consentimento livre e esclarecido. In: *Iniciação à Bioética*, Conselho Federal de Medicina, 1998, p. 65; Carlos Nelson Konder, Privacidade e corpo: convergências possíveis. In: *Pensar*, vol. 18, n. 2, mai.-ago./2013, p. 379; Paula Moura Francesconi de Lemos Pereira, *Relação médico-paciente*: o respeito à autonomia do paciente e a responsabilidade civil do médico pelo dever de informar, Rio de Janeiro: Lumen Juris, 2011, *passim*.

[41] Ruy Rosado de Aguiar Jr., *Responsabilidade civil do médico*. In: Revista dos Tribunais, 1995, vol. 718, p. 36.

A matéria se revela especialmente delicada quando o paciente necessitado da transfusão de sangue é criança ou adolescente, entendendo-se que, neste caso, cabe ao Poder Judiciário substituir a vontade dos pais e autorizar o tratamento médico até que o paciente tenha capacidade de decidir por si.[42] Veja-se, a esse respeito, o Enunciado n. 403 da V Jornada de Direito Civil do CJF: "O Direito à inviolabilidade de consciência e de crença, previsto no art. 5º, VI, da Constituição Federal, aplica-se também à pessoa que se nega a tratamento médico, inclusive transfusão de sangue, com ou sem risco de morte, em razão do tratamento ou da falta dele, desde que observados os seguintes critérios: a) capacidade civil plena, excluído o suprimento pelo representante ou assistente; b) manifestação de vontade livre, consciente e informada; e c) oposição que diga respeito exclusivamente à própria pessoa do declarante".

Ainda em relação ao direito ao corpo, tem-se a polêmica questão da obrigatoriedade da vacinação. Por ocasião da pandemia da Covid-19, o Supremo Tribunal Federal assentou o entendimento de que não há de se confundir vacinação compulsória com vacinação forçada, de modo que é lícita a recusa à vacinação, mas se autoriza ao Poder Público a adoção de medidas de restrição que sirvam como meios de coerção indiretos, com fundamento no direito coletivo à saúde. Fixou-se, assim, a tese de que: "(I) A vacinação compulsória não significa vacinação forçada, porquanto facul-

---

[42] Confira-se emblemático julgado sobre o assunto do Tribunal de Justiça do Rio Grande do Sul: "A liberdade de crença expressada pela paciente, ora agravante, reveste sua vida de sentido, sentido este não compreendido, na sua verdadeira dimensão, por quem não vive e não comunga de tais valores. A dignidade que emana da sua escolha religiosa tem tamanha importância para ela que, entre correr o risco de perder a vida, mas permanecer íntegra em relação aos seus valores/ideais religiosos, e receber uma transfusão de sangue, tendo violados seus valores e sua dignidade de pessoa humana, esta escolheu manter-se íntegra em sua crença. A postulante "não quer morrer, não está escolhendo morrer", como afirma em suas razões recursais, apenas nega-se a receber tratamento que viola suas crenças e aceita em face disso correr risco de morte ou ter sua melhora postergada. A Constituição Federal protege o direito à vida, a dignidade da pessoa humana e a liberdade de crença na mesma proporção. O direito à vida, diferentemente do que se possa acreditar, não é valor 'super-preponderante', é condição para o exercício dos demais direitos, mas isso não o torna blindado quando conflitante com os demais valores fundamentais postos na Carta Magna. (...). A jurisprudência pátria é escassa a respeito do assunto. Porém, em se tratando de menor, é uníssona no sentido de que cabe ao Poder Judiciário substituir a vontade dos pais e autorizar o tratamento médico até que o paciente tenha capacidade de decidir por si. No presente recurso trata-se de paciente maior, lúcida, capaz, que desde o primeiro momento em que procurou ajuda médica excepcionou sua concordância aos tratamentos que violassem suas convicções religiosas. Não se vislumbram, portanto, razões pelas quais a vontade da agravante deva ser substituída pelo Poder Judiciário, uma vez que, sendo ela capaz, pode optar pelo tratamento que lhe convier e que lhe aprouver para manter-se, antes de tudo, com a autodeterminação derivada do princípio da dignidade da pessoa humana preservada. Não vejo como possa a recorrente ser submetida a tratamento médico com o qual não concorda e que para ser procedido necessita do uso de força policial; tratamento este que não obstante possa preservar-lhe a vida, retira dela toda a dignidade proveniente da crença religiosa, podendo tornar a existência restante sem sentido, desnecessária, vazia. Desse modo, constata-se que o pedido da postulante é para que o Poder Judiciário proteja essencialmente seu direito de escolha, direito calcado na preservação de sua dignidade, para que somente seja submetida a tratamento médico compatível com suas crenças religiosas" (TJ/RS, 12ª C.C., Agr. Instr. 70032799041, Rel. Des. Claudio Baldinho Maciel, julg. 6.5.2010, publ. DJ 3.8.2010). V. tb. TJ/MG, 1.ª C.C., Ag. 1.0701.07.191519-6/001, Rel. Des. Alberto Vilas Boas, julg. 14.8.2007, publ. DJ 4.9.2007; TRF-1, 6ª T., AI 00173438220164010000, Rel. Des. Federal Kassio Nunes Marques, julg. 11.04.2016; STJ, 6ª T., HC 268459/SP, Rel. Min. Maria Thereza De Assis Moura, julg. 2.9.2014, publ. DJ 28.10.2014.

tada sempre a recusa do usuário, podendo, contudo, ser implementada por meio de medidas indiretas, as quais compreendem, dentre outras, a restrição ao exercício de certas atividades ou à frequência de determinados lugares, desde que previstas em lei, ou dela decorrentes, e (i) tenham como base evidências científicas e análises estratégicas pertinentes, (ii) venham acompanhadas de ampla informação sobre a eficácia, segurança e contraindicações dos imunizantes, (iii) respeitem a dignidade humana e os direitos fundamentais das pessoas, (iv) atendam aos critérios de razoabilidade e proporcionalidade e (v) sejam as vacinas distribuídas universal e gratuitamente; e (II) tais medidas, com as limitações acima expostas, podem ser implementadas tanto pela União como pelos Estados, Distrito Federal e Municípios, respeitadas as respectivas esferas de competência".[43]

Especificamente em relação às crianças, tanto os arts. 29, *caput*, do Decreto n.º 78.231/1976, como o art. 14, § 1º, do Estatuto da Criança e do Adolescente, preveem a obrigatoriedade da vacinação das crianças nos casos recomendados pelas autoridades sanitárias. A vacinação consiste, assim, em direito subjetivo das pessoas humanas em desenvolvimento e só podem ser dispensadas diante da apresentação de atestado médico de contraindicação explícita da aplicação da vacina. Também a esse respeito se manifestou o Supremo Tribunal Federal, que acabou por fixar a tese de que: "É constitucional a obrigatoriedade de imunização por meio de vacina que, registrada em órgão de vigilância sanitária, (i) tenha sido incluída no Programa Nacional de Imunizações ou (ii) tenha sua aplicação obrigatória determinada em lei ou (iii) seja objeto de determinação da União, Estado, Distrito Federal ou Município, com base em consenso médico-científico. Em tais casos, não se caracteriza violação à liberdade de consciência e de convicção filosófica dos pais ou responsáveis, nem tampouco ao poder familiar".[44]

A tutela do nome e do pseudônimo é afirmada nos artigos 16 a 19 do Código Civil.[45] O nome é relevante para a identificação da pessoa em sociedade, sendo composto por prenome e sobrenome (CC, art. 16). O prenome, que pode ser simples ou composto, é o nome próprio. O sobrenome também é conhecido como patronímico ou apelido de família ou, ainda, cognome. *Nome e pseudônimo*

O direito ao nome deve ser entendido como parte de um direito mais amplo, o direito à identidade pessoal. Conquanto não desfrute de previsão legal expressa, o direito à identidade pessoal assegura a identificação da pessoa com base nas suas escolhas de vida, de modo a se retratar, com fidedignidade, suas características a partir de suas legítimas opções. Tutela-se o sujeito que se vê lesado na sua dignidade por ser retratado *Direito à identidade pessoal*

---

[43] STF, Tribunal Pleno, ADI 6.586/DF, Rel. Min. Ricardo Lewandowski, julg. 17.12.2020, publ. *DJ* 07.04.2021.

[44] STF, Tribunal Pleno, ARE 1.267.879/SP, Rel. Min. Roberto Barroso, julg. 17.12.2020, publ. *DJ* 08.04.2021.

[45] Sobre o tema, cf. Maria Celina Bodin de Moraes, *A tutela do nome da pessoa humana*. In: *Revista Forense*, vol. 364, 2002, pp. 217 e ss; Leonardo Brandelli, Considerações acerca do direito ao nome numa perspectiva constitucional do princípio da dignidade da pessoa humana (Comentário ao acórdão exarado na Apelação Cível n. 2003.001.12476, do TJRJ). In: *Revista Trimestral de Direito Civil*, vol. 22, abr.-jun./2005, pp. 193-202.

com caracteres identificativos incompatíveis com aqueles que escolhera para guiar sua vida pessoal e social.[46] O direito à identidade pessoal refere-se, portanto, ao direito de ser identificado de forma condizente com suas genuínas escolhas de vida.

Diante disso, observou-se tendência jurisprudencial de flexibilização do rigor do princípio da imutabilidade do nome,[47] desde que presentes razões fundamentadas que justifiquem a alteração.[48] Com relação ao prenome, o STJ autorizou, por exemplo, sua alteração em caso de posse e uso contínuo de apelido social. A mulher chamava-se Raimunda, mas era conhecida socialmente como Danielle. Como se observa de trecho da ementa: "caso concreto no qual se identifica justo motivo no pleito da recorrente de alteração do prenome, pois é conhecida no meio social em que vive, desde criança, por nome diverso daquele constante do registro de nascimento, circunstância que tem lhe causado constrangimentos".[49] Em outro julgado, o STJ pontuou que "a tutela jurídica relativa ao nome precisa ser balizada pelo direito à identidade pessoal, especialmente porque o nome representa a própria identidade individual e, ao fim e ao cabo, o projeto de vida familiar, escolha na qual o Poder Judiciário deve se imiscuir apenas se houver insegurança jurídica ou se houver intenção de burla à verdade pessoal e social".[50]

Assim, passaram os Tribunais a deferir a alteração do nome por justo motivo, para que este efetivamente desempenhe a função de identificação da pessoa em consonância com o direito à identidade pessoal.[51] A definitividade do nome aludida no art. 58 da Lei de Registros Públicos, desse modo, passou a ser compreendida como estabilidade, de sorte que o nome (prenome ou apelido de família[52]) apenas poderia ser alterado por justa causa.

---

[46] V. Raul Cleber da Silva Choeri, *O direito à identidade na perspectiva civil-constitucional*, Rio de Janeiro: Renovar, 2010, p. 244; Carlos Nelson Konder, The range of the right to personal identity in Brazilian civil law. In: *Pensar*, vol. 23, n. 1, jan.-mar./2018, *passim*; Ana Carolina Brochado Teixeira, Carlos Nelson Konder, Autonomia e solidariedade na disposição de órgãos para depois da morte. In: *Revista da Faculdade de Direito da UERJ*, n. 18, 2010, pp. 4-5; Anderson Schreiber, *Direitos da personalidade*, cit., pp. 213-214; Maria Celina Bodin de Moraes e Carlos Nelson Konder, *Dilemas de direito civil-constitucional*. Rio de Janeiro: Renovar, 2012, p. 207.

[47] "Registro civil. Pedido com o objetivo de modificar o nome do autor. Sentença de parcial procedência. Apelo do autor para incluir o prenome 'PEDRO' ao seu nome, passando a adotar prenome composto. Acolhimento. Imutabilidade relativa. Entendimento pretoriano no sentido de que, em regra, deve ser deferida a retificação do nome quando, além de não ser expressamente proibida por lei, melhora a situação social do interessado e não acarreta prejuízo a ninguém. Inteligência da Lei 6.015/73, com a alteração promovida pela Lei n. 9.708/98. Direito ao nome apreciado pelo viés da personalidade, em prevalência à função de mera identificação. Recurso provido". (TJSP, Ap. Cív. 1026256-39.2019.8.26.0602, 1ª C.D.P., Rel. Des. Francisco Loureiro, julg. 22.1.2021)

[48] Cf. Vitor Almeida, A disciplina jurídica do nome da pessoa humana à luz do direito à identidade pessoal. In: *RJLB*, a. 3, n. 3, 2017, p. 1.142-1.153.

[49] STJ, REsp. 1.217.166/MA, 4ª T., Rel. Min. Marco Buzzi, julg. 14.2.2017.

[50] STJ, 3ª Turma, REsp n. 1.648.858/SP, Rel. Min. Ricardo Villas Bôas Cueva, julg. 20.8.2019, publ. *DJ* 28.8.2019.

[51] Cf. Vitor Almeida, A disciplina jurídica do nome da pessoa humana à luz do direito à identidade pessoa. In: *RJLB*, a. 3, n. 3, 2017, p. 1153.

[52] Veja-se exemplo de alteração no sobrenome admitida pelo STJ: "Não é absoluto o princípio da imutabilidade do nome de família, admitindo-se, excepcionalmente, a alteração do patronímico,

A Lei n. 14.382/2002 trouxe importantes alterações na disciplina do nome prevista na Lei de Registros Públicos. Em sua nova redação, o *caput* do art. 55 passa a dispor que: "Toda pessoa tem direito ao nome, nele compreendidos o prenome e o sobrenome, observado que ao prenome serão acrescidos os sobrenomes dos genitores ou de seus ascendentes, em qualquer ordem e, na hipótese de acréscimo de sobrenome de ascendente que não conste das certidões apresentadas, deverão ser apresentadas as certidões necessárias para comprovar a linha ascendente". Merece destaque o fato de que o dispositivo supera entendimento costumeiro de que o nome materno deve vir em primeiro lugar.

Relevantíssima também foi a alteração do art. 56 da Lei de Registros Públicos pela Lei n. 14.382/2022, que passou a autorizar que, após a maioridade civil, a pessoa pode alterar o seu prenome sem necessidade de justificativa e sem necessidade de decisão judicial autorizadora. Essa alteração imotivada de prenome poderá ser feita diretamente no cartório apenas uma vez (§ 1º). Se houver suspeita de fraude, falsidade, má-fé, vício de vontade ou simulação quanto à real intenção daquele que busca a mudança do seu prenome, o oficial de registro civil, fundamentadamente, recusará a alteração do prenome (§ 4º). Evidentemente, a pessoa cujo pedido foi negado pode buscar a via judicial para discutir o acerto da recusa do oficial do registro.

Ainda em matéria de direito ao nome, a I Jornada de Direito Notarial e Registral, no Enunciado n. 2, concluiu que "[n]ão obstante a ausência de previsão legal, é facultado aos pais a atribuição de nome ao natimorto, a ser incluído em registro que deverá ser realizado no Livro C-Auxiliar".

Nos termos do art. 17 do Código Civil,[53] protege-se o nome da pessoa em circunstâncias nas quais sua divulgação pode acarretar o desprezo público. A divulgação do nome para fins informativos ou jornalísticos se afigura, a princípio, admitida, aqui preponderando o interesse na liberdade de expressão sobre a privacidade do titular. O escopo fundamental do dispositivo não é a proteção do nome *per si*, mas da pessoa humana e de sua dignidade, que poderiam restar atingidas em decorrência de utilização ilegítima do nome.[54]

Divulgação do nome

Oportuno mencionar, ainda, o chamado *direito ao esquecimento*, que se associa ao direito à identidade pessoal ao permitir que a pessoa seja identificada de acordo

Direito ao esquecimento

---

desde que presentes a justa motivação e a prévia intervenção do Ministério Público. No caso dos autos, presentes os requisitos autorizadores, já que pretende a recorrente, tão-somente, prestar uma homenagem àqueles que a criaram, acrescendo ao seu assento de nascimento o nome de família daqueles que considera seus pais verdadeiros, nada obsta que se autorize a alteração. Recurso conhecido e provido, com as ressalvas do relator". (STJ, REsp 605.708/RJ, 3ª T., Rel. Min. Castro Filho, julg. 16.8.2007, publ. DJe 05.8.2008. V. tb. STJ, REsp 1.304.718/SP, 3ª T., Rel. Min. Paulo de Tarso Sanseverino, julg. 18.12.2014, publ. DJe 05.2.2015.

[53] Art. 17 do Código Civil: "O nome da pessoa não pode ser empregado por outrem em publicações ou representações que a exponham ao desprezo público, ainda quando não haja intenção difamatória".

[54] V. Maria Celina Bodin de Moraes, A tutela do nome da pessoa humana. In: *Na medida da pessoa humana*: estudos de direito civil-constitucional, Rio de Janeiro: Renovar, 2010, p. 152.

com suas escolhas presentes de vida.[55] Deve-se ter especial cautela para que o direito ao esquecimento não se transvista em censura ou restrição ao conhecimento da história social, configurando indevida limitação à liberdade de imprensa e ao direito à informação.[56] Com efeito, não pode obstar o conhecimento dos fatos, mas apenas evitar exposição abusiva de uma pessoa em relação a ato praticado no passado e cuja invocação se mostre irrelevante para o registro histórico ou jornalístico narrado, o que depende sempre de concreta valoração. O Enunciado n. 531 da VI Jornada de Direito Civil, nessa direção, dispõe que "a tutela da dignidade da pessoa humana na sociedade da informação inclui o direito ao esquecimento".

O Superior Tribunal de Justiça reconheceu configurado o direito ao esquecimento no episódio que ficou conhecido como "Chacina da Candelária." Consoante ressaltou a decisão, "a história seria bem contada e de forma fidedigna sem que para isso a imagem e o nome do autor precisassem ser expostos em rede nacional. Nem a liberdade de imprensa seria tolhida, nem a honra do autor seria maculada, caso se ocultassem o nome e a fisionomia do recorrido, ponderação de valores que, no caso, seria a melhor solução ao conflito".[57]

A demonstrar que o chamado direito ao esquecimento deve ser aferido no caso concreto, de modo a não obstar o conhecimento dos fatos, cingindo-se a evitar exposição abusiva de uma pessoa cuja invocação se mostre irrelevante para o registro histórico ou jornalístico narrado, entendeu o STJ não existir direito ao esquecimento no notório caso Aída Curi. A Corte consignou que "se tornaria impraticável a atividade da imprensa para o desiderato de retratar o caso Aída Curi, sem Aída Curi".[58]

Na mesma direção, ao analisar o caso, o Supremo Tribunal Federal proclamou a inexistência de tal direito, fixando a seguinte tese: "É incompatível com a Constituição a ideia de um direito ao esquecimento, assim entendido como o poder de obstar, em razão da passagem do tempo, a divulgação de fatos ou dados verídicos e licitamente obtidos e publicados em meios de comunicação social analógicos ou digitais. Eventuais excessos ou abusos no exercício da liberdade de expressão e de informação devem ser analisados caso a caso, a partir dos parâmetros constitucionais – especialmente os relativos à proteção da honra, da imagem, da privacidade e da personalidade em geral – e das expressas e específicas previsões legais nos âmbitos penal e cível".[59]

---

[55] Cf. André Brandão Nery Costa, Direito ao esquecimento na internet: a *scarlet letter* digital. In: Anderson Schreiber (org.), *Direito e mídia*, São Paulo: Atlas, 2013, p. 197; Daniel Bucar, Controle temporal de dados: o direito ao esquecimento. In: *Civilistica.com*, a. 2, n. 3, 2013, *passim*; Gustavo Tepedino, Liberdades, tecnologia e teoria da interpretação. In: *Revista Forense*, vol. 419, 2014, pp. 77-96; Júlia Costa de Oliveira Coelho, *Direito ao esquecimento e seus mecanismos de tutela na internet*. Indaiatuba: Foco, 2020.

[56] Sobre esse ponto, cf. Bernardo Souza Barbosa; Rafael Silveira e Silva, Direito ao esquecimento: um direito potestativo? *Revista Brasileira de Direito Civil – RBDCivil*, Belo Horizonte, v. 33, n. 2, p. 95-115, abr./jun. 2024.

[57] STJ, 4ª T., REsp 1.334.097/RJ, Rel. Min. Luis Felipe Salomão, julg. 28.5.2013, publ. *DJ* 10.9.2013.

[58] STJ, 4ª T., REsp 1.335.153/RJ, Rel. Min. Luis Felipe Salomão, julg. 28.5.2013, publ. *DJ* 10.9.2013.

[59] STF, Tribunal Pleno, RE n. 1.010.606/RJ, Rel. Min. Dias Toffoli, julg. 11.2.2021, publ. *DJ* 20.5.2021.

O direito à imagem e o direito à honra foram misturados na intrincada redação do art. 20 do Código Civil, contra a tendência doutrinária e jurisprudencial de reconhecer autonomia ao direito à imagem.[60] Nessa perspectiva dispõe a Súmula 403 do STJ: "Independe de prova do prejuízo a indenização pela publicação não autorizada de imagem de pessoa com fins econômicos ou comerciais".[61] Junte-se a isso a infelicidade do dispositivo, ao estabelecer a administração da justiça e a manutenção da ordem pública como os únicos casos em que se justifica a utilização da imagem de uma pessoa sem sua autorização. Tais critérios não encontram amparo constitucional, motivo pelo qual já se observou, em doutrina, que para evitar a declaração formal de inconstitucionalidade do dispositivo há de se utilizá-lo somente em situação excepcional, para a proibição prévia de divulgações "quando seja possível afastar, por motivo grave e insuperável, a presunção constitucional de interesse público que sempre acompanha a liberdade de informação e de expressão".[62]

Suscetível às influências do progresso tecnológico, o direito à imagem tem sido reconstruído na atualidade, especialmente em razão de dois fenômenos: a superexposição da imagem de crianças e adolescentes por seus pais na Internet (designado

---

[60] Esta tendência foi consolidada no julgamento dos Embargos de Divergência em REsp 230.268, em 25.12.2002, pela Segunda Seção do STJ, quando o Ministro Sálvio de Figueiredo Teixeira destacou: "Não há como negar a reparação à autora, na medida em que a obrigação de indenizar, em se tratando de direito à imagem, decorre do próprio uso indevido desse direito, não havendo, ademais, que se cogitar de prova da existência de prejuízo. Em outras palavras, o dano é a própria utilização indevida da imagem com fins lucrativos, sendo desnecessário perquirir-se a consequência do uso, se ofensivo ou não".

[61] Enunciado 278 da IV Jornada de Direito Civil do CJF: "A publicidade que divulgar, sem autorização, qualidades inerentes a determinada pessoa, ainda que sem mencionar seu nome, mas sendo capaz de identificá-la, constitui violação a direito da personalidade". Enunciado 587 da VII Jornada de Direito Civil do CJF: "O dano à imagem restará configurado quando presente a utilização indevida desse bem jurídico, independentemente da concomitante lesão a outro direito da personalidade, sendo dispensável a prova do prejuízo do lesado ou do lucro do ofensor para a caracterização do referido dano, por se tratar de modalidade de dano *in re ipsa*".

[62] Luís Roberto Barroso, Colisão entre liberdade de expressão e direitos da personalidade. Critérios de ponderação. Interpretação constitucionalmente adequada do Código Civil e da Lei de Imprensa. In: *Revista Trimestral de Direito Civil*, n. 16, out.-dez./2003. Assim também o Enunciado n. 279 da IV Jornada de Direito Civil do CJF: "A proteção à imagem deve ser ponderada com outros interesses constitucionalmente tutelados, especialmente em face do direito de amplo acesso à informação e da liberdade de imprensa. Em caso de colisão, levar-se-á em conta a notoriedade do retratado e dos fatos abordados, bem como a veracidade destes e, ainda, as características de sua utilização (comercial, informativa, biográfica), privilegiando-se medidas que não restrinjam a divulgação de informações". Conforme se afirmou a respeito da polêmica acerca das biografias não autorizadas, "Viver em sociedade importa renúncia constante a aspectos da privacidade. Na vizinhança, no condomínio, na praia ou no Maracanã, nos expomos diariamente a fotos, redes sociais e relatos que, no contexto coletivo, não podem ser impedidos. A pessoa famosa, por maior razão, assim como se sujeita à imprensa, é protagonista da história. Ao assumir posição de visibilidade, insere sua vida pessoal no curso da historiografia social, expondo-se a biografias. Qualquer condicionamento de obras biográficas ao consentimento do biografado ou de seus familiares sacrifica, conceitualmente, o direito fundamental à (livre divulgação de) informação, por estabelecer seleção de fatos a serem divulgados e censura a elementos indesejados pelo biografado" (Gustavo Tepedino, Biografias são parte da cultura nacional. In: *O Globo*, 7.11.2013).

(*over*)*sharenting*) e a reconstrução digital da imagem, realizada, sobretudo, por meio de técnicas de Inteligência Artificial.

Em relação ao primeiro fenômeno, mostra-se crescente a preocupação acerca de genitores que expõem excessivamente a imagem dos filhos, especialmente em redes sociais, o que representa risco não apenas para a privacidade, como também para a proteção dos dados pessoais e, sobretudo, para a construção da imagem e da identidade pessoal da criança e do adolescente na Internet, com reflexos por vezes indeléveis em sua vida adulta.[63]

A reconstrução digital da imagem, por seu turno, com o recurso da Inteligência Artificial, permite a criação das chamadas *deepfakes*, descritas como "a manipulação digital de som, imagens ou vídeo para imitar alguém ou fazer parecer que a pessoa fez alguma coisa – e fazer isso de uma maneira que seja cada vez mais realística, a ponto de um observador desavisado não conseguir detectar a falsificação".[64] A possibilidade de forjar digitalmente a imagem da pessoa humana, em suas múltiplas projeções, mesmo após a morte do retratado, consiste em enorme desafio ao legislador e à jurisprudência, com a assustadora recriação póstuma da imagem de pessoa já falecida e consequente difusão, como sua, de ideias, conceitos e posicionamentos falsos.[65]

6. LIBERDADE DE EXPRESSÃO E AS BIOGRAFIAS NÃO AUTORIZADAS

Durante muitos anos se discutiu, no Brasil, o problema das biografias não autorizadas de pessoas famosas, objeto de numerosos processos judiciais, em que são contrapostos dois direitos da personalidade protegidos constitucionalmente: a liberdade de expressão dos autores e a privacidade dos biografados. No dia 10 de

---

[63] A advertência é de Stacey B. Steinberg, Sharenting: children's privacy in the age of social media. In: *Emory Law Journal*, vol. 66: 839, p. 877). Sobre o ponto, v., dentre outros: Gustavo Tepedino; Filipe Medon. A superexposição de crianças por seus pais na internet e o direito ao esquecimento. In: Gabrielle Bezerra Sales Sarlet; Manoel Gustavo Neubarth Trindade; Plínio Melgaré (coords.). In: *Proteção de Dados*; temas controvertidos. Indaiatuba: Editora Foco, 2021, p. 191; Filipe Medon, (Over)sharenting: a superexposição da imagem e dos dados de crianças e adolescentes na Internet e os instrumentos de tutela preventiva e repressiva. In: Priscilla Silva Laterça; Elora Fernandes; Chiara Spadaccini de Teffé; Sérgio Branco. *Privacidade e Proteção de Dados de Crianças e Adolescentes*, Rio de Janeiro: Instituto de Tecnologia e Sociedade do Rio de Janeiro. Obliq, 2021.

[64] No original: "digital manipulation of sound, images, or video to impersonate someone or make it appear that a person did something — and to do so in a manner that is increasingly realistic, to the point that the unaided observer cannot detect the fake." (Bobby Chesney; Danielle Citron, Deep Fakes: A Looming Crisis for National Security, Democracy and Privacy?, *LAWFARE* (Feb. 21, 2018), Disponível em: <https://www.lawfareblog.com/deep-fakes-looming-crisis-national-security--democracy-and-privacy> Acesso em: 17 nov. 2023).

[65] Sobre o ponto, v. Carlos Edison do Rêgo Monteiro Filho; Filipe Medon, A reconstrução digital póstuma da voz e da imagem: critérios necessários e impactos para a Responsabilidade Civil. *Migalhas*, 19 ago. 2021. Disponível em: <https://www.migalhas.com.br/coluna/migalhas-de-responsabilidade--civil/350356/a-reconstrucao-digital-postuma-da-voz-e-da-imagem> Acesso em: 17 nov. 2023. V. ainda, Filipe Medon, O direito à imagem na era das deepfakes. In: *Revista Brasileira de Direito Civil – RBDCivil*, v. 27, Belo Horizonte, jan.-mar./2021, p. 251-277, p. 267.

junho de 2015, o Supremo Tribunal Federal, em julgamento de considerável repercussão social, outorgou interpretação conforme a Constituição aos artigos 20 e 21 do Código Civil.[66] A decisão, que afastou a exigibilidade de prévia autorização para publicação de biografias de pessoas famosas, se revela paradigmática na tutela dos direitos fundamentais e no movimento de funcionalização do direito civil aos valores constitucionais.

<small>O entendimento do STF</small>

Dentre os votos proferidos pelos Ministros da Corte Suprema, afigura-se particularmente significativa a manifestação do Ministro Luís Roberto Barroso, em que se destaca a precedência das liberdades constitucionais em relação à regra do Código Civil que hierarquizaria, abstratamente e em prejuízo da liberdade, os direitos fundamentais: "A solução do Código Civil coloca em posição inferior justamente a liberdade de expressão, que nas democracias deve ser tratada como uma liberdade preferencial". Segundo observou o eminente Ministro, tal tratamento "significa que a sua superação transfere o ônus argumentativo para o outro lado".

A dificuldade e o desafio que se apresentam na garantia das liberdades traduzem-se, substancialmente, no fato de que, com frequência, tais liberdades são exercidas em absoluta contrariedade a outros valores significativos. É neste momento que se torna mais tormentoso e, proporcionalmente, mais necessário, garantir as liberdades de expressão e de informação. Na feliz síntese do aludido voto, "a liberdade de expressão não é garantia de verdade ou de justiça. Ela é uma garantia da democracia. Defender a liberdade de expressão pode significar ter de conviver com a injustiça e até mesmo com a inverdade. Isso é especialmente válido para as pessoas públicas, como agentes públicos ou artistas".

<small>Liberdade de expressão</small>

Por outro lado, o voto condutor da Ministra Relatora Cármen Lúcia ressaltou a valorização do direito à informação, outra face da liberdade, como direito imprescindível ao pleno desenvolvimento da personalidade. Em suas palavras, "o direito de se informar relaciona-se à liberdade de buscar a informação em fonte não censurada e sobre qualquer tema que se revele de interesse do cidadão. Coarctar a busca livre de assunto ou em fonte circunscrita antecipadamente significa limitar a liberdade de obter dados de conhecimento para a formação de ideias e formulação de opiniões. O direito fundamental constitucionalmente assegurado compreende, pois, a busca, o acesso, o recebimento, a divulgação, a exposição de dados, pensamentos, formulações, sendo todos e cada um responsável pelo que exorbitar a sua esfera de direitos e atingir outrem". Sob o prisma da importância histórico-social do direito que se busca tutelar, concluiu: "O passado compõe o que a pessoa se torna. E a interpretação plural, advinda de variadas biografias, é que pode levar gerações futuras a chegar à conclusão sobre o que ocorreu, porque e como se repetir (se positivo) ou evitar (episódios negativos)".

<small>Direito à informação</small>

---

[66] Trata-se da ADI 4.815/DF, de relatoria da Ministra Cármen Lúcia Antunes Rocha, em que o Plenário do Supremo Tribunal Federal, por unanimidade, julgou procedente a ação, declarando inexigível a autorização prévia para a publicação de biografias.

O amplo debate posto em evidência pela decisão do Plenário do STF reflete a complexidade da temática atinente à publicação de biografias não autorizadas, a suscitar controvérsia de grande relevância no Estado Democrático de Direito. Neste contexto, há que se analisar a matéria a partir dos fundamentos da tutela civil-constitucional da liberdade de expressão e de informação.

A dicção literal do art. 20, associada ao disposto no art. 21, ambos do Código Civil, que autoriza ao juiz cessar ameaças à privacidade, atribuiria ao magistrado o poder de proibir, mediante valoração subjetiva, a divulgação de qualquer informação que potencialmente pudesse prejudicar a privacidade, aniquilando o trabalho jornalístico e a publicação de biografias, condicionadas ao prévio assentimento do biografado ou de seus familiares, na hipótese de pessoa falecida. Entretanto, aludidos preceitos não podem amesquinhar "a manifestação do pensamento, a criação, a expressão e a informação" e nem se constituir em "embaraço à plena liberdade de informação", tampouco em "censura de natureza política, ideológica e artística", terminantemente vedada pelo § 2º do art. 220.

Eis o que pretendeu o constituinte, concedendo às liberdades de expressão, pensamento e de informação posição de destaque, justificada historicamente em nome da consolidação do Estado Democrático de Direito, desenhado pelo constituinte e definitivamente proclamado pelo Supremo Tribunal Federal no histórico julgamento que baniu a Lei n. 5.250, de 9 de fevereiro de 1967, a chamada Lei de Imprensa. Naquela ocasião, estatuiu-se que "a Constituição brasileira se posiciona diante de bens jurídicos de personalidade para, de imediato, cravar uma primazia ou precedência: a das liberdades de pensamento e de expressão *lato sensu* (que ainda abarca todas as modalidades de criação e de acesso à informação, esta última em sua tríplice compostura, conforme reiteradamente explicitado). Liberdades que não podem *arredar pé* ou sofrer antecipado controle nem mesmo por força do Direito-lei, compreensivo este das próprias emendas à Constituição, frise-se".[67]

Do ponto de vista do direito civil, desviriliza-se todo o conjunto das garantias constitucionais à livre informação caso se pretenda compreender os arts. 20 e 21 do Código Civil como limites preestabelecidos às manifestações de pensamento, condicionando-se as informações jornalísticas e as biografias, mercê de leitura literal das regras infraconstitucionais, à autorização de todos aqueles cuja personalidade, direta ou indiretamente, venha a ser eventualmente atingida. Em consequência, acabar-se-ia por banir, por ilegal, as obras biográficas que, retratando fatos históricos, viessem a alcançar aspectos da vida privada de pessoas notórias ou expostas, por sua trajetória, à vida pública, sem a prévia autorização destas ou de seus familiares, no caso de pessoas falecidas.

As biografias revelam relatos históricos descritos a partir de referências subjetivas, isto é, do ponto de vista dos principais protagonistas da cadeia de eventos cronológicos que integram a história. Tais eventos, só por serem considerados histó-

---

[67] STF, ADPF 130/DF, Tribunal Pleno, Rel. Min. Carlos Ayres Britto, julg. 30.4.2009, *DJe* 5.11.2009.

ricos, revelam seu interesse público, em favor da liberdade de informar e de ser informado, essencial não somente como garantia individual, mas como preservação da memória e da identidade cultural da sociedade.[68] Os homens públicos, que se destacam na história, ao assumirem posição de visibilidade, inserem voluntariamente a sua vida pessoal e o controle de seus dados pessoais no curso da historiografia social,[69] expondo-se ao relato contido nas biografias.

Qualquer condicionamento de obras biográficas ao consentimento do biografado (ou de seus familiares na hipótese de pessoa falecida) sacrifica, conceitualmente, o direito fundamental à (livre divulgação de) informação, por estabelecer seleção subjetiva de fatos a serem divulgados, em sacrifício das liberdades de expressão e de pensamento e em censura privada de elementos indesejados pelo biografado. Dito por outras palavras, não há como se pretender, baseado em padrões abstratos de hábitos ou condutas, distinguir o que seria fato suscetível de ser divulgado daquele que, ao reverso, não poderia ser publicado.

O abuso ou desvio do exercício da liberdade de informação, caracterizado pela ilicitude das fontes, falsidade evidente dos fatos apresentados ou desvirtuamento da finalidade do interesse tutelado é severamente punido pelo ordenamento, após juízo *a posteriori* (jamais *a priori*, mediante ponderação *in abstracto* que, *in casu*, constituiria censura privada, em constrangedora incompatibilidade com o texto constitucional), capaz de configurar numerosos tipos penais (calúnia, injúria, difamação, prática de racismo, falsidade ideológica etc.). Por evidente, conforme precedentes do Supremo Tribunal Federal, coibida seria a obra que, sob aparente conteúdo informativo, revelasse intuito imoral, criminoso ou doloso contra a honra, intimidade ou imagem do biografado.

Abuso do exercício da liberdade de informação: controle *a posteriori*

Tal reação do ordenamento, no campo da responsabilidade civil, não decorre do simples impacto negativo causado pela notícia histórica na personalidade do biografado ou de sua família, ainda que tal fato lhes seja efetivamente desgostoso e

---

[68] Nesta esteira, o voto condutor da Ministra Cármen Lúcia traz valiosa reflexão: "Pela biografia não se escreve apenas a vida de uma pessoa, mas o relato de um povo, os caminhos de uma sociedade. Se o pensar, investigar, produzir e divulgar a história de um ou de várias pessoas é livre, como se poderia fazer conformar-se à Constituição o que lhe atinge a essência, qual seja, o direito de liberdade de pensar e divulgar o pensado, máxime em se cuidando de produção intelectual decorrente de investigação sobre vida que se impõe como referência a uma sociedade?".

[69] A Corte Europeia de Direitos Humanos tem adotado tal entendimento. V., ilustrativamente, o caso Von Hannover v. Germany (n. 2) (application n. 40660/08 and 60641/08), envolvendo a família real de Mônaco, que postulava a proibição de divulgação de fotos retratando as férias da família, por se tratar de momento íntimo protegido pelo direito à privacidade. A Corte, confirmando o entendimento da Justiça alemã, decidiu que não houve violação ao artigo 8º da Convenção Europeia de Direitos Humanos, considerando, dentre outros argumentos, que haveria grande interesse público na divulgação das fotos em virtude do estado de saúde do Príncipe Rainier de Mônaco. Ainda quanto à prevalência da liberdade na divulgação de informações relativas a pessoas públicas, v. a decisão da Cour d'appel de Paris (Pôle 01 Ch. 02, 19 décembre 2013, n. 13/23969) que considerou que a notícia sobre a opção sexual de político do partido Front National seria apta a trazer uma contribuição a um debate de interesse geral, visto que inserida em contexto de forte separação entre esquerda e direita parlamentar na ocasião da adoção da lei relativa ao casamento de pessoas no mesmo sexo.

sofrido, mas somente do desvirtuamento da liberdade de expressão, que caracterizaria mentira ou desinformação, a configurar invariavelmente conduta abusiva. Esta é a única hipótese, no âmbito da atividade jornalística e literária, em que a linguagem dos arts. 20 e 21 pode ser preservada do ponto de vista hermenêutico, compatibilizando os dispositivos ao texto constitucional: quando a publicação for considerada veículo de propósito criminoso ou doloso, para fins reprovados pelo ordenamento, de forma a descaracterizar a finalidade informativa.[70]

7. PROTEÇÃO DE DADOS PESSOAIS

A proteção de dados pessoais[71] tem ganhado cada vez mais relevância diante da coleta indiscriminada de dados e permanente monitoramento das pessoas para atender às crescentes exigências de segurança interna e externa, interesses de mercado e reorganização da gestão pública.[72] Compõe aspecto essencial da tutela da dignidade da pessoa humana,[73] haja vista que busca evitar discriminações que não encontrem fundamento constitucional e afastar práticas que possam reduzir a liberdade e autonomia dos indivíduos – como decisões a partir de análises de dados não informadas ao titular e à luz de critérios não transparentes. A tutela dos dados da pessoa natural mostra-se vital para que ela se relacione na sociedade de forma efetivamente livre, representando maior garantia de segurança quanto a práticas autoritárias e de vigilância indevidas por parte de instituições públicas e privadas.[74]

Cenário normativo

Até agosto de 2018 o ordenamento brasileiro não dispunha de lei específica para a proteção dos dados pessoais. Sua tutela amparava-se em dispositivos da Constituição da República – como a inviolabilidade da intimidade e da vida privada (art. 5º, X); a inviolabilidade do "sigilo da correspondência e das comunicações telegráficas, de dados e das comunicações telefônicas" (art. 5º, XII); e a ação de *habeas data* (art. 5º, LXXII) – bem como no Código de Defesa do Consumidor, no Marco Civil da

---

[70] V., sobre o tema, Gustavo Tepedino, Liberdade de informação e de expressão: reflexão sobre as biografias não autorizadas. In: *Revista da Faculdade de Direito da UFPR*, v. 61, n. 2, 2016, pp. 25-40.

[71] Nos termos do art. 5º, inciso I, da Lei n. 13.709/2018 (LGPD), conceitua-se dado pessoal como "informação relacionada a pessoa natural identificada ou identificável". Cf., sobre o ponto, Danilo Doneda. *Da privacidade à proteção de dados pessoais*, Rio de Janeiro: Renovar, 2006, p. 152.

[72] Stefano Rodotá, *A vida na sociedade de vigilância*: a privacidade hoje, Rio de Janeiro: Renovar, 2008, p. 13.

[73] Art. 1º da LGPD: "Esta Lei dispõe sobre o tratamento de dados pessoais, inclusive nos meios digitais, por pessoa natural ou por pessoa jurídica de direito público ou privado, com o objetivo de proteger os direitos fundamentais de liberdade e de privacidade e o livre desenvolvimento da personalidade da pessoa natural. Parágrafo único. As normas gerais contidas nesta Lei são de interesse nacional e devem ser observadas pela União, Estados, Distrito Federal e Municípios."

[74] Cf. Gustavo Tepedino e Chiara Spadaccini de Teffé, Consentimento e proteção de dados pessoais na LGPD. In: Ana Frazão, Gustavo Tepedino e Milena Donato Oliva (Coords.), *A Lei Geral de Proteção de Dados Pessoais e suas repercussões no Direito Brasileiro*. 2. ed. São Paulo: Revista dos Tribunais, 2020. Veja-se, ao propósito, o Enunciado n. 404 da V Jornada de Direito Civil do CJF: "A tutela da privacidade da pessoa humana compreende os controles espacial, contextual e temporal dos próprios dados, sendo necessário seu expresso consentimento para tratamento de informações que versem especialmente o estado de saúde, a condição sexual, a origem racial ou étnica, as convicções religiosas, filosóficas e políticas".

Internet, na Lei de Acesso à Informação e na Lei do Cadastro Positivo. Todavia, esse arcabouço regulatório não solucionava muitas questões relativas à proteção de dados, ensejando dúvidas no regime jurídico aplicável, tornando o Brasil menos competitivo no contexto de uma sociedade cada vez mais movida a dados.[75]

Ressaltando ainda mais a importância da proteção de dados pessoais no ordenamento brasileiro, a Emenda Constitucional de n. 115/2022 incluiu no rol dos direitos fundamentais do art. 5º da Constituição o inciso LXXIX, segundo o qual: "é assegurado, nos termos da lei, o direito à proteção dos dados pessoais, inclusive nos meios digitais".[76] Além disso, a Emenda acrescentou novos incisos aos arts. 21 e 22, determinando, respectivamente, que compete à União "organizar e fiscalizar a proteção e o tratamento de dados pessoais, nos termos da lei" (XXVI), além de ser de sua competência privativa legislar sobre "proteção e tratamento de dados pessoais" (XXX).

Com a Lei Geral de Proteção de Dados Pessoais (Lei n. 13.709/2018, ou "LGPD"), o ordenamento jurídico brasileiro passou a contar com disciplina própria voltada à regulamentação da proteção dos dados pessoais, com ampla incidência em todas as operações de tratamento de dados de pessoas físicas.[77] A LGPD sedimentou novo paradigma de proteção dos dados: estes não são considerados de titularidade de quem os coleta, e sim da pessoa natural aos quais se referem.[78] Essa premissa norteia a disciplina legislativa e a identificação da normativa a ser aplicada ao caso concreto. Aquele que coleta e trata dados, por lidar com bens alheios, passa a ter como dever fundamental prestar contas: como e quais dados são coletados, como são tratados, armazenados etc.[79] Essa mudança de paradigma ocorreu na esteira da regulamentação europeia, notadamente o Regulamento Geral sobre a Proteção de Dados Pessoais aprovado em abril de 2016 pelo Parlamento Europeu, também conhecido por sua sigla GDPR (*General Data Protection Regulation*).[80]

Lei Geral de Proteção de Dados Pessoais

GDPR

---

[75] Gustavo Tepedino e Chiara Spadaccini de Teffé, Consentimento e proteção de dados pessoais na LGPD, In: Ana Frazão, Gustavo Tepedino e Milena Donato Oliva (Coords.), *A Lei Geral de Proteção de Dados Pessoais e suas repercussões no direito brasileiro*. 2. ed. São Paulo: Revista dos Tribunais, 2020.

[76] Acerca do tema, cfr. Carlos Edison do Rêgo Monteiro Filho; Diana Paiva Castro, Proteção de dados pessoais e direitos da personalidade: a tutela integral da pessoa à luz das novas tecnologias. In: Ricardo Villas Bôas Cueva; Caroline Somesom Tauk; Flávio Galdino, Gustavo Tepedino; Laura Schertel Mendes. (org.). *Direitos Fundamentais e Novas Tecnologias*. Homenagem ao Professor Danilo Doneda. Rio de Janeiro: GZ, 2024, p. 507-532.

[77] Art. 5º, X, da LGPD: "Para os fins desta Lei, considera-se: (...) X – tratamento: toda operação realizada com dados pessoais, como as que se referem a coleta, produção, recepção, classificação, utilização, acesso, reprodução, transmissão, distribuição, processamento, arquivamento, armazenamento, eliminação, avaliação ou controle da informação, modificação, comunicação, transferência, difusão ou extração".

[78] Cf. art. 5º, V da LGPD. V. tb. Milena Donato Oliva e Francisco de Assis Viégas, Tratamento de dados para a concessão de crédito. In: Ana Frazão, Gustavo Tepedino e Milena Donato Oliva (Coords.), *A Lei Geral de Proteção de Dados Pessoais e suas repercussões no direito brasileiro*. 2. ed. São Paulo: Revista dos Tribunais, 2020.

[79] V., em especial, arts. 6º, IV, VI, X, 9º e 18 da LGPD.

[80] Conforme destaca Mario Viola, "o modelo europeu de proteção de dados é o que vem prevalecendo na grande maioria das legislações sobre proteção de dados no mundo, inclusive dos países mem-

Importância dos dados

A preocupação legislativa em criar instrumentos efetivos de proteção aos titulares de dados pessoais reflete a importância dos dados na sociedade da informação.[81] O fluxo, a coleta e o tratamento dos dados pessoais têm sido verdadeiros combustíveis para as mais variadas atividades, inclusive no âmbito de funções públicas (definição de políticas públicas, auxílio em investigações etc.).[82] Casos emblemáticos – como o "Sistema de Crédito Social" na China[83] e o modelo de assistência social aos desempregados a partir da criação de perfis pessoais na Polônia[84] – demonstram a potencialidade de lesão à pessoa humana pela coleta e utilização de seus dados, cujo tratamento, por isso mesmo, deve se sujeitar a rigoroso controle.[85]

---

bros do Mercosul, bloco econômico do qual o Brasil é estado parte" (Combate à fraude e proteção de dados: inimigos ou aliados? In: *Revista Brasileira de Risco e Seguro*, v. 6, n. 12, Rio de Janeiro, out./2010-mar./2011, p. 40).

[81] Segundo Stefano Rodotà, "a proteção de dados pode ser vista como a soma de um conjunto de direitos que configuram a cidadania do novo milênio" (Stefano Rodotà, *A vida na sociedade de vigilância: privacidade hoje*, Rio de Janeiro: Renovar, 2008, p. 14). Do ponto de vista econômico, há inclusive quem afirme que os dados pessoais seriam o novo petróleo: *The world's most valuable resource is no longer oil, but data*. The Economist. 16.6.2017. Disponível em: https://www.economist.com/leaders/2017/05/06/the-worlds-most-valuable-resource-is-no-longer-oil-but-data. Acesso em: 17 nov. 2023.

[82] Cf. Laura Schertel Mendes, *Privacidade, proteção de dados e defesa do consumidor*: linhas gerais de um novo direito fundamental, São Paulo: Saraiva, 2014, p. 33.

[83] "The idea for social credit came about back in 2007, with projects announced by the government as an opt-in system in 2014. But there's a difference between the official government system and private, corporate versions, though the latter's scoring system that includes shopping habits and friendships is often conflated with the former. (...). China's social credit system expands that idea to all aspects of life, judging citizens' behavior and trustworthiness. Caught jaywalking, don't pay a court bill, play your music too loud on the train — you could lose certain rights, such as booking a flight or train ticket" (The complicated truth about China's social credit system. Disponível em: https://www.wired.co.uk/article/china-social-credit-system-explained. Acesso em: 17 nov. 2023).

[84] "In May 2014 the Polish Ministry of Labor and Social Policy (MLSP) introduced a scoring system to distribute unemployment assistance. Citizens are divided into three categories by their "readiness" to work, the place they live, disabilities and other data. Assignment to a given category determines the type of labor market programs that a particular person can receive from the local labor offices (e.g. job placement, vocational training, apprenticeship, activation allowance). The Panoptykon foundation argues that the system's default criteria of profiling assistance are leading to discrimination and is not transparente" (Poland profiles unemployed to determine access to job search assistance. Disponível em: https://privacyinternational.org/examples-abuse/1893/poland-profiles-unemployed--determine-access-job-search-assistance. Acesso em: 17 nov. 2023).

[85] Ao propósito, v. Milena Donato Oliva e Francisco de Assis Viégas, Tratamento de dados para a concessão de crédito. In: Ana Frazão, Gustavo Tepedino e Milena Donato Oliva (Coords.), *A Lei Geral de Proteção de Dados Pessoais e suas repercussões no direito brasileiro*. 2. ed. São Paulo: Revista dos Tribunais, 2020. Observa Ricardo Villas Bôas Cueva que "os milhares de registros eletrônicos gerados em catracas automatizadas, pedágios eletrônicos, câmeras, aparelhos de GPS, eletrodomésticos (a "internet das coisas"), bem como inúmeras outras transações diariamente mediadas pela informática com técnicas avançadas de análise ("big data", por exemplo), deixam claro que o tratamento desarrazoado de dados pessoais pode fomentar a criação de pequenos Leviatãs, cujo potencial ofensivo à vida privada e à dignidade humana pode se igualar ou até mesmo exceder aquele representado pelo Estado" (Ricardo Villas Bôas Cueva, A insuficiente proteção de dados pessoais no Brasil. In: *Revista de Direito Civil Contemporâneo*, vol. 13, a. 4, out.-dez./2017, pp. 63-64).

O impacto da LGPD será sentido nos mais diversos setores da sociedade, trazendo direitos aos titulares e deveres e responsabilidades aos agentes de tratamento. Todos terão que se adaptar a uma nova cultura de tutela dos dados pessoais, cabendo à doutrina, ao Judiciário e à autoridade nacional de proteção de dados harmonizarem a interpretação e a aplicação da Lei.[86]

Tal realidade será sentida também em relação aos processos eletrônicos e à certificação digital. Com efeito, as principais informações e documentos das partes de um processo judicial podem ser facilmente consultados por qualquer advogado, estagiário, magistrado ou serventuário que possua acesso ao sistema de processamento eletrônico dos Tribunais. Essa facilidade no acesso aos documentos pessoais das partes pode ser um fator a contribuir para ainda mais fraudes no ambiente virtual.[87]

Por mais que o art. 28 da Resolução n. 185 de 18/12/2013 do Conselho Nacional de Justiça (CNJ) já preveja que os autores possam requerer, no ato da propositura da ação, o sigilo para um ou mais documentos ou arquivos do processo, é de se pensar na criação de maiores entraves para estas consultas, facilitando a colocação de documentos contendo dados pessoais em sigilo.[88]

No que diz respeito à certificação digital, necessária para que o advogado atue nos processos eletrônicos, vale notar que ela não se limita a atos processuais: o certificado digital é a própria pessoa do advogado, é a sua projeção virtual. Na esteira dos ensinamentos de Stefano Rodotà, pode-se dizer que o certificado digital passa a ser o corpo eletrônico do advogado. Diante disso, atos que até então eram delegáveis – como protocolar uma petição e acompanhar as intimações processuais – tornam-se personalíssimos. Assim, ao mesmo tempo em que a lei do processo eletrônico proporcionou maior eficiência ao sistema processual, também criou elevado ônus operacional aos advogados, que precisam pessoalmente acompanhar intimações e fazer protocolos, atividades que, até então, não faziam necessariamente parte de sua rotina.[89]

Torna-se imperioso, nesse cenário, que os sistemas de protocolo e intimação eletrônica procurem soluções tecnológicas que garantam, a um só tempo, a necessá-

---

[86] Sobre o tema, v. Ana Frazão, Nova LGPD: principais repercussões para a atividade empresarial. In: *Jota*, Disponível em: https://www.jota.info/paywall?redirect_to=//www.jota.info/opiniao-e-analise/colunas/constituicao-empresa-e-mercado/nova-lgpd-principais-repercussoes-para-a-atividade--empresarial-29082018. Acesso em: 17 nov. 2023, texto inaugural de uma série de artigos a autora no mesmo periódico.

[87] Filipe Medon, Quem precisa de vazamento de dados que já estão disponíveis no processo eletrônico? In: *Jota*, 14.6.2020. Disponível em: <https://www.jota.info/opiniao-e-analise/artigos/quem-precisa--de-vazamento-de-dados-que-ja-estao-disponiveis-no-processo-eletronico-14062020>. Acesso em: 17 nov. 2023.

[88] Filipe Medon, Quem precisa de vazamento de dados que já estão disponíveis no processo eletrônico? In: *Jota*, 14.6.2020. Disponível em: <https://www.jota.info/opiniao-e-analise/artigos/quem-precisa--de-vazamento-de-dados-que-ja-estao-disponiveis-no-processo-eletronico-14062020>. Acesso em: 17 nov. 2023.

[89] Milena Donato Oliva, André Roque, Vivianne da Silveira Abílio, Certificado digital: Silenciosa ameaça aos dados pessoais dos advogados. In: *Migalhas*, 17.6.2020. Disponível em: <https://www.migalhas.com.br/depeso/329088/certificado-digital-silenciosa-ameaca-aos-dados-pessoais-dos--advogados> Acesso em: 17 nov. 2023.

ria eficiência ao sistema processual, bem como a autenticidade dos atos praticados, como também, ao lado disso, preservem a privacidade do advogado e possibilitem que certas atividades não personalíssimas sejam delegadas sem vulneração do corpo eletrônico de quem delega.[90]

No cenário da pandemia da Covid-19, o tema da proteção de dados pessoais e a sua necessária proteção entraram na ordem do dia, especialmente em razão de políticas públicas e estratégias empresariais de monitoramento das pessoas destinado ao mapeamento e controle da contaminação. Basta lembrar o *caso do algoritmo da plataforma canadense* Blue-Dot, que, valendo-se da técnica do *machine learning*, conseguia prever quais seriam as próximas cidades infectadas pelo vírus a partir da combinação de dados de notícias sobre a doença e informações sobre passagens aéreas, o que ajudava a monitorar o trânsito dos infectados. A plataforma conseguiu antever corretamente o avanço do vírus para as regiões de Bangkok, Seul, Taipei e Tóquio, logo nos primeiros dias de sua disseminação.[91]

O Supremo Tribunal Federal julgou o interessante caso da Medida Provisória n. 954/2020, que previa o compartilhamento de dados de usuários de telefônicas com o IBGE para fins de produção de estatística oficial durante a pandemia. O Plenário da Corte apreciou cinco ações diretas de inconstitucionalidade e suspendeu a eficácia da MP. Decidiu o STF, com um único voto vencido, que nem mesmo a gravíssima pandemia, que autoriza o isolamento social e a paralisação de grande parte das atividades econômicas, justificaria o afastamento das garantias fundamentais à privacidade e à proteção de dados pessoais de cada usuário.[92] O STF, ao invocar a proporcionalidade, considerou não haver adequação e necessidade da MP para os fins pretendidos, já que, embora para fins genuinamente legítimos, permitia desmesurado acesso a informações pessoais dos usuários, sem restrição e especificação prévias quanto à qualidade e ao processamento dos dados coletados.

8. TUTELA DA PERSONALIDADE APÓS A MORTE

A previsão dos parágrafos únicos dos arts. 12 e 20 do Código Civil assegura legitimidade, por direito próprio, a certos parentes e ao cônjuge (como também, por extensão, ao companheiro ou companheira)[93] para requererem tutela relativa à lesão

---

[90] Milena Donato Oliva, André Roque, Vivianne da Silveira Abílio, Certificado digital: Silenciosa ameaça aos dados pessoais dos advogados. In: *Migalhas*, 17.6.2020. Disponível em: <https://www.migalhas.com.br/depeso/329088/certificado-digital-silenciosa-ameaca-aos-dados-pessoais-dos-advogados> Acesso em: 17 nov. 2023.

[91] Eric Niiler, An AI Epidemiologist Sent the First Warnings of the Wuhan Virus. In: *Wired*, 25 de jan. 2020. Disponível em: <https://www.wired.com/story/ai-epidemiologist-wuhan-public-health-warnings/>. Acesso em: 17 nov. 2023.

[92] O julgamento é registrado por Gustavo Tepedino, O reconhecimento pelo STF do direito fundamental à proteção de dados. In: *Revista Brasileira de Direito Civil* – RBDCivil. Belo Horizonte, v. 24, p. 11-13, abr./jun. 2020, p. 11.

[93] A inclusão do companheiro nesse rol de legitimados foi reconhecida pelo Enunciado n. 275 da IV Jornada de Direito Civil do CJF: "O rol dos legitimados de que tratam os arts. 12, parágrafo único, e 20, parágrafo único, do Código Civil também compreende o companheiro".

perpetrada à pessoa morta ou ausente.[94] Nestes casos, o legislador considera que, sem prejuízo da natureza personalíssima dos direitos da personalidade, os quais, por isso mesmo, se extinguem com a morte, seus reflexos – como a memória, a imagem, a honra do defunto – se projetam para além da morte em outras pessoas que são diretamente atingidas por essas violações supervenientes ao falecimento.[95]

No âmbito da comunidade familiar surge direito próprio, a exigir do legislador norma específica, a um só tempo de legitimação e de contenção: estas e somente estas pessoas, indicadas expressamente pelo Código Civil, podem requerer ressarcimento pelos danos que sofreram diante da violação à personalidade do defunto ou ausente, não já tantas outras que, a despeito do liame afetivo estabelecido com o falecido – a exemplo de ex-alunos, ex-clientes, leitores, admiradores de artistas ou atores, e assim por diante –, não são reconhecidas pelo ordenamento como partes legítimas para a propositura de ações. Afinal, como escreveu há mais de 50 anos o Min. Nelson Hungria, "o que a lei protege, aqui, não é propriamente a honra dos mortos, mas a de seus parentes sobreviventes".[96]

Direito próprio

9. HERANÇA DIGITAL

A personalidade se extingue com a morte do sujeito, sendo intransmissível. Não há de se confundir, todavia, a personalidade com os bens que se relacionam aos direitos da personalidade, tais como fotos, cartas, diários. Esses bens, embora carreguem consigo importantes aspectos existenciais, não se confundem com a personalidade do falecido e são passíveis de sucessão.[97]

---

[94] Veja-se o Enunciado n. 398 da V Jornada de Direito Civil do CJF: "As medidas previstas no art. 12, parágrafo único, do Código Civil podem ser invocadas por qualquer uma das pessoas ali mencionadas de forma concorrente e autônoma". Veja-se, ainda, o Enunciado n. 400 da V Jornada de Direito Civil do CJF: "Os parágrafos únicos dos arts. 12 e 20 asseguram legitimidade, por direito próprio, aos parentes, cônjuge ou companheiro para a tutela contra a lesão perpetrada *post mortem*".

[95] Como já decidiu o STJ: "não se pode subtrair dos filhos o direito de defender a imagem e a honra de seu falecido pai, pois eles, em linha de normalidade, são os que mais se desvanecem com a exaltação feita à sua memória, como são os que mais se abatem e se deprimem por qualquer agressão que lhe possa trazer mácula. Ademais, a imagem de pessoa famosa projeta efeitos econômicos para além de sua morte, pelo que os seus sucessores passam a ter, por direito próprio, legitimidade para postularem indenização em juízo, seja por dano moral, seja por dano material" (STJ, 4ª T., REsp 521.697/RJ, Rel. Min. Cesar Asfor Rocha, julg. 16.2.2006, publ. *DJ* 20.3.2006).

[96] Nelson Hungria, *Comentários ao Código Penal*, vol. VI, Rio de Janeiro: Forense, 1945, p. 67.

[97] Aline de Miranda Valverde Terra; Milena Donato Oliva; Filipe Medon. Aspectos controvertidos sobre herança digital. In: *Migalhas*, 09 abr. 2021. Disponível em: <https://www.migalhas.com.br/depeso/343356/aspectos-controvertidos-sobre-heranca-digital> Acesso em: 17 nov. 2023. Por mais, recomenda-se: Gustavo Tepedino; Camila Helena Melchior Baptista de Oliveira, *Streaming* e Herança Digital. In: Ana Carolina Brochado Teixeira; Livia Teixeira Leal (coords.) *Herança Digital*: Controvérsias e Alternativas. Indaiatuba: Editora Foco, 2021, pp.75-94; Aline de Miranda Valverde Terra; Milena Donato Oliva; Filipe Medon, Acervo digital: controvérsias quanto à sucessão *causa mortis*. In: Ana Carolina Brochado Teixeira; Livia Teixeira Leal (coords.) *Herança Digital*: Controvérsias e Alternativas. Indaiatuba: Editora Foco, 2021, pp. 55-73.

A questão insere-se no debate atinente à chamada "herança digital". Controverte-se acerca da possibilidade de os herdeiros terem acesso à integralidade do acervo digital do *de cujus*, o que encontraria óbice na privacidade não apenas do falecido, como também das demais pessoas com quem ele tenha se relacionado.[98] De outra parte, aduz-se que impedir a sucessão do acervo digital significaria expropriação pelas plataformas, que se apropriariam do conteúdo deixado pelo falecido em detrimento dos herdeiros.[99]

Discute-se, nessa direção, a abusividade de cláusulas constantes de contratos de adesão por meio das quais algumas plataformas negam a transmissibilidade do acervo digital em nome de suposta tutela da privacidade, ao mesmo tempo em que armazenam, elas próprias, o conteúdo cujo acesso é negado aos herdeiros. Violam, assim, não apenas o direito dos sucessores, como também a autodeterminação do falecido, do qual retiram a liberdade de escolha do destino do acervo digital.[100] Exemplo disso colhe-se no caso de plataformas de *streaming*, cuja transmissibilidade do direito de acesso se pretende impedir.[101]

Ao propósito, mostra-se importante, antes de mais nada, que se proteja a vontade do falecido, em favor de sua autodeterminação de modo consentâneo com o Direito das Sucessões. Ou seja: caso tenha havido manifestação em vida quanto ao destino de seus bens, físicos e digitais, de seu corpo, físico e eletrônico, ou de outros aspectos atinentes à sua personalidade, a manifestação de vontade *de cujus* deve ser respeitada.[102] Além disso, torna-se fundamental que as plataformas observem as disposições relativas à proteção do consumidor, devendo-se considerar abusivas todas as cláusulas expropriatórias, que impedem a transmissão (em vida ou *causa mortis*) dos bens digitais pelo seu titular.

---

[98] Gabriel Honorato, Livia Teixeira Leal, Exploração econômica de perfis de pessoas falecidas: reflexões jurídicas a partir do caso Gugu Liberato. In: *Revista Brasileira de Direito Civil – RBDCivil*, v. 23, jan.-mar./2020, p. 155-173.

[99] Karina Fritz, A garota de Berlim e a Herança Digital. In: Ana Carolina Brochado Teixeira; Livia Teixeira Leal (coords.), *Herança Digital*: Controvérsias e Alternativas. Indaiatuba: Editora Foco, 2021.

[100] Aline de Miranda Valverde Terra; Milena Donato Oliva; Filipe Medon, Herança digital e proteção do consumidor contra cláusulas abusivas. In: *Revista de Direito do Consumidor*. vol. 135.ano 30. p. 335-350. São Paulo: Ed. RT, maio/jun. 2021. Disponível em: <http://revistadostribunais.com.br/maf/app/document?stid=st-rql&marg=DTR-2021-9055>. Acesso em: 17 nov. 2023.

[101] Gustavo Tepedino; Camila Helena Melchior Baptista de Oliveira, *Streaming* e Herança Digital. In: Ana Carolina Brochado Teixeira; Livia Teixeira Leal (coords.), *Herança Digital*: Controvérsias e Alternativas. Indaiatuba: Editora Foco, 2021, pp. 75-94.

[102] Aline de Miranda Valverde Terra; Milena Donato Oliva; Filipe Medon, Acervo digital: controvérsias quanto à sucessão *causa mortis*. In: Ana Carolina Brochado Teixeira; Livia Teixeira Leal (coords.) *Herança Digital*: Controvérsias e Alternativas. Indaiatuba: Editora Foco, 2021, p. 57; Cf. também: Karina Fritz, A garota de Berlim e a Herança Digital. In: Ana Carolina Brochado Teixeira; Livia Teixeira Leal (coords), *Herança Digital*: Controvérsias e Alternativas. Indaiatuba: Editora Foco, 2021; Laura Marques Gonçalves, Exploração *post mortem* de bens digitais. In: *Revista Brasileira de Direito Civil – RBDCivil*, Belo Horizonte, v. 32, n. 3, p. 201-222, jul./set. 2023, p. 220.

10. TUTELA DA PERSONALIDADE E PESSOA JURÍDICA

A tutela da personalidade funda-se na dignidade da pessoa humana. Muito embora a pessoa jurídica seja dotada de subjetividade e, assim, figure como sujeito de direitos, não possui dignidade, que é própria das pessoas naturais. Daí por que não é equiparável a proteção que recebe do ordenamento com a tutela direcionada à pessoa humana.

Segundo o art. 52 do Código Civil, "aplica-se às pessoas jurídicas, no que couber, a proteção dos direitos da personalidade". Limitou-se o art. 52 a permitir a aplicação, por empréstimo, da técnica da tutela da personalidade, apenas no que couber, à proteção da pessoa jurídica. Esta, embora dotada de capacidade para o exercício de direitos, não contém os elementos justificadores da proteção à personalidade, concebida como bem jurídico objeto de situações existenciais.

O Superior Tribunal de Justiça aplica a técnica ressarcitória dos danos morais às pessoas jurídicas, entendimento consubstanciado na Súmula 227, *in verbis*: "A pessoa jurídica pode sofrer dano moral". A rigor, contudo, as lesões atinentes às pessoas jurídicas – mesmo em relação àquelas sem finalidade lucrativa – repercutem exclusivamente no seu patrimônio. A lesão à reputação de uma sociedade atinge – mediata ou imediatamente – os seus resultados econômicos, ainda que de forma difícil de mensurar. Veja-se que mesmo as pessoas jurídicas sem finalidade lucrativa ou que não exerçam atividade remunerada – vivendo apenas de doação, por exemplo – sofrem dano exclusivamente material – diminuição de receitas, doações ou abalo da atividade social.

A rigor, são as pessoas físicas relacionadas com a atuação da pessoa jurídica – como administradores, sócios, associados, quotistas – que acabam sendo atingidos pela difamação ou injúria semeada contra a entidade. Vale dizer, os seus dirigentes, fundadores, administradores podem sofrer danos morais, não já a pessoa jurídica em si considerada, cujas lesões circunscrevem-se ao aspecto patrimonial.

Assim é que, apesar de a importância prática da solução pretoriana, que permitiu que se assegurasse o ressarcimento em hipóteses de difícil configuração e liquidação de danos, é de se conjurar a perigosa associação da tutela da pessoa jurídica à da pessoa humana. A fórmula em apreço pode ser explicada, provavelmente, pela insuficiência das construções doutrinárias, no sentido de satisfazer os interesses ressarcitórios das pessoas jurídicas. Mas não se justifica a sua manutenção, que produz consequências inquietantes, dentre as quais a fixação de critérios para a valoração de danos e a gradação do *quantum* ressarcitório em descompasso com a axiologia constitucional, equiparando-se pessoa jurídica e pessoa humana.[103]

Não se discute ser a pessoa jurídica dotada de capacidade jurídica (e neste sentido invoca-se tradicionalmente sua personalidade jurídica), sendo efetivamente merecedoras de tutela as situações em que se verifica uma aparente semelhança com a tutela da

---

[103] Gustavo Tepedino, Crise de fontes normativas e técnica legislativa na parte geral do Código Civil de 2002. In: Gustavo Tepedino (coord.), *O Código Civil na perspectiva civil-constitucional*, vol. 1, Rio de Janeiro: Renovar, 2014, p. 13.

personalidade humana. Isto ocorre, por exemplo, na proteção do sigilo industrial ou comercial, só aparentemente assemelhado ao direito à privacidade; ou no tocante ao direito ao nome comercial, cuja natureza não coincide com a do direito ao nome.

Todavia, a fundamentação constitucional dos direitos da personalidade, no âmbito dos direitos humanos, e a elevação da pessoa humana ao valor máximo do ordenamento não deixam dúvidas sobre a preponderância do interesse que a ela se refere, e sobre a distinta natureza dos direitos que têm por objeto bens que se irradiam da personalidade humana em relação aos direitos da pessoa jurídica, no âmbito da atividade econômica privada.[104]

Assim é que o texto do art. 52 parece reconhecer que os direitos da personalidade constituem categoria voltada para a defesa e para a promoção da pessoa humana. Tanto assim que não assegura às pessoas jurídicas os direitos subjetivos da personalidade, admitindo, tão somente, a extensão da técnica dos direitos da personalidade, no que couber, para a proteção da pessoa jurídica. Qualquer outra interpretação, que pretendesse encontrar no art. 52 o fundamento para a admissão dos direitos da personalidade das pessoas jurídicas, contrariaria a dicção textual do dispositivo e se chocaria com a axiologia constitucional.

A rigor, a lógica fundante dos direitos da personalidade é a tutela da dignidade da pessoa humana. Ainda assim, provavelmente por conveniência de ordem prática, o codificador pretendeu estendê-los às pessoas jurídicas, o que não poderá significar que a concepção dos direitos da personalidade seja categoria conceitual neutra, aplicável indistintamente a pessoas jurídicas e a pessoas humanas.[105] Pertinente, a esse respeito, o Enunciado n. 286 da IV Jornada de Direito Civil do CJF: "Os direitos da personalidade são direitos inerentes e essenciais à pessoa humana, decorrentes de sua dignidade, não sendo as pessoas jurídicas titulares de tais direitos".

📝 PROBLEMAS PRÁTICOS

1. A realização da cirurgia de transgenitalização é requisito para que a pessoa transgênero possa promover a alteração do prenome e do sexo no registro civil? Explique.
2. Em que consiste o direito à identidade pessoal?

 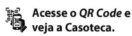
Acesse o *QR Code* e veja a Casoteca.
> https://uqr.to/1p8nq

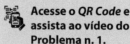
Acesse o *QR Code* e assista ao vídeo do Problema n. 1.
> https://uqr.to/n3zx

---

[104] Cf. Gustavo Tepedino, Prefácio a Alexandre Assumpção, *A pessoa jurídica e os direitos da personalidade*, Rio de Janeiro: Renovar, 1998.

[105] Pietro Perlingieri, *Perfis do direito civil*, Rio de Janeiro: Renovar, 1999, pp. 157-158.

Capítulo IX
DOMICÍLIO

SUMÁRIO: 1. Noção de domicílio – 2. Pluralidade, falta e mudança de domicílio – 3. Domicílio necessário. – 4. Domicílio das pessoas jurídicas. – 5. Domicílio geral e domicílio especial – Problemas práticos.

1. NOÇÃO DE DOMICÍLIO

A noção de domicílio tem por objetivo situar juridicamente a pessoa no espaço, o que é essencial para a determinação de relevantes efeitos jurídicos[1] como a individuação da lei aplicável e o foro em que certas pretensões devem ser exercidas. De acordo com o art. 70 do Código Civil, "o domicílio da pessoa natural é o lugar onde ela estabelece a sua residência com ânimo definitivo".[2] O legislador conjugou dois elementos: um *material* – residência – e outro *anímico* – intenção de nela permanecer com ânimo definitivo *(animus manendi)*.[3] Tal é

Elementos material e anímico do domicílio

---

[1] Como observa J. M. de Carvalho Santos, "o domicílio não é vínculo abstrato, mas o lugar em que a pessoa existe de fato para os efeitos jurídicos" (*Código civil brasileiro interpretado*, vol. I, Rio de Janeiro: Freitas Bastos, 1963, p. 421). V. tb. Vicente Ráo, *O direito e vida dos direitos*, vol. 2, São Paulo: Max Limonad, 1960, p. 282 e Henri de Page, *Traité élémentaire de droit civil belge*, t. 1, Bruxelles: Émile Bruylant, 1948, p. 364.

[2] A definição já constava do art. 31 do Código Civil de 1916. Cf. Miguel Maria de Serpa Lopes, *Curso de direito civil*, vol. I, Rio de Janeiro: Freitas Bastos, 1989, 7ª ed., p. 262.

[3] "Consiste o domicílio, segundo esses ensinamentos, num comportamento individual, constituído por um ato inicial e por uma conduta sucessiva, nos quais é presente uma determinação psíquica. (...). Exige a lei, além da ação do indivíduo fixando-se em certo lugar, a intenção de nele permanecer, somente ocorrendo o ato de *destinação* no momento em que os dois se conjuminam" (Orlando Gomes, *Introdução ao direito civil*, Rio de Janeiro: Forense, 2014, 21ª ed., p. 138). V., ainda, Washington de Barros Monteiro, *Curso de direito civil*, vol. I: parte geral, São Paulo: Saraiva, 2007, 41ª ed., p. 164.

Domicílio voluntário o *domicílio voluntário*, que tem por base ato volitivo do sujeito, como expressão da sua livre autodeterminação.[4]

Ânimo definitivo A apuração do ânimo definitivo não é feita mediante perscrutação psicológica, mas pela apreensão da manifestação exterior da vontade, isto é, de dados objetivos dos quais seja possível extrair a intenção do sujeito. Na medida em que o desígnio é aferido por suas repercussões externas, torna-se de apuração objetiva, verificado do conjunto de circunstâncias. A título ilustrativo, os relacionamentos sociais, a extensão das atividades profissionais, a filiação às entidades locais, bem como a aquisição de bens consubstanciam elementos que auxiliam na análise da existência do *ânimo definitivo* de permanência.[5]

Residência A residência – elemento objetivo do conceito de domicílio – consubstancia a *morada permanente* da pessoa.[6] Não se confunde com a simples morada (ou habitação), que prescinde da ideia de permanência, nem com o domicílio voluntário, que pressupõe a permanência *com ânimo definitivo*.[7]

2. PLURALIDADE, FALTA E MUDANÇA DE DOMICÍLIO

Pluralidade de domicílios Mostra-se possível que a pessoa natural possua diversas residências, nas quais, alternadamente, viva. Consoante o art. 71 do Código Civil, nesse caso, considera-se domicílio qualquer uma delas. Admite o direito brasileiro, assim, a pluralidade de domicílios.

Domicílio profissional Nessa esteira, o Código Civil introduziu dispositivo acerca do *domicílio profissional*, segundo o qual "é também domicílio da pessoa natural, quanto às relações concernentes à profissão, o lugar onde esta é exercida" (art. 72, *caput*). De acordo com o parágrafo único do art. 72, "se a pessoa exercitar profissão em lugares diversos, cada um deles constituirá domicílio para as relações que lhe corresponderem".

---

[4] Assim, J. M. de Carvalho Santos, *Código Civil brasileiro interpretado*, vol. I, cit., p. 422; Miguel Maria de Serpa Lopes, *Curso de direito civil*, vol. I, Rio de Janeiro: Freitas Bastos, 1989, 7ª ed., p. 262; San Tiago Dantas, *Programa de direito civil*, vol. I, Rio de Janeiro: Forense, 2001, 3ª ed., p. 159.

[5] Caio Mario da Silva Pereira, *Instituições de direito civil*, vol. I, Rio de Janeiro: Forense, 2019, 32ª ed., p. 317.

[6] Sobre tal distinção, Bruno Lewicki, O Domicílio no Código Civil de 2002. In: Gustavo Tepedino (org.), *A parte geral no novo Código Civil*: estudos na perspectiva civil-constitucional, Rio de Janeiro: Renovar, 2007, p. 130. V. também Haroldo Valladão. In: R. Limongi França (coord.), *Enciclopédia Saraiva de Direito*, São Paulo: Saraiva, 1977, p. 282; Orlando Gomes, *Introdução ao direito civil*, cit., p. 137; Paulo Roberto Moglia Thompson Flores, *Direito civil*: parte geral, Brasília: Gazeta Jurídica, 2013, p. 372.

[7] Leciona Francisco Amaral: "Distingue-se o domicílio da residência e da habitação, ou morada. Aquele é um conceito jurídico, estas são situações de fato. Além disso, a residência é figura intermediária entre o domicílio e habitação. O domicílio pressupõe dois elementos: um, objetivo – a residência; outro, subjetivo – o ânimo definitivo. A residência é apenas o local onde a pessoa mora com intenção de permanecer; a habitação é uma residência transitória. Se, todavia, a pessoa tiver várias residências onde alternadamente viva, ou vários centros de ocupação habitual, qualquer daqueles ou destes poderá ser considerado seu domicílio (CC, art. 71). O direito brasileiro admite, assim, pluralidade de domicílios" (Francisco Amaral, *Direito civil*: introdução, São Paulo: Saraiva Educação, 2018, pp. 350-351).

Dessa forma, ao lado do domicílio vinculado à noção de residência, admite-se o domicílio profissional, sendo que também este pode ser plural, na hipótese de a pessoa exercer seu ofício em lugares diversos. Nesta hipótese, cada domicílio produzirá efeitos limitadamente às relações concernentes à atividade profissional desenvolvida no próprio local, não podendo ser expandida a sua eficácia para relações jurídicas estabelecidas em lugares distintos, nos quais o titular mantenha outros domicílios. Suponha-se o dentista com consultórios nas cidades do Rio de Janeiro e de Vitória. Para os assuntos profissionais relativos à sua atividade no consultório do Rio de Janeiro, somente o domicílio desta cidade será considerado. Já no que tange às matérias relacionadas à sua clínica capixaba, seu domicílio profissional situa-se em Vitória.

<small>*Pluralidade de domicílios profissionais*</small>

Pessoas sem residência habitual são consideradas domiciliadas no local em que forem encontradas, na dicção do art. 73 do Código Civil. Diante do papel do domicílio na deflagração de relevantes consequências jurídicas, é necessário que toda pessoa tenha um domicílio, ainda que não possua residência habitual. O critério instituído pelo legislador para a determinação do domicílio, em tal hipótese, é o do lugar onde for localizada a pessoa sem residência.

<small>*Pessoas sem residência habitual*</small>

O domicílio voluntário pode ser livremente alterado, desde que haja transferência da residência acompanhada da intenção manifesta de residir no novo local *definitivamente*.[8] O parágrafo único do art. 74 do Código Civil estatui que a "prova da intenção resultará do que declarar a pessoa às municipalidades dos lugares, que deixa, e para onde vai, ou, se tais declarações não fizer, da própria mudança, com as circunstâncias que a acompanharem". O preceito corrobora, consoante já destacado, que a aferição da intenção definidora do domicílio voluntário deve ser extraída do comportamento do sujeito, isto é, da projeção exterior da sua vontade.[9]

<small>*Alteração do domicílio voluntário*</small>

3. DOMICÍLIO NECESSÁRIO

Ao lado do domicílio voluntário, caracterizado pela residência com ânimo definitivo, há o *domicílio necessário*, que tem lugar por imposição legal e que poderá suscitar a coexistência de mais de um domicílio, sempre que o titular, ao assumi-lo por força de lei, não abandonar os domicílios anteriores. Nos termos do art. 76 do Código Civil,[10] por exemplo, o domicílio dos menores, independentemente de qualquer outra circunstância, será o de seus pais; e o do funcionário público será o local

<small>*Domicílio necessário e pluralidade de domicílios*</small>

---

[8] Por todos, Clovis Bevilaqua, *Teoria geral do direito civil*, Rio de Janeiro: Francisco Alves, 1976, p. 157.

[9] Bruno Lewicki, O domicílio no Código Civil de 2002. In: Gustavo Tepedino (coord.), *O Código Civil na perspectiva civil-constitucional*, Rio de Janeiro: Renovar, 2013, pp. 148-149.

[10] Art. 76, Código Civil: "Têm domicílio necessário o incapaz, o servidor público, o militar, o marítimo e o preso. Parágrafo único. O domicílio do incapaz é o do seu representante ou assistente; o do servidor público, o lugar em que exercer permanentemente suas funções; o do militar, onde servir, e, sendo da Marinha ou da Aeronáutica, a sede do comando a que se encontrar imediatamente subordinado; o do marítimo, onde o navio estiver matriculado; e o do preso, o lugar em que cumprir a sentença".

onde exercer permanentemente suas funções. Cuida-se de presunção absoluta (*jures et de jure*), que não admite prova em contrário, sem prejuízo da admissibilidade da pluralidade de domicílios.[11]

Como anteriormente observado, a determinação do domicílio revela-se de grande importância para o direito. Com efeito, consubstancia o principal critério de fixação da competência processual,[12] define a lei pessoal aplicável,[13] o local de cumprimento das obrigações,[14] o lugar da abertura da sucessão,[15] o critério de aceitação do fiador pelo credor (o fiador deve ser domiciliado no município em que deve ser prestada a fiança),[16] entre outros exemplos. Por isso que toda pessoa tem um domicílio, ainda que não possua residência habitual, conforme preceitua o art. 73 do Código Civil.

---

[11] Cf. Pontes de Miranda, *Tratado de direito privado*, t. I, São Paulo: Revista dos Tribunais, 2012, pp. 375, 377.

[12] Cf. art. 12, *caput*, da Lei de Introdução às Normas do Direito Brasileiro (LINDB): "É competente a autoridade judiciária brasileira, quando for o réu domiciliado no Brasil ou aqui tiver de ser cumprida a obrigação. (...)"; art. 21, I, do Código de Processo Civil: "Compete à autoridade judiciária brasileira processar e julgar as ações em que: I – o réu, qualquer que seja a sua nacionalidade, estiver domiciliado no Brasil"; art. 46 do Código de Processo Civil: "A ação fundada em direito pessoal ou em direito real sobre bens móveis será proposta, em regra, no foro de domicílio do réu. § 1º Tendo mais de um domicílio, o réu será demandado no foro de qualquer deles. § 2º Sendo incerto ou desconhecido o domicílio do réu, ele poderá ser demandado onde for encontrado ou no foro de domicílio do autor. § 3º Quando o réu não tiver domicílio ou residência no Brasil, a ação será proposta no foro de domicílio do autor, e, se este também residir fora do Brasil, a ação será proposta em qualquer foro. § 4º Havendo 2 (dois) ou mais réus com diferentes domicílios, serão demandados no foro de qualquer deles, à escolha do autor. § 5º A execução fiscal será proposta no foro de domicílio do réu, no de sua residência ou no do lugar onde for encontrado"; e art. 101, I, do Código de Defesa do Consumidor: "Na ação de responsabilidade civil do fornecedor de produtos e serviços, sem prejuízo do disposto nos Capítulos I e II deste título, serão observadas as seguintes normas: I – a ação pode ser proposta no domicílio do autor".

[13] V. art. 7º, *caput*, da LINDB: "A lei do país em que domiciliada a pessoa determina as regras sobre o começo e o fim da personalidade, o nome, a capacidade e os direitos de família". Cf. ainda, por oportuno, art. 7º, § 4º, da LINDB: "§ 4º O regime de bens, legal ou convencional, obedece à lei do país em que tiverem os nubentes domicílio, e, se este for diverso, a do primeiro domicílio conjugal"; art. 8º da LINDB: "Para qualificar os bens e regular as relações a eles concernentes, aplicar-se-á a lei do país em que estiverem situados. § 1º Aplicar-se-á a lei do país em que for domiciliado o proprietário, quanto aos bens móveis que ele trouxer ou se destinarem a transporte para outros lugares. § 2º O penhor regula-se pela lei do domicílio que tiver a pessoa, em cuja posse se encontre a coisa apenhada"; e art. 10 da LINDB: "A sucessão por morte ou por ausência obedece à lei do país em que domiciliado o defunto ou o desaparecido, qualquer que seja a natureza e a situação dos bens. § 1º A sucessão de bens de estrangeiros, situados no País, será regulada pela lei brasileira em benefício do cônjuge ou dos filhos brasileiros, ou de quem os represente, sempre que não lhes seja mais favorável a lei pessoal do de cujus. § 2º A lei do domicílio do herdeiro ou legatário regula a capacidade para suceder".

[14] V. art. 327, *caput*, do Código Civil: "Efetuar-se-á o pagamento no domicílio do devedor, salvo se as partes convencionarem diversamente, ou se o contrário resultar da lei, da natureza da obrigação ou das circunstâncias".

[15] Cf. art. 1.785 do Código Civil: "A sucessão abre-se no lugar do último domicílio do falecido".

[16] Cf. art. 825 do Código Civil: "Quando alguém houver de oferecer fiador, o credor não pode ser obrigado a aceitá-lo se não for pessoa idônea, domiciliada no município onde tenha de prestar a fiança, e não possua bens suficientes para cumprir a obrigação".

4. DOMICÍLIO DAS PESSOAS JURÍDICAS

Em relação às pessoas jurídicas, estas não possuem, como as naturais, residência, mas têm sede, que é o centro das suas atividades dirigentes[17] e que deve constar de seus atos constitutivos. De acordo com o art. 75, IV, do Código Civil, as pessoas jurídicas de direito privado podem eleger domicílio especial, que não se confunde com o local onde se encontra a administração propriamente dita. Também as pessoas jurídicas podem ter pluralidade de domicílios, a teor do § 1º do art. 75 do Código Civil.[18] Assim, tendo a pessoa jurídica diversos estabelecimentos em lugares diferentes, cada um deles será considerado domicílio para os atos nele praticados.[19]

<small>Sede</small>

5. DOMICÍLIO GERAL E DOMICÍLIO ESPECIAL

No que tange às espécies de domicílio, este pode ser *geral* – voluntário ou necessário – ou *especial*.[20] O domicílio *geral*, que tanto pode ser de livre escolha como legalmente imposto, é o que centraliza os negócios e interesses da pessoa, sem qualquer distinção ou classificação. Já o domicílio *especial* é estabelecido para o cumprimento de determinada obrigação. Como resulta de ajuste, diz-se, também, domicílio *contratual*. O Código Civil, na esteira do diploma de 1916, atribui às partes o direito de especificar o domicílio no qual se exercitem e cumpram os direitos e obrigações resultantes do contrato.[21]

O domicílio especial pode ser estabelecido, desde que por escrito, para o cumprimento das obrigações do contrato, segundo autoriza o art. 78 do Código Civil,[22] ou para a propositura de ações relativas ao contrato, quando as partes elegem foro de eleição próprio para aquele negócio, conforme disciplinado no art. 63 do Código de Processo Civil.

A cláusula de eleição de foro é admitida no direito brasileiro, desde que celebrada por escrito, para produzir efeitos em relação a litígios oriundos de específico negócio jurídico. O acordo de vontades direcionado à determinação do foro competente cinge-se às hipóteses de competência relativa e sujeita-se, como qualquer ato de autonomia privada, a controle valorativo. Diante das disposições trazidas pelo Código de Processo Civil sobre a cláusula de eleição de foro, ampliou-se o

<small>Cláusula de eleição de foro</small>

---

[17] Clovis Bevilaqua, *Código Civil dos Estados Unidos do Brasil*, vol. I, Rio de Janeiro: Francisco Alves, 1956, p. 205.
[18] Eis a dicção do preceito: "§ 1º Tendo a pessoa jurídica diversos estabelecimentos em lugares diferentes, cada um deles será considerado domicílio para os atos nele praticados".
[19] A pluralidade de domicílios para as pessoas jurídicas já era prevista no sistema anterior, de modo a que a pessoa jurídica responda em cada uma de suas sedes pelos atos ali praticados: "Importa em dizer que sendo o ato praticado no lugar de um domicílio, não pode a demanda ser intentada no foro de outro dos vários domicílios" (J. M. de Carvalho Santos, *Código Civil brasileiro interpretado*, vol. I, Rio de Janeiro: Freitas Bastos, 1963, p. 443).
[20] Clovis Bevilaqua, *Teoria geral do direito civil*, Rio de Janeiro: Francisco Alves, 1976, 2ª ed., p. 159.
[21] Silvio Rodrigues, *Direito civil*, vol. I, São Paulo: Saraiva, 2007, p. 107.
[22] Art. 78 do Código Civil: "Nos contratos escritos, poderão os contratantes especificar domicílio onde se exercitem e cumpram os direitos e obrigações deles resultantes".

espaço de liberdade das partes, inclusive com a possibilidade de afastamento da competência concorrente do Poder Judiciário brasileiro com a eleição de foro estrangeiro (CPC/2015, art. 25, *caput*).[23]

PROBLEMAS PRÁTICOS

1. Existem pessoas sem domicílio? Justifique.
2. Existem pessoas com mais de um domicílio? Justifique.

---

[23] Para uma análise mais aprofundada acerca da cláusula de eleição de foro, remete-se a Gustavo Tepedino e Milena Donato Oliva, Controle de abusividade da cláusula de eleição de foro. In: *Revista de Direito do Consumidor*, vol. 109, 2017, pp. 187-205.

Capítulo X
TEORIA DOS BENS JURÍDICOS

SUMÁRIO: 1. Objeto de direito, coisa e bem jurídico. Bens corpóreos e incorpóreos; perspectiva funcional na análise dos bens jurídicos – 2. O livro eletrônico e o perfil funcional dos bens jurídicos – 3. Classificação dos bens: novos bens e sua dinâmica funcional; itinerário histórico: *res nullius; res derelicta; res mancipi* e *res nec mancipi* – 4. Bens corpóreos e incorpóreos – 5. Critérios de classificação do Código Civil. – 6. Bens imóveis e móveis – 7. Bens fungíveis e infungíveis – 8. Bens consumíveis e não consumíveis – 9. Bens duráveis e não duráveis – 10. Bens divisíveis e indivisíveis – 11. Bens simples ou compostos; bens singulares e bens coletivos; universalidades – 12. Segue: universalidade de fato e de direito – 13. Bens principais e acessórios – 14. Pertenças – 15. Frutos e suas espécies. Produtos – 16. Benfeitorias – 17. Bens públicos e privados – 18. Bem de família – 19. Patrimônio – 20. Patrimônio de afetação – 21. Fundo de investimento imobiliário – 22. Securitização de créditos imobiliários – 23. Incorporação imobiliária – 24. O sistema de pagamento brasileiro – 25. Depósito centralizado de ativos financeiros e valores mobiliários – 26. O sistema de consórcio – 27. Relações jurídicas entre patrimônios. Ausência de confusão. Possibilidade de compensação – 28. Patrimônio de afetação e patrimônio mínimo – 29. Taxatividade dos patrimônios de afetação – Problemas práticos.

1. OBJETO DE DIREITO, COISA E BEM JURÍDICO. PERSPECTIVA FUNCIONAL NA ANÁLISE DOS BENS JURÍDICOS

As relações jurídicas são estabelecidas entre centros de interesse que têm por objeto bens jurídicos. Estes se constituem, assim, no elemento objetivo (de centros de interesse e por consequência) de relações jurídicas. Em definição eficiente, o art. 810 do Código Civil italiano considera bens *"as coisas que podem formar objeto de*

Bens jurídicos

direitos". O preceito pressupõe a individuação de parcelas autônomas da realidade que, por critérios econômicos e políticos, tornam-se suscetíveis de objetivação.[1]

Nessa perspectiva, a noção filosófica de bem, associada à sua aptidão para a satisfação humana, assume feição técnico-jurídica a partir da experiência normativa.[2] Os bens da vida (*Lebensgüter*), porque submetidos à tutela jurídica, originam os bens jurídicos (*Rechtsgüter*), tornando-se pontos de referência objetivos de incidência do interesse humano, em relação ao qual corresponde determinada situação jurídica atribuída ao titular para assegurá-lo.[3]

Coisa e bem

Na mesma linha de raciocínio, embora o Código Civil de 1916 tenha se utilizado das expressões *coisa* e *bem* indistintamente, consideram-se *coisas* todas as entidades do universo, algumas das quais, designadas tecnicamente como *bens*, são identificadas como ponto de referência objetivo de relação jurídica. Daí considerar-se como coisa em sentido jurídico somente aquelas suscetíveis de se constituir objeto de direito, coincidindo, nesta acepção estreita, com a noção de bem, corretamente adotada pela codificação atual (muito embora mantenha a designação "Direito das Coisas" para seu Livro III). Dito diversamente, *coisa* constitui-se em gênero, que abrange todos os elementos perceptíveis, sendo *bem* a espécie, a traduzir aquilo que pode consubstanciar objeto de direito, e que pode ser considerado coisa em sentido jurídico. Em feliz síntese, "se direito é tutela de interesses, será a atitude da coisa a satisfazer um interesse do homem, e, portanto, a entrar no mundo do seu direito, que qualifica a coisa como bem".[4]

Identificação dos bens

Objeto do direito e conteúdo do direito

Cuida-se, pois, de procedimento de qualificação jurídica capaz de identificar os bens de acordo com os interesses humanos que, merecedores de tutela, sejam capazes de os satisfazer, constituindo, assim, objeto das relações jurídicas.[5] Daqui decorrem duas consequências fundamentais. A primeira delas é que não se confundem o objeto com o conteúdo dos direitos, sendo certo que o mesmo bem jurídico pode servir de referência

---

[1] V., dentre outros, Domenico Barbero, *Le universalità patrimoniali – universalità di fatto e di diritto*, Milano: Giuffrè, 1936, p. 2 e ss.; Francesco Ferrara, *Trattato di diritto civile italiano*, vol I, *Dottrine generali*, Roma, Athenaeum: MCMXXI, p. 729 e ss.; Salvatore Pugliatti, *Beni (teoria generale)*. In: *Enciclopedia del diritto*, vol. V, Milano: Giuffrè, 1959, p. 164 e ss.; Id., *Cosa (teoria generale)*. In: *Enciclopedia del diritto*, vol. XI, Milano: Giuffrè,1962, p. 19 e ss; Roberto de Ruggiero, *Istituzioni di diritto civile*, Messina: Casa Editrice Giuseppe Principato, 1929, 5° ed. riv. e ampl., p. 455 e ss.; Pietro Perlingieri, *Manuale di diritto civile*, Napoli: Edizioni Scientifiche Italiane, 1997, p. 77 (con Pasquale Femia) p. 170 e ss. (con Francesco Ruscello; Alberto Trabucchi, *Istituzioni di diritto civile*, Padova: Cedam, 1992, 33° ed., p. 365 e ss.

[2] Roberto de Ruggiero, *Istituzioni di diritto civile*, cit., p. 456.

[3] Sobre o tema, Gustavo Tepedino, *Multipropriedade imobiliária*, São Paulo: Saraiva, 1992, p. 89 e ss., com ampla bibliografia.

[4] Alberto Trabucchi, Istituzioni di diritto civile, cit., p. 368. A terminologia não é unívoca. Grande parte da doutrina considera coisa bem tangível, ou, em sentido um pouco mais amplo, bem corporal, reservando a bem noção mais abrangente, capaz de congregar as coisas corpóreas e incorpóreas, que podem ser objeto de direito, ao lado dos direitos em si mesmo considerados, os quais podem ser igualmente objeto de relação jurídica. Tal distinção, contudo, não parece útil nem consentânea com o sistema, inexistindo diferença normativa a justificá-la.

[5] Pietro Perlingieri, *Manuale di diritto civile*, cit, p. 170 e ss.; Luiz Edson Fachin, *Teoria crítica do direito civil*, Rio de Janeiro: Renovar, 2000, pp. 164-165.

objetiva para direitos com conteúdos distintos, ou seja, com modalidades de utilização peculiares aos interesses em jogo. Conteúdo do direito é a utilidade que se extrai do bem jurídico para propiciar determinado aproveitamento econômico. Basta imaginar um imóvel sobre o qual incidam diversos direitos: a propriedade de Caio, a servidão em favor do imóvel de Tício, a proteção ambiental em favor de toda a coletividade.[6]

Interesses difusos e coletivos

Em segundo lugar, a noção de bens jurídicos não se circunscreve às entidades suscetíveis de apropriação privada, como apregoado pela doutrina tradicional. Numerosos são os interesses, especialmente os coletivos e difusos, que se tornam dignos de proteção mesmo incidindo sobre bens insuscetíveis de comercialização, bastando pensar no meio ambiente e no patrimônio cultural e artístico. Os direitos relativos à qualidade de vida saudável e à proteção da flora e da fauna são tutelados independentemente da titularidade do domínio. Há que se afastar, portanto, a noção de bem jurídico do arquétipo da propriedade privada.

Análise funcional

Vê-se, portanto, que a noção de bens jurídicos, embora se situe na estrutura da relação jurídica, só poderá ser compreendida de acordo com a função desempenhada pela situação jurídica de que serve de objeto. Mostram-se, por isso mesmo, ociosos e passíveis de críticas os longos elencos de bens jurídicos descritos pela manualística, em abordagem penosa e meramente estrutural. O significado do bem jurídico depende essencialmente do interesse que o qualifica e sua classificação há de ser apreendida na esteira da função que o bem desempenha na relação jurídica.[7]

2. O LIVRO ELETRÔNICO E O PERFIL FUNCIONAL DOS BENS JURÍDICOS

A disciplina dos bens não se afigura estática e imutável, mas varia segundo a relação jurídica na qual se insere. O ordenamento oferece mecanismos de tutela diferenciados consoante não apenas o bem, mas o conjunto de interesses ao qual se refere e que identifica a disciplina jurídica aplicável. Para cada bem, portanto, definido com sua específica destinação, finalidade e função, o ordenamento reserva regime jurídico que o singulariza.[8]

---

[6] Cf. Francisco Amaral, *Direito civil*: introdução, São Paulo: Saraiva Educação, 2018, 10ª ed., p. 427; Arnoldo Wald, *Direito civil*, vol. I, São Paulo: Saraiva, 2011, 13ª ed., p. 223.

[7] V. Pietro Perlingieri e Francesco Ruscello, *Manuale di diritto civile*, cit., p. 171.

[8] Nessa direção, acerca dos bens digitais, afirmam Ana Carolina Brochado Teixeira e Carlos Nelson Konder: "O desenvolvimento da tecnologia digital ensejou a proliferação de novos bens, sobre os quais recaem variados interesses e que, por conta disso, demandam adequado tratamento normativo. Sob a perspectiva perlingeriana, o perfil funcional revela-se como o mais adequado para a determinação das normas aplicáveis às situações jurídicas subjetivas que têm por objeto esses bens, tendo em vista que priorizam os efeitos que produzem no contexto social em que se inserem. Essa perspectiva conduz à distinção entre bens digitais patrimoniais e existenciais, de modo a reconhecer a instrumentalidade dos primeiros aos segundos, com o objetivo de viabilizar o livre desenvolvimento da personalidade de seus titulares. Entretanto, identificam-se bens digitais dúplices em que os aspectos patrimoniais e existenciais se imiscuem" (Ana Carolina Brochado Teixeira; Carlos Nelson Konder, Bens digitais dúplices: desafios tecnológicos à distinção entre situações jurídicas patrimoniais e existenciais. *Pensar*, Fortaleza, vol. 29, n. 3, jul./set. 2024, p. 1-12).

E-book

A compreensão dessa perspectiva funcional dos bens jurídicos tem-se a partir da análise da instigante questão do livro eletrônico, também denominado *e-book*, que pode ser qualificado como bem jurídico equivalente ao livro impresso. O livro, por sua importância histórica na difusão do conhecimento, da arte e da cultura, constitui-se em instrumento privilegiado de manifestação do pensamento e da liberdade de expressão, princípios constitucionais inseridos, com deliberada insistência, no rol das garantias fundamentais do ordenamento brasileiro (art. 5º, incisos IV, IX, XIV, e art. 220 C.R.). Consiste no conteúdo de informação concebido pelo autor. Em outras palavras, o livro, seja de que espécie ou gênero for, afigura-se a obra em si considerada, e não o suporte mediante o qual é transmitido.

Seja impresso em papel, reproduzido em áudio, estampado pelo método Braille ou codificado em arquivo digital, a obra é a mesma. Nas diversas alternativas existentes para o registro e transmissão do texto, cuida-se do mesmíssimo livro, com as ideias e informações expressas pelo autor. Por isso mesmo, toda obra existe independentemente do instrumento material que lhe serve de veículo, podendo ser transmitida por meio de suportes distintos. Em tal cenário, destaca-se a criação do livro eletrônico, o qual consiste no livro em formato digital, cuja noção prescinde do papel ou de qualquer outro suporte tangível.[9]

Dito de outro modo, o livro eletrônico traduz a versão eletrônica do livro impresso, de sorte que as obras literárias são transferidas ao usuário final em meio eletrônico (suporte intangível ou imaterial)[10] por intermédio de operação conhecida como *download* ou por outra tecnologia de transferência de arquivos, mediante a concessão de licença de uso privado, sem direito de reprodução ou qualquer outra forma de exploração, comercial ou não, alteração ou criação de obras derivadas.

Equivalência entre o livro eletrônico e o livro impresso

Tal como o livro impresso, tradicionalmente concebido, o livro eletrônico apresenta conteúdo equivalente, exercendo a mesma finalidade e função de difusão da cultura e do conhecimento, de modo a diferir tão somente na forma de exteriorização: o livro eletrônico é digital, ou seja, seu suporte é imaterial ou intangível, ao passo que o livro impresso se revela por meio de papel, fisicamente palpável. O livro eletrônico não se confunde com os insumos a partir dos quais se fabrica o livro (tinta, máquinas e equipamentos mecânicos destinados à impressão de livros, componentes eletrônicos para a produção do livro etc.), tampouco se corporifica em CD ou outro meio mate-

---

[9] Sobre a imaterialidade do *e-book*, v. José Henrique da Rocha Fragoso, *Direito autoral*: da antiguidade à internet, São Paulo: Ed. Quartier Latin do Brasil, 2009, pp. 129-130.

[10] "Com a internet, uma obra literária escrita não necessita, obrigatoriamente, ser reproduzida originalmente sob a forma de impressão gráfica, uma vez que se pode copiar no editor de texto o que já está escrito em algum lugar – como ocorre com os milhões de e-books já à disposição, com obras de todo o mundo – ou simplesmente escrever um romance, um conto etc. diretamente no editor de texto, fazer um *upload* e publicá-los pela Internet, sem que sejam fixados em qualquer suporte material palpável, porém acessível, constituído por um conjunto eletrônico de dados, ou seja, armazenados na memória de algum servidor (...) sem que jamais assumam a forma gráfica de livro" (José Henrique da Rocha Fragoso, *Direito autoral*: da antiguidade à internet, São Paulo: Quartier Latin do Brasil, 2009. pp. 129-130).

rial de acesso a seu conteúdo, cuidando-se de bem incorpóreo autônomo, que com os aparatos eletrônicos não se confunde.

A identificação do livro eletrônico como livro não depende de operação analógica ou de interpretação extensiva em relação à disciplina do exemplar impresso, sendo ele próprio livro, *tout court*, em decorrência da evolução do conceito primitivo de livro e da forma de utilização deste bem jurídico.

Por desempenhar a mesma finalidade e função, o livro eletrônico é modalidade contemporânea de livro, a atrair as mesmas normas que disciplinam o livro impresso, do qual somente se distingue pelo modo de consulta e de acesso ao seu conteúdo. Nesta perspectiva, o conceito de livro não pressupõe o papel, podendo apresentar diversas formas de exteriorização, desde que se preservem a sua finalidade e função.

A perspectiva funcional acima enunciada impõe leitura evolutiva da legislação setorial, de modo a tornar compatível o texto legal com as inovações tecnológicas. Ao editar a Lei 10.753, de 30 de outubro de 2003 (Lei do Livro), o legislador conceituou o livro para certos fins, nos termos do art. 2º, *caput*: "Considera-se livro, para efeitos desta Lei, a publicação de textos escritos em fichas ou folhas, não periódica, grampeada, colada ou costurada, em volume cartonado, encadernado ou em brochura, em capas avulsas, em qualquer formato e acabamento". Preocupado com a realidade socioeconômica da época, o legislador considerou como livro textos impressos, não periódicos, reunidos por grampos, cola ou costura, independentemente de seu formato ou acabamento.

Lei do Livro

Já o art. 1º, II, da mesma Lei estabeleceu como diretriz da Política Nacional do Livro que "o livro é o meio principal e insubstituível da difusão da cultura e transmissão do conhecimento, do fomento à pesquisa social e científica, da conservação do patrimônio nacional, da transformação e aperfeiçoamento social e da melhoria da qualidade de vida". O dispositivo reconhece e proclama a função precípua do livro de difusão da cultura e transmissão do conhecimento, como expressão dos valores contidos nos princípios constitucionais da liberdade de expressão e de pensamento (art. 5º, incisos IV, IX, XIV, e art. 220 C.R.).[11]

Atento à finalidade e função do livro, interpretados à luz dos valores constitucionais, o parágrafo único do art. 2º da Lei do Livro ampliou, embora de maneira não exaustiva, o conceito de livro contido no *caput* do mesmo dispositivo, para com-

---

[11] A função do livro como veículo de transmissão da cultura e de manifestação do pensamento, bem como de promoção das liberdades constitucionais é tratada, na doutrina e jurisprudência, no âmbito da discussão acerca da imunidade tributária assegurada ao livro no art. 150, VI, "d", da Constituição da República. Como assinala Aliomar Baleeiro, "a imunidade do art. 19, III, da Emenda n. 1/1969, traz endereço certo à proteção dos meios de comunicação de idéias, conhecimentos e informações, enfim, de expressão do pensamento, como objeto precípuo. Livros, jornais e periódicos são veículos universais dessa propagação de idéias no interesse social da melhoria do nível intelectual, técnico, moral, político e humano da comunidade". *Limitações constitucionais ao poder de tributar*, Rio de Janeiro: Forense, 2006, p. 354). V. tb. Roque Antonio Carrazza, Importação de bíblias em fitas: sua imunidade: exegese do art. 150,VI, d, da Constituição Federal. In: *Revista Dialética de Direito Tributário*, n. 26, São Paulo, 1997, p. 139; Caio de Azevedo Trindade, *Constitucionalismo, tributação e direitos humanos*, Rio de Janeiro: Renovar, 2007, pp. 114-115.

preender outros bens que realizem a mesma função do livro, a exemplo de álbuns para colorir e atlas geográficos.[12]

Os dispositivos acima aludidos hão de ser compreendidos à luz da ampliação do conceito tradicional de livro, considerando-se livro o bem que, expressão de criação intelectual, exerça a função de propagação da cultura, da informação e das liberdades de expressão e de pensamento, independentemente da forma de exteriorização.[13] Por isso mesmo, o conceito de livro contido no art. 2º, *caput*, da Lei do Livro, há de abranger o livro eletrônico que, além de realizar a mesma função e finalidade do impresso, se mostra, ainda, ambientalmente sustentável, devendo, também por essa razão, ser estimulado e protegido pelo ordenamento na realidade contemporânea.[14]

3. CLASSIFICAÇÃO DOS BENS: NOVOS BENS E SUA DINÂMICA FUNCIONAL. ITINERÁRIO HISTÓRICO: *RES NULLIUS*; *RES DERELICTA*; *RES MANCIPI* E *RES NEC MANCIPI*

Evolução tecnológica e novos bens

Com a velocíssima evolução tecnológica e científica, surgem a cada dia novos bens, deixando outros simplesmente de existir. Elementos da natureza, como o ar, o oceano, as camadas do subsolo marinho conhecidas como pré-sal; os rios, os animais selvagens, antes considerados como inaptos a despertar interesse jurídico, tornam-se a cada dia mais indispensáveis à humanidade, sendo igualmente objeto de direito as diversas formas de energia, como a eletricidade, o gás, o vapor.[15] Na mesma vertente, alguns direitos se tornam bens jurídicos – como serviços de provedores de internet, assim como a informação em si mesma considerada, o *software*, o *know-how* etc.[16]

---

[12] É ver-se: "Parágrafo único. São equiparados a livro: I – fascículos, publicações de qualquer natureza que representem parte de livro; II – materiais avulsos relacionados com o livro, impressos em papel ou em material similar; III – roteiros de leitura para controle e estudo de literatura ou de obras didáticas; IV – álbuns para colorir, pintar, recortar ou armar; V – atlas geográficos, históricos, anatômicos, mapas e cartogramas; VI – textos derivados de livro ou originais, produzidos por editores, mediante contrato de edição celebrado com o autor, com a utilização de qualquer suporte; VII – livros em meio digital, magnético e ótico, para uso exclusivo de pessoas com deficiência visual; VIII – livros impressos no Sistema Braille".

[13] Sobre a ampliação do conceito de livro, observa a doutrina especializada: "O conceito de 'livro' evoluiu ao longo dos tempos. No princípio, quando inventado, a idéia de livro passava necessariamente por feixes de páginas encadernadas em formato retangular; atualmente, tal meio físico não é mais necessário. Podemos visualizar um livro na forma mecânica (em áudio, videocassetes, filmes etc.) ou eletrônica (no computador, em disquetes, em CD-ROM e no Kindle). No futuro, outras mídias certamente serão citadas para inovar como nos depararemos com a cultura e a informação" (Ivo César Barreto de Carvalho, Imunidade tributária na visão do STF. In: Revista de Direito Público, v. 33, Porto Alegre: Síntese, 2010, p. 84).

[14] Gustavo Tepedino, Livro (eletrônico) e o perfil funcional dos bens jurídicos na experiência brasileira. In: Dário Moreira Vicente, José Alberto Coelho Vieira, Sofia de Vasconcelos Casimiro, Ana Maria Pereira da Silva (orgs.), *Estudos de Direito Intelectual em homenagem ao Prof. Doutor José de Oliveira Ascensão*, Coimbra: Almedina, 2015, pp. 269-287.

[15] O longo debate nas doutrinas alemã e italiana acerca da natureza de coisa atribuída à eletricidade é passado em revista por Francesco Ferrara, *Trattato di diritto civile italiano*, cit., p. 785 e ss.

[16] Lecionam, ao propósito, Pietro Perlingieri e Francesco Ruscello, *Manuale di diritto civile*, cit., p. 170: "Anche l'aria, dunque, è un bene in quanto assume il caratttere di punto di riferimento di un interesse tutelabile (si pensi alla salubrità dell'ambiente ed alle disposizioni antinquinamento). È bene anche

Em tal moldura metodológica devem ser compreendidos os conceitos latinos de *res nullius* e de *res derelicta*. Pelo primeiro se designa a coisa sem dono que, como tal, poderá ser apropriada por quem a encontrar, como as conchas na praia, a pesca e a caça legalmente permitidas ou os animais fugidos do cativeiro sem tendência de retorno (*animus revertendi*). Pelo segundo conceitua-se a coisa (em geral, móvel)[17] deliberadamente abandonada. Neste caso, o bem jurídico deixou de ser objeto de relação jurídica por ter sido abandonado, ou seja, lançado fora com a intenção de renúncia à sua propriedade. Diferencia-se, assim, a *res derelicta* da coisa perdida (*res perdita*), a qual, apesar de não estar mais na posse do proprietário, continua a pertencer-lhe, uma vez que não houve a intenção de abandono.

Res nullius e res derelicta

Nessa mesma vertente, devem ser examinadas as classificações dos bens jurídicos suscetíveis de alteração ao longo da história do direito. No direito romano, imprescindíveis eram as noções de *res mancipi* e *res nec mancipi*, distinção posteriormente deixada de lado na esteira da evolução da economia.[18] Segundo tal classificação, a alienação das *res mancipi* se sujeitava à forma solene, ao contrário das *res nec mancipi*, cuja transferência ocorria por simples *traditio*.[19] Já no direito moderno, em processo que se consolidou desde o período medieval, tornou-se fundamental a classificação entre bens móveis e imóveis, especialmente em razão da importância econômica adquirida ao longo dos séculos pela propriedade imóvel, a qual, de algum modo, perdeu ênfase nos últimos 50 anos, com o crescimento das sociedades por ações, capazes de concentrar riquezas em estoques acionários, valores genuinamente mobiliários.[20]

Res mancipi e res nec mancipi

---

l'informazione in quanto idonea a costituire il punto di riferimento oggettivo di interessi meritevoli di tutela. In una società moderna sempre piú condizionata da sistema telematici e dai *mass media*, l'informare e l'essere informati rappresentano una necessità: l'informazione diviene un servizio che, nel rispetto degli interessi coinvolti (si pensi agli eventuali conflitti fra riserbo e informazione), deve circolare liberamente".

[17] Conforme se afirmou em outra sede, o abandono de imóveis apresenta certas peculiaridades: "No caso de bens móveis, o abandono se identifica com a renúncia, pois para caracterizar esta última não é necessária manifestação expressa da intenção de abdicar da coisa. Tratando-se de bem imóvel, por outro lado, a configuração do abandono afigura-se mais complexa. Isso porque o não uso, só por si, não implica abandono do bem imóvel, sendo admissível, por exemplo, como forma especulativa de utilização do imóvel, com vistas à sua revenda em momento favorável do mercado. [...] No que tange aos imóveis abandonados, qualquer pessoa pode apropriar-se; o ocupante adquire a posse, e não a propriedade, que se subordina ao transcurso do prazo prescricional. Se, todavia, remanescer abandonado o imóvel, sem que ninguém o utilize, poderá ser arrecadado pelo Estado, na forma do art. 1.276" (Gustavo Tepedino. In: Antônio Junqueira de Azevedo (coord.), *Comentários ao Código Civil*, vol. XIV, São Paulo: Saraiva, 2011, pp. 471-473). Em relação aos bens imóveis abandonados – conforme o artigo 1.276 do Código Civil (por mais, permita-se a referência ao vol. 5 desta Coleção) –, merece destaque a Lei n. 13.465/2017, que trata em seus artigos 64 e 65 da arrecadação de imóveis urbanos privados abandonados.

[18] Piero Bonfante, *Istituzioni di diritto romano*, cit., p. 238 e ss.; Vincenzo Arangio-Ruiz, *Istituzioni di diritto romano*, Napoli: E. Jovene, 1934, 3º ed., p. 163; Ebert Chamoun, *Instituições de direito romano*, Rio de Janeiro: Editora Rio, 1977, 6ª ed., p. 214.

[19] Por todos, Piero Bonfante, *Istituzioni di diritto romano*, cit., p. 236 e ss.

[20] Observa-se com efeito em doutrina (Pietro Perlingieri e Francesco Ruscello, *Manuale di diritto civile*, cit., pp. 171-172) que "oggi la ricchezza è rapportata più che alla proprietà immobiliare all'iniziativa

4. BENS CORPÓREOS E INCORPÓREOS

O bem não se identifica com a coisa em sentido material (ou não jurídico). Resulta, necessariamente, de processo de individuação, de modo a determinar, no campo da realidade objetiva, parcela autônoma e unitária sobre a qual recaia interesse subjetivo cuja tutela justifique sua qualificação como bem jurídico. A partir de tal individuação, o bem, extraído da realidade tangível (suporte fático de incidência do direito), assume conteúdo e contornos inteiramente diversos da realidade material, compatíveis com a função a que se destina.[21]

A noção de bens jurídicos não se circunscreve às coisas materiais.[22] Embora vulgarmente se utilize o termo "coisa" para designar bens materiais, do ponto de vista técnico, como já explicitado, coisa em sentido jurídico equivale a bem jurídico e se vincula a centro de interesse não necessariamente materialmente perceptível. Vale dizer, há interesses jurídicos dignos de tutela incidentes sobre bens corpóreos e incorpóreos.

Bens corpóreos — Constituem-se bens de natureza corpórea não só os objetos tangíveis, identificados no direito romano como aqueles que poderiam ser tocados com os dedos – *quae tangi possunt* –, mas os de qualquer modo perceptíveis sensorialmente.[23] Por outro lado, configuram bens de natureza incorpórea aqueles que adquirem vida (jurídica) *Bens incorpóreos* no mundo ideal ou espiritual, provindos por vez de valores essenciais à pessoa humana.[24] Assim, a energia motriz em que resulta a atividade prestacional (obrigação

---

economica: enorme importanza hanno, infatti, nell'attuale realtà economica quei particolari beni mobili che sono i valori mobiliari e le partecipazioni societarie".

[21] Cf. Salvatore Pugliatti, Cosa in senso giuridico (b – teoria generale). *Enciclopedia del Diritto*. Milano: Giuffrè, 1962. vol. 11, p. 58; Alberto Auricchio, *La individuazione dei beni immobili*. Napoli: Jovene, 1960.

[22] Assim, conceituada doutrina, na esteira do direito romano. V. Domenico Barbero, *Le universalità patrimoniali*, cit., p. 18: "*la cosa è però sempre una entità materiale. Le entità immateriali non sono cose; sebbene possano però essere oggetti di diritto*". Esta também era a posição adotada por Teixeira de Freitas, para quem coisas eram "todos os objetos materiais suscetíveis de uma medida de valor" (Teixeira de Freitas, *Código Civil - Esboço*, Rio de Janeiro: Tipografia Universal de Laemmert, 1860, p. 213), na mesma direção que o § 90 do BGB, segundo o qual "coisas, no sentido da Lei, são somente os objetos corpóreos". Em posição coincidente com o texto, Clovis Bevilaqua lecionava com atualidade impressionante: "Os bens incorpóreos ou imateriais podem ser objeto de direitos não somente políticos, de que não se ocupa este livro, mais ainda de direitos privados, como a vida, a honra, e a liberdade (nos aspectos em que as consideram o direito privado), o nome comercial, a qualidade de autor, etc. As ações humanas são também coisas incorpóreas" (Clovis Bevilaqua, *Teoria geral do direito civil*, Rio de Janeiro: Editora Rio, 1975 (ed. Histórica), p. 173).

[23] O critério da tangibilidade como caracterizador dos bens de natureza material, inserto no Digesto (Gaio, Livro 1, Tít. 8, fr. I, §1º), pode ser considerado ainda válido desde que, segundo preleciona De Ruggiero, não se lhe atribua valor de intangibilidade absoluta e manual: "*corpi che hanno una consistenza eterea, come i gas, o forze della natura che si lasciano dominare ed utilizazare per i bisogni umani, come l'elettricità, sono pur essi cose corporali. Incorporali sono quindi quelle che solo intellettualmente si percepiscono, entità astratte ed ideali*" (Roberto de Ruggiero, *Istituzioni di diritto civile*, cit., p. 458). Em direção análoga Francesco Ferrara, *Trattato di diritto civile italiano*, cit, p. 735, segundo o qual "*non sono corporali soltanto le cose quae tangi possunt (poiché la tangibilità ed afferrabilità è una delle manifestazioni della percepibilità) ma che si rivelano comunque agli altri sensi, alla vista, all'udio, ecc*".

[24] Acerca da conceituação de bens incorpóreos, anota Francisco Amaral: "Bens incorpóreos são os que têm existência abstrata, intelectual, como os direitos, as obras do espírito, os valores, como a

de fazer e não fazer),[25] que tem por objeto o comportamento humano. Com a evolução tecnológica, a cada dia identificam-se novos bens jurídicos, notadamente imateriais, como as criações intelectuais, a informação, o *know-how*, os interesses difusos, a reclamarem disciplina jurídica.

Por outro lado, equiparam-se a tais bens de existência incorpórea os direitos, que podem igualmente se tornar objeto de relação jurídica, dependendo do centro de interesse a ser protegido. Configuram dessa forma bens jurídicos os créditos, postos em circulação mediante títulos de créditos ou em penhores de direitos.[26] Constituem, ainda, exemplo de bens incorpóreos as ações escriturais, assim entendidas aquelas não representadas por certificados.[27]

Direitos como bens jurídicos

Nesta mesma perspectiva, em que o direito se torna, ele próprio, objeto de direito, consideram-se bens jurídicos não somente os bens imateriais em si considerados – a imagem, a saúde, a criação autoral –, como a tutela concedida pelo ordenamento a tais emanações da personalidade – o direito autoral,[28] o direito à imagem, o direito ao

---

honra, a liberdade, o nome. São criações da mente, construções jurídicas, direitos. Sua existência é apenas intelectual e jurídica. (...) São exemplos de bens incorpóreos o fundo de comércio, a clientela, as marcas de indústria, os privilégios de invenção, os desenhos e modelos industriais, o *software*, *know-how* e, como divulgação de conhecimento, de modo geral, a informação" (Direito civil: introdução, Rio de Janeiro: Renovar, 2003. p. 312). V., ainda, Eduardo Espínola e Eduardo Espínola Filho, *Introdução ao estudo do direito civil*, vol. 1, Rio de Janeiro: Livraria Freitas Bastos, 1939. p. 518: "No direito moderno, são incorpóreos os bens que, constituindo verdadeiros e próprios objetos de direito, não têm uma existência material, tangível, corpórea; a expressão – *quae in jure consistunt* é entendida como aplicável aos bens que procedem, ou melhor, que são reconhecidos por abstração lógico-jurídica; bens que o direito, por conveniência de seus fins, reconhece como existentes, mas que não têm consistência material".

[25] V. Caio Mário da Silva Pereira, *Instituições de direito civil*, vol. I, Rio de Janeiro: Forense, 2019, 32ª ed., p. 344.

[26] Roberto de Ruggiero, *Istituzioni di diritto civile*, cit., p. 459.

[27] "Apenas as ações representadas por certificados, como no caso das extintas ações endossáveis e ao portador, e das nominativas registradas (art. 31) quando (inutilmente) representadas por certificado, é que podiam ser consideradas bens corpóreos. As ações escriturais, por constituírem bens incorpóreos, não podem, pela sua própria natureza, materializar-se em um certificado. (...) A ação escritural não tem existência material, não representa ou pressupõe qualquer depósito; pressupõe mesmo a inexistência ou a prévia destruição do título que anteriormente a representava (art. 34). A ação escritural é um valor patrimonial incorpóreo, transferível por lançamento efetuado pela instituição financeira em seus livros, a débito da conta de ações do alienante e a crédito da conta de ações do adquirente (art. 35)" (Modesto Carvalhosa, *Comentários à lei de sociedades anônimas*, São Paulo: Saraiva, 2002, 4ª ed., pp. 134-135). V. tb. Sérgio Campinho, *Curso de sociedade anônima*, Rio de Janeiro: Renovar, 2015, 1ª ed., p. 126.

[28] Ao propósito, o tema da cobrança de direitos autorais tem ganhado especial atenção, especialmente à luz das novas tecnologias. Nesse sentido, já se afirmou em outra sede: "Diante de novos bens jurídicos, com estruturas inusitadas, o direito há de proteger a função por eles desempenhada. No caso dos direitos autorais, sua defesa deve ser aspiração social. A criação artística há de ser estimulada, sendo um dos raros setores em que a produção nacional, motivo de justo orgulho para nós brasileiros, prescinde de subsídio ou favor estatal." (Gustavo Tepedino, Novas tecnologias e os direitos autorais. In: *Coluna – OAB/RJ*. Disponível em: https://oabrj.org.br/colunistas/gustavo-tepedino/novas-tecnologias-os-direitos-autorais. Acesso em: 17 nov. 2023). Nessa direção, a 3ª Turma do STJ entendeu que a execução de músicas em rádio no transporte coletivo pressupõe o objetivo de lucro, fomentando a atividade empresarial, mesmo que indiretamente. Por esse motivo, o Tribunal reconheceu a validade da cobrança de direitos autorais pela veiculação de programas de rádio nos

nome. Pode-se cogitar que, se alguém cede sua imagem para uma revista ou transfere à editora o aproveitamento econômico da obra literária, a rigor, o que transferiu não foi sua imagem ou sua criação artística, mas o direito que o ordenamento lhe atribui para gerir tais bens incorpóreos (e auferir o aproveitamento econômico deles proveniente).[29]

5. CRITÉRIOS DE CLASSIFICAÇÃO DO CÓDIGO CIVIL

No regime atual, as classificações dos bens traduzidas no Código Civil decorrem de três critérios fundamentais quanto: (i) às suas características naturais (individualidade); (ii) às suas recíprocas relações quando considerados entre si (uns em relação aos outros); (iii) à sua titularidade.

A primeira classificação é objeto do Livro II, Título único, Capítulo I do Código Civil, intitulado "Dos Bens Considerados em Si Mesmos", abrangendo as distinções entre os bens imóveis e móveis (CC, arts. 79 a 84); fungíveis e não fungíveis (CC, art. 85); consumíveis e não consumíveis (CC, art. 86); divisíveis e indivisíveis (CC, arts. 87 e 88); e singulares e coletivos (CC, arts. 89 a 91).

A segunda classificação, objeto do Capítulo II, intitulado "Dos Bens Reciprocamente Considerados", regula os bens principais e acessórios (CC, art. 92), as pertenças (CC, arts. 93 e 94), os frutos e produtos (CC, arts. 95), e as benfeitorias (CC, arts. 96 e 97).

Finalmente, o Capítulo III, dedicado aos "Bens Públicos", disciplina os bens que integram a titularidade do Poder Público (CC, arts. 98 a 103). Examine-se a seguir cada uma dessas espécies descritas pelo Código Civil sob a ótica funcional da utilização dos bens jurídicos.

6. BENS IMÓVEIS E MÓVEIS

Bem imóvel

Considerada a *summa divisio* da teoria dos bens, a distinção entre imóveis e móveis fundamenta-se na vinculação da coisa ao solo, designando-se, por isso mesmo, os imóveis como bens de raiz. Define-se difusamente o bem imóvel, nessa direção, como aquilo que não se pode transportar sem destruí-lo ou alterá-lo em sua substância.[30]

Espécies de bens imóveis

A despeito da controvérsia entre as legislações, três classes de bens definem a extensão da noção de imobilidade no sistema atual: (i) imóveis por natureza ou por acessão física natural; (ii) imóveis por acessão física artificial; (iii) imóveis por determinação legal. A codificação de 1916 admitia uma quarta classe de bens, designada como imóveis por acessão intelectual, suprimida pelo Código Civil de 2002, eis que substituída pela disciplina das pertenças (CC, arts. 93 e 94).

Bens imóveis por natureza

Constituem-se *bens imóveis por natureza*, alcançados pela previsão do art. 79 do Código Civil, o solo e tudo que a ele adere como parte integrante da natureza e

---

veículos de transporte coletivo no estado do Ceará. (STJ, 3ª T., REsp 1735931/CE, Rel. Min. Paulo de Tarso Sanseverino, julg. 9.3.22021, publ. DJ 15.3.2021).

[29] Roberto de Ruggiero, *Istituzioni di diritto civile*, cit., p. 456.

[30] Dentre outros, Alberto Trabucchi, *Istituzioni di diritto civile*, cit., p. 370; Clovis Bevilaqua, *Teoria geral do direito civil*, cit., p. 174.

que se fixa ao solo pela raiz. Assim é que as árvores e frutos pendentes naturalmente gerados, arbustos, raízes, cursos d'água, canais, lagos e lagoas consideram-se bens imóveis, vez que integrados ao solo. No que tange aos frutos, enquanto ligados à vegetação que lhes dá vida, permanecem imobilizados, tornando-se bens móveis apenas quando colhidos e separados do solo.[31]

Em seguida, têm-se os *bens imóveis por acessão artificial*, assim consideradas não somente as plantações como também as construções erguidas de maneira permanente, ou tendencialmente definitiva, isto é, aquelas que se prendem ao solo por engenhos fixos de modo a se incorporarem à terra, imobilizando-se.[32] Conforme observado em doutrina, "o verbo incorporar traduz justamente a ideia de absorção, integração de um elemento a um conjunto. Não é preciso que a remoção seja impossível, mas, como dispunha o Código de 1916, que não se possa retirar sem destruição, modificação, fratura ou dano, ou mais modernamente, sem alteração de sua destinação econômica (CC, art. 82)".[33] Constituem bens imóveis por acessão artificial as construções e as plantações (CC, arts. 1.253-1.259), justamente em razão de ambas as espécies decorrerem da intervenção humana.[34]

<small>Bens imóveis por acessão artificial</small>

Ao lado dessas duas classes, o legislador, provavelmente por considerar insuficiente a vinculação entre as coisas e o solo para o controle normativo pretendido em relação à circulação de bens, adotou critério de atribuição legal da natureza imobiliária a certos direitos, que se tornam, assim, imóveis por determinação do art. 80 do Código Civil. Por imperativo de segurança jurídica, são considerados imóveis "os direitos reais sobre imóveis e as ações que os asseguram", e "o direito à sucessão aberta". Trata-se de atração normativa da disciplina dos bens imóveis para direitos que, por sua proximidade com os imóveis ou com os pressupostos de segurança jurídica que inspiram o seu regime, justificam o controle legal pretendido.[35]

<small>Bens imóveis por determinação legal</small>

A previsão legislativa assegura natureza imobiliária: (i) aos direitos reais sobre coisa alheia, previstos no art. 1.225 do Código Civil, como o usufruto de bens imóveis, a servidão predial, o direito de superfície; (ii) às ações para sua tutela, como a reivindicatória, hipotecária, negatória de servidão e assim por diante; e (iii) ao direito à sucessão aberta, mesmo se o acervo hereditário for composto exclusivamente por bens móveis, separando o legislador, nitidamente, os bens do acervo hereditário do direito à transmissão em si considerado.

---

[31] Sobre o ponto, v. Roberto De Ruggiero, *Istituzioni di diritto civile*, cit., p. 480; Clovis Bevilaqua, *Teoria geral do direito civil*, cit., p. 177.

[32] Caio Mário da Silva Pereira, *Instituições de direito civil*, vol. I, cit., p. 353; João Luiz Alves, *Código Civil da República dos Estados Unidos do Brasil*, Rio de Janeiro: Borsoi, 1957, 3ª ed., p. 148.

[33] Gustavo Tepedino, Heloisa Helena Barboza, Maria Celina Bodin de Moraes et. al., *Código Civil interpretado conforme a Constituição da República*, vol. I, Rio de Janeiro: Renovar, 2014, p. 179.

[34] Melhim Namem Chalhub, *Curso de direito civil*: direitos reais, Rio de Janeiro: Forense, 2003, 1ª ed., p. 24; Orlando Gomes, *Direitos reais*. Rio de Janeiro: Forense, 2012, 21ª ed., p. 174-175; Carvalho Santos, *Código Civil brasileiro interpretado*, vol. II, Rio de Janeiro: Freitas Bastos, pp. 8-10; e Carlos Roberto Gonçalves, *Direito civil brasileiro*, vol. 1, São Paulo: Saraiva, 2015, 13ª ed., p. 291.

[35] Sobre o ponto, v. Salvatore Pugliatti, Cosa (teoria generale), cit., p. 85.

Por meio desse expediente, tido por alguns como "ficção da lei",[36] as exigências legais mais rigorosas, próprias do direito imobiliário, são estendidas a tais direitos. Assim sendo, prevalecerá, também aqui, a título exemplificativo, a necessidade de instrumento público para a sua alienação (CC, art. 108), a possibilidade de instituição de hipoteca (CC, art. 1.473), a exigência de outorga do cônjuge para a prática de diversos atos, como a alienação, a constituição de ônus real, salvo no regime de separação absoluta de bens (CC, art. 1.647, I e II) e a citação do cônjuge nas ações que lhe são próprias (CPC, art. 73), além da submissão, para a prescrição aquisitiva, a prazos prescricionais mais longos (CC, art. 1.238 e ss.).[37]

Bens móveis

Em cotejo com tais bens imóveis, o art. 82 do Código Civil conceitua como móveis "os bens suscetíveis de movimento próprio, ou de remoção por força alheia, sem alteração da substância ou da destinação econômico-social". Além dos animais (semoventes),[38] o preceito abarca mobiliário inanimado abrangente, tendo por limite legal a preservação da destinação econômico-social do bem em seu deslocamento.

Ao contrário da técnica empregada pelo codificador italiano, em que a definição decorre de opção residual, tomando-se por móvel tudo aquilo que não for imóvel, o legislador brasileiro preferiu a conceituação abrangente, incluindo-se aqui, dentre muitos outros, os novos bens jurídicos decorrentes do avanço tecnológico, o gás, o fundo de comércio (composto pelos elementos incorpóreos), as cotas de capital social ou ações de companhias (ainda que o seu patrimônio seja constituído exclusivamente por imóveis), os títulos da dívida pública ou privada etc.

Bens móveis por determinação legal

O legislador, no art. 83 do Código Civil, alarga a noção de bens móveis para abranger "as energias que tenham valor econômico", "os direitos reais sobre bens móveis e as ações correspondentes" e "os direitos pessoais de caráter patrimonial e respectivas ações". Na esteira desse entendimento, os direitos autorais, por expressa determinação do art. 3º da Lei n. 9.610/1998, afiguram-se bens móveis, assim como os direitos de propriedade industrial, nos termos do art. 5º da Lei n. 9.279/1996.

Cuida-se aqui de opção legislativa, própria da tradição romano-germânica, de subtrair do controle típico do direito imobiliário bens que, ao ver do legislador, mereceriam circulação mais dinâmica e menos solene. Diante do desenvolvimento industrial e da consagração do direito societário, em que os valores mobiliários assumiram "função predominante", há muito se critica a preponderante tutela conferida aos imóveis, considerando-se "a propriedade imobiliária como o elemento mais sólido e precioso do patrimônio", circundado "de especiais garantias, solenidades e cautelas, enquanto para os bens móveis persiste ainda em parte o preconceito que se

---

[36] A locução é de Silvio Rodrigues, *Direito civil*, vol. I, São Paulo: Saraiva, 2007, 34ª ed., p. 126.
[37] Caio Mário da Silva Pereira, *Instituições de direito civil*, vol. I, cit., p. 352.
[38] Destaque-se, aqui, o Projeto de Lei n. 27, de 2018, que estabelece "que os animais passam a ter natureza jurídica *sui generis*, como sujeitos de direitos despersonificados. Eles serão reconhecidos como seres sencientes, ou seja, dotados de natureza biológica e emocional e passíveis de sofrimento" (Senado aprova projeto que cria natureza jurídica para os animais. *Agência Senado*, 07 ago. 2019. Disponível em: https://www12.senado.leg.br/noticias/materias/2019/08/07/senado-aprova-projeto-que-inclui-direitos-dos-animais-na-legislacao-nacional. Acesso em: 17 nov. 2023).

exprimia no passado com o conhecido adágio *Vilis mobilium possessio*".[39] Na atualidade, contudo, o debate se encontra em certa medida superado, eis que os valores mobiliários, especialmente no caso das companhias abertas, submetem-se a espécies de controle cada vez mais amplos, ao largo da previsão codificada e das formas de registro tradicionais, de modo a conferir-lhes agilidade na circulação, transparência e segurança para os investidores.

O art. 84 do Código Civil, consentâneo com o sistema, considera móvel o material de construção até que seja efetivamente empregado na obra, quando se incorpora ao imóvel por acessão física artificial. Firme na perspectiva funcional, o dispositivo, em sua parte final, autoriza que, com a demolição, o material readquira a natureza de bem móvel, "a menos que o desmonte seja temporário, objetivando a reconstrução do próprio prédio, hipótese em que se admite mantida sua natureza imobiliária".[40] Vale dizer, tratando-se de reconstrução, o codificador desconsidera a mobilização, conservando-se a natureza imobiliária da acessão física remodelada. [Material de construção]

Admite-se a figura do bem móvel por antecipação para a hipótese de imóveis que, mercê de sua destinação econômica, tendente a fazê-los objeto de negócio jurídico como coisas móveis, são tratados como bens móveis, assim mobilizados por expressão da autonomia privada. É o caso de uma safra antecipadamente alienada, por exemplo, ainda que se mantenha vinculada ao solo por certo período de tempo, nos termos contratuais fixados entre vendedor e comprador. De fato, conforme ressaltado em doutrina, a qualidade imobiliária dura enquanto durar a imobilização. E mesmo durante a imobilização, "a vontade privada ou a lei pode considerar as partes ou acessórios imobiliários em sua condição futura de coisas separadas e, por isso, tratá-las como coisas móveis (venda de frutos pendentes, alienação de um bosque a ser derrubado, de minerais a serem extraídos)", autorizando-se também o penhor de "colheitas pendentes, ou em via de formação" (CC, art. 1.442, II), funcionalmente mobilizadas.[41] [Bem móvel por antecipação]

A noção de bens móveis por antecipação, acolhida no art. 95 do Código Civil, segundo o qual, "apesar de ainda não separados do bem principal, os frutos e produtos podem ser objeto de negócio jurídico", embora ausente na codificação anterior, encontrava-se admitida pela jurisprudência.[42]

---

[39] Francesco Ferrara, *Trattato di diritto civile italiano*, cit., p. 819, o qual, já em 1921, desenvolve refinada crítica à despropositada distinção da *"fortuna immobiliare da quella mobiliare"*, invocando Barthou (*De l'origine de l'adade "Vilis mobilium possessio"*, Paris, 1884), quanto à origem do aludido brocardo latino. E considera *"l'antitesi di trattamento giuridico tra proprietà mobiliare ed immobiliare"* como *"prodotto della tradizione storica"*.

[40] Gustavo Tepedino, Heloisa Helena Barboza, Maria Celina Bodin de Moraes et. al., *Código Civil interpretado conforme a Constituição da República*, vol. I, cit., p. 181, invocando-se decisão jurisprudencial segundo a qual se, ao contrário, demolido o prédio, o material for armazenado para a construção de outra obra, não já a reconstrução do anterior, mantém-se a natureza mobiliária do material até que seja efetivamente incorporado à nova construção (STJ, 1ª T., REsp. 327.562, Rel. Min. Humberto Gomes de Barros, julg. 11.9.2001, publ. *DJ* 5.11.2001).

[41] Francesco Ferrara, *Trattato di diritto civile italiano*, cit., p. 824.

[42] STF, 2ª T., RE 74.684/PR, Rel. Min. Xavier de Albuquerque, julg 14.11.1972, publ. *DJ* 1.12.1972: "Árvores vendidas para corte são, por antecipação, bens móveis"; STJ, 3ª T., REsp. 23.195, Rel. Min.

Ao lado dessa técnica de separação da disciplina jurídica em razão da natureza móvel ou imóvel dos bens, o legislador, por vezes, atribui a certos bens móveis mecanismos próprios dos imóveis, como é o caso da hipoteca, que pode ter por objeto, nos termos do art. 1.473, VI e VII, do Código Civil, navios e aeronaves, os quais, nem por isso, perdem a natureza de bens móveis.

7. BENS FUNGÍVEIS E INFUNGÍVEIS

A segunda classificação cogitada pelo Código Civil, no âmbito dos bens considerados em sua individualidade, aparta os bens fungíveis dos infungíveis. *Fungibilidade* é a qualidade do bem que pode ser indiferentemente substituído por outro idêntico em quantidade e qualidade. Não que o bem fungível não tenha características próprias, mas estas, do ponto de vista do interesse tutelado, se identificam por traços comuns a outros bens de mesma estirpe, mediante critérios objetivos que os igualam uns pelos outros (*una alterius vice fungitur*), como a medida, o peso e o tamanho, a contagem (*pondere, numero, mensura consistunt*). Os bens infungíveis, em contrapartida, contêm características que os fazem singulares, não sendo suscetíveis de substituição por qualquer outro. Bem fungível tipicamente considerado é o dinheiro, quando utilizado para transações correntes. Se a moeda, ao contrário, faz-se alvo de interesse para o colecionador, adquire natureza infungível. O mesmo se diga de um livro de certa edição, fungível em circunstâncias ordinárias, embora tornado infungível por conta de dedicatória, por exemplo, que o singulariza.

O art. 85 do Código Civil, ao considerar "fungíveis os móveis que podem substituir-se por outros da mesma espécie, qualidade e quantidade", reproduz a dicção do art. 50 do Código revogado, parecendo excluir a fungibilidade de bens imóveis. Esta era, certamente, a orientação seguida por toda a doutrina, ao argumento de que "a fungibilidade é própria dos móveis, porque somente neles pode ser bem apreciada a equivalência dos substitutos".[43] Entretanto, como modernamente tem-se afirmado, "a natureza dos bens jurídicos há de ser identificada de acordo com a sua função e com sua específica destinação econômica, na concreta relação jurídica em que se insere".[44]

Nessa linha de entendimento, admite-se "a extensão da ideia de fungibilidade aos imóveis, como no caso de vários proprietários comuns de um loteamento que ajustam partilhar entre si os lotes ao desfazerem a sociedade: um que se retire receberá certa quantidade de lotes, que são havidos como coisas fungíveis, até o momento da lavratura do instrumento".[45]

Eduardo Ribeiro, julg. 9.11.1993, publ. *DJ* 29.11.1993: "Efetuada a venda de árvores, separadamente do solo, considera-se antecipadamente como móveis, desde a data em que concluído o contrato".

[43] Clovis Bevilaqua, *Teoria geral do direito civil*, cit., p. 182.
[44] Gustavo Tepedino, Heloisa Helena Barboza, Maria Celina Bodin de Moraes *et. al.*, *Código Civil interpretado conforme a Constituição da República*, vol. I, cit., p. 182.
[45] Caio Mário da Silva Pereira, *Instituições de direito civil*, vol. I, cit., p. 361.

Admite-se, igualmente, a fungibilidade de obrigações de fazer, quando o *facere* não tiver caráter personalíssimo, de modo a admitir a realização da obrigação por terceiro, preservando-se a execução específica do dever ajustado (CPC, art. 497). Nas obrigações de fazer infungíveis, não se permite a substituição do devedor na execução do dever contratual. Nesse caso, o art. 247 do Código Civil estabelece: "Incorre na obrigação de indenizar perdas e danos o devedor que recusar a prestação a ele só imposta, ou só por ele exequível".[46]

A fungibilidade desperta enorme importância teórica e prática, assegurando a liberação do devedor mediante pagamento pelo gênero, não se lhe exigindo um objeto determinado, além de numerosas outras implicações em diversos campos do direito. Além disso, a fungibilidade do objeto é essencial para qualificar o contrato de mútuo, apartando-o do comodato.

8. BENS CONSUMÍVEIS E NÃO CONSUMÍVEIS

Critério diverso serve a discernir os bens consumíveis, cujo uso leva naturalmente à sua extinção, dos não consumíveis, cuja integridade não é atingida por sua utilização ordinária. Além desse critério que se denomina *consumição natural*, o art. 86 do Código Civil admite a *consumição jurídica*, ao estender a qualidade de consumível para as hipóteses em que o bem, destinando-se à alienação, torna-se funcionalmente destinado a se esvair, na rotatividade de mercadorias inerente à atividade. Caracteriza-se, assim, a natureza consumível de um livro ou uma camisa postos à venda (juridicamente consumíveis), ainda que naturalmente não sejam como tal considerados (naturalmente ou materialmente inconsumíveis).

<small>Consumição natural e consumição jurídica</small>

Daqui resulta a distinção, usualmente empregada na indústria e hoje de grande relevância na sistemática do Código de Defesa do Consumidor (v. item seguinte), entre bens duráveis, normalmente não consumíveis, e não duráveis, que se caracterizam justamente por serem consumíveis. A alusão conceitual ao uso normal mostra-se relevante já que muitos bens não consumíveis podem ser deteriorados ou destruídos quando dirigidos a uso atípico, para o qual normalmente não se destinam. Servem de exemplo livros utilizados para fomentar a combustão de uma lareira ou equipamentos industriais ou eletrônicos empregados para desmonte de peças.

<small>Bens duráveis e bens não duráveis</small>

Embora normalmente coincidam em relação a um mesmo bem jurídico, a natureza consumível não se confunde com a fungibilidade. Exposto à venda certo livro raro, terá este, embora inegavelmente infungível, natureza (juridicamente) consumível, a teor do art. 86 do Código Civil.[47]

<small>Bens consumíveis e bens fungíveis</small>

---

[46] "Em tese, para que se considere infungível a obrigação de fazer, requer-se menção expressa. (...). Todavia, mesmo em caso onde não haja convenção expressa, poder-se-á reconhecer a infungibilidade da prestação, em virtude das circunstâncias que rodearam o negócio" (Silvio Rodrigues, *Direito civil*, vol. II, São Paulo: Saraiva, 2002, 30ª ed., p. 34.). V. tb. Caio Mário da Silva Pereira, *Instituições de direito civil*, vol. I, cit., p. 361.

[47] Caio Mário da Silva Pereira, *Instituições de direito civil*, vol. I, cit., pp. 362-363.

9. BENS DURÁVEIS E NÃO DURÁVEIS

Critério da durabilidade dos bens

O Código de Defesa do Consumidor adota a distinção entre bens duráveis e não duráveis, relevante no âmbito da responsabilidade por vício do produto e do serviço. Com efeito, o diploma consumerista invoca a durabilidade como critério para a definição do prazo decadencial a ser conferido ao consumidor para o exercício do seu direito de reclamar pelos vícios do produto e do serviço (CDC, art. 26).

Consideram-se não duráveis os bens caracterizados pela efemeridade da sua vida útil, assim entendidos "aqueles que se exaurem ao primeiro uso ou em pouco tempo após a aquisição. Aí cabem, entre tantos outros, os alimentos, medicamentos, cosméticos, serviços de lazer e de transporte".[48] A extinção dos bens não duráveis pode ser imediata (alimentos, remédios, bebidas) ou paulatina (sabonete).[49] De outra parte, os bens duráveis caracterizam-se "por terem uma vida útil não efêmera, embora não se exija que seja prolongada",[50] se podendo apontar, ilustrativamente, os automóveis, os computadores e os utensílios domésticos.[51] Em formulação mais sintética, afirma-se que são duráveis aqueles cuja existência e utilidade se projetam no tempo, ao passo que os não duráveis esgotam-se com maior brevidade.[52]

Em certa hipótese, o Superior Tribunal de Justiça se deparou com a controvérsia atinente à qualificação do vestido de noiva como bem durável ou não durável – premissa relevante para a definição do prazo decadencial do consumidor para reclamar por vícios do produto (CDC, art. 26). O Tribunal concluiu que "(...) o vestuário, mormente um vestido de noiva, é um bem 'durável', pois não se extingue pelo mero uso. Aliás, é notório que por seu valor sentimental há quem o guarde para a posteridade, muitas vezes com a finalidade de vê-lo reutilizado em cerimônias de casamento por familiares (filhas, netas e bisnetas) de uma mesma estirpe".[53]

---

[48] Antonio Herman V. Benjamin, Claudia Lima Marques, Leonardo Roscoe Bessa, *Manual de direito do consumidor*, São Paulo: Revista dos Tribunais, 2017, 8ª ed., p. 249.

[49] Sergio Cavalieri Filho, *Programa de direito do consumidor*, São Paulo: Atlas, 2008, 1ª ed., p. 65.

[50] Antonio Herman V. Benjamin, Claudia Lima Marques, Leonardo Roscoe Bessa, *Manual de direito do consumidor*, cit. p. 249.

[51] Sergio Cavalieri Filho, *Programa de direito do consumidor*, cit. p. 64.

[52] Bruno Miragem, *Curso de direito do consumidor*, São Paulo: Thomson Reuters Brasil, 2019, 8ª ed., p. 801.

[53] STJ, 3ª T., REsp n. 1.161.941/DF, Rel. Min. Ricardo Villas Bôas Cueva, julg. 5.11.2013, publ. *DJ* 14.11.2013. Da decisão se extrai: "Por outro lado, há pessoas que o mantém como lembrança da escolha de vida e da emoção vivenciada no momento do enlace amoroso, enquanto há aquelas que guardam o vestido de noiva para uma possível reforma, seja por meio de aproveitamento do material (normalmente valioso), do tingimento da roupa (cujo tecido, em regra, é de alta qualidade) ou, ainda, para extrair lucro econômico, por meio de aluguel (negócio rentável e comum atualmente). Desse modo, o vestido de noiva jamais se enquadraria como bem não durável, porquanto não consumível, tendo em vista não se exaurir no primeiro uso ou em pouco tempo após aquisição, para consignar o óbvio. Aliás, como claramente se percebe, a depender da vontade da consumidora, o vestido de noiva, vestimenta como outra qualquer, sobreviverá a muitos usos. Com efeito, o desgaste de uma roupa não ocorre em breve espaço de tempo, em especial quando cediço que um dos elementos estimuladores do consumo é a qualidade da roupa. Não é inapropriado dizer que muitas vezes há roupas mais duradouras que produtos eletroeletrônicos (também considerados duráveis) e, não por outro motivo, as roupas, em geral, possuem instruções

10. BENS DIVISÍVEIS E INDIVISÍVEIS

No estágio atual da sociedade, "todas as coisas *in rerum natura* se poderiam considerar divisíveis, dada a perfeição dos meios técnicos que permitem uma decomposição mesmo das entidades mais simples".[54] A divisibilidade jurídica, entretanto, significa a possibilidade de divisão sem alteração das qualidades essenciais que o bem ostentava antes da partição. Para o Direito, indivisível será o bem se seu fracionamento, posto que fisicamente possível, importar menoscabo ou desnaturar a vocação econômica a que se destina. O bem divisível se fracionará em partes homogêneas, que conservam todas as características equivalentes, compatíveis com o todo originário. Indivisível, portanto, em exemplo clássico, é certo diamante, cujo fracionamento aviltaria seu valor, assim como o livro, o relógio. Divisível, ao contrário, é uma partida de dez sacas de café, uma quantia em dinheiro, uma gleba com características homogêneas.

Nessa esteira, os bens podem ser indivisíveis por natureza ou por determinação convencional ou legal. Por natureza são indivisíveis os bens que, como já cogitado no direito antigo, não se podem fragmentar sem alterar suas características essenciais (reputando-se, portanto, divisíveis os bens *quae sine damno dividi possunt*).[55] Compreendem-se nesta noção de indivisibilidade natural os bens cuja partição, embora fisicamente possível, viesse a sacrificar ou depreciar sua destinação econômica, associada à unidade indivisa.[56] Na atualidade, bastaria lembrar os *shopping centers*, cuja concepção arquitetônica, planejada com áreas destinadas a lojas, praças de alimentação, lazer, estacionamento, é forjada de tal forma a tornar impraticável a divisão,[57] independentemente de sua viabilidade física.

Consideram-se legalmente indivisíveis, por outro lado, os bens que, independentemente de sua divisibilidade material, devem ser mantidos íntegros por determinação legal, sendo sua indivisibilidade valorada positivamente pelo legislador. Pense-se nas hipóteses de parcelamento de imóvel urbano ou rural, em que a lei determina dimensões mínimas para o lote urbano ou fração mínima de parcelamento para o rural.[58]

---

de uso e lavagem a fim de lhe permitir longa vida útil, ou seja, maior durabilidade. De fato, tanto as roupas são bens considerados duráveis que, não raro, são objeto de doações, pois, mesmo já gastas ainda preservam o estado de uso, em especial para aqueles com menor capacidade econômica, o que deve ser sempre estimulado em um país cuja miserabilidade cresce a cada dia. (...) Recurso provido para afastar a decadência, impondo-se o retorno dos autos à instância de origem para a análise do mérito do pedido como entender de direito".

[54] Alberto Trabucchi, *Istituzioni di diritto civile*, cit., p. 373.
[55] O fragmento de Pompônio (Digesto, L. 30, Tít. 26, §2º) é invocado por Roberto de Ruggiero para definir a divisibilidade como a "atitude que tem algumas coisas a serem reduzidas em partes sem que o fracionamento lhes altere a forma e a essência ou lhes modifique desproporcionalmente o valor" (*Istituzioni*, cit., p. 463).
[56] Tal aspecto é ressaltado por Arnoldo Wald, *Direito civil*, vol. I, cit., p. 228 e sustentado em interessante parecer sobre o tema (RT, 56/177).
[57] Ricardo Pereira Lira, Sobre a indivisibilidade do negócio jurídico 'shopping center'. In: *Revista Trimestral de Direito Civil – RTDC*, vol. I, jan-mar/2000, p. 241 e ss.
[58] Marcelo Terra, In: Arruda Alvim e Thereza Alvim (coord.), *Comentários ao Código Civil brasileiro*, vol. I, Rio de Janeiro: Forense, 2005, p. 629; Eduardo Ribeiro de Oliveira. In: Sálvio de Figueiredo Teixeira (coord.), *Comentários ao novo Código Civil*, vol. II, Rio de Janeiro: Forense, 2012, p. 68.

Finalmente, a indivisibilidade pode ser decidida convencionalmente, por expressão da autonomia privada, tornando insuscetível de divisão bens cuja natureza não impediria repartir. A indivisibilidade, por política legislativa, pode ser restringida ou vedada, estabelecendo-se a divisibilidade temporária ou permanente. Nesse contexto se inserem o art. 1.320 do Código Civil e seus parágrafos, que consideram o condomínio voluntário divisível a qualquer tempo, autorizando-se pactos de *indivisão*, desde que não superiores a cinco anos.

11. BENS SIMPLES OU COMPOSTOS; BENS SINGULARES E BENS COLETIVOS; UNIVERSALIDADES

A despeito de o Código Civil contemplar a classificação entre bens singulares e coletivos (arts. 89 e 90) ao final do Capítulo I (Dos Bens Considerados em Si Mesmos), a distinção somente se justifica na perspectiva da relação entre bens reciprocamente considerados, de que trata o Capítulo II. É o interesse jurídico a determinar, de acordo com a relação estabelecida entre os objetos considerados, se a incidência normativa se dará sobre cada um deles singularmente considerado ou sobre o conjunto de objetos reunidos (bens singulares ou coletivos); e, no âmbito individual, se o centro de imputação jurídica será o objeto em seu todo ou cada uma das partes que o compõe (bens simples ou compostos).

Bem singular e bem coletivo

Estabelecida tal premissa, singular é o bem considerado (funcionalmente) em sua individualidade, independentemente de se encontrar reunido com outros da mesma natureza. Coletivo ou universal, ao revés, é o bem constituído pelo todo unitário e orgânico resultante da reunião de objetos (universalidade). Nesta perspectiva, afirma-se que a árvore e o livro são bens singulares, enquanto a floresta e a biblioteca são bens coletivos, ou universalidades.

Bens simples e bens compostos

Já os bens singulares costumam-se apartar em simples e compostos. Os simples consideram-se em sua inteireza: o vaso, o boi, a faca.[59] Já os compostos são formados por partes autônomas que, sem perderem sua autonomia, se tornam elementos constitutivos do objeto considerado: um avião, um automóvel, um edifício.[60]

Partes integrantes

Há quem distinga, em doutrina, as *"partes integrantes"*, que mantém sua autonomia embora integradas a outro objeto, como as telhas, janelas e portas em relação à casa, ou o motor e as rodas em relação ao carro,[61] das *"partes constitutivas indissolúveis"*, isto é, os materiais que, integrando-se ao novo objeto, perdem a sua identidade, como o cimento e os tijolos em uma construção, ou a argila na qual é forjado o vaso.[62]

---

[59] Orlando Gomes, *Introdução ao direito civil*, Rio de Janeiro: Forense, 2016, 21ª ed., p. 178; Washington de Barros Monteiro, *Curso de direito civil*, vol. I: parte geral, São Paulo: Saraiva, 2007, 41ª ed., p. 187.

[60] Francesco Ferrara, *Trattato di diritto civile italiano*, cit., p. 771 e ss.; Clovis Bevilaqua, *Teoria geral do direito civil*, Campinas: Servanda, 2015, 2ª ed., pp. 232-233.

[61] Francisco Amaral, *Direito civil*: introdução, cit., p. 452.

[62] Francesco Ferrara, *Trattato di diritto civile italiano*, cit., p. 774.

Mais relevo prático, contudo, apresenta a distinção entre as partes integrantes e os bens acessórios, os quais, necessariamente, têm sua existência em função do bem principal. Ao propósito, sublinhou-se, com autoridade, a peculiaridade dos bens acessórios, os quais, "não sendo integrantes, servem para preencher o fim econômico da coisa principal, estando ligados a ela exteriormente", como o contrato de fiança em relação ao contrato de locação.[63] Entre as partes integrantes de certo bem composto não há qualquer relação de acessoriedade, vez que todas se revelam igualmente imprescindíveis (e, portanto, bens principais quando reciprocamente consideradas) para a formação do objeto.[64]

Partes integrantes e bens acessórios

Não há de se confundir, finalmente, o bem composto com a universalidade. A diferença não se encontra na natureza homogênea dos bens que compõem a universalidade, já que esta pode ser constituída por qualquer elemento de conexão, como seria um mobiliário *Art Nouveau* ou de estilo *Bauhaus*. A diferença é eminentemente funcional: na universalidade coexistem a individualidade do todo com a autonomia de destinação econômica de cada uma das partes (os livros que formam a biblioteca, cada ovelha de um mesmo rebanho), ao contrário dos bens compostos, em que as partes, embora autônomas, perdem sua destinação econômica autônoma, integrando-se em coerência funcional dirigida a uma nova destinação econômica (as telhas de uma casa, as rodas de um carro). Trata-se, portanto, de verificar "se os elementos que compõem o todo se comportam como partes ou como coisas autônomas".[65]

Bem composto e universalidade

12. SEGUE: UNIVERSALIDADE DE FATO E DE DIREITO

Tem-se, nos termos dos arts. 90 e 91 do Código Civil, a noção de universalidade, que se desdobra em universalidade de fato e de direito. Ambas têm a idêntica função de submeter o conteúdo dos bens agregados – e como tal considerados objeto de certa relação jurídica – a regime jurídico específico. Na universalidade de fato, tem-se a reunião de bens que, sem perder autonomia jurídica, passam a ser considerados pelo perfil unitário e global que representam. A universalidade de direito, por outro lado, situa-se na reunião, sob a mesma perspectiva de regime legal unitário, de relações jurídicas subjetivas, configurando um complexo de direitos sob a mesma titularidade. A universalidade de direito se sujeita à autorização legal, não sendo suficiente, para sua constituição, deliberação convencional, que é o bastante para a instituição de universalidade de fato.[66] Constitui universalidade de direito o patrimônio, analisado no item 18, *infra*, deste Capítulo.

Universalidade de fato

Universalidade de direito

---

[63] Clovis Bevilaqua, *Teoria geral*, cit., p. 237.
[64] Francesco Ferrara, Trattato di diritto civile italiano, cit., p. 771 e ss.
[65] Francesco Ferrara, Trattato di diritto civile italiano, cit., p. 798.
[66] Dedicou-se profundamente a tal distinção Domenico Barbero, *Le universalità patrimoniali*, cit., p. 127 e ss., o qual critica, de maneira contundente, Fada e Bensa, para os quais a distinção se limitaria à materialidade ou imaterialidade dos bens que compõem tais conjuntos. Para Barbero, o que transforma vários livros em uma biblioteca é a vontade humana, exclusivamente, a qual poderá tratar o livro individualmente ou na universalidade (de fato) em que se integra. Já a reunião ideal de direitos, mesmo que tenham por objeto somente bens materiais, sem a definição legal não seriam submetidos

A universalidade – de direito ou de fato – forma centro autônomo de imputação objetiva distinto de seus elementos. Consubstancia unificação do conjunto, que passa a ter relevância jurídica em si mesmo, sem que, por outro lado, suas partes integrantes percam autonomia. As universalidades caracterizam-se pela elasticidade de seu conteúdo, que pode se expandir ou se comprimir sem alteração da configuração unitária do conjunto. O titular da universalidade pode estabelecer relações jurídicas pertinentes aos elementos que a compõem, sendo possível até mesmo subtraí-los da universalidade. Dessa forma, os bens integrantes podem ser alterados, de forma que o titular da universalidade tem disponibilidade sobre os bens que a compõem.[67]

Em razão de a universalidade apresentar conteúdo mutável e, ao mesmo tempo, figurar, enquanto tal, como objeto de relação jurídica, tem-se que: (i) se um componente sair da universalidade, não mais se submete às relações jurídicas a esta pertinentes; e (ii) se um novo elemento ingressar na universalidade, submete-se *tout court* às relações jurídicas que a vinculam. Assim, aqueles que possuem direito sobre universalidade se satisfazem, sempre, nos elementos que a esta pertencem e apenas enquanto a esta pertencerem. A idealização do conjunto não o transforma em objeto de direito pela utilidade que dele se possa extrair, mas por atrair regime peculiar, em virtude do qual a satisfação do titular do direito sobre a universalidade se dá sobre os bens que a compõem e unicamente enquanto dela fizerem parte.

13. BENS PRINCIPAIS E ACESSÓRIOS

O segundo critério de classificação adotado pelo Código Civil, tendo por parâmetro a relação entre bens reciprocamente considerados, encontra-se estatuído nos arts. 92 e ss., que regulam os bens principais, os acessórios – com suas espécies expressamente previstas dos produtos, frutos e rendimentos, além das benfeitorias –, e as pertenças.

Bem principal
Bem acessório

Na presença de dois ou mais bens reciprocamente considerados, reputa-se principal o bem cuja função pode ser realizada independentemente de qualquer outro, tendo-se, em contrapartida, como acessório, o bem cujo destino depende do principal. O art. 92 do Código Civil define o bem acessório como "aquele cuja existência supõe a do principal". A utilização do substantivo *existência* deve ser apreendida no sentido de sua justificativa funcional, na medida em que sua finalidade econômica não é própria senão a do bem principal, para cujo alcance devota inteiramente sua existência jurídica.

Princípio da gravitação jurídica

Assim é que o bem acessório, por sua destinação servil ao principal, não recebe do ordenamento tratamento autônomo, permanecendo subordinado à finalidade

---

a regime jurídico diverso do incidente sobre cada um dos direitos individualmente considerados. V. tb. Marcelo Junqueira Calixto, Dos bens. In: Gustavo Tepedino (coord.), *A parte geral do novo Código Civil*: estudos na perspectiva civil-constitucional, Rio de Janeiro: Renovar, 2007, p. 169.

[67] Cf., sobre o tema, com ampla referência bibliográfica, Milena Donato Oliva, O patrimônio no direito brasileiro. In: Gustavo Tepedino (coord.), *O Código Civil na perspectiva civil-constitucional*: parte geral, Rio de Janeiro: Renovar, 2013, p. 199.

econômica e ao destino do bem em cuja órbita gravita.[68] Trata-se de classificação que decorre do princípio da gravitação jurídica, pelo qual, conforme a dicção de antigo aforismo latino, *accessorium sequitur principale*.[69] A regra encontrava-se contida no art. 59 da codificação de 1916, cujo enunciado dispunha: "salvo disposição especial em contrário, a coisa acessória segue a principal". O legislador atual não reproduziu o preceito, que se mantém, contudo, inserido em numerosas disposições normativas, podendo-se considerar a gravitação jurídica como princípio geral de direito, aplicável desde que a lei ou as partes não disponham diversamente, nos termos do art. 4º da Lei de Introdução às Normas do Direito Brasileiro.

O Código Civil, em diversos dispositivos, fornece material para a extração do princípio, ressaltando a relevância prática da classificação das coisas acessórias e principais. Assim é que, salvo prova em contrário, a posse do imóvel faz presumir a das coisas móveis nele contidas (CC, art. 1.209); a obrigação de dar coisa certa abrange seus acessórios, salvo se o contrário resultar do título ou das circunstâncias (CC, art. 233); na cessão de um crédito abrangem-se todos os seus acessórios, salvo convenção em contrário (CC, art. 287); não sendo limitada, a fiança compreenderá todos os acessórios da dívida principal (CC, art. 822); se concedida em valor superior à dívida principal, ou for mais onerosa, não valerá senão até ao limite da obrigação afiançada (CC, art. 823); inválida a dívida principal, invalida-se a fiança (CC, art. 824); pode o fiador opor ao credor as exceções que competem ao devedor principal, se não provierem simplesmente de incapacidade pessoal, salvo o caso do mútuo feito a pessoa menor (CC, art. 837); os juros de mora incidem sobre a execução das perdas e danos independentemente do pedido do credor (CC, art. 404 e 407 e CPC, art. 322, § 1º).

14. PERTENÇAS

A codificação de 2002 introduziu a figura das pertenças, definidas, nos termos do art. 93 do Código Civil, como "os bens que, não constituindo partes integrantes, se destinam, de modo duradouro, ao uso, ao serviço ou ao aformoseamento de outro". O art. 94 define, em seguida, a opção legislativa de conferir autonomia às pertenças em relação à alienação do bem principal, assim dispondo: "Os negócios jurídicos que dizem respeito ao bem principal não abrangem as pertenças, salvo se o contrário resultar da lei, da manifestação de vontade, ou das circunstâncias do caso". *Autonomia das pertenças*

Trata-se, portanto, de bens que, embora se destinem a "servir ao fim, econômico e técnico, de outra coisa", em torno do principal, não são acessórios (já que têm finalidade econômica autônoma)[70] ou partes integrantes (eis que valorados em separado em relação ao bem principal), estabelecendo específica "*relação de* *Relação de pertencialidade*

---

[68] Caio Mário da Silva Pereira, *Instituições de direito civil*, vol. I, cit., p. 368.
[69] V. Antônio Junqueira de Azevedo, *Bens acessórios*. In: Antonio Junqueira de Azevedo, *Estudos e pareceres de direito privado*, São Paulo: Saraiva, 2004, p. 84.
[70] Seja consentido remeter a Gustavo Tepedino, *Regime jurídico dos bens no Código Civil*, cit. item 12. V., ainda, Marcelo Junqueira Calixto, Dos bens. In: Gustavo Tepedino, *A parte geral do novo Código Civil*: estudos na perspectiva civil-constitucional, Rio de Janeiro: Renovar, 2007, p. 171.

pertinencialidade".[71] Afirma-se, por isso mesmo, que a pertença, em relação ao bem principal, é "coisa anexada (*res annexa*), coisa pertencente".[72]

No regime anterior, tinha-se a pertença por aderente ao imóvel ao qual servia, compreendida, assim, na noção de bens imóveis por acessão intelectual (art. 43, III, Código Civil de 1916),[73] o que lhes retirava vida própria. O Código Civil atual, contudo, ao consagrar a autonomia das pertenças no art. 94, extingue a categoria dos bens imóveis por acessão intelectual,[74] preferindo não as imobilizar, e preservando-as como espécie própria de bens.[75]

Dessa forma, alterou-se o regime jurídico em relação aos bens que servem ao principal – sem ser-lhes parte integrante –, podendo restar configurada a hipótese de pertença de bem móvel em relação a bem imóvel (como é o caso da maquinaria de certa planta industrial ou dos quadros que adornam as paredes da casa), de bem móvel em relação a bem móvel (como é o caso do aparelho avulso de rádio em relação ao carro).[76]

Vendido o bem principal, não se presumem igualmente alienadas as pertenças ali constantes, salvo se o contrário resultar da lei ou puder ser inferido da vontade das partes ou das circunstâncias do negócio (CC, art. 94). Por oportuno, vale mencionar a controvérsia sobre a submissão do kit gás à sorte do veículo em que instalado, tendendo a prevalecer a conclusão no sentido da qualificação do kit gás como pertença – a escapar, desse modo, da incidência do princípio da gravitação jurídica.[77]

---

[71] Caio Mário da Silva Pereira, *Instituições de direito civil*, vol. 1, cit., pp. 369-370; Silvio Rodrigues, *Direito civil*, vol. I, São Paulo: Saraiva, 2007, 34ª ed., p. 138; Pontes de Miranda, *Tratado de direito privado*, t. 2, Rio de Janeiro: Borsoi, 1954, p. 114.

[72] Já para Antônio Junqueira de Azevedo, *Bens Acessórios*, cit., p. 86, as pertenças, são consideradas tipo de acessório, são "coisas-ajudantes", como "o barco salva-vidas no navio", em que a "relação de pertinencialidade é uma conexão de função econômica; a destinação, por isso mesmo, deve ser permanente".

[73] Art. 43, III, Código Civil de 1916: "São bens imóveis: (...) III – tudo quanto ao imóvel o proprietário mantiver intencionalmente empregado em sua exploração industrial, aformoseamento ou comodidade".

[74] Assim afirma o Enunciado n. 11 da I Jornada de Direito Civil do CJF: "Não persiste no novo sistema legislativo a categoria dos bens imóveis por acessão intelectual, não obstante a expressão 'tudo quanto se lhe incorporar natural ou artificialmente', constante da parte final do art. 79 do Código Civil".

[75] Sobre o tema, v. Rogério de Meneses Fialho Moreira, A supressão da categoria dos bens imóveis por acessão intelectual pelo Código Civil de 2002. In: *Revista Trimestral de Direito Civil*, vol. 11, jul.-set./2002, p. 221; Marcelo Junqueira Calixto, Dos bens. In: Gustavo Tepedino (coord.), *A parte geral do novo Código Civil*: estudos na perspectiva Civil-Constitucional, Rio de Janeiro: Renovar, 2007, p. 174.

[76] É controvertido se pode haver relação de pertinencialidade de imóvel a imóvel. Sobre o tema, v. Marcelo Junqueira Calixto. Dos bens. In: Gustavo Tepedino, *A parte geral do novo Código Civil*: estudos na perspectiva civil-constitucional, cit., p. 171. Cf. tb. Marcelo Terra, *Comentários ao Código Civil brasileiro*. In: Arruda Alvim e Thereza Alvim (coord.), Rio de Janeiro: Forense, 2005, pp. 640-646; Eduardo Ribeiro de Oliveira. In: Sálvio de Figueiredo Teixeira (coord.), *Comentários ao novo Código Civil*, vol II, Rio de Janeiro: Forense, 2012, pp. 103-104.

[77] Cf. TJ/RJ, 23ª C.C, Ap. Cív. 0001945-37.2016.8.19.0008, Rel. Des. Maria Celeste Pinto de Castro Jatahy, julg. 17.5.2017, publ. *DJ* 19.5.2017; TJ/RJ, 27ª C.C., Ap. Cív. 0189417-38.2012.8.19.0004, Rel. Des. Fernanda Fernandes Coelho Arrabida Paes, julg. 16.8.2017, publ. *DJ* 22.8.2017; TJ/RJ, 27ª C.C.,

15. FRUTOS E SUAS ESPÉCIES. PRODUTOS

Consideram-se bens acessórios os frutos, em que se constituem as utilidades produzidas pelo bem principal. O Código Civil contempla três modalidades: (i) *frutos naturais*, produzidos de maneira periódica, orgânica ou naturalmente; (ii) *frutos industriais*, resultantes do lavor humano para a sua obtenção; e (iii) *frutos civis*, que correspondem à remuneração oferecida pela utilização do bem (rendas, aluguéis, juros) e, por isso, designam-se rendimentos. As duas primeiras categorias podem ser reunidas no gênero frutos *in natura*, por oposição aos frutos civis, que se reputam *in pecunia*.[78]

Modalidades de frutos

A distinção entre frutos naturais e industriais mostra-se pouco evidente e sem relevância prática.[79] Trata-se de vetusta classificação, herdada do *Code Napoléon*. Afirma-se que os frutos naturais são aqueles produzidos espontaneamente (os frutos da árvore, os filhotes do rebanho), ao passo que os frutos industriais seriam obtidos da natureza, porém por intermédio da atividade humana (cuidava-se, tradicionalmente, das culturas agrícolas,[80] sendo possível falar, nos dias de hoje, da intensa produção observada no âmbito do agronegócio).

A definição de frutos industriais não permite, tampouco, distingui-los com nitidez da categoria dos *produtos*. Em princípio, a nota diferencial dos conceitos residiria na periodicidade ínsita aos frutos, que, expelidos por força orgânica intrínseca, consideram-se renováveis, seguindo ciclo reprodutivo, sem que sua colheita importe na exaustão substancial do bem que lhe serve de matriz. No caso dos produtos, por outro lado, sua produção leva ao esgotamento, sem possibilidade de renovação (pense-se no granito da rocha, nas pedras preciosas extraídas de suas minas). Sabe-se, porém, que muitas culturas agrícolas não se renovam naturalmente, o que permitiria cogitar, por exemplo, de uma cultura de cereais como hipótese de produtos, não já de frutos industriais.[81]

Produtos

Ap. Cív. 0110089-54.2012.8.19.0038, Rel. Des. Tereza Cristina Sobral Bittencourt Sampaio, julg. 3.5.2017, publ. *DJ* 5.5.2017; TJ/RJ, 19ª C.C., Ap. Cív. 2212744-58.2011.8.19.0021, Rel. Des. Guaraci de Campos Vianna, julg. 12.7.2012, publ. 18.7.2012.

[78] No direito italiano, com efeito, não se faz a distinção entre as duas espécies de frutos in natura: "Sono frutti naturali quelli che provengono direttamente dalla cosa, pur venendo conservata la sostanza della cosa stessa: sono tali, vi concorra o no l'opera dell'uomo" (Alberto Trabucchi, Istituzioni di Diritto Civile, cit., p. 383).

[79] Marcel Planiol et Georges Ripert, *Traité élémentaire de droit civil français*, tome I, Paris: Librairie Générale de Droit et de Jurisprudence, 1950, p. 1194: "*Le Code civil subdivise les fruits en nature en fruits naturels et fruits industriels: les premiers sont ceux qui viennent sans culture: les seconds ceux que exigent le travail de l'homme (art. 582-583). Cette distinction ne sert à rien*".

[80] Afirma o art. 582 do Código Civil francês: "*Les fruits naturels sont ceux qui sont le produit spontané de la terre. Le produit et le croît des animaux sont aussi des fruits naturels. Les fruits industriels d'un fonds sont ceux qu'on obtient par la culture*".

[81] Caio Mário da Silva Pereira, *Instituições de direito civil*, vol. I, cit., p. 372 anota: "O elemento diferenciador é a presença ou ausência da periodicidade da reprodução. Enquanto os frutos nascem e renascem periodicamente da coisa sem se desfalcar a sua substância, os produtos dela se retiram ao mesmo passo que diminuem de quantidade. Quem tem um pomar, colhe os *frutos* das árvores, quem tem uma plantação de cereais, colhe os *produtos* que não renascem periodicamente" (grifou-se).

Verdadeiramente útil, por outro lado, revela-se a categoria dos *frutos civis*, que, por representarem rendimentos *in pecunia*, atraem regras específicas não aplicáveis aos frutos ou produtos *in natura* (assim, por exemplo, a norma do art. 1.215 do Código Civil, que determina sua percepção "dia por dia").

Classificam-se ainda os frutos segundo o estado em que se encontram, designando-se: (i) *pendentes*, enquanto estiverem unidos ao bem que os produz; (ii) *percebidos ou colhidos*, a partir do momento da separação; (iii) *estantes*, se, depois de separados, mantêm-se armazenados para a alienação; (iv) *percipiendos*, se, estando já maduros ou em condições de separarem-se do bem que os produziu, mantêm-se a este vinculados; e (v) *consumidos*, se já foram separados e utilizados.[82]

16. BENFEITORIAS

Por *benfeitorias* entendem-se as intervenções efetuadas no bem com o propósito de conservação, melhoramento ou embelezamento. Nos termos do art. 96, § 3º, do Código Civil, designam-se benfeitorias *necessárias* as destinadas à conservação ou ao propósito de evitar a deterioração do bem. Segundo dispõe o §2º, chamam-se benfeitorias úteis as realizadas com o fim de melhorar ou aprimorar o bem, ampliando ou facilitando o seu uso. Se, enfim, tratar-se de intervenção para aprimoramento estético ou recreativo, têm-se as benfeitorias *voluptuárias*, associadas, na dicção do §1º, ao "mero deleite ou recreio, que não aumentam o uso habitual do bem, ainda que o tornem mais agradável ou sejam de elevado valor".

O art. 97 do Código Civil exclui da noção de benfeitorias os incrementos sobrevindos espontaneamente, ao sabor da natureza, sem a presença do elemento volitivo atribuível ao proprietário, possuidor ou detentor. Da mesma forma, distingue-se a benfeitoria, considerada melhoria acessória, da acessão, que consiste no acréscimo construído sobre a propriedade.[83]

A distinção entre cada uma das espécies de benfeitorias deve levar em conta as circunstâncias em que a intervenção é realizada, os costumes locais e as necessidades

---

[82] Clovis Bevilaqua, *Código Civil dos Estados Unidos do Brasil comentado*, vol. I, Rio de Janeiro: Francisco Alves, 1956, p. 234. Como ressalta o autor, "por não mais existirem, os consumidos, claramente se vê, não entram na classe das coisas acessórias. Desaparecem ou transformam-se".

[83] De acordo com a 3ª Turma do STJ, a cláusula de contrato de locação que prevê renúncia à indenização por benfeitorias e adaptações não se estende à hipótese de acessão ou acréscimos efetuados no imóvel. A Corte diferenciou o conceito de benfeitoria, melhoria acessória realizada na coisa, da noção de acessão, que consiste no acréscimo construído sobre a propriedade. Invocou-se ainda o art. 114 do Código Civil, para interpretar restritivamente a renúncia contratual à indenização por benfeitorias e adaptações. No caso, o locatário, devidamente autorizado pelo proprietário, construiu uma academia na propriedade alugada, ressaltando o Relator, Min. Marco Aurélio Bellizze, que a obra configurou acessão, tendo em vista o valor elevado investido no imóvel, que descaracteriza o suporte fático da benfeitoria ou de simples adaptação do bem para suas atividades. Além disso, entendeu-se caracterizada edificação em terreno alheio por possuidor de boa-fé, a atrair a incidência do art. 1.255 do CC, daí decorrendo a perda da construção para o proprietário, ressalvada a respectiva indenização (STJ, 3ª T., REsp 1.931.087, Rel. Min. Marco Aurélio Bellizze, julg. 24.10.2023, publ. *DJe* 26.10.2023).

sociais de cada época, sendo certo que obras consideradas supérfluas no passado se tornam progressivamente úteis ou necessárias, especialmente diante das pressões de consumo que caracterizam a sociedade de massa. Basta pensar nas garagens para automóveis, nos projetos de climatização de ambientes em localidades de temperaturas extremas, ou na instalação de cabeamento eletrônico e de informática, dependendo do uso a que se destina o imóvel.

Mostra-se assaz significativa, em termos práticos, a classificação dos frutos e benfeitorias. O possuidor de boa-fé tem direito aos frutos percebidos (CC, art. 1.214), e à indenização pelas benfeitorias necessárias e úteis, podendo retirar as voluptuárias, se não lhe forem ressarcidas, desde que possa fazê-lo sem danificar o bem sobre o qual foram erguidas. Pelo valor das benfeitorias necessárias e úteis cabe-lhe o direito de retenção (CC, art. 1.219). Ao possuidor de má-fé somente serão ressarcidas as quantias empregadas em benfeitorias necessárias, sem direito de retenção por tais valores (CC, art. 1.220). A identificação de benfeitorias integradas ao imóvel também será indispensável para que se compensem com os danos causados pelo possuidor ao proprietário (CC, art. 1.221).

Efeitos da posse

Igualmente no campo contratual a classificação se torna relevante, vedando, por exemplo, o Código de Defesa do Consumidor, em seu art. 51, XVI, por abusiva, a cláusula contratual que importe renúncia à indenização por benfeitorias necessárias. Já os arts. 35 e 36 da Lei de Locações (Lei n. 8.245/1991) determinam, ressalvada disposição contratual em contrário, a indenização ao locatário pelas benfeitorias necessárias, bem como pelas úteis que houver autorizado, permitindo-se ainda o levantamento de benfeitorias voluptuárias desde que não seja danificado o imóvel. O Superior Tribunal de Justiça tem entendimento consolidado no sentido da validade da referida cláusula no âmbito de contratos locatícios regidos pela Lei n. 8.245/1991, como se depreende do Enunciado n. 335 da Súmula da Corte: "Nos contratos de locação, é válida a cláusula de renúncia à indenização das benfeitorias e ao direito de retenção".[84]

17. BENS PÚBLICOS E PRIVADOS

Classificam-se os bens, segundo a natureza de seu titular, em bens públicos ou privados.[85] O Capítulo III do Livro II do Código Civil, dedicado aos "Bens Públicos", disciplina os bens de titularidade do Poder Público (CC, arts. 98 a 103). Cada uma dessas espécies descritas pelo Código Civil deve ser examinada sob ótica funcional.

O art. 98 do Código Civil conceitua como "públicos os bens do domínio nacional pertencentes às pessoas jurídicas de direito público interno", considerando, residualmente, particulares todos os outros. Bens públicos são assim definidos por sua titularidade atribuída à Administração Pública direta ou indireta. Bens privados

---

[84] A respeito da controvérsia atinente à incidência do CDC aos contratos de locação residencial urbana, v. Milena Donato Oliva, Desafios contemporâneos da proteção do consumidor: codificação e pluralidade de fontes normativas. In: *Revista Brasileira de Direito Civil – RBDCivil*, v. 16, abr.-jun./2018, p. 29.

[85] Clovis Bevilaqua, *Teoria Geral do Direito Civil*. Campinas: Red Livros, 2001, p. 268.

também podem exercer função pública, de sorte que a eles poderá ser aplicado o regime próprio dos bens públicos. Nessa direção, aprovou-se o Enunciado n. 287, da IV Jornada de Direito Civil do CJF, em que se lê: "O critério da classificação de bens indicado no art. 98 do Código Civil não exaure a enumeração dos bens públicos, podendo ainda ser classificado como tal o bem pertencente a pessoa jurídica de direito privado que esteja afetado à prestação de serviços públicos".[86]

Categorias de bens públicos

Distinguem-se tradicionalmente os bens públicos em três categorias, estabelecidas no art. 99 do Código Civil e seus incisos: (i) *bens de uso comum do povo*; (ii) *bens de uso especial*; e (iii) *bens dominicais ou dominiais*.

Os *bens de uso comum do povo* destinam-se à utilização coletiva,[87] tais como rios, mares, estradas, ruas e praças. Apesar de a fruição comum ser, em regra, irrestrita e gratuita, nada obsta que o Poder Público a condicione a critérios determinados; restrinja o proveito pela população mediante circunstâncias excepcionais; ou demande o pagamento de retribuição, como, a título exemplificativo, a cobrança por ingressos em museus (CC, art. 103).[88]

A segunda categoria, formada pelos *bens de uso especial*, relaciona-se aos bens destinados à execução de serviços de interesse público, tais como se verifica com os imóveis destinados ao serviço da administração federal, estadual ou municipal direta ou indireta. A essência desses bens reside precisamente em sua afetação específica à prestação de serviços de interesse público. Há aqui a utilização do bem pelo seu titular. Nesse contexto, os entes públicos têm a faculdade de permitir ou vedar o acesso da população a tais estabelecimentos.

Finalmente, a terceira categoria dos *bens dominicais ou dominiais*, é considerada residual, composta por bens que não se destinam diretamente a uma função pública; vale dizer, os bens nela inseridos carecem de finalidade de interesse público pré-determinada,[89] como ocorre no caso das chamadas terras devolutas. Merece nota, ainda,

---

[86] O STJ, no julgamento do AgInt 1.712.101/AL, analisou situação em que se discutia a possibilidade de usucapião de bens de propriedade da Caixa Econômica Federal vinculados ao Sistema Financeiro Nacional, tendo afirmado, acerca do art. 98, do Código Civil, que: "a despeito da literalidade do dispositivo legal, a doutrina especializada, atenta à destinação dada aos bens, considera também bem público aquele cujo titular é pessoa jurídica de direito privado prestadora de serviço público, quando o bem estiver vinculado à prestação desse serviço público". (STJ, 3ª T., AgInt 1.712.101/AL, Rel. Min. Paulo de Tarso Sanseverino, julg. 15.5.2018, publ. *DJ* 21.5.2018).

[87] A categoria se destaca, segundo identificado em doutrina, pela não correspondência nas figuras do proprietário e do usuário do bem. O domínio pertence aos entes de direito público, enquanto o uso cabe ao povo. V. Caio Mário da Silva Pereira, *Instituições do Direito Civil*, Rio de Janeiro: Forense, 2016, 29ª ed., pp. 370-371.

[88] Caio Mário da Silva Pereira, *Instituições do Direito Civil*, Rio de Janeiro: Forense, 2016, 29ª ed., pp. 371-372; Hely Lopes Meirelles, *Direito Administrativo Brasileiro*, São Paulo: Editora Malheiros, 23ª ed., 1988, p. 418.

[89] Em doutrina, afirma-se que os bens dominiais "são aqueles que, embora integrando o domínio público como os demais, deles diferem pela possibilidade sempre presente de serem utilizados em qualquer fim ou, mesmo, alienados pela Administração, se assim o desejar." (Hely Lopes Meirelles, *Direito Administrativo Brasileiro*, São Paulo: Editora Malheiros, 23ª ed., 1988, p. 415). V. também Maria Sylvia Zanella Di Pietro, *Direito Administrativo*, São Paulo: Atlas, 2010, 23ª ed., p. 679.

o que dispõe o parágrafo único do art. 99 do Código Civil, segundo o qual, na ausência de disposição legal em contrário, consideram-se dominicais os bens pertencentes às pessoas jurídicas de direito público a que se tenha dado estrutura de direito privado.

Inalienabilidade relativa dos bens públicos

A inalienabilidade dos bens públicos não é absoluta, encontrando-se circunscrita às duas primeiras categorias, afetadas ao uso comum ou ao uso especial de interesse de toda a sociedade (CC, art. 100). Os bens dominicais, por integrarem o patrimônio disponível das pessoas jurídicas de direito público, consideram-se bens do domínio privado do Estado. Por esse motivo, ao contrário dos bens integrantes das demais categorias, podem ser alienados, desde que na presença de interesse público devidamente justificado, sujeitando-se às exigências legais, nos termos dos arts. 76 e 77 da Lei n. 14.133/2021 (CC, art. 101). Em contrapartida, no caso de bens afetados ao uso comum do povo ou à destinação especial, qualquer alteração na titularidade dependerá de prévia lei de desafetação.[90] A desafetação, com efeito, é o mecanismo de que se vale o direito administrativo para se alterar a destinação do bem público, de modo a inseri-lo na categoria dos bens dominicais.[91]

Arrecadação do bem imóvel abandonado

Ao contrário do bem móvel, que pode restar sem titularidade, desde que nunca assenhorado (*res nullius*) ou relegado pelo dono com intenção de abandono (*res derelicta*), o bem imóvel abandonado sujeita-se à arrecadação como bem vago e passará ao domínio público, nos termos do art. 1.276 e seus parágrafos, do Código Civil.

Usucapião

Consoante previsão constitucional (art. 183, § 3º e art. 191, parágrafo único), o art. 102 do Código Civil veda a usucapião de bens públicos, seja qual for a sua natu-

---

[90] "Os bens públicos podem passar do domínio público para o particular, resultando claro que os bens públicos são inalienáveis enquanto destinados ao uso comum do povo ou a fins especiais, isto é, enquanto tiverem afetação pública – ou seja, destinação pública. Exemplificando, uma praça ou um edifício público não podem ser alienados enquanto tiverem essa destinação; mas qualquer deles poderá ser vendido, doado ou permutado desde o momento em que seja, por lei, desafetado da destinação originária e transpassado para a categoria de bens dominicais, isto é, patrimônio disponível da Administração" (Hely Lopes Meirelles, *Direito Administrativo Brasileiro*, São Paulo: Malheiros, 2016, 42ª ed., pp. 653-654).

[91] Sobre o controle judicial (do interesse público) na desafetação de bens públicos, v. Gustavo Tepedino, Acesso aos direitos fundamentais, bens comuns e unidade sistemática do ordenamento. In: *Direito Civil, Constituição e unidade do sistema:* Anais do Congresso Internacional de Direito Civil Constitucional – V Congresso do IBDCivil, Belo Horizonte: Fórum, 2019, pp. 17-32; Gustavo Tepedino, Danielle Tavares Peçanha, Simone Cohn Dana. Os bens comuns e o controle de desafetação de bens públicos. In: *Revista de Direito da Cidade*, v. 13, n. 1, pp. 427-445. O Superior Tribunal de Justiça, no julgamento da Ação Civil Pública ajuizada contra a desafetação de praça destinada ao uso comum do povo, para a categoria de bem dominical, destacou que o não uso ou o pouco uso do espaço público pela população não pode servir de justificativa para o ato de desafetação, uma vez que a finalidade desses locais públicos não se resume, nem se esgota, na efetiva utilização do bem pela comunidade, mas no mero acesso e disponibilização do espaço à coletividade do presente e do futuro. O STJ afirmou, ainda, que a desafetação do bem público, se efetuada sem critérios sólidos e objetivos, como no caso em tela, torna-se 'vandalismo estatal', considerado mais condenável que a deterioração privada, uma vez que o domínio público deveria encontrar no Estado o seu maior protetor. (STJ, 2ª T., REsp 1.135.807/RS, Rel. Min. Herman Benjamin, julg. 15.4.2010, publ. DJ 8.3.2012). Na mesma direção: STJ, 2ª T., REsp 1.391.271/RJ, Rel. Min. Herman Benjamin, julg. 3.11.2015, publ. DJ 28.9.2016; e TJSP, 5ª C.Dir. Púb., Ap. Cív. 0009353-31.2010.8.26.0223, Rel. Min. Helísa Martins Mimessi, julg. 6.2.2017, publ. DJ 2.9.2017.

reza.[92] Encerra-se, assim, antiga discussão quanto à admissibilidade de usucapião de bens dominicais, a qual, já no século passado, havia sido pacificada pelo Supremo Tribunal Federal, em 1963, mediante o Enunciado n. 340 de sua Súmula: "desde a vigência do Código Civil, os bens dominiais não podem ser adquiridos por usucapião". O Superior Tribunal de Justiça editou em 2018 o Enunciado n. 619 de sua Súmula, que assim dispõe: "a ocupação indevida de bem público configura mera detenção, de natureza precária, insuscetível de retenção ou indenização por acessões e benfeitorias". Nada obstante, a proibição de aquisição do domínio por usucapião não significa, do ponto de vista técnico, que não possa haver o reconhecimento de posse nos bens públicos, com os efeitos daí decorrentes. É dizer, bens inalienáveis e insuscetíveis de aquisição por usucapião não são bens insuscetíveis de posse. Em tal perspectiva, é possível que um bem público tenha o seu uso concedido a um particular, mediante ato regulado pelo Direito Administrativo, através de autorização, permissão ou concessão de uso.[93] Nessa esteira, destacam-se, especialmente, em termos de utilização por pessoas privadas dos bens públicos, a concessão de direito real de uso e a concessão de uso especial para fins de moradia, ambos direitos reais indicados no rol do art. 1.225 do Código Civil,[94] e disciplinados, respectivamente, pelo Dec-Lei n. 271/1967 (modificado em parte pela Lei n. 11.481/2007) e pela MP n. 2.220/2001 (modificada pela Lei n. 13.465/2017).[95]

18. BEM DE FAMÍLIA

Espécies

O bem de família goza de proteção jurídica e representa importante mecanismo de tutela dos direitos fundamentais. De origem norte-americana, o chamado "*homestead*" nasceu na República do Texas e, de lá para cá, tem sido introduzido nos mais

---

[92] Em perspectiva crítica, cf. Maria Sylvia Zanella Di Pietro, Direito administrativo, São Paulo: Atlas, 2015, 28ª ed., pp. 822-823; Clovis Bevilaqua, Código Civil dos Estados Unidos do Brasil, vol. 1, Rio de Janeiro: Editora Rio, 1975 (edição histórica), p. 305. O STJ julgou ser possível a aquisição por usucapião de parte de imóvel rural por, segundo a Corte, encontrar-se em condomínio indiviso com particulares, aludindo não ser possível distinguir a área pertencente ao Poder Público: "[n]a hipótese, em razão de reiterada inércia da Terracap em realizar a divisão da gleba de há muito parcialmente desapropriada em seu favor, distinguindo a parte pública da privada, o imóvel rural encontra-se em condomínio indiviso com particulares. E isso significa que a propriedade não é exclusiva da Companhia. Portanto, ainda que reconhecida a natureza pública da parte da gleba pertencente à empresa pública, não é possível estender tal natureza a todo o imóvel rural para considerá-lo absolutamente insusceptível de usucapião, como ocorreria caso estivesse devidamente dividida, demarcada e identificada a área pública. 4. Nesse cenário, torna-se possível a aquisição, por usucapião, de parte da gleba em questão, porquanto não comprovada a natureza pública da área objeto da pretensão aquisitiva." (STJ, 4ª T., AgInt no REsp n. 1.504.916/DF, Rel. Min. Raul Araújo, julg. 27.9.2022, publ. DJe 31.1.2023).

[93] Para análise pormenorizada da matéria sob a ótica do Direito Administrativo, v., por todos, Hely Lopes Meirelles, *Direito Administrativo Brasileiro*, São Paulo: Malheiros, 2016, 42ª ed., pp. 653-654.

[94] CC/2002, Art. 1.225. São direitos reais: (...) XI – a concessão de uso especial para fins de moradia; XII – a concessão de direito real de uso; e (...)"

[95] Para exame dos dois institutos, cfr. Gustavo Tepedino; Carlos Edison do Rêgo Monteiro Filho; Pablo Renteria, *Fundamentos do Direito Civil*, vol. V, Rio de Janeiro: Forense, 2ª ed., pp. 365-371.

diversos sistemas jurídicos.[96] No ordenamento brasileiro, o bem de família pode ser legal ou convencional, conforme seja fruto de disposição legal ou de ato voluntário. O primeiro é regido pela Lei 8.009/1990 e o segundo, pelos arts. 1.711 a 1.722 do Código Civil e arts. 260 a 265 da Lei 6.015/1973. Ambas as espécies têm por finalidade mais ampla a proteção do direito fundamental à moradia.

Efeitos

Na medida em que o bem de família legal independe de ato de vontade, configura expediente de elevado alcance social, apresentando eficácia imediata e automática para todos os beneficiados. De acordo com o Enunciado n. 205 da Súmula do STJ, a Lei 8.009/1990 aplica-se inclusive à penhora realizada antes de sua vigência. O bem de família voluntário, a seu turno, projeta efeitos apenas a partir de quando formalmente instituído, conforme prevê o art. 1.715 do Código Civil.

Bem de família legal

O art. 1º da Lei 8.009/1990 estabelece que o "imóvel residencial próprio do casal, ou da entidade familiar, é impenhorável e não responderá por qualquer tipo de dívida civil, comercial, fiscal, previdenciária ou de outra natureza, contraída pelos cônjuges ou pelos pais ou filhos que sejam seus proprietários e nele residam, salvo nas hipóteses previstas nesta lei". O parágrafo único preceitua que "a impenhorabilidade compreende o imóvel sobre o qual se assentam a construção, as plantações, as benfeitorias de qualquer natureza e todos os equipamentos, inclusive os de uso profissional, ou móveis que guarnecem a casa, desde que quitados".

Bens móveis

Em complemento, o art. 2º, *caput*, determina a exclusão da proteção aos veículos de transporte,[97] às obras de arte e aos adornos suntuosos. Tendo em vista que se tutela (não o direito real de propriedade, mas) o direito fundamental à moradia, sua abrangência se estende também ao locatário, de modo que "a impenhorabilidade aplica-se aos bens móveis quitados que guarneçam a residência e que sejam de propriedade do locatário" (art. 2º, parágrafo único). Vale mencionar, ainda, importante precedente da 3ª Turma do Superior Tribunal de Justiça que, em avaliação funcional dos bens, considerou impenhorável o piano quando utilizado para a educação musical dos filhos do casal. No mesmo ano, a mesma Turma, com o mesmo Relator, reputou supérfluo e penhorável o piano quando circunscrito a peça de decoração.[98] Aludidos julgados corroboram a insuficiência de categorizações abstratas quanto aos bens – *e.g.* piano reputado aprioristicamente bem suntuoso –, em prol da qualificação em concreto – *e.g.* piano como bem destinado à educação e à promoção de valores existenciais merecedores de tutela.

---

[96] Para aprofundamento sobre seu desenvolvimento histórico, v. Álvaro Villaça de Azevedo, *Bem de Família: com comentários à lei 8.009/90*, São Paulo: Revista dos Tribunais, 1996, 3ª ed., pp. 24-86.

[97] Coerentemente, exclui-se da proteção a vaga de garagem quando dotada de existência jurídica autônoma. Assim estabelece a Súmula 449 do STJ: "A vaga de garagem que possui matrícula própria no registro de imóveis não constitui bem de família para efeito de penhora".

[98] Vale confrontar decisões da mesma relatoria que, a partir de análise funcional, produziu resultando opostos: "Piano – bem de família (...) insuscetível de penhora" (STJ, 3ª T., REsp 207.762/SP, Rel. Min. Waldemar Zveiter, julg. 27.3.2000, publ. *DJ* 5.6.2000); "Piano – não coberto pela proteção do bem de família, suscetível de penhora" (STJ, 3ª T., REsp 198.370/MG, Rel. Min. Waldemar Zveiter, julg. 16.11.2000, publ. *DJ* 5.2.2001).

Entidade familiar

A jurisprudência, em concretização do direito fundamental à moradia, superou a exigência de configuração de entidade familiar (art. 1º, Lei 8.009/1990) para que haja a proteção do bem de família legal.[99] Mesmo o proprietário divorciado, separado judicialmente ou solteiro está protegido pela impenhorabilidade, deslocando-se, assim, a proteção do núcleo familiar para a pessoa humana em si mesma considerada. Nessa direção, o Enunciado n. 364 da Súmula do STJ estabelece que "o conceito de impenhorabilidade de bem de família abrange também o imóvel pertencente a pessoas solteiras, separadas e viúvas".[100]

Pluralidade de imóveis

No caso de a pessoa ter mais de um imóvel, a impenhorabilidade recai, conforme estabelece o art. 5º, *caput*, da Lei 8.009/1990, sobre aquele em que há moradia permanente. Por outro lado, se vários imóveis forem utilizados como residência, a impenhorabilidade recairá sobre o de menor valor, salvo se sobre outro tiver sido regularmente constituído bem de família convencional (Lei 8.009/1990, parágrafo único do art. 5º).

Rol de exceções à impenhorabilidade legal

O art. 3º da Lei n. 8.009/1990 prevê exceções à impenhorabilidade do bem de família. Conforme se lê do preceito, não há impenhorabilidade na execução: (i) pelo titular do crédito decorrente do financiamento destinado à construção ou à aquisição do imóvel, no limite dos créditos e acréscimos constituídos em função do respectivo contrato; (ii) pelo credor da pensão alimentícia, resguardados os direitos, sobre o bem, do seu coproprietário que, com o devedor, integre união estável ou conjugal, observadas as hipóteses em que ambos responderão pela dívida; (iii) para cobrança de impostos, predial ou territorial, taxas e contribuições devidas em função do imóvel familiar;[101] (iv) para execução de hipoteca sobre o imóvel oferecido como garantia

---

[99] "A interpretação teleológica do art. 1º, da Lei 8.009/90, revela que a norma não se limita ao resguardo da família. Seu escopo definitivo é a proteção de um direito fundamental da pessoa humana: o direito à moradia. Se assim ocorre, não faz sentido proteger quem vive em grupo e abandonar o indivíduo que sofre o mais doloroso dos sentimentos: a solidão. É impenhorável, por efeito do preceito contido no Art. 1º da Lei 8.009/90, o imóvel em que reside, sozinho, o devedor celibatário" (STJ, CE, EREsp 182223/SP, Rel. Min. Sálvio de Figueiredo Teixeira, julg. 6.2.2002, publ. DJ 7.4.2003).

[100] Em comentário à evolução do entendimento jurisprudencial neste ponto, confira-se Anderson Schreiber, Direito à moradia como fundamento para a impenhorabilidade do imóvel residencial do devedor solteiro. In: Gustavo Tepedino et al. (coord.), *Diálogos sobre direito civil*, t. 1, Rio de Janeiro: Renovar, 2002.

[101] A 3ª Turma do STJ, por maioria, admitiu a penhora de bem de família (unidade autônoma) por falta de pagamento dos aluguéis devidos por um condômino ao outro. Veja-se: "O propósito recursal consiste em definir a possibilidade de penhora de imóvel, em regime de copropriedade, quando é utilizado com exclusividade, como moradia pela família de um dos coproprietários, o qual foi condenado a pagar alugueres devidos em favor do coproprietário que não usufrui do imóvel. (...) não pode um dos condôminos utilizar-se da proteção ao bem de família para prejudicar o direito do outro condômino que, conceitualmente, dispõe, na medida de sua fração ideal, dos mesmos direitos reais sobre o bem em discussão. (...). Na hipótese, a recorrida pleiteia os direitos decorrentes sua fração ideal sobre o condomínio. Encontra como meio à execução do imóvel, pois o condomínio é indivisível. Assim, meramente requer seus direitos de coproprietária do imóvel." (STJ, 3ª Turma, REsp n. 1.888.863, Rel. Min. Nancy Andrighi, julg. 10.5.2022, publ. DJ 20.5.2022). A 3ª Turma do STJ definiu que o bem de família pode ser penhorado por dívida de contrato de empreitada global para construção do próprio imóvel (STJ, 3ª T., REsp n. 1.976.743/SC, Rel. Min. Nancy Andrighi, julg. 8.3.2022, publ. DJ 11.3.2022).

real pelo casal ou pela entidade familiar; (v) por ter sido adquirido com produto de crime ou para execução de sentença penal condenatória a ressarcimento, indenização ou perdimento de bens; e (vi) por obrigação decorrente de fiança concedida em contrato de locação.

Quanto à hipótese indicada no inciso II do art. 3º, que permite a execução do bem "pelo titular do crédito decorrente do financiamento destinado à construção ou à aquisição do imóvel", já entendeu a 3ª Turma do STJ que o bem de família pode ser penhorado para pagar dívidas contraídas em sua reforma. Tratava-se de ação de cobrança por serviços de reforma em um imóvel, que se tornou objeto de penhora na fase de cumprimento de sentença. A proprietária alegou tratar-se de bem de família, e que as exceções legais deveriam ser interpretadas restritivamente, visando resguardar a dignidade humana e o direito à moradia. A Relatora, Min. Nancy Andrighi, explicou que a aludida exceção legal visa evitar que o devedor use a proteção à residência familiar para se esquivar de cumprir com suas obrigações assumidas na aquisição, construção ou reforma do próprio imóvel. Reconheceu, ainda, que as exceções devem mesmo ser interpretadas de forma restritiva, mas, segundo ela, "não seria razoável admitir que o devedor celebrasse contrato para reforma do imóvel, com o fim de implementar melhorias em seu bem de família, sem a devida contrapartida ao responsável pela sua implementação".[102]

A última hipótese, contida no inciso VII do art. 3º, foi inserida pela Lei 8.245/1991 e teve sua constitucionalidade questionada no Recurso Extraordinário 407.688, interposto perante o Supremo Tribunal Federal. A Corte, em sua composição plenária, por maioria de votos, decidiu favoravelmente à legitimidade do dispositivo.[103] A decisão sujeitou-se à crítica doutrinária, tendo se considerado injustificável a convivência da impenhorabilidade do imóvel do inquilino vis-à-vis a penhorabilidade do imóvel do fiador.[104] Advirta-se, contudo, que se o fiador constituiu sobre seu imóvel, regularmente, bem de família convencional, este se mostra insuscetível de penhora pelas dívidas decorrentes da locação, caso a fiança tenha sido prestada posteriormente à instituição do bem de família convencional.

Em decisão posterior, proferida em 2018, o Supremo Tribunal Federal entendeu que a admissibilidade de penhora do bem de família do fiador na locação residencial não se estenderia à locação comercial. Na ocasião, a Corte decidiu, por maioria de votos, que, em se tratando de locação comercial, o único imóvel destinado à moradia

Imóvel do fiador

---

[102] STJ, 3ª T., REsp 2.082.860, Rel. Min. Nancy Andrighi, julg. 6.2.2024, publ. *DJe* 27.2.2024.
[103] STF, Tribunal Pleno, RE n. 407.688/AC, Rel. Min. Cezar Peluso, julg. 8.2.2006, publ. DJ 6.10.2006. No mesmo sentido, v. a Súmula 549 do STJ: "É válida a penhora de bem de família pertencente a fiador de contrato de locação".
[104] Cf. Luiz Edson Fachin, *Estatuto jurídico do patrimônio mínimo*, Rio de Janeiro: Renovar, 2006, 2ª ed., p. 154; Luiz Edson Fachin, Bem de família e patrimônio mínimo. In: Rodrigo da Cunha Pereira (org.), *Tratado de Direito das Famílias*, Belo Horizonte: IBDFAM, 2015, p. 690; Rosalice Fidalgo Pinheiro, Katya Isaguirre, O direito à moradia e o STF: um estudo de caso acerca da impenhorabilidade do bem de família do fiador. In: Luiz Edson Fachin, Gustavo Tepedino (coords.), *Diálogos sobre Direito Civil*, Rio de Janeiro: Renovar, 2008, p. 160.

do fiador não poderia ser objeto de alienação forçada para a satisfação dos créditos do locador, ainda que sob a alegação do fomento da livre iniciativa.[105]

Tal discussão acerca do imóvel do fiador em locações comerciais voltou ao exame do Supremo Tribunal Federal em 2022, ocasião em que foi fixada a seguinte tese: "é constitucional a penhora de bem de família pertencente a fiador de contrato de locação, seja residencial, seja comercial. (Tema 1.127)".[106] De acordo com o relator, Ministro Alexandre de Moraes, não cabe ao intérprete distinguir quando a lei não fez distinção, mesmo porque "a previsão contida no inciso VII do art. 3º da Lei 8.009/1990, que excetua da impenhorabilidade do bem de família do fiador, mesmo na hipótese de locação comercial, é necessária, proporcional e razoável".

Em sequência, o STJ, em sede de recursos repetitivos, também apreciou o tema, tendo reconhecido a validade da penhora de bem de família pertencente a fiador de contrato de locação comercial, em face da ausência de distinção feita pela Lei 8.009/1990.[107] Ficou definida, assim, na esteira do entendimento do STF, a validade da penhora do bem de família do fiador independentemente da natureza jurídica da locação, se residencial ou comercial.

Imóvel dado em hipoteca

No que tange à possibilidade de execução de hipoteca, que consta no inciso V do art. 3º, a jurisprudência ressalta que a perda da proteção legal apenas ocorre quando esta é constituída para garantir dívida da entidade familiar.[108] Dessa forma, débitos estranhos ao interesse familiar não podem ser garantidos pelo bem que serve de moradia à família, preservando-se, em tais casos, a impenhorabilidade.

Fraude

O art. 4º esmiúça regra geral acerca da invalidade de atos praticados em fraude, estabelecendo que "não se beneficiará do disposto nesta lei aquele que, sabendo-se insolvente, adquire de má-fé imóvel mais valioso para transferir a residência familiar,

Bem de família luxuoso

desfazendo-se ou não da moradia antiga".[109] A propósito, cogita-se, em doutrina, se

---

[105] STF, 1ª T., RE n. 605.709/SP, Rel. Min. Dias Toffoli, Rel. p/ Acórdão Min. Rosa Weber, julg. 12.6.2018, publ. DJ 18.2.2019.

[106] STF, Plenário, RE n. 1.307.334/SP, Rel. Min. Alexandre de Moraes, julg. 10.3.2022, publ. *DJ* 26.5.2022.

[107] Trata-se do Tema 1.091, com a seguinte tese: "É válida a penhora do bem de família de fiador apontado em contrato de locação de imóvel, seja residencial, seja comercial, nos termos do inciso VII do art. 3º da Lei n. 8.009/1990" (STJ, 2ª Seção, REsp n. 1.822.040/PR, Rel. Min. Luis Felipe Salomão, julg. 8.6.2022, publ. DJ 1.8.2022). Na mesma direção: STJ, 4ª T., AgInt no AREsp n. 2.301.255/SP, Rel. Min. Raul Araújo, julg. 25.9.2023, publ. DJe 28.9.2023; STJ, 3ª T., AgInt no REsp n. 1.992.920/SP, Rel. Min. Marco Aurélio Bellizze, julg. 22.8.2022, publ. *DJ* 24.8.2022.

[108] "Esta Corte Superior possui jurisprudência pacificada no sentido de ser inadmissível constrição sobre bem de família dado em hipoteca como garantia de dívida contraída por terceiro, em virtude de tal hipótese não ser abarcada pela exceção prevista no inciso V do art. 3º da Lei n. 8.009/90, a qual engloba tão somente a hipótese em que o bem é dado em garantia de dívida da própria entidade familiar" (STJ, 4ª T., REsp 1163841, Rel. Min. Luis Felipe Salomão, julg. 20.8.2013). "A exceção prevista no art. 3º, V, da Lei n. 8.009/90 somente incide quando o bem é dado em garantia de dívida da própria entidade familiar" (TJRJ, 19ª C.C., Ap. Cív. 0000645-93.2014.8.19.0207, Rel. Des. Guaraci de Campos Vianna, julg. 27.3.2015).

[109] O Superior Tribunal de Justiça tem aplicado, inclusive, o princípio da boa-fé objetiva, considerando que não há que se falar em proteção do bem de família quando ocorre violação da boa-fé. V., nesse sentido, STJ, 3ª T., REsp 1782227/PR, Rel. Min. Nancy Andrighi, julg. 27.8.2018, publ. *DJ* 29.8.2019, em que se negou provimento ao recurso de empresário que ofereceu seu imóvel como garantia e,

ao bem luxuoso – assim entendido aquele de valor extremamente elevado – deve ser conferida a proteção integral do bem de família legal ou se, ao revés, pode ser excutido o bem, com a reserva de montante para a aquisição de outro mais modesto, onde a família possa residir com dignidade.[110] Sem embargo das críticas doutrinárias, prevalece, na jurisprudência do STJ, o entendimento sobre a irrelevância do valor do bem de família, ressalvada a hipótese de fraude.[111] Assim, os bens luxuosos desfrutam de igual proteção legal.[112]

O Superior Tribunal de Justiça, atento à concretização do direito fundamental à moradia pretendida pela Lei 8.009/1990, reiteradamente tem decidido que "a impenhorabilidade prevista na Lei n. 8.009/90 se estende ao único imóvel do devedor, ainda que este se ache locado a terceiros, por gerar frutos que possibilitam à família constituir moradia em outro bem alugado ou utilizar o valor obtido com a locação desse bem como complemento da renda familiar".[113] Veja-se nesse sentido o Enun-

Imóvel locado

---

logo após, alegou que ele não poderia ser penhorado por constituir bem de família, violando, em especial, o *venire contra factum proprium*.

[110] Na doutrina, cf. Paulo Franco Lustosa, De volta ao bem de família luxuoso: comentários sobre o julgamento do Recurso Especial n. 1.351.571/SP. In: *Revista Brasileira de Direito Civil* – RBDCivil, v. 10, Belo Horizonte: RT, out.-dez./2016, pp. 141-152; e Danielle Tavares Peçanha, *A disciplina do bem de família em perspectiva funcional: (im)penhorabilidade do bem de família luxuoso*. In: *Revista EMERJ*, vol. 23, n. 1, jan./mar. 2021, pp. 96-133.

[111] "A lei não prevê qualquer restrição à garantia do imóvel como bem de família relativamente ao seu valor, tampouco estabelece regime jurídico distinto no que tange à impenhorabilidade, ou seja, os imóveis residenciais de alto padrão ou de luxo não estão excluídos, em razão do seu valor econômico, da proteção conferida aos bens de família consoante os ditames da Lei 8009/90. (...) Na hipótese, não se afigura viável que, para a satisfação do crédito, o exequente promova a penhora, total, parcial ou de percentual sobre o preço do único imóvel residencial no qual comprovadamente reside a executada e sua família, pois além da lei 8009/90 não ter previsto ressalva ou regime jurídico distinto em razão do valor econômico do bem, questões afetas ao que é considerado luxo, grandiosidade, alto valor estão no campo nebuloso da subjetividade e da ausência de parâmetro legal ou margem de valoração" (STJ, 4ª T., REsp 1.351.571/SP, Rel. p/ Acórdão Min. Marco Buzzi, julg. 27.9.2016, publ. *DJ* 11.11.2016). Sobre o tema, v. Vivianne da Silveira Abílio, A questão da configuração de fraude nas alienações envolvendo bem de família e suas consequências: análise da jurisprudência do Superior Tribunal de Justiça e a partir do Recurso Especial n. 1.227.366. In: *Revista Brasileira de Direito Civil – RBDCivil*, v. 3, jan.-mar./2015, pp. 140-155.

[112] Em que pese o entendimento jurisprudencial ser no sentido de irrelevância do valor do bem de família, toma-se notícia, não raro, de decisões dos Tribunais estaduais no sentido de considerar possível a penhora – ao menos parcial – do imóvel considerado luxuoso. Nessa direção, 6ª Câmara de Direito Privado do TJ/SP decidiu pela penhora parcial de imóvel avaliado em R$ 24 milhões, a despeito de ser o bem destinado à moradia do casal de devedores. Do valor total, entendeu-se que 10% seriam impenhoráveis, garantindo, dessa forma, quantia necessária à aquisição de outro imóvel que proporcione aos devedores nova moradia digna. (TJSP, 6ª Câm. Dir. Priv., A.I. 2075933-13.2021.8.26.0000, Rel. Des. Mauro Conti Machado, julg. 8.6.2021, publ. *DJe* 5.7.2021). Na ocasião, afirmou-se: "Se a proteção conferida pela Lei n. 8.009/90 é a preservação de um patrimônio mínimo, visando à garantia de um mínimo existencial necessário para tornar efetiva a dignidade da pessoa humana, cumpre indagar se essa proteção se estende a um imóvel de valor declarado de R$ 24 milhões, valor que, por certo, suplanta o patrimônio total da grande maioria dos brasileiros. A resposta, à evidência, é negativa, já que nenhuma pessoa, ainda que integrante do topo da pirâmide econômica da sociedade, necessita de um imóvel nesse valor para a preservação de sua dignidade como pessoa humana."

[113] STJ, 4ª T., AgRg no Ag n. 653.019/RJ, Rel. Min. Aldir Passarinho Junior, julg. 20.6.2005, publ. *DJ* 20.6.2005. V. tb. STJ, 2ª T., REsp 462011/PB, Rel. Min. Franciulli Netto, julg. 4.11.2003, publ. *DJ* 2.2.2004.

ciado n. 486 da Súmula do STJ: "É impenhorável o único imóvel residencial do devedor que esteja locado a terceiros, desde que a renda obtida com a locação seja revertida para a subsistência ou a moradia da sua família".[114] Com fins de garantir efetiva tutela à pessoa, a Corte também já estendeu a garantia de impenhorabilidade à conta poupança cuja destinação esteja diretamente vinculada à aquisição do bem de família.[115] Na mesma perspectiva, considerou-se que o fato de o devedor não residir no único imóvel de sua propriedade, ainda em fase de construção, não impede, por si só, sua classificação como bem de família.[116]

Uma vez mais em linha com a tendência de interpretação expansiva, o STJ ampliou a proteção do bem de família para alcançar imóveis formalmente registrados em nome de pessoa jurídica. Reconheceu-se a possibilidade de oposição de embargos de terceiro para declarar a impenhorabilidade de imóvel pertencente a empresa envolvida em processo fiscal, desde que o bem sirva de residência para membros da família dos sócios. Sublinhou-se que a Lei n. 8.009/1990, por conter princípio de ordem pública voltado à proteção da dignidade da pessoa humana, não admite interpretações extensivas às exceções à garantia legal da impenhorabilidade. Afirmou-se, ainda, que a

---

[114] Na mesma esteira, a 3ª Turma do STJ, por unanimidade, entendeu que, para efeitos da proteção da Lei do Bem de Família, é suficiente que o imóvel sirva de residência para a família do devedor – ainda que ele próprio não more no mesmo local. No caso julgado pela Corte, o imóvel objeto da constrição era o único de propriedade da devedora e havia sido cedido aos seus sogros, residindo a devedora em outro imóvel alugado (STJ, 3ª T., REsp n. 1.851.893/MG, Rel. Min. Marco Aurélio Bellizze, julg. 23.11.2021, publ. *DJ* 29.11.2021).

[115] STJ, 2ª T., REsp 707.623, Rel. Min. Herman Benjamin, julg. 16.4.2009, publ. *DJe* 24.9.2009. A Corte Especial do STJ, no âmbito do EREsp 1.734.930, que se baseou no precedente estabelecido no REsp 1.610.844, considerou impenhorável o saldo integral de conta-corrente conjunta para pagamento de dívida imputada a apenas um de seus titulares, já que a execução, no caso, repercutiria também no patrimônio do outro correntista, estranho à dívida. O colegiado cassou acórdão da 1ª Turma da mesma Corte, que admitia a penhora de todo o saldo depositado em conta conjunta, quando apenas um dos correntistas era demandado em execução fiscal. Segundo a orientação vencedora, por não se presumir a solidariedade, a obrigação pecuniária assumida por um dos correntistas perante terceiros não pode atingir a esfera patrimonial do outro cotitular da conta conjunta, a menos que haja disposição legal ou contratual atribuindo responsabilidade solidária pelo pagamento da dívida executada (STJ, CE, EREsp 1.734.930/MG, Rel. Min. Laurita Vaz, julg. 21.09.2022, publ. *DJ* 29.09.2022).

[116] No caso, havia sido penhorado, em execução de título extrajudicial, o imóvel em construção pertencente a um casal de idosos. O Tribunal de origem considerou regular a penhora, sob o fundamento de que, para se enquadrar na proteção legal, o imóvel deveria servir como residência atual, condição que não se aplicaria ao imóvel em construção. Na Corte superior, os recorrentes pediram que fosse reconhecida a impenhorabilidade do imóvel, por se tratar de sua futura moradia. O relator, Min. Marco Buzzi, afirmou que a interpretação finalística da Lei n. 8.009/1990 é a proteção da entidade familiar. Por isso mesmo, nas palavras do relator, "a impenhorabilidade do bem de família busca amparar direitos fundamentais, tais como a dignidade da pessoa humana e a moradia, os quais devem funcionar como vetores axiológicos do nosso ordenamento jurídico". Buzzi lembrou que a qualificação do imóvel como bem de família depende da finalidade que lhe é atribuída – análise a ser feita caso a caso. Assim, desde que não estejam configuradas as exceções à impenhorabilidade estabelecidas nos arts. 3º e 4º daquele diploma, o imóvel bem pode ser considerado bem de família, sendo o único imóvel de propriedade do casal, no qual se pretende fixar residência. Estabelecida tal premissa pela 4ª Turma, caberá ao tribunal local analisar o atendimento no caso concreto dos requisitos legais para o reconhecimento do bem de família" (STJ, 4ª T., REsp 1.960.026, Rel. Min. Marco Buzzi, julg. 11.10.2022, publ. *DJ* 29.11.2022).

mera comprovação de que o imóvel constitui moradia é suficiente para lhe conferir a proteção legal, sendo irrelevante eventual confusão entre a moradia da entidade familiar e o local de funcionamento da empresa. Reforçou-se, assim, a interpretação funcional do conceito de bem de família, priorizando-se a tutela efetiva do direito à moradia em detrimento de aspectos formais relativos à titularidade do imóvel.[117]

Por sua vez, o Código Civil de 2002, dispondo sobre a matéria nos arts. 1.711 a 1.722, trata sobre o bem de família voluntário, nascido da iniciativa privada, e em perfeita coexistência com o modelo inaugurado pela Lei 8.009/1990.[118] Estabelece-se, assim, sistema dual, em que o Código Civil, embora com menor abrangência prática atualmente, mantém a tradição privada em privilégio à vontade do proprietário do bem, que lhe queira gravar de impenhorabilidade.

Pelo regime convencional, autoriza-se a instituição, pelos cônjuges, pelos integrantes de entidade familiar ou por terceiro – neste caso com expressa aceitação dos beneficiados –, mediante escritura pública ou testamento, de bem de família em valor não superior a 1/3 do patrimônio líquido existente no momento da instituição (CC, art. 1.711). O Código Civil, assim como a Lei 8.009/1990, não restringe a proteção do bem de família a imóvel estaticamente considerado, mas amplia, dentro de certos limites, para ativos que se vinculem ao direito fundamental à moradia e, ainda mais amplamente, à subsistência familiar (CC, art. 1.712). Note-se que a proteção do bem de família convencional perdurará enquanto viver um dos cônjuges ou conviventes ou, na falta destes, até que os filhos completem a maioridade (CC, art. 1.716). *Bem de família convencional*

De acordo com o art. 1.719 do Código Civil, "comprovada a impossibilidade da manutenção do bem de família nas condições em que foi instituído, poderá o juiz, a requerimento dos interessados, extingui-lo ou autorizar a sub-rogação dos bens que o constituem em outros, ouvidos o instituidor e o Ministério Público". A sub-rogação encerra, grosso modo, a ideia de substituição de um elemento por outro, podendo ser real ou pessoal.[119] A sub-rogação pessoal, prevista nos arts. 346 a 351 do Código Civil, constitui modalidade de pagamento. A sub-rogação real, a seu turno, refere-se ao elemento objetivo da relação jurídica, permanecendo o componente subjetivo inalterado, pois a substituição ocorre em relação à coisa.[120] *Sub-rogação real*

---

[117] STJ, 2ª T., AgInt no AREsp 2.360.631/RJ, Rel. Min. Herman Benjamin, julg. 8.4.2024, publ. *DJe* 2.5.2024.

[118] Recentemente, o STJ reafirmou este entendimento: "O fato do Código de Processo Civil afirmar em seu art. 833, I, que são impenhoráveis os bens 'declarados, por ato voluntário, não sujeitos à execução' não implica a revogação tácita da Lei 8.009/1990, assim como não o fez o art. 1.711 do Código Civil, ao tratar do bem de família voluntário" (STJ, 1ª T., REsp 2.133.984/RJ, Rel. Min. Paulo Sérgio Domingues, julg. 22.10.2024, publ. *DJe* 28.10.2024).

[119] V. Carvalho Santos, *Código Civil Brasileiro Interpretado*, vol. XIII, Rio de Janeiro: Freitas Bastos, 1964, p. 52; Carlos Alberto Bittar, A sub-rogação real em separações matrimoniais. In: *Revista dos Tribunais*, ano 79, vol. 656, 1990, p. 37; Federico D. Quinteros, *Subrogacion Real*, Buenos Aires: Valerio Abeledo, 1942, p. 11.

[120] Serpa Lopes, *Curso de Direito Civil*, vol. VI, cit., p. 81-82. Cf. tb. Manuel A. Domingues de Andrade, *Teoria Geral da Relação Jurídica*, vol. I, cit., p. 224.

A sub-rogação real preserva a função desempenhada por determinada relação jurídica a despeito da perda de seu objeto original, a qual passa a incidir sobre novo bem. O novo objeto se submete, em virtude da sub-rogação real, à disciplina do anterior, devendo desempenhar a mesma função deste. Nessa direção, por força da sub-rogação real, o novo bem de família ocupa o lugar do predecessor e, por tal razão, fica insuscetível de ataque pelos credores posteriores à instituição do bem de família original, sendo irrelevante, para fins de marco temporal, a mutação objetiva ocorrida, vez que o novo bem ocupa, para todos os efeitos jurídicos, a posição do anterior.

19. PATRIMÔNIO

Teoria clássica do patrimônio

Atribui-se a Aubry e Rau a formulação da teoria clássica do patrimônio, primeira elaboração teórica que, nos países latinos, buscou estudar o patrimônio em si mesmo, traçando-lhe natureza jurídica e disciplina próprias.[121] A teoria clássica tem como axioma fundamental o estreito e indissociável liame entre patrimônio e personalidade. De acordo com essa concepção, "a ideia de patrimônio se deduz diretamente daquela de personalidade",[122] devendo a disciplina daquele ser extraída dos caracteres próprios desta.

Corolários da teoria clássica

A teoria clássica possui corolários que denotam a intrínseca correspondência entre as noções de patrimônio e personalidade, quais sejam: (i) somente as pessoas, físicas ou jurídicas, têm patrimônio; (ii) todas as pessoas têm, necessariamente, um patrimônio, ainda que nada possuam; e (iii) cada pessoa tem um só patrimônio (princípio da unidade do patrimônio).[123]

Patrimônio e personalidade

No sistema de Aubry e Rau, o indivíduo é o centro de unificação do patrimônio; a noção de pessoa é a chave para se delinear o que seja o patrimônio e os princípios que lhe são pertinentes. A subordinação – e quase confusão – do patrimônio à personalidade constitui, assim, o aspecto central da teoria clássica.

Teoria moderna do patrimônio

A concepção clássica sofreu contundentes críticas pela chamada "teoria moderna" do patrimônio, no âmbito da qual se inserem entendimentos muito diversos entre si, mas que têm em comum o afastamento do axioma fundamental de Aubry e Rau segundo o qual o patrimônio emana da personalidade.

Dissociação entre patrimônio e personalidade

A "teoria moderna" teve o mérito de demonstrar que, se a ideia de patrimônio se confunde com a de personalidade, não há utilidade que se possa nela vislumbrar.[124] Com efeito, se o patrimônio prescinde de elementos para existir, de modo que "todas

---

[121] Para um maior aprofundamento da teoria de Aubry e Rau, cf. Paulo Cunha, *Do patrimônio*, Lisboa: Minerva, 1934, *passim* e Inocêncio Galvão Teles, *Das universalidades*, Lisboa: Minerva, 1940, *passim*. Seja consentido remeter, ainda, a Milena Donato Oliva, *Patrimônio separado*, cit., *passim*.

[122] Aubry e Rau, *Cours de Droit Civil Français d'aprés la méthode de Zachariae*, Paris: Marchal & Billard, 1917, p. 333.

[123] Aubry e Rau, *Cours de droit civil français d'aprés la méthode de Zachariae*, cit., pp. 335-336.

[124] Henri De Page, *Traité élémentaire de droit civil belge*, t. V, Bruxelles: Émile Bruylant, 1941, pp. 540-541.

as pessoas têm, necessariamente, um patrimônio, ainda que nada possuam",[125] transmuda-se o patrimônio em conceito qualitativo, pois deixa de ser conjunto de elementos para representar a aptidão a tê-los.

A possibilidade de contrair deveres e adquirir direitos vincula-se à noção de personalidade. A pessoa não perde sua qualidade de sujeito por não figurar em relações jurídicas. Uma vez aplicada a mesma lógica ao patrimônio, admitindo-se sua existência independentemente de elementos, este também consubstanciará aptidão, isto é, qualidade atribuída ao sujeito. Entretanto, essa qualidade não é diversa daquela representada pela personalidade, de maneira que não há serventia em uma tal definição de patrimônio.

Aubry e Rau, a despeito de tratarem o patrimônio fundamentalmente como noção qualitativa – aptidão a ter elementos –, também o definem em termos quantitativos, ao aduzirem ser o patrimônio o conjunto de bens de uma pessoa, considerado como universalidade de direito.

Essa conceituação quantitativa, contudo, logo é absorvida pelo axioma fundamental da teoria clássica – patrimônio e personalidade são noções indissociáveis –, de maneira que, sub-repticiamente, de conjunto de bens passa o patrimônio a traduzir a potencialidade para tê-los. Nessa direção, afigura-se eloquente a afirmação de Aubry e Rau de que o conjunto de bens de uma pessoa constitui universalidade de direito porque se confunde com sua personalidade.

No que concerne aos débitos, Aubry e Rau aduzem que, por constituir o patrimônio projeção da personalidade, à qual corresponde tanto à capacidade de adquirir direitos como à de contrair obrigações, as dívidas integram o patrimônio, que compreende, assim, o ativo e o passivo. A universalidade formada pelo patrimônio, por emanar diretamente da personalidade e nela encontrar sua razão de unificação, se subordina aos caracteres desta. Como o sujeito pode ser credor e devedor, o patrimônio é composto por direitos e obrigações. *Débitos*

O sistema montado por Aubry e Rau, contudo, conforme demonstrado pela "teoria moderna", ao reduzir a noção de patrimônio à de personalidade, não confere utilidade ao conceito de patrimônio, pois não lhe atribui a devida autonomia. Daí a necessidade de, à luz do dado normativo de cada sistema, investigar a natureza jurídica do patrimônio e o papel que pode desempenhar, para além da personalidade.

No direito brasileiro, o patrimônio insere-se na teoria dos bens, no âmbito da qual traduz universalidade de direito. Seus caracteres e disciplina explicam-se em razão das particularidades dessa espécie de bens, que lhe imprime a natureza jurídica, não já em virtude de umbilical liame ao conceito de pessoa. Nos termos do art. 91 do Código Civil: "Constitui universalidade de direito o complexo de relações jurídicas, de uma pessoa, dotadas de valor econômico".

---

[125] Aubry e Rau, *Cours de droit civil français d'aprés la méthode de Zachariae*, cit., pp. 335-336.

O patrimônio, como se depreende, traduz conceito quantitativo, relativo ao conjunto de direitos de uma pessoa suscetíveis de avaliação pecuniária. A personalidade é o pressuposto para que uma pessoa tenha patrimônio, como o é para a aquisição de qualquer situação jurídica subjetiva. Não há entre patrimônio e personalidade relação diversa da que se configura entre esta e os elementos daquele. Por isso o patrimônio não deve ser estudado no âmbito do conceito de pessoa ou do elemento subjetivo da relação jurídica. Deve, ao revés, ser examinado no bojo da teoria dos bens, vez que consubstancia universalidade de direito, regendo-se pela disciplina peculiar a essa espécie de bens.

A universalidade de direito forma centro autônomo de imputação objetiva distinto de seus elementos. Consubstancia unificação do conjunto, que passa a ter relevância jurídica em si mesmo, sem que, por outro lado, suas partes integrantes percam autonomia. O patrimônio é unificado idealmente com vistas a constituir objeto de direito apto a promover, nesta qualidade, interesses merecedores de tutela.

<small>Elasticidade de conteúdo</small>

Como já aludido, as universalidades caracterizam-se pela elasticidade de seu conteúdo, que pode se expandir ou se comprimir sem alteração da configuração unitária do conjunto. O titular da universalidade pode estabelecer relações jurídicas pertinentes aos elementos que a compõem, sendo possível até mesmo subtraí-los da universalidade. Dessa forma, os bens integrantes do patrimônio, respeitados os limites legais, podem ser livremente alterados, de forma que o titular do patrimônio tem plena disposição sobre os bens que o compõem.

Em razão de a universalidade apresentar conteúdo mutável e, ao mesmo tempo, figurar, enquanto tal, como objeto de relação jurídica, tem-se que: (i) se um componente sair da universalidade patrimonial, não mais se submete às relações jurídicas a esta pertinentes; e (ii) se um novo elemento ingressar no patrimônio, submete-se *tout court* às relações jurídicas que a vinculam.

<small>Responsabilidade patrimonial</small>

Nessa direção, o art. 789 do Código de Processo Civil determina que o "devedor responde com todos os seus bens presentes e futuros para o cumprimento de suas obrigações, salvo as restrições estabelecidas em lei". A norma em questão retrata a natureza de universalidade do patrimônio, ao assegurar que o credor, a um só tempo, (i) poderá executar o patrimônio do devedor tal como se encontrar na ocasião, não importando a época de aquisição dos bens ou de constituição dos débitos, e (ii) não poderá se beneficiar de direito que tenha saído do patrimônio do devedor, salvo hipótese de fraude. Por outras palavras, o credor poderá excutir, na forma da lei, os direitos que se encontrarem no patrimônio do devedor no momento da execução, em nada influindo a data de incorporação de tais direitos ou do nascimento da dívida.

Assim, aqueles que possuem direito sobre universalidade se satisfazem, sempre, nos elementos que a esta pertencem e apenas enquanto a esta pertencerem. A idealização do conjunto não o transforma em objeto de direito pela utilidade que dele, enquanto tal, se possa extrair, mas por atrair regime peculiar em virtude do qual a satisfação do titular do direito sobre universalidade se dá sobre os bens que a compõem e unicamente enquanto dela fizerem parte.

Diante disso, é possível que o titular da universalidade se utilize ilicitamente da autonomia jurídica de seus elementos para frustrar os direitos que sobre ela recaem. O legislador, atento a tal situação, estabelece mecanismos protetivos daqueles que possuem direitos sobre universalidades, de que constitui exemplo típico a ação pauliana, que visa a assegurar a efetividade do direito de garantia dos credores sobre o patrimônio do devedor.

Precisamente por formar objeto de direito, o patrimônio se insere na teoria dos bens e, por conseguinte, diz com o momento ativo da relação jurídica. As dívidas não integram o patrimônio, em sua acepção jurídica. Aquele que possui um direito sobre o patrimônio se satisfaz nos elementos (ativos) que o integram, e apenas enquanto nele permanecerem, em razão do caráter de universalidade de direito do patrimônio.

20. PATRIMÔNIO DE AFETAÇÃO

Conceito

O patrimônio de afetação, também conhecido por patrimônio separado, segregado, destacado, destinado ou especial, por aliar limitação de riscos com flexibilidade na gestão dos bens que o integram, tem sido expediente utilizado pelo legislador em relevantes atividades.[126]

Por meio da técnica da afetação patrimonial, determinados ativos passam a formar um todo autônomo, isto é, nova universalidade patrimonial, inteiramente voltada para a realização de finalidade específica. Um mesmo sujeito, dessa forma, pode ser titular de mais de um patrimônio, cada qual a desempenhar, por meio de seus ativos, função própria.

Blindagem patrimonial

A criação de patrimônio separado acarreta o que se denomina "blindagem patrimonial": somente os credores relacionados ao escopo desse específico patrimônio podem excutir os ativos que o integram. Daí se depreende que a afetação patrimonial tem como grande vantagem a limitação dos riscos, uma vez que credores do titular do patrimônio que não se vinculem ao escopo a que este se encontra afetado não podem ter seu crédito satisfeito nos ativos que o integram. Vale dizer, apenas os credores relacionados ao patrimônio separado podem excutir seus elementos, sujeitando-se, assim, somente aos riscos próprios da gestão desse patrimônio, que se encontra protegido do ataque de credores diversos.

---

[126] Exemplificativamente, o legislador brasileiro disciplina o patrimônio de afetação no fundo de investimento imobiliário, regulado pela Lei n. 8.668, de 25 de junho de 1993, na incorporação imobiliária, após as alterações introduzidas pela Lei n. 10.931, de 2 de agosto de 2004, na securitização de créditos imobiliários, prevista na Lei n. 9.514, de 20 de novembro de 1997, no sistema brasileiro de consórcio de que trata a Lei n. 11.795, de 8 de outubro de 2008, no sistema brasileiro de pagamento, constante da Lei n. 10.214/2001, e no depósito centralizado de ativos financeiros e valores mobiliários, com previsão na Lei n. 12.810/2013. Recentemente, a Lei 14.711/2023 introduziu no Código Civil, por meio do art. 853-A, o Contrato de Administração Fiduciária de Garantias, cujo § 5º assim estabelece: "O produto da realização da garantia, enquanto não transferido para os credores garantidos, constitui patrimônio separado daquele do agente de garantia e não poderá responder por suas obrigações pelo período de até 180 (cento e oitenta) dias, contado da data de recebimento do produto da garantia". Para análise minuciosa do tema, cf. o vol. 3 desta coleção.

Excussão de bens pelos credores

Por outras palavras, os diversos credores do devedor não podem excutir seus bens indistintamente, apenas por serem de propriedade do devedor. Caso os bens integrem patrimônio separado, há de se examinar a pertinência do crédito a ser satisfeito com a função daquele patrimônio. Sendo um crédito vinculado ao patrimônio de afetação, poderá o credor executar os ativos que o integram. Ao revés, se o crédito não se relacionar à finalidade desempenhada pela universalidade patrimonial separada, o credor não poderá se satisfazer nos bens que a compõem, devendo excutir os ativos que integram o patrimônio geral do devedor.

Possibilidade de alteração dos bens

Outra importante característica do patrimônio segregado consiste na possibilidade de alteração dos bens que o compõem. Significa dizer que: (i) se um componente sair do patrimônio, não mais se submete às relações jurídicas a este pertinentes; e (ii) se um novo elemento nele ingressar, submete-se imediata e automaticamente às relações jurídicas que o vinculam.[127] Assim, se um ativo ingressa no patrimônio, os credores deste patrimônio poderão excuti-lo para se pagarem, ao passo que a saída de um ativo do patrimônio, salvo hipótese de fraude, impede que os credores deste patrimônio persigam o bem para satisfazerem seu crédito.

Essa elasticidade própria das universalidades tem como vantagem permitir a variação dos elementos que as integram com vistas a preservar a finalidade a que se dirigem. Assegura-se dinamismo na gestão dos ativos do patrimônio separado, os quais podem ser alterados pelo sujeito sempre que conveniente à realização do escopo pretendido.

A análise da gestão empreendida pelo titular do patrimônio, nessa esteira, encontra-se menos preocupada com o ativo individualmente considerado e mais centrada no conglomerado de bens e na sua aptidão a desempenhar, satisfatoriamente, a função que justificou a separação patrimonial. Por isso, sempre que os elementos integrantes do patrimônio separado se mostrarem incapazes ou insuficientes para cumprir a finalidade a que se destinam, sua modificação deve ocorrer. O escopo do patrimônio, assim, pautará o tipo de administração a ser empreendida pelo seu titular, de tal sorte que não se afigura possível a fixação de padrão único de conduta válido para toda gestão de patrimônio afetado.

Nessa esteira, o sujeito titular do patrimônio de afetação não tem liberdade para praticar os atos que bem entender, mas, ao revés, deve atentar para a finalidade da afetação e buscar promovê-la da melhor maneira possível. Aduz-se, por isso mesmo, à titularidade fiduciária do patrimônio de afetação, justamente porque o titular deve exercer seus poderes para realizar a finalidade que justifica a criação do patrimônio separado.[128] O titular do patrimônio de afetação, portanto, tem o poder-dever de agir: o poder decorre da titularidade e o dever do caráter fiduciário com a qual é atribuída.

---

[127] Essa característica não é exclusiva do patrimônio separado, também se encontrando presente no patrimônio geral, como visto no item 18 deste Capítulo.

[128] Adolfo Di Majo, *Responsabilità e patrimonio*, Torino: G. Giappichelli, 2005, p. 15.

A blindagem patrimonial e a possibilidade de alteração dos ativos afetados traduzem os principais atrativos que tornam o patrimônio de afetação expediente cada vez mais utilizado pelo legislador pátrio, pois congrega, a um só tempo, segurança e flexibilidade, essenciais para o fomento de numerosas atividades.

Cabe advertir, por oportuno, que não devem ser confundidas as limitações de responsabilidade internas a cada patrimônio com os casos de separação patrimonial.[129] As hipóteses de limitação de responsabilidade são previstas em lei para afastar certos bens integrantes do patrimônio do devedor da ação executiva dos credores, como no caso do bem da família ou dos bens impenhoráveis previstos no Código de Processo Civil. O patrimônio segregado, a seu turno, surge com vistas à realização de determinado escopo, servindo de garantia somente aos credores pertinentes com a finalidade de sua unificação. Verifica-se, assim, diferenciação do objeto de garantia dos credores, não já limitação de responsabilidade atinente ao conteúdo deste objeto. A rigor, ou há regime patrimonial próprio, vinculado a determinado escopo, ou simplesmente limitação de responsabilidade intrapatrimonial sem a criação de patrimônio afetado.

<small>Limitações de responsabilidade</small>

Na esteira deste entendimento, é de se notar, no que tange aos arts. 391 e 789 do Código Civil e do Código de Processo Civil, respectivamente, que a melhor interpretação constitui a que atribui a tais dispositivos sentido e alcance intrapatrimonial. Vale dizer, aludidos preceitos têm por escopo impedir que o sujeito crie, à míngua de previsão legal, limitações de responsabilidade dentro de cada universalidade patrimonial, de sorte que sua aplicação se circunscreve ao interior de cada patrimônio, sem que de tais normas se possa extrair qualquer caráter excepcional dos patrimônios de afetação.

Ressalte-se, ainda, que a separação patrimonial pode ser perfeita (absoluta) ou imperfeita (relativa). Na hipótese de ser imperfeita ou relativa, caso os bens do patrimônio especial não sejam suficientes à satisfação dos credores que lhes são pertinentes, estes podem excutir os direitos constantes do patrimônio geral – só do patrimônio geral, não de outros patrimônios separados. Os credores do patrimônio geral, por outro lado, não poderão se valer dos bens integrantes do patrimônio especial.

<small>Separação patrimonial imperfeita ou relativa</small>

Na separação patrimonial perfeita ou absoluta, por sua vez, o patrimônio geral não possui responsabilidade subsidiária. Por isso, caso os direitos integrantes do núcleo patrimonial autônomo não sejam suficientes à solução das dívidas existentes, os credores não poderão excutir os direitos pertencentes ao patrimônio geral.[130] Deve-se identificar no caso concreto, à luz das normas legais aplicáveis, se a separação patrimonial é perfeita ou imperfeita.

<small>Separação patrimonial perfeita ou absoluta</small>

---

[129] Nesta direção, cf. Jacques Ghestin e Gilles Goubeaux, *Traité de droit civil*, vol. I, Paris: L.G.D.J., 1977, p. 145.

[130] V. Luis Bustamante Salazar, *El patrimonio*: dogmatica jurídica, Santiago: Editorial Juridica de Chile, 1979, p. 89; João Gomes da Silva, *Herança e sucessão por morte*, Lisboa: Universidade Católica Editora, 2002, p. 146; Melhim Namem Chalhub, *Trust*, Rio de Janeiro: Renovar, 2001, p. 123 e Manuel A. Domingues de Andrade, *Teoria geral da relação jurídica*, vol. I. Coimbra: Almedina, 2003, pp. 218-220.

Por sua extraordinária potencialidade econômica, o patrimônio de afetação tem se expandido crescentemente no direito brasileiro, concretizando-se por meio de figuras de grande relevo na atividade negocial, que serão analisadas nos próximos itens.[131]

21. FUNDO DE INVESTIMENTO IMOBILIÁRIO

O fundo de investimento imobiliário (FII) encontra-se regulado na Lei n. 8.668, de 25 de junho de 1993, cujo art. 1º dispõe que o FII não tem personalidade jurídica e se caracteriza pela comunhão de recursos captados por meio do Sistema de Distribuição de Valores Mobiliários, os quais devem ser destinados à aplicação em empreendimentos imobiliários.[132]

Titularidade fiduciária

Nos termos do art. 6º da Lei n. 8.668/1993, o "patrimônio do Fundo será constituído pelos bens e direitos adquiridos pela instituição administradora, em caráter fiduciário". Atribui-se à administradora do fundo a titularidade fiduciária dos bens objeto do investimento para a realização dos negócios que lhe são pertinentes, com vistas a viabilizar a eficiente administração dos recursos captados para o fundo. A circunstância de a administradora figurar como proprietária possibilita que promova as operações relativas à gestão – inclusive alienação de ativos –, com a agilidade exigida pela dinâmica do mercado, tutelando, assim, de forma mais eficiente os interesses dos investidores.[133]

Direitos dos quotistas

Os investidores são os quotistas, isto é, aqueles que, ao alocarem recursos no FII, adquirem, em contrapartida, quotas representativas do direito à participação na significação econômica do patrimônio do fundo.[134] Note-se que o quotista não tem direito a uma parte ideal de cada bem que compõe o patrimônio pertinente ao fundo,[135] haja vista se referir sua quota ao direito à expressão econômica do patrimônio em si considerado. Conseguintemente, o resgate de quotas implica a entrega ao quotista de montante correspondente à proporção da sua quota relativamente ao valor do patrimônio do fundo. Em virtude disto, o administrador encontra-se livre para decidir de que forma dispor de parte ou de algum dos ativos do fundo para obter a significação econômica da quota do investidor que solicita o resgate.

Assim, no FII não há condomínio dos quotistas em relação a cada bem integrante do patrimônio do fundo. Sequer há condomínio relativamente ao patrimônio

---

[131] Cf. Milena Donato Oliva, *Do negócio fiduciário à fidúcia*, São Paulo: Atlas, 2014, pp. 72-90.
[132] V. tb. art. 2º da Instrução Normativa n. 472, de 31 de outubro de 2008, da Comissão de Valores Mobiliários – CVM.
[133] Cf. art. 30 da Instrução Normativa n. 472, de 31 de outubro de 2008, da Comissão de Valores Mobiliários – CVM.
[134] V., sobre o tema, Fernando Schwarz Gaggini, *Fundos de Investimento no Direito Brasileiro*, cit., p. 18; Rachel Sztajn, Quotas de Fundos Imobiliários – Novo Valor Mobiliário. In: *Revista de Direito Mercantil, Industrial, Econômico e Financeiro*, n. 93, ano XXXIII, jan./mar. 1994, p. 104 e 107.
[135] O artigo 13, I, da Lei n. 8.668/1993 dispõe, espancando quaisquer dúvidas neste sentido, que: "O titular das quotas do Fundo de Investimento Imobiliário: I – não poderá exercer qualquer direito real sobre os imóveis e empreendimentos integrantes do patrimônio do fundo". V. tb. J. A. Penalva Santos, *Obrigações e contratos na falência*, Rio de Janeiro: Renovar, 2003, p. 318.

do fundo, uma vez que este é titularizado, exclusivamente, pela administradora. O patrimônio do FII consubstancia patrimônio de afetação de titularidade da administradora, que deve geri-lo, fiduciariamente, com vistas a alcançar a finalidade do FII e obter o maior rendimento possível aos investidores. Oportuno, neste passo, transcrever o que dispõe o art. 7º da Lei n. 8.668/1993, que denota a natureza de patrimônio separado do FII: "Art. 7º Os bens e direitos integrantes do patrimônio do Fundo de Investimento Imobiliário, em especial os bens imóveis mantidos sob a propriedade fiduciária da instituição administradora, bem como seus frutos e rendimentos, não se comunicam com o patrimônio desta, observadas, quanto a tais bens e direitos, as seguintes restrições: I – não integrem o ativo da administradora; II – não respondam direta ou indiretamente por qualquer obrigação da instituição administradora; III – não componham a lista de bens e direitos da administradora, para efeito de liquidação judicial ou extrajudicial; IV – não possam ser dados em garantia de débito de operação da instituição administradora; V – não sejam passíveis de execução por quaisquer credores da administradora, por mais privilegiados que possam ser; VI – não possam ser constituídos quaisquer ônus reais sobre os imóveis, exceto para garantir obrigações assumidas pelo Fundo ou por seus cotistas. § 1º No título aquisitivo, a instituição administradora fará constar as restrições enumeradas nos incisos I a VI e destacará que o bem adquirido constitui patrimônio do Fundo de Investimento Imobiliário. § 2º No registro de imóveis serão averbadas as restrições e o destaque referido no parágrafo anterior. § 3º A instituição administradora fica dispensada da apresentação de certidão negativa de débitos, expedida pelo Instituto Nacional da Seguridade Social, e da Certidão Negativa de Tributos e Contribuições, administrada pela Secretaria da Receita Federal, quando alienar imóveis integrantes do patrimônio do Fundo de Investimento Imobiliário".[136]

Em atenção ao fato de que a titularidade do patrimônio separado é funcionalizada ao escopo que o unifica, o legislador, no art. 11, § 4º, da Lei n. 8.668/1993, determinou que a "sucessão da propriedade fiduciária de bem imóvel integrante de patrimônio de Fundo de Investimento Imobiliário não constitui transferência de propriedade". Não importa, com efeito, a quem cabe a titularidade, vez que esta é instrumental ao fim, de tal sorte que a mudança do sujeito de direito não atrai as normas de transmissão da propriedade, precisamente pela desimportância da mutação subjetiva. Por outras palavras, na medida em que a titularidade é para a realização do escopo e não para a promoção dos interesses do titular, a mudança deste não é relevante, haja vista o escopo permanecer inalterado.

Portanto, no que tange aos fundos de investimento imobiliário, a técnica da segregação patrimonial salvaguarda os ativos abrangidos pelo fundo da responsabilidade pelas dívidas decorrentes dos demais negócios da administradora. Efetua-se, assim, a proteção do patrimônio do fundo, de modo que o retorno financeiro

---

[136] V. art. 32 da Instrução Normativa n. 472, de 31 de outubro de 2008, da Comissão de Valores Mobiliários – CVM. Cf., ainda, Rachel Sztajn, *Quotas de Fundos Imobiliários – Novo Valor Mobiliário*, cit., p. 107.

dos investimentos por seu intermédio realizados se sujeita somente aos riscos do empreendimento imobiliário em que houve o aporte de recursos, sem que haja qualquer abalo em razão de perdas financeiras resultantes de outras atividades da administradora. E a técnica da titularidade fiduciária vincula a administradora a agir conforme a finalidade a que se destina o patrimônio do fundo, devendo sua gestão promover, da melhor forma possível, o escopo que justificou a unificação da massa patrimonial autônoma.

22. SECURITIZAÇÃO DE CRÉDITOS IMOBILIÁRIOS

A securitização de créditos imobiliários constitui a operação por meio da qual uma sociedade emite e coloca no mercado títulos lastreados em créditos imobiliários que possui.[137] Na securitização a emissão se mostra qualificada pela vinculação do título emitido com os créditos imobiliários que lastreiam a emissão.[138]

A operação de securitização envolve três fases fundamentais, a saber: (i) aquele que possui créditos imobiliários[139] cede-os a uma sociedade securitizadora; (ii) em seguida, esta sociedade emite títulos, denominados Certificados de Recebíveis Imobiliários,[140] lastreados em tais créditos imobiliários; e, finalmente, (iii) a securitizadora distribui estes títulos no mercado.[141]

Regime fiduciário

Os créditos imobiliários, cedidos à sociedade securitizadora que emitiu os títulos neles lastreados, podem constituir patrimônio segregado se assim optar aludida sociedade, a qual deve instituir, para tanto, o regime fiduciário previsto em lei.[142] Nos termos do art. 25 da Lei n. 14.430/2022, "A companhia securitizadora poderá instituir regime fiduciário sobre os direitos creditórios e sobre os bens e direitos que sejam objeto de garantia pactuada em favor do pagamento dos Certificados de Recebíveis ou de outros títulos e valores mobiliários representativos de operações de securitização e, se houver, do cumprimento de obrigações assumidas pelo cedente dos direitos creditórios".

---

[137] Melhim Namem Chalhub, *Curso de Direito Civil*: direitos reais, Sylvio Capanema (coord.), Rio de Janeiro: Forense, 2003, p. 302.

[138] Na doutrina, v. Melhim Namem Chalhub, *Curso de Direito Civil*: direitos reais, cit., pp. 302-303; Armindo Saraiva Matias, Titularização: um novo instrumento financeiro. In: *Revista de Direito Mercantil, Industrial, Econômico e Financeiro*, vol. 112, ano XXXVI, out./dez. 1998, São Paulo: Malheiros Editores, p. 48.

[139] V., sobre a noção de créditos imobiliários, Ricardo Pereira Lira, Crédito imobiliário e sua conceptuação. A revogação da categoria dos bens imóveis por acessão intelectual pelo Código Civil brasileiro de 2002: conseqüências. As pertenças e seu regime jurídico. A securitização. Os recebíveis: Créditos Recebíveis Imobiliários (CRIs) e as Cédulas de Crédito Imobiliário (CCIs). O Continuum Imobiliário como lastro da emissão desses títulos imobiliários. In: *Revista Forense*, vol. 373, ano 100, maio/junho 2004, p. 207-209.

[140] Cf., sobre o tema, Rubens Requião, *Curso de Direito Comercial*, vol. II, São Paulo: Saraiva, 2003, p. 584.

[141] Melhim Namem Chalhub, *Curso de Direito Civil*: direitos reais, cit., p. 303.

[142] V. Lei n. 14.430/2022.

Os créditos objeto do regime fiduciário, de acordo com o inciso I do art. 27 da Lei n. 14.430/2022, "constituirão patrimônio separado, titularizado pela companhia securitizadora, que não se confunde com o seu patrimônio comum ou com outros patrimônios separados de titularidade da companhia securitizadora decorrentes da constituição de regime fiduciário no âmbito de outras emissões de Certificados de Recebíveis".

Patrimônio de afetação

Em virtude da separação patrimonial, "a insolvência da companhia securitizadora ou de seu grupo econômico não afetará os patrimônios separados que tiver constituído" (art. 31, § 3º, da Lei n. 14.430/2022). Dessa forma, por meio da segregação patrimonial promove-se a proteção dos créditos imobiliários, que lastreiam os títulos postos em circulação, em face de percalços financeiros que atinjam a companhia securitizadora.

23. INCORPORAÇÃO IMOBILIÁRIA

A incorporação imobiliária constitui, nos termos do parágrafo único do art. 28 da Lei n. 4.591 de 16 de dezembro de 1964, atividade exercida com o intuito de promover e realizar a construção, para alienação total ou parcial, de edificações ou conjunto de edificações compostas de unidades autônomas.[143]

A Lei n. 4.591/1964 buscou tutelar especialmente a posição jurídica dos adquirentes, valendo ressaltar, a título ilustrativo, que: (i) exige, antes da alienação das futuras unidades autônomas, o registro do Memorial de Incorporação no cartório competente de Registro de Imóveis (art. 32); (ii) possibilita aos adquirentes substituírem o incorporador (art. 43, VI); e (iii) determina que os créditos dos adquirentes serão privilegiados no caso de falência do incorporador, "respondendo subsidiariamente os bens pessoais deste", caso à maioria dos adquirentes não seja possível prosseguir na construção (art. 43, III).

Em 2004, somando-se aos expedientes protetivos então existentes, a Lei n. 10.931 acrescentou os arts. 31-A a 31-F à Lei n. 4.591/1964, estipulando as condições para a segregação patrimonial nos negócios de incorporação imobiliária, com vistas a atender às demandas sociais de proteção dos adquirentes das unidades autônomas a serem construídas ou em construção. O legislador, contudo, deixou ao alvedrio do incorporador a segregação patrimonial dos ativos de cada empreendimento, de tal sorte que a afetação do patrimônio nos negócios de incorporação imobiliária constitui faculdade atribuída ao incorporador, o qual, se exercê-la, pode optar por regime tributário especial.[144]

Patrimônio de afetação

---

[143] Na doutrina, cf. Caio Mário da Silva Pereira, Incorporação Imobiliária. In: *Revista Forense*, vol. 265, ano 75, jan./fev./mar. 1979, p. 20; Orlando Gomes, Contrato de Incorporação Imobiliária. In: *Revista dos Tribunais*, vol. 461, ano 63, São Paulo: Revista dos Tribunais, março de 1974, p. 11; João Nascimento Franco, *Incorporações Imobiliárias*, São Paulo: Revista dos Tribunais, 1972, p. 15; Pedro Elias Avvad e Rafael Augusto de Mendonça Lima, *Direito Imobiliário*, Rio de Janeiro: Renovar, 2001, p. 398; Everaldo Augusto Cambler, *Incorporação Imobiliária*, São Paulo: Revista dos Tribunais, 1993, p. 202; Rodrigo Azevedo Toscano de Brito, *Incorporação Imobiliária à Luz do CDC*, São Paulo: Saraiva, 2002, p. 198.

[144] Art. 31-A da Lei n. 4.591/1964. Sobre o regime tributário especial, v. arts. 1º a 10 da Lei n. 10.931/2004.

De todo modo, ainda que sujeita à discricionariedade do incorporador, a possibilidade de segregação patrimonial prevista na Lei n. 10.931/2004 representa significativo avanço técnico no que concerne aos expedientes protetivos existentes em favor dos adquirentes. Com efeito, possibilita a limitação da álea a que se sujeitam os adquirentes, restringindo-a ao sucesso de determinado empreendimento, o qual fica blindado dos percalços financeiros atinentes aos outros negócios da incorporadora. Destaque-se, ainda, que a separação patrimonial é imperfeita, de modo que o patrimônio geral do incorporador responde subsidiariamente pelos créditos dos adquirentes não satisfeitos com o patrimônio segregado.[145]

Portanto, o ordenamento prevê a possibilidade de segregação patrimonial na atividade de incorporação imobiliária, expediente que assegura especial proteção aos credores do empreendimento, haja vista limitar seus riscos ao sucesso da atividade empreendida, precisamente por blindar os ativos da incorporação de vicissitudes referentes a outros negócios levados a cabo pela incorporadora. Caso esta opte pela segregação patrimonial, ainda que posteriormente venha a falir, o patrimônio afetado para a consecução do empreendimento permanece intacável, não ingressando no processo falimentar senão aquilo que eventualmente sobejar uma vez realizada a incorporação ou liquidado o patrimônio especial.

24. O SISTEMA DE PAGAMENTO BRASILEIRO

Com vistas a conferir mais segurança ao complexo sistema de pagamento, essencial para as relações econômicas, a Lei n. 10.214/2001, na esteira da Medida Provisória n. 2.115-16/2001, se valeu da separação patrimonial para os sistemas em que o volume e a natureza dos negócios, a critério do Banco Central do Brasil, sejam capazes de oferecer risco à solidez e ao normal funcionamento do sistema financeiro.[146] O objetivo da lei é justamente confinar os riscos dentro de cada sistema relevante, sem que ocorra a contaminação para outros setores, o que poderia ameaçar as operações de pagamento de uma maneira geral.[147]

Registre-se, ao propósito, que as câmaras de compensação e liquidação[148] são responsáveis por honrar as operações levadas ao ambiente de liquidação, assegurando aos participantes que suas obrigações sejam fielmente executadas, nos termos contratados.[149] Tais câmaras podem ser responsáveis por mais de um ambiente siste-

---

[145] V. art. 43, inciso VII da Lei n. 4.591/1965, com a redação que lhe foi dada pela Lei n. 10.931/2004.
[146] Arts. 4º a 7º da Lei n. 10.214/2001.
[147] Luiz Carlos Sturzenegger, A doutrina do 'patrimônio de afetação' e o novo sistema de pagamento brasileiro. In: *Revista de Direito Bancário do Mercado de Capitais e da Arbitragem*, n. 11, jan./mar. 2001, Revista dos Tribunais, p. 244.
[148] Sobre as atividades de compensação e liquidação, cf. Valdir Carlos Pereira Filho, Clearing houses: aspectos jurídicos relevantes e seu papel no mercado de capitais e no sistema de pagamentos brasileiro. In: *Revista de Direito Bancário e do Mercado de Capitais*, vol. 27, São Paulo: Revista dos Tribunais, 2005, p. 65.
[149] Valdir Carlos Pereira Filho, *Clearing houses*: aspectos jurídicos relevantes e seu papel no mercado de capitais e no sistema de pagamentos brasileiro, cit., p. 72-74.

micamente relevante, de maneira que é de todo conveniente evitar o "efeito dominó", que colocaria em risco a estabilidade do sistema financeiro.[150] Por isso é que a Lei n. 10.214/2001 estipulou que as câmaras de compensação e liquidação devem manter patrimônios separados relativos a cada sistema em que atuam, de forma a não haver contaminação entre os diversos ambientes.

Os arts. 5º e 6º da Lei n. 10.214/2001 elucidam, nesse sentido, que o patrimônio especial apenas responde pelas dívidas que lhe são pertinentes, o que afasta os riscos relativos a outros sistemas.[151] A técnica do patrimônio de afetação, assim, foi utilizada para oferecer maior segurança aos mercados financeiros, de maneira que os riscos sistêmicos não se propaguem, mas fiquem adstritos ao ambiente ao qual se relacionam, sem contaminar setores sadios.[152]

25. DEPÓSITO CENTRALIZADO DE ATIVOS FINANCEIROS E VALORES MOBILIÁRIOS

O legislador se utilizou da titularidade fiduciária e do patrimônio separado na atividade de depósito centralizado de ativos financeiros e valores mobiliários. O art. 24 da Lei n. 12.810/2013 estabelece que "os ativos financeiros e valores mobiliários, em forma física ou eletrônica, serão transferidos no regime de titularidade fiduciária para o depositário central". Por sua vez, o § 3º desse mesmo dispositivo determina que tais ativos e valores "não se comunicarão com o patrimônio geral ou com outros patrimônios especiais das entidades qualificadas como depositário central e (...) não são passíveis de constituição de garantia pelas entidades qualificadas como depositários centrais e não respondem pelas suas obrigações".[153] Dessa maneira, o legislador procurou estender para todos os ativos financeiros o regime legal até então aplicável apenas aos valores mobiliários,[154] elucidando, ainda, existir patrimônio separado composto pelos ativos objeto de depósito.

Patrimônio de afetação

---

[150] Luiz Carlos Sturzenegger, A doutrina do 'patrimônio de afetação' e o novo sistema de pagamento brasileiro, cit., p. 230.

[151] Confira-se, por oportuno, trecho da exposição de motivos da reedição da Medida Provisória n. 2.040-12/2000: "Quanto às alterações de cunho substancial, devo dizer a Vossa Excelência que se buscou acrescentar às novas regras sobre o sistema de pagamentos brasileiro normas que afastam o princípio da universalidade e indivisibilidade do patrimônio das câmaras e dos prestadores de serviços de compensação, aplicando-se, em seu lugar, a regra do patrimônio destinado a um fim, ou patrimônio de afetação, pelo que se separam patrimônios especiais, segregados do patrimônio geral para finalidades específicas" (Fls. 3 da E.M. n. 827/MF, de 13 de dezembro de 2000).

[152] "Com a noção de afetação patrimonial, evidencia-se uma maior possibilidade de atingimento dos objetivos de segregação dos riscos inerentes a cada um dos ambientes em que a câmara ou o prestador de serviços de compensação e de liquidação venha a atuar, o que, ao fim e ao cabo, e sem prejuízo de outros mecanismos e salvaguardas, torna mais eficaz a contenção de riscos potencialmente sistêmicos" (Fls. 3 da E.M. n. 827/MF, de 13 de dezembro de 2000).

[153] V. tb. art. 26 da Instrução Normativa n. 541 da Comissão de Valores Mobiliários – CVM, de 20 de dezembro de 2013.

[154] O regime estabelecido nos arts. 41 e 42 da Lei no. 6.404/1976, inicialmente aplicável apenas às ações, foi estendido para todos os valores mobiliários, com a promulgação da Lei n. 10.303/2001, que introduziu o § 2º do art. 41, segundo o qual "aplica-se o disposto neste artigo, no que couber, aos demais valores mobiliários".

Portanto, juntamente com a titularidade fiduciária, o legislador instituiu a separação patrimonial dos ativos e valores inscritos na conta de cada investidor, de modo a blindá-los integralmente das pretensões dos credores pessoais da instituição depositária. Protege-se o investidor, assim, dos percalços financeiros pelos quais possa passar aludida instituição. O legislador, como se vê, a fim de garantir a necessária segurança das operações, bem como proteger o depositante, se utilizou uma vez mais dos expedientes da titularidade fiduciária e do patrimônio separado.

26. O SISTEMA DE CONSÓRCIO

Patrimônio de afetação

A Lei n. 11.795, de 8 de outubro de 2008, regulamenta o sistema de consórcio, por meio do qual há a criação de patrimônio coletivo separado,[155] de titularidade dos consorciados,[156] gerido e representado por uma administradora,[157] destinado à finalidade determinada em lei.[158]

A gestão do patrimônio separado deve ocorrer de maneira a promover a sua finalidade, de sorte que a administradora responderá, com seu patrimônio pessoal, pelas perdas e danos que advierem da sua má-gestão. Os consorciados, diante disto, podem fiscalizar sua atuação, nos termos do art. 17 da Lei n. 11.795/2008.

O patrimônio relativo a determinado grupo de consorciados apenas responde pelas dívidas que lhe são próprias, isto é, por aquelas que se vinculam à persecução da sua finalidade. Por isso mesmo, a eventual liquidação da administradora, ou adversidades financeiras pessoais atinentes a cada consorciado, não tem o condão de prejudicar a atividade a que se refere o consórcio.[159] Nessa esteira, a Lei n. 11.795/2008 determina, em seu art. 5º, § 5º, que: "Os bens e direitos adquiridos pela administradora em nome do grupo de consórcio, inclusive os decorrentes de garantia, bem como seus frutos e rendimentos, não se comunicam com o seu patrimônio, observado que: I – não integram o ativo da administradora; II – não respondem direta ou indiretamente por qualquer obrigação da administradora; III – não compõem o elenco de bens e direitos da administradora, para efeito de liquidação judicial ou extrajudicial; IV – não podem ser dados em garantia de débito da administradora".

Dessa forma, os ativos relativos ao consórcio consubstanciam patrimônio separado, unificado idealmente com vistas a propiciar a aquisição de bens ou serviços por meio de autofinanciamento. O patrimônio afetado a tal finalidade responde apenas e tão somente pelas dívidas relacionadas ao fim perseguido. Assim como na incorporação imobiliária, o consórcio propicia a captação de recursos da economia popular, a demandar, como forma de proteger os poupadores, a técnica da separação

---

[155] Art. 3º da Lei n. 11.795/2008.
[156] Arts. 2º a 4º da Lei n. 11.795/2008.
[157] Arts. 3º e 5º da Lei n. 11.795/2008.
[158] Art. 1º da Lei n. 11.795/2008.
[159] Art. 40, § 4º, da Lei n. 11.795/2008.

patrimonial, que assegura a redução de riscos, de maneira que as vicissitudes patrimoniais da administradora ou de outros grupos de consórcio não possam atingir o patrimônio autônomo constituído.

27. RELAÇÕES JURÍDICAS ENTRE PATRIMÔNIOS. AUSÊNCIA DE CONFUSÃO. POSSIBILIDADE DE COMPENSAÇÃO

Como se analisou, um mesmo sujeito pode ser titular de vários patrimônios, admitindo-se a existência, ao lado do patrimônio geral, de núcleos patrimoniais autônomos unificados em razão do escopo a que se destinam. Os diversos patrimônios dão origem a centros de interesses que, embora titularizados pelo mesmo sujeito, afiguram-se diversos em virtude da distinta função que realizam, de modo que atraem tutela diferenciada, condizente com a finalidade que visam a promover.

Diversidade de centros de interesses

A mesma pessoa congrega, assim, situações jurídicas pertinentes a distintos patrimônios, e, por isso mesmo, representativas de centros de interesses próprios, que não se confundem, cada qual reclamando tutela específica. A diversidade dos centros de interesse, observe-se, não advém da distinta subjetividade, mas das diferentes funções desempenhadas por cada patrimônio.

Explica-se: a titularidade atribuída ao sujeito em relação ao patrimônio geral é diversa daquela conferida ao mesmo sujeito no que concerne aos patrimônios especiais. A diferença, todavia, não reside na estrutura, mas na função de cada titularidade. O sujeito de direito do patrimônio geral pode exercer a titularidade em benefício próprio, ao passo que, no que tange aos patrimônios afetados, deve exercê-la com vistas à realização da finalidade que os unifica. Diante disto, a despeito de a titularidade ser exercida pela mesma pessoa, o é tendo em conta diferentes funções pertinentes a cada núcleo patrimonial que titulariza, de tal sorte que se mostra possível o mesmo sujeito congregar centros de interesses diversos oriundos da diversidade funcional dos patrimônios que titulariza. Neste caso, a contraposição de centros de interesses não decorre, repita-se, da distinta subjetividade, mas dos diferentes patrimônios, cada qual voltado à realização de sua função.

Titularidade fiduciária

Desse modo, mostra-se possível haver relações jurídicas entre distintos patrimônios pertencentes ao mesmo sujeito, haja vista originarem centros de interesses contrapostos, a despeito de a titularidade das situações, que formam tais relações jurídicas, ser da mesma pessoa. Por outras palavras, a diversidade das situações jurídicas subjetivas, caracterizada pelos distintos centros de interesses a que se referem, possibilita a formação de relação jurídica entre elas, ainda que pertençam ao mesmo sujeito de direito. Na medida em que a relação jurídica constitui o liame entre situações subjetivas, não há de se perquirir se o vínculo é integrado por uma pluralidade ou por um único sujeito, mas se deve investigar, ao revés, se os centros de interesses são diversos e, por isso mesmo, suscetíveis de relações entre si, o que pode advir da distinta subjetividade ou do diverso escopo a que se referem.

Relações jurídicas entre patrimônios

Tal acarreta uma série de consequências jurídicas. Além de permitir a existência de relações jurídicas que vinculem patrimônios separados entre si ou estes e o patrimônio geral,[160] impede a existência de confusão quando crédito e débito, embora pertencentes ao mesmo sujeito, referem-se a distintos patrimônios e, por outro lado, torna possível a compensação entre crédito e débito pertinentes a diferentes patrimônios titularizados por uma pessoa.

Com efeito, para que se opere a extinção do vínculo obrigacional por confusão, crédito e débito contrapostos devem integrar e gravar, respectivamente, o mesmo patrimônio e, além disso, referida união das qualidades de credor e devedor deve acarretar a inutilidade da manutenção do vínculo obrigacional. Nas hipóteses de segregação patrimonial, por outro lado, não há possibilidade de extinção do vínculo por confusão se crédito e débito, embora pertencentes ao mesmo sujeito, referem-se a distintos núcleos patrimoniais. Em virtude disto, não há extinção da obrigação por confusão na hipótese de o herdeiro ser devedor do *de cujus*, na medida em que há o fenômeno da separação patrimonial, gravando o débito o patrimônio do herdeiro e pertencendo o crédito à herança.[161]

Confusão

Compensação

Além disso, tendo em vista a possibilidade de relação jurídica entre dois patrimônios pertencentes ao mesmo sujeito, é de se admitir a ocorrência de compensação entre créditos e débitos recíprocos, cada qual atinente a patrimônio distinto.[162] Note-se que não se afigura necessária a dualidade de sujeitos, mas de patrimônios, aos

---

[160] Sobre a possibilidade de relações jurídicas que vinculem distintos patrimônios pertencentes ao mesmo sujeito, v. Francesco Ferrara, Teoria delle Persone Giuridiche. In: *Il Diritto Civile Italiano*, Biagio Brugi, Torino: UTET, 1923, p. 875; Karl Larenz, *Derecho civil, Parte general*, Madrid: Editoriales de Derecho Reunidas, 1978, p. 417; João Gomes da Silva, *Herança e Sucessão por Morte*, Lisboa: Universidade Católica Editora, 2002, p. 147.

[161] "L'obbligazione si estingue quando nella stessa persona confluiscono le contrapposte qualità creditoria e debitoria (1253). L'effetto estintivo prodotto dalla confusione è determinato non dal mero venir meno della dualità dei soggetti, ma dalla (eventuale) inidoneità del rapporto a svolgere, a causa ed a séguito della riunione, una qualche funzione utile. Contrariamente a quanto solitamente si reputa, l'effetto estintivo opera (non automaticamente o meccanicisticamente, bensí) soltanto quando è venuta meno la dualità dei centri d'interessi o dei patrimoni ai quali riferire le contrapposte situazioni soggettive e con essa l'utilità del rapporto. Unisoggettività e nozione di rapporto non sono incompatibili. Può accadere che l'erede, creditore del *de cuius* già prima dell'apertura della successione, accetti con il beneficio di inventario e, pur essendosi realizzata la riunione nella stessa persona dell'erede delle qualità di creditore e di debitore, il rapporto obbligatorio non si estingue, perché permane la dualità dei patrimoni ai quali riferire le contrapposte situazioni (quello dell'erede e del *de cuius* che restano distinti. D'altronde nella stessa disciplina della confusione vi sono fattispecie legali nelle quali, nonostante la riunione delle qualità, l'estinzione non si verifica" (Pietro Perlingieri e L. Ferroni, *Manuale di Diritto Civile*, cit., p. 262). V., sobre a ausência de confusão na sucessão *mortis causa*, STJ, REsp. 93.456/PE, 3ª T., Rel. Min. Ari Pargendler, julg. 27.4.2000.

[162] "La compensazione è fattispecie estintiva che richiede, quale presupposto necessario, ancorché non sufficiente, l'esistenza di crediti e debiti reciproci facenti capo a due autonomi o separati centri d'interessi giuridicamente rilevanti. La reciprocità delle obbligazioni (prevista come presupposto essenziale e qualificante della compensazione: 1241) postula non la dualità dei soggetti (come una interpretazione letterale lascerebbe intendere), bensí la dualità dei patrimoni, ai quali le correlate e reciproche situazioni soggettive, creditorie e debitorie, si ascrivono. La dualità e la reciprocità sussistono anche quando due rapporti obbligatori, pur ricadendo nella titolarità di un solo soggetto, afferiscano a due patrimoni distinti e separati, appartenenti, entrambi, alla stessa persona. (...). In conclusione la dualità va correttamente verificata in relazione ai patrimoni o ai centri d'interessi" (Pietro Perlingieri e L. Ferroni, *Manuale di Diritto Civile*, cit., p. 257-258).

quais correspondem centros de interesse credor-devedor contrapostos, a autorizar a compensação legal, verificadas as condições estabelecidas pelo legislador.

Vale dizer, a reciprocidade das obrigações constitui o requisito necessário, sejam crédito e débito pertinentes a distintos sujeitos ou a distintos patrimônios. Desta feita, tendo em vista que se mostra possível haver relações jurídicas entre patrimônios, cada qual vinculado a centro de interesse próprio, distinto e autônomo, é de se admitir a compensação de obrigações recíprocas existentes entre patrimônios, cada qual simultaneamente credor e devedor um do outro.

Finalmente, oportuno observar que, diante da possibilidade de relações jurídicas entre os distintos patrimônios pertencentes ao mesmo sujeito, pode haver celebração de negócios entre eles, tais como contrato de mútuo, por meio do qual pode o patrimônio geral, por exemplo, emprestar uma certa quantia ao patrimônio especial, no intuito de facilitar a persecução do escopo deste. Além disso, mostra-se factível que um patrimônio seja fiador de outro patrimônio, ambos de titularidade da mesma pessoa, ocasião em que o patrimônio fiador garante com todas as situações ativas que o integram as dívidas pertinentes ao patrimônio afiançado. Enfim, um sem número de relações jurídicas podem ser estabelecidas entre distintos patrimônios do mesmo sujeito, desde que em atenção às suas peculiaridades e à função que promovem.

Celebração de negócios jurídicos

Vale uma advertência final no sentido de que as expressões "relações jurídicas entre patrimônios", "fiança de um patrimônio a outro", "mútuo de um patrimônio a outro" não querem significar que os patrimônios foram personificados, mas visam a tornar inequívoco que a diversidade de centros de interesses apta à criação de relação jurídica advém da diferença objetiva, isto é, da distinta finalidade perseguida pelos núcleos patrimoniais autônomos, não já em razão do elemento subjetivo.[163]

Não há personificação

28. PATRIMÔNIO DE AFETAÇÃO E PATRIMÔNIO MÍNIMO

Com base nos preceitos constitucionais, é possível defender que seja assegurado um patrimônio mínimo à pessoa natural, "mensurado consoante parâmetros elementares de uma vida digna e do qual não pode ser expropriada ou desapossada".[164] Cuida-se de garantir o que se tem denominado de mínimo existencial, isto é, condições materiais básicas para que a dignidade humana não seja princípio meramente formal, possibilitando-se a todos oportunidades reais de exercício de seus direitos fundamentais.[165]

Mínimo existencial

---

[163] Milena Donato Oliva, *Patrimônio Separado*, Rio de Janeiro: Renovar, 2009, pp. 260-269.

[164] Luiz Edson Fachin, *Estatuto Jurídico do Patrimônio Mínimo*, Rio de Janeiro: Renovar, 2006, p. 1. E prossegue: "Por força desse princípio, independente de previsão legislativa específica instituidora dessa figura jurídica, e, para além da mera impenhorabilidade como abonação, ou inalienabilidade como gravame, sustenta-se existir essa imunidade juridicamente inata ao ser humano, superior aos interesses dos credores" (*Estatuto Jurídico do Patrimônio Mínimo*, Rio de Janeiro: Renovar, 2006, p. 1).

[165] Cf. Ingo Wolfgang Sarlet, Direitos fundamentais sociais, mínimo existencial e direito privado. In: Clèmerson Merlin Clève; Luís Roberto Barroso (org.), *Doutrinas Essenciais de Direito Constitucional*, vol. 7, São Paulo: Revista dos Tribunais, 2015; Luís Roberto Barroso, "Aqui, lá e em todo lugar": a dignidade humana no direito contemporâneo e no discurso transnacional. In: *Revista dos Tribunais*,

Confluem no sentido de assegurar um patrimônio mínimo alguns institutos previstos em lei, entre os quais merecem destaque o bem de família legal, os bens impenhoráveis constantes do Código de Processo Civil,[166] as previsões do parágrafo único do art. 928 do Código Civil[167] e do parágrafo único do art. 944 do Código Civil.[168] Tais institutos consubstanciam exemplos da preocupação do legislador em não retirar do devedor bens reputados necessários ao seu sustento, e, por esse motivo, se relacionam à ideia de patrimônio mínimo.[169]

A propósito da responsabilidade civil, vale notar que esta sofreu importantes modificações no intuito de facilitar cada vez mais a reparação da vítima.[170] Tem-se, atualmente, um sistema dualista da responsabilidade civil, em que convivem a cláusula geral de responsabilidade subjetiva, contemplada no art. 186 do Código Civil, e a cláusula geral de responsabilidade objetiva, insculpida no parágrafo único do art. 927 do Código Civil. Essa inovação do legislador de 2002 representa a consolidação de um diverso entendimento acerca da função da responsabilidade civil – não mais vista como repressora da culpa, mas como propulsora da proteção da vítima.[171] Aduz-se, assim, ao giro conceitual do ato ilícito ao dano injusto, em que a ótica passa do ofensor à vítima.[172]

Nada obstante, a reparação do dano não pode levar o ofensor à ruína, deixando-o sem o mínimo necessário à sua subsistência digna. Eis a *ratio* contida nos parágrafos únicos dos arts. 928 e 944 do Código Civil, em que se deve ponderar a preservação do mínimo existencial do causador do dano com o direito à reparação integral da vítima, que muitas vezes se associa ao mínimo existencial desta, de maneira a se promover a dignidade de ambos na justa medida.[173]

---

vol. 919, 2012; Ana Paula de Barcellos, *Eficácia jurídica dos princípios constitucionais*: o princípio da dignidade da pessoa humana, Rio de Janeiro: Renovar, 2002, pp. 304-305.

[166] Cf. arts. 833 e 834 do CPC.

[167] Art. 928, Código Civil: "O incapaz responde pelos prejuízos que causar, se as pessoas por ele responsáveis não tiverem obrigação de fazê-lo ou não dispuserem de meios suficientes. Parágrafo único. A indenização prevista neste artigo, que deverá ser equitativa, não terá lugar se privar do necessário o incapaz ou as pessoas que dele dependem".

[168] Art. 944, Código Civil: "A indenização mede-se pela extensão do dano. Parágrafo único. Se houver excessiva desproporção entre a gravidade da culpa e o dano, poderá o juiz reduzir, equitativamente, a indenização".

[169] Cf. Daniel Bucar, *Superendividamento*: reabilitação patrimonial da pessoa humana, São Paulo: Saraiva, 2017, p. 35.

[170] Acerca da evolução da responsabilidade civil, v. Anderson Schreiber, *Novos paradigmas da responsabilidade civil*, São Paulo: Atlas, 2007, *passim*.

[171] Sobre o tema, v. Maria Celina Bodin de Moraes, *Danos à Pessoa Humana*, Rio de Janeiro: Renovar, 2003, p. 321-326.

[172] Cf. Orlando Gomes, *Responsabilidade civil*, Rio de Janeiro: Forense, 2011, p. 60; Orlando Gomes, Tendências modernas na teoria da responsabilidade civil. In: José Roberto Pacheco Di Francesco (Org.), *Estudos em homenagem ao Professor Silvio Rodrigues*, São Paulo: Saraiva, 1989, p. 293.

[173] Sobre a norma contida no parágrafo único do art. 944 do Código Civil e sua conexão com o patrimônio mínimo, cf. Carlos Edison do Rêgo Monteiro Filho, Artigo 944 do Código Civil: o problema da mitigação do princípio da reparação integral. In: *R. Dir. Proc. Geral*, Rio de Janeiro, 2008, p. 69-94.

Dessa forma, no direito brasileiro, o devedor – seja da obrigação de reparar o dano extracontratual, seja da prestação que tenha como fonte o contrato – não tem responsabilidade patrimonial ilimitada. Ao revés, o legislador, de diversas maneiras, busca garantir a preservação do patrimônio mínimo do devedor, sem prejuízo da mais ampla possível reparação da vítima e da satisfação do crédito do credor. Para tanto, exclui ou permite a exclusão de certos ativos do ataque dos credores, ao que se soma a necessária valoração judicial, a ser concretamente efetuada, com o intuito de se preservar o mínimo existencial do devedor.

Ao lado de tais expedientes que objetivam assegurar a subsistência digna do devedor, desponta, com grande potencialidade funcional para promover o mínimo existencial, o patrimônio de afetação. Com efeito, o patrimônio de afetação pode ser composto de ativos inteiramente voltados para o atendimento de condições indispensáveis para a vida digna, como saúde, educação, alimentação, moradia, vestuário. E justamente por se tratar de universalidade de direito, esses ativos podem ser os mais diversos, e inclusive podem se alterar com o tempo, garantindo-se constante adaptabilidade para a máxima realização da finalidade do patrimônio: assegurar o mínimo existencial dos beneficiários da gestão patrimonial, na justa medida, de forma a não se prejudicar indevidamente os credores destes, que também precisam ser satisfeitos, muitas vezes, para o atendimento da sua própria dignidade.[174]

> Patrimônio de afetação e mínimo existencial

Vale notar que o bem de família, os bens impenhoráveis e os limites ao dever de reparar constantes nos parágrafos únicos dos arts. 928 e 944 do Código Civil objetivam preservar o devedor da expropriação de ativos reputados indispensáveis à sua vida digna. Buscam a manutenção de estado mínimo de subsistência, não sendo vocacionados, por outro lado, a proporcionar o acesso aos bens por aqueles desprovidos de condições mínimas de sustento. O patrimônio de afetação, a seu turno, além da preservação de direitos patrimoniais básicos para a subsistência do devedor, pode propiciar o acesso aos bens por aqueles que se encontram desprovidos das condições materiais necessárias para a vida com dignidade, haja vista dissociar a titularidade do aproveitamento dos bens. Trata-se, em uma palavra, não apenas de evitar a expropriação, como também de garantir o acesso aos bens. Por isso que o patrimônio de afetação pode ser de grande valia para a concretização do patrimônio mínimo e, conseguintemente, para a realização da dignidade humana. Depende-se, contudo, da intervenção do legislador para viabilizar a criação do patrimônio de afetação com o escopo de garantir o mínimo existencial.

29. TAXATIVIDADE DOS PATRIMÔNIOS DE AFETAÇÃO

O patrimônio especial, assim como o geral, traduz objeto de direito autônomo em relação aos seus componentes. Precisamente por constituir universalidade de direito, isto é, centro autônomo de imputação objetiva decorrente da unificação ideal

---

[174] Milena Donato Oliva, Pablo Renteria, Patrimônio de Afetação e Patrimônio Mínimo. In: Marcos Ehrardt Júnior, Eroulths Cortiano Junior (Org.). *Transformações no direito privado nos 30 anos da Constituição*: estudos em homenagem a Luiz Edson Fachin. Belo Horizonte: Forum, 2018, pp. 323-336.

de situações jurídicas subjetivas ativas, necessita de lei para sua criação. É de se ter presente que a unificação ideal de situações jurídicas ativas para a promoção de determinado escopo atrai regime jurídico específico que atinge não só os interesses de seu titular como o de terceiros. Isso porque tem como efeito necessário responderem tais situações somente por dívidas pertinentes à finalidade da unificação, a qual, além disso, serve de parâmetro para que se verifique a validade dos atos praticados pelo titular da massa patrimonial segregada.

Por tal razão, a autonomia privada não pode promover a separação jurídica de direitos, com todas as consequências daí advindas, sob pena de interferir nos interesses de terceiros, alheios ao ato de destinação das situações ativas levado a cabo pelo titular, que terão de se sujeitar, *tout court*, ao novo regime criado unilateralmente por este. Só a lei pode criar regime jurídico específico para determinado conjunto ideal de direitos, ao ponto de delimitar os credores que deles poderão se satisfazer por ocasião da execução de seus créditos. À míngua de previsão legal, portanto, não é possível a constituição de patrimônios de afetação pela iniciativa privada.[175]

PROBLEMAS PRÁTICOS

1. O valor elevado de certo bem – por isso reputado *luxuoso* – justifica a mitigação da impenhorabilidade do bem de família legal? Justifique.
2. É possível a penhora do bem de família do fiador em contrato de locação? Justifique.
3. Em que consiste o patrimônio separado? Exemplifique.

 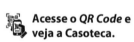 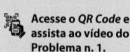

Acesse o *QR Code* e veja a Casoteca.
> *https://uqr.to/1p8ns*

Acesse o *QR Code* e assista ao vídeo do Problema n. 1.
> *https://uqr.to/n3zy*

---

[175] Francesco Ferrara, *Trattato di Diritto Civile Italiano*, vol. I, Roma: Athenaeum, 1921, p. 876; Melhim Namem Chalhub, *Negócio Fiduciário*, cit., p. 86-87.

Capítulo XI
FATO, ATO, ATIVIDADE E NEGÓCIO JURÍDICO

Sumário: 1. Autonomia privada e perspectiva funcional da atividade jurídica (fatos, atos e negócios) – 2. Fato social e fato jurídico: superação da distinção – 3. Classificação dos fatos jurídicos: fato, ato e negócio jurídico – os chamados atos-fatos – 4. A noção de negócio jurídico – 5. Ato jurídico *stricto sensu*, ato-fato e negócio jurídico em perspectiva funcional. – 6. Negócio jurídico no Código Civil e seus três planos de análise: elementos de existência, requisitos de validade, fatores de eficácia – 7. Forma e prova do negócio jurídico – 8. Classificação dos negócios jurídicos – 9. Negócio fiduciário e negócio indireto – 10. O papel da boa-fé objetiva na interpretação do negócio jurídico – 11. Negócio fiduciário e *trust* – 12. *Trust* e planejamento patrimonial: o exemplo das cláusulas de incomunicabilidade, impenhorabilidade e inalienabilidade – 13. Atividade contratual sem negócio jurídico – Problemas práticos.

1. AUTONOMIA PRIVADA E PERSPECTIVA FUNCIONAL DA ATIVIDADE JURÍDICA (FATOS, ATOS E NEGÓCIOS)

As liberdades fundamentais, asseguradas pela ordem constitucional, permitem a livre atuação das pessoas na sociedade. Expressão de tais liberdades no âmbito das relações privadas é a autonomia privada, como poder de auto-regulamentação e de auto-gestão conferido aos particulares em suas atividades. Tal poder constitui-se em princípio fundamental do direito civil, com particular inserção tanto no plano das relações patrimoniais, na teoria contratual, por legitimar a regulamentação da iniciativa econômica pelos próprios interessados, quanto no campo das relações existenciais, por coroar a livre afirmação dos valores da personalidade inerentes à pessoa humana.

O princípio da autonomia privada, entretanto, não é absoluto, inserindo-se no tecido axiológico do ordenamento, no âmbito do qual se pode extrair seu verdadeiro significado.[1] Encontra-se informado pelo valor social da livre iniciativa, que se constitui em fundamento da República (CR, art. 1º, IV),[2] corroborado por numerosas garantias fundamentais às liberdades, que têm sede constitucional em diversos preceitos, com conteúdo negativo e positivo. Assume conteúdo negativo no princípio da legalidade, que reserva ao legislador o poder de restrição a liberdades, tornando lícito tudo o que não for legalmente proibido. Assim o art. 5º, II, da Constituição da República, em cuja linguagem se lê: "ninguém será obrigado a fazer ou deixar de fazer alguma coisa senão em virtude de lei".

Na mesma direção, dotado de conteúdo meramente negativo, situa-se o art. 170, parágrafo único, do Texto Maior, o qual, ao fixar os princípios gerais da atividade econômica, dispõe: "É assegurado a todos o livre exercício de qualquer atividade econômica, independentemente de autorização de órgãos públicos, salvo nos casos previstos em lei".

Tal conteúdo não esgota o sentido constitucional do princípio da autonomia privada, que corporifica as liberdades nas relações jurídicas de direito privado. Segundo o Texto Constitucional, a liberdade de agir, objeto das garantias fundamentais insculpidas no art. 5º, associa-se intimamente aos princípios da dignidade da pessoa humana (art. 1º, III), fundamento da República, da solidariedade social (art. 3º, I) e da igualdade substancial (art. 3º, III), objetivos fundamentais da República. Significa dizer que a livre iniciativa, além dos limites fixados por lei, para reprimir atuação ilícita, deve perseguir a justiça social, com a diminuição das desigualdades sociais e regionais e com a promoção da dignidade humana.[3] A autonomia privada adquire, assim, conteúdo positivo, impondo deveres à autorregulamentação dos interesses individuais, de tal modo a vincular, já em sua definição conceitual, liberdade à responsabilidade.[4]

---

[1] Conforme leciona José de Oliveira Ascensão, não há antecedência cronológica da relação social em face da relação jurídica; ao revés, "o Direito é em si *forma* da vida social. Ele vive nas relações sociais, que muitas vezes seriam inteiramente impensáveis sem a norma que as unifica (...). A concretização da norma cria sempre realidade social valorada" (*Direito civil: teoria geral*, vol. III, Coimbra: Coimbra Editora, 2002, p. 42). A liberdade e, especificamente, a autonomia privada, assim, não correspondem a noções anteriores ao Direito, mas são construídas juridicamente, no âmbito da axiologia do ordenamento. Ao propósito, v. Pietro Perlingieri, *Manuale di diritto civile*, Napoli: Edizioni Scientifiche Italiane, 2014, 7ª ed., p. 439 e ss.

[2] Destaca a proteção constitucional da livre iniciativa como princípio informador da autonomia privada, Francisco Amaral, *Direito civil*: introdução, Rio de Janeiro: Renovar, 2003, 5ª ed., p. 359: "A liberdade de iniciativa econômica é a fonte legitimadora da autonomia privada no campo constitucional, como princípio básico da ordem econômica e social. São conceitos correlatos, mas não coincidentes, na medida em que a primeira focaliza o aspecto econômico, e a segunda, o jurídico, do mesmo fenômeno, havendo, entre eles, uma relação instrumental". No mesmo sentido, Orlando Gomes, *Introdução ao direito civil*, Rio de Janeiro: Forense, 2016, 21ª ed., p. 210.

[3] Na lição de Pietro Perlingieri, "A Constituição operou uma reviravolta qualitativa e quantitativa na ordem normativa. Os chamados limites à autonomia, postos à tutela dos contratantes vulneráveis, não são mais externos e excepcionais, mas, sim, internos, enquanto expressão direta do ato e do seu significado constitucional" (*O direito civil na legalidade constitucional*, Rio de Janeiro: Renovar, 2008, p. 358).

[4] Nesta direção, leciona Federico Castro y Bravo, *El negocio jurídico*, Madrid: Instituto Nacional de Estudios Políticos, 1967, p. 29, segundo o qual, na dinâmica dos negócios jurídicos, a definição de

Essa perspectiva caracteriza o princípio da autonomia privada no direito contemporâneo, desde a promulgação, em diversos países da Europa Continental, ao longo do século XX, de Constituições intervencionistas, como o Texto Constitucional brasileiro de 1988, que estabeleceram metas a serem alcançadas pelos particulares ao lado da liberdade de contratar e circular riquezas. Anteriormente, por conta de conhecido processo histórico que serve de moldura para as construções dogmáticas dos séculos XVIII e XIX, o poder dos particulares de gerir seus interesses era designado como *autonomia da vontade*, a enfatizar, já em sua definição, a perspectiva voluntarista mediante a qual se pretendia afastar a ingerência dos Estados nos espaços jurídicos privados.[5] Essa concepção, embora ainda presente na manualística, não se mostra consentânea com o sistema civil-constitucional. A ordem pública constitucional valoriza a liberdade na solidariedade, impondo que a autonomia privada seja vista como poder de regulamentação não exclusivamente decorrente da vontade subjetiva, já que o interesse público condiciona o poder de agir dos particulares à tutela de valores socialmente relevantes. Alude-se, atualmente, à autonomia negocial, "enquanto capaz também de se referir às hipóteses dos negócios com estrutura unilateral e dos negócios com conteúdo não patrimonial".[6]

<small>Autonomia da vontade e autonomia privada</small>

A alteração da noção de autonomia repercute profundamente na teoria da interpretação. Tradicionalmente, a dogmática se restringia ao aspecto estrutural das categorias jurídicas, ou seja, aos seus elementos constitutivos e aos poderes atribuídos aos titulares. Na medida em que o espectro e os limites (das categorias e institutos jurídicos, e especialmente) da autonomia atribuída aos particulares não são mais uniformes e abstratos (vontade individual submetida unicamente ao limite negativo da ilicitude), mas dependem dos valores que lhes servem de fundamento (para promoção de interesses socialmente relevantes), alude-se à funcionalização dos institutos de direito civil. Assim, as relações jurídicas estruturadas para a proteção de interesses patrimoniais e individuais tornam-se vetores de interesses existenciais. Em última análise, o espaço de autonomia privada (a estrutura dos poderes conferidos para exercício de direitos dela decorrentes) é determinado pela função que desempenha na relação jurídica.[7]

<small>Funcionalização dos institutos de direito civil</small>

Tal reflexão interfere diretamente na teoria dos atos e negócios jurídicos, no sentido de superar a abordagem meramente estática de seus elementos estruturais – forma e conteúdo –, para se alcançar a função – o porquê e para quê –, de modo a se identificar a legitimidade objetiva da alteração propiciada pela autonomia privada nas relações jurídicas pré-existentes.[8]

---

finalidades a serem alcançadas pelos particulares "*no sopone disminuir el alcance de la autonomía de la volontad, sino pó el contrario tenerla em cuenta em su doble aspecto de libertad y de responsabilidad*".
[5] Francisco Amaral, *Direito Civil*: introdução, cit., p. 347.
[6] O conceito de autonomia negocial é desenvolvido por Pietro Perlingieri, *O direito civil na legalidade constitucional*, cit., p. 338.
[7] A respeito do conceito de função, cf. Norberto Bobbio, Em direção a uma teoria funcionalista do direito. In: *Da estrutura à função*, São Paulo: Manole, 2007, p. 53.
[8] Sobre o ponto, magistralmente, Emilio Betti, *Teoria generale del negozio giuridico*, Torino: UTET, 1952, 2ª ed., p. 170 e ss.

2. FATO SOCIAL E FATO JURÍDICO: SUPERAÇÃO DA DISTINÇÃO

Se a atuação do direito depende visceralmente dos fatos, em recíproco condicionamento, a conceituação analítica das diversas espécies de fatos (jurídicos) mostra-se indispensável para a definição da disciplina normativa correspondente. *Fato social* é o acontecimento que, submetido à incidência do direito, torna-se, tecnicamente, *fato jurídico*. Afirma-se, por isso mesmo, que um fato qualquer – pré-jurídico –, a partir do momento em que deixa de ser indiferente ao direito, adquire aptidão para gerar efeitos jurídicos. Em consequência, segundo lição clássica, fatos jurídicos são os eventos mediante os quais as relações jurídicas nascem, se modificam e se extinguem.[9] Ou, em refinada síntese, "os fatos aos quais o direito atribui *relevância* jurídica no sentido de *alterar* as situações a eles pré-existentes, e de configurar situações novas, às quais correspondem novas qualificações jurídicas".[10]

Tal perspectiva, contudo, deve ser analisada com reservas, por duas razões fundamentais. Em primeiro lugar, se é verdade que o dado social – como elemento da realidade fática – não se confunde com o dado normativo – a norma jurídica –, parece arbitrário considerar alguns fatos simplesmente alheios ao direito, ou despidos de relevância ou pressupostos de eficácia, já que a experiência normativa alcança integralmente a vida social, mesmo os espaços de liberdade que o direito, valorando-os, preserva deliberadamente contra qualquer tipo de regulamentação. Diante de tal circunstância, afirma-se que todo fato social interessa ao direito, já que potencialmente interfere na convivência social e, portanto, ingressa no espectro de incidência do ordenamento jurídico.[11] Na doutrina brasileira, argutamente assinalou-se: "não há fato indiferente ao Direito, pois é o próprio Direito, através da norma positiva que, não regulando uma conduta ou uma circunstância, chancela tal conduta ou tal circunstância de irrelevante ou sem juridicidade".[12]

Em segundo lugar, qualquer fato social é percebido de acordo com a compreensão cultural da sociedade em determinado momento histórico, e assim também é valorado pelo direito. Imagine-se o interesse pelo meio ambiente equilibrado; as interferências

---

[9] Clovis Bevilaqua, *Teoria geral do direito civil*, Rio de Janeiro: Francisco Alves, 1976, p. 210; Roberto de Ruggiero, *Instituições de direito civil*, vol. 1, Campinas: Bookseller, 2005, p. 310; Miguel Reale, *Lições preliminares de direito*, São Paulo: Saraiva, 2012, p. 203.

[10] Emilio Betti, *Teoria generale del negozio giuridico*, cit., p. 3, tradução livre.

[11] Pietro Perlingieri, *O direito civil na legalidade constitucional*, cit., pp. 639-640.

[12] Luiz Edson Fachin, *Novo conceito de ato e negócio jurídico*: consequências práticas, Curitiba: PUC/PR, 1988, p. 1. Com efeito, a afirmativa de que toda liberdade humana é juridicamente relevante (porque garantida pelo Direito) não implica a negação de que existam liberdades não regulamentadas por lei, como registra Stefano Rodotà: "*Ora ci troviamo di fronte a situazioni in cui l'indicare il fatto e dire il diritto appartengono alla stessa persona, nel senso almeno che esiste un potere di scelta tra risposte giuridiche diversificate o, più radicalmente, di entrata in uno spazio vuoto di diritto. Si può, dunque, uscire dal diritto e rientrare nella vita*" (*La vita e le regole*: tra diritto e non diritto, Milano: Feltrinelli, 2006, p. 62). Para uma perspectiva civil-constitucional da questão, v. tb. Samir Namur, A inexistência de espaços de não direito e o princípio da liberdade. In: *Revista Trimestral de Direito Civil*, vol. 42, abr.-jun./2010; Paula Greco Bandeira, Espaços de não direito e as liberdades privadas. In: *Revista Trimestral de Direito Civil*, vol. 52, out.-dez./2012.

consideradas normais de vizinhança; ou a crescente exposição da imagem das pessoas (como comparar a repercussão de alguém na praia, há 50 anos, em sucintos trajes de banho e nos dias de hoje).[13] O direito traduz a realidade fática, a qual, em contrapartida, reflete a valoração da ordem jurídica (como apreendida pelo grupo social).[14] Há, portanto, íntima comunicação entre fato e norma, de tal modo que não se pode conceber um desses elementos sem o outro. Supera-se, desse modo, a distinção entre fato social e fato jurídico. Todo fato social, porque potencialmente relevante para o direito, e porque moldado pela valoração (social decorrente) do elemento normativo (o qual, ao mesmo tempo, é construído na historicidade evolutiva da sociedade), é fato jurídico.

Compreende-se, assim, o vetusto brocardo latino *ex facto oritur ius*. Do fato provém o direito. Vale dizer, sem se confundirem norma e fato, estes reciprocamente se condicionam.[15] A hipótese fática de incidência da norma (suporte fático, que equivaleria à expressão italiana *fattispecie* ou à alemã *Tatbestand*) identifica-se com a descrição normativa, ou seja, é construída pela valoração que lhe atribui o direito. Tenha-se como exemplo um contrato de locação. As regras sobre ele incidentes dependerão das circunstâncias fáticas – valor do aluguel, estado do imóvel, pontualidade no cumprimento das obrigações –, todas elas capazes de produzir efeitos modificativos da relação jurídica, gerando novos fatos jurídicos, que alteram o direito pré-existente e se amoldam, contemporaneamente, à previsão normativa pré-existente. Por isso mesmo, considera-se "um equívoco conceber a *fattispecie* como qualquer coisa de puro fato, despida de qualificações jurídicas, ou como qualquer coisa materialmente separada ou cronologicamente destacada da nova situação jurídica correspondente. Em realidade, esta não é senão um desenvolvimento daquela, uma situação nova na qual se converte a situação preexistente com a superveniência do fato jurídico".[16]

Fattispecie ou *Tatbestand*

Em definitivo e afinal, como registrado em (esquecida) lição introdutória de insuperável eloquência, "o encontro do Direito com os fatos verifica-se, portanto, não no momento em que estes ocorrem, senão já antes, quando aquele lhes infunde potencialidade jusgenética. Logo, o fato e o fato jurídico não são categorias ontológicas distintas, mas atitudes axiologicamente diversas diante da mesma fenomenidade".[17]

---

[13] O exemplo é configurado por Eros Grau, Técnica Legislativa e Hermenêutica Contemporânea. In: Gustavo Tepedino (org.), *Direito civil contemporâneo*: novos problemas à luz da legalidade constitucional, São Paulo: Atlas, 2008, p. 286.

[14] A conclusão de Luiz Edson Fachin, *ob. loc cit*., é irrecusável: "ingressam no campo jurídico os fatos valorados pela norma. Tais são os fatos jurídicos, que assim se constituem sem deixar o campo fático, uma vez que este e aquele (o normativo) se interpenetram. Esse agasalho da norma é a guardiã ao suporte fático, sem suprimi-lo. Exsurge, aí, a juridicidade que é por conseguinte um componente do binômio fato-norma".

[15] Cf. Emilio Betti, *Teoria generale del negozio giuridico*, cit., p. 5; Miguel Reale, *Lições preliminares de direito*, cit., p. 200.

[16] Emilio Betti, ob. loc. cit. No original, escrito em 1950:

[17] João Baptista Villela, Do fato ao negócio: em busca da precisão conceitual. In: *Estudos em homenagem ao professor Washington de Barros Monteiro*, São Paulo: Saraiva, 1982, p. 256.

3. CLASSIFICAÇÃO DOS FATOS JURÍDICOS: FATO, ATO E NEGÓCIO JURÍDICO – OS CHAMADOS ATOS-FATOS

Afirma-se que os fatos (jurídicos) podem provir espontaneamente da natureza (fatos naturais) ou da atuação humana (fatos humanos). Os primeiros são também chamados de fatos jurídicos *stricto sensu*. Distinguem-se os fatos naturais em ordinários (o nascimento, a morte, o curso dos rios) e extraordinários (fortuitos, imprevisíveis ou inevitáveis). Já os fatos humanos, atribuíveis ao homem, traduzem-se em fatos lícitos (valorados positivamente pela ordem jurídica) e fatos ilícitos *lato sensu* (reprovados pelo direito), que, a seu turno, se distinguem em atos ilícitos (*stricto sensu*) e atos antijurídicos (contrários ao direito, a exemplo do abuso do direito).[18] Os fatos lícitos, ou seja, atribuídos à atividade humana e não reprovados pelo direito, compreendem os negócios jurídicos, os atos jurídicos *stricto sensu*, também designados *atos lícitos de conduta*, e os chamados atos-fatos, reconhecidos por parte da doutrina.[19]

Em imagem gráfica pode-se melhor perceber a classificação:

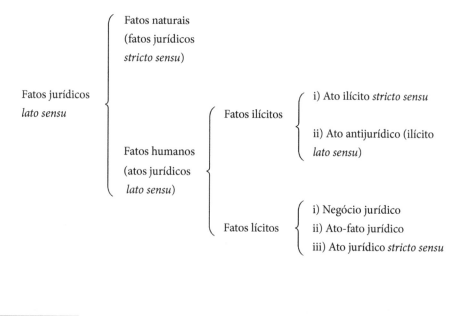

---

[18] Cf. Rose Vencelau Meireles, O negócio jurídico e suas modalidades. In Gustavo Tepedino (coord.), *A parte geral do novo Código Civil*: estudos na perspectiva civil-constitucional, Rio de Janeiro: Renovar, 2003, p. 183.

[19] Adotam, igualmente, a designação "ato jurídico *stricto sensu*", dentre outros, Caio Mário da Silva Pereira, *Instituições de direito civil*: vol. I, Rio de Janeiro: Forense, 2019, 32ª ed., p. 403 e Miguel Reale, *Lições preliminares de direito*, cit., p. 209. Designando o ato jurídico *stricto sensu* como ato lícito de conduta, San Tiago Dantas, *Programa de direito civil*, vol. I, Rio de Janeiro: Forense, 2001, 3ª ed., p. 211. No que tange à classe dos atos-fatos jurídicos, seu maior defensor na doutrina brasileira é, provavelmente, Pontes de Miranda, que assim os define: "Os atos-fatos são fatos humanos, em que não houve vontade, ou dos quais se não leva em conta o conteúdo de vontade, aptos, ou não, a serem suportes fáticos de regras jurídicas" (*Tratado de direito privado*: parte geral, t. I, São Paulo: Revista dos Tribunais, 2012, p. 158).

Muito se disputa acerca da terminologia empregada, especialmente no que concerne à inclusão dos atos ilícitos no âmbito dos atos jurídicos. Como bem destacado em doutrina, embora terminologicamente fosse preferível afastar a ilicitude da qualidade jurídica, consolidou-se, na linguagem corrente, a qualificação de jurídico não como atributo de legitimidade, senão como gênero, a traduzir simplesmente a eficácia jurígena independentemente de valoração positiva ou negativa: "quando se fala em ato jurídico, o que se tem em vista é a relevância do acontecimento para o Direito, não a sua conformidade ao Direito".[20]

4. A NOÇÃO DE NEGÓCIO JURÍDICO

A categoria dos atos jurídicos associa-se ao agir humano e suas consequências decorrem do papel atribuído, nessa atuação, à vontade humana, em maior ou menor grau. Chama-se negócio jurídico o regulamento de interesses estipulado pela autonomia privada, ou autorregulamento ou ato jurídico apto a regular interesses. Constitui-se no principal instrumento engendrado pelo direito civil para o exercício da autonomia privada. Formulação teórica do final do século XVIII, a noção de negócio traduz o esplendor do voluntarismo, procurando assegurar o mais amplo espaço para a autonomia privada regular seus interesses.[21] Daí sua definição tradicionalmente estabelecida como "manifestação de vontade, dirigida a um escopo prático que consiste na constituição, modificação ou extinção de uma situação juridicamente relevante".[22]

Por ter sido concebido como instrumento de consagração da vontade individual, a noção de negócio jurídico avoca acirradas disputas ideológicas a partir do final do século XIX e por todo o século XX, ao longo das diversas fases e graus de intervenção do Estado na economia de países de tradição romano-germânica. Os reflexos dessa controvérsia ainda se fazem sentir nos dias de hoje, com significativas consequências práticas na aferição do papel da vontade em tema de invalidade dos negócios.

Em síntese estreita, dividem-se as diversas posições doutrinárias em dois grupos, conhecidos como teorias subjetivista e objetivista. Pela primeira, define-se o negócio jurídico como ato de vontade dirigido à produção de efeitos jurídicos. Concebida pelos fautores do modelo voluntarista, tal concepção, em suas múltiplas vertentes, a partir da construção de Savigny, encontra-se amplamente divulgada na doutrina

Teorias subjetivista e objetivista

---

[20] João Baptista Villela, *Do fato ao negócio*: em busca da precisão conceitual, cit., p. 259, o qual anota: "Entre nós é da tradição subentender em ato jurídico a conformidade com o Direito (...) A bem da estabilidade terminológica conviria, pois, não insistir no outro uso, cuja correção, entretanto, não pode ser contestada. Ocorre que a língua não é apenas um fato da razão, mas também um fato socialmente estabelecido".

[21] Assim destaca Francisco Amaral: "A categoria do negócio jurídico surge, assim, como produto de uma filosofia político-jurídica que, a partir de uma teoria do sujeito, com base na liberdade e igualdade formal, constrói uma figura unitária capaz de englobar, reunir, todos os fenômenos jurídicos decorrentes das manifestações de vontade dos sujeitos no campo da sua atividade jurídico-patrimonial" (*Direito civil*: introdução, São Paulo: Saraiva Educação, 2018, 10ª ed., p. 471).

[22] Alberto Trabucchi, *Istituzioni di diritto civile*, Padova: CEDAM, 1993, p. 124.

brasileira.[23] A partir de tal formulação, cumpre ao intérprete buscar a intenção do agente para aferir a legitimidade do negócio, já que é o vetor volitivo, isto é, a vontade real, o elemento essencial dessa categoria jurídica.

Em contrapartida, posicionaram-se os autores da teoria objetivista, para os quais a essência do negócio jurídico é a declaração como tal percebida, reconhecida e considerada legítima pelo ordenamento, independentemente da intenção que possa ter tido o emissor. O negócio, portanto, embora resulte de manifestação de vontade, desprende-se dela, produzindo os efeitos autorizados pela ordem jurídica sem que se deva, portanto, por irrelevante, perquirir a intenção do agente emissor da vontade.

Ambas as posições doutrinárias refletem períodos históricos antagônicos, de coroamento do voluntarismo (individualismo iluminista que perdura do século XVIII ao XIX), e de sua rejeição (perspectiva socializante e intervencionista do final do século XIX e primeira metade do século XX).[24] Levadas aos extremos, tais teorias não logram resolver a preocupação, de ordem eminentemente prática, de conciliar o respeito ao alvedrio individual com a segurança atribuída à manifestação de vontade, tal qual declarada.

Teoria preceptiva

Nesta linha de preocupação, desenvolveram-se, no âmbito das construções objetivas, posições menos radicais e mais sofisticadas, admitindo a importância da vontade, embora considerada como anterior ao negócio, em relação ao qual é a declaração, como manifestação exterior, e não o ato volitivo em si considerado, elemento essencial. A vontade, por sua vez, não decorre do simples querer individual, senão da autonomia privada como poder autorizado e temperado, por balizas valorativas, pelo ordenamento jurídico.[25] O principal artífice de tais posições foi o jurista italiano Emilio Betti, formulador da teoria preceptiva. Segundo tal orientação, o reconhecimento social da vontade tem por referência não elementos subjetivos internos ao agente, senão a declaração, na forma como exteriorizada, que se constitui, assim, em preceito vinculativo.

Teorias da autorresponsabilidade e da confiança

A vinculação do sujeito emissor da vontade à declaração é corroborada por ulteriores elaborações doutrinárias, em especial as teorias da autorresponsabilidade e da confiança. Pela primeira, embora o elemento subjetivo seja o vetor do ato de vontade, a vinculação à declaração decorre da responsabilidade pessoal do seu emissor pela respectiva exteriorização. Já pela teoria da confiança, o preceito oriundo do negócio, em virtude da declaração, vincula o seu emissor em virtude da expectativa despertada no corpo social quanto à correspondência entre a

---

[23] V. Savigny, *Traité de droit romain*, Tome 3ème, Paris: Firmin Didot Frères, 1856, p. 3 e ss. Sobre as diversas correntes, Antonio Junqueira de Azevedo, *Negócio jurídico*: existência, validade e eficácia, São Paulo: Saraiva, 2002, p. 4 e ss.

[24] Abordando essa passagem do Estado liberal do século XIX para o Estado intervencionista, v. Francisco Amaral, *Direito civil*: introdução, cit., p. 132.

[25] Tratando da limitação da autonomia privada pelas balizas do ordenamento jurídico, expõe Orlando Gomes, *Introdução ao direito civil*, cit., p. 213: "Mas esse vínculo, essa autolimitação, decorre, precisamente, do ordenamento jurídico que lhe reconhece o poder de regular, pela forma permitida, seus interesses".

manifestação de vontade e a intenção do agente. Cabe ao direito, portanto, prestigiar quem confiou na higidez da declaração volitiva.

A teoria da confiança ganha destaque no direito positivo pátrio, com intensa repercussão em diversos dispositivos, pelos quais se considera o emissor responsável por suas declarações, na forma como exteriorizadas, mesmo em situações de invalidade de negócios, em face de terceiros de boa-fé, ou seja, que desconheciam a causa da invalidade e que, por isso mesmo, confiaram e agiram em conformidade com a expectativa gerada pela declaração.[26]

Exemplo emblemático da incorporação da teoria da confiança no direito brasileiro pode ser extraído da disciplina do erro como vício do consentimento, mais especificamente da norma que exige a recognoscibilidade do erro pela outra parte para que surja a invalidade negocial. Em outros termos, o erro do emitente da vontade somente gerará o desfazimento do negócio caso se reconheça a possibilidade de percebê-lo por parte do destinatário. É dizer: ao condicionar a anulabilidade do negócio jurídico à configuração de erro substancial "que poderia ser percebido por pessoa de diligência normal, em face das circunstâncias do negócio", o art. 138 do CC faz uma escolha, *a contrario sensu*, por tutelar os contratantes de boa-fé em que a declaração de vontade, embora viciada, haja despertado legítima confiança (v. Capítulo XIV).[27]

Com a redução do papel da vontade no direito contemporâneo (paralela ao crescimento do papel do Estado nas relações econômicas) e a consequente remodelação do conceito de autonomia privada (como poder atribuído aos particulares associado a deveres negativos e positivos), funcionalizada a valores constitucionalmente tutelados, mostra-se mais consentânea com o sistema a definição de negócio jurídico como regulamento de interesses que agrega também fontes heterônomas.

Com efeito, pareceria ingênuo reduzir o autorregulamento preceptivo, em que se constitui o negócio, em ato de vontade, pressuposto nem sempre íntegro da decla-

---

[26] Percebe-se, assim, como a noção subjetiva de boa-fé pode influenciar a figura da boa-fé objetiva, embora se trate de noções diferentes, conforme explica Judith Martins-Costa: "a boa-fé subjetiva tem o sentido de uma condição psicológica que normalmente se concretiza no convencimento do próprio direito, ou na ignorância de se estar lesando direito alheio, ou na adstrição 'egoísta' à literalidade do pactuado. Diversamente, ao conceito de boa-fé objetiva estão subjacentes as ideias e ideais que animaram a boa-fé germânica: a boa-fé como *regra de conduta* fundada na honestidade, na retidão, na lealdade e, principalmente, *na consideração para com os interesses do alter*, visto como *um membro do conjunto social que é juridicamente tutelado*" (*A boa-fé no direito privado*: sistema e tópica no processo obrigacional, São Paulo: Revista dos Tribunais, 2000, p. 412).

[27] "A doutrina mais moderna tem interpretado o expresso teor do art. 138 com base na teoria da confiança, assentando que a pessoa de diligência normal a que se refere o Código, a quem o erro deve ser perceptível para que possa haver a anulação do contrato, não é o declarante, mas o destinatário da declaração, nos mesmos moldes do art. 1.428 do Código italiano. Acrescentou, pois, o Código outro requisito na configuração do erro que leva à anulação do negócio: sua recognoscibilidade pelo outro contratante" (Caio Mário da Silva Pereira, *Instituições de direito civil*, vol. I, cit., p. 443). V., ainda, Humberto Theodoro Júnior, *Comentários ao novo Código Civil*, vol. III, t. I, Rio de Janeiro: Forense, 2008, pp. 41-42; Augusto Passamani Bufulin, *O erro e seus requisitos*, Rio de Janeiro: LMJ, 2013, p. 165.

ração. Na esteira de tais considerações, a vontade, em si mesma considerada, não é propriamente elemento do negócio jurídico, senão a declaração de vontade, conforme manifestada e percebida no mundo social.[28]

5. ATO JURÍDICO *STRICTO SENSU*, ATO-FATO E NEGÓCIO JURÍDICO EM PERSPECTIVA FUNCIONAL

Ao lado dos negócios jurídicos, situam-se os atos jurídicos *stricto sensu*, assim considerados os atos jurídicos que não se destinam a regulamentar, autonomamente, interesses privados. Limitam-se a executar preceitos previamente estabelecidos por lei ou por negócio jurídico antecedente, reduzindo-se, portanto, em sua ontologia, o espaço de atuação (e de controle) da autonomia privada.

Afirma-se, por isso mesmo, que, nos atos jurídicos *stricto sensu* ou atos lícitos de conduta, a vontade tem papel menos relevante, já que se limita a dar eficácia a interesses jurídicos previamente regulados por lei ou por negócio jurídico anterior. O agente, ao praticá-los, submete-se às consequências jurídicas que lhe estão previamente reservadas.

Como acima destacado, a aptidão a regular interesses confere ao negócio jurídico atributo objetivo de produção de efeitos, independentemente da intencionalidade subjetiva, voltando-se o ordenamento para o controle da higidez da declaração da vontade. Já os atos lícitos de conduta, posto decorrentes da atividade humana, não contêm germe criador de preceitos, já que a atuação se dá aqui em conformidade com disposição normativa antecedente.

Em face de tal distinção, afirma-se que, se os efeitos produzidos decorrem do regulamento definido pelo próprio ato, tem-se negócio jurídico, como na celebração de um contrato de compra e venda. Se, ao reverso, a eficácia (finalidade) independe do ato do agente, ainda que a escolha do meio empregado lhe seja assegurada, está-se diante de ato lícito em sentido estrito, para qual se exige tão somente consciência de sua prática,[29] não sendo decisivo o papel da vontade[30] – é o que ocorre, por exemplo, na fixação de domicílio ou no reconhecimento de paternidade, cujo exercício deflagra consequências atribuídas por lei, e no pagamento ou na quitação, que importam a incidência das regras fixadas por negócio jurídico antecedente.

---

[28] Assim, Antonio Junqueira de Azevedo, *Negócio jurídico*, cit., p. 82: "A nosso ver, *a vontade não é elemento do negócio jurídico*; o negócio é somente a declaração de vontade. Cronologicamente, ele surge, nasce, por ocasião da declaração; sua *existência* começa nesse momento; todo o processo volitivo anterior não faz parte dele; o negócio todo consiste na declaração".

[29] José Carlos Moreira Alves, O negócio jurídico no anteprojeto de Código Civil brasileiro. In: *Arquivos do Ministério da Justiça*, Rio de Janeiro, vol. 13, p. 3, set/1974. V., também, em perspectiva crítica, João Baptista Villela, *Do fato ao negócio*, cit., p. 263, que procura distinguir as noções de negócio e de ato jurídico *stricto sensu* com base na "qualidade" da vontade emitida. No primeiro caso, ter-se-ia liberdade criadora de regulamento. No segundo, comportamento adstrito a regulamento imposto ao agente.

[30] V. Pontes de Miranda, *Tratado de direito privado*: parte geral, cit., p. 159.

O Código Civil, no art. 185,[31] prevê a figura dos atos jurídicos lícitos, distintos do negócio jurídico, determinando-lhes a incidência, no que couber, das normas atinentes aos atos negociais. Procurou o legislador, desta forma, abranger as duas espécies de atos atribuíveis à vontade humana, sem regular, por considerar provavelmente desnecessário, a terceira categoria de atos, designados como atos-fatos. Adotados de maneira bissexta pela doutrina brasileira, são imputáveis ao agir humano, embora desprovidos de elemento volitivo, associando-se à atuação subjetiva tão somente por relação de causalidade, despida de qualquer exigência de intencionalidade ou mesmo consciência de sua prática.[32] Os atos-fatos foram concebidos por juristas alemães na primeira metade do século passado, adotados por parte da doutrina italiana e desenvolvidos no Brasil principalmente por Pontes de Miranda, que os divide em: (i) atos reais; (ii) indenização sem culpa; (iii) caducidades.[33]

Por meio dos atos-fatos procura-se explicar a produção de efeitos jurídicos decorrentes de atos humanos, materialmente considerados, independentemente de controle quanto à formação da vontade que o originou – e por isso chamado de atos-fatos – como ocorre na responsabilidade por dano causado por incapaz (CC, art. 932, I e II), em que o dever de reparar independe de ter tido este sequer consciência de sua prática.

Atos-fatos

O ordenamento jurídico brasileiro, portanto, admite regime diferenciado para os atos atribuíveis ao agir humano. Prevê explicitamente a categoria dos atos jurídicos, em sentido lato, compreendendo os negócios jurídicos e os atos jurídicos *stricto sensu*. A partir daí, impõe controle rigoroso ao negócio jurídico, submetendo-o à extensa disciplina do Título I do Livro III (CC, arts. 104 a 184), além das regras incidentes em cada espécie negocial, quando tipificada (pensa-se no contrato de empreitada, que avocará os dispositivos dos arts. 610 e ss., do Código Civil). Menos rigoroso, por não importar autorregulamento de interesses, mostra-se o controle dos atos não negociais, já que o art. 185 se limita a autorizar a aplicação, no que couber, dos dispositivos atinentes ao negócio jurídico, cabendo ao intérprete definir o espectro de abrangência da remissão e o critério de incidência.

Finalmente, no que tange aos atos-fatos, sua disciplina não se encontra prevista na Parte Geral do Código Civil, que regula difusamente sua incidência nos eventos

---

[31] Art. 185 do Código Civil: "Aos atos jurídicos lícitos, que não sejam negócios jurídicos, aplicam-se, no que couber, as disposições do Título anterior".
[32] Francesco Santoro-Passarelli, *Dottrine generali del diritto civile,* Napoli: Jovene, 1966, pp. 106-107.
[33] Pontes de Miranda, *Tratado de direito privado*, t. II, Rio de Janeiro: Borsoi, 1954, p. 372 e ss. A conclusão é confirmada por José Carlos Moreira Alves, *A parte geral do projeto de Código Civil brasileiro*, São Paulo: Saraiva, 2003, 2ª ed., p. 103, que assim justifica o dispositivo do art. 185 do C.C., inspirado em disposição semelhante do art. 295º do Código civil português: "ambas as normas esgotam a disciplina das ações humanas que, por força do direito objetivo, produzem efeitos jurídicos em consideração à vontade do agente, e não simplesmente pelo fato objetivo dessa atuação". "Quando ocorre esta última hipótese, já não já que falar em ato jurídico, mas sim – e é dessa forma que o considera o direito – em fato jurídico em sentido estrito (são os atos-fatos jurídicos da doutrina germânica)".

humanos específicos dos quais decorrem efeitos jurídicos para cuja produção não se cogita de qualquer elemento volitivo na conduta do agente.

A classificação, contudo, a despeito de sua importância didática, mostra-se estabelecida por critérios abstratos e estruturais (maior ou menor vinculação da conduta à vontade humana, daí decorrendo gradação qualitativa da atuação humana), revelando-se insuficiente para as finalidades propostas. Por isso, provavelmente, apresenta-se tão controvertida a matéria, já que não soluciona com nitidez, na dinâmica das relações jurídicas, a disciplina a ser aplicada.[34] Somente a interpretação funcional, ao fotografar o regulamento de interesses em seu todo, de modo a compreender o ato e suas circunstâncias, inserido na atividade a ser analisada, permitirá qualificá-lo e estabelecer a disciplina aplicável.

No âmbito dos atos jurídicos não negociais, por exemplo, *ex vi* do art. 185 do Código Civil, a entrega de coisa determinável em uma compra e venda invoca a incidência das normas do negócio jurídico que lhe serve de título, incluindo o controle quanto à validade do ato de entrega (nulidade ou anulabilidade do pagamento). Não se poderia tolerar o pagamento praticado sob coação, por exemplo, ou a quebra da boa-fé objetiva no cumprimento da prestação. Assim também deve-se exigir (não capacidade, mas) a plena consciência do ato praticado por quem reconheceu o filho. Por outro lado, reduzidíssima importância terá o papel da construção da declaração de vontade na hipótese prescrita pelo art. 1.280 do Código Civil, em que o proprietário ou possuidor exige do vizinho demolição ou reparação diante de iminente ruína (ato jurídico *stricto sensu* mandamental, para Pontes de Miranda).[35] Nesse caso, pouco importa a consciência da declaração, fixando o legislador no fato objetivo suscitado pelo possuidor.

A consciência do comportamento mostra-se prudentemente exigida para atos materiais classificados como atos-fatos, como na ocupação de coisa sem dono (*res nullius* ou *res derelictae*) ou no apossamento pelo exercício possessório. Dispensa-se nestas hipóteses a capacidade de fato (embora não se possa deixar de exigir certa consciência do próprio comportamento por parte de quem ocupa ou adquire a posse – questão distinta da capacidade e que não interfere sobre a validade do ato).[36] Essa independência em relação à capacidade de fato serve de arrimo para a designação de tais eventos como atos jurídicos *stricto sensu* e a rejeição da categoria dos atos-fatos por grande parte dos autores brasileiros.[37]

---

[34] Cf. Orlando Gomes, *Introdução ao direito civil*, cit., p. 204.

[35] Pontes de Miranda, *Tratado de direito privado*, t. II, cit., p. 461 e ss. A classificação é minuciosamente resumida por Marcos Bernardes de Mello, *Teoria do fato jurídico*, São Paulo: Saraiva, 2011, pp. 200-201.

[36] Conforme relatado por Moreira Alves, trata-se da "consciência da aquisição da posse, ou seja, o *Besitzbegründungswille* ou, mais simplificadamente, *Besitzwille*" (O problema da vontade possessória. In: *Revista do Tribunal Regional Federal 1ª Região*, vol. 8, out-dez./1996, p. 22).

[37] Dentre muitos outros, não reconhecem a categoria do ato-fato: Caio Mário da Silva Pereira, *Instituições de direito civil*, vol. I, cit., p. 403; Silvio Rodrigues, *Direito civil*, vol. I, São Paulo: Saraiva, 2007, 34ª ed., p. 158; San Tiago Dantas, *Programa de direito civil*, vol. I, cit., p. 211.

De qualquer modo, o afastamento de qualquer relevância subjetiva para certos atos humanos, justificando a invocação dos atos-fatos, mostra-se útil, no direito brasileiro, não por peculiaridade ontológica da noção, importada do direito alienígena, mas tão somente nas hipóteses em que os efeitos atribuídos pelo legislador pátrio independam do comportamento do agente, como parece ser exemplo típico a conduta do incapaz que causa dano indenizável.

Aduza-se, ainda, que a sucessão de atos que compõem a atividade humana pode ser heterogênea, ou por vezes desprovida de negócio inaugural, devendo ser examinada a atividade em sua integralidade para a definição da disciplina aplicável. Neste caso, a função desempenhada pela atividade determinará a disciplina aplicável, o que terá grande serventia nas chamadas relações contratuais de fato.

Além disso, embora o negócio jurídico ofereça espaço exuberante de atuação para a autonomia privada, é errôneo concluir que o ato jurídico não negocial deva escapar ao controle de merecimento de tutela, por ausência de liberdade para autorregulamento do próprio interesse. Mesmo circunscritos a regras cogentes, esses atos traduzem também atuação humana e, por isso, submetem-se, por conta do art. 185 do Código Civil, ao crivo do direito. *Merecimento de tutela*

Imagine-se a fixação do domicílio, considerado ato jurídico *stricto sensu*. Não se pode afirmar que haja déficit de liberdade no momento da escolha, que muitas vezes abrange uma série de decisões pessoais e profissionais, as quais, por outro lado, se tomadas ao longo do tempo, na sucessão de atos que definem a atividade profissional e pessoal, por vez com repercussão em toda a família, devem ser examinadas e valoradas em seu todo, e não como eventos isoladamente considerados.

A percepção do conjunto dessas circunstâncias auxilia a compreensão da disciplina aplicável aos atos não negociais e aos atos-fatos, e do âmbito de incidência do art. 185 do Código Civil. O dispositivo permite superar a discussão doutrinária, levada a cabo alhures, acerca da aplicação analógica das normas do negócio jurídico. No caso brasileiro, o Código Civil autoriza a utilização direta, no que couber, dos dispositivos pertinentes contidos em todo o Título I ("Do Negócio Jurídico") do Livro III ("Dos Fatos Jurídicos") da Parte Geral. A pertinência de tal utilização dependerá da função concreta que desempenha a atividade no âmbito da qual se situam os atos considerados.

6. NEGÓCIO JURÍDICO NO CÓDIGO CIVIL E SEUS TRÊS PLANOS DE ANÁLISE: ELEMENTOS DE EXISTÊNCIA, REQUISITOS DE VALIDADE, FATORES DE EFICÁCIA

O Código Civil, na esteira das codificações dos países de tradição romano-germânica, dedica ao negócio jurídico, significativamente, 80 artigos (arts. 104 a 184), que compõem o Título I do Livro III, do Código Civil. A doutrina separa a análise do negócio jurídico em três planos, de modo a verificar, em etapas sucessivas, os pressupostos de existência (plano de existência), os requisitos de validade (plano de validade) e as condições para produção de efeitos (plano de eficácia).[38] Significa dizer que o negócio há de ser, antes de mais nada, existente, ou seja, conter os pressupostos para o seu surgimento do mundo jurídico.[39] Em seguida, uma vez estabelecida a existência jurídica do negócio, examinam-se os seus requisitos de validade, isto é, os atributos considerados essenciais, sem os quais o negócio será considerado nulo ou se sujeitará à anulação.[40] Se os dois primeiros planos forem superados pelo intérprete, ou seja, estabelecidas a existência e a validade do negócio, passa-se à última etapa, a saber, investiga-se se o negócio, plenamente válido, mostra-se apto à produção de efeitos jurídicos.[41]

Pressupostos de existência

Reputa-se, assim, *existente* o negócio que contém os seus elementos essenciais.[42] Faz-se alusão na doutrina a ao menos três espécies de elementos:

Elementos essenciais

a) essenciais (*essencialia negotti*): são os elementos fundamentais para o ingresso do ato no mundo jurídico. Trata-se da vontade declarada, do objeto, da forma e da causa do negócio;[43]

Elementos naturais

b) naturais (*naturalia negotti*): são os elementos que, fixados supletivamente pela lei para o negócio, comporão o regulamento de interesses se não forem afastados pela autonomia privada. Pense-se, por exemplo, no lugar do pagamento, quando não convencionado (art. 327 do Código Civil).

Elementos acidentais

c) acidentais (*accidentalia negotti*): são os elementos que podem figurar no negócio desde que expressamente previstos pelas partes. São responsáveis por modificar apenas a eficácia do ato, como a condição e o termo.[44]

---

[38] A difusão dos três planos de análise do negócio jurídico no Brasil costuma ser atribuída sobretudo à obra de Pontes de Miranda. A respeito, v. *Tratado de direito privado*, t. IV, São Paulo: Revista dos Tribunais, 2012, p. 64 e ss.

[39] Explica Antônio Junqueira de Azevedo: "Quando acontece, no mundo real, aquilo que estava previsto na norma, esta cai sobre o fato, qualificando-o como jurídico; tem ele, então, existência jurídica" (*Negócio jurídico*: existência, validade e eficácia, São Paulo: Saraiva, 2002, p. 23).

[40] Não se confunde a invalidade com a simples ineficácia, conforme assevera Emilio Betti: "A invalidade é o tratamento que corresponde a uma carência intrínseca do negócio, no seu conteúdo preceptivo; a ineficácia, pelo contrário, apresenta-se como a resposta mais adequada a um impedimento do caráter extrínseco, que incida sobre o projetado regulamento de interesses, na sua realização prática" (*Teoria geral do negócio jurídico*, cit., pp. 655-656).

[41] Conforme explica Caio Mário da Silva Pereira, "ineficácia, *stricto sensu*, é a recusa de efeitos quando, observados embora os requisitos legais, intercorre obstáculo extrínseco, que impede se complete o ciclo de perfeição do ato. Pode ser originária ou superveniente, conforme o fato impeditivo de produção de efeitos, seja simultâneo à constituição do ato ou ocorra posteriormente, operando, contudo, retroativamente" (*Instituições de direito civil*, vol. I, cit., p. 533).

[42] Cf., para análise crítica do plano da existência, José do Valle Ferreira, Subsídios para o estudo das nulidades. In: *Doutrinas essenciais obrigações e contratos*, vol. 2, pp. 655–662, jun./2011. V. tb. Eduardo Nunes de Souza, *Teoria geral das invalidades do negócio jurídico*, São Paulo: Almedina, 2017, pp. 171-194.

[43] Cf. Antônio Junqueira de Azevedo, *Negócio jurídico*, cit., p. 40; Alberto Trabucchi, *Istituzioni di diritto civile*, Padova: CEDAM, 2014, 46ª ed., p. 104 e Pietro Trimarchi, *Istituzioni di diritto privato*, Milano: Giuffrè, 2016, 21ª ed., p. 157.

[44] V. Roberto de Ruggiero, *Instituições de direito civil*, cit., p. 321.

Embora a doutrina brasileira nem sempre o admita, a *causa* é elemento essencial do negócio jurídico, ao lado dos elementos subjetivo, objetivo e formal. Não se confunda causa com motivo, de natureza subjetiva ou psicológica. Do ponto de vista técnico, a causa consiste na mínima unidade de efeitos essenciais que caracteriza determinado negócio, sua função jurídica, diferenciando-o dos demais.[45] Somente a identificação da causa pode determinar a qualificação contratual, a invalidade ou ineficácia de certas relações jurídicas para as quais o exame dos demais elementos mostra-se insuficiente.[46] Bastaria lembrar os contratos, como a compra e venda de coisa futura e a empreitada, que se diferenciam exclusivamente em virtude da função ou causa que lhes é peculiar;[47] ou a compra e venda de objeto lícito (uma arma, por exemplo), mas cuja invalidade decorre da ilicitude do motivo determinante no contexto causal (a arma destinada à prática de certo crime).

Causa

Existente o negócio jurídico, parte-se para a análise de sua *validade*, vale dizer, para a verificação do cumprimento dos requisitos negociais previstos pelo art. 104 do Código Civil. Trata-se das qualidades exigidas para os elementos essenciais: capacidade do agente que declara a vontade, licitude, determinabilidade e possibilidade do objeto, bem como legalidade da forma escolhida para o ato (ou seja a sua correspondência à previsão ou não vedação legal).

Plano da validade

A capacidade do agente traduz condição subjetiva de validade do negócio jurídico,[48] sendo nulo o negócio firmado por absolutamente incapaz[49] e anulável o celebrado por relativamente incapaz.[50] Importante destacar que a capacidade a que faz referência o art. 104 do Código Civil é a capacidade de exercício ou de agir (capacidade de fato), e não a capacidade de direito, noção esta que se confunde com a de personalidade jurídica.[51]

Além disso, exige-se que o objeto do negócio jurídico seja lícito, possível, e, pelo menos, determinável. A licitude do objeto deve ser compreendida como a necessidade

---

[45] Segundo a oportuna definição de Salvatore Pugliatti, a causa representaria a função jurídica do negócio, isto é, a "síntese dos efeitos jurídicos, síntese dos efeitos práticos que almeja o sujeito". No original: "*sintesi degli effetti giuridici, sintesi degli effetti pratici a cui tende il soggetto*" (Salvatore Pugliatti, Precisazioni in tema di causa del negozio giuridico. In: *Diritto civile*: metodo-teoria-pratica. Milano: Giuffrè, 1951, p. 111).

[46] "Todo fato juridicamente relevante, e em particular todo fato humano voluntário, tem uma função, a qual ou é predeterminada pelo ordenamento em esquemas típicos ou é moldada pela iniciativa dos sujeitos. (...) É pela síntese dos efeitos essenciais – e, portanto, pela função concreta – que se compreende se o fato jurídico é, por exemplo, uma compra e venda, uma doação ou outra figura negocial" (Pietro Perlingieri, *O direito civil na legalidade constitucional*, Rio de Janeiro: Renovar, 2008, p. 659).

[47] Distinguem-se as referidas espécies contratuais na medida em que o objeto precípuo da empreitada é a realização de uma obra (ainda que com a utilização de materiais fornecidos pelo empreiteiro, a caracterizar a empreitada mista), ao passo que o objeto precípuo da compra e venda de coisa futura é a alienação de certa coisa.

[48] Cf. Caio Mário da Silva Pereira, *Instituições de Direito Civil*: Teoria Geral do Direito Civil, Rio de Janeiro: Forense, 2019, 32ª ed., pp. 412-413.

[49] V. art. 166, I, do Código Civil, bem como Capítulo 16 desta obra.

[50] V. art. 171, I, do Código Civil, bem como Capítulo 16 desta obra

[51] Para diferenciação dos conceitos aludidos, cfr. o item 1 do Capítulo 7 do presente volume.

de conformidade do negócio jurídico com o ordenamento. A título ilustrativo, é nulo, por ilicitude do objeto, o negócio jurídico que preveja a divisão do produto de um crime, bem como o contrato sobre herança de pessoa viva, expressamente vedado pelo art. 426 do Código Civil.[52]

Além de lícito, o objeto há de ser possível, tanto jurídica como materialmente. Assim, afigura-se nulo o negócio jurídico em que o agente se obriga a pescar todos os peixes de um oceano. Exige-se, ainda, que o objeto seja determinado ou, ao menos, determinável. Determinado é o objeto já perfeitamente individualizado no momento da celebração do negócio jurídico. Determinável, por sua vez, é o objeto que apresenta as condições para sua precisa identificação futura. Exemplificativamente, o penhor incidente sobre recebíveis consiste em negócio jurídico de objeto determinável. Não se sabe, de antemão, quais e quantos recebíveis efetivamente existirão, mas as partes delimitam o que se deve entender por recebíveis, de modo que se torna perfeitamente possível sua precisa identificação futura.

O dispositivo alude, ainda, ao requisito formal, a denotar que o formato externo que assume a declaração de vontade (ou forma) deverá respeitar as previsões legais. A regra geral é a da liberdade da forma, consagrada no art. 107 do Código Civil. Entretanto, se a lei requer forma ou solenidade específica, o ato que deixar de observá-la será nulo, como dispõe o art. 166, IV e V do Código Civil.

Merece destaque o Enunciado n. 616 da VIII Jornada de Direito Civil, segundo o qual "[o]s requisitos de validade previstos no Código Civil são aplicáveis aos negócios jurídicos processuais, observadas as regras processuais pertinentes".[53]

Plano da eficácia

Superadas as duas primeiras etapas (existência e validade), a produção de efeitos pelo negócio jurídico depende ainda da análise de sua eficácia propriamente dita, que pode ser obstada pela aposição de cláusula acessória ao negócio jurídico. A hipótese, a que se costuma denominar *modalidade* do negócio, é objeto de capítulo específico (v. Capítulo XIII).

7. FORMA E PROVA DO NEGÓCIO JURÍDICO

A disciplina da prova inserida no Código Civil (arts. 212 a 232) convive com a normativa presente no Código de Processo Civil (arts. 369 a 484).[54] O vocábulo prova se presta a vários significados. Tanto se refere ao conjunto ordenado de atividades voltadas à verificação da veracidade dos fatos alegados como ao resultado dessas operações.[55] Também quer significar os meios de prova, que consistem nos expedien-

Significado de prova

---

[52] Para análise e crítica sobre esse dispositivo, cfr. o Capítulo 14 do volume dedicado ao Direito das Sucessões destes Fundamentos do Direito Civil.

[53] Sobre o tema, cf. Filipe Medon, Diálogos entre direito civil e processual civil em matéria de negócios jurídicos: em busca da construção de um ordenamento unitário. In: Antonio do Passo Cabral; Pedro Henrique Nogueira (org.). *Negócios processuais*, tomo II. Salvador: JusPodivm, 2019, pp. 87-110.

[54] Sobre o tema, cf. Gustavo Tepedino e Francisco de Assis Viégas, A evolução da prova entre o direito civil e o direito processual civil. In: *Pensar*, Fortaleza, vol. 22, n. 2, maio-ago./2017, pp. 551-566.

[55] Cândido Rangel Dinamarco, *Instituições de direito processual civil*, vol. II, São Paulo: Malheiros, 2017, 7ª ed., pp. 720-721.

tes empregados para demonstrar, legalmente, a existência de um fato jurídico.[56] Segundo o art. 369 do CPC, as partes podem se valer de todos os meios lícitos, ainda que não especificados em lei, "para provar a verdade dos fatos em que se funda o pedido ou a defesa", de modo a "influir eficazmente na convicção do juiz".

O Código Civil de 2002, ao contrário do diploma de 1916, positivou o regramento relativo à prova em Título próprio. A opção legislativa, contudo, não impediu que se mantivesse a confusão entre forma do negócio jurídico e prova dos fatos jurídicos. A forma constitui o meio para exprimir a vontade,[57] de modo que "não há negócio sem forma".[58] Já a prova, consoante destacado, diz com os meios pelos quais se pode demonstrar a ocorrência de um fato jurídico.

No sistema atual, reafirmou-se o princípio da liberdade das formas, positivado no artigo 107 do Código Civil, segundo o qual "a validade da declaração de vontade não dependerá de forma especial, senão quando a lei expressamente a exigir". Desse modo, apenas nas hipóteses em que a lei exige determinada forma poder-se-á falar em requisito formal e, conseguintemente, em negócio solene. Assim ocorre, por exemplo, nos contratos de doação (CC, art. 541), de fiança (CC, art. 819), e na transação (CC, art. 842). Por outro lado, não prevendo a lei a adoção de determinada forma, as partes encontram-se livres para pactuarem por meio da forma que melhor lhes aprouver, inclusive mediante acordo verbal.[59] Liberdade das formas

A prova, por sua vez, na medida em que se relaciona à comprovação de certo fato, não se confunde com a forma, embora com ela guarde pertinência, considerando que, se todos os fatos jurídicos se exteriorizam por alguma forma, a percepção desta no meio social é que poderá servir como fonte de prova. Forma, portanto, traduz a maneira pela qual a vontade é manifestada. A prova, a seu turno, representa o conjunto de meios comprobatórios da existência do ato.[60] Prova e forma

A propósito, controverte-se, em doutrina, quanto ao acerto em se distinguir a forma em *ad substantiam* – ou *ad solemnitatem* – e *ad probationem*. Afirma-se, de um lado, que a forma pode ser da substância do ato – quando não tem validade a vontade que deixa de revestir a forma imposta pelo legislador – ou apenas pode ter relevância probatória, isto é, estabelece-se a necessidade dela para a prova do negócio Forma *ad substantiam* (ou *ad solemnitatem*) e forma *ad probationem*

---

[56] Clovis Bevilaqua, *Teoria geral do direito civil*, Rio de Janeiro: Francisco Alves, 1908, p. 321; José Carlos Barbosa Moreira, *Anotações sobre o título "Da prova" do novo Código Civil*, vol. 6, cit., p. 105.
[57] Washington de Barros Monteiro, *Curso de direito civil*, vol. I: parte geral, São Paulo: Saraiva, 2007, 41ª ed., p. 292.
[58] Antônio Junqueira de Azevedo, *Negócio jurídico*: existência, validade e eficácia, São Paulo: Saraiva, 2002, p. 126. Destaca o autor: "importa é não fazer a confusão elementar de entender que somente os negócios com forma prescrita é que têm forma, sem se dar conta de que todos eles, inclusive os de forma livre, hão de ter uma forma, do contrário, inexistiriam" (p. 126).
[59] Caio Mário da Silva Pereira, *Instituições de direito civil*, vol. I, cit., p. 415-416.
[60] Miguel Maria de Serpa Lopes, *Curso de direito civil*, vol. I, cit., p. 381; Washington de Barros Monteiro, *Curso de direito civil*, vol. I: parte geral, cit., p. 292; Sílvio de Salvo Venosa, *Direito civil*, vol. 1, São Paulo: Atlas, 2004, p. 567; Humberto Theodoro Júnior, *Comentários ao novo Código Civil*, Rio de Janeiro: Forense, vol. III. t. II, 2008, p. 454.

jurídico.[61] Em posição contrária, Clovis Bevilaqua aduz que não há, "na sistemática do Código Civil, formas somente para a prova dos atos. Estes ou têm uma forma especial exigida por lei ou se provam pelos meios admitidos em direito. A forma ou é preestabelecida ou é livre".[62]

A rigor, não tendo o requisito formal trazido pelo legislador o condão de tornar o ato solene, admite-se que este possa ser provado por qualquer meio admitido em direito. A preferência da lei por certa formalidade para fins probatórios, portanto, tem peso relativo, a ser prudentemente valorado pelo julgador no caso concreto à luz de todas as provas produzidas.[63] O art. 646 do Código Civil estabelece que "o depósito voluntário provar-se-á por escrito". Essa previsão não exclui a possibilidade de a prova do depósito ocorrer por outras fontes que não a escrita. Nessa direção, esclarece o art. 444 do CPC que "nos casos em que a lei exigir prova escrita da obrigação, é admissível a prova testemunhal quando houver começo de prova por escrito, emanado da parte contra a qual se pretende produzir a prova" (v. tb. CPC, art. 445).[64]

Meios de prova

Os negócios jurídicos com forma livre podem ser provados por um dos meios de prova enumerados no art. 212 do Código Civil, quais sejam, confissão, documento, testemunha, presunção e perícia. Importante ressaltar que o rol do dispositivo não

---

[61] Caio Mário da Silva Pereira, *Instituições de direito civil*, cit., pp. 418-419; Pontes de Miranda, *Tratado de direito privado*, t. III, cit., p. 451; Arnoldo Wald, *Direito civil*, vol. 1, São Paulo: Saraiva, 2011, 13ª ed., p. 242.

[62] Clovis Bevilaqua, *Código Civil dos Estados Unidos do Brasil comentado*, Rio de Janeiro: Francisco Alves, 1956, vol. I, p. 311. Carvalho Santos, *Código Civil brasileiro interpretado*, vol. III, cit., p. 118; Miguel Maria de Serpa Lopes, *Curso de direito civil*, vol. I, cit., p. 380; Washington de Barros Monteiro, *Curso de direito civil*, vol. I: parte geral, cit., p. 292; Orlando Gomes, *Introdução ao direito civil*, Rio de Janeiro: Forense, 2016, p. 297; Silvio Rodrigues, *Direito civil*, São Paulo: Saraiva, vol. I, 2007, 34ª ed., p. 177; Antônio Junqueira de Azevedo, Depósito de ouro e pedras preciosas feito em 1878. Forma e prova do contrato de depósito. Depósito mercantil e depósito bancário. Mora do credor. In: Antônio Junqueira de Azevedo, *Estudos e pareceres de direito privado*, São Paulo: Saraiva, 2004, pp. 252-253; San Tiago Dantas, *Programa de direito civil*, vol. I, Rio de Janeiro: Forense, 2001, 3ª ed., pp. 221-222.

[63] Como afirma Leonardo Greco: "as limitações probatórias previstas em lei não podem mais ser consideradas intangíveis e insuperáveis. Para não ultrapassar o limite da inconstitucionalidade, à maioria delas deve ser atribuído caráter meramente indicativo; outras devem ser predominantemente observadas em benefício da boa marcha do processo, mas podem ser afastadas excepcionalmente em razão de motivos relevantes; outras, ainda, deverão ser objeto de cuidadosa ponderação à luz do conflito de direitos fundamentais; e, por fim, apenas algumas poucas devem considerar-se insuperáveis em razão da necessidade de proteção de um núcleo duro e impenetrável de direitos da personalidade, ao qual deve ceder até mesmo o elevado ideal de descoberta da verdade a que justamente aspiram os seres humanos quando acorrem em busca da Justiça." (Limitações probatórias no processo civil. In: *Revista Eletrônica de Direito Processual - REDP*, v. IV, 2009, p. 28).

[64] "O campo de avaliação e controle das provas, como visto, afigura-se de grande amplitude, sendo equivocada a perspectiva de redução das possibilidades probatórias em relação aos atos de forma livre por meio da chamada forma *ad probationem*. Também neste caso será necessário avaliar, conforme as circunstâncias fáticas e os valores prevalentes na situação regulada, se a previsão legal de 'prova por escrito' impõe, mercê da confusão entre forma e prova do negócio jurídico, verdadeira forma *ad substantiam* ou se, ao reverso, não impede que o negócio seja provado por outras fontes, desde que lícitas" (Gustavo Tepedino e Francisco de Assis Viégas, A evolução da prova entre o direito civil e o direito processual civil. In: *Pensar*, Fortaleza, vol. 22, n. 2, maio-ago./2017, p. 564).

se revela taxativo, constituindo direito das partes a utilização de qualquer meio hábil a provar a verdade dos fatos, desde que lícito (CPC, art. 369).

Confissão

A confissão consiste no reconhecimento que uma pessoa faz quanto à verdade de fato contrário ao seu interesse e favorável à outra parte (CPC, art. 389). Pode ser judicial ou extrajudicial, a depender se ocorre no curso do processo ou fora dele.[65] Pressupõe capacidade de disposição do direito a que se referem os fatos confessados (CC, art. 213 e art. CPC, art. 392) e é irrevogável, mas pode ser anulada se decorreu de erro de fato ou de coação (CC, art. 214 e CPC, art. 393). É possível confessar através de representante com poderes especiais para tanto. Neste caso, a confissão somente é eficaz nos limites em que este pode vincular o representado (CPC, art. 392, § 2º e CC, art. 213, parágrafo único).

A confissão pode ser explicitamente manifestada pela parte, que admite a verdade de fato contrário ao seu interesse e favorável ao de outrem, ou ser decorrente de sua inação, quando a lei assim estabelecer. Ilustrativamente, o art. 385, § 1º, do CPC estabelece a consequência da confissão para aquele que, pessoalmente intimado para prestar depoimento pessoal e devidamente advertido da pena de confesso, não comparecer ou, comparecendo, se recusar a depor.[66] Opera-se, também, a confissão quando o réu, regularmente citado, não contestar a ação (CPC, art. 344),[67] ou quando não impugnar as alegações de fato constantes da petição inicial (CPC, art. 341, com as ressalvas de seus incisos I a III).

Prova testemunhal

A prova testemunhal é produzida mediante a inquirição de pessoas que não são parte no processo e que possuem conhecimento, direto ou indireto, quanto aos fatos que interessam ao deslinde da controvérsia.[68] O art. 442 do CPC estabelece que "a prova testemunhal é sempre admissível, não dispondo a lei de modo diverso". Veda-se, contudo, que prestem depoimento como testemunhas as pessoas "incapazes, impedidas ou suspeitas", nos termos do art. 447 do CPC, ressalvada a possibilidade de serem ouvidas como informantes (CC, art. 228, § 1º e CPC, art. 447, §§ 4º e 5º). Cumpre relembrar que, por força das alterações promovidas no regime das incapacidades, a deficiência psíquica ou intelectual deixou de ser critério para a determinação da incapacidade da pessoa humana (v. Capítulo VII desta obra). Coerentemente com aludida reforma, o Estatuto da Pessoa com Deficiência (Lei n. 13.146/2015)

---

[65] Caio Mário da Silva Pereira, *Instituições de direito civil,* vol. I, cit., pp. 509-510.

[66] Na doutrina, cf. José Antonio Chagas Azzolin, Análise do depoimento pessoal em uma perspectiva cooperativa. In: *Revista de Processo,* vol. 285, nov./2018, item 3; Daniel Amorim Assumpção Neves, *Código de Processo Civil comentado,* Salvador: JusPodivm, 2019, pp. 747-748.

[67] Eis a previsão contida no art. 345 do CPC: "A revelia não produz o efeito mencionado no art. 344 se: I – havendo pluralidade de réus, algum deles contestar a ação; II – o litígio versar sobre direitos indisponíveis; III – a petição inicial não estiver acompanhada de instrumento que a lei considere indispensável à prova do ato; IV – as alegações de fato formuladas pelo autor forem inverossímeis ou estiverem em contradição com prova constante dos autos".

[68] Cf. Gustavo Tepedino, Heloisa Helena Barboza, Maria Celina Bodin de Moraes *et al., Código Civil interpretado conforme a Constituição da República,* vol. I, Rio de Janeiro: Renovar, 2014, 3ª ed., p. 472; Fernando da Fonseca Gajardoni et al., *Processo de conhecimento e cumprimento de sentença:* comentários ao CPC de 2015, vol. 2, São Paulo: Método, 2018, 2ª ed., p. 433.

acrescentou ao art. 228 do Código Civil o § 2º para assegurar que "a pessoa com deficiência poderá testemunhar em igualdade de condições com as demais pessoas, sendo-lhe assegurados todos os recursos de tecnologia assistiva".

O Código de Processo Civil de 2015 revogou o *caput* do art. 227 do Código Civil, que, em sua redação originária, estabelecia a vedação à utilização da prova exclusivamente testemunhal nos negócios jurídicos cujo valor ultrapassasse "o décuplo do maior salário mínimo vigente no País ao tempo em que foram celebrados". Assim, o valor do negócio jurídico deixou de ser critério de admissibilidade da prova testemunhal. Atualmente, portanto, não há limitação à prova exclusivamente testemunhal decorrente do valor envolvido no negócio em litígio. E se a lei exigir prova escrita, como no contrato de depósito acima aludido, a prova testemunhal também poderá ser admitida, devendo ser, como já ressaltado, prudentemente valorada pelo juiz.

Presunção

Presunção, por sua vez, é "a ilação que se tira de um fato conhecido para provar a existência de outro desconhecido".[69] Não consubstancia, a rigor, prova: traduz processo lógico por meio do qual se atinge uma verdade legal. Na sua base há de estar sempre um fato, provado e certo, através do qual se extrai a presunção.[70] A presunção pode ser legal ou comum. A presunção legal pode ser absoluta (*juris et de jure*) ou relativa (*juris tantum*). No primeiro caso, a ilação decorrente da comprovação de certo fato não admite prova em contrário (ex. art. 1.276, § 2º do Código Civil).[71] Já a presunção relativa pode ser desconstituída por prova em sentido diverso (ex. CC, art. 322).[72] A presunção relativa, como se vê, insere-se na distribuição do ônus da prova, já que a parte desfavorecida pela presunção pode provar que o fato presumido não ocorreu. Já a presunção absoluta, por não admitir prova em contrário, afasta-se do campo do ônus probatório: não é relevante a prova do fato, cuja ocorrência é presumida de forma absoluta.[73]

---

[69] Clovis Bevilaqua, *Código Civil dos Estados Unidos do Brasil comentado*, Rio de Janeiro: Francisco Alves, 1956, vol. I, p. 322.

[70] Caio Mário da Silva Pereira, *Instituições de direito civil*, vol. I, cit., p. 511-512; Fernando da Fonseca Gajardoni et al., *Processo de conhecimento e cumprimento de sentença*: comentários ao CPC de 2015, vol. 2, cit., p. 239.

[71] Sobre o tema, cf. Cândido Rangel Dinamarco, *Instituições de direito processual civil*, vol. III, São Paulo: Malheiros, 2004, p. 116; Luiz Guilherme Marinoni, Sérgio Cruz Arenhart, Daniel Mitidiero, *Novo curso de processo civil*, vol. 2, São Paulo: Revista dos Tribunais, 2016, pp. 292-293; Arruda Alvim, *Manual de direito processual civil*, vol. 2, São Paulo: Revista dos Tribunais, 2008, p. 607.

[72] Na doutrina processualista, afirma-se que a possibilidade de desconstituição da presunção relativa traduz espécie de modulação sobre o ônus da prova, de modo a se considerar um fato provado a partir da comprovação de um fato secundário: "como todo fenômeno de inversão probatória, as presunções relativas atuam em um primeiro momento lógico sobre o objeto da prova, para que o fato buscado na instrução fique dispensado de demonstração pela parte interessada (...). Depois é que, como a outra parte tem a faculdade de provar o contrário, surge para esta o *onus probandi* – ônus de provar o fato contrário, obviamente, e não o fato presumido" (Cândido Rangel Dinamarco, *Instituições de direito processual civil*, vol. III, cit., p. 119). V. tb. Fernando da Fonseca Gajardoni et al., *Processo de conhecimento e cumprimento de sentença*: comentários ao CPC de 2015, vol. 2, cit., pp. 284-285.

[73] José Carlos Barbosa Moreira, Anotações sobre o título "Da Prova" no novo Código Civil. In: Fredie Didier Jr., Rodrigo Mazzei (coord.), *Reflexos do novo Código Civil no direito processual*, 2ª ed., rev. e

Ao lado das presunções legais, situam-se as presunções comuns ou judiciais (*hominis*), por meio das quais o juiz, ao apreciar o caso concreto, extrai ilações a partir da demonstração de certos fatos para concluir quanto à ocorrência de outros fatos, com eficácia restrita a cada caso em que julga.[74]

Além das presunções, o Código de Processo Civil consagra, ainda, as máximas de experiência ao estabelecer, em seu art. 375, que "o juiz aplicará as regras de experiência comum subministradas pela observação do que ordinariamente acontece e, ainda, as regras de experiência técnica, ressalvado, quanto a estas, o exame pericial". As regras de experiência são revestidas de generalidade, ou seja, não se vinculam às especificidades do processo em questão, advindo da observação do que ordinariamente acontece.[75] Ilustrativamente, podem ser consideradas regras de experiência: as ruas ficam mais desertas à noite; as praias ficam mais lotadas no verão; há intenso trânsito às 18h em grandes metrópoles no Brasil (regras de experiência comuns); a água evapora a cem graus; o tempo gestacional da mulher é de nove meses (regras de experiência técnicas, correspondentes ao conhecimento científico vulgarizado).[76]

Máximas de experiência

Os documentos, também denominados instrumentos, podem ser compreendidos como o suporte material, físico ou eletrônico, de registro de um fato ou de manifestação de vontade. Podem ser públicos ou particulares. Documento público é todo aquele produzido por oficial público segundo suas atribuições e em conformidade com as disposições legais.[77] A escritura pública, espécie de documento público lavrado em notas de tabelião, possui, nos termos do art. 215, *caput*, do Código Civil, fé pública, fazendo "prova plena".[78] O art. 405 do CPC estabelece que "o documento público faz prova não só da sua formação, mas também dos fatos que o escrivão, o chefe de secretaria, o tabelião ou o servidor declarar que ocorreram em sua presença". Como se vê, há presunção de veracidade quanto ao conteúdo do documento público – aí se incluindo a escritura pública –, o que não significa que

Documentos

---

ampliada, Salvador: Juspodivm, pp. 288-289; Humberto Theodoro Júnior, *Curso de direito processual civil*, vol. I, 59ª ed. rev., atual. e ampl., Rio de Janeiro: Forense, 2018, p. 946.

[74] Cândido Rangel Dinamarco, *Instituições de direito processual civil*, vol. III, São Paulo: Malheiros, 2004, p. 121. Cf. tb. Luiz Guilherme Marinoni, Sérgio Cruz Arenhart, *Prova*, vol. 2, São Paulo: Revista dos Tribunais, 2009, p. 132.

[75] Pontes de Miranda, *Comentários ao Código de Processo Civil*, tomo IV, arts. 282 a 443, Rio de Janeiro: Forense, 1979, p. 360; Fernando da Fonseca Gajardoni et al., *Processo de conhecimento e cumprimento de sentença*: comentários ao CPC de 2015, vol. 2, cit., p. 287; Humberto Theodoro Júnior, *Curso de direito processual civil*, vol. I, Rio de Janeiro: Forense, 2018, pp. 948-949.

[76] A ressaltar a importância do contraditório, o Enunciado 517 do Fórum Permanente de Processualistas Civis (FPPC) estabelece que: "A decisão judicial que empregar regras de experiência comum, sem indicar os motivos pelos quais a conclusão adotada decorre daquilo que ordinariamente acontece, considera-se não fundamentada".

[77] Cf. Caio Mário da Silva Pereira, *Instituições de direito civil*, vol. I. cit., p. 501.

[78] Para uma crítica à terminologia "prova plena", por induzir à ideia de que algumas provas são plenas e outras não, em resquício do sistema de provas tarifadas, remete-se a José Carlos Barbosa Moreira, O novo Código Civil e o Direito Processual. In: *Revista Forense*, a. 98, vol. 364, nov.-dez./2002, pp. 190-191.

o juiz esteja adstrito a considerar verdade tudo quanto consta no instrumento público, haja vista ser a presunção relativa.[79]

Ata notarial

Como importante exemplo de documento público tem-se a ata notarial, que pode ser lavrada por tabelião a pedido de qualquer pessoa interessada em ver documentado ou atestado determinado fato da vida (CPC, art. 384). Cuida-se de relevante meio de prova, apto a registrar, com fé pública, a ocorrência de um fato ou a descrição de uma situação fática. Ilustrativamente, é possível, através da ata notarial, atestar o conteúdo de uma página na internet; ou retratar que determinada pessoa presente numa assembleia se recusou a assinar a ata de presença e a votar. Pode-se, ainda, solicitar ao tabelião que descreva minuciosamente, anexando fotos por ele tiradas, o estado do imóvel que se pretende locar. Quem oferece contratação por meio eletrônico pode se valer da ata notarial para comprovar perante o juiz o passo a passo necessário para a formação do contrato e, com isso, demonstrar cumprir os mandamentos legais. Como esclarece a doutrina, a ata é "documento público, de conteúdo narrativo ou testemunhal – já que, por meio dele, o tabelião simplesmente narra o que vivenciou sensorialmente (o que viu, ouviu, cheirou, tateou etc.)".[80]

Documento particular

O documento particular, a seu turno, é aquele produzido sem intervenção de agente público, sendo elaborado pelos próprios interessados.[81] O art. 221 do Código Civil estipula que "o instrumento particular, feito e assinado, ou somente assinado por quem esteja na livre disposição e administração de seus bens, prova as obrigações convencionais de qualquer valor". Ressalva que "os seus efeitos, bem como os da cessão, não se operam, a respeito de terceiros, antes de registrado no registro público".[82] O art. 408 do CPC dispõe, nesse mesmo sentido, que "as declarações constantes do documento particular escrito e assinado ou somente assinado presumem-se verdadeiras em relação ao signatário". O parágrafo único do dispositivo adverte que quando o instrumento contiver declaração de ciência de determinado fato, o documento particular prova a ciência, mas não o fato em si, incumbindo o ônus de prová-lo ao interessado em sua veracidade.

Documento eletrônico

O documento eletrônico – como o e-mail – tem sido reconhecido como fonte válida de prova[83] (v. CPC, arts. 439-441). O conceito de documento, assim, compreende

---

[79] V. Fernando da Fonseca Gajardoni et al., *Processo de conhecimento e cumprimento de sentença*: comentários ao CPC de 2015, vol. 2, cit., pp. 360-361.

[80] Fredie Didier Jr., Paula Sarno Braga, Rafael Alexandria de Oliveira, *Curso de direito processual civil*, vol. 2, 12ª ed., revista, ampliada e atualizada, Salvador: Juspodivm, 2017, p. 240.

[81] Caio Mário da Silva Pereira, *Instituições de direito civil*, vol. I. cit., p. 502; San Tiago Dantas, *Programa de direito civil*, vol. I, Rio de Janeiro: Forense, 2001, 3ª ed., p. 159.

[82] V. art. 129 da Lei 6.015/1973.

[83] "O correio eletrônico (e-mail) pode fundamentar a pretensão monitória, desde que o juízo se convença da verossimilhança das alegações e da idoneidade das declarações, possibilitando ao réu impugnar-lhe pela via processual adequada. O exame sobre a validade, ou não, da correspondência eletrônica (e-mail) deverá ser aferido no caso concreto, juntamente com os demais elementos de prova trazidos pela parte autora" (STJ, 4ª T., REsp 1.381.603/MS, Rel. Min. Luis Felipe Salomão, julg. 6.10.2016, publ. *DJ* 11.11.2016). No mesmo sentido, v. STJ, 4ª T., AgInt no REsp 1.303.182/DF, Rel. Min. Antonio Carlos Ferreira, julg. 11.12.2018, publ. *DJ* 18.12.2018.

o suporte eletrônico que, da mesma forma que o físico, tem aptidão para registrar fatos ou manifestações de vontade.[84] Nada obstante, deve-se ter especial cautela com a obtenção de provas no ambiente virtual, haja vista a tutela da privacidade. Já se decidiu, nessa direção, pela impossibilidade de "utilização de conversas retiradas de grupo fechado do Facebook em processo administrativo disciplinar", "por violação do direito fundamental à inviolabilidade das correspondências (CR/1988, art. 5º, XII), o qual inclui, por extensão, os grupos fechados do Facebook".[85]

No que tange à utilização dos documentos eletrônicos para fins probatórios,[86] a preocupação do intérprete volta-se para o grau de segurança e certeza alcançado, especialmente quanto à sua autenticidade (garantia de identificação de autoria do documento) e quanto à sua integridade (garantia de inalterabilidade do conteúdo). Ao propósito, o art. 411 do Código de Processo Civil indica que se considera autêntico o documento quando a autoria estiver identificada por qualquer meio legal de certificação, inclusive o eletrônico (inciso II); ou quando não houver impugnação da parte contra quem foi produzido o documento (inciso III).

Em que pese a extensa normativa destinada às novas tecnologias, especialmente a garantir a autenticidade e a integridade do conteúdo dos documentos eletrônicos, muito se discute sobre a necessidade de que tais documentos estejam acompanhados de certificação digital.[87] Tem-se entendido que a não verificação por terceiro da autenticidade de tais documentos não subtrai, por si só, a força probante do documento. A existência de certificações e assinatura digital funcionaria como garantia extra de segurança e não como requisito necessário à admissibilidade da prova que o documento eletrônico faz – cuja força probante será avaliada em concreto pelo julgador.[88]

---

[84] Sobre o tema, cf. Augusto Tavares Rosa Marcacini, *O documento eletrônico como meio de prova*, 1999. Disponível em: https://simagestao.com.br/wp-content/uploads/2016/05/Odocumentoeletronicocomomeiodeprova.pdf. Acesso em: 17 nov. 2023; Newton de Lucca, Títulos e contratos eletrônicos: o advento da informática e seu impacto no mundo jurídico. In: Newton de Lucca; Adalberto Simão Filho (orgs.), *Direito e Internet – aspectos jurídicos relevantes*, São Paulo: Edipro, 2000, pp. 43-44; Álvaro Marcos Cordeiro Maia, *Disciplina jurídica dos contratos eletrônicos no direito brasileiro*, Salvador: Nossa Livraria, 2003, pp. 131-132.

[85] TJ/RJ, 3ª C.C. Ap. Cív. 0382557-12.2013.8.19.0001. Rel. Des. Peterson Barroso Simão, julg. 25.6.2015, publ. *DJ*. 29.6.2015.

[86] Para maior aprofundamento da matéria, com ampla bibliografia sobre o tema, remeta-se a Milena Donato Oliva e Andre Roque (coords.), *Direito na era digital*: aspectos negociais, processuais e registrais. São Paulo: JusPodivm, 2022, *passim*.

[87] Vejam-se as definições contidas no art. 3º da Lei 14.063/2020: "Para os fins desta Lei, considera-se: I – autenticação: o processo eletrônico que permite a identificação eletrônica de uma pessoa natural ou jurídica; II – assinatura eletrônica: os dados em formato eletrônico que se ligam ou estão logicamente associados a outros dados em formato eletrônico e que são utilizados pelo signatário para assinar, observados os níveis de assinaturas apropriados para os atos previstos nesta Lei; III – certificado digital: atestado eletrônico que associa os dados de validação da assinatura eletrônica a uma pessoa natural ou jurídica; IV – certificado digital ICP-Brasil: certificado digital emitido por uma Autoridade Certificadora (AC) credenciada na Infraestrutura de Chaves Públicas Brasileira (ICP-Brasil), na forma da legislação vigente".

[88] V. Andre Roque; Milena Donato Oliva; Filipe Medon, *Qual o valor jurídico das assinaturas digitalizadas?*. Disponível em: https://www.migalhas.com.br/depeso/339521/qual-o-valor-juridico-das-assinaturas-digitalizadas. Acesso em: 17 nov. 2023; Humberto Theodoro Júnior, *Curso de Direito*

Na I Jornada de Direito Civil aprovou-se o Enunciado n. 18: "A 'quitação regular' referida no art. 319 do novo Código Civil engloba a quitação dada por meios eletrônicos ou por quaisquer formas de 'comunicação a distância', assim entendida aquela que permite ajustar negócios jurídicos e praticar atos jurídicos sem a presença corpórea simultânea das partes ou de seus representantes". Da IV Jornada de Direito Civil extrai-se o Enunciado n. 297, segundo o qual "o documento eletrônico tem valor probante, desde que seja apto a conservar a integridade de seu conteúdo e idôneo a apontar sua autoria, independentemente da tecnologia empregada". Especificamente relacionado à interpretação do artigo 225 do Código Civil, o Enunciado n. 298, aprovado também na IV Jornada, estabelece: "os arquivos eletrônicos incluem-se no conceito de 'reproduções eletrônicas de fatos ou de coisas' do art. 225 do Código Civil, aos quais deve ser aplicado o regime jurídico da prova documental". Além disso, o Código de Processo Civil, no art. 422, § 3º,[89] estabelece que se aplica o regime das reproduções mecânicas a qualquer mensagem eletrônica que tenha sido impressa. Não havendo impugnação da parte contrária, ela fará prova do fato ali reconhecido; contudo, caso surja impugnação ao seu teor ou à sua autenticidade, deverá ser apresentada a sua autenticação eletrônica; na ausência de autenticação, impõe-se a realização de prova pericial, nos termos do art. 422, § 1º, do CPC.

Perícia

O derradeiro meio de prova mencionado pelo art. 212 do Código Civil é a perícia, consistente na análise técnica acerca de um fato por parte de especialista em determinada matéria – o perito.[90] Nos termos do *caput* do art. 464 do Código de Processo Civil, a prova pericial "consiste em exame, vistoria ou avaliação".[91]

Processual Civil, vol. I, Rio de Janeiro: Forense, 2018, 59ª ed., p. 1019; e Danielle Tavares Peçanha; Renan Soares Cortazio, Sistematização dos documentos e contratos eletrônicos: qualificação, aspectos formais e valor probatório. In: Milena Donato Oliva e Andre Roque (coords.). *Direito na era digital*: aspectos negociais, processuais e registrais. São Paulo: JusPodivm, 2022.

[89] CPC/2015, Art. 422: "Qualquer reprodução mecânica, como a fotográfica, a cinematográfica, a fonográfica ou de outra espécie, tem aptidão para fazer prova dos fatos ou das coisas representados, se a sua conformidade com o documento original não for impugnada por aquele contra quem foi produzida. § 1º As fotografias digitais e as extraídas da rede mundial de computadores fazem prova das imagens que reproduzem, devendo, se impugnadas, ser apresentada a respectiva autenticação eletrônica ou, não sendo possível, realizada perícia. § 2º Se se tratar de fotografia publicada em jornal ou revista, será exigido um exemplar original do periódico, caso impugnada a veracidade pela outra parte. § 3º Aplica-se o disposto neste artigo à forma impressa de mensagem eletrônica."

[90] Carlos Santos de Oliveira, Da prova nos negócios jurídicos. In: Gustavo Tepedino (Coord.), *O Código Civil na perspectiva civil-constitucional*: parte geral, Rio de Janeiro: Renovar, 2013, p. 513; Fernando da Fonseca Gajardoni et al., *Processo de conhecimento e cumprimento de sentença*: comentários ao CPC de 2015, vol. 2, cit., p. 467.

[91] "O *exame* e a *vistoria* são atividades substancialmente iguais. Ambas consistem no ato de inspeção, observação. Distinguem-se, tão somente, pelo seu objeto. Enquanto o *exame* é ato de inspeção de pessoas e bens móveis ou semoventes – ex.: exame do DNA do suposto pai ou suposta mãe, em ação de investigação de paternidade –, a *vistoria* é ato de inspeção de bens imóveis – ex: vistoria de imóvel locado, para apuração de danos sofridos no curso da locação. (...) Já a *avaliação*, também chamada de arbitramento, é a atividade de fixação do valor de coisas e direitos. (...) Pois bem. Não se vislumbra nenhuma utilidade prática ou didática nessa classificação" (Fredie Didier Jr., Paula Sarno Braga, Rafael Alexandria de Oliveira, *Curso de direito processual civil*, vol. 2, 12ª ed., revista, ampliada e atualizada, Salvador: Juspodivm, 2017, pp. 297-299). V. tb. Antonio Carlos de Araujo

O Código Civil dispensou particular atenção à perícia médica, atribuindo consequências à recusa à submissão a exame médico.

Ainda na vigência do Código Civil de 1916, o Supremo Tribunal Federal garantiu ao réu o direito de recusa ao exame de DNA.[92] Segundo o entendimento da Corte, o juiz deve avaliar a recusa diante das circunstâncias fáticas, sopesando as demais provas disponíveis. Questionou-se, na ocasião, se a solução conferida no âmbito do sistema de provas seria a mais adequada para a tutela dos interesses constitucionais contrapostos que deveriam, a rigor, ser ponderados concretamente.[93] Na mesma linha de entendimento, há quem considere que, ao se comparar a lesão à integridade física sofrida com o exame de DNA – uma gota de sangue ou um fio de cabelo – com o direito ao conhecimento da ascendência biológica, seria abusiva a recusa a se submeter ao exame de DNA, sendo insuficiente, para a garantia constitucional daquele que busca conhecer sua origem genética, soluções formais baseadas no ônus da prova.[94]

Sob a vigência do Código Civil de 2002, o art. 231 impede que aquele que se nega à perícia médica venha a valer-se da ausência da prova a seu favor. O dispositivo parece reconhecer a possibilidade de recusa à perícia médica, com a consequência de não poder se aproveitar, a seu favor, da ausência de prova. Na sequência, o art. 232 autoriza que o julgador considere a recusa como capaz de suprir a prova que se pretendia obter com o exame.[95] Indo um passo adiante, o art. 2º-A, § 1º, da Lei n. 8.560/1992 (acrescentado pela Lei n. 12.004 e modificado pela Lei n. 8.560/1992) estabelece que "a recusa do réu em se submeter ao exame de código genético – DNA

Cintra, *Comentários ao Código de Processo Civil*, vol. IV, arts. 332 a 475, Rio de Janeiro: Forense, 2002, pp. 204-205.

[92] "Investigação de paternidade – Exame DNA – Condução do réu 'debaixo de vara'. Discrepa, a mais não poder, de garantias constitucionais implícitas e explícitas – preservação da dignidade humana, da intimidade, da intangibilidade do corpo humano, do império da lei e da inexecução específica e direta de obrigação de fazer – provimento judicial que, em ação civil de investigação de paternidade, implique determinação no sentido de o réu ser conduzido ao laboratório, 'debaixo de vara', para coleta do material indispensável à feitura do exame DNA. A recusa resolve-se no plano jurídico-instrumental, consideradas a dogmática, a doutrina e a jurisprudência, no que voltadas ao deslinde das questões ligadas à prova dos fatos" (STF, Tribunal Pleno, HC 71.373/RS, Rel. p/ Acórdão Min. Marco Aurélio, julg. 10.11.1994, publ. *DJ*. 22.11.1996).

[93] Paulo Luiz Netto Lobo, Direito ao estado de filiação e direito à origem genética: uma distinção necessária. In: *Revista CEJ*, n. 27, out.-dez./2004, pp. 54-55.

[94] Nesta direção, Maria Celina Bodin de Moraes, Recusa à realização do exame de DNA na investigação da paternidade e direitos da personalidade. In: *Revista Forense*, vol. 343, 1998, p. 194; V. tb Maria Vital da Rocha e Álisson José Maia Melo, Direito ao conhecimento das origens genéticas no Brasil. In: *Revista de Direito de Família e das Sucessões*, vol. 2, out.-dez./2014, *passim*; Felipe Soares de Sousa, A extensão e os efeitos do reconhecimento do direito à identidade genética. In: *Revista de Direito Privado*, vol. 74, fev./2017, *passim*.

[95] Do dispositivo se extrai, nos termos da jurisprudência do Superior Tribunal de Justiça, presunção relativa (*juris tantum*) de paternidade, conforme sedimentado na Súmula 301 da Corte: "Em ação investigatória, a recusa do suposto pai a submeter-se ao exame de DNA induz presunção *juris tantum* de paternidade". Nesse sentido, v., ainda, ilustrativamente, STJ, AgInt no AREsp 627.455/SP, 4ª T., Rel. Min. Maria Isabel Gallotti, julg. 7.5.2019, publ. *DJ* 10.5.2019; STJ, 3ª T., AgInt no REsp 1.561.249/MG, Rel. Min. Paulo de Tarso Sanseverino, julg. 15.5.2018, publ. *DJ* 18.5.2018; STJ, 3ª T., AgRg no REsp 1.545.257/MG, Rel. Min. Ricardo Villas Bôas Cueva, julg. 9.5.2017, publ. *DJ* 29.5.2017.

gerará a presunção da paternidade, a ser apreciada em conjunto com o contexto probatório.[96] Ou seja, estabelece-se verdadeira presunção legal (relativa) de paternidade, indo além da simples presunção judicial que poderia ser utilizada pelo julgador com amparo no art. 232 do Código Civil. Em aprofundamento, o § 2º, inserido pela Lei n. 14.138/2021, dispõe que "se o suposto pai houver falecido ou não existir notícia de seu paradeiro, o juiz determinará, a expensas do autor da ação, a realização do exame de pareamento do código genético (DNA) em parentes consanguíneos, preferindo-se os de grau mais próximo aos mais distantes, importando a recusa em presunção da paternidade, a ser apreciada em conjunto com o contexto probatório".

8. CLASSIFICAÇÃO DOS NEGÓCIOS JURÍDICOS

Unilaterais, bilaterais, plurilaterais

Classificam-se usualmente os negócios jurídicos em diversas categorias, cuja identificação tem por escopo permitir ao intérprete a determinação de certos aspectos de sua disciplina legal. Em primeiro lugar, dividem-se os negócios jurídicos em *unilaterais* e *bilaterais*, conforme o número de partes necessário para sua formação.[97] Advirta-se que não se confunde pessoa com parte, uma vez que o mesmo centro de interesses na relação negocial pode ser ocupado por vários indivíduos e, ainda assim, representar uma única parte.[98] Contam-se, assim, não propriamente os sujeitos que integram o negócio, mas o número de centros de interesses. Ilustrativamente, Caio, Jonas e Henrique, três estudantes amigos, podem figurar como locatários, sendo Armênio e Luís Cláudio os locadores. Há pluripessoalidade em cada parte (locatário e locador), o que não interfere com o número de partes (apenas duas).

Os negócios unilaterais são formados por apenas uma declaração de vontade, como o testamento, reputado válido pela simples emissão de vontade do testador e antes que qualquer outra pessoa tome conhecimento de seu conteúdo. Há somente uma parte nos negócios unilaterais, ainda que composta por várias pessoas. Assim, a procuração outorgada conjuntamente por Catarina e Isabela para que Bianca as represente na aquisição da casa da Antônia permanece negócio jurídico unilateral, vez que Catarina e Isabela integram a mesma parte.

Os negócios bilaterais, por sua vez, pressupõem a convergência de ao menos duas declarações complementares de vontade para o seu nascimento, sendo compostos de pelo menos duas partes. Os contratos são negócios bilaterais, pois requerem, para sua formação, o consentimento dos contratantes. A compra e venda do carro do Leonardo para o Julio se forma com o encontro das vontades deles no sentido de realizar a operação. Na formação, os contratos são sempre bilaterais, embora, quan-

---

[96] Lei n. 8.560/1992: "Art. 2º-A. Na ação de investigação de paternidade, todos os meios legais, bem como os moralmente legítimos, serão hábeis para provar a verdade dos fatos. Parágrafo único. A recusa do réu em se submeter ao exame de código genético – DNA gerará a presunção da paternidade, a ser apreciada em conjunto com o contexto probatório".

[97] Orlando Gomes, *Introdução ao direito civil*, cit., p. 239.

[98] Cf. Orlando Gomes, *Introdução ao direito civil*, cit., p. 239; Caio Mário da Silva Pereira, *Instituições de direito civil*, vol. I, cit., p. 421.

tos aos efeitos, possam ser bilaterais ou unilaterais. Alude-se, ainda, à categoria dos negócios plurilaterais, que se caracterizariam por um objetivo comum perseguido pelos diversos centros de interesses, com repercussão tanto na formação do negócio como nos seus efeitos. O exemplo paradigmático seria o contrato de sociedade (v. Volume 3 – Contratos).

Os negócios jurídicos reputam-se, ainda, *típicos* ou *atípicos*, conforme sua estrutura elementar tenha sido ou não prevista, junto à respectiva disciplina, pelo legislador. A doação e a empreitada constituem negócios jurídicos típicos, uma vez que sua qualificação remete ao modelo legal desses contratos previsto pelo Código Civil. No que tange aos negócios atípicos, trata-se, não raro, de contratos complexos que combinam elementos de diversos tipos legais. Ilustrativamente, tem-se o contrato celebrado entre o viajante e a agência de turismo, compreendendo a prestação de serviços de transporte, hospedagem e diversos outros. Alude-se por vezes ao termo "negócio misto" para designar as hipóteses de contratos que congregam elementos de diversos tipos legais – terminologia de duvidosa utilidade, vez que pressupõe a possibilidade de situação híbrida entre a tipicidade e a atipicidade, o que, ao menos à luz da doutrina causalista, resultaria impossível. Afinal, a síntese dos efeitos essenciais, que caracteriza a causa contratual, determinando a disciplina aplicável (*v.g.*, compra e venda, locação e assim por diante), ou bem é típica ou simplesmente é atípica, ainda que essa atipicidade resulte do aglomerado de diversos elementos típicos de outros contratos.[99]

Dizem-se *gratuitos* os negócios que impõem sacrifício patrimonial para apenas uma das partes, ao passo que *onerosos* são os negócios que importam em sacrifício patrimonial para ambas.[100] Dessa forma, será gratuito o negócio que acarrete a obtenção de vantagem por apenas uma das partes, reputando-se oneroso o negócio em que ambas as partes buscam obter vantagens patrimoniais.[101]

Com frequência, a qualificação de certo contrato como oneroso resultará não propriamente de análise sobre a obtenção ou não de vantagem direta, mas sim de investigação global da operação em exame. Assim, caso o contratante aufira vantagens – posto que indiretas – a partir da prática de certa conduta, configurar-se-á a onerosidade contratual. Fala-se, a esse respeito, em remuneração indireta, noção de destacada importância para a disciplina do contrato de transporte de pessoas, sobretudo em razão de o art. 736 do Código Civil excluir do regime geral desse tipo contratual o transporte gratuito. O parágrafo único do art. 736 esclarece que "não se considera gratuito o transporte quando, embora feito sem remuneração, o transportador auferir vantagens indiretas". Desse modo, se o transportador auferir vantagem indireta, reputar-se-á oneroso o transporte e, consequentemente, típico o contrato. É o que ocorre, exemplificativamente, no transporte oferecido aos empregados pelo patrão

---

[99] Gustavo Tepedino, *A responsabilidade civil nos contratos de turismo*, cit., p. 258.
[100] V. Orlando Gomes, *Introdução ao direito civil*, cit., p. 270.
[101] Caio Mário da Silva Pereira, *Instituições de direito civil*, vol. I, cit., p. 422.

para levá-los ao trabalho, ou no caso do corretor que transporta o cliente ao imóvel que pretende vender.

Considera-se oneroso o contrato de transporte mesmo quando haja dispensa de pagamento de tarifas concedida a determinada categoria de passageiros. O transporte de idosos, por exemplo, não é fruto de liberalidade, pois se insere na atividade econômica desempenhada pela concessionária, havendo o repasse do custo respectivo para a remuneração devida pelos demais usuários do serviço ou a obtenção de outros benefícios pelo Poder Público concedente. Nesses casos, o transportador, posto não favorecido diretamente pelo valor da tarifa, remunera-se de maneira indireta, a caracterizar a onerosidade do transporte.

Remuneração indireta e CDC

A mesma lógica concernente à remuneração indireta também se aplica na interpretação do art. 3º, § 2º, do Código de Defesa do Consumidor, que conceitua serviço como "atividade fornecida no mercado de consumo, *mediante remuneração*". Dessa forma, poder-se-á reconhecer a remuneração (e a subsequente) onerosidade a partir da análise global da atividade desenvolvida pelo fornecedor no mercado de consumo.[102] A título ilustrativo, basta pensar nas hipóteses de estacionamentos "gratuitos" oferecidos por supermercados, em que, inequivocamente, há remuneração indireta e, portanto, onerosidade.

Negócios jurídicos inter vivos e causa mortis

São *inter vivos* os negócios cuja eficácia pode ser plenamente atingida durante a vida das partes. *Causa mortis* são os que têm sua eficácia dependente da morte do declarante, sendo o exemplo clássico o testamento. O negócio *inter vivos* pode operar efeitos desde logo, ao passo que o *causa mortis* tem sua eficácia postergada para momento subsequente à morte da parte. Não perde a natureza de negócio *inter vivos* se sua eficácia se estender perante os herdeiros, na hipótese de falecimento de uma das partes no curso do negócio. Com efeito, os negócios não personalíssimos não se extinguem com o falecimento de uma das partes, o que não transmuda sua natureza para negócios *causa mortis*.[103]

Negócios formais, consensuais e reais

Consideram-se *solenes* ou *formais* os negócios que apresentam exigências de forma previstas em lei, por oposição aos negócios *não solenes* ou *consensuais*, que têm forma livre. Distinguem-se os negócios formais dos reais. Embora ambos requeiram a observância de requisitos legais para a sua formação válida, o negócio real exige o ato material de entrega do bem para se aperfeiçoar (ex. contrato de comodato). Faz-se alusão, por fim, aos negócios jurídicos *puros* e aos *com modalidades*, conforme apresentem ou não os elementos acidentais: termo, condição ou encargo.

Negócios puros e com modalidade

9. NEGÓCIO FIDUCIÁRIO E NEGÓCIO INDIRETO

O direito por vezes mostra-se aquém das demandas sociais no ritmo exigido pela evolução dos fatos, o que gera um descompasso entre o instrumental oferecido

---

[102] Cláudia Lima Marques, Antonio Herman Benjamin, Bruno Miragem, *Comentários ao Código de Defesa do Consumidor*, São Paulo: Revista dos Tribunais, 2003, p. 94.
[103] Caio Mário da Silva Pereira, *Instituições de direito civil*, vol. I, cit., pp. 422-423.

e os interesses reconhecidamente dignos de proteção pelo ordenamento.[104] Surge, diante disto, o chamado negócio indireto – de que pode ser espécie o negócio fiduciário[105] –, em que as partes se valem de uma estrutura típica para alcançar um escopo diverso do normalmente realizado por intermédio do negócio adotado.[106] Por tal razão, entende-se que o negócio indireto pode servir ao progresso jurídico, vez que proporciona, a partir de velhas estruturas, o alcance de novas funções.[107] Opera-se, assim, o desenvolvimento do sistema jurídico independentemente da intervenção do legislador.[108]

Negócio indireto

No negócio indireto, portanto, as partes se valem de estrutura típica para alcançar escopo diverso do normalmente realizado por intermédio do negócio adotado.[109] Indaga-se se o negócio indireto deve ser reputado categoria autônoma.[110] A rigor, a afastar sua autonomia, tem-se que *tertiur non datur*: ou bem a finalidade indireta perseguida pelas partes não desnatura o tipo eleito, de sorte que o negócio entabulado permanece típico, ou bem a aludida finalidade altera

---

[104] "É pure da rilevare che un ordinamento giuridico, anche progredito, non è in grado di evolversi di pari passo con la vita; quindi anche oggi non è esclusa la possibilità che ad un determinato fine economico non corrisponda un adeguato mezzo giuridico" (Luigi Cariota-Ferrara, *I Negozi Fiduciari*, Padova: Cedam, 1933, p. 24). V. tb. Francesco Ferrara, *A simulação dos negócios jurídicos*, trad. Bossa, São Paulo: Saraiva, 1939, p. 76; Milena Donato Oliva, *Do negócio fiduciário à fidúcia*, São Paulo: Atlas, 2014, pp.1-11.

[105] No sentido de que o negócio fiduciário traduz espécie de negócio indireto, cf. Tullio Ascarelli, *Problema das Sociedades Anônimas e direito comparado*, cit., p. 96; Custódio da Piedade Ubaldino Miranda, *Negócio jurídico indireto e negócios fiduciários*. In: *Doutrinas Essenciais*: obrigações e contratos, vol. VI, Gustavo Tepedino e Luiz Edson Fachin (org.), São Paulo: Revista dos Tribunais, 2011, p. 1273; Luigi Cariota-Ferrara, *I Negozi Fiduciari*, cit., p. 39; Francesco Ferrara, *A simulação dos negócios jurídicos*, cit., p. 116; Regis Velasco Fichtner Pereira, *A fraude à lei*, Rio de Janeiro: Renovar, 1994, p. 63; Humberto Theodoro Júnior, *Comentários ao Código Civil*, vol. III, t. I, Sálvio de Figueiredo Teixeira (coord.), Rio de Janeiro: Forense, 2006, p. 480; Alvino Lima, *A fraude no direito civil*, São Paulo: Saraiva, 1965, p. 81; José Ignácio Gonzaga Franceschini, *Contratos inominados, mistos e negócio indireto*. In: *Revista dos Tribunais*, vol. 464, 1974, p. 45; Luiz Gastão Paes de Barros Leães, *O acordo de acionistas como negócio fiduciário*. In: Pareceres, vol. II, São Paulo: Singular, 2004, p. 1.373.

[106] "É muito frequente encontrar, nos vários sistemas jurídicos, *negócios indiretos*; as partes recorrem a um determinado negócio jurídico, mas o escopo prático visado não é, afinal, o normalmente realizado através do negócio adotado, mas um escopo diverso, muitas vezes análogo àquele de outro negócio ou sem forma típica própria do sistema jurídico" (Tullio Ascarelli, *Problema das Sociedades Anônimas e direito comparado*, cit., p. 94).

[107] "O direito evolve, às vezes, lenta, mas continuamente; os novos institutos não surgem de improviso, mas se destacam, às vezes, aos poucos, do tronco de velhos institutos que, sem cessar, se renovam, preenchendo as novas funções. É através dessa contínua adaptação de velhos institutos a novas funções que o direito, às vezes, se vai desenvolvendo; não raro ostentando, então, a história do seu passado, nas formas, que permanecem idênticas, a despeito da renovação das funções" (Tullio Ascarelli, *Problema das Sociedades Anônimas e direito comparado*, cit., p. 91).

[108] Tullio Ascarelli, *Problema das Sociedades Anônimas e direito comparado*, cit., p. 158.

[109] Tullio Ascarelli, *Problema das sociedades anônimas e direito comparado*, cit., p. 94; Guido Alpa, *Manuale di diritto privato*, Padova: CEDAM, 2017, 10ª ed., p. 433; Alberto Trabucchi, *Istituzioni di diritto civile*, Padova: CEDAM, 2014, 46ª ed., p. 118.

[110] Alessandro Graziani, *Negozi Indiretti e Negozi Fiduciari*. In: *Rivista del Diritto Commerciale*, vol. XXXI, parte prima, 1933, p. 418; José Carlos Moreira Alves, *A retrovenda*, São Paulo: Revista dos Tribunais, 1987, p. 8.

substancialmente a causa contratual e, neste caso, não mais se teria o contrato típico, mas um ajuste atípico.[111]

Negócio fiduciário

O negócio fiduciário, a seu turno, consubstancia amplo modelo ao qual se reconduzem os ajustes que apresentam, como nota característica, a titularidade à conta de outrem ou para a promoção de certa finalidade, isto é, a titularidade fiduciária.[112] O fiduciário assume a obrigação de exercer o direito que lhe foi atribuído para a realização de específica função e, ao fim de certo tempo ou mediante o implemento de uma condição, transferir aludido direito ao alienante ou a terceiro por ele indicado.[113]

Negócio indireto fiduciário

É possível que o negócio fiduciário seja estruturado a partir de um negócio indireto, como ocorre na realização de uma compra e venda para fins de garantia. A estrutura típica da compra e venda é utilizada para alcançar o escopo de garantia, sendo a titularidade transmitida em caráter fiduciário, ou seja, para viabilizar a função de garantia.

Desproporção entre meio e fim e risco de abuso

É de se advertir que o negócio fiduciário não se qualifica a partir da invocada desproporção entre o meio utilizado e o fim pretendido ou do que usualmente se denomina risco de abuso. A uma porque a atribuição plena da propriedade, longe de se mostrar excessiva, afigura-se o mecanismo apropriado para garantir ao fiduciário integral atuação, insuscetível de ser obtida de forma diversa. Com efeito, pretende-se, com a transmissão do domínio, conferir ao fiduciário poderes plenos, e não se mostra possível a atribuição de máximos poderes senão com a atribuição da própria titularidade. O mandato, exemplificativamente, possui restrições baseadas justamente na circunstância de o mandatário não ser o dono do negócio.[114]

---

[111] Cesare Grassetti, *Del negozio fiduciario e della sua ammissibilità nel nostro ordinamento giuridico*, cit., p. 359; Domenico Rubino, *Il negozio giuridico indiretto*, cit., p. 45; Custódio da Piedade Ubaldino Miranda, *Negócio jurídico indireto e negócios fiduciários*, cit., p. 1265; Francesco Santoro-Passarelli, *Interposizione di persona, negozio indiretto e successione della prole adulterina*. In: *Il Foro Italiano*: raccolta generale di giurisprudenza, vol. LVI, 1931, p. 177.

[112] Sobre os conceitos e negócio fiduciário e negócio indireto, cf. Milena Donato Oliva, *Do negócio fiduciário à fidúcia*, São Paulo: Atlas, 2014, *passim*.

[113] V. Tullio Ascarelli, *Problema das Sociedades Anônimas e direito comparado*, São Paulo: Saraiva, 1969, p. 96; Cesare Grassetti, Del negozio fiduciario e della sua ammissibilità nel nostro ordinamento giuridico. In: *Rivista del Diritto Commerciale e del Diritto Generale delle Obbligazioni*, vol. XXXIV, Parte I, Milano: Casa Editrice Dottor Francesco Vallardi, 1936, pp. 363-364; Judith H. Martins-Costa, Os negócios fiduciários: Considerações sobre a possibilidade de acolhimento do trust no direito brasileiro. In: *Revista dos Tribunais*, n. 657, 1990, p. 39; Luigi Cariota-Ferrara, *I negozi fiduciari*, Padova: Cedam, 1933, p. 1; Melhim Namem Chalhub, *Negócio fiduciário*, Rio de Janeiro: Renovar, 2009, p. 32; Francisco Paulo De Crescenzo Marino, Notas sobre o negócio jurídico fiduciário. In: *Revista Trimestral de Direito Civil*, vol. 20, Rio de Janeiro: Padma, 2004, p. 39.

[114] Na medida em que o contrato de mandato (v. arts. 653 e ss do Código Civil) não despe o mandante da condição de dono do negócio, devendo o mandatário agir em seu nome e por sua conta, segundo as instruções que receber do mandante, o legislador estabelece uma série de formalidades e condições a serem observadas para a atuação do mandatário. Tais características podem dificultar a gestão patrimonial pretendida em concreto, a justificar o recurso ao negócio fiduciário. Na mesma direção, cf. Cesare Grassetti, *Del negozio fiduciario e della sua ammissibilità nel nostro ordinamento giuridico*, cit., pp. 349-353; Tullio Ascarelli, Problema das sociedades anônimas e direito comparado, cit., p. 97 e François Barrière, *La réception du trust au travers de la fiducie*, Litec, Groupe Lexis Nexis, 2004, pp. 393-394.

A duas porque a situação de perigo identificada pela doutrina não se mostra distinta do risco de inadimplemento de qualquer ajuste em geral. A despeito das divergências no que tange às consequências jurídicas aplicáveis para o caso de "abuso do fiduciário" – perdas e danos em qualquer caso ou admissibilidade de execução específica na hipótese de o bem ainda se encontrar com o fiduciário –, fato é que se verifica reação do ordenamento contra o fiduciário inadimplente. O fiduciante encontra remédios jurídicos para fazer frente à violação dos deveres fiduciários, não se sujeitando apenas à consciência do devedor em cumpri-los. Ou seja, se a confiança depositada for quebrada, há remédios jurídicos, de maneira que o risco de abuso no negócio fiduciário se iguala ao risco de abuso de qualquer outro contrato.[115]

Daí decorre a insubsistência do entendimento segundo o qual o legislador, ao disciplinar o ajuste e prever as sanções para a sua violação, estaria a retirar o caráter fiduciário do negócio. O caráter fiduciário advém não de suposto risco de abuso que justifique a confiança depositada pelo fiduciante no fiduciário, mas da circunstância de o fiduciário assumir a titularidade para a promoção de determinada finalidade estipulada pelo fiduciante.[116]

Em uma palavra, o que caracteriza o negócio fiduciário é a titularidade à conta de outrem ou para a promoção de certa finalidade, ou seja, a titularidade fiduciária. Essa é a função perseguida pelas partes com o negócio fiduciário: a transmissão de um direito para que ele seja exercido de determinada maneira, com vistas ao alcance do escopo comumente avençado. A transmissão da titularidade não é um fim em si mesma, mas é instrumental à finalidade pretendida. A técnica da titularidade fiduciária, assim, funda-se na atribuição de um poder-dever: o poder decorre da transmissão do direito; o dever, do caráter fiduciário da alienação, funcionalizada para o alcance do escopo pretendido. Dessa sorte, independentemente das múltiplas funções que o negócio fiduciário possa, em concreto, realizar, sempre se estará diante de uma titularidade à conta de outrem ou para a realização de um fim, o que atrairá disciplina jurídica própria, condizente com essa específica situação.

Titularidade fiduciária

10. O PAPEL DA BOA-FÉ OBJETIVA NA INTERPRETAÇÃO DO NEGÓCIO JURÍDICO

A boa-fé objetiva, corolário do princípio constitucional da solidariedade, consubstancia vetor interpretativo dos negócios jurídicos. Não se confunde com a boa-fé subjetiva, que se liga ao estado psicológico do sujeito, que desconhece ou ignora a existência de vícios. A boa-fé objetiva possui três funções, quais sejam, interpretativa

---

[115] Nicolò Lipari, *Il negozio fiduciario*, Milano: Giuffrè, 1964, pp. 104-105.
[116] A alienação fiduciária em garantia e o Contrato de Administração Fiduciária de Garantias, introduzido no Código Civil pela Lei 14.711/2023, são exemplos de negócios fiduciários com regulamentação legal.

(art. 113), criadora de deveres anexos (art. 422) e restritiva do exercício abusivo de direitos (art. 187).[117]

A boa-fé objetiva, em sua primeira função, exige que as cláusulas contratuais sejam interpretadas conforme o objetivo comum pretendido pelas partes. O sentido da cláusula, dessa forma, deve ser alcançado a partir das finalidades perseguidas com o negócio. Em sua segunda função, a boa-fé objetiva cria deveres que se inserem no regulamento contratual, voltados a propiciar o pleno alcance do escopo negocial. Por fim, na terceira função, a boa-fé objetiva funciona como parâmetro para se aferir a legitimidade do exercício de um direito contratual, o qual deve se dar em respeito aos fins da avença e às legítimas expectativas das partes.

Em qualquer de suas funções, a boa-fé objetiva diz sempre com a preservação do conteúdo econômico do negócio. Os deveres decorrentes da cláusula geral da boa-fé objetiva não servem a tutelar o interesse privado e individual de cada um dos contratantes, mas o interesse mútuo que se extrai objetivamente da avença.[118]

Lei da Liberdade Econômica

A Lei da Liberdade Econômica (Lei n. 13.874/2019) alterou substancialmente o artigo 113 do Código Civil, acrescentando-lhe parágrafos e incisos. O § 1º, I, dispõe que deve ser atribuído ao negócio o sentido que "I – for confirmado pelo comportamento das partes posterior à celebração do negócio". O comportamento das partes é importante indicador do que foi pactuado, servindo a iluminar o sentido de disposições contratuais sobre as quais recaiam dúvidas interpretativas. O dispositivo, embora aluda apenas ao comportamento posterior à celebração do negócio, deve ser interpretado em consonância com a incidência da boa-fé objetiva também nas fases pré e pós-contratual.[119] O intérprete não deve, portanto, confinar a valoração do comportamento das partes apenas ao momento posterior à celebração do negócio jurídico. A boa-fé objetiva, com efeito, se reconduz axiologicamente ao princípio da solidariedade constitucional, consubstanciando novo princípio contratual que tem aplicação desde as tratativas e até mesmo após a extinção do ajuste. O inciso segundo, abordado no item 5 do Capítulo IV, preceitua que há de ser conferido o sentido que "corresponder aos usos, costumes e práticas do mercado relativas ao tipo de negócio".

O dispositivo ressalta a importância de a interpretação do negócio jurídico ser consentânea com o contexto de sua celebração, no âmbito do qual podem ser extraídas práticas reiteradas, que acabem por influir na interpretação a ser conferida ao ajuste,

---

[117] Judith Martins-Costa, Os campos normativos da boa-fé objetiva: as três perspectivas do Direito Privado brasileiro. In: *Princípios do Novo Código Civil Brasileiro e outros temas*: Homenagem a Tullio Ascarelli, São Paulo: Quartier Latin, 2010, p. 407; Gustavo Tepedino, Anderson Schreiber, Os efeitos da Constituição em relação à cláusula da boa-fé no Código de Defesa do Consumidor e no Código Civil. In: *Revista da EMERJ*, v. 6, n. 23, 2003, pp. 144-146.

[118] Gustavo Tepedino, Novos princípios contratuais e teoria da confiança: a exegese da cláusula do *the best knowledge of the sellers*. In: *Temas de Direito Civil*, tomo II. Rio de Janeiro: Renovar, 2006, p. 253.

[119] V. Gustavo Tepedino, Laís Cavalcanti, Notas sobre as alterações promovidas pela Lei n. 13.874/2019 nos art. 50, 113 e 421 do Código Civil. In: Luis Felipe Salomão; Ricardo Villas Bôas Cueva; Ana Frazão (coord.), *Lei de Liberdade Econômica*, São Paulo: Revista dos Tribunais, 2020, p. 501.

em virtude de legítimas expectativas que possam ter sido por estas criadas.[120] O inciso III, incidindo em tautologia, determina que a interpretação do negócio jurídico deve "corresponder à boa-fé". O inciso IV do § 1º, por sua vez, estabelece que deve prevalecer o sentido que "for mais benéfico à parte que não redigiu o dispositivo, se identificável". A norma, que positiva o "tradicional critério hermenêutico da *interpretatio contra proferentem ou contra stipulatorem*, isto é, da interpretação contra quem redigiu a cláusula que se busca interpretar", desconhece que a redação material do instrumento contratual nem sempre é efetuada por quem o concebeu.

Por fim, o inciso V determina que a interpretação deve ser aquela correspondente "a qual seria a razoável negociação das partes sobre a questão discutida, inferida das demais disposições do negócio e da racionalidade econômica das partes, consideradas as informações disponíveis no momento de sua celebração". Tal previsão ressalta a importância de se considerar o programa contratual em sua integralidade por ocasião da atividade interpretativa. Ou seja, a interpretação das distintas disposições contratuais deve guardar coerência sistemática com o contrato como um todo.

Por seu turno, o § 2º dispõe que poderão as partes livremente pactuar regras de interpretação, de preenchimento de lacunas e de integração dos negócios jurídicos diversas daquelas previstas em lei. Essas regras estabelecidas pelas partes devem ser valoradas no caso concreto, não sendo dotadas de valor absoluto.[121]

11. NEGÓCIO FIDUCIÁRIO E *TRUST*

A compreensão do *trust* por países da família romano-germânica sempre foi marcada por dificuldades, haja vista a opinião, largamente difundida, de que o *trust* acarretaria a divisão da propriedade em formal e substancial, o que é incompatível com os sistemas da *civil law*. Diante disto, a Convenção de Haia sobre a Lei Aplicável aos Trusts e sobre o Reconhecimento Deles, assinada em 1º de julho de 1985, e em vigor desde 1º de janeiro de 1992, procurou expressar os principais efeitos do *trust* – que o tornam expediente flexível e seguro na *common law* – em instrumentos compatíveis com os ordenamentos da família romano-germânica.[122]

Nessa esteira, a Convenção de Haia estabelece que (i) os bens em *trust* constituem patrimônio separado, que não se confunde com o patrimônio pessoal do *trustee*; (ii)

---

[120] Além disso, o legislador parece ter utilizado de forma abrangente e indistinta as expressões "usos", "costumes" e "práticas", a fim de "se referir ao papel que a repetição de condutas, particular ou coletivamente, desempenha no estabelecimento de expectativas legítimas que devem ser protegidas pelo direito, em nome da tutela da confiança e em razão da incidência da boa-fé" (Carlos Nelson Konder, Williana Nayara Carvalho de Oliveira, A interpretação dos negócios jurídicos a partir da Lei de Liberdade Econômica. In: *Revista Fórum de Direito Civil* – RFDC, Belo Horizonte, ano 9, n. 25, p. 13-35, set./dez. 2020, p. 21). Carlos Nelson Konder, Williana Nayara Carvalho de Oliveira, A interpretação dos negócios jurídicos a partir da Lei de Liberdade Econômica. In: *Revista Fórum de Direito Civil* – RFDC, Belo Horizonte, ano 9, n. 25, p. 13-35, set./dez. 2020, p. 22.
[121] V. Gustavo Tepedino, Laís Cavalcanti, Notas sobre as alterações promovidas pela Lei n. 13.874/2019 nos artigos 50, 113 e 421 do Código Civil. In: Luis Felipe Salomão; Ricardo Villas Bôas Cueva; Ana Frazão (coord.), *Lei de Liberdade Econômica*, São Paulo: Revista dos Tribunais, 2020, p. 501.
[122] François Barriere, *La réception du* trust *au travers de la fiducie*, Paris: LexNexis, 2004, p. 188.

a titularidade dos bens em *trust* fica em nome do *trustee*; (iii) o *trustee* tem o poder e o dever, do qual deve prestar contas, de administrar, gerir ou dispor dos bens, de acordo com os termos do *trust* e com os deveres específicos que lhe são impostos pela lei; (iv) os credores pessoais do *trustee* não podem excutir os bens em *trust*; (v) os bens em *trust* não serão arrecadados na hipótese de insolvência ou falência do *trustee*; (vi) os bens em *trust* não integram o patrimônio da sociedade conjugal nem o espólio do *trustee*.[123]

Como se percebe, tanto o *trust* como o negócio fiduciário se utilizam do mecanismo de atribuição de titularidade fiduciária. Entretanto, o negócio fiduciário, tal como hoje configurado no ordenamento brasileiro, não possui a mesma flexibilidade e segurança que o *trust*, por lhe faltar a separação patrimonial.[124] As dúvidas e incertezas acerca de uma possível blindagem quanto aos riscos pessoais do fiduciário (insolvência, divórcio, falecimento) não tornam especialmente atrativa a figura do negócio fiduciário.

Apesar de as tentativas brasileiras de absorção dos principais efeitos do *trust* até o presente momento terem se frustrado,[125] expressivo número de países da *civil law* logrou absorver as ideias centrais do *trust* por meio do que denominaram fideicomisso ou fidúcia.[126]

Fidúcia

A fidúcia, nos países que a preveem, é o instrumento legal que habilita os indivíduos, uma vez preenchidos determinados pressupostos, a atribuírem titularidade fiduciária conjugada com a constituição de patrimônios separados. Não mais se trata apenas de vínculo obrigacional que impinge sobre o fiduciário, mas de autorização legal a afetar objetivamente certos bens, que se destacam do patrimônio do fiduciário, ficando integralmente vocacionados a promover o fim a que se dirigem.[127]

Titularidade fiduciária e separação patrimonial

O legislador pátrio tem criado cada vez mais hipóteses específicas de titularidade fiduciária conjugada com a técnica da separação patrimonial, em eloquente processo histórico de incorporação paulatina dos principais efeitos do *trust* referidos na Convenção de Haia. Cabe destacar, a título ilustrativo, o fundo de investimento imobiliário, regulado pela Lei n. 8.668, de 25 de junho de 1993; a incorporação imobiliária, após as alterações introduzidas pela Lei n. 10.931, de 2 de agosto de 2004; a securiti-

---

[123] Cf. arts. 2º e 11 da Convenção de Haia.
[124] Milena Donato Oliva, O trust e o direito brasileiro. In: *Revista Semestral de Direito Empresarial*, v. 6, 2010.
[125] Acerca das tentativas de aclimatação do *trust* ao direito brasileiro, vale destacar o Projeto de Lei n. 3.362, de 1957, que buscava instituir o Fideicomisso *inter vivos*; o Projeto de Código das Obrigações, de 1965, que tratava do Contrato de Fidúcia; o Anteprojeto de Código Civil (Orlando Gomes, 1963), que previu a possibilidade de separação patrimonial, o que foi mantido pelo Anteprojeto revisto de 1964; o Projeto de Lei n. 4.809/1998, que também buscou introduzir o Contrato de Fidúcia; o Projeto de Lei n. 487/2013, que cuida do Contrato Fiduciário; o Projeto de Lei n. 4.758/2020, que cuida do Negócio Fiduciário.
[126] A França incorporou os principais efeitos do *trust* por meio de instituto que denominou Fidúcia e a Argentina o fez por intermédio de negócio que apelidou fideicomisso.
[127] Milena Donato Oliva e Pablo Renteria, Fidúcia: a importância da incorporação dos efeitos do *trust* no direito brasileiro. In: *Revista Trimestral de Direito Civil*, vol. 48, 2011.

zação de créditos imobiliários, prevista na Lei n. 9.514, de 20 de novembro de 1997; o sistema de consórcio de que trata a Lei n. 11.795, de 8 de outubro de 2008; o sistema brasileiro de pagamento, constante da Lei n. 10.214/2001; e o depósito centralizado de ativos financeiros e valores mobiliários, com previsão na Lei n. 12.810/2013.

A utilidade de se incorporar no Brasil a fidúcia – isto é, o negócio fiduciário agregado ao expediente da separação patrimonial – explica-se pela conveniência de se proceder a uma sistematização da utilização conjunta dos expedientes do patrimônio separado e da titularidade fiduciária, que já ocorre localizadamente, bem como em se criar mecanismo que, por sua incrível versatilidade, seja apto à realização de inúmeras funções na ordem jurídica pátria, de modo a otimizar a tutela de interesses valorados positivamente.[128]

Se é verdade que o legislador se utiliza da técnica da titularidade fiduciária e da separação patrimonial toda vez que julga necessário, por outro lado também é verdade que nem sempre o legislador identifica as demandas sociais no devido tempo. E existem interesses merecedores de tutela que apenas podem ser efetiva e adequadamente tutelados por meio da conjugação das técnicas da separação patrimonial e da titularidade fiduciária.[129]

12. *TRUST* E PLANEJAMENTO PATRIMONIAL: O EXEMPLO DAS CLÁUSULAS DE INCOMUNICABILIDADE, IMPENHORABILIDADE E INALIENABILIDADE

As cláusulas de incomunicabilidade, inalienabilidade e impenhorabilidade acarretam inevitáveis engessamento e rigidez, os quais podem ser prejudiciais àquele que se objetivou tutelar. Por isso que, embora admitidas pelo direito brasileiro, traduzem expediente visto com desconfiança, vez terem o efeito colateral de dificultar a circulação de riquezas, além de aprisionar o beneficiário em relação a determinado bem, o qual apenas pode ser substituído por meio do processo judicial de sub-rogação.[130]

Aludidas cláusulas geram aproveitamento estático dos bens, que restam gravados com importantes limitações que dificultam sua adaptação às vicissitudes por que passa o beneficiado ao longo da vida, bem como às alterações de mercado (neste particular, especialmente dramática é a cláusula de inalienabilidade nas ações). O Judiciário, contudo, atento à função protetiva de tais cláusulas, tem buscado valorar,

Aproveitamento estático dos bens

---

[128] "Si l'on se demande à quoi sert le trust, on peut presque répondre: 'à tout'!" (Pierre Lepaulle, *Traité théorique et pratique des trusts en droit interne, en droit fiscal et en droit international*, Paris: Librairie Arthur Rousseau, 1932, p. 12).

[129] Sobre as utilidades em se incorporar o *trust* no Brasil, cf. Milena Donato Oliva, Deve o trust ser incorporado no direito brasileiro? In: *JOTA*. Disponível em: https://www.jota.info/paywall?redirect_to=//www.jota.info/opiniao-e-analise/artigos/deve-o-trust-ser-incorporado-no-direito-brasileiro-07012018. Acesso em: 17 nov. 2023.

[130] Cf. art. 1.848, § 2º do Código Civil: "Mediante autorização judicial e havendo justa causa, podem ser alienados os bens gravados, convertendo-se o produto em outros bens, que ficarão sub-rogados nos ônus dos primeiros".

à luz das concretas circunstâncias, a maneira de melhor resguardar os interesses do beneficiado.[131] A despeito de tal importante esforço empreendido pelo Judiciário, mantém-se o inconveniente relativo à falta de celeridade na solução dos problemas que essas restrições possam suscitar.

<small>Aproveitamento dinâmico dos bens através do *trust*</small>

Nesse contexto, o *trust* desponta como expediente de inquestionável vantagem. De fato, por intermédio do *trust* seria possível, respeitando-se as mesmas exigências legais aplicáveis às cláusulas de inalienabilidade, impenhorabilidade e incomunicabilidade, garantir um aproveitamento dinâmico dos bens. Ou seja, haveria o alcance da mesma finalidade valorada positivamente pelo legislador sem o mesmo engessamento.[132] O *trust* permitiria que o objeto da transmissão fosse universalidade patrimonial autônoma cuja gestão ficaria a cargo de entidade diversa do beneficiário. Aliena-se não um bem gravado com as cláusulas de inalienabilidade, incomunicabilidade e impenhorabilidade, mas a atividade de gestão do patrimônio, inteiramente voltada para a promoção dos interesses do beneficiário. Opera-se a liberalidade do fiduciante ao beneficiário por meio do fiduciário,[133] responsável pela conservação e gestão dos bens até a liquidação do patrimônio afetado.[134]

O aproveitamento dos bens, assim, poderia (i) adaptar-se a concretas circunstâncias, que se alteram com o tempo, o que garantiria com mais efetividade o propósito original do testador/doador de resguardar os interesses dos beneficiários, possibilitando-se, a um só tempo, a circulação dos bens e a preservação do patrimônio, voltado a tutelar os beneficiários, e (ii) contemplar mais pessoas com os mesmos bens por intermédio de gestão unitária, independente e imparcial, sem as dificuldades próprias do condomínio, de maneira a otimizar o aproveitamento dos bens. Em uma palavra, o *trust* conferiria mais liberdade e, por isso, maior adaptabilidade.

---

[131] "Se a alienação do imóvel gravado permite uma melhor adequação do patrimônio à sua função social e possibilita ao herdeiro sua sobrevivência e bem-estar, a comercialização do bem vai ao encontro do propósito do testador, que era, em princípio, o de amparar adequadamente o beneficiário das cláusulas de inalienabilidade, impenhorabilidade e incomunicabilidade. A vedação contida no art. 1.676 do CC/16 poderá ser amenizada sempre que for verificada a presença de situação excepcional de necessidade financeira, apta a recomendar a liberação das restrições instituídas pelo testador" (STJ, REsp 1158679/MG, 3ª T., Rel. Min. Nancy Andrighi, julg. 7.4.2011). "O Novo Código Civil adotou sistema menos rígido para o cancelamento dos gravames, sendo possível quando houver justa causa, sejam eles instituídos por testamento ou doação, conforme reza a doutrina. No presente caso as autoras demonstraram estar enfrentando dificuldades financeiras, necessitando desbloquear o valor depositado para sub-rogação. Conclui-se dos autos que nenhum prejuízo advirá da desconstituição dos gravames. A proteção que se busca através das cláusulas de inalienabilidade e impenhorabilidade do imóvel, no intuito de que as autoras tenham residência, se mostra desnecessária uma vez que as mesmas comprovaram possuir imóvel próprio. Por outro lado, a cláusula de incomunicabilidade não tem maior importância no caso concreto uma vez que as apelantes não mantêm sociedade conjugal. A conveniência em se desconstituir os gravames é evidente, ao passo que a manutenção dos mesmos mostra-se prejudicial às autoras" (TJRJ, Ap. Cív. 0007003-90.2000.8.19.0037, 9ª CC, Rel. Des. Carlos Santos de Oliveira, julg. 21.10.2008).

[132] Cf. Exposé des motifs de loi instituant la fiducie, présentée par Philippe Marini, p. 8.

[133] Jacques Charlin, *La fiducie-libéralité*: essai de synthèse en vue d'un contrat. In: *Les opérations fiduciaires*. Colloque de Luxembourg des 20 et 21 septembre 1984, Paris: Feduci, 1985, p. 135.

[134] Jorge Roberto Hayzus, *Fideicomiso*, Buenos Aires: Astrea, 2004, p. 88.

O donatário, herdeiro ou legatário, por exemplo, pode, no decorrer de sua vida, ter de morar no exterior ou mudar o tipo de trabalho que empreendem. Um imóvel gravado de inalienabilidade, a depender das circunstâncias, pode se tornar um estorvo, além de gerar dívidas quando o beneficiário não consegue pessoalmente administrar, alugar, constituir mandatário etc. Com o *trust*, por outro lado, o beneficiário não teria o encargo de gerir o bem, e, além disso, poderia o fiduciário, se for conveniente para a tutela dos interesses do beneficiário, substituir determinado bem por outros tipos de ativos, garantindo sustento/renda ao beneficiário conforme as suas concretas necessidades. O fiduciário, ademais, pode ser um profissional, de maneira que a gestão seria confiada a sujeito de alta especialização e apto a tomar as melhores decisões.[135]

Uma vez que, neste caso, a destinação vincula universalidade patrimonial, não já bens específicos, não há necessidade de se efetuar processo judicial para sub-rogação.[136] Cuida-se de sistema que atinge, repita-se à exaustão, as mesmas finalidades das cláusulas de impenhorabilidade, inalienabilidade e incomunicabilidade, sendo, contudo, mais maleável.

Desnecessidade de sub-rogação

As dificuldades na sub-rogação e na superação de tais cláusulas limitativas, de fato, podem prejudicar o aproveitamento dos bens e a tutela dos interesses que o doador/testador quis proteger. A título exemplificativo, ressalte-se o caso dos irmãos e condôminos Sérgio, Ricardo e Roberto que, em 1997, iniciaram procedimento de jurisdição voluntária de sub-rogação de gravames de inalienabilidade, impenhorabilidade e incomunicabilidade existentes sobre imóvel de sua propriedade. Os condôminos ofereceram outros bens para que as cláusulas restritivas fossem transmitidas (sub-rogadas), ficando liberado o imóvel para alienação. Em 1998 foi proferida sentença julgando procedente o pedido nos seguintes termos: "Isto posto, julgo procedente o pedido e determino a sub-rogação, sobre os imóveis oferecidos pelos requerentes Roberto e Ricardo Freytag de Azevedo Bastian, dos vínculos que recaem sobre o imóvel a ser alienado. Com relação à quota-parte do requerente Sérgio Freytag Bastian, deverá a mesma ser depositada em conta judicial, com rendimentos, até que o mesmo adquira imóvel, no mesmo valor, sobre o qual incidirão os gravames". Transitada em julgado essa sentença e arquivado o processo, passados mais de dez anos, vem agora Sérgio pedir o desarquivamento do processo e a liberação do dinheiro correspondente à sua

---

[135] Orlando Gomes. Contrato de Fidúcia ('trust'). In: *Revista Forense*, vol. 211, ano 62, julho-agosto--setembro de 1965, p. 11.

[136] Consoante já ressaltado, a universalidade de direito constitui centro autônomo de imputação objetiva, para além de seus componentes, os quais, por conservarem autonomia jurídica, podem participar de relações que os subtraiam da *universitas iuris* e, por conseguinte, do campo de ação daqueles que têm direitos sobre a universalidade em si considerada. Desse modo, a universalidade tem conteúdo variável, podendo se expandir ou se comprimir sem alteração qualitativa, isto é, a livre mutabilidade de seus componentes não modifica a configuração unitária do todo. Afigura-se inerente à categoria da universalidade, assim, a livre mutação de seus elementos, como decorrência necessária da função desempenhada pelo novo objeto de direito criado pelo legislador, o qual se preserva inalterado a despeito das mudanças em seu conteúdo. A sub-rogação real não se confunde com a mera substituição de componentes inerente a toda universalidade de direito, daí a maior flexibilidade oriunda da técnica da separação patrimonial em comparação com a afetação individual de bens. Cf. Francesco Santoro-Passarelli, *La Surrogazione Reale*, Roma: Attilio ampaolesi, 1926, p. 34.

quota-parte. Vejam-se que foram dez anos sem aproveitamento econômico do bem (alienado) ou do dinheiro (depositado).[137]

As cláusulas de inalienabilidade, impenhorabilidade e incomunicabilidade trabalham com a pressuposição de que o titular fará, pessoalmente, o aproveitamento do bem e desenvolverá atividades sobre ele. Mas no mundo atual o dono nem sempre é o empreendedor ou o gestor, seja por falta de tempo, de expertise ou de desejo. E mais: a depender do tipo de ativo, a cláusula de inalienabilidade ainda é mais tormentosa, como no caso das ações, cuja oscilação no mercado demanda ágil atuação, nem sempre possível com o processo da sub-rogação.

Daí a técnica da segregação patrimonial ser mais afeta aos novos tempos e à atuação dinâmica que é exigida. O patrimônio separado permite que se assegure aos beneficiários determinada posição ativa sem o mesmo congelamento dos bens e com a possibilidade de a gestão ser efetivamente transferida a um profissional especializado, diferenciando-se, assim, as figuras do beneficiário e do fiduciário.[138]

Por tudo isso, o *trust* pode ser de extrema valia na proteção dos interesses dos donatários, herdeiros e legatários, porquanto permite (i) a proteção almejada com as cláusulas de impenhorabilidade, inalienabilidade e incomunicabilidade, pois, respectivamente, (a) os bens em *trust* não podem ser atingidos pelos credores dos beneficiários (que apenas podem excutir os proventos recebidos pelos beneficiários), (b) os beneficiários não têm poder de disposição sobre os bens em *trust*, vez que de titularidade do fiduciário, e (c) o cônjuge dos beneficiários apenas pode pretender direito sobre os proventos recebidos, não já sobre os bens de propriedade do fiduciário;[139] bem como a (ii) flexibilidade na gestão dos bens, o que afastaria os inconvenientes suscitados com a aposição de tais cláusulas restritivas, haja vista que possibilitaria (a) a adequação dos bens às concretas necessidades dos beneficiários, que podem se alterar ao longo da vida, (b) o benefício a mais de um donatário, herdeiro ou legatário sem os inconvenientes do condomínio, e (c) a preservação do patrimônio de maneira mais efetiva, pois essas cláusulas, dependendo do bem no qual incidem, podem ser deveras prejudiciais, como a cláusula de inalienabilidade em se tratando de ações.[140]

13. ATIVIDADE CONTRATUAL SEM NEGÓCIO JURÍDICO

Dirigismo contratual

A despeito da prevalência, até os dias de hoje, da dogmática voluntarista, a evolução política e econômica da sociedade, desde o final do século XIX, exigiu a interferência do Estado nas relações privadas, mitigando-se a força vinculante da

---

[137] TJRS, AI 70051694610, 8a CC, Rel. Des. Rui Portanova, julg. 21.3.2013.
[138] Assemblée Nationale, Rapport fait au nom de la Commission des Lois Constitutionnelles, de la Législation et de l'Administration Générale de la République sur la proposition de loi (n. 3385), adoptée par le Sénat, instituant la fiducie, par Xavier de Roux, p. 7.
[139] Os credores pessoais, herdeiros e cônjuge do fiduciário também não podem ter qualquer pretensão, nessa qualidade, ao patrimônio separado objeto da fidúcia.
[140] Cf. Milena Donato Oliva, Trust. In: Daniele Chaves Teixeira (Org.), *Arquitetura do Planejamento Sucessório*, Belo Horizonte: Fórum, 2018, v. 1, p. 367-382.

vontade negocial. Especialmente diante de situações específicas de vulnerabilidade, arrefeceu-se a tutela concedida ao interesse individual em favor de outros interesses jurídicos socialmente protegidos. Por conta da eclosão de movimentos sociais, no Brasil e alhures, a intervenção nas atividades contratuais incidiu primeiramente nas relações laborais, tendo sido o direito do trabalho precursor do que se convencionou chamar de *dirigismo contratual*, destinado a proteger a parte mais desfavorecida – técnica e economicamente – do contrato de trabalho. O desconforto do direito privado clássico com a intervenção heterônoma[141] na deliberação das partes levou à autonomia do direito do trabalho, afastando-se do direito civil tudo o que se considerava destinado a reduzir o papel da vontade como fonte soberana de vínculos obrigacionais.[142]

Esse processo de intervenção legislativa, que muitos julgavam contingências momentâneas de crises econômicas, mostrou-se inevitável e irreversível, acirrando-se na primeira metade do século XX como mecanismo de equilíbrio do mercado e do próprio regime capitalista. Nessa esteira, as locações também foram objeto de forte intervenção legislativa, com o intuito de gerir a escassez de imóveis e as crescentes demandas locatícias. O legislador interveio também intensamente na economia popular, combatendo os juros extorsivos.[143]

O incremento da intervenção estatal, que se intensificou na Europa a partir da Segunda Grande Guerra, destinado à tutela de direitos fundamentais alcançados pela iniciativa econômica privada e que, no Brasil, culminou com a Constituição da República de 1988, acaba por colocar em crise a noção de autonomia privada e a teoria do negócio jurídico, incapazes de abranger a variedade de modelos e interesses mediante os quais a atividade privada se estabelece e é socialmente reconhecida.

Como espécie de válvula de escape para o rigor técnico imposto pelo excessivo controle de validade dos negócios jurídicos, desenvolveu-se, a partir do final da primeira metade do século XX, a teoria das relações contratuais de fato, a qual, ao confrontar a realidade jurídica à realidade fática, teve o mérito de alargar a admissibilidade, pelo direito, de relações admitidas socialmente embora sem a proteção conferida pelo Direito ao negócio. De maneira geral, os países da família romano-germânica que adotam, de forma direta ou indireta, a doutrina do negócio jurídico, encontram dificuldade semelhante: o excessivo controle de validade do negócio acaba por excluir de seu espectro de incidência certas atividades que, em sua substância, despidas do aparato negocial, são admitidas como socialmente úteis e legítimas pelo corpo social.

Diante do contraste entre a legitimidade da atividade desenvolvida e a invalidação do ato negocial que a constitui, autores de renome sustentaram a preservação

---

[141] Sobre a referida intervenção heterônoma nos contratos, cf. Stefano Rodotà, *Le fonti di integrazione del contratto*, Milano: Giuffrè, 2004, p. 87.

[142] V. Gustavo Tepedino, Direito civil e direito do trabalho: diálogo indispensável. In: Gustavo Tepedino et al. (coords.), *Diálogos entre o direito civil e o direito do trabalho*, São Paulo: Revista dos Tribunais, 2013, pp. 14-15.

[143] Cf., dentre outras normas, o Decreto n. 22.626, de 7 de abril de 1933; Lei n. 1.521, de 26 de dezembro de 1951.

dos efeitos de tais atos a despeito de sua invalidade. No início do século XX, Haupt construiu teoria pioneira nesta direção.[144] Com resultados semelhantes, Larenz produziu trabalho importantíssimo no qual concebeu a categoria dos comportamentos socialmente típicos.[145] De outra parte, na doutrina italiana, Ascarelli[146] e inúmeros outros conceituados autores desenvolveram, em diversos campos da autonomia privada, o que seria a teoria das relações jurídicas de fato, a qual atingiu o seu apogeu nos anos 1960 e 1970, com o seu reconhecimento pela Corte Suprema Alemã – BGH (*Bundesgerichtshof*).[147]

Comportamento socialmente típico

Paradoxalmente, o principal motor da teoria do comportamento socialmente típico, consubstanciado na crítica à exasperação da vontade negocial como fonte primordial das obrigações, transformou-se em sua maior vulnerabilidade. Associada ao processo histórico de crítica ao poder impositivo das forças econômicas nos regulamentos contratuais, no âmbito da massificação da economia e do fortalecimento dos mercados consumidores, a teoria do comportamento típico passa a ser admitida a prescindir do elemento volitivo. Buscava-se proteger a vontade do vulnerável, estigmatizando-se o poder da vontade como inevitável imposição das forças econômicas na celebração dos negócios jurídicos. Em última análise, da crítica ao voluntarismo opressor decorreu a hostilidade à vontade e a rejeição de seu papel como motor da livre iniciativa. Tal perspectiva não resistiria à retomada dos movimentos liberais que, ao lado do declínio do *Welfare State*, acabaram por sepultar a doutrina do comportamento socialmente típico.

Com efeito, a partir dos anos 1970 do século passado, assistiu-se, tanto na Alemanha quanto na Itália e em Portugal, à progressiva substituição dessa construção por uma ampliação da categoria do negócio jurídico, cuja abrangência o tornaria apto a compreender numerosas atividades socialmente típicas, ora mediante a invocação de *vontade presumida* dos seus agentes (a ampliar o conceito de negócio jurídico), ora por meio da *ratificação de atos inválidos*, ora mediante a mera *admissão de efeitos patrimoniais ressarcitórios* decorrentes de negócios inválidos – cuja fonte, portanto, seria o ato ilícito, não já o contrato.

Vontade presumida

Do ponto de vista dogmático, não parece convincente a legitimação de efeitos obrigacionais com base na técnica da vontade presumida ou, por outro lado, como mera liquidação de danos. Basta lembrar a hipótese do incapaz que compra e vende artigos de suas necessidades pessoais, faz-se transportar e assim por diante. Não seria razoável admitir como válidos tais negócios com fundamento em suposta vontade

---

[144] Günther Haupt, Über faktische Vertragsverhältnisse, 1941.
[145] Karl Larenz, O estabelecimento de relações obrigacionais por meio de comportamento social típico (1956). In: *Revista Direito GV*, v. 2, n. 1, jan.-jun./2006.
[146] Tullio Ascarelli, *Lezioni di diritto commerciale – Introduzione*, 1955, Milano: Giuffrè, pp. 102 a 108. Sobre o tema, v. também o verbete fundamental de Giuseppe Auletta (*Attività (dir. priv.)*. In: *Enciclopedia del diritto*, vol. III, Milano: Giuffrè, 1958, p. 982.
[147] V. Carlo Angelici, Responsabilità precontrattuale e protezioine dei terzi in una recente sentenza del Bundesgerichtshof. In: *Rivista del diritto commerciale e del diritto generale delle obbligazioni*, I, a. LXXV, 1977, pp. 23-30.

presumida de seus responsáveis, já que, por vez, as atividades desenvolvidas são levadas a cabo contra a vontade expressa de quem deveria autorizá-las. Também em outras hipóteses de atividades desenvolvidas por pessoas capazes, mostra-se insustentável cogitar-se de vontade presumida pelo simples fato de que o agente se recusa a celebrar o negócio. E tampouco se sustentaria a explicação circunscrita à liquidação de danos quando se pensa na execução específica de certos contratos fundados em negócio nulo, na esteira de tendência progressiva do direito obrigacional.[148]

Daí ser plausível a suspeita de que a rejeição à doutrina do comportamento social típico se associe mais ao contexto histórico e ideológico em que se insere do que aos seus fundamentos teóricos. Por ter sido germinada em oposição à Teoria do Negócio Jurídico, aquela doutrina acabou sendo desenvolvida como construção crítica ao papel da vontade na teoria contratual, associando-se a orientações que, por diversos matizes, enalteceram, ao longo do século XX, o papel do Estado intervencionista, seja em regimes autoritários de diversos países, seja no dirigismo contratual.[149]

As duas últimas décadas do século passado, por outro lado, coincidem, em diversos países europeus e da América Latina, com a densificação do neoliberalismo e, especificamente na esfera jurídica, com a retomada entusiasmada do prestígio da autonomia privada, reduzindo-se, em diversos setores – mercado de locação, relações de trabalho, setores da economia privatizados – o grau de intervenção do Estado, que adquire feição regulamentar, com suas agências e instrumentos que enaltecem o papel da livre contratação, ainda que sob rígido controle do Estado.

A Europa, neste particular, diferencia-se da América Latina, onde, talvez pelas contradições sociais ainda muito evidentes, e por não se terem alcançado níveis médios satisfatórios na promoção dos direitos sociais, é compreensível que se propugne por um grau de intervenção e de promoção de políticas públicas maior, capaz de favorecer a distribuição de rendas e diminuir a desigualdade social. Tal diferença, superficialmente percebida, explica, em certa medida, intensificação mais visível, na doutrina europeia, da retomada do papel da vontade nas atividades privadas.

A preocupação com a preservação da vontade como elemento relevante da iniciativa privada, associada à reação liberal ao dirigismo contratual, mostram-se eloquentes para a compreensão do alargamento das doutrinas do negócio jurídico e da rejeição da doutrina do comportamento social típico. Entretanto, a análise dos comportamentos socialmente típicos, especialmente na perspectiva ascarelliana de atividade contratual sem negócio, não renega o papel da vontade, limitando-se a considerar secundária, para determinadas atividades socialmente típicas, a vontade

---

[148] Para uma ampla análise dessas correntes que reconheceram, ao longo do tempo, as atividades contratuais sem negócio fundante, cotejando-as com as bases legislativa e jurisprudencial brasileiras, v. Juliana Pedreira da Silva, Contratos sem negócio jurídico, São Paulo: Atlas, 2011, *passim*.

[149] Bastaria, para comprovar tal percepção, a crítica de Dieter Medicus à expressão "comportamento socialmente típico" (Il ruolo centrale delle disposizioni relative al negozio giuridico. In: *I cento anni del codice civile tedesco in Germania e nella cultura giuridica italiana* – Atti del convegno di Ferrara, 26-28 settembre 1996, Padova: Cedam, 2002, pp. 155 a 176).

negocial, ou seja, a existência de negócio jurídico que inaugure a atividade já existente de fato. Considerando-se a insuficiência do negócio jurídico – e da vontade presumida – para justificar a presença de atividades admitidas pelo grupo social, que produzem efeitos jurídicos carecedores de qualificação, ainda que desprovidas de negócio fundante, torna-se oportuno revisitar a doutrina dos comportamentos socialmente típicos.

<small>Atividade contratual sem negócio</small>

Do ponto de vista metodológico, a atividade contratual sem negócio exige qualificação da concreta relação jurídica a partir da sucessão de atos funcionalmente interligados, sem prévia tipificação e reconhecimento jurídico do negócio. Corrobora-se o ocaso da subsunção, como técnica hermenêutica a reclamar premissa legal abstrata, correspondente a suporte negocial determinado, em favor da verificação em concreto da disciplina aplicável ao conjunto de atos de natureza diversa. Amplia-se, dessa forma, o controle da atividade privada, permitindo-se proteger efeitos socialmente relevantes decorrentes de negócios nulos ou inexistentes, sem que a presença de negócio válido seja um pressuposto para a tutela jurídica.

O que se pretende propor, para a reflexão contemporânea, é a necessidade de se reler a doutrina dos comportamentos socialmente típicos, a partir (não já do afastamento do elemento volitivo como motor da livre iniciativa, mas) da distinção entre a vontade negocial e a vontade contratual. O negócio jurídico mantém-se vinculado ao controle estabelecido pelo Código Civil. Ao seu lado, contudo, uma série de atividades socialmente típicas, decorrentes de atos não negociais, é valorada positivamente, de modo que a ordem jurídica reconhece, como jurígenos, seus efeitos. Enquanto no negócio jurídico a declaração de vontade hígida é um *prius* para a sua validade (elemento essencial), nas atividades socialmente típicas a vontade suscita verificação *in posterius*, a partir dos efeitos por elas produzidos, independentemente de declaração destinada à instauração do vínculo, conferindo-se juridicidade a relações sociais que, de outra forma, não poderiam ser admitidas.

De fato, a admissão da relação contratual sem negócio permite atribuir chancela jurídica a efeitos socialmente reconhecidos, a partir de qualificação *a posteriori* da função da atividade realizada, estabelecendo-se, dessa forma, controle de merecimento de tutela, à luz da legalidade constitucional, acerca de atos praticados sem negócio jurídico de instauração (mas que, nem por isso, podem ser considerados fora da lei), cuja eficácia, de ordinário, é mais restrita do que a gama de efeitos almejados pelo negócio.[150] Basta lembrar as hipóteses do funcionário público cujo acesso à carreira não se deu por concurso público;[151] ou do vínculo empregatício do apontador de jogo

---

[150] Pietro Perlingieri, *Manuale di diritto civile*, Napoli: Edizioni Scientifiche Italiane, 2014, 7ª ed., p. 519.

[151] A respeito, v. o Enunciado n. 363 da Súmula do TST: "Contrato nulo. Efeitos. A contratação de servidor público, após a CF/1988, sem prévia aprovação em concurso público, encontra óbice no respectivo art. 37, II e § 2º, somente lhe conferindo direito ao pagamento da contraprestação pactuada, em relação ao número de horas trabalhadas, respeitado o valor da hora do salário mínimo, e dos valores referentes aos depósitos do FGTS (Res. 121/2003, *DJ* 19, 20 e 21.11.2003)".

do bicho;[152] ou do policial militar em empresa de segurança privada, a despeito de vedação legal expressa;[153] ou do menor que adquire, por si mesmo, produtos ou serviços.

Em todos esses casos, a invalidade dos negócios não exclui a admissibilidade, para certos fins, de eficácia jurídica à atividade desenvolvida. E somente graças a artificialismo retórico se poderia afirmar que se pretendeu, em tais hipóteses, celebrar ou extinguir uma série de negócios, alçando-se o mesmo efeito rejeitado ora pela vontade expressa do declarante, ora pela lei. Torna-se, assim, incongruente, nesses casos, falar-se em negócio jurídico, cuja admissão colidiria com matéria de ordem pública, que pauta a teoria das capacidades, das formas e da licitude dos bens passíveis de circulação.

PROBLEMAS PRÁTICOS

1. Correios eletrônicos (*e-mails*) são sempre admitidos como meio de prova? Justifique.
2. Diferencie negócio indireto, negócio fiduciário e negócio simulado.

Acesse o *QR Code* e veja a Casoteca.

> https://uqr.to/1p8nt

---

[152] A respeito, v. a O.J. n. 199 da SDI-1: "Jogo do bicho. Contrato de trabalho. Nulidade. Objeto ilícito (título alterado e inserido dispositivo) – DEJT divulgado em 16, 17 e 18.11.2010. É nulo o contrato de trabalho celebrado para o desempenho de atividade inerente à prática do jogo do bicho, ante a ilicitude de seu objeto, o que subtrai o requisito de validade para a formação do ato jurídico".

[153] A hipótese é disciplinada pelo art. 22 do Dec.-Lei n. 667/1969: "Ao pessoal das Polícias Militares, em serviço ativo, é vedado fazer parte de firmas comerciais de empresas industriais de qualquer natureza ou nelas exercer função ou emprego remunerados".

Capítulo XII
REPRESENTAÇÃO

SUMÁRIO: 1. Autonomia da representação voluntária no Código Civil de 2002 – 2. Elementos essenciais do mandato e da representação – 3. Disciplina da representação voluntária – 3.1. Procuração é o instrumento da representação, não do mandato – 3.2. Abstração da outorga de poderes: autonomia da representação em relação ao negócio subjacente – 3.3. O princípio da atração da forma aplica-se à representação, não ao mandato – 3.4. Substabelecimento – 3.5. Procuração (não mandato) em termos gerais ou especiais – 3.6. Procuração (não mandato) em causa própria – 3.7. Irrevogabilidade da outorga de poderes quando associada a outros contratos – 3.8. Renúncia dos poderes pelo representante – 3.9. Ratificação e teoria da aparência – 3.10. Autocontrato ou contrato consigo mesmo – Problemas práticos.

1. AUTONOMIA DA REPRESENTAÇÃO VOLUNTÁRIA NO CÓDIGO CIVIL DE 2002

Sob a vigência do Código Civil de 1916 havia dúvidas acerca da autonomia da representação voluntária em relação ao mandato, haja vista que os institutos foram tratados conjuntamente no âmbito do contrato de mandato.[1] No diploma de 2002, por outro lado, há inequívoca consagração da representação voluntária

Representação voluntária e mandato

---

[1] San Tiago Dantas defendia que a representação seria a "ideia suprema do mandato, além de só a ele pertencer entre todas as espécies de contrato", de modo que "o mandato é a maneira de fazer-se a representação direta voluntária" (San Tiago Dantas, *Programa de direito civil*, vol. II, Rio de Janeiro: Editora Rio, 1999, pp. 369-370.). A favor da autonomia da representação no que tange ao mandato, v. Clovis Bevilaqua, *Código Civil dos Estados Unidos do Brasil comentado*, vol. V, Rio de Janeiro: Paulo de Azevedo, 1957, p. 24.

como instituto autônomo,[2] embora essencial ao mandato. Dessa forma, não há, no direito brasileiro, mandato desprovido de representação,[3] mas pode haver representação sem mandato.

Nada obstante a independência da representação voluntária, o Código Civil não separou, na parte geral, a disciplina que lhe é própria, remetendo-a, nos termos do art. 120 do Código Civil,[4] à parte especial, em que desponta como paradigma da representação voluntária o contrato de mandato. Daí a importância de o intérprete, por ocasião da análise do contrato de mandato, separar aquilo que é próprio do tipo contratual em questão das normas que, a rigor, regulam a representação voluntária como técnica em si.

A despeito da mudança aparentemente cosmética da disciplina do mandato contida no Código Civil de 1916 para o Código Civil atual, a transformação afigura-se profunda, em virtude da consagração da representação como instituto autônomo. Cabe ao intérprete, assim, em obediência ao art. 120 do Código Civil, separar e sistematizar, a partir dos dispositivos topograficamente situados no contrato de mandato, aquilo que é pertinente à representação voluntária – não já ao contrato de mandato –, e que será, portanto, imediatamente aplicável a qualquer outro ajuste que se valha desta técnica.[5]

2. ELEMENTOS ESSENCIAIS DO MANDATO E DA REPRESENTAÇÃO

Pelo contrato de mandato, o mandatário recebe poderes do mandante para agir em nome e no interesse deste (CC, art. 653). A atuação do mandatário em nome do mandante é da essência do contrato de mandato, de maneira que a representação integra sua causa.[6] Por força da representação, o mandante encontra-se diretamente

---

[2] O Código Civil de 2002 tratou da representação em capítulo próprio, inserido no Título I (Do Negócio Jurídico) do Livro III (Dos Fatos Jurídicos), nos arts. 115 a 120, atribuindo-lhe inequívoca autonomia. Acerca da autonomia da representação em relação ao mandato, cf. Gustavo Tepedino, *Comentários ao novo Código Civil*, vol. X, Rio de Janeiro: Forense, 2008, 1ª ed., pp. 19-22 e Anderson Schreiber, A representação no Código Civil (arts. 115-120). In: Gustavo Tepedino (coord.), *O Código Civil na perspectiva Civil-Constitucional*, Rio de Janeiro: Renovar, 2013, pp. 265-288.

[3] O art. 653 do Código Civil, ao definir o contrato de mandato, deixa claro que integra sua essência a ideia de representação. É ver-se: "Opera-se o mandato quando alguém recebe de outrem poderes para, *em seu nome*, praticar atos ou administrar interesses. A procuração é o instrumento do mandato" (grifou-se). Sobre o tema, v. Gustavo Tepedino, *Comentários ao novo Código Civil*, vol. X, cit., pp. 25-45. As partes podem, nada obstante, entabular negócio atípico em que se utilizem da disciplina do contrato de mandato sem a técnica da representação.

[4] Art. 120 do Código Civil: "Os requisitos e os efeitos da representação legal são os estabelecidos nas normas respectivas; os da representação voluntária são os da Parte Especial deste Código".

[5] Sobre o tema, seja consentido remeter a Gustavo Tepedino, Milena Donato Oliva, Notas sobre a representação voluntária e o contrato de mandato. In: Revista Brasileira de Direito Civil – RBDCivil, v. 12, Belo Horizonte, 2017, pp. 17-36; Gustavo Tepedino; Milena Donato Oliva, Autonomia da representação voluntária no direito brasileiro e determinação da disciplina que lhe é aplicável. In: *Revista Magister de Direito Civil e Processual Civil*, vol. 72, 2016, pp. 5-18.

[6] Sobre a importância da causa para a qualificação do contrato, v. Gustavo Tepedino, Heloisa Helena Barboza, Maria Celina Bodin de Moraes *et al.*, *Código Civil interpretado conforme a Constituição da República*, vol. II, Rio de Janeiro: Renovar, 2012, 2ª ed., pp. 12-13; Gustavo Tepedino, Questões

vinculado para com terceiros com quem o mandatário, em seu nome, contratar, como se o mandante atuasse diretamente. Eis aí a peculiaridade da atividade do mandatário: atua não só por conta e no interesse do mandante, mas, ao agir em nome deste, compromete-o diretamente para com aqueles com quem contrata, de modo que o mandante, e não o mandatário, torna-se parte nos negócios celebrados com terceiros.

A confiança desponta como elemento essencial ao mandato, uma vez que o mandatário atua não apenas em nome, mas no interesse do mandante. Na medida em que a fidúcia depositada pelo mandante no mandatário poderá, a qualquer tempo, desaparecer, atribui-se ao mandante a possibilidade de revogar *ad nutum* os poderes conferidos ao mandatário e extinguir o vínculo contratual.[7] Mostra-se significativo que, para o exercício do direito de revogação, não importa ser o mandato gratuito ou oneroso, tampouco a prévia fixação de prazo contratual ou o tipo e a extensão dos poderes conferidos. O direito do mandante de revogar o mandato consiste em prerrogativa fundamental. Nessa direção, a violação, pelo mandante, de eventual cláusula de irrevogabilidade aposta no contrato implica apenas o pagamento de perdas e danos em favor do mandatário prejudicado (CC, art. 683). As hipóteses de irrevogabilidade dos poderes outorgados, consoante se abordará, referem-se à representação aposta a negócio jurídico diverso do contrato de mandato (v. item 3.7, *infra*).

Fidúcia é elemento essencial do mandato

A representação, por sua vez, consubstancia técnica de atuação em nome de outrem que tem como núcleo central a *contemplatio domini*, isto é, o agir declaradamente em nome alheio, de maneira que os terceiros que tratam com o representante consideram estarem vinculados ao representado, que figura como parte nos ajustes entabulados. A *contemplatio domini* consiste justamente na atuação ostensiva do representante (não em nome próprio, mas) em nome do representado.

Contemplatio domini é elemento essencial da representação

A representação voluntária deriva da vontade do representado, que outorga ao representante poderes para agir em seu nome e vinculá-lo diretamente às relações jurídicas com terceiros.[8] A outorga de poderes consubstancia negócio jurídico unilateral, do qual não nascem deveres jurídicos para o representante. A maneira como o representante deve agir e os deveres que lhe são impostos decorrem da relação jurídica base (mandato ou outro negócio) que regula a representação. Por outras pala-

Outorga de poderes e relação jurídica base

---

controvertidas sobre o contrato de corretagem. In: *Temas de direito civil*, t. I, Rio de Janeiro: Renovar, 2008, p. 149; Maria Celina Bodin de Moraes, O procedimento de qualificação dos contratos e a dupla configuração do mútuo no Direito Civil brasileiro. In: *Revista Forense*, vol. 309, 1990, p. 33 e ss.; Carlos Nelson Konder, Causa do contrato x Função social do contrato: estudo comparativo sobre o controle da autonomia negocial. In: *Revista Trimestral de Direito Civil*, vol. 43, Rio de Janeiro: Padma, 2010, pp. 33-75.

[7] Como destaca Caio Mário da Silva Pereira, "em qualquer tempo, pois, e sem necessidade de justificar a sua atitude, o mandante tem a faculdade de revogar *ad nutum* os poderes, e unilateralmente por termo ao contrato" (*Instituições de direito civil*, vol. III, Rio de Janeiro: Forense, 2016, 20ª ed. rev. e atualizada por Caitlin Mulholland (1ª ed. 1963), p. 388).

[8] "Em sua forma *direta* ou própria, a *representação* importa outorga de poderes a alguém para concluir atos jurídicos cujos efeitos correspondem à pessoa em nome da qual foram praticados" (Orlando Gomes, *Contratos*, Rio de Janeiro: Forense, 2007, 26ª ed. rev. e atualizada por Antonio Junqueira de Azevedo e Francisco Paulo de Crescenzo Marino (1ª ed. 1959), p. 424).

vras, a representação, como técnica de atuação em nome de outrem, apenas diz com os limites de vinculação do representado para com terceiros pelo agir do representante.⁹ O negócio ao qual se associa a representação voluntária (relação jurídica base) é que determina os atos e comportamentos esperados do representante.

3. DISCIPLINA DA REPRESENTAÇÃO VOLUNTÁRIA

3.1. *Procuração é o instrumento da representação, não do mandato*

Já o primeiro artigo do contrato de mandato traz norma acerca da técnica da representação. De acordo com o art. 653, "opera-se o mandato quando alguém recebe de outrem poderes para, em seu nome, praticar atos ou administrar interesses. A procuração é o instrumento do mandato". A procuração consubstancia ato unilateral de outorga de poderes que habilita um sujeito (representante) a atuar em nome de outrem (representado), vinculando-o diretamente aos terceiros com quem em seu nome tratar. Basta a manifestação de vontade do representado no sentido de conferir ao representante poderes para que, agindo este em nome do representado, o torne parte nos ajustes que entabular, de maneira que os efeitos dos atos praticados pelo representante em nome do representado recaiam diretamente na esfera jurídica deste. Dessa forma, não é necessária a aceitação do representante ao ato de outorga de poderes e tampouco o representante vira parte nos negócios que concretizar em nome do representado.

De outro lado, o mandato, por sua natureza contratual, pressupõe a convergência de vontades entre mandante e mandatário, assumindo ambas as partes direitos e deveres aos quais consensualmente se vinculam. Enquanto o representante age em nome do representado, o mandatário age em nome *e no interesse* do mandante. A maneira com que o representante deve agir associa-se aos deveres que assumiu na relação jurídica à qual se submete a outorga de poderes. A procuração em si mesma não traduz essa relação jurídica, apenas habilita o representante a agir em nome do representado, vinculando-o diretamente nos ajustes que em seu nome praticar. Assim, a procuração, negócio jurídico unilateral por essência, não poderia, sequer em tese, consubstanciar o instrumento de um contrato, negócio jurídico sempre bilateral na sua formação, e por isso configura instrumento da representação, não do mandato.¹⁰

A procuração, repise-se, conta com a manifestação de vontade exclusivamente do representado, não cabendo ao representante "aceitar" os poderes que lhe foram conferidos. Cuida-se de negócio jurídico unilateral que tem por escopo habilitar o

---

9   Gustavo Tepedino, Milena Donato Oliva, *Autonomia da representação voluntária no direito brasileiro e determinação da disciplina que lhe é aplicável*, cit., p. 7.
10 V. Pontes de Miranda, *Tratado de direito privado*, t. XLIII, São Paulo: Revista dos Tribunais, 2012, p. 58; Mairan Gonçalves Maia Júnior, *A representação no negócio jurídico*, São Paulo: Revista dos Tribunais, 2001, 1ª ed., p. 82; José de Oliveira Ascensão, *Direito civil*, vol. II, Coimbra: Coimbra Editora, 2001, p. 233.

representante a vincular diretamente a esfera jurídica do representado em relação às pessoas com quem, em nome deste, tratar. A forma de atuação e os deveres a que se submete o representante são regulados pelas disposições do contrato a que se associa a representação, o qual pode ser o mandato ou qualquer outro ajuste, típico ou atípico.

Não há, assim, deveres que exsurgem ao representante pelo só fato de ter recebido poderes para agir em nome de outrem. Tais deveres remontam à relação jurídica contratual que obriga as partes, para a qual o representante manifestou sua anuência quanto aos encargos e responsabilidades assumidos. Por isso que se mostra equivocado considerar que o representante deve agir no interesse do representado, como se tal conduta fosse ínsita à representação. A rigor, a atuação do representante deve respeitar o ajustado com o representado no negócio jurídico subjacente que ensejou a outorga, o que não necessariamente significa promoção dos interesses do representado. Já o mandatário (representante), pelo tipo contratual do mandato, deve agir no interesse do mandante (representado). Isso porque é da essência do contrato de mandato o propósito de cooperação jurídica e a tutela, pelo mandatário, dos interesses do mandante.[11]

<small>Deveres do representante</small>

A despeito da literalidade de alguns dispositivos do Código Civil,[12] que aludem à atuação do mandatário no próprio interesse, tais preceitos, a rigor, incidem quando não há contrato de mandato, mas representação associada a outro ajuste entabulado pelas partes, daí a irrevogabilidade dos poderes outorgados e a possibilidade de atuação do representante no interesse próprio ou de outrem (v. item 3.7 deste Capítulo).

3.2. *Abstração da outorga de poderes: autonomia da representação em relação ao negócio subjacente*

Em virtude de a outorga de poderes não se confundir com a relação jurídica base à que se associa e da qual surgem os deveres aos quais se vincula o representante, estabeleceu o legislador a autonomia da representação quanto ao negócio subjacente. Significa dizer que, agindo o representante dentro dos limites dos poderes que lhe foram conferidos, o representado encontra-se obrigado para com terceiros de boa-fé, independentemente de a atuação do representante ter desrespeitado alguma cláusula contratual ou instrução transmitida pelo representado.

Nessa direção, o art. 679 do Código Civil estipula norma que se aplica a todos os ajustes que se utilizem da técnica da representação. Eis a dicção do preceito:

> Ainda que o mandatário contrarie as instruções do mandante, se não exceder os limites do mandato, ficará o mandante obrigado para com aqueles com quem o seu

---

[11] V., sobre o propósito de cooperação jurídica do mandato, Silvio Rodrigues, *Direito civil*, vol. III, São Paulo: Saraiva, 2007, 30ª ed., p. 295; Miguel Maria de Serpa Lopes, *Curso de direito civil*, vol. IV, Rio de Janeiro: Freitas Bastos, 1993, 4ª ed., atualizada por José Serpa Santa Maria (1ª ed. 1957), p. 304; Clovis Bevilaqua, *Código Civil dos Estados Unidos do Brasil comentado*, cit., p. 37.

[12] V. arts. 684 e 686, parágrafo único, do Código Civil.

procurador contratou; mas terá contra este ação pelas perdas e danos resultantes da inobservância das instruções.

A norma trata da autonomia da representação frente à relação jurídica base. Entende-se por esta última o ajuste que vai regular o modo de exercício dos poderes outorgados, podendo ser o mandato ou outro negócio típico ou atípico. A outorga, consoante se destacou, por traduzir negócio jurídico unilateral, não rege a atuação do representante, apenas habilita-o a como tal agir, vinculando o representado para com terceiros. Os direitos e deveres atribuídos ao representante encontram-se no negócio jurídico subjacente que, em última análise, justifica a própria outorga de poderes e a representação.

Na medida em que a relação jurídica base pode ser variada e dinâmica, o legislador estabeleceu a abstração da representação,[13] de modo que a atuação do representante dentro dos limites dos poderes que lhe foram conferidos obriga o representado independentemente da violação a qualquer preceito contido no negócio jurídico subjacente que justificou a outorga de poderes. Trata-se de relevante salvaguarda para terceiros de boa-fé.

Embora o dispositivo aluda a mandato, aplica-se a qualquer negócio jurídico que se utilize da técnica da representação. Dessa forma, sempre que o representante estiver devidamente habilitado para a prática do ato realizado, o representado estará vinculado para com os terceiros de boa-fé, independentemente de qualquer violação contratual, que traduz problema interno entre contratante e contratado, inoponível aos terceiros de boa-fé.

Excesso de poderes e abuso de poderes

Há de se diferenciar, nesse contexto, o excesso de poderes do abuso de poderes.[14] Aquele ocorre todas as vezes que o representante extrapola os poderes outorgados, de maneira que sua atuação não vincula o representado, a menos que este ratifique o ato

---

[13] Cf. Pontes de Miranda, *Tratado de direito privado*, t. XLIII, cit., p. 62; Caio Mário da Silva Pereira, *Instituições de direito civil*, vol. III, cit., pp. 386-387. "Agravo de instrumento. Transação celebrada por mandatário regularmente constituído nos autos e imbuído de poderes especiais para transigir, receber e dar quitação. Ausência de revogação do mandato. Oposição da mandante quanto aos termos do acordo que não pode prevalecer, em razão do disposto nos artigos 679 e 686 do Código Civil. Desavenças entre mandante e mandatário que deve ser resolvida extra-autos. (...)" (TJ/RJ, 2ª C.C., AI 2007.002.11205, Rel. Des. Paulo Sergio Prestes, julg. 23.5.2007, publ. *DJ* 29.5.2007). "Conforme se verifica do trecho transcrito, à época da lavratura do acordo, a advogada da recorrida realmente detinha poderes para transacionar. Nesse contexto, salvo melhor juízo, não há como nulificar o ajuste com fundamento no princípio da boa-fé objetiva e da probidade. (...) Assim, se a vontade da recorrida foi externada por representante legalmente constituído, somente pode ser anulado o ajuste se comprovada, em ação própria, a ocorrência de um dos vícios elencados no art. 849 do Código Civil. (...) Resta esclarecer que eventual descompasso entre os interesses do mandante e os atos do mandatário devem ser discutidos em sede própria, podendo dar margem a ressarcimento por perdas e danos (art. 679 do Código Civil)" (STJ, 4ª T., REsp 1034264/DF, Rel. Min. Fernando Gonçalves, julg. 11.11.2008, publ. *DJ* 11.5.2009). V. tb. TJ/RJ, 16ª C.C., AI 0003407-58.2013.8.19.0000, Rel. Des. Lindolpho Morais Marinho, julg. 4.6.2013, publ. *DJ* 14.6.2013; TJ/SP, 14ª C.D.Priv., Ap. Cív. 0025282-23.2011.8.26.0562, Rel. Des. Carlos Abrão, julg. 2.12.2014, publ. *DJ* 4.12.2014; TJ/SP, 25ª C.D.Priv., Ap. Cív. 0133621-75.2009.8.26.0100, Rel. Des. Edgard Rosa, julg. 6.11.2012, publ. *DJ* 8.11.2012.

[14] Pontes de Miranda, *Tratado de direito privado*, t. XLIII, cit., p. 135.

praticado pelo representante ou incida a teoria da aparência.[15] O abuso de poderes, a seu turno, se manifesta quando o representante, no âmbito dos poderes que lhe foram outorgados – estando, assim, plenamente habilitado à prática do ato –, contraria o ajuste celebrado com o representado, violando, dessa forma, a relação jurídica base. Neste caso, o representado encontra-se obrigado para com os terceiros de boa-fé, mas possui, em face do representante, ação para se ressarcir dos danos sofridos.

3.3. O princípio da atração da forma aplica-se à representação, não ao mandato

A imprecisão terminológica é verificada em vários artigos do Código Civil quando se referem à "outorga de mandato". O mandato, dada sua natureza contratual, não é suscetível de outorga, ato unilateral, mas se constitui mediante convergência de vontades do mandante e do mandatário, caracterizando-se como contrato consensual (v. item 3.1, *supra*).

O art. 657 do Código Civil instituiu o princípio da atração da forma ao estipular que "a outorga do mandato está sujeita à forma exigida por lei para o ato a ser praticado. Não se admite mandato verbal quando o ato deva ser celebrado por escrito".

A outorga de poderes habilita o representante à prática de certo ato, entendendo o legislador por bem que essa habilitação deva revestir-se das mesmas formalidades do ato a ser praticado.[16] Na medida em que a forma exigida por lei tem por escopo garantir a segurança da operação e chamar a atenção das partes para a seriedade do ato a ser realizado,[17] essa função restaria comprometida se a outorga de poderes de representação pudesse revestir forma diversa do ato que ao final vinculará o representado. Daí a atração da forma estabelecida pelo legislador de 2002, que encerrou as controvérsias outrora existentes acerca da forma a ser observada pela procuração.[18]

Em definitivo, a outorga de poderes não requer forma especial, podendo ser inclusive verbal e tácita.[19] Mas se o ato a ser praticado mediante representação não for de forma livre, exigindo específica formalidade, aí a outorga que habilita o re-

---

[15] Sobre a teoria da aparência, cf. item 3.8, *infra*.

[16] "A opção legislativa visou a conferir maior segurança às transações privadas, na medida em que, não raro, ocorriam fraudes envolvendo a transferência da propriedade imobiliária com falsa procuração, passada por instrumento particular" (Gustavo Tepedino, *Comentários ao novo Código Civil*, vol. X, cit., p. 64).

[17] "A garantia da parte e a certeza da vicissitude – que representam o interesse prevalecente – são obtidas mediante a técnica do formalismo" (Pietro Perlingieri, *O Direito civil na legalidade constitucional*, Rio de Janeiro: Renovar, pp. 454-455). V. tb. Pietro Perlingieri, *Forma dei negozi e formalismo degli interpreti*, Napoli: Edizioni Scientifiche Italiane, 1987, pp. 151-152. Na doutrina brasileira, cf. Francisco Amaral, *Direito civil: introdução*, São Paulo: Saraiva Educação, 2018, p. 508: "Ao exigir a forma vinculada, a lei tem por objetivo: (a) garantir a autenticidade do ato; (b) chamar a atenção das partes para a seriedade do ato que estão praticando; (c) facilitar a prova do negócio jurídico; e (d) facilitar a publicidade do negócio jurídico".

[18] Cf. Miguel Maria de Serpa Lopes, *Curso de direito civil*, vol. IV, cit., pp. 300-301.

[19] Outro dispositivo pertinente à disciplina da representação voluntária é o art. 656, *in verbis*: "O mandato pode ser expresso ou tácito, verbal ou escrito".

presentante a agir em nome do representado deve revestir a mesma formalidade,[20] formalidade esta, note-se, que se aplica apenas à concessão de poderes, não já ao negócio subjacente que fundamenta a representação, o qual pode ser o mandato ou outro ajuste, típico ou atípico.

Forma do substabelecimento

O art. 655 do Código Civil, em uma primeira leitura, pode parecer contraditório com o princípio da atração da forma. Isso porque estabelece que "ainda quando se outorgue mandato por instrumento público, pode substabelecer-se mediante instrumento particular". O preceito deve ser interpretado no sentido de que, quando as partes adotarem facultativamente o instrumento público, não sendo mandamento legal a adoção dessa formalidade, o substabelecimento pode ocorrer mediante instrumento particular. Ou seja, o art. 655 consubstancia regra hermenêutica aplicável sempre que o instrumento público para a outorga houver sido adotado por livre impulso das partes, não já quando a forma decorrer de imposição legal, pois neste caso o substabelecimento deve revestir a mesma forma, já que traduz outorga de poderes, ainda que derivada.

3.4. Substabelecimento

O substabelecimento, que é próprio da técnica da representação, ocorre quando o representante outorga, com base nos poderes que previamente lhe foram concedidos, poderes para outra pessoa agir em nome do representado,[21] o que pode se dar com ou sem reserva de poderes.[22] O substabelecimento sem reservas equivale à renúncia, pelo substabelecente, dos poderes que lhe foram conferidos, despindo-se da condição de representante.[23] Já quando o substabelecimento é feito com reservas, o substabelecente mantém sua qualidade de representante, adicionando novo representante à relação jurídica, o substabelecido.[24]

Substabelecimento com ou sem reserva de poderes

O substabelecimento é usualmente admitido como forma de otimizar a representação.[25] A responsabilidade do representante varia conforme o negócio subjacen-

Responsabilidade do representante

---

[20] Na medida em que a ratificação traduz outorga de poderes, a ela também se aplica o princípio da atração da forma. Sobre o princípio da atração da forma, v. Pontes de Miranda, *Tratado de direito privado*, t. XLIII, cit., p. 142; Caio Mário da Silva Pereira, *Instituições de direito civil*, vol. III, cit., p. 380. Cf. tb. STJ, 4ª T., REsp 1575048/SP, Rel. Min. Marco Buzzi, julg. 23.2.2016, publ. *DJ* 26.2.2016.

[21] V. Silvio Rodrigues, *Direito civil*, vol. III, cit., p. 291 e Orlando Gomes, *Contratos*, cit., p. 436.

[22] "O substabelecimento, com reserva de poderes, associa o substabelecido ao mandatário na execução do mandato. Sem reserva de poderes, afasta o procurador do negócio" (Clovis Bevilaqua, *Código Civil dos Estados Unidos do Brasil comentado*, vol. V, cit., p. 62).

[23] "O substabelecimento sem reserva de poderes, por si só, importa renúncia ao mandato judicial, sendo desnecessária manifestação expressa do substabelecente no sentido de que deixará de representar o outorgante. (...)" (STJ, 6ª T., HC 326.861/SP, Rel. Min. Ericson Maranho (Des. Conv. do TJ/SP), julg. 24.11.2015, publ. *DJ* 7.12.2015).

[24] "O substabelecimento com reserva de iguais poderes não importa na extinção do mandato. Mandante-substabelecente que continua a exercer o mandato e, por isso, permanece obrigado a prestar contas à sua mandante (art. 668, do CC/2002 e art. 34, XXI, do Estatuto da Advocacia)" (TJ/SP, 27ª C.D.Priv., Ap. Cív. 9149675-06.2008.8.26.0000, Rel. Des. Morais Pucci, julg. 27.8.2013, publ. *DJ* 4.9.2013).

[25] A despeito da natureza personalíssima do contrato de mandato, vez que fundado na confiança, admite-se o substabelecimento. Nessa esteira, cf. Luiz da Cunha Gonçalves: "Sendo o mandato

te seja omisso, autorize, ou vede o substabelecimento. Se a vedação constar no instrumento de procuração, o substabelecimento não tem o condão de vincular o representado aos atos praticados pelo substabelecido, por configurar excesso de poderes.

O art. 667 do Código Civil[26] regula a responsabilidade do representante nas hipóteses de substabelecimento, o que se aplica não apenas ao contrato de mandato, mas à representação voluntária em geral. O preceito traz quatro situações: (i) o contrato autoriza o substabelecimento pelo representante; (ii) o contrato é omisso quanto à possibilidade de substabelecimento pelo representante; (iii) o contrato veda o substabelecimento pelo representante; (iv) a vedação ao substabelecimento encontra-se na própria procuração, isto é, no instrumento que habilita o representante a atuar em nome do representado.

No primeiro caso, a teor do § 2º do art. 667,[27] o substabelecente apenas responde pelos atos praticados pelo substabelecido se houver agido com culpa na escolha deste ou nas instruções transmitidas. De outra parte, na hipótese de omissão quanto à possibilidade de substabelecimento, o substabelecente responde por todos os atos culposos praticados pelo substabelecido (§ 4º).[28]

Autorização de substabelecimento

Omissão quanto à possibilidade de substabelecer

Já se houver vedação ao substabelecimento, deve-se diferenciar se a proibição se encontra na procuração ou apenas na relação subjacente entre representante e representado. Se estiver na procuração, o substabelecimento configurará ato pratica-

Vedação ao substabelecimento

---

baseado na confiança do mandante, parece lógico que somente o mandatário o deve pessoalmente desempenhar, sem se fazer substituir por outra pessoa. Todavia, esta substituição pode tornar-se indispensável, no interesse do próprio mandante; pode ser um dos atos necessários ao *bom desempenho* do mandato, necessidade que somente o mandatário, conforme as circunstâncias ou urgências do caso, poderá apreciar" (*Tratado de direito civil*, vol. VII, t. II, São Paulo: Max Limonad, 1955, pp. 585-586). V. tb. Miguel Maria de Serpa Lopes, *Curso de direito civil*, vol. IV, cit., p. 305.

[26] Art. 667 do Código Civil: "O mandatário é obrigado a aplicar toda sua diligência habitual na execução do mandato, e a indenizar qualquer prejuízo causado por culpa sua ou daquele a quem substabelecer, sem autorização, poderes que devia exercer pessoalmente. § 1º Se, não obstante proibição do mandante, o mandatário se fizer substituir na execução do mandato, responderá ao seu constituinte pelos prejuízos ocorridos sob a gerência do substituto, embora provenientes de caso fortuito, salvo provando que o caso teria sobrevindo, ainda que não tivesse havido substabelecimento. § 2º Havendo poderes de substabelecer, só serão imputáveis ao mandatário os danos causados pelo substabelecido, se tiver agido com culpa na escolha deste ou nas instruções dadas a ele. § 3º Se a proibição de substabelecer constar da procuração, os atos praticados pelo substabelecido não obrigam o mandante, salvo ratificação expressa, que retroagirá à data do ato. § 4º Sendo omissa a procuração quanto ao substabelecimento, o procurador será responsável se o substabelecido proceder culposamente".

[27] "Sobreleva destacar, ainda, a norma insculpida no art. 667, § 2º, do Código Civil, que mais se aplica ao presente caso, em que, havendo poderes de substabelecer expressamente consignados na procuração acostada a fls. 70, ao mandatário apenas serão imputáveis os danos causados pelo substabelecido, se tiver agido com culpa na escolha deste ou nas instruções dadas a ele. Como se pode observar, eventual sanção será imposta apenas ao mandatário substabelecente, nada se falando em nulidade decorrente do ato, posto que os credores não podem ser prejudicados por questões que envolvem matéria relacionada ao mandante e ao mandatário" (TJ/SP, 26ª C.D.Priv, AI 2226154-18.2015.8.26.0000, Rel. Des. Bonilha Filho, julg. 16.12.2015, publ. *DJ* 19.12.2016).

[28] "Omissão quanto a outorga de poderes ao mandatário para substabelecer. Aplicação do teor do artigo 667, § 4º, do Código Civil. Validade dos atos praticados pelo substabelecido. Reconhecimento. Recurso improvido" (TJ/SP, 32ª C.D.Priv, Ap. 0015886-72.2010.8.26.0007, Rel. Des. Rocha de Souza, julg. 9.5.2013, publ *DJ* 9.5.213).

do em excesso de poderes e, por isso, não terá o condão de vincular o representado (§ 3º). Por outro lado, se a vedação estiver no contrato (ou nas instruções transmitidas pelo representado ao representante), haverá (não já excesso, mas) abuso de poderes, de maneira que o representado deve respeitar todos os atos praticados pelo substabelecido dentro dos poderes transmitidos, embora tenha ação de perdas e danos com base na violação contratual perpetrada pelo representante/substabelecente. Veja-se que o legislador responsabiliza o substabelecente que age contra o pactuado mesmo na hipótese de fortuito ou força maior, a menos que este prove que o dano adviria ainda que não tivesse havido substabelecimento (§ 1º).[29]

A abstração da representação em relação ao negócio subjacente, examinada no item 3.2, explica o diverso tratamento legislativo do art. 667 quanto à vedação ao substabelecimento: se estiver na procuração, o substabelecimento representará excesso de poderes e não terá o condão de vincular o representado; se estiver apenas no negócio subjacente, haverá abuso de poder e, em razão da abstração da representação, vinculará o representado, que, nada obstante, conserva ação indenizatória em face do representante/substabelecente nos termos previstos em lei (art. 667, § 1º, do Código Civil).

3.5. Procuração (não mandato) em termos gerais ou especiais

Novamente o Código Civil, no art. 661,[30] se refere ao mandato quando, a rigor, deveria aludir ao negócio jurídico unilateral de outorga de poderes. Aduz o preceito que a procuração em termos gerais só confere poderes de administração. Significa que o representante só pode praticar atos que visem à preservação dos direitos do representado, não podendo, a princípio, alienar ou onerar bens. Advirta-se que a alienação pode se revelar medida de administração quando se estiver diante de bens perecíveis,[31] de sorte que individuar o que consubstancia ato de mera administração deve ser feito à luz do concreto regulamento de interesses.

Para a prática de atos que exorbitem a administração ordinária, o Código Civil exige poderes expressos e especiais, isto é, expressa e especificamente outorgados para a concretização de certos atos.[32] A lista constante no art. 661, § 1º,[33] não é taxativa, havendo

---

[29] Atribui o legislador, no § 1º, relevância negativa à causa virtual, a qual pode ser invocada, nas hipóteses legais, pelo autor da causa real para excluir sua obrigação de indenizar. Sobre o tema, cf. Gisela Sampaio da Cruz Guedes. *O problema do nexo causal na responsabilidade civil*, Rio de Janeiro: Renovar, 2005, 1ª ed., pp. 207-265.

[30] Art. 661, *caput*, do Código Civil: "O mandato em termos gerais só confere poderes de administração".

[31] "Compreendem-se na administração ordinária os atos de gerência, que não importam alienação, exceto dos bens de fácil deterioração e dos que se destinam a ser alienados" (Clovis Bevilaqua, *Código Civil dos Estados Unidos do Brasil Comentado*, vol. V, cit., p. 33).

[32] Cf. Caio Mário da Silva Pereira. *Instituições de direito civil*, vol. III, cit., p. 381 e J. M. de Carvalho Santos, *Código Civil brasileiro interpretado*, vol. XVIII, Rio de Janeiro: Livraria Freitas Bastos S.A., 1961, 10ª ed., pp. 164-165.

[33] Art. 661, § 1º, do Código Civil: "Para alienar, hipotecar, transigir, ou praticar outros quaisquer atos que exorbitem da administração ordinária, depende a procuração de poderes especiais e expressos".

outras hipóteses, como o casamento,[34] em que são exigidos poderes expressos e especiais. Cuida-se de norma que se coaduna com o princípio da atração da forma já examinado, pois também tem por objetivo garantir a segurança e chamar a atenção do representado para a seriedade de certos atos ao demandar específica e expressa autorização para sua prática.

3.6. Procuração (não mandato) em causa própria

A procuração em causa própria tem previsão no art. 685 do Código Civil: "Conferido o mandato com a cláusula 'em causa própria', a sua revogação não terá eficácia, nem se extinguirá pela morte de qualquer das partes, ficando o mandatário dispensado de prestar contas, e podendo transferir para si os bens móveis ou imóveis objeto do mandato, obedecidas as formalidades legais".

O "mandato em causa própria" subverte as principais normas sobre o contrato de mandato. Não por outra razão Clovis Bevilaqua afirmava que a cláusula *in rem suam* é "desnaturadora do mandato".[35] Com efeito, o "mandato em causa própria" é irrevogável, não se extingue pela morte de qualquer das partes, o mandatário não tem o dever de prestar contas, age em seu próprio interesse e pode transferir para si os bens objeto do mandato, tendo poderes ilimitados. Características

O contrato de mandato, por outro lado, tem por escopo tutelar os interesses do mandante, obedecendo a propósito de cooperação jurídica, já que o mandatário age quando o mandante não quer, não pode ou não sabe agir. O mandato apresenta intensa base fiduciária, calcando-se na confiança que o mandante deposita no mandatário.[36] Por tal razão, é revogável *ad nutum*, ao ponto de não caber execução específica para a cláusula de irrevogabilidade do mandato, mas tão somente perdas e danos.[37] Além disso, extingue-se com a morte do mandante ou do mandatário, haja vista seu caráter personalíssimo.[38] Também de especial importância é o dever do mandatário de prestar contas, pois gere interesse alheio, devendo o mandatário, ainda, transferir ao mandante todas as vantagens provenientes do mandato, por qualquer título que seja.[39]

O "mandato em causa própria", a seu turno, destoa completamente desse norte, podendo o mandatário transferir para si os bens móveis e imóveis objeto do mandato. Do seu escopo translatício decorre sua irrevogabilidade e a atuação do mandatário no seu exclusivo interesse, a afastar o dever de prestação de contas.

---

[34] Art. 1.542 do Código Civil: "O casamento pode celebrar-se mediante procuração, por instrumento público, com poderes especiais".

[35] Clovis Bevilaqua, *Código Civil dos Estados Unidos do Brasil comentado*, vol. V, cit., p. 52.

[36] V. Miguel Maria de Serpa Lopes, *Curso de direito civil*, vol. IV, cit., p. 281 e Orlando Gomes, *Contratos*, cit., p. 427.

[37] Art. 683 do Código Civil: "Quando o mandato contiver a cláusula de irrevogabilidade e o mandante o revogar, pagará perdas e danos".

[38] Art. 682 do Código Civil: "Cessa o mandato: (...) II – pela morte ou interdição de uma das partes".

[39] Art. 668 do Código Civil: "O mandatário é obrigado a dar contas de sua gerência ao mandante, transferindo-lhe as vantagens provenientes do mandato, por qualquer título que seja". V., sobre o tema, Caio Mário da Silva Pereira. *Instituições de direito civil*, vol. III, cit., p. 383 e Pontes de Miranda, *Tratado de direito privado*, t. XLIII, cit., pp. 114-117.

Como se percebe, o "mandato em causa própria" contraria toda a essência tipológica do contrato de mandato. Isso porque, a rigor, não se trata de mandato, mas de representação em causa própria, em que a procuração operacionaliza negócio indireto,[40] por meio do qual a técnica da representação é utilizada para viabilizar negócio jurídico translatício.

Por isso que o "mandato em causa própria" é irrevogável, pois associado a negócio jurídico obrigatório para as partes, insuscetível de revogação ou denúncia, como a doação, a compra e venda, a permuta, a cessão de crédito. Também pela mesma razão inexiste o dever de prestação de contas a cargo do representante, já que este não gere interesse alheio. Por se tratar de negócio no interesse do representante, que adquire para si o bem ou direito objeto do "mandato", é que a procuração *in rem suam* não se extingue com a morte de qualquer das partes. Cuida-se de negócio indireto, servindo a outorga de poderes, a rigor, para viabilizar negócio jurídico translativo.

3.7. Irrevogabilidade da outorga de poderes quando associada a outros contratos

Revogabilidade como regra geral

O contrato de mandato, em sua essência, é revogável, pois se funda na confiança depositada pelo mandante no mandatário, a qual, se faltar, justifica a extinção unilateral do ajuste.[41] Corrobora tal entendimento o preceituado no art. 683 do Código Civil, segundo o qual, "quando o mandato contiver a cláusula de irrevogabilidade e o mandante o revogar, pagará perdas e danos". Não há execução específica da cláusula de irrevogabilidade, haja vista a intensa base fiduciária do contrato de mandato, devendo sua inobservância ser resolvida em perdas e danos.

Hipóteses de irrevogabilidade

Diante disso pode soar contraditório o quanto disposto pelo Código Civil em relação ao "mandato em causa própria", objeto do item 3.6 *supra*, bem como no que tange à irrevogabilidade do "mandato" que contenha poderes de cumprimento ou confirmação de negócios encetados (art. 686, parágrafo único),[42] ou em que a cláusula de irrevogabilidade seja condição de negócio jurídico bilateral ou tenha sido estipulada no exclusivo interesse do mandatário (art. 684).[43] Esses casos podem parecer exceção à revogabilidade *ad nutum* do contrato de mandato, mas não o são. Isso porque esses artigos não tratam do contrato de mandato, mas da representação vinculada a outro negócio jurídico.[44]

---

[40] Acerca da noção de negócio indireto, v. Milena Donato Oliva, *Do negócio fiduciário à fidúcia*, São Paulo: Atlas, 2014, pp. 9-11.

[41] Cf. Miguel Maria de Serpa Lopes, *Curso de direito civil*, vol. IV, cit., p. 281; Washington de Barros Monteiro, *Curso de direito civil*, vol. I: parte geral, São Paulo: Saraiva, 2007, 41. ed., p. 287-288.

[42] Art. 686, parágrafo único, do Código Civil: "É irrevogável o mandato que contenha poderes de cumprimento ou confirmação de negócios encetados, aos quais se ache vinculado".

[43] Art. 684 do Código Civil: "Quando a cláusula de irrevogabilidade for condição de um negócio bilateral, ou tiver sido estipulada no exclusivo interesse do mandatário, a revogação do mandato será ineficaz".

[44] Gustavo Tepedino, Milena Donato Oliva, *Autonomia da representação voluntária no direito brasileiro e determinação da disciplina que lhe é aplicável*, cit., p. 16.

A irrevogabilidade decorre da aderência da outorga de poderes a negócio insuscetível de revogação ou denúncia. Não se trata, em definitivo, de mandato irrevogável, mas de outorga de poderes que, por se relacionar a ajuste diverso do mandato, que não pode ser unilateralmente extinto por qualquer das partes, afigura-se insuscetível de revogação.

3.8. Renúncia dos poderes pelo representante

Assim como o representado pode, em regra, revogar unilateralmente os poderes concedidos ao representante, o representante pode renunciar aos poderes que lhe foram outorgados. Evidentemente, se a renúncia violar alguma disposição da relação contratual base (mandato ou outro contrato), o representante se sujeita a reparar eventuais danos sofridos pelo representado. Na regulamentação legal do mandato, o mandatário pode renunciar a qualquer tempo os poderes que lhe foram concedidos, despindo-se da condição de representante do mandante. Todavia, se sua renúncia for inoportuna e tiver causado prejuízos ao mandante, deve-lhe ressarcir as perdas e danos, salvo se provar que não podia continuar no mandato sem prejuízo considerável, e que não lhe era dado substabelecer.

Tal como a revogação, a renúncia afigura-se declaração receptícia de vontade, devendo ser comunicada ao representado. A renúncia há de ser sempre expressa, ao passo que a revogação pode ser tácita. Será tácita quando o representado assumir pessoalmente a direção do negócio que confiara ao representante ou quando constituir outro representante para o mesmo negócio.[45]

O substabelecimento sem reserva de iguais poderes consubstancia ato de renúncia pelo representante (v. item 3.4).

3.9. Ratificação e teoria da aparência

A ratificação consiste na aprovação, pelo representado, dos atos praticados pelo representante que agiu com excesso ou sem poderes, produzindo efeitos *ex tunc,* como se a falta de poderes nunca houvesse existido.[46] Cuida-se de expediente que se associa à técnica da representação, não sendo particular à relação contratual de mandato. Ao ratificar, o representado manifesta, *a posteriori,* consentimento ao ato praticado pelo representante, suprindo a outorga de poderes e vinculando-se diretamente ao terceiro. Na ausência de ratificação, o ato a princípio não terá o condão de obrigar o representado, o que significa dizer que o representante responderá pessoalmente perante o terceiro, sem que este tenha qualquer ação em face do representado.

Ratificação

O instituto da ratificação, por si só, revelou-se insuficiente à proteção de algumas situações jurídicas merecedoras de tutela, nas quais alguém contrata na legítima

---

[45] Art. 687 do Código Civil: "Tanto que for comunicada ao mandatário a nomeação de outro, para o mesmo negócio, considerar-se-á revogado o mandato anterior".

[46] V. art. 662 do Código Civil: "Os atos praticados por quem não tenha mandato, ou o tenha sem poderes suficientes, são ineficazes em relação àquele em cujo nome foram praticados, salvo se este os ratificar. Parágrafo único. A ratificação há de ser expressa, ou resultar de ato inequívoco, e retroagirá à data do ato".

confiança de uma aparência, exteriorizada pelo suposto representante.[47] Neste caso, o *falsus procurator* suscita em quem com ele contrata a confiança de que age autorizado pelo representado, ensejando a aparência de legítima representação.

Confiança legítima

Em tais circunstâncias, tutela-se a legítima confiança em favor da segurança das relações jurídicas, convertendo-se a representação aparente em efetiva representação.[48] A tutela do terceiro que contrata com o representante aparente imputa ao representado as obrigações decorrentes do ato praticado pelo representante, de modo que não se pode proteger a confiança a qualquer custo. Tal ônus somente se justifica se o representado contribuiu, com sua ação ou omissão, para que a representação parecesse legítima.[49]

Boa-fé subjetiva

Além disso, exige-se também a boa-fé subjetiva do terceiro contratante para que haja a representação aparente. A convicção que anima seu espírito quanto à existência de representação constitui-se em pressuposto subjetivo para que a representação aparente se torne efetiva representação, o que não poderá ocorrer se o terceiro agiu com malícia ou descuidadamente, invocando representação que sequer se fazia aparentar.[50]

A admissão da representação aparente mostra-se favorecida pela cláusula geral da boa-fé objetiva, a qual, informada pelo princípio da solidariedade constitucional, oferece novas possibilidades hermenêuticas e consagra, de maneira definitiva, as expectativas geradas, no contato social, pela legítima confiança.

Impõe-se, então, em determinados casos, a proteção do terceiro de boa-fé que tenha depositado legítima confiança na aparência de legitimidade do representante, para a qual tenha contribuído, com sua própria ação ou omissão, o representado. Nestas hipóteses, a aparência mostra-se juridicamente prestigiada, reconhecendo-se a eficácia do ato sobre a esfera jurídica do representado, em nome da confiança anteriormente despertada no terceiro.[51]

---

[47] Anderson Schreiber, *A representação no Código Civil (arts. 115-120)*, cit., pp. 283-285.

[48] V. Carlos Nelson Konder, A proteção pela aparência como princípio. In: Maria Celina Bodin de Moraes (coord.), *Princípios do direito civil contemporâneo*, Rio de Janeiro: Renovar, 2006, pp. 111-133; Ricardo Luis Lorenzetti, *Tratado de los contratos*, t. II, Buenos Aires: Rubinzal-Culzoni Editores, pp. 170-171.

[49] Anderson Schreiber, *A representação no Código Civil (arts. 115-120)*, cit., p. 286. No mesmo sentido aduz Mairan Gonçalves Maia Júnior: "Na representação aparente, apesar de não existir a manifestação da vontade do representado em outorgar poderes, a conduta dele, objetivamente considerada, contribui para formar no terceiro a convicção de ter sido outorgada procuração, no caso ausente, ponto que a distingue da procuração tácita" (Mairan Gonçalves Maia Júnior, A representação no negócio jurídico, cit., p. 103).

[50] Anderson Schreiber, *A representação no Código Civil (arts. 115-120)*, cit., pp. 286-287. Tal pressuposto subjetivo vem sendo exigido pelos Tribunais para a aplicação da teoria da aparência. Ilustrativamente, v. TJ/RJ, 10ª C.C., Ap. Cív. 0007349-03.2006.8.19.0014, Rel. Des. Bernardo Moreira Garcez Neto, julg. 11.7.2015, publ. *DJ* 14.7.2016; TJ/SP, 25ª C.D.Priv., Ap. Cív. 0001527-52.2012.8.26.0006, Rel. Des. Hugo Crepaldi, julg. 29.9.2016, publ. *DJ* 29.9.2016.

[51] De acordo com o STJ, "é possível a aplicação da teoria da aparência para afastar suposto vício em negociação realizada por pessoa que se apresenta como habilitada para tanto, desde que o terceiro tenha firmado o ato de boa-fé" (STJ, 3ª T., Ag. no REsp 1.543.567/ES, Rel. Min. Ricardo Villas Bôas Cueva, julg. 23.8.2016, publ. *DJ* 1.9.2016). Na mesma direção: STJ, 3ª T., Ag. no REsp 1.548.642/ES, Rel. Min. Moura Ribeiro, julg. 17.3.2016; TJ/RJ, 5ª C.C., AI 0027203-73.2016.8.19.0000, Rel. Des. Cláudia Telles de Menezes, julg. 19.7.2016, publ. *DJ* 21.7.2016; TJ/

A apuração do comportamento do representado, apto a deflagrar a teoria da aparência, prescinde do elemento intencional, cuja prova, extremamente difícil, acabaria por tornar inaplicável a teoria da aparência. Trata-se de aferir, de maneira objetiva, se a conduta do representado contribuiu para suscitar a legítima aparência de representação, a justificar a proteção do terceiro em seu detrimento.

Caracterizar-se-á, desse modo, a representação aparente sempre que o comportamento do representado se afigurar compatível com a expectativa gerada no terceiro de boa-fé quanto ao poder de representação aparentemente ostentado por quem se passa por representante.

Comportamento do representado

A representação aparente, vale notar, poderá ocorrer independentemente de a relação jurídica base configurar contrato de mandato. Ilustrativamente, reconhece-se aplicação à teoria da aparência em casos envolvendo relação societária[52] e no âmbito processual.[53]

3.10. *Autocontrato ou contrato consigo mesmo*

Nos termos do art. 117 do Código Civil,[54] o autocontrato ou contrato consigo mesmo configura causa objetiva de anulabilidade do negócio jurídico celebrado pelo

---

RJ, 13ª C.C., Ap. Cív. 0269594-90.2015.8.19.0001, Rel. Des. Fernando Fernandy Fernandes, julg. 13.4.2016, publ. *DJ* 18.4.2016.

[52] O STJ, ao analisar caso em que se questionava a vinculação da sociedade a contrato firmado por quem não detinha poderes de representação conforme previsto no estatuto social, decidiu que não há se falar "que os estatutos sociais encontram-se publicados, sendo inescusável a terceiros o desconhecimento acerca do seu teor. Tal exigência, em realidade, testilha com a essência do Direito Comercial, que repele o formalismo exacerbado, em benefício do dinamismo do tráfego jurídico, da celeridade e segurança das relações mercantis. Impõe-se, na verdade, 'oferecer proteção ao terceiro que, de boa-fé, celebre negócio jurídico com sociedade que seja representada por diretor ou sócio-gerente que aparente poderes bastantes'" (STJ, 4ª T., REsp 887.277/SC, Rel. Min. Luis Felipe Salomão, julg. 4.11.2010, publ. *DJ* 9.11.2010).

[53] O STJ já reconheceu a aplicação da teoria da aparência no caso de "citação recebida por funcionário de empresa terceirizada que prestava serviços ao réu" (STJ, 4ª T., AgRg no REsp 869.500/SP, Rel. Min. Hélio Quaglia Barbosa, julg. 13.2.2007, publ. *DJ* 12.3.2007; STJ, Ag. 692.345/PR, Rel. Min. Nancy Andrighi, julg. 26.9.2005, publ. *DJ* 6.10.2005). Da mesma forma, o STJ, ao analisar a tese da recorrente, segundo a qual haveria nulidade da citação na hipótese de carta citatória recebida por porteiro do prédio em que se localiza a sede da ré, aplicou a teoria da aparência, considerando válida a citação, vez que "a carta foi enviada ao endereço da ré constante no contrato celebrado entre as partes e a pessoa que recebeu assinou sem ressalvas" (STJ, AREsp 903.494/SP, Rel. Min. Maria Isabel Gallotti, julg. 31.8.2016, publ. *DJ* 23.8.2016). Do TJ/SP, extrai-se, nessa direção, orientação no sentido de que é "hígida a citação pelo correio, com o recebimento da carta por funcionário do condomínio, sem se exigir poder de representação" (TJ/SP, 7ª C.D.Priv., Ap. Cív. 1001408-34.2014.8.26.0126, Rel. Des. José Rubens Queiroz Gomes, julg. 24.11.2016, publ. *DJ* 25.11.2016). No que diz respeito à questão processual, o CPC/2015 prevê, em seu art. 248, § 4º, que "nos condomínios edilícios ou nos loteamentos com controle de acesso, será válida a entrega do mandado a funcionário da portaria responsável pelo recebimento de correspondência, que, entretanto, poderá recusar o recebimento, se declarar, por escrito, sob as penas da lei, que o destinatário da correspondência está ausente".

[54] Art. 117 do Código Civil: "Salvo se o permitir a lei ou o representado, é anulável o negócio jurídico que o representante, no seu interesse ou por conta de outrem, celebrar consigo mesmo. Parágrafo único. Para esse efeito, tem-se como celebrado pelo representante o negócio realizado por aquele em quem os poderes houverem sido subestabelecidos".

representante em nome do representado, salvo se este assentir ou houver autorização legal. Cuida-se de situação em que o representante congrega, no negócio jurídico que celebra, centros de interesses contrapostos.

Identificam-se duas hipóteses distintas de autocontratação. Na primeira, aquele que contrata consigo mesmo é, ao mesmo tempo, uma das partes contratantes. Ou seja, o representante, em vez de estipular o contrato com terceiro, celebra consigo próprio, reunindo, em sua pessoa, centros de interesses diversos.

Na segunda, o autocontratante representa ao menos duas outras pessoas por força de relações jurídicas representativas diversas; vontades pertencentes a titulares distintos manifestam-se por um único emitente. Nesta última hipótese, o representante não figura no negócio jurídico representativo; não adquire direitos nem obrigações, os quais são reservados, exclusivamente, aos representados.

O autocontrato sempre foi visto com cautela pela doutrina pátria, hostil à concentração de interesses antagônicos em uma mesma pessoa. No caso do contrato de mandato, a hipótese apresenta-se mais inquietante, pois o mandatário deve agir no interesse do mandante. Teme-se que o representante tenda a privilegiar seu interesse pessoal, ou, entre os interesses dos dois ou mais representados, o de um deles.[55]

Nessa perspectiva, o Enunciado n. 60 da Súmula do Superior Tribunal de Justiça dispõe ser nula a obrigação cambial assumida por procurador do mutuário vinculado ao mutuante, no exclusivo interesse deste.[56] O enunciado visa a impedir a sujeição de uma das partes ao arbítrio da outra, objetivo também presente no art. 51, VIII, do CDC,[57] que comina de nulidade a cláusula que imponha representante ao consumidor para concluir ou realizar outro negócio jurídico.

O *caput* do art. 119 do Código Civil, por sua vez, traz causa subjetiva de anulabilidade.[58] Conjuga-se a existência de conflito de interesses com o fato de o terceiro ter ou dever ter conhecimento de tal conflito, o que viciará o ato e o tornará passível de anulação. Não basta, assim, que o negócio realizado pelo representante colida com o interesse do representado. Necessário se faz também que o terceiro, com o qual o representante celebrou o negócio, tenha ou devesse ter conhecimento de tal conflito, caracterizando a sua má-fé.

O art. 119 trata genericamente de conflitos de interesses, ao passo que o art. 117, mais específico, contempla situação puramente objetiva em que o conflito de interesses vem presumido a partir da autocontratação efetuada pelo representante. Ambas

---

[55] Gustavo Tepedino, *Comentários ao novo Código Civil*, v. X, Rio de Janeiro: Forense, 2008, 1ª ed., pp. 43-44.

[56] "É nula a obrigação cambial assumida por procurador do mutuário vinculado ao mutuante, no exclusivo interesse deste".

[57] Art. 51 do Código de Defesa do Consumidor: "São nulas de pleno direito, entre outras, as cláusulas contratuais relativas ao fornecimento de produtos e serviços que: (...) VIII – imponham representante para concluir ou realizar outro negócio jurídico pelo consumidor".

[58] Art. 119 do Código Civil: "É anulável o negócio concluído pelo representante em conflito de interesses com o representado, se tal fato era ou devia ser do conhecimento de quem com aquele tratou".

as situações levam, contudo, à anulabilidade do negócio jurídico, salvaguardando o representado de eventuais efeitos da avença.

No que se refere ao prazo para a anulação, o art. 119, em seu parágrafo único, estabelece expressamente o prazo decadencial de 180 dias, a contar da conclusão do negócio. No que tange ao art. 117, a ausência de estipulação expressa impõe a aplicação do prazo geral de dois anos, com base no art. 179 do Código Civil.[59]

PROBLEMAS PRÁTICOS

1. É possível que o representante com poderes gerais pratique ato de alienação? Justifique.
2. É possível o autocontrato no direito brasileiro? Justifique.

 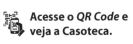
Acesse o *QR Code* e veja a Casoteca.
> https://uqr.to/1p8nu

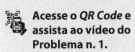
Acesse o *QR Code* e assista ao vídeo do Problema n. 1.
> https://uqr.to/n3zz

---

[59] Art. 179 do Código Civil: "Quando a lei dispuser que determinado ato é anulável, sem estabelecer prazo para pleitear-se a anulação, será este de dois anos, a contar da data da conclusão do ato".

Capítulo XIII
MODALIDADES DO NEGÓCIO JURÍDICO: CONDIÇÃO, TERMO E ENCARGO

SUMÁRIO: 1. Elementos acidentais do negócio jurídico – 2. Condição: conceito, características e classificações. Cláusula resolutória. Efeitos – 3. Termo inicial e termo final. Contagem dos prazos – 4. Encargo – Problemas práticos.

1. ELEMENTOS ACIDENTAIS DO NEGÓCIO JURÍDICO

Costuma-se analisar o negócio jurídico em três planos distintos, investigando-se sua (a) existência; (b) validade; e (c) eficácia.[1] Nessa perspectiva, para se reconhecer a existência do negócio jurídico, o intérprete identificará os seus elementos essenciais, quais sejam, a declaração de vontade, a forma e o objeto. Verificados os elementos de existência do negócio, passa-se à análise das qualidades de que devem ser dotados tais elementos para que se tenha por válido o negócio. Segundo o art. 104 do Código civil, constituem-se requisitos de validade: (a) a capacidade do agente; (b) a possibilidade jurídica e material do objeto, bem como sua determinabilidade; e (c) a conformidade à forma prescrita em lei.

Planos de validade do negócio jurídico

Uma vez definidos os elementos e requisitos essenciais ao negócio, que indicam sua existência e validade no mundo jurídico, passa-se ao terceiro plano de análise, dirigido à verificação de sua eficácia *stricto sensu*. A eficácia revela a aptidão do negócio a produzir os efeitos pretendidos pela declaração de vontade. As partes podem introduzir elementos acidentais ao negócio jurídico, os quais submeterão a produção de efeitos do negócio (existente e válido) a condição, termo ou encargo. Tais eventos,

---
[1] Para análise mais detida acerca dos três planos de análise do negócio jurídico, remete-se ao Capítulo 11, *supra*.

inseridos pela autonomia privada na declaração de vontade, incorporam-se ao seu conteúdo, vinculando o negócio, em seu plano de eficácia, à sua realização.[2]

A condição, o termo ou o encargo, embora denominados elementos acidentais, uma vez incorporados ao negócio jurídico tornam-se essenciais para a concreta relação negocial. A acidentalidade, portanto, refere-se à prescindibilidade desses elementos para a qualificação do tipo negocial abstratamente considerado, não já para, no ajuste de interesses celebrado, reputá-los menos relevantes para o desempenho da função perseguida pelas partes.[3]

2. CONDIÇÃO: CONCEITO, CARACTERÍSTICAS E CLASSIFICAÇÕES. CLÁUSULA RESOLUTÓRIA. EFEITOS

Voluntariedade

As condições constituem-se em elemento acidental dos negócios jurídicos, caracterizadas pela voluntariedade, futuridade e incerteza.[4] Por força da voluntariedade, excluem-se do conceito as chamadas *condições legais*, visto que apenas repetem imposição prevista em lei para a validade ou eficácia do negócio. A condição legal caracteriza-se como exigência da ordem jurídica para a produção de efeitos de determinado negócio. Não há aqui elemento intencional, mas pressuposto legal de eficácia.[5] A título ilustrativo, não há elemento acidental na hipótese em que o testador institui legado sob condição de o legatário sobreviver-lhe, uma vez que a disposição configura pressuposto legal de eficácia da deixa testamentária.[6] Uma vez que a condição se apresenta como requisito voluntário de eficácia do negócio jurídico, há de ser limitação necessariamente estabelecida pelas partes à produção de efeitos do negócio.

Incerteza

Além da voluntariedade, para que o evento futuro seja qualificado como condição, deve ser incerto, vale dizer, deve recair dúvida objetiva quanto à sua verificação.[7] A incerteza própria da condição pode se configurar de duas maneiras: (a) *incertus an incertus quando*, em que não se sabe *quando* acontecerá e *se* acontecerá o evento e (b)

---

[2] Para exemplos de aplicação concreta dos elementos acidentais e suas repercussões jurídicas, v. Gustavo Tepedino, Relações obrigacionais e contratos. In: *Soluções práticas de direito*: pareceres, vol. II, São Paulo: Revista dos Tribunais, 2012, especialmente pp. 151-172; Gustavo Tepedino, Empresa e atividade negocial. In: *Soluções práticas de direito*: pareceres, vol. III, São Paulo: Revista dos Tribunais, 2012, pp. 221-265; e pp. 359-410.

[3] Caio Mário da Silva Pereira, *Instituições de direito civil*, vol. I, Rio de Janeiro: Forense, 2019, 32ª ed., p. 467.

[4] Nessa direção, o artigo 121 do Código Civil estabelece: "Considera-se condição a cláusula que, derivando exclusivamente da vontade das partes, subordina o efeito do negócio jurídico a evento futuro e incerto".

[5] Sobre o ponto, v. San Tiago Dantas, *Programa de direito civil*, vol. I, Rio de Janeiro: Forense, 2001, 3ª ed., p. 262; Orlando Gomes, *Introdução ao direito civil*, Rio de Janeiro: Forense, 2016, p. 302.

[6] Art. 1.939 do Código Civil: "Caducará o legado: (...) V – se o legatário falecer antes do testador". Cf. Caio Mário da Silva Pereira, *Instituições de direito civil*, vol. I, cit., p. 469; Francisco Amaral, *Direito civil*: introdução, São Paulo: Saraiva Educação, 2018, p. 568.

[7] Manuel A. Domingues de Andrade, *Teoria geral da relação jurídica*, vol. II, Coimbra: Almedina, 1983, 6ª ed., pp. 357-358; Caio Mário da Silva Pereira, *Instituições de direito civil*, vol. I, cit., p. 470.

incertus an certus quando, na qual não se sabe *se* acontecerá o evento, mas, se acontecer, deverá ocorrer dentro de um período determinado.[8]

Para caracterizar a condição, a incerteza deve dizer respeito à ocorrência do evento futuro, não se constituindo condição se a incerteza se restringe ao momento em que o evento ocorrerá (*certus an incertus quando*). Nessa última hipótese, em que o evento certamente ocorrerá, mas não se sabe quando, como, por exemplo, na vinculação da eficácia do negócio à morte de alguém, não se está diante de condição, mas de *termo incerto*. Apenas se a ocorrência do evento for incerta pode-se falar tecnicamente em condição.

Também descaracteriza a incerteza a impossibilidade jurídica ou material do evento futuro, de maneira que as chamadas condições impossíveis não configuram, tecnicamente, condição, e consideram-se, por isso mesmo, condições impróprias. A impossibilidade pode ser *física* ou *jurídica*. A primeira hipótese refere-se a eventos materialmente inviáveis,[9] como atravessar o Oceano Atlântico nadando. A impossibilidade jurídica consiste na existência de obstáculo legal e permanente, que não pode desaparecer senão mediante reforma na legislação.[10] Imagine-se, por exemplo, a doação condicionada à emancipação do donatário aos 9 anos, ou a desmatamento de área situada em reserva de preservação ambiental. Condições impossíveis

Exige-se, ainda, que a condição se refira a acontecimento futuro (CC, art. 121). Ainda que ignorado pelas partes, o evento já ocorrido não constitui condição (*v. g.* doarei a minha casa se eu tiver ganhado na loteria federal no concurso da última semana).[11] Nada obstante, é possível que se pactue como condição o evento futuro da confirmação de um fato passado. No exemplo lembrado pela doutrina, pode-se condicionar a doação de montante pecuniário a determinado hospital à confirmação (futura) de que um certo número de pessoas ali faleceu no último ano em virtude de doença específica (fato pretérito).[12] Futuridade

A condição pode ser expressa, quando disposta explicitamente pelas partes, ou tácita, se inferida de comportamento inequívoco que sirva a constituí-la. A condição tácita, que não se confunde com a chamada condição legal, constitui-se na subordi- Condições expressas e tácitas

---

[8] Caio Mário da Silva Pereira, *Instituições de direito civil*, vol. I, cit., p. 470.

[9] Segundo Washington de Barros Monteiro, as condições fisicamente impossíveis "são aquelas *quae natura impleri non possunt*, ou, em vernáculo, aquelas cujo implemento é tolhido pela natureza. Por exemplo: dar-te-ei tal objeto se tocares o céu com o dedo, ou se me obtiveres um centauro para a minha coleção de história natural" (*Curso de direito civil*, vol. I: parte geral, São Paulo: Saraiva, 2007, 41ª ed., p. 275).

[10] Sobre o tema, tornou-se célebre a definição de Henri De Page: "*L'impossibilité juridique consiste dans l'existence d'un obstacle légal et permanent, ne pouvant disparaître que par suite d'un changement de législation. Les principes généraux du droit en rendent la réalisation impossible tant que la législation n'est pas modifiée. Cela suffit pour rendre l'acte inutile, et par conséquent nul*" (Conditions impossibles. In: *Traité élémentaire de droit civil belge*, t. I, Bruxelles: Émile Bruylant, 1948, p. 204).

[11] Manoel A. Domingues de Andrade, *Teoria geral da relação jurídica*, vol. I, Coimbra: Almedina, 2003, p. 357.

[12] Fernanda Martins-Costa, *Condição suspensiva*: função, estrutura e regime jurídico, São Paulo: Almedina, 2017, pp. 55-57.

nação dos efeitos de determinado negócio à ocorrência de evento futuro e incerto inserido pela vontade implícita dos agentes, tendo em conta comportamento inequívoco ou o conjunto de disposições contratuais que pressupõe a condição, seja ela suspensiva ou resolutiva.[13]

Condições casuais, potestativas e puramente potestativas

As condições consideram-se, ainda, casuais, potestativas ou puramente potestativas. São casuais quando o acontecimento depende do acaso ou da vontade de terceiro, isto é, de injunções fortuitas (ex.: se o paciente sobreviver à doença; se for concedido o visto para residir no Japão).[14] A condição potestativa, ou simplesmente potestativa, depende da vontade do sujeito, mas não exclusivamente do seu arbítrio (ex.: se eu me mudar para outro Estado).[15] Já a puramente potestativa submete o negócio ao exclusivo arbítrio de um dos contratantes (se eu quiser, se eu achar bom).[16]

Condição mista

Alude-se, ainda, à condição mista, que dependeria, ao mesmo tempo, da vontade de uma das partes e do acaso ou da vontade de terceiro (*v.g.*, se for eleito deputado).[17] Entretanto, por sua verificação depender tanto da vontade de uma das partes quanto de circunstâncias a ela estranhas, não se distingue ontologicamente da

---

[13] V. Emilio Betti, *Teoria geral do negócio jurídico*, Campinas: Servanda, 2008, pp. 734-735; Vicente Ráo, *Ato jurídico*, São Paulo: Revista dos Tribunais, 1997, 4ª ed. rev. e atualizada por Ovídio Rocha Barros Sandoval (1ª ed. 1961), pp. 260-261.

[14] Francisco Amaral, *Direito civil*, cit., pp. 572-573; Orlando Gomes, *Introdução ao direito civil*, cit., p. 305.

[15] Pietro Trimarchi, *Istituzioni di diritto privato*, Milano: Giuffrè, 2016, p. 216; Charles Demolombe, Traité des contrats ou des obligations conventionnelles, t. II. In: *Cours de Code Napoléon*, t. XXV, Paris: Imprimiere Générale, 1877, p. 285.

[16] O STJ apreciou certo caso no qual o vencimento da obrigação constante da confissão de dívida restou regulada por cláusula contratual, cujo teor dispôs que a efetivação do pagamento dar-se-ia de acordo com ajuste futuro a ser estabelecido entre as partes. A Corte concluiu que "o acordo nesse sentido inviabiliza a exigência da prestação pelo credor, que, para tal, necessitará da atuação (e mesmo da cooperação) do devedor. Inconcebível, assim, que o implemento da condição para que a obrigação líquida e confessadamente existente possa ser exigida fique ao alvedrio do devedor. Nesse contexto, ante a inexistência de estabelecimento de termo definido para o cumprimento da obrigação inserta na confissão de dívida, há que se considerar tratar-se de vencimento à vista, nos termos do artigo 331 do Código Civil" Do voto condutor do acórdão extrai-se, ainda, o entendimento de que "a cláusula com a mencionada disposição encerra inequívoca condição potestativa, afigurando-se, por conseguinte, inválida, nos termos do artigo 122 do Código Civil" (STJ, 3ª T., REsp 1.489.913/PR, Rel. Min. Marco Aurélio Bellizze, julg. 11.11.2014, publ. DJ 20.11.2014). Em ação envolvendo a venda de passe do jogador de futebol profissional conhecido como Juninho Paulista, cedido pelo Ituano Futebol Clube ao São Paulo Futebol Clube, pactuou-se cláusula estabelecendo que, se a transação de venda de passe ocorresse durante o primeiro ano de atuação do jogador, o clube cedente teria participação de 50% do lucro; se nos seis meses seguintes a esse prazo, 25%. Durante o período de vigência do acordo, o clube demandado recusou duas propostas de venda, mas, logo após o término da previsão contratual, vendeu o passe do jogador ao mesmo clube da recusa, sem nada pagar ao clube cedente. O Juiz e o Tribunal de origem entenderam que a transação era lícita e a cláusula contratual traduzia uma condição suspensiva, por depender de evento futuro e incerto, não só de atuação do profissional, mas do interesse de outros clubes. A Terceira Turma do STJ, contudo, proveu o recurso, condenando o recorrente a pagar 25% sobre a quantia injustificadamente recusada dentro do prazo de validade do contrato e julgando nula a cláusula contratual por ser potestativa, pois condicionou a realização de negócio futuro ao ilimitado arbítrio de uma das partes em prejuízo da outra (STJ, 3ª T., REsp 291.631/SP, Rel. Min. Castro Filho, julg. 4.10.2001, publ. DJ 15.4.2002).

[17] Orlando Gomes, *Introdução ao direito civil*, cit., p. 305.

condição simplesmente potestativa.[18] Ou seja, por ser igualmente admitida pelo direito e submetida a idêntico regime jurídico, não releva tal distinção, sendo oportuno tão somente apartar as condições simplesmente potestativas e as mistas das condições potestativas puras.

As condições puramente potestativas não constituem, a rigor, condições próprias, porque o efeito jurídico do negócio fica subordinado à vontade exclusiva do interessado. É a própria seriedade da vontade que está em jogo, pois não pode o contratante se obrigar e, ao mesmo tempo, se reservar ao direito de não se obrigar.[19] Por isso é vedada a condição puramente potestativa, por expressa disposição do art. 122 do Código Civil.[20] O evento condicionante, para tornar-se juridicamente admissível, não se pode atribuir exclusivamente à vontade do devedor (*si volam* ou *pago quando puder*), sob pena de supressão do elemento 'incerteza', assentando sua verificação exclusivamente no alvedrio do devedor.[21]

O Superior Tribunal de Justiça teve ocasião de se manifestar sobre cláusula em que o credor "se reserva o direito de escolher o melhor momento para exigir o cumprimento da obrigação". Conforme decidiu o STJ, nesse caso a seriedade da avença não fica comprometida, pois não se condiciona o negócio à vontade da parte, mas apenas o momento de cumprimento. De acordo com o julgado, "verifica-se, assim, apenas o estabelecimento de um termo incerto ou indeterminado, para referido cumprimento".[22]

Classificam-se ainda as condições em suspensivas ou resolutivas. No primeiro caso, o início da produção de efeitos do negócio submete-se à ocorrência do evento futuro e incerto. Já no segundo caso, ao revés, a extinção de efeitos subordina-se a tal acontecimento.[23]

Em se tratando de condição suspensiva, até a sua ocorrência não se sabe se o negócio jurídico produzirá o efeito esperado. Isso não quer dizer que o ajuste esteja privado de todos os efeitos. O negócio celebrado já se mostra vinculante e irretratável.[24] A condição suspensiva apenas obsta a produção de determinados efeitos, notadamente a aquisição do direito que dela dependa. Vale dizer, muito embora se considere o negócio jurídico existente, válido e, em certa medida, eficaz, o direito subordinado à

<small>Condição suspensiva</small>

---

[18] Ebert Chamoun, *Instituições de direito romano*, Rio de Janeiro: Forense, 1951, p. 80.
[19] "Não é vedada em lei a condição simplesmente potestativa. Inexiste, pois, proibição a que a eficácia do ato esteja condicionada a acontecimento futuro, cuja realização dependa do devedor ou possa ser por ele obstada. Defesa é a condição meramente potestativa, correspondente a fórmula *si volam*, que esta retira a seriedade do ato, por inadmissível que alguém queira, simultaneamente, obrigar-se e reservar-se o direito de não se obrigar" (STJ, REsp 20.982/MG, 3ª T., Rel. Min. Dias Trindade, julg. 10.11.1992, publ. *DJ* 22.3.1993).
[20] Art. 122 do Código Civil: "São lícitas, em geral, todas as condições não contrárias à lei, à ordem pública ou aos bons costumes; entre as condições defesas se incluem as que privarem de todo efeito o negócio jurídico, ou o sujeitarem ao puro arbítrio de uma das partes".
[21] Henri De Page, *Traité élémentaire de droit civil belge*, t. I, cit., pp. 158-159.
[22] STJ, 3ª Turma, REsp n. 1.990.221/SC, Rel. Min. Moura Ribeiro, julg. 3.5.2022, publ. DJ 13.5.2022.
[23] Orlando Gomes, *Introdução ao Código Civil*, cit., p. 304.
[24] Pontes de Miranda, *Tratado de direito privado*, t. V, São Paulo: Editora Revista dos Tribunais, 2013, p. 235.

ocorrência de evento futuro e incerto ainda não existe, tendo o credor apenas expectativa de direito[25] (também designado direito eventual ou, na terminologia de Pontes de Miranda, direito expectativo).[26]

Expectativa de direito

Desse modo, conforme determina o art. 125 do Código Civil, na condição suspensiva, enquanto esta não se verificar, não se terá adquirido o direito a que o negócio jurídico visa. Tem-se situação de pendência do direito pretendido pelo negócio condicional, caracterizando-se a *expectativa de direito* (*spes debitum iri*).[27] Este estado de pendência, em si mesmo, mostra-se apreciável economicamente, e inclusive pode ser objeto de alienação. Durante o período de pendência, o titular do direito eventual, nos termos do art. 130 do Código Civil, pode praticar os atos destinados à sua conservação, como interromper a prescrição. Os atos conservatórios são aqueles que têm por escopo assegurar o exercício futuro do direito.[28] A Lei de Introdução às Normas do Direito Brasileiro (LINDB), ao regular o conflito de leis no tempo, dispõe que a lei nova, que venha a alterar o modo de aquisição do direito pendente ou em formação, deve respeitar a expectativa de direito.[29]

Expectativa de fato

Não se confunde a expectativa de direito com a expectativa de fato. Esta, posto possa ser significativa na esfera psicológica do agente, não possui relevância jurídica, traduzindo mera esperança na aquisição do direito. A expectativa de direito, por outro lado, integra o patrimônio de seu titular, possuindo valor patrimonial e proteção jurídica.[30]

Desse modo, a condição suspensiva consiste em elemento acidental do negócio jurídico que suspende sua eficácia até que se verifique o evento de caráter futuro e

---

[25] Vicente Ráo, *Ato jurídico*, cit., p. 281; Miguel Maria de Serpa Lopes, *Curso de direito civil*, vol. I, Rio de Janeiro: Freiras Bastos, 1989, 7ª ed., pp. 436-437.

[26] "O direito expectativo, em caso de condição suspensiva, é direito a adquirir, *ipso iure*, outro direito, ao se cumprir a condição. O direito, que se adquire, em virtude daquele, é outra coisa (crédito, propriedade, herança, legado). Durante o tempo em que a condição suspensiva pende, o direito ao direito futuro – o direito expectativo – é transferível, empenhável (caucionável), arrestável, penhorável e herdável (salvo condição de vida); bem como suscetível de ser garantido por fiança, hipoteca e penhor" (Pontes de Miranda, *Tratado de direito privado*, t. V, cit., p. 232).

[27] Orlando Gomes, *Introdução ao direito civil*, cit., p. 304.

[28] Caio Mário da Silva Pereira, *Instituições de direito civil*, vol. I, cit., pp. 476-477; J. M. de Carvalho Santos, *Código Civil brasileiro interpretado*, vol. III, Rio de Janeiro: Freitas Bastos, 1963, 9ª ed., p. 83.

[29] Art. 6º, §2º, LINDB: "Consideram-se adquiridos assim os direitos que o seu titular, ou alguém por ele, possa exercer, como aqueles cujo começo do exercício tenha termo pré-fixo, ou condição pré-estabelecida inalterável, a arbítrio de outrem". Ao explicar a incidência da lei nova em direito sob condição suspensiva, leciona Clóvis Bevilàqua: "O Código tem em vista o efeito da condição suspensiva, e declara que, enquanto não se verificar essa condição, o direito a ela subordinado é apenas possibilidade em via de atualizar-se. Essa possibilidade o legislador respeita, quando legisla, não impede que se realize, porque é um valor jurídico apreciável, embora ainda em formação. Se a lei nova não respeitasse o direito condicionado, verificada a condição, em seguida, o indivíduo sofreria um prejuízo, e a lei nova teria destruído uma formação jurídica criada pela anterior" (*Código Civil dos Estados Unidos do Brasil comentado*, vol. I, Rio de Janeiro: Editora Rio, 1975 (edição histórica) p. 374).

[30] Roberto de Ruggiero, *Istituzioni di diritto civile*, vol. I, Milano: Casa Editrice Giuseppe Principato, 1939, p. 280; Francisco Amaral, *Direito civil*, cit., pp. 303-304; Pietro Perlingieri, *Manuale di diritto civile*, Napoli: Edizioni Scientifiche Italiane, 1997, p. 72.

incerto. Implementada a condição suspensiva, o negócio condicionado produz os efeitos até então suspensos. De outra parte, não verificada a condição suspensiva, se esta subordinava a eficácia do negócio como um todo, este não surte qualquer efeito, sendo inócuo ou inoperante no plano de sua eficácia.[31]

O art. 876 do Código Civil estabelece que "todo aquele que recebeu o que lhe não era devido fica obrigado a restituir; obrigação que incumbe àquele que recebe dívida condicional antes de cumprida a condição". A restituição cabe porque, antes do implemento da condição, o direito a esta subordinado ainda não nasceu, de modo que a transferência patrimonial nesse caso implica pagamento indevido, a justificar a repetição do indébito.[32] *Pagamento indevido*

A condição resolutiva é aquela cuja ocorrência extingue o direito, pondo fim à produção dos efeitos do negócio jurídico que a ela se subordinavam. O negócio sujeito à condição resolutiva opera todos os efeitos imediatamente, ao contrário daquele subordinado à condição suspensiva. O implemento da condição, quando ela tem força resolutiva, acarreta, assim, a perda da eficácia do negócio jurídico antes plenamente operante. Na condição resolutiva, a aquisição do direito é imediata – não há expectativa de direito ou situação de pendência –, todavia com caráter resolúvel, e permanecerá no patrimônio do adquirente se e até quando a condição ocorrer (CC, art. 127).[33] *Condição resolutiva*

Embora o implemento da condição resolutiva acarrete a extinção do negócio jurídico, há efeitos que permanecem mesmo após a resolução. Assim, por exemplo, o dever de confidencialidade, o dever de não concorrência, os deveres acessórios decorrentes da boa-fé objetiva na fase pós-contratual, entre outros, continuam plenamente operantes e vinculantes para as partes após o advento de condição resolutiva.

Não se confundem, ainda, a condição resolutiva e a cláusula resolutória ou resolutiva, inserida nos contratos bilaterais de modo tácito ou expresso (CC, art. 474). A condição resolutiva configura elemento acidental cuja eficácia é automática: ocorrido o fato futuro e incerto, operam-se seus efeitos imediatamente, sem necessidade de qualquer atuação da parte a quem aproveita. Na cláusula resolutiva expressa ou tácita, por sua vez, a verificação do incumprimento definitivo não gera a resolução imediata, que depende do exercício do direito formativo extintivo, isto é, da manifestação de vontade do credor em favor da resolução.[34] Não obstante não se confun- *Cláusula resolutória*

---

[31] J. M. de Carvalho Santos, de modo contundente, conclui: "Falha a condição, não há obrigação; o contrato é como se não tivesse existido" (*Código Civil brasileiro interpretado*, vol. III, cit., p. 62). V. tb. Emilio Betti, *Teoria geral do negócio jurídico*, cit., p. 763.

[32] Miguel Maria de Serpa Lopes, *Curso de direito civil*, vol. V, Rio de Janeiro: Freitas Bastos, 1995, 4ª ed. rev. e atualizada por José Serpa Santa Maria (1ª ed. 1961), p. 99.

[33] Gustavo Tepedino, Heloisa Helena Barboza, Maria Celina Bodin de Moraes et al., *Código Civil interpretado conforme a Constituição da República*, vol. I, Rio de Janeiro: Renovar, 2014, 3ª ed., p. 259.

[34] Nessa direção, confiram-se João de Matos Antunes Varela, *Das obrigações em geral*, vol. II, Coimbra: Almedina, 2006, 7ª ed., p. 278; Francesco Donato Busnelli, Clausola Risolutiva. In: *Enciclopedia del diritto*, vol. VII, Milano: Giuffrè, 1960, p. 197; Ruy Rosado Aguiar Junior, *Comentários ao novo Código*

da, tecnicamente, a condição resolutiva com a cláusula resolutiva, ambas têm o condão de acarretar a extinção do contrato e, por isso, submetem-se a exame de merecimento de tutela, a ser efetuado à luz das especificidades do caso concreto.[35]

Efeitos do implemento da condição

Uma vez implementada a condição, questiona-se quanto aos efeitos produzidos na sua pendência, se retroagem ou não. Os arts. 126[36] e 128[37] do Código Civil objetivam tutelar a situação jurídica do sujeito que se beneficia com o implemento da condição, seja suspensiva ou resolutiva. Por isso mesmo, determinam o desfazimento dos atos incompatíveis com as vantagens legitimamente esperadas por aquele a quem aproveita a ocorrência da condição. Cuida-se de se assegurar que o sujeito beneficiado com a condição receba o direito livre de restrições incompatíveis com o negócio jurídico pactuado. Em contrapartida, pretende o ordenamento compatibilizar os poderes do proprietário resolúvel com a restrição temporal que lhe é inerente, de modo a que os atos por ele praticados não extrapolem os limites do seu domínio, alcançando a propriedade alheia, isto é, do seu sucessor na titularidade dominical.

Nessa perspectiva, a rigor, não se trata propriamente de retroatividade – pois são respeitados rigorosamente os limites temporais do titular do direito resolutivo – mas de desconstituição dos efeitos das situações jurídicas incompatíveis com a posição jurídica daquele a quem aproveita a ocorrência da condição. Diferenciam-se, por isso mesmo, as hipóteses dos arts. 1.359 e 1.360 do Código Civil: no primeiro caso, há propriedade resolúvel propriamente dita, de modo que ninguém pode transmitir mais direitos do que tem (*nemo plus iuris ad alium transferre potest quam ipse*

Civil: da extinção do contrato. In: Sálvio de Figueiredo Teixeira (coord.). t. II, vol. VI, Forense: Rio de Janeiro, 2011, pp. 376-377 e Aline de Miranda Valverde Terra, *Cláusula resolutiva expressa*, Belo Horizonte: Fórum, 2017, p. 151 e ss.

[35] A título ilustrativo, no que concerne especificamente ao caso de falência, há importante divergência doutrinária sobre o tema, que engloba tanto a condição resolutiva como a cláusula resolutiva. Para parte da doutrina, a previsão de condição resolutiva para o caso de falência de uma das partes é perfeitamente possível, de maneira a proteger os contratantes das incertezas e demora próprias do processo de falência. Neste sentido: J. X. Carvalho de Mendonça, *Tratado de direito comercial brasileiro*, vol. VII, livro V, parte I, Rio de Janeiro: Freitas Bastos, 1960, p. 460; Sérgio Campinho, *Falência e recuperação de empresa*, Rio de Janeiro: Renovar, 2009. p. 352; Fábio Ulhoa Coelho, *Comentários à nova lei de falências e de recuperação de empresas*, São Paulo: Saraiva, 2005, p. 317. De outro lado, aduz-se que a cláusula resolutiva ou a condição resolutiva violam o interesse público subjacente ao processo de falência, por permitirem a dissipação do patrimônio do falido em prejuízo da universalidade de credores e da própria recuperação do falido. Nessa direção: Manoel Justino Bezerra Filho, *Lei de recuperação de empresas e falências comentada*, São Paulo: Ed. RT, 1999, 6ª ed., p. 256-257; Deborah Kirschbaum, Cláusula resolutiva expressa por insolvência nos contratos. In: *Revista Direito GV*, v. 2, n. 1, 2006, especialmente pp. 38-39; Jorge Lobo, Efeitos da concordata e da falência em relação aos contratos bilaterais do concordatário e do falido. In: *Revista Forense*, vol. 347, 1999, pp. 146-147.

[36] Art. 126 do Código Civil: "Se alguém dispuser de uma coisa sob condição suspensiva, e, pendente esta, fizer quanto àquela novas disposições, estas não terão valor, realizada a condição, se com ela forem incompatíveis".

[37] Art. 128 do Código Civil: "Sobrevindo a condição resolutiva, extingue-se, para todos os efeitos, o direito a que ela se opõe; mas, se aposta a um negócio de execução continuada ou periódica, a sua realização, salvo disposição em contrário, não tem eficácia quanto aos atos já praticados, desde que compatíveis com a natureza da condição pendente e conforme aos ditames de boa-fé".

habet). Extinta a propriedade pelo implemento da condição ou advento do termo, encerram-se todos os direitos concedidos pelo proprietário resolúvel. Por outro lado, no caso do art. 1.360, a propriedade não é, em si mesma, resolúvel, resolvendo-se por causa superveniente. Neste caso, como o proprietário anterior tinha poderes plenos e ilimitados no tempo, todos os direitos instituídos antes da resolução devem ser preservados. Afinal não havia qualquer limitação incidente sobre a propriedade que pudesse repercutir sobre os direitos legitimamente constituídos. Por outras palavras, incidente o art. 1.359 do Código Civil, extinguem-se todos os direitos concedidos na pendência da condição.[38] Em consequência, o sujeito em favor de quem se resolveu o domínio poderá reivindicar a coisa em face de quem a possua ou detenha.[39]

Importante notar que essa chamada retroatividade dos efeitos não significa a supressão dos atos pretéritos como um todo, mas apenas a perda de eficácia de aludidos atos *quando incompatíveis* com o direito atribuído àquele a quem aproveita a realização da condição. A título ilustrativo, o implemento da condição não acarretará a perda pelo locador dos alugueres percebidos até o seu advento. Apenas os efeitos incompatíveis com a situação jurídica inaugurada com a condição devem ser extintos (art. 128 do Código Civil).

Preservação de efeitos

Ainda quanto aos efeitos, o Código Civil diferencia as condições impossíveis (que são, como visto, condições impróprias) resolutivas das suspensivas. A condição impossível, sendo suspensiva, invalida o negócio jurídico (CC, art. 123, I). Afinal, não se mostra admissível suspender indefinidamente os efeitos do negócio à espera de ocorrência material ou juridicamente impossível. Em se tratando, porém, de condição resolutiva, sua impossibilidade, seja física ou jurídica, deixa incólume a declaração de vontade, que produz efeitos desde o seu nascimento. O ato negocial opera como se fosse puro e simples, tendo-se por inexistente a condição (CC, art. 124).

Condição impossível suspensiva e resolutiva

O Código Civil de 1916 tratava diversamente as condições física e juridicamente impossíveis. Enquanto estas invalidavam os atos a elas subordinados, as primeiras eram consideradas inexistentes.[40] O Código Civil atual, a seu turno, diferencia o regime aplicável não a partir do tipo de impossibilidade – física ou jurídica – mas com base no caráter suspensivo ou resolutivo da condição. A diferença na regulamentação das

---

[38] Clovis Bevilaqua, *Código Civil dos Estados Unidos do Brasil comentado*, vol. III, cit., pp. 1109-1110; Caio Mário da Silva Pereira, *Instituições de direito civil*, vol. IV, Rio de Janeiro: Forense, 2016, 24ª ed rev. e atualizada por Carlos Edison do Rêgo Monteiro Filho (1ª ed 1970), pp. 81-82; Manoel Ignacio Carvalho de Mendonça, *Doutrina e prática das obrigações*, t. I, Rio de Janeiro: Freitas Bastos, 1938, 3ª ed., pp. 228-229; Orlando Gomes, *Direitos reais*, Rio de Janeiro: Forense, 2008, 19ª ed. rev. e atualizada por Luiz Edson Fachin, (1ª ed. 1958), p. 267; Orlando Gomes, *Alienação fiduciária em garantia*, São Paulo: Revista dos Tribunais, 1975, 4ª ed., p. 39.

[39] Virgílio de Sá Pereira, Direito das Coisas. In: Paulo de Lacerda (coord.), *Manual do Código Civil brasileiro*, vol. VIII, Rio de Janeiro: Jacintho Ribeiro dos Santos, 1924, p. 449; J. M. de Carvalho Santos, *Código Civil brasileiro interpretado*, vol. VIII, cit., p. 397; João Carlos de Siqueira, Propriedade resolúvel. In: *Revista de Direito Imobiliário*, n. 3, São Paulo: Revista dos Tribunais, 1979, p. 73; Milena Donato Oliva, *Do negócio fiduciário à fidúcia*, São Paulo: Atlas, 2014, pp. 38-43.

[40] Art. 116 do Código Civil 1916: "As condições fisicamente impossíveis, bem como as de não fazer coisa impossível, têm-se por inexistentes. As juridicamente impossíveis invalidam os atos a elas subordinados."

condições suspensivas e resolutivas é justificável. A condição suspensiva impossível, como acima aludido, priva o ajuste de efeitos, o qual, por isso mesmo, terá nascido morto, a justificar sua invalidade. Na condição resolutiva, ao contrário, o negócio produz plenamente seus efeitos, cingindo-se a impossibilidade à extinção de sua eficácia, a justificar a solução de reputar o negócio puro e simples, considerando-se inexistente a condição.[41] Em se tratando de condição suspensiva física ou juridicamente impossível, a invalidade pode ser total ou parcial, conforme o evento futuro se refira a todo o ato ou apenas a alguma disposição.[42]

Condição de não fazer coisa impossível

O legislador considera como inexistente, sem afetar a validade do negócio, a condição de não fazer coisa impossível, seja resolutiva ou suspensiva (CC, art. 124), já que não há aqui incerteza quanto aos efeitos a serem produzidos pelo negócio.[43] Dito diversamente, a condição de não fazer coisa impossível permite considerar o negócio puro e simples, haja vista que não fazer algo impossível é evento que certamente ocorrerá. Subordinando-se o negócio à inocorrência de algo impossível, afasta-se a incerteza própria da condição, sendo certo que o evento jamais se realizará.[44]

Condição ilícita ou de fazer coisa ilícita

Outra espécie capaz de invalidar o negócio jurídico é a condição ilícita ou de fazer coisa ilícita, independentemente do caráter suspensivo ou resolutivo da condição (CC, art. 123, II).[45] Ilustrativamente, pense-se em negócios subordinados à prática de tipo penal: doo-te 100 mil reais "se furtares", "se matares", "se organizares o bando criminoso". Assim também a condição imposta a uma pessoa de não exercer seus direitos cívicos e políticos.[46] Compreende-se a vedação, pois não poderia a ordem jurídica emprestar validade à declaração de vontade que subordinasse o negócio a evento que atentasse contra a própria ordem jurídica.[47]

A condição ilícita (CC, art. 123, II), embora se aproxime da condição juridicamente impossível (CC, art. 123, I), dela se diferencia quanto à sua caracterização e efeitos. Na impossibilidade, verifica-se inviabilidade de verificação do evento

---

[41] Cf. Eduardo Ribeiro de Oliveira. In: Sálvio de Figueiredo Teixeira (coord.), *Comentários ao novo Código Civil*, vol. II, Rio de Janeiro: Forense, 2012, p. 321; Caio Mário da Silva Pereira, *Instituições de direito civil*, cit., p. 482.

[42] Francisco Amaral, *Direito civil*, cit., p. 574.

[43] Na página clássica de Henri De Page, "*la condition de ne pas faire une chose impossible est sans influence sur l'acte. C'est une puérilité superflue. Elle ne rend donc pas nulle l'obligation*»(*Traité élémentaire de droit civil belge*, cit., p. 204).

[44] Gustavo Tepedino, Heloisa Helena Barboza, Maria Celina Bodin de Moraes *et al.*, *Código Civil Interpretado conforme a Constituição da República*, vol. I, cit., p. 256; J. M. de Carvalho Santos, *Código Civil brasileiro interpretado conforme a Constituição da República*, vol. III, cit., p. 42; Rose Melo Vencelau Meireles, O negócio jurídico e suas modalidades. In: Gustavo Tepedino (org.), *O Código Civil na perspectiva civil-constitucional*: parte geral, Rio de Janeiro: Renovar, 2013, p. 212.

[45] "Já uma condição que tenha em seu conteúdo fazer coisa ilícita (p. ex. 'se matares', 'se roubares') representa uma especificação do sentido de ilicitude, remetendo à prática de um ilícito" (Gustavo Tepedino, Maria Helena Barboza, Maria Celina Bodin de Moraes, *Código Civil interpretado conforme a Constituição da República*, vol. I, cit., p. 255).

[46] J. M. de Carvalho Santos, *Código Civil brasileiro interpretado*, vol. III, cit., p. 28.

[47] Caio Mário da Silva Pereira, *Instituições de direito civil*, vol. I, cit., p. 483.

futuro e incerto a cujo implemento se pretendia subordinar a produção dos efeitos do negócio jurídico. Já as condições ilícitas ou de praticar ato ilícito contrariam a ordem jurídica, contaminando todo o negócio com a ilegalidade que enunciam. O evento objeto da condição ilícita, embora possível, afronta a ordem jurídica. Já o evento objeto da condição juridicamente impossível sequer se afigura passível de realização.[48]

Invalida, ainda, o negócio jurídico a condição incompreensível ou contraditória, designada também como condição perplexa, seja suspensiva ou resolutiva (CC, art. 123, III). Essa espécie de condição apresenta redação insuscetível de compreensão e, por isso, contamina todo o negócio, haja vista comprometer a higidez da manifestação de vontade.[49] Como exemplo de condição perplexa, tem-se a venda de um prédio "sob a condição de não ser ocupado pelo adquirente".[50]

<small>Condição incompreensível ou contraditória</small>

Sublinhe-se, finalmente, que, consoante o art. 129 do Código Civil, reputa-se verificada, quanto aos efeitos jurídicos, a condição cujo implemento for maliciosamente obstado pela parte a quem desfavorecer. Considera-se, ao contrário, não verificada a condição maliciosamente levada a efeito por aquele a quem aproveita o seu implemento.[51] No que tange ao termo *maliciosamente* empregado pelo legislador, não se exige a configuração de dolo pela parte que obsta o advento da condição ou a implementa. O vocábulo *maliciosamente*, informado pelo princípio da boa-fé objetiva, adquire significado dissociado do elemento intencional, restringindo-se à identificação do comportamento culposo de quem o pratica (imputabilidade da conduta ao agente).[52]

<small>Malícia e boa-fé objetiva</small>

Portanto, o titular de direito cuja aquisição ou extinção se subordina à ocorrência de evento futuro e incerto não pode manipular a eventualidade imputada à condição suspensiva ou resolutiva, quer para impedir, quer para forjar a ocorrência do fato que, sem a sua intervenção, naturalmente ocorreria ou deixaria de ocorrer. Trata-se de manifestação do princípio da boa-fé objetiva, que impõe o dever de colaboração recíproca entre os titulares de relação jurídica obrigacional. Dessa forma, independentemente de atuação intencional ou dolosa que caracterizaria a malícia do agente, o dispositivo alcança o comportamento voluntário que, em desapreço a tal dever de

---

[48] Clovis Bevilaqua, *Teoria geral do direito civil*, Rio de Janeiro: Francisco Alves, 1976, 2ª ed. rev. e atualizada por Caio Mario da Silva Pereira (1ª ed. 1929), p. 234; Eduardo Espínola, *Manual do Código Civil brasileiro*: parte geral, vol. III, Rio de Janeiro: Jacintho Ribeiro dos Santos, 1926, pp. 97-99.

[49] V. sobre o ponto, Caio Mário da Silva Pereira, *Instituições de direito civil*, vol. I, cit., pp. 482-483.

[50] Maria Helena Diniz, *Curso de direito civil brasileiro*, vol. I, São Paulo: Saraiva, 2002, 18ª ed., p. 437.

[51] "Na espécie, o dano causado é ressarcido de modo específico, isto é, considerando-se verificada a condição obstada e não verificada aquela cuja verificação foi maliciosamente causada pela parte que a tanto tinha interesse, o que não impede possa o prejudicado reclamar, também, tal seja a hipótese, as reparações que completem a indenização do dano padecido por desrespeito da obrigação ajustada" (Vicente Ráo, *Ato jurídico*, cit., p. 294).

[52] Gustavo Tepedino, Heloisa Helena Barboza, Maria Celina Bodin de Moraes *et al.*, *Código Civil interpretado conforme a Constituição da República*, cit., pp. 258-259; Orlando Gomes, *Introdução ao direito civil*, cit., p. 309.

colaboração, impede a ocorrência da condição ou promove o seu surgimento em desfavor da parte contrária.⁵³

3. TERMO INICIAL E TERMO FINAL. CONTAGEM DOS PRAZOS

Futuridade e certeza

O termo, assim como a condição, também subordina o início ou o término dos efeitos do negócio a acontecimento futuro. Diversamente da condição, o termo vincula a produção de efeitos a evento futuro e *certo*, tornando incontroversa a eficácia do negócio, ou sua perda, em determinado período de tempo.⁵⁴ Justamente em razão da certeza própria do termo, este, ao contrário da condição, não suspende a aquisição do direito, mas apenas o seu exercício. Assim, o titular de direito sujeito a termo inicial não tem mera expectativa de direito, sendo-lhe atribuído o próprio direito, cujo exercício, contudo, subordina-se a acontecimento futuro e certo.⁵⁵

Termo inicial e final

O termo pode ser inicial ou final. O primeiro, também designado suspensivo (*dies a quo*), retarda apenas o exercício do direito, que já se considera adquirido desde o momento da celebração do negócio jurídico. De acordo com o art. 131 do Código Civil, "o termo inicial suspende o exercício, mas não a aquisição do direito". No termo final, também conhecido por resolutivo ou extintivo (*dies ad quem*), o negócio deixa de surtir efeitos. O termo final, assim, indica até quando o negócio terá eficácia jurídica.⁵⁶

---

⁵³ Em acordo de separação judicial, pactuou-se que o imóvel permaneceria em condomínio até que fosse alienado, ocasião em que haveria a divisão do produto da venda. O acordo previa que uma das partes poderia permanecer gratuitamente no imóvel até o implemento de tal condição resolutiva. O TJ/SP considerou que esta parte obstou maliciosamente o implemento da condição, recusando-se a alienar o imóvel por preço razoável. Reputou, portanto, verificada a condição: "a ex-cônjuge pretende postergar, tanto quanto possível, a alienação do imóvel, para continuar residindo graciosamente no mesmo. Aliás, sequer seria necessário ajuizamento de ação de alienação de coisa comum se tivesse a ré concordado em vender o imóvel, por preço acordado entre as partes em montante razoável. Em outras palavras, a ré obstou o implemento de condição resolutiva do comodato. Para essa hipótese, a solução é dada pelo art. 129 do Código Civil: considerar-se verificada a condição" (TJ/SP, 4ª C.D.Priv., Ap. Cív. 9227283-51.2006.8.26.0000, Rel. Des. Francisco Loureiro, julg. 5.8.2010, publ. *DJ* 18.8.2010). E veja-se situação de condição suspensiva maliciosamente obstada: Em contrato de sub-empreitada, estabeleceu-se que os pagamentos à contratada seriam de acordo com os pagamentos recebidos pela contratante por parte da Prefeitura Municipal beneficiária dos serviços. Com o inadimplemento da Municipalidade, a contratante não tomou qualquer providência judicial para o recebimento do crédito por parte da devedora, tendo em vista que dele não se beneficiaria, além de ter que gastar dinheiro para o ajuizamento da ação. O TJ/SP considerou que a postura desidiosa da contratante representaria criação, de forma deliberada, de empecilho ao direito da apelante. Desse modo, aplicou o art. 129 para permitir a cobrança da contratada em face da contratante (TJ/SP, 28ª C.D.Priv., Ap. Cív. 1105374002, Rel. Des. Alcides Leopoldo e Silva Júnior, julg. 18.3.2008, publ. *DJ* 25.3.2008).

⁵⁴ Roberto de Ruggiero, *Instituições de direito civil*, vol. I, Campinas: Bookseller, 2005, 2ª ed., p. 383; Orlando Gomes, *Introdução ao direito civil*, cit., pp. 311-312.

⁵⁵ A respeito, afirma San Tiago Dantas: "No termo, o direito não entra, a bem dizer, numa fase de pendência; não existe aquela dúvida, aquela eventualidade característica do negócio condicional. Já se sabe que o ato produziu ou produzirá efeitos; não há dúvida alguma quanto à eficácia do ato jurídico, apenas os seus efeitos é que são subordinados a um determinado período de tempo" (*Programa de direito civil*, cit., p. 268).

⁵⁶ J. M. de Carvalho Santos, *Código Civil brasileiro interpretado*, vol. III, cit., p. 92.

Consoante já se aludiu, enquanto na condição o evento é sempre *incerto* (incerto *se ocorrerá*), no termo o evento é sempre *certo* (*certo que ocorrerá*), ainda que nem sempre se tenha certeza de *quando* ele ocorrerá (incerteza quanto ao momento). Distinguem-se, assim, o termo certo ou determinado do termo incerto ou indeterminado.[57] O termo certo é aquele cujo momento de ocorrência (*quando*) é conhecido desde logo pelas partes: "dou-te a casa no dia 21 de março" (certo *se*, certo *quando*). O termo incerto, por sua vez, será implementando em momento ainda desconhecido pelas partes: "dou-te a casa quando eu morrer" (certo *se*, incerto *quando*).

Termo certo e incerto

Veja-se que, no termo, o acontecimento há de ser, necessariamente, certo. A época de sua realização é que pode ser incerta. Na condição, por outro lado, a incerteza recai sobre o acontecimento em si, podendo haver certeza (ou não) quanto ao momento em que condição deve ocorrer, o que depende de como as partes a terão previsto: "dou-te a casa se te casares em até 5 anos".[58]

Em síntese, têm-se as seguintes possibilidades: (i) acontecimento *certus an et certus quando* – de ocorrência certa e de momento certo (termo); (ii) acontecimento *certus an et incertus quando* – de ocorrência certa, mas de momento incerto (termo); (iii) acontecimento *incertus an et certus quando* – de ocorrência incerta mas de momento certo (condição); e (iv) acontecimento *incertus an et incertus quando* – de ocorrência incerta e de momento incerto (condição).[59]

Condição e termo: hipóteses de configuração

Nem sempre se afigura simples identificar se a estipulação contratual se refere a condição ou termo. A promessa de prestação que ocorrerá no aniversário do credor, por exemplo, será submetida à condição, e não a termo, caso a eficácia da obrigação dependa, implícita ou explicitamente, da circunstância de estar vivo o credor naquela data.[60]

Tendo em vista a certeza do termo, designa-se prazo o lapso de tempo decorrido entre a celebração do negócio e a superveniência do termo, seja para o início da produção de efeitos, seja para a sua cessação. Diz-se prazo, portanto, o tempo que decorre entre a constituição do negócio e o dia em que começarão ou terminarão os seus efeitos.[61] Os prazos se contam por unidade de tempo: hora, dia, mês, ano. O Código Civil, no art. 132, estabelece, de maneira supletiva, regras de contagem de prazos.

Prazo

Contagem dos prazos

Na ausência de norma convencional ou legal em contrário, na contagem dos prazos estabelecidos em dias, exclui-se a data do início (*dies a quo*) e inclui-se a data do vencimento (*dies ad quem*). Dessa forma, se na compra e venda, celebrada em 1º de março, se ajusta que o comprador deve pagar o preço em 10 dias, o vencimento ocorre em 11 de março, pois contam-se os 10 dias a partir de 2 de março (exclui-se o *dies a quo*), chegando-se ao dia 11 de março, o qual é incluído na contagem (inclui-se

---

[57] Cf. Adolfo Di Majo, "Termine". In: *Enciclopedia del diritto*, vol. XLIV, Milano: Giuffrè, 1992, p. 189.
[58] Orlando Gomes, *Introdução ao direito civil*, cit., p. 312.
[59] San Tiago Dantas, *Programa de direito civil*, vol. I, cit., p. 270.
[60] O exemplo é formulado por San Tiago Dantas, *Programa de direito civil*, vol. I, cit., p. 271.
[61] Clovis Bevilaqua, *Teoria geral do direito civil*, cit., p. 237.

o *dies ad quem*). Se o dia do vencimento (termo final) corresponder a feriado, assim considerado os dias não úteis, prorrogar-se-á o prazo até o dia útil seguinte.[62]

De acordo com o § 2º do art. 132 do Código Civil, meado considera-se, em qualquer mês, o seu décimo quinto dia, independentemente do número de dias contidos no mês em questão. O § 3º determina que os prazos estipulados em mês e ano expiram no dia de igual número do termo inicial, ou no imediatamente seguinte, se faltar exata correspondência. Já os prazos fixados em hora contar-se-ão minuto a minuto (§ 4º).

Presunção relativa: prazo a favor do devedor

O legislador traz, ainda, a seguinte regra interpretativa no art. 133 do Código Civil: a de que os prazos são estipulados em benefício do devedor, aí se incluindo os herdeiros. Uma vez que os prazos são em seu favor, é possível haver o pagamento antecipado. Significa dizer que, no silêncio do testamento, o prazo para pagamento de legados, por exemplo, poderá ser adiantado se assim desejar o herdeiro, não cabendo aos beneficiados exigir precocemente a *solutio*. De todo modo, nos negócios jurídicos em geral, embora exista a presunção de que o prazo é a favor do devedor da prestação, ela pode ser ilidida se do teor do instrumento, ou das circunstâncias, resultar que se estabeleceu a benefício do credor, ou de ambos os contratantes.

Prazo a favor do credor ou de ambos os contratantes

Tendo sido o prazo aposto em proveito do credor ou de ambos os contratantes, não é consentido ao devedor, a princípio, a liquidação antecipada da prestação. Nas relações de consumo, vale notar, assegura-se ao consumidor a liquidação antecipada do débito, total ou parcialmente, mediante redução proporcional dos juros e demais acréscimos (CDC, art. 52, § 2º). Se o prazo é a favor do credor, este pode demandar o pagamento antes do vencimento.[63]

Vencimento imediato

Ainda em caráter supletivo, o art. 134 do Código Civil determina que os negócios entre vivos desprovidos de prazo terão eficácia imediata, desde sua celebração, salvo se a execução, por sua própria natureza ou local a ser realizada, depender de prazo razoável, que neste caso deverá ser estipulado consensualmente ou mediante provimento jurisdicional. Vale dizer: a falta de estipulação de prazo equivale a vencimento imediato e a obrigação é desde logo exigível, a menos que se extraia do ajuste termo tácito ou implícito.[64]

Termo expresso e tácito

O termo pode ser expresso, se deriva da manifestação expressa da vontade, ou tácito, também chamado de implícito, se decorre da natureza do negócio. Ilustrativamente, o art. 581 do Código Civil, no que tange ao contrato de comodato, preceitua que, se o comodato não tiver prazo convencional, presume-se o necessário para o uso concedido. Esse termo presumido a que se refere o art. 581 decorre do reconhecimento do legislador de existir vontade tácita dos contratantes quanto à duração razoável do contrato. Afinal, o comodato não teria qualquer utilidade se o comodante pudesse retomar o bem antes que o comodatário dele extraísse o proveito pretendido com o contrato.

---

[62] J. M. de Carvalho Santos, *Código Civil brasileiro interpretado*, vol. III, cit., pp. 102-104.
[63] J. M. de Carvalho Santos, *Código Civil brasileiro interpretado*, vol. III, cit., p. 107.
[64] J. M. de Carvalho Santos, *Código Civil brasileiro interpretado*, vol. III, cit., pp. 110-111.

De acordo com o art. 135 do Código Civil, ao termo inicial e final aplicam-se, no que couber, as disposições relativas à condição suspensiva e resolutiva. A principal diferença entre a condição suspensiva e o termo inicial repousa na aquisição do direito: o termo não obsta a aquisição, apenas o exercício. Já a condição impede o nascimento do direito, criando para o titular expectativa de direito. O termo final e a condição resolutiva acarretam a mesma consequência: extinção da eficácia do negócio. Diferem quanto ao elemento certeza: o termo certamente ocorrerá, a condição não necessariamente. Em atenção a essas diferenças principais é que se deve examinar a pertinência de aplicação da disciplina da condição ao termo. Como exemplos de dispositivos que se aplicam ao termo, tem-se os arts. 126, 127, 128 e 130, acima examinados.

Incidência supletiva das normas sobre a condição

4. ENCARGO

O encargo ou modo vincula o direito atribuído à realização do ônus estipulado pelo autor do benefício. Restringe a vantagem criada pelo negócio jurídico ao estabelecer específica finalidade para o direito adquirido, ou ao impor prestação a ser desempenhada pelo beneficiário, que pode inclusive ser em benefício de terceiro.[65] O dever jurídico decorrente do encargo não adquire natureza de contraprestação, que o desfiguraria. Pode ser aposto aos negócios gratuitos e às obrigações decorrentes da declaração unilateral de vontade, sendo passível de estipulação no contrato de doação, no testamento e na promessa de recompensa, por exemplo.

Encargo não se confunde com contraprestação

O modo é coercitivo, no sentido de se poder exigir sua execução. O encargo adquire contorno obrigacional autônomo em relação ao direito recebido. Não configura contraprestação, mas sacrifício que seu titular aceita para fazer jus a certo benefício.[66] Mostra-se exigível por aqueles a quem o encargo aproveita, e, quando instituído no interesse da sociedade, pelo Ministério Público (v. CC, art., 553, *caput* e parágrafo único).[67]

Encargo é coercitivo

O modo não suspende nem a aquisição nem o exercício do direito, diferenciando-se, neste particular, da condição e do termo (CC, art. 136). Caso a suspensão de efeitos do negócio seja expressamente estabelecida pelo disponente, o modo se desnatura em condição suspensiva, aplicando-se a disciplina a esta pertinente (CC, art. 136).

Não se suspende nem a aquisição nem o exercício do direito

Tendo em vista que o encargo não assume o caráter de contraprestação, mas apenas restringe o benefício concedido, o art. 137 do Código Civil dispõe que se considera não escrito o encargo ilícito ou impossível, salvo se constituir o motivo determinante da liberalidade, caso em que se invalida o negócio jurídico. Neste caso, o encargo se transmuda em elemento condicional do ajuste, de sorte que sua ilicitude ou

---

[65] Clovis Bevilaqua, *Teoria geral do direito civil*, cit., pp. 239-240.
[66] San Tiago Dantas, *Programa de direito civil*, vol. I, cit., p. 275.
[67] Art. 553 do Código Civil: "O donatário é obrigado a cumprir os encargos da doação, caso forem a benefício do doador, de terceiro, ou do interesse geral. Parágrafo único. Se desta última espécie for o encargo, o Ministério Público poderá exigir sua execução, depois da morte do doador, se este não tiver feito".

Extinção do negócio por descumprimento do encargo

impossibilidade atrairá o regime próprio das condições, tornando, por determinação expressa do art. 137 do Código Civil, inválido o negócio jurídico.[68]

Indaga-se se, uma vez descumprido o encargo, além da exigibilidade pelos interessados ou pelo Ministério Público, seria possível pleitear a extinção do negócio. No caso da doação, a possibilidade de sua revogação por descumprimento do encargo encontra-se expressa no art. 555 do Código Civil. Para além das hipóteses legais, sempre que a estipulação do encargo traduzir razão determinante do negócio, desnaturando-o, é possível sua resolução (por descumprimento do elemento condicionante) em caso de sua inobservância.

PROBLEMAS PRÁTICOS

1. O implemento da condição tem efeitos retroativos? Explique e apresente exemplos.
2. Um evento *certus an et incertus* quando é condição ou termo? Explique.

 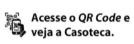 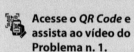

Acesse o *QR Code* e veja a Casoteca.
> https://uqr.to/1p8nv

Acesse o *QR Code* e assista ao vídeo do Problema n. 1.
> https://uqr.to/n400

---

[68] Roberto Ruggiero, *Instituições de direito civil*, vol. I, cit., p. 388.

Capítulo XIV
ERRO, DOLO E COAÇÃO

SUMÁRIO: 1. Defeitos do negócio jurídico – 2. Erro. Espécies. Requisitos – 3. Dolo – 4. Coação – Problemas práticos.

1. DEFEITOS DO NEGÓCIO JURÍDICO

O negócio jurídico requer declaração de vontade destinada à regulamentação de interesses. A validade do negócio jurídico depende da higidez da vontade declarada, aferida, entre outros fatores, a partir da ausência de vícios ensejadores dos defeitos do negócio jurídico, que o sujeitam à anulabilidade.

Validade do negócio jurídico

Os defeitos do negócio jurídico se dividem nos chamados *vícios do consentimento* – erro, dolo e coação – e *vícios sociais* – estado de perigo, lesão e fraude contra credores. Os vícios do consentimento refletem divergência entre a vontade declarada e a vontade que seria declarada não fosse a circunstância externa que afetou a manifestação da vontade.[1] Trata-se, de uma maneira geral, de influências exógenas que interferem na exteriorização da vontade.[2] Os vícios sociais, por sua vez, refletem reprovação legal aos negócios praticados sob certas circunstâncias, de modo a acarretar verdadeira dissonância entre a vontade declarada e os ditames do ordenamento jurídico.[3]

Vícios do consentimento e vícios sociais

---

[1] Alberto Trabucchi, *Istituzioni di diritto civile*, Padova: CEDAM, 1993, p. 143.
[2] Caio Mário da Silva Pereira, *Instituições de direito civil*: vol. I, Rio de Janeiro: Forense, 2019, 32ª ed., p. 435.
[3] Nesse caso, "nenhuma oposição se apresenta entre a vontade íntima e a vontade externada, porém entre a vontade do agente e a ordem legal" (Caio Mário da Silva Pereira, *Instituições de direito civil*,

Anulabilidade   Nada obstante a divisão doutrinária acerca dos vícios do consentimento e dos vícios sociais, o legislador atribui-lhes a mesma consequência: a anulabilidade do negócio jurídico (CC, art. 171, II). O Código Civil prevê como defeitos do negócio jurídico o erro, o dolo, a coação, o estado de perigo, a lesão e a fraude contra credores. O ajuste celebrado com qualquer desses defeitos é anulável no prazo decadencial de quatro anos, conforme estabelece o art. 178 do Código Civil.

2. ERRO. ESPÉCIES. REQUISITOS

Erro e ignorância   O primeiro dos defeitos do negócio jurídico, considerado vício do consentimento, é o erro, disciplinado pelos artigos 138 a 144 do Código Civil. O legislador equipara os vocábulos ignorância e erro, referindo-se aos dois de forma indistinta no âmbito dos defeitos do negócio jurídico.[4] O erro consiste em falsa representação da realidade que vicia a manifestação de vontade.[5] A partir da percepção equivocada de relevantes aspectos negociais, forma-se a vontade defeituosa, por haver divergência entre a vontade declarada e a que seria declarada não fosse a errônea compreensão da realidade.

Erro substancial   O erro, para ser considerado defeito do negócio jurídico e ensejar sua anulabilidade, deve ser *substancial (ou essencial)*, ou seja, "deve ser tal que, sem ele, o ato não se celebraria".[6] Para que torne defeituoso o negócio, o erro há de ser causa determi-
Erro acidental nante da contratação. O erro acidental, em contraposição ao essencial, recai sobre qualidades secundárias do objeto ou da pessoa que não influem no sentido da declaração de vontade e, por isso, não afetam a validade do negócio jurídico. Cuida-se de erro sanável e, por tal razão, não torna o negócio defeituoso.

Nessa direção, o artigo 142 do Código Civil dispõe que "o erro de indicação da pessoa ou da coisa, a que se referir a declaração de vontade, não viciará o negócio quando, por seu contexto e pelas circunstâncias, se puder identificar a coisa ou pessoa cogitada". Assim, por exemplo, o erro sobre uma qualidade da pessoa – reputada casada quando, na verdade, era solteira –, não anula o legado quando se puder identificar a pessoa visada pelo testador. Também quanto à coisa, se o contrato de compra e venda se refere ao objeto com numeração errônea, mas é possível, a despeito disso, ser identificado o real objeto da operação, não há razão para se anular o negócio jurídico. Com efeito, não havendo dúvidas acerca da identidade da coisa ou da pessoa, o erro não apresenta gravidade e nem prejudica.[7]

---

vol. I, cit., p. 436). V., ainda, Silvio Rodrigues, *Direito civil*, vol. 1, São Paulo: Saraiva, 2007, 34ª ed., pp. 182-183; Clovis Bevilaqua, *Teoria geral do direito civil*, Campinas: Servanda, 2015, p. 272.

[4] "O Código Civil considera sinônimas as duas palavras – erro e ignorância, para os efeitos de direitos, na teoria dos atos jurídicos" (Clovis Bevilaqua, *Código Civil comentado*, Rio de Janeiro: Francisco Alves, 1956, p. 267).

[5] Roberto de Ruggiero, *Instituições de direito civil*, vol. I, Campinas: Bookseller, 2005, pp. 339-340; Silvio Rodrigues, *Direito civil*, vol. I, cit., p. 187; Emilio Betti, *Teoria geral do negócio jurídico*, Campinas: Servanda, 2008, p. 592.

[6] Clovis Bevilaqua, *Código Civil comentado*, Rio de Janeiro: Francisco Alves, 1956, p. 267.

[7] J. M. de Carvalho Santos, *Código Civil brasileiro interpretado*, vol. II, Rio de Janeiro: Freitas Bastos, 1982, 11ª ed., pp. 325-326; Clovis Bevilaqua, *Código Civil comentado*, Rio de Janeiro: Francisco Alves, 1956, pp. 267 e 272.

O artigo 139 do Código Civil menciona as principais espécies de erro substancial. A primeira delas diz respeito à natureza do negócio (art. 139, I). Imagine-se, ilustrativamente, que uma das partes acredita estar celebrando compra e venda ao passo que a outra crê se tratar de doação.[8]

Erro sobre a natureza do negócio

A segunda espécie de erro substancial diz respeito ao objeto principal da declaração, bem como às suas qualidades essenciais (art. 139, I). Ocorre quando a coisa objeto do negócio não é aquela pretendida pelo agente ou quando não reveste as qualidades essenciais que imaginava possuir. Pense-se, a título de exemplo, em alguém que acredita adquirir notebook, mas compra tablet; ou na pessoa que compra brincos pensando serem de ouro quando, na verdade, são de prata. Nesta última hipótese, o erro não se refere à identidade do objeto, mas às suas qualidades essenciais.

Erro sobre o objeto

A terceira espécie de erro substancial se refere à identidade da pessoa ou às suas qualidades essenciais, desde que tais atributos tenham influído de modo relevante na declaração de vontade (CC, art. 139, II). Imagine-se, por exemplo, que alguém faz doação a outrem acreditando tratar-se da pessoa que lhe salvou a vida e vem a descobrir, posteriormente, que o beneficiário da liberalidade não participou do salvamento. Tal deliberação teve como razão essencial a crença de cuidar-se do herói que lhe salvara a vida, dado que não corresponde à verdade. Verifica-se, então, consentimento provocado por erro sobre a identidade da pessoa a quem se refere a declaração de vontade.[9]

Erro sobre a pessoa

Até aqui foram tratadas questões atinentes exclusivamente ao *erro de fato*, consistente em falsa percepção da realidade *fática*. Cumpre agora tratar, ainda no âmbito das hipóteses de erro substancial, do denominado erro de direito, previsto no art. 139, III, do Código Civil, sem correspondente no Código Civil de 1916. O erro de direito consubstancia declaração viciada em razão da falsa percepção das consequências jurídicas do negócio. Não se trata, importante frisar, de insubordinação à lei sob alegação de seu desconhecimento e, sim, de formação defeituosa da vontade por se acreditar que as consequências jurídicas do negócio celebrado seriam diversas, sendo essa falsa compreensão o motivo único ou principal do negócio jurídico.[10]

Erro de fato e erro de direito

A dificuldade de compreensão do erro de direito remonta ao preceito basilar segundo o qual ninguém pode se escusar de cumprir a lei alegando desconhecê-la (LINDB, art. 3º). O ordenamento consagra autêntica presunção de conhecimento da lei, relacionada à sua publicação oficial e ao respeito ao período de *vacatio legis* (art. 1º da LINDB).

---

[8] J. M. de Carvalho Santos, *Código Civil brasileiro interpretado*, cit., p. 299.
[9] O exemplo remonta à lição de Silvio Rodrigues, *Direito civil*, vol. I, cit., p. 190.
[10] "O erro de direito pode, deste modo, ser invocado para obter a anulação dos contratos, em que as normas legais ignoradas fariam perder o seu sentido econômico, *sem que isso signifique, de modo algum, não aplicação daquelas normas*: antes pelo contrário, é exatamente a sua efetiva operatividade (a circunstância de o quadro não poder ser exportado, ou de o geómetra não poder assinar determinado projetos) que determina a anulação" (Enzo Roppo, *O contrato*, Coimbra: Almedina, 2009, p. 236). V., ainda, Ana Alvarenga Moreira Magalhães, *O erro no negócio jurídico*: autonomia da vontade, boa-fé objetiva e teoria da confiança, São Paulo: Atlas, 2011, p. 58.

O agente incurso em erro de direito não descumpre a lei (a pretexto de desconhecê-la), mas realiza negócio lícito com vistas ao alcance de consequências jurídicas inatingíveis, já que impedidas pela ordem jurídica.[11] Imagine-se, por exemplo, a pessoa que comprou um terreno visando a loteá-lo, sem ter conhecimento de que naquela área, segundo a municipalidade, não se pode edificar, ou não se pode realizar o projeto tal como desejado.[12] Portanto, o erro de direito, expressamente admitido pelo Código Civil como passível de tornar defeituoso o negócio jurídico, não é contraditório com o art. 3º da LINDB, pois não se trata de descumprir a lei, mas de anular negócio jurídico cuja vontade foi formada em razão de falsa percepção da realidade jurídica.

Escusabilidade do erro

Até aqui se tratou do caráter substancial como requisito do erro juridicamente relevante. O segundo requisito indispensável à anulação do negócio jurídico por erro é a sua *escusabilidade*. Erro grosseiro ou inescusável não torna o negócio jurídico defeituoso. Apenas o erro escusável pode ensejar a anulação do negócio por vício do consentimento.[13] Em que pese a ausência de menção expressa à escusabilidade pelo codificador, considera-se indispensável tal requisito,[14] integrando a escusabilidade a própria noção de erro juridicamente relevante.[15]

Portanto, a anulabilidade do negócio jurídico pressupõe, além da substancialidade do erro, a sua escusabilidade. Há de se aferir, quanto a este último requisito, não apenas se o erro é grosseiro como também se o contratante falhou em sua dili-

---

[11] V. Eduardo Espínola e Eduardo Espínola Filho, *A Lei de Introdução ao Código Civil Brasileiro*: comentada na ordem de seus artigos, Rio de Janeiro: Renovar, 1995, pp. 78-79.

[12] O art. 849, parágrafo único, do Código Civil afasta a possibilidade de arguição do erro de direito na disciplina da transação, *in verbis*: "A transação não se anula por erro de direito a respeito das questões que foram objeto de controvérsia entre as partes". Ao propósito, já se decidiu: "A transação é um negócio jurídico pelo qual, no Direito das Obrigações, os sujeitos de uma obrigação resolvem extingui-la, mediante concessões recíprocas, para prevenir ou pôr fim ao pleito. Não é por outro motivo que a transação só se anula por dolo, coação, ou erro essencial quanto à pessoa ou coisa controversa (art. 849, do CC), sendo que a transação não se anula por erro de direito a respeito das questões que foram objeto de controvérsia entre as partes (art. 849, Parágrafo único, CC). Recurso desprovido". (TJ/RJ, 3ª CC., Ap. Cív. 00053436320138190083, Rel. Des. Renata Machado Cotta, julg. 28.9.2016, publ. *DJ* 30.9.2016).

[13] Cf. STJ, 4ª T., REsp 744311/MT, Rel. Min. Luis Felipe Salomão, julg. 19.8.2010, publ. *DJ* 9.9.2010. Extrai-se do voto do relator: "dada a necessidade de estabilização das relações jurídicas, não se anula negócio jurídico por vício de vontade se o erro que deu lastro à vicissitude alegada não for essencial e escusável. (...) é tido como escusável o erro decorrente da falsa representação da realidade própria do homem mediano, perdoável, no mais das vezes, pelo desconhecimento natural das circunstâncias e particularidades do negócio jurídico". V. tb. STJ, 4ª T., REsp 1.025.552/DF, Rel. p/ Acórdão Min. Maria Isabel Gallotti, julg. 4.4.2017, publ. *DJ* 18.5.2017; TJ/RJ, 13ª C.C., Ap. Cív. 0094033-62.2009.8.19.0001, Rel. Des. Ademir Pimentel, julg. 9.9.2011, publ. *DJ* 19.9.2011; TJ/RJ, 6ª C.C., Ap. Cív. 0007599-36.2010.8.19.0001, Rel. Des. Teresa de Andrade Castro Neves, julg. 19.10.2011, publ. *DJ* 24.10.2011.

[14] Como anota Silvio Rodrigues: "Parece efetivamente impossível imaginar que a lei possa autorizar o desfazimento de um ato jurídico, em benefício de quem o promoveu, baseado em erro inescusável" (*Direito civil*, vol. I, cit., p. 191). V., ainda, Caio Mário da Silva Pereira, *Instituições de direito civil*, vol. I, cit., p. 442 e ss.

[15] "Não dispõe a lei sobre a escusabilidade do erro pelo fato de o legislador considerar implícito tal elemento no próprio conceito de erro" (Francisco Amaral, *Direito civil*: introdução, São Paulo: Saraiva Educação, 2018, p. 599).

gência, incorrendo em erro que poderia ter evitado se tivesse agido adequadamente.[16] Verificadas quaisquer dessas hipóteses – erro grosseiro ou evitável –, o erro é inescusável e, assim, não vicia o negócio jurídico. A escusabilidade do erro somente pode ser aferida diante das particularidades de cada caso concreto, de modo que o parâmetro abstrato do bom pai de família cede espaço para padrões de desvelo concretamente apurados.[17]

Ao lado da substancialidade e da escusabilidade, o terceiro requisito introduzido pelo Código Civil é a *cognoscibilidade* ou *recognoscibilidade*. Enquanto o requisito da escusabilidade direciona a atenção do intérprete para o emissor da declaração de vontade, o requisito da cognoscibilidade volta-se para o receptor da declaração de vontade. A cognoscibilidade exige, para a invalidade, que o erro "poderia ser percebido por pessoa de diligência normal" (CC, art. 138). Ou seja, se o destinatário tinha condições de perceber a vontade viciada do emissor, ainda que, concretamente, não tenha notado tal circunstância, estará configurado o requisito da cognoscibilidade.[18]

Cognoscibilidade do erro

A anulabilidade do negócio por erro do declarante pressupõe, assim, que tal erro pudesse ser percebido por uma pessoa de diligência normal. O legislador, ao decidir quem arcará com o prejuízo derivado da conservação ou da insubsistência do negócio, protege o receptor da vontade que, estando de boa-fé e tendo agido com a diligência esperada, não percebeu e nem poderia perceber que a outra parte estava em erro.[19]

Uma vez examinados os requisitos para anulação do negócio jurídico por erro, passa-se à análise se é possível o falso motivo tornar defeituoso o negócio. No sistema jurídico brasileiro, prevalece, a teor do artigo 140 do Código Civil, a irrelevância do motivo, uma vez que este é associado às razões psicológicas internas que levam a

Falso motivo

---

[16] Segundo Roberto de Ruggiero, "um erro tão grosseiro que não seja crível que alguém nele possa cair, ou um erro menos grave mas que se teria podido evitar se se tivesse tido atenção ou prudência, não pode ser invocado pelo que errou para conseguir a anulação da sua declaração" (Roberto de Ruggiero, *Instituições de direito civil*: introdução e parte geral, vol. 1, São Paulo: Saraiva, 1935, p. 267. V. tb. Caio Mário da Silva Pereira, *Instituições de direito civil*, vol. I, cit., pp. 442-443.

[17] "O Código Civil, tratando da coação, determina no art. 99 que, ao examiná-la, deverá ter-se em conta 'o sexo, a idade, a condição, a saúde, o temperamento do paciente e todas as demais circunstâncias que lhe possam influir na gravidade'. Creio que a regra se estende ao erro, pois os mesmos motivos que conduziram o legislador a recomendar uma complacência maior para com o coacto débil existem ao se encarar a situação do declarante que errou. O homem de temperamento doentiamente sugestivo tanto é vítima da violência como do erro. Daí ser justa a inferência de que o Código Civil adotou o critério do caso concreto e não o do abstrato" (Silvio Rodrigues, *Dos vícios do consentimento*, São Paulo: Saraiva, 1979, pp 76-77). V., ainda, Caio Mário da Silva Pereira, *Instituições de direito civil*, vol. I, cit., pp. 442-443; Humberto Theodoro Junior, *Comentários ao novo Código Civil*: dos defeitos do negócio jurídico ao final do livro III, vol. III, t. 1, Rio de Janeiro: Forense, 2008, pp. 52-53; Álvaro Villaça Azevedo, *Código Civil comentado*, São Paulo: Atlas, 2003, p. 185.

[18] Cf. Silvio Rodrigues, *Direito civil*, cit., pp. 191-192; Zeno Veloso, *Invalidade do negócio jurídico* – Nulidade e invalidade, Belo Horizonte: Del Rey, 2005, p. 244; Ana Alvarenga Moreira Magalhães, *O erro no negócio jurídico*: autonomia da vontade, boa-fé objetiva e teoria da confiança, São Paulo: Atlas, 2011, pp. 99-100; Augusto Passamani Bufulin, *O erro e seus requisitos*, Rio de Janeiro: LMJ, 2013, p. 165.

[19] V. Humberto Theodoro Júnior, *Comentários ao novo Código Civil*, vol. III, t. 1, Rio de Janeiro: Forense, 2006, pp. 46-47.

pessoa a praticar o ato e que são estranhas ao negócio. Desse modo, a mera constatação de falso motivo para a celebração do negócio jurídico não acarreta a sua anulabilidade. Esta se subordina à circunstância de o motivo haver sido apreendido por ambas as partes como razão determinante do negócio. Com efeito, o motivo expresso como razão determinante se insere no próprio objeto do negócio jurídico, tendo dele conhecimento o receptor da vontade, de modo que sua falsidade tem aptidão para macular a validade do negócio.[20] Se alguém vende um terreno confiando que ali será construída uma escola mas, por outro lado, é erguido um hotel, tem-se a possibilidade de anulação do negócio se o motivo – construção da escola – integrou o objeto do negócio jurídico como razão determinante.

Meios interpostos

Importante analisar, ainda, como ocorre a aferição do erro quando a transmissão da vontade não se estabelece diretamente, e sim por meios interpostos. O artigo 141 do Código Civil dispõe que a transmissão errônea da vontade por meios interpostos é anulável nos mesmos casos em que o é a declaração direta. Quer isso dizer que se aplica à manifestação da vontade por meios interpostos os mesmos requisitos da declaração direta para anulação do negócio por erro. San Tiago Dantas ilustra a hipótese com caso julgado pela Corte Suprema da Alemanha no início do século XX: o declarante determinou a emissão de ordem de venda de ações (*verkaufen*); porém, por erro de digitação do telégrafo, foi suprimido o prefixo do vocábulo, sendo expedida ordem de compra (*kaufen*). Ao invés de vender as ações, sabendo que o preço estava prestes a despencar, o empresário terminou por adquirir mais ações.[21] O legislador brasileiro imputa ao declarante os riscos de utilização de meios interpostos, exigindo que demonstre todos os requisitos do erro para a anulação: essencialidade, escusabilidade, cognoscibilidade.

Erro de cálculo

Caso o erro do declarante consista em equivocada realização de cálculo matemático, a validade do negócio jurídico não será afetada, garantindo-se àquele apenas retificação da declaração de vontade (CC, art. 143). Assim, por exemplo, se a soma dos objetos adquiridos estiver errada, retifica-se o número. Cuida-se de mera operação aritmética inadequada, passível de ser sanada.[22]

Preservação do negócio jurídico

Por fim, o art. 144 do Código Civil estabelece que o erro não prejudica a validade do negócio jurídico quando o destinatário da vontade se oferecer para executar o negócio de acordo com vontade real do manifestante. Uma vez que a disciplina do erro tem por escopo proteger, dentro de certos limites, a vontade real (ou seja, aquela não viciada), não haveria razão para se determinar a anulação do negócio quando o receptor da declaração errônea se oferece para cumprir o pactuado tendo por referência a vontade hígida do declarante.

---

[20] V. Gustavo Tepedino, O regime jurídico da revogação de doações. In: *Soluções práticas de direito*, vol. II, São Paulo: Editora Revista dos Tribunais, 2012, p. 495.
[21] San Tiago Dantas, *Programa de direito civil*, Rio de Janeiro: Forense, 2001, 3ª ed., p. 234.
[22] V. José Augusto Delgado, Luiz Manoel Gomes Júnior. In: Arruda Alvim, Thereza Alvim (coord.), *Comentários ao Código Civil brasileiro*: dos fatos jurídicos, vol. II, Rio de Janeiro: Forense, 2008, p. 504.

3. DOLO

O dolo, modalidade de vício do consentimento, se configura na hipótese em que uma pessoa, maliciosamente, induz outrem a concluir negócio jurídico em erro substancial (sobre o erro, v. item 2 *supra*), para beneficiar a si próprio ou a terceiro.[23] Para ensejar a anulação do negócio jurídico, o dolo há de ser sua causa (dolo essencial), isto é, razão determinante da celebração do ajuste (CC, art. 145).[24] O dolo acidental, embora gere à vítima do ardil direito a ser ressarcida pelas perdas e danos sofridos, não acarreta a invalidação do negócio, haja vista que este seria celebrado a despeito do dolo, embora por outro modo (CC, art. 146). O dolo essencial, a seu turno, além da invalidação do negócio, também sujeita aquele que operou maliciosamente a indenizar eventuais danos sofridos pela parte que manifestou a vontade viciada.[25]

Dolo essencial e dolo acidental

Deve-se distinguir, ainda, o *dolus malus* do *dolus bonus*. Apenas o primeiro vicia a vontade e torna o negócio defeituoso. O *dolus malus* é o dolo a que se refere o art. 145 do Código Civil, consistente na indução deliberada de alguém a erro. O *dolus bonus*, por sua vez, se refere à prática inocente e não enganosa de tentar alcançar o convencimento da outra parte para a contratação. O *dolus bonus* é tolerado e se encontra frequentemente presente nos exageros publicitários.[26] O mero excesso do vendedor ao realizar a publicidade do objeto que pretende alienar não justifica, por si só, a anulação do negócio. Ilustrativamente, imagine-se o seguinte anúncio publicitário: "*O nosso curso de inglês é o melhor do planeta*". Não se pode cogitar que o anunciante tenha feito um *ranking* internacional, em todos os continentes, para verificar se o seu curso de inglês é efetivamente o melhor do mundo. Desse modo, o exagero perceptível pelo destinatário da publicidade consiste em mero *dolus bonus*, sem aptidão para inquinar a validade do negócio jurídico.[27] Destaque-se que a maté-

Dolus malus e dolus bonus

---

[23] Cf. Roberto de Ruggiero, *Instituições de direito civil*, vol. I, cit., p. 346; Clovis Bevilaqua, *Teoria geral do direito civil*, cit., p. 219.

[24] Na lição de Silvio Rodrigues: "O dolo é o artifício de que alguém se serve para enganar o outro, provocando em seu espírito um erro que o conduz a uma manifestação de vontade que não surgiria, se inexistisse o embuste" (*Dos vícios do consentimento*, São Paulo: Saraiva, 1979, pp. 129-137).

[25] "Consequências do dolo essencial. A principal consequência é a anulação do ato, como determina o Código. Mas, embora o Código seja omisso, ainda resulta outra consequência, que é caber eventualmente ao declarante direito à indenização dos prejuízos que tenha sofrido, não obstante a anulação do ato, sendo lícito mesmo que vítima do dolo prefira deixar subsistir o ato e fazer-se indenizar dos prejuízos" (J.M. Carvalho Santos, *Código Civil brasileiro interpretado*, cit., pp. 334-335). V. tb. Humberto Theodoro Jr., *Comentários ao novo Código Civil*, cit., p. 121.

[26] Conforme lembra Francisco Amaral, trata-se de "práticas usuais ou normais do comércio, de que são exemplos os exageros utilizados na publicidade comercial. É considerado de somenos importância e, assim, tolerado" (*Direito civil*: introdução, cit., p. 601). Cf. tb. Ana Luiza Maia Nevares, O erro, o dolo, a lesão e o estado de perigo no Código Civil. In: *O Código Civil na perspectiva civil-constitucional*: parte geral, Rio de Janeiro: Renovar, 2013, p. 312; Caio Mário da Silva Pereira, *Instituições de direito civil*, vol. 1, cit., pp. 441-442; Silvio Rodrigues, *Dos vícios do consentimento*, cit., pp. 445-446.

[27] "O fato de os prepostos da apelada terem assegurado a boa procedência do veículo, bem como uma ótima condição, não sobrepuja o exagero de parte interessada em valorizar o produto que pretende vender (*dolus bonus*), o que não caracteriza ilícito, a não ter o condão de viciar o negócio jurídico firmado por ser tolerável" (TJ/SP, 3ª C.E.D.Priv., Ap. Cív. 0051526-94.2009.8.26.0000, Rel. Des.

ria é especialmente sensível no âmbito das relações de consumo, em que a vulnerabilidade dos consumidores enseja maior cuidado na qualificação do que é simplesmente *dolus bonus*.[28] Daí ser importante aferir se a mensagem publicitária se coaduna com o público alvo daquele produto ou serviço, sendo o exagero passível de percepção pelos consumidores.

Dolo por ação e dolo por omissão

O dolo pode decorrer de *ação* ou *omissão* por parte de quem haja intencionalmente induzido o agente a erro. Em qualquer caso, para ocasionar a anulação do negócio jurídico, o dolo deve ser essencial à prática do ato (artigos 145 e 147 do Código Civil). Caso o dolo por omissão assuma caráter acidental, sem traduzir a razão determinante da realização da avença, não se anulará o negócio e serão devidas perdas e danos ao contratante inocente (artigo 146 do Código Civil).

Dolo de terceiro

Quem induz o declarante a erro pode ser tanto o receptor da declaração, ou seja, a outra parte do negócio jurídico, como terceiro (CC, art. 148).[29] Quando o dolo é de terceiro, o negócio só é anulável se o receptor da declaração dele tivesse ou devesse ter conhecimento. Caso contrário, o negócio subsiste, mas o terceiro responde por todas as perdas e danos sofridos pela vítima do dolo. Vale dizer, para que o *dolo de terceiro* tenha o condão de inquinar a validade do negócio jurídico, deve haver a cumplicidade direta do receptor da declaração ou, ao menos, a sua falta de diligência no sentido de ter conhecimento da malícia. Caso não demonstrada a participação ou a negligência do receptor, a validade do negócio jurídico permanecerá hígida e a pretensão do declarante se restringirá à cobrança de perdas e danos em face do terceiro.

Dolo do representante

Não pode ser equiparado ao terceiro o representante de uma das partes, vez que, em razão dos poderes de representação, o representante atua como se fosse o próprio representado (v. Capítulo XII).[30] O legislador distingue o representante legal do convencional, estabelecendo que, no primeiro caso, o dolo do representante só obriga o representado a responder até a importância do proveito que teve. O dolo do representante convencional, por outro lado, torna o representado solidariamente responsável pelas perdas e danos. Na representação legal, o legislador, para proteger a pessoa que é representada legalmente, limita a responsabilidade desta à proporção do bene-

---

Hélio Nogueira, julg. 12.2.2014, publ. *DJ* 14.2.2014). Cf. tb. TJ/SP, 35ª C.D.Priv, Ap. Cív. 0003946-86.2014.8.26.0390, Rel. Des. Flavio Abramovici, julg. 12.12.2016.

[28] "O Código [de Defesa do Consumidor] não dá um salvo-conduto para o exagero (*puffing*). Uma vez que a afirmação do anunciante, por mais exagerada que seja, preste-se para induzir o consumidor ao erro, configura-se publicidade enganosa. Só a vagueza absoluta e inofensiva do anúncio permite a isenção de responsabilidade do fornecedor" (Antonio Herman V. Benjamin *et al*, *Código Brasileiro de Defesa do Consumidor*: comentado pelos autores do anteprojeto, Rio de Janeiro: Forense Universitária, 1998, 5ª ed., p. 277).

[29] Art. 148 do Código Civil: "Pode também ser anulado o negócio jurídico por dolo de terceiro, se a parte a quem aproveite dele tivesse ou devesse ter conhecimento; em caso contrário, ainda que subsista o negócio jurídico, o terceiro responderá por todas as perdas e danos da parte a quem ludibriou".

[30] V. Caio Mario da Silva Pereira, *Instituições de direito civil*, vol. 1, cit., pp. 447-448; Humberto Theodoro Júnior, *Comentários ao novo Código Civil*, cit., p. 151.

fício que teve. Se o representado não houver auferido benefício algum, estará isento de responsabilidade, recaindo toda ela sobre o representante legal. Diversamente, no caso de representação voluntária, representado e representante respondem solidariamente pelos danos causados à parte inocente do negócio jurídico, sem prejuízo de eventual ação regressiva do representado em face do representante.

O artigo 150 do Código Civil prevê, ainda, que o mal reciprocamente praticado se neutraliza,[31] de tal maneira que o agente não pode alegar dolo da contraparte se houver, ele próprio, igualmente incorrido em dolo.[32] Autorizada doutrina sustenta ser possível a neutralização do dolo essencial (*dolus causam*) de um agente com o dolo acidental (*dolus incidens*) do outro, pois não haveria boa-fé a ser tutelada.[33] Afirma-se, em apoio a esse entendimento, que a linguagem do art. 150 refere-se tanto à hipótese de anulação quanto à de indenização, abrangendo, assim, para fins de neutralização do dolo, não somente o essencial, disposto no art. 145, mas também o suporte fático do art. 146, o qual, para se caracterizar, pressupõe que o ato seria realizado a despeito da presença do dolo acidental.

Dolo recíproco

4. COAÇÃO

A coação consiste em vício na manifestação de vontade verificado nas hipóteses em que uma das partes incute na outra fundado temor de dano iminente e considerável à sua pessoa, à sua família ou aos seus bens, com o fim de levá-la a celebrar negócio jurídico (art. 151, *caput*, do Código Civil). A ameaça há de ser séria e injusta, de tal sorte que o paciente se depare com a escolha entre sofrer o mal iminente ou firmar o negócio jurídico.[34] O parágrafo único do art. 151 dispõe que se a ameaça

---

[31] "Si ambas as partes tiverem procedido com dolo, nem-uma o poderá allegar para anullar o acto ou para pedir indemnisação. Conclusão: para que o dolo produza effeitos rescisórios é indispensável que tenha uma origem unilateral, que esteja em uma só das partes contratantes. Si é reciproco compensa-se e o contracto não é nullo. *Dolus cum dolo compensatur*. Si ha mais de um contratante, figurando de uma parte no contracto e só um procede com dolo, a vítima deste não tem acção contra os contratantes de boa fé para annullar a convenção e sim somente para pedir indemnisação ao autor do dolo" (Carvalho de Mendonça, *Doutrina e pratica das obrigações*: tratado geral dos direitos de credito, vol. II, Rio de Janeiro: Francisco Alves, 1911, pp. 206-207).

[32] Ao propósito, Carvalho Santos afirma: "ninguém pode tirar vantagem do próprio dolo, nem o direito pode dar apoio à malícia de uma para ferir a da outra parte" (J.M. Carvalho Santos, *Código Civil brasileiro interpretado*, vol. II, Rio de Janeiro: Freitas Bastos, 1952, pp. 351-352).

[33] Nesse sentido, Carvalho Santos: "Pouco importa que uma parte tenha procedido com dolo essencial e a outra apenas com o acidental. O certo é que ambas procederam com dolo, não havendo boa-fé a defender. (...) Além disso, ninguém pode tirar vantagem do próprio dolo, nem o direito pode dar apoio à malícia de uma para ferir a da outra parte" (*Código Civil brasileiro interpretado*, vol. II, cit., p. 352). Com o mesmo entendimento, Clovis Bevilaqua, *Código Civil dos Estados Unidos do Brasil Comentado*, vol. I, Rio de Janeiro: Francisco Alves, 1956, p. 277; Ana Luiza Maia Nevares, O erro, o dolo, a lesão e o estado de perigo no Código Civil. In: *O Código Civil na perspectiva civil-constitucional*, vol. I, Rio de Janeiro: Renovar, 2013, p. 314; Silvio Rodrigues, *Dos vícios do consentimento*, cit., pp. 162-164; Humberto Theodoro Junior, *Comentários ao novo Código Civil*, cit., pp. 161-163.

[34] Caio Mário da Silva Pereira, *Instituições de direito civil*, vol. 1, cit., p. 450; Miguel Maria de Serpa Lopes, *Curso de direito civil*, vol. I, Rio de Janeiro: Freitas Bastos, 1989, 7ª ed., p. 399.

disser respeito a pessoa não pertencente à família do paciente, deve o juiz decidir, com base nas circunstâncias, se houve coação. Prestigiou o legislador, de maneira ampla, os vínculos de afeto, não restringindo a tutela da coação aos laços próprios das organizações familiares.

Violência física (vis absoluta)

Alude-se a dois tipos de violência: a física (*vis absoluta*) e a moral (*vis compulsiva*). A primeira exclui por completo a vontade do agente, reduzido a instrumento passivo do ato, implicando ausência total de consentimento.[35] Aqui não há vício porque não há sequer vontade, elemento essencial à própria formação do negócio jurídico. Já a violência moral (*vis compulsiva*) não impede a manifestação volitiva, porém deforma o seu conteúdo. A coação de que trata o Código Civil é aquela que

Violência moral (vis compulsiva)

resulta da violência moral. Neste caso, há dissociação entre a vontade declarada e a vontade real do agente, havendo, aqui sim, vício do consentimento para fins dos artigos 151 a 155 do Código Civil. Desse modo, na coação se verifica o recurso à violência moral por alguém (coator ou autor da coação) para compelir outrem (paciente ou coacto) a celebrar negócio jurídico. Trata-se de pressão ou violência moral irresistível contra quem declara a vontade, tornando-a defeituosa.

O artigo 152 do Código Civil requer, para caracterizar a coação, que se leve em conta "o sexo, a idade, a condição, a saúde, o temperamento do paciente e todas as demais circunstâncias que possam influir na gravidade dela". De acordo com o preceito, a coação deve ser apreciada de forma contextualizada, a partir de elementos concretos, notadamente à luz das condições pessoais do coacto.

Exercício regular de direito e temor reverencial

Não se considera coação a ameaça do exercício normal de um direito, nem o simples temor reverencial (CC, art. 153). Assim, a cobrança de dívida vencida afigura-se exercício regular do direito e não pode ser considerada coação para anular instrumento de repactuação da dívida. De outra parte, tampouco se considera coação o temor reverencial, como o dos filhos em relação aos pais, ou o dos fiéis em relação ao líder religioso. O temor reverencial existe perante pessoas a quem se respeita ou se admira profundamente. Embora possa influenciar na declaração da vontade, não traduz coação, pois não configura, em si mesmo, ameaça direcionada à conclusão do negócio.[36]

Coação de terceiro

À semelhança do dolo, admite-se que a coação provenha de terceiro, devendo-se distinguir se a parte beneficiada sabia, ou deveria saber, da coação, ou se, por outro lado, desconhecia (e não tinha meios de conhecer) a violência moral. A validade do negócio jurídico apenas será comprometida na primeira hipótese, em que, além de sofrer a anulação do ajuste, suportará a parte beneficiada, solidariamente com o terceiro, as consequências danosas causadas ao paciente (CC, art. 154). Caso, porém, o agente beneficiado pela coação não tivesse nem devesse ter conhecimento dela, o negócio jurídico subsistirá, imputando-se ao terceiro coator a responsabilida-

---

[35] Orlando Gomes, *Introdução ao direito civil*, Rio de Janeiro: Forense, 2016, 21ª ed., p. 329; Clovis Bevilaqua, *Teoria geral do direito civil*, Campinas: Servanda, 2015, p. 278; Silvio Rodrigues, *Direito civil*, vol. I, cit., p. 200; Alberto Trabucchi, *Istituzioni di diritto civile*, cit., p. 147.

[36] Orlando Gomes, *Introdução ao direito civil*, cit., p. 330.

de exclusiva pelas perdas e danos sofridos pelo paciente (CC, art. 155). Cuida-se de inovação em relação à disciplina do Código Civil de 1916, em que a coação de terceiro era causa de anulabilidade do negócio em qualquer caso.

PROBLEMAS PRÁTICOS

1. O negócio jurídico pode ser anulado por erro ainda que a falsa representação da realidade pudesse ter sido evitada se aquele que invoca o erro tivesse procedido com maior argúcia? Justifique.
2. O erro de direito vicia o negócio jurídico? Justifique.

Acesse o *QR Code* e veja a Casoteca.
> https://uqr.to/1p8nw

Capítulo XV
ESTADO DE PERIGO, LESÃO E FRAUDE CONTRA CREDORES

Sumário: 1. Estado de perigo – 2. Lesão – 3. Fraude contra credores. Fraude à execução – Problemas práticos.

1. ESTADO DE PERIGO

No âmbito dos defeitos do negócio jurídico, o estado de perigo, a lesão e a fraude contra credores traduzem os denominados vícios sociais. Do mesmo modo que o erro, o dolo e a coação – que consubstanciam os vícios do consentimento – tornam anulável o negócio jurídico.

<small>Vícios sociais</small>

O estado de perigo, previsto no art. 156 do Código Civil, se configura nas hipóteses em que a parte, premida pela necessidade de salvar a si ou a alguém de sua família de grave dano físico ou moral, de conhecimento da outra parte, celebra negócio excessivamente oneroso. Aos negócios jurídicos unilaterais também se aplica o estado de perigo, como no caso da promessa de recompensa. Pense-se na hipótese de o náufrago prometer, a quem conseguir salvá-lo, pagamento exacerbado.

<small>Conceito</small>

O parágrafo único do art. 156 estabelece que, em se tratando "de pessoa não pertencente à família do declarante, o juiz decidirá segundo as circunstâncias". Ao possibilitar a configuração do estado de perigo para salvar pessoa não pertencente à família, prestigiou o legislador, de maneira ampla, os vínculos de afeto, não restringindo sua tutela aos laços próprios das organizações familiares. O que releva é verificar se a razão da contratação foi salvar alguém com quem o contratante tenha profundo vínculo emocional – como um amigo de longa data ou um empregado de muitos anos – de modo a comprometer a formação da vontade.

Estado de perigo e coação

O perigo, apto a deflagrar esse vício social, pode ou não advir da conduta voluntária de uma pessoa. Quando decorre de ato voluntário, diferentemente da coação, o sujeito que gera a situação de grave ameaça não age com o intuito de forçar a celebração do negócio jurídico – o que é próprio da coação. No estado de perigo, o contratante, conhecendo a existência do perigo propiciado pela conduta alheia, busca dele extrair benefício desproporcional, sem qualquer indução neste sentido pela pessoa que suscita a grave ameaça.[1]

Requisitos

A caracterização do estado de perigo depende da presença dos seguintes requisitos: (i) assunção de obrigação excessivamente onerosa; (ii) dolo de aproveitamento, consistente no ânimo de se aproveitar do estado de necessidade de outrem; (iii) vulnerabilidade daquele que assume a prestação excessivamente onerosa, oriunda da necessidade de salvar a si ou a pessoa de sua família. Note-se que o perigo não precisa ser real para viciar a formação da vontade; basta a crença do declarante de que a grave situação de perigo existe, aliada ao aproveitamento deste estado psicológico pela contraparte.[2]

Exemplos

A título ilustrativo, imaginem-se as seguintes situações: a pessoa perdida em local ermo e perigoso, que oferece montante excessivo para ser retirada daquele lugar; aquele que se encontra à deriva em alto mar e que promete dar recompensa milionária ao comandante para ser resgatado pelo único navio que ali passava; a pessoa que, tendo sofrido acidente e correndo risco de vida, aceita pagar para o único médico daquela região honorários flagrantemente desproporcionais; aquele que, necessitando pagar resgate a sequestradores para salvar a vida de seu filho, pratica ato negocial excessivamente oneroso.[3]

Frise-se que não basta à configuração do estado perigo a necessidade premente de salvar-se a si ou a pessoa de sua família. A tal elemento deve se associar a assunção de obrigação excessivamente onerosa em benefício da contraparte que atuou conscientemente no sentido de extrair proveito dessa situação (dolo de aproveitamento).[4] Nessa direção, o Superior Tribunal de Justiça rejeitou pleitos de anulação de contratos de serviços médicos hospitalares quando, diante das

---

[1] Aduz Francisco Amaral: "O estado de perigo pode nascer de fato humano ou de fato natural. Se decorrente de fato humano, distingue-se da coação sempre que o estado de perigo não tenha sido criado com o fim de se exigir da vítima a conclusão do negócio. Se deriva de fato natural, não tem qualquer ponto de contato com a coação" (*Direito civil*: introdução, São Paulo: Saraiva Educação, 2018, 10ª ed., p. 606). V. tb. Caio Mário da Silva Pereira, *Instituições de direito civil*, vol. I, Rio de Janeiro: Forense, 2019, 32ª ed., p. 464.

[2] Humberto Theodoro Júnior, *Comentários ao Código Civil*, cit., p. 214.

[3] Para mais exemplos, cf. Silvio Rodrigues, *Direito Civil*: parte geral, vol. 1, São Paulo: Saraiva, 2007, 34ª ed., p. 218; Washington de Barros Monteiro, *Curso de direito civil*, vol. I: parte geral, São Paulo: Saraiva, 2007, 41ª ed., p. 251; Paulo Nader, *Curso de direito civil*: parte geral, vol.1, Rio de Janeiro: Forense, 2018, 11ª ed., p. 474; Nelson Nery Jr., Rosa Maria de Andrade Nery, *Código Civil anotado e legislação civil extravagante*, São Paulo: Revista dos Tribunais, 2003, 2ª ed., p. 220.

[4] "É elementar, nesta espécie, o fato de ter a outra parte conhecimento do estado de perigo, fazendo-se presente o requisito do dolo de aproveitamento" (Caio Mário da Silva Pereira, *Instituições de direito civil*, vol. I, cit., p. 464). V. tb. Paulo Lôbo, *Direito civil*: parte geral, São Paulo: Saraiva, 2017, 6ª ed., pp. 302-303; Álvaro Villaça Azevedo, *Comentários ao Código Civil*, cit., p. 212.

circunstâncias fáticas, restou comprovada a regularidade dos preços cobrados e dos serviços oferecidos.[5]

2. LESÃO

A lesão se verifica nas hipóteses em que a pessoa, sob premente necessidade ou por inexperiência, se obriga a cumprir prestação manifestamente desproporcional ao valor da prestação da outra parte (art. 157 do Código Civil). A nítida desproporção entre o pagamento e a contraprestação, como se percebe, é elemento comum da lesão e do estado de perigo, que se diferenciam pelos demais requisitos exigidos para a configuração de cada hipótese, atinentes às circunstâncias pessoais dos contratantes. Também a "resolução por onerosidade excessiva", prevista no art. 478 do Código Civil, busca reagir ao desequilíbrio entre as prestações, uma vez presentes certos pressupostos. Ao contrário da lesão e do estado de perigo, em que a desproporção é genética, isto é, concomitante à formação do vínculo contratual,[6] na "resolução por onerosidade excessiva" o desequilíbrio é superveniente ao nascimento do contrato e, por isso, apenas incide nos negócios sujeitos ao influxo do fator tempo. *Conceito*

Muito embora o Código Civil de 1916 não tratasse da lesão, autorizada doutrina já a entendia como vício do negócio por ilicitude do objeto, a ensejar a nulidade do ajuste na parte em que se verificasse a desproporção. Essa é a clássica tese de Caio Mário da Silva Pereira, que se baseia na tipificação da lesão, sob a alcunha "usura real", como crime pela Lei da Economia Popular, para dela extrair efeitos civis.[7] Com efeito, não poderia instituto reprimido pelo direito penal não ter consequências para *Ilicitude do objeto e lesão*

---

[5] "O estado de perigo é vício de consentimento dual, que exige, para a sua caracterização, a premência da pessoa em se salvar, ou a membro de sua família e, de outra banda, a ocorrência de obrigação excessivamente onerosa, aí incluída a imposição de serviços desnecessários, conscientemente fixada pela contraparte da relação negocial. O tão-só sacrifício patrimonial extremo de alguém, na busca de assegurar a sua sobrevida ou de algum familiar próximo, não caracteriza o estado de perigo, pois embora se reconheça que a conjuntura tenha premido a pessoa a se desfazer de seu patrimônio, a depauperação ocorrida foi conscientemente realizada, na busca pelo resguardo da própria integridade física, ou de familiar. (...) Se o nosocômio não exigir, nessas circunstâncias, nenhuma paga exagerada, tampouco impor a utilização de serviços não necessários, ou mesmo garantias extralegais, mas se restringir a cobrar o justo e usual, pelos esforços realizados para a manutenção da vida, não há defeito no negócio jurídico que dê ensejo à sua anulação" (STJ, 3ª Turma, REsp n. 1.578.474/SP, Rel. Min. Nancy Andrighi, julg. 11.12.2018, publ. DJ 13.12.2018). V. tb. STJ, REsp 168.0448/MG, 3ª T., Rel. Min. Nancy Andrighi, julg. 22.8.2017, publ. *DJ* 29.8.2017.

[6] Nos termos do § 1º do art. 157 do Código Civil, a desproporção das prestações deve ser apreciada segundo os valores vigentes ao tempo em que foi celebrado o negócio jurídico.

[7] Nas palavras de Caio Mário da Silva Pereira: "Esse é o delito de usura real, isto é, o instituto penal da lesão. E, como é nulo o ato jurídico quando for ilícito o seu objeto (...), aí teríamos a nulidade dos contratos em que uma das partes, abusando da premente necessidade, inexperiência ou leviandade da outra, obtém lucro patrimonial excedente de um quinto do valor corrente ou justo. A consequência da lesão, pois, é a nulidade do ato, e não a sua anulabilidade ou rescindibilidade" (*Lesão nos contratos*, Rio de Janeiro: Forense, 1959, pp. 198-199). V. tb. sobre o tema Carlos Alberto Bittar Filho, *A figura da lesão na jurisprudência pátria*: do direito anterior aos nossos dias, São Paulo: Revista dos Tribunais, 2001; Wilson de Andrade Brandão, *Lesão e contratos no direito brasileiro*, Rio de Janeiro: Aide, 1991, p. 206; Silvio Rodrigues, *Direito civil*, vol. 1, São Paulo: Saraiva, 2007, 34ª ed., p. 227.

o direito civil, daí decorrendo a ilicitude do objeto contratado com o vício da lesão e a nulidade da parte desproporcional.[8]

Caio Mário da Silva Pereira, ao analisar as características inerentes ao instituto da lesão nos negócios privados, propunha que o legislador deveria conferir-lhe como consequência a anulabilidade, a possibilitar que "as partes espontaneamente o convalidem, restaurando o equilíbrio das prestações, independentemente de pronunciamento judicial".[9] A orientação que indicava a anulabilidade como resultado da lesão veio a prevalecer na codificação de 2002.[10]

Requisitos

A configuração da lesão, nos termos do art. 157 do Código Civil, depende dos seguintes requisitos: (i) a desproporção manifesta entre as prestações estabelecidas no contrato no momento da realização do negócio (requisito objetivo); e (ii) inexperiência do lesado ou ter este agido premido por necessidade (requisito subjetivo).

Desproporção manifesta

Quanto ao requisito objetivo, é de se notar que não há parâmetro fixo para a desproporção apta a ensejar a anulação do negócio por lesão, havendo que se determinar no caso concreto.[11] Dessa forma, o manifesto desequilíbrio deve ser aferido a partir de critérios condizentes com a específica hipótese, havendo julgados, exemplificativamente, que levam em consideração, na análise da presença de lesão em contrato de honorários celebrado entre advogado e cliente, o momento em que o profissional passou a patrocinar a causa.[12]

---

[8] "Não é absolutamente nulo o contrato usurário, pois a consequência não é a reposição das partes no estado anterior. A nulidade é apenas relativa, atingindo o juro ou o lucro excessivo, cuja restituição equilibra as prestações, e, consequentemente, respeita o ato na parte restante" (Caio Mário da Silva Pereira, *Lesão nos contratos*, cit., p. 201).

[9] Caio Mário da Silva Pereira, *Lesão nos contratos*, Rio de Janeiro: Forense, 1999, p. 190. Cf. tb. Silvio Rodrigues, *Dos vícios do consentimento*, São Paulo: Saraiva, 1979, p. 209.

[10] Ainda sob a égide do Código Civil de 1916, também se sustentava configurar a lesão vício do consentimento, embora não previsto textualmente, a partir de sua configuração como espécie de coação, vício social que enseja a anulabilidade. V., sobre o tema, Silvio Rodrigues, *Dos vícios do consentimento*, São Paulo: Saraiva, 1979, pp. 220-221.

[11] Cf. Caio Mário da Silva Pereira, *Instituições de direito civil*, cit., p. 462; Francisco Amaral, *Direito civil*: introdução, cit., p. 606; Gustavo Tepedino, Heloisa Helena Barboza, Maria Celina Bodin de Moraes, *Código Civil interpretado conforme a Constituição da República*, vol. I, Rio de Janeiro: Renovar, 2014, 3ª ed., pp. 298-299; Humberto Theodoro Júnior, *Comentários ao novo Código Civil*, vol. III, T. I, Rio de Janeiro: Forense, 2008, 4ª ed., p. 150; Flávio Tartuce, *Direito civil*: lei de introdução e parte geral, vol. 1, Rio de Janeiro: Forense, 2019, 15ª ed., pp. 469-474; Anelise Becker, *Teoria geral da lesão nos contratos*, São Paulo: Saraiva, 2000, pp. 110-111.

[12] "Quanto ao elemento objetivo da lesão, resulta da desproporcionalidade do valor exigido a título de honorários, visto que 20% dos valores a receber a título de honorários advocatícios contratuais, indicado na inicial como correspondendo a R$ 112.731,48, evidencia cobrança exagerada, eis que o Advogado assumiu a causa já na fase de cumprimento da sentença transitada em julgado em favor de seu constituinte, sendo certo que não foi demonstrada a ocorrência de fato superveniente e imprevisto que justificasse o patamar da remuneração prevista no contrato de honorários. (...). Resumindo: a redução de 20% para 10% se justifica diante da ocorrência de lesão, decorrente da situação de inferioridade e inexperiência no trato com lides judiciais por parte do constituinte e do valor manifestamente excessivo para a prestação de serviços assumida pelo advogado, o que vai ao encontro do entendimento do Colendo Superior Tribunal de Justiça (...)" (TJ/RJ, Ap. Cív. 0008972-90.2015.8.19.0207, 19ª C.C., Rel. Des. Juarez Fernandes Folhes, julg. 16.5.2017, publ. *DJ* 23.5.2017).

Controverte-se acerca da possibilidade de configuração da lesão nos contratos aleatórios, já que nestes, por força da álea consensualmente prevista pelas partes, não há necessária equivalência entre as prestações. A despeito do risco inerente aos contratos aleatórios e da ausência de proporcionalidade entre as obrigações recíprocas em virtude da incidência dessa álea contratada, fato é que, caso seja extrapolado o risco específico assumido pelas partes e que qualifica o contrato como aleatório, pode incidir a figura da lesão (e também da "resolução por onerosidade excessiva"). É de se admitir, assim, a caracterização de lesão mesmo em se tratando de contrato aleatório, desde que o desequilíbrio manifesto não se situe no plano do risco assumido pelo contratante.[13]

Lesão nos contratos aleatórios

Em relação ao pressuposto subjetivo, observe-se que o legislador não exige o dolo de aproveitamento,[14] essencial, por outro lado, à configuração do estado de perigo. A parte que se beneficia da lesão, portanto, não precisa agir com o intuito de se aproveitar da inexperiência ou da necessidade da contraparte, não existindo, quanto a ela, qualquer requisito subjetivo. Na lesão é necessária, de outra parte, a inexperiência ou a necessidade do lesado (requisito subjetivo), determinantes para a celebração do negócio naquelas condições. Em uma palavra, exige-se o aproveitamento (objetivo) da situação de inexperiência ou de necessidade, mas não o dolo de aproveitamento.[15]

Tanto a inexperiência como a necessidade são aferidas concretamente, a partir do contrato celebrado: vinculam-se, respectivamente, à falta de conhecimento ou habilidade relativos à natureza da transação, ou à impossibilidade de evitar o contrato (necessidade de contratar).[16] Veja-se, ao propósito, o Enunciado n. 410 da V Jornada de Direito Civil do CJF: "A inexperiência a que se refere o art. 157 não deve necessariamente significar imaturidade ou desconhecimento em relação à prática

Inexperiência e necessidade

---

[13] "Consubstancia lesão a desproporção existente entre as prestações de um contrato no momento da realização do negócio, havendo para uma das partes um aproveitamento indevido decorrente da situação de inferioridade da outra parte. O instituto da lesão é passível de reconhecimento também em contratos aleatórios, na hipótese em que, ao se valorarem os riscos, estes forem inexpressivos para uma das partes, em contraposição àqueles suportados pela outra, havendo exploração da situação de inferioridade de um contratante" (STJ, REsp 1.155.200/DF, 3ª T., Rel. p/ Acórdão Min. Nancy Andrighi, julg. 22.2.2011, publ *DJ* 2.3.2011). Na doutrina, cf. Antônio Junqueira de Azevedo, *Negócio jurídico e declaração negocial*, cit., p. 208; Ana Luiza Maia Nevares, O erro, o dolo, a lesão e o estado de perigo no novo Código Civil. In: Gustavo Tepedino (coord.), *A parte geral do novo Código Civil* – Estudos na perspectiva civil-constitucional, 2ª ed., Rio de Janeiro: Renovar, 2003, p. 291; Gustavo Tepedino *et al.*, *Código Civil interpretado conforme a Constituição da República*, vol. 1, cit., p. 300.

[14] Nesse sentido, veja-se o Enunciado n. 150 da III Jornada de Direito Civil: "A lesão de que trata o art. 157 do Código Civil não exige dolo de aproveitamento".

[15] Gustavo Tepedino *et al.*, *Código Civil interpretado conforme à Constituição da República*, vol. I, cit., p. 299; Nestor Duarte. In: Cezar Peluso (coord.), *Código Civil comentado*, Barueri: Manole, 2019, p. 108.

[16] Ana Luiza Maia Nevares, O erro, o dolo, a lesão e o estado de perigo no novo Código Civil, cit., p. 320; Anderson Schreiber, *Equilíbrio contratual e dever de renegociar*, São Paulo: Saraiva, 2018, pp. 90-91; Anelise Becker, *Teoria geral da lesão nos contratos*, São Paulo: Saraiva, 2000, pp. 121-122.

de negócios jurídicos em geral, podendo ocorrer também quando o lesado, ainda que estipule contratos costumeiramente, não tenha conhecimento específico sobre o negócio em causa".[17]

Necessidade contratual

Adverte a doutrina, quanto à necessidade ensejadora da lesão, que esta não se limita ao estado de insuficiência patrimonial para a própria subsistência, ou seja, "não é a alternativa entre a fome e o negócio".[18] A necessidade é contratual, de modo que, ainda que o lesado seja abastado financeiramente, a necessidade consiste na impossibilidade de evitar o contrato. Assim, o indivíduo milionário que, em dado momento, precisa urgentemente de dinheiro e, para isso, dispõe de imóvel a baixo preço, a necessidade que o leva a aliená-lo poderá compor a lesão.[19]

Conservação do negócio jurídico

O parágrafo segundo do art. 157 traduz relevante concretização do princípio da conservação dos negócios jurídicos ao dispor que "não se decretará a anulação do negócio, se for oferecido suplemento suficiente, ou se a parte favorecida concordar com a redução do proveito". Pela redação do dispositivo, a preservação do ajuste depende de a parte favorecida pela lesão aceitar reequilibrar o negócio. Nada obstante, tem-se destacado que, como consectário do princípio da conservação dos negócios jurídicos, mesmo que a parte beneficiada não se ofereça para retirar a desproporção, pode a parte prejudicada pedir a revisão e não apenas se conformar com o remédio da anulação.[20] Pertinente, nessa direção, o Enunciado 291, da IV Jornada de Direito Civil: "Nas hipóteses de lesão previstas no art. 157 do Código Civil, pode o lesionado optar por não pleitear a anulação do negócio jurídico, deduzindo, desde logo, pretensão com vista à revisão judicial do negócio por meio da redução do proveito do lesionador ou do complemento do preço".

Previsão análoga não existe na regulamentação do estado de perigo. Entretanto, incide a mesma lógica, a justificar a aplicação, por analogia, do parágrafo segundo do art. 157 ao estado de perigo disciplinado pelo art. 156. Precisamente nesse sentido se

---

[17] Como ensina Caio Mário da Silva Pereira, "a inexperiência residiria no fato de o declarante, pelo seu estado de espírito, ou por não ser afeito aos negócios, ou pela ausência de conhecimento sobre a natureza do que realiza, – não dispor de meios adequados de informação sobre o contrato que celebra, ou sobre o preço da coisa ou ainda sobre as condições de mercado. Desafeito ao negócio, ajusta uma avença em tais termos que proporciona ao co-contratante um 'lucro maior da marca' ao mesmo tempo que sofre um grande prejuízo" (Caio Mário da Silva Pereira, *Lesão nos contratos*, Rio de Janeiro: Forense, 1993, p. 199).

[18] Caio Mário da Silva Pereira, *Lesão nos contratos*, cit., 1993, p. 165.

[19] Caio Mário da Silva Pereira, *Lesão nos contratos*, cit., Rio de Janeiro: Forense, 1993, p. 165. E remata: "a necessidade contratual não decorre da capacidade econômica ou financeira do lesado, mas da circunstância de não poder ele deixar de efetuar o negócio" (p. 165).

[20] Gustavo Tepedino, Heloísa Helena Barboza, Maria Celina Bodin de Moraes, *Código Civil interpretado conforme a Constituição da República*, vol. 1, cit., p. 300; Anderson Schreiber, *Equilíbrio contratual e dever de renegociar*, São Paulo: Saraiva, 2018, pp. 120-121. Assim também se verifica na jurisprudência: "Embora o dispositivo mencione que a avença será mantida a pedido da parte beneficiária (ré), nada obsta que a parte prejudicada também o faça" (TJ/SP, 9ª C.D.Priv., Ap. Cív. 0205702-17.2012.8.26.0100, Rel. Des. Alexandre Lazzarini, julg. 29.8.2017, publ. *DJ* 29.8.2017). V. tb. TJ/SP, 30ª C.Dir.Priv., Ap. Cív. 1000444-14.2016.8.26.0565, Rel. Des. Enio Zuliani, julg. 24.10.2017, publ. *DJ* 30.10.2017; TJ/MS, 4ª C.C., Ap. Cív. 0800936-73.2014.8.12.0007, Rel. Des. Odemilson Roberto Castro Fassa, julg. 26.10.2016, publ. *DJ* 30.10.2016.

manifesta o Enunciado 148 aprovado pela III Jornada de Direito Civil do Conselho da Justiça Federal: "Ao 'estado de perigo' (art. 156) aplica-se, por analogia, o disposto no § 2º do art. 157".

O Código de Defesa do Consumidor tutela a lesão de forma objetiva – já que o requisito subjetivo se exaure na qualificação do consumidor – e estabelece como remédio prioritário a revisão do ajuste desequilibrado, em observância ao propagado direito do consumidor à manutenção do contrato.[21] Nos termos do art. 6º, V, do CDC, "são direitos básicos do consumidor: (...) V – a modificação das cláusulas contratuais que estabeleçam prestações desproporcionais ou sua revisão em razão de fatos supervenientes que as tornem excessivamente onerosas". Assim, nas relações de consumo, bastará a demonstração da excessiva desproporção genética à relação contratual, relegando-se às relações regidas pelo Código Civil a exigência adicional de comprovação do requisito subjetivo atinente à inexperiência ou premente necessidade.

Relações de consumo

3. FRAUDE CONTRA CREDORES. FRAUDE À EXECUÇÃO

Ao tratar a fraude contra credores como defeito do negócio jurídico, quis o legislador proteger os credores quirografários – ou seja, os que têm como garantia o patrimônio geral do devedor, sem qualquer privilégio ou garantia real, bem como aqueles cuja garantia se torne insuficiente (CC, art. 158, § 1º)[22] – de negócios praticados pelo devedor em prejuízo da garantia patrimonial geral. O ato fraudulento apenas pode ser assim qualificado se efetivamente comprometer a capacidade do devedor de honrar suas obrigações, reduzindo-o à insolvência – que se caracteriza pela circunstância de o passivo patrimonial superar o ativo[23] – ou agravando este quadro (*eventus damni*). Sem esse pressuposto objetivo não há de se cogitar de fraude contra credores.

Conceito

Há de se distinguir se o negócio praticado é gratuito ou oneroso. No primeiro caso, basta a demonstração de que o ato ensejou a insolvência ou de que, à época de sua celebração, o devedor já estava insolvente (CC, art. 158, *caput*).[24] Em se tratando de negócio oneroso, é necessário, ainda, demonstrar que (i) a contraparte sabia – ou tinha meios para saber – da insolvência do devedor; ou (ii) a insolvência era notória (CC, art. 159).[25] Mesmo os contratos onerosos, com efeito, podem ser prejudiciais à

Negócio gratuito e negócio oneroso

---

[21] Bruno Miragem, *Curso de direito do consumidor*, São Paulo: Thomson Reuters Brasil, 2019, 8ª ed., p. 801; Claudia Lima Marques, Leonardo Roscoe Bessa e Antonio Herman V. Benjamin, *Manual de direito do consumidor*, São Paulo: Revista dos Tribunais, 2013, 5ª ed., p. 385 e ss.

[22] Sobre a definição de crédito quirografário, v. 83, VI, da Lei 11.101/2005.

[23] Art. 955 do Código Civil: "Procede-se à declaração de insolvência toda vez que as dívidas excedam à importância dos bens do devedor". V. tb. art. 748 do CPC/1973.

[24] "Não mais se exige a ciência inequívoca da fraude para anular a doação de bem celebrada entre pais e filhos operada em fraude contra credores" (STJ, 4ª T., AgInt no AREsp 1.401.474/SP, Rel. Min. Antonio Carlos Ferreira, julg. 9.9.2019, publ. *DJ* 16.9.2019).

[25] "A ocorrência de fraude contra credores demanda a anterioridade do crédito, a comprovação de prejuízo ao credor (*eventus damni*), que o ato jurídico praticado tenha levado o devedor à insolvência e o conhecimento, pelo terceiro adquirente, do estado de insolvência do devedor (*scientia*

garantia patrimonial dos credores quirografários, já que pode haver, por exemplo, alteração de bem de elevada liquidez por outro sem liquidez, ou transformação de bem imóvel em dinheiro, o qual pode ser facilmente dilapidado pelo devedor.[26]

Quanto ao elemento subjetivo – conhecimento, ou possibilidade de conhecimento, pelo terceiro, quanto ao estado de insolvência (*scientia fraudis*) –, só é exigido nos atos onerosos. Note-se que a ciência é aferida através de elementos objetivos, não já a partir da perscrutação do real estado psicológico do terceiro. Com efeito, o art. 159 do Código Civil entende configurada a ciência quando a insolvência for notória ou houver motivo para ser conhecida do terceiro, não sendo relevante indagar se, na prática, havia esse real conhecimento.

Anulabilidade — O negócio considerado fraudulento poderá ser anulado pelos credores prejudicados. Existe intenso debate doutrinário acerca da solução legal para o negócio praticado em fraude contra credores: anulação ou ineficácia do ato.[27] Ao deliberadamente optar pela consequência da anulação, quis o legislador proteger os credores quirografários como um todo com o retorno do bem ao patrimônio do devedor, não já apenas o credor que intentou a ação. Por isso, inclusive, a disposição expressa do art. 165 do Código Civil de que, havendo concurso instaurado, o bem deve retornar ao acervo em relação ao qual os credores irão satisfazer o seu crédito. A ação a ser movida pelo credor fraudado para buscar a anulação do negócio jurídico é denominada *ação pauliana* ou *ação revocatória*.

Ação pauliana ou revocatória — O art. 158 do Código Civil estabelece que a ação pauliana pode ser intentada pelo credor quirografário. Uma vez que o *eventus damni* consiste no prejuízo à garantia patrimonial pela insolvência ou seu agravamento, somente os credores quirografários possuem interesse para a ação revocatória. O titular de garantia real, por exemplo, apenas sofrerá os efeitos da insuficiência patrimonial do devedor se a garantia ofertada se revelar infrutífera, seja porque algum crédito com maior preferência consumiu o bem, seja porque o bem não logrou cobrir toda a dívida. Nestes casos, o credor com garantia real permanece como quirografário na parte não satisfeita pela garantia e, por isso, esclarece o § 1º que "igual direito [pleitear anulação do negócio jurídico] assiste aos credores cuja garantia se tornar insuficiente". Portanto, ainda que o crédito seja garantido por bem específico, este pode não lograr cobrir toda a dívida, a justificar o interesse do credor em ajuizar ação revocatória.[28]

---

fraudis)" (STJ, AgInt no REsp 1.294.462/GO, 4ª T., Rel. Min. Lázaro Guimarães, julg. 20.3.2018, publ. *DJ* 25.4.2018).

[26] Cf. Yussef Said Cahali, *Fraude contra credores*, São Paulo: Revista dos Tribunais, 2002, pp. 179-180.

[27] A respeito da consequência da ação pauliana, com detalhada exposição a respeito das posições doutrinárias em torno da anulação ou ineficácia do ato, v.: Yussef Said Cahali, *Fraude contra credores*, São Paulo: Revista dos Tribunais, 2013, 5ª ed., pp. 290-308. O STJ tem decisões que consideram ineficaz o ato praticado em fraude contra credores. Exemplificativamente, v. STJ, 1ª T., REsp 506312, Rel. Min. Teori Albino Zavascki, julg. 15.8.2006, *DJ* 31.8.2006.

[28] Veja-se o Enunciado n.º 151 da III Jornada de Direito Civil: "O ajuizamento da ação pauliana pelo credor com garantia real (art. 158, § 1º) prescinde de prévio reconhecimento judicial da insuficiência da garantia". Ao propósito, pondera Caio Mário da Silva Pereira: "Via de regra, somente os credores quirografários podem intentar ação pauliana, pois os privilegiados já encontram,

O § 2º do art. 158 preceitua que apenas os credores contemporâneos à alienação fraudulenta são legitimados para o pedido de anulação.[29] Com efeito, o objetivo do instituto da fraude contra credores é proteger a garantia geral incidente sobre o patrimônio do devedor. Desse modo, se ao tempo da constituição da dívida o patrimônio do devedor já se encontrava comprometido por força de ato fraudulento anteriormente praticado, e ainda assim o credor optou por seguir com a nova contratação, não pode pretender anular o negócio anterior.[30] De acordo com o Enunciado n.º 292 da IV Jornada de Direito Civil: "Para os efeitos do art. 158, § 2º, a anterioridade do crédito é determinada pela causa que lhe dá origem, independentemente de seu reconhecimento por decisão judicial". Nada obstante, o STJ já decidiu haver negócio fraudulento mesmo em relação a dívidas futuras quando configurado o intuito específico de fraudar tais credores.[31]

Dívidas anteriores à garantia

Na hipótese de o terceiro adquirente, nos contratos onerosos, não ter ainda efetuado o pagamento ao devedor insolvente, desobrigar-se-á depositando o valor dos bens – desde que este seja, aproximadamente, o valor corrente – em juízo, com a citação de todos os interessados. Se o valor contratado for inferior ao que valem os bens, o adquirente, para conservá-los, deverá depositar também a diferença (art. 160 do Código Civil). Nesta situação não há, como se vê, qualquer prejuízo aos credores

Depósito em juízo

---

para garantia especial de seus créditos, bens destacados e individuados, sobre os quais incidirá a execução. Mas, se normalmente não necessita o credor privilegiado de revogar o negócio praticado *in fraudem creditorum*, não está impedido de fazê-lo se militam em seu favor os requisitos da ação pauliana, entre os quais a existência do prejuízo, pois bem pode acontecer que as suas garantias sejam insuficientes, e o crédito, no que exceder delas, achar-se desguarnecido" (*Instituições de direito civil*, vol. I, cit., p. 459).

[29] "Existindo crédito anterior ao ato de transmissão fraudulento, configurada está a fraude contra credores" (STJ, 3ª T., REsp 1.324.308/PR, Rel. Min. João Otávio de Noronha, julg. 18.2.2016, publ. *DJ* 25.4.2018). Extrai-se do inteiro teor da decisão: "Concluiu o Tribunal de origem que ficou configurada a existência de crédito dos autores da ação contra o devedor em face do empréstimo de imóvel dado em hipoteca em 1997 como garantia de dívida deste em relação a terceiro. Referido crédito é originário de ato realizado em momento anterior à doação de imóveis feita pelo devedor às filhas, de modo que está configurado o pressuposto de existência de crédito anterior ao ato de transmissão fraudulento e consequentemente, cumprido está o pressuposto para a configuração de fraude contra credores".

[30] Carvalho Santos considera a regra "de simples bom-senso, por isso que os credores posteriores não podiam contar com uma garantia do patrimônio do devedor que já não mais existia" (*Código Civil brasileiro interpretado*, cit., p. 420). Cf. tb. Francisco Amaral, *Direito civil*: introdução, cit., pp. 610-612; José Roberto de Castro Neves, Coação e fraude contra credores no Código Civil de 2002. In: Gustavo Tepedino (Coord.), *O Código Civil na perspectiva civil-constitucional*: parte geral, Rio de Janeiro: Renovar, 2013, pp. 347-348.

[31] "A interpretação literal do art. 106, parágrafo único, do CC/16, conservada pelo art. 158, § 2º, do CC/02, já não se mostra suficiente à frustração da fraude à execução. O intelecto ardiloso é criativo e, através dos tempos, encontra meios de contornar a caracterização da fraude no desfalque de patrimônio para livrá-lo dos credores. Um desses expedientes é o desfazimento antecipado de bens, já antevendo, num futuro próximo, o surgimento de dívidas, com vistas a afastar o requisito da anterioridade do crédito, como condição da ação pauliana. Nesse contexto, deve-se aplicar com temperamento a regra do art. 106, parágrafo único, do CC/16. Embora a anterioridade do crédito seja, via de regra, pressuposto de procedência da ação pauliana, ela pode ser excepcionada quando verificada a fraude predeterminada em detrimento de credores futuros" (STJ, MC 16.170/SP, 3ª T., Rel. Min. Nancy Andrighi, julg. 20.10.2009, publ. *DJ* 18.11.2009).

(*eventus damni*), pois ocorre o depósito judicial, com citação de todos os interessados, do efetivo valor dos bens, o que afasta a possibilidade de desfazimento do negócio por fraude contra credores.

De acordo com o art. 161 do Código Civil, a ação pauliana poderá ser proposta "contra o devedor insolvente, a pessoa que com ele celebrou a estipulação considerada fraudulenta, ou terceiros adquirentes que hajam procedido de má-fé". O credor interessado na anulação do negócio fraudulento não poderá simplesmente executar os bens alienados, já em propriedade do terceiro adquirente, diferentemente do que acontece na fraude à execução.[32] Ademais, o dispositivo parece facultar ao credor eleger, dentre as pessoas listadas, contra quem litigar. Nada obstante, como se trata de anulação de negócio celebrado entre devedor e terceiro adquirente, podendo, inclusive, ter sido transmitida a propriedade, posteriormente, a subadquirente, todos os afetados pela anulação deverão figurar como réus, configurando-se litisconsórcio passivo necessário.[33]

Pagamento antecipado de dívidas

O art. 162 dispõe que "o credor quirografário, que receber do devedor insolvente o pagamento da dívida ainda não vencida, ficará obrigado a repor, em proveito do acervo sobre que se tenha de efetuar o concurso de credores, aquilo que recebeu" (v. tb. art. 129, I, da Lei n. 11.101/2005). Como se depreende, há três requisitos para a ação pauliana fundada neste dispositivo: (i) dívida não vencida; (ii) paga pelo devedor insolvente; (iii) a credor quirografário.

Aberto o concurso creditório, o pagamento de qualquer dívida pelo insolvente, seja vincenda, seja vencida, não é admitido. O artigo 162 do Código Civil regula, assim, a hipótese de pagamento efetuado antes da abertura do concurso, reputando-se fraudulenta a satisfação de dívida não vencida a credor quirografário. Busca-se

---

[32] Considera-se, por isso, inadequada a via dos embargos de terceiro para o conhecimento da fraude. Nessa direção, cf. o Enunciado n. 195 da Súmula da Jurisprudência do STJ: "Em embargos de terceiro não se anula ato jurídico, por fraude contra credores". Discute-se se, com o advento do Código de Processo Civil de 2015, essa lógica se mantém. Afirma-se que, embora não se tenha deixado de exigir a demanda autônoma relativa à ação pauliana para reconhecer a fraude contra credores, seria possível veiculá-la por meio de reconvenção nos embargos de terceiro, já que com o CPC/2015 os embargos de terceiro são processados pelo procedimento comum, e não mais pelo procedimento cautelar. Sobre o ponto, inclusive, foi editado o Enunciado 133 na II Jornada de Processo Civil, segundo o qual: "É admissível a formulação de reconvenção em resposta aos embargos de terceiro, inclusive para o propósito de veicular pedido típico de ação pauliana, nas hipóteses de fraude contra credores." Veja-se, sobre o tema, Fernando da Fonseca Gajardoni; Luiz Dellore; Andre Vasconcelos Roque; Zulmar Duarte de Oliveira Jr., *Processo de conhecimento e cumprimento de sentença*: comentários ao CPC de 2015, São Paulo: Método, 2018, 2ª ed., pp. 1155-1157.

[33] Humberto Theodoro Júnior, *Fraude contra credores*: a natureza da sentença pauliana. 2ª ed. Belo Horizonte: Del Rey, 2001. p. 152. "A *legitimatio passiva* repousa na pessoa do devedor insolvente e na pessoa que com ele celebrou o ato fraudulento. O objeto da ação é recolocar a coisa na garantia geral dos credores. Se o adquirente a houver transmitido a terceiro, contra este será igualmente movida a ação anulatória. Mas somente no caso de haver procedido de má-fé, uma vez que esta contamina o ato, ainda que não haja participado dele o alienante insolvente" (Caio Mário da Silva Pereira, *Comentários ao Código Civil de 2002*, vol. I, Rio de Janeiro: GZ, 2017, p. 163).

preservar os interesses dos demais credores, os quais restariam prejudicados caso se consolidasse o pagamento antecipado em favor de um deles. Não há fraude contra credores, antes de instaurado o concurso, no pagamento de dívida vencida na forma prevista pelo contrato, pois, neste caso, não existe má-fé do credor que recebe o que lhe é devido.[34]

O termo, em geral, considera-se a favor do devedor, ao qual se faculta, por isso mesmo, a antecipação do pagamento.[35] Em situação de insolvência, contudo, deve ser instaurado o concurso de credores, que busca regular, em procedimento que assegure tratamento isonômico e respeito às preferências legais, a satisfação dos credores.[36] Diante disso, o pagamento antecipado a credor quirografário significa indevido privilégio de liberá-lo de concorrer com os demais credores no concurso, em desrespeito à igualdade entre os credores.[37] Justamente para assegurar o tratamento isonômico é que o Código Civil considera, no art. 333, I, vencida antecipadamente a dívida na hipótese de concurso de credores, de modo a que seja possível, neste procedimento, regular imediatamente e de forma isonômica o pagamento a todos os credores (v. tb. art. 1.425, II, do Código Civil).[38]

No mesmo sentido, a teor do art. 163, presumem-se fraudatórias as garantias que o devedor insolvente conceder a algum credor (v. tb. art. 129, III, da Lei n. 11.101/2005). O parágrafo único do art. 165 do Código Civil determina que se os negócios fraudulentos tinham por único objeto atribuir direitos preferenciais, mediante hipoteca, penhor ou anticrese, sua invalidade importará somente na anulação da preferência ajustada.

De acordo com o art. 164 do Código Civil, presumem-se de boa-fé e devem ser preservados os negócios ordinários indispensáveis à manutenção de estabelecimento mercantil, rural, ou industrial, ou à subsistência do devedor e de sua família. O dispositivo assegura a continuidade das atividades ordinariamente desenvolvidas pelo devedor, essenciais para manter seu ofício e seu sustento e, assim, permitir inclusive o pagamento das dívidas contraídas. Deve-se verificar se o negócio praticado se coaduna com a preservação das atividades econômicas comumente desenvolvidas pelo devedor ou com sua subsistência, pois qualquer ato que se desvie dessas finalidades poderá ser tido como fraudulento. Afinal, estando o devedor insolvente, avulta o interesse de seus credores, de modo que a gestão pelo devedor de seu patrimônio deve considerar ao máximo possível a preservação deste em benefício de seus credores, além de sua própria subsistência.

---

[34] Carvalho Santos, *Código Civil brasileiro interpretado*, Rio de Janeiro: Freitas Bastos, 1982, p. 442.
[35] Art. 133 do Código Civil: "Nos testamentos, presume-se o prazo em favor do herdeiro, e, nos contratos, em proveito do devedor, salvo, quanto a esses, se do teor do instrumento, ou das circunstâncias, resultar que se estabeleceu a benefício do credor, ou de ambos os contratantes".
[36] Art. 957 do Código Civil: "Não havendo título legal à preferência, terão os credores igual direito sobre os bens do devedor comum". Art. 958 do Código Civil: "Os títulos legais de preferência são os privilégios e os direitos reais". V. tb. arts. 961 e 962 do Código Civil.
[37] V. Humberto Theodoro Júnior, *Comentários ao novo Código Civil*, cit., pp. 364-365.
[38] Cf. tb. art. 751 do Código de Processo Civil/1973.

Não se confunde a fraude contra credores com a fraude à execução, prevista no art. 792 do CPC,[39] a qual pressupõe a pendência de processo contra o devedor ao tempo em que praticado o negócio jurídico. Neste caso, tutela-se não somente o interesse do credor prejudicado, mas a própria efetividade da tutela jurisdicional.

Para que se configure a fraude à execução deve também existir o *eventus damni*. O requisito subjetivo, necessário apenas para atos onerosos, consiste na ciência (ou na possibilidade de ter ciência) pelo terceiro adquirente quanto à litispendência,[40] a qual se evidencia, entre outras situações, pela prévia averbação, no registro do bem, do processo de execução (CPC, art. 792, I) ou pelo prévio registro da hipoteca judiciária ou outro ato de constrição judicial originário do processo onde foi arguida a fraude (CPC, art. 792, II e Enunciado de Súmula n. 375 do STJ).[41] No entanto, no caso de bens não sujeitos a registro, é do terceiro adquirente o ônus de provar que "adotou as cautelas necessárias para a aquisição, mediante a exibição das certidões pertinentes, obtidas no domicílio do vendedor e no local onde se encontra o bem" (art. 792, §2º, do CPC).

---

[39] Art. 792 do Código de Processo Civil: "A alienação ou a oneração de bem é considerada fraude à execução: I – quando sobre o bem pender ação fundada em direito real ou com pretensão reipersecutória, desde que a pendência do processo tenha sido averbada no respectivo registro público, se houver; II – quando tiver sido averbada, no registro do bem, a pendência do processo de execução, na forma do art. 828; III – quando tiver sido averbado, no registro do bem, hipoteca judiciária ou outro ato de constrição judicial originário do processo onde foi arguida a fraude; IV – quando, ao tempo da alienação ou da oneração, tramitava contra o devedor ação capaz de reduzi-lo à insolvência; V – nos demais casos expressos em lei. § 1º A alienação em fraude à execução é ineficaz em relação ao exequente. § 2º No caso de aquisição de bem não sujeito a registro, o terceiro adquirente tem o ônus de provar que adotou as cautelas necessárias para a aquisição, mediante a exibição das certidões pertinentes, obtidas no domicílio do vendedor e no local onde se encontra o bem. § 3º Nos casos de desconsideração da personalidade jurídica, a fraude à execução verifica-se a partir da citação da parte cuja personalidade se pretende desconsiderar. § 4º Antes de declarar a fraude à execução, o juiz deverá intimar o terceiro adquirente, que, se quiser, poderá opor embargos de terceiro, no prazo de 15 (quinze) dias". V. tb. art. 790, V, CPC. Na doutrina, cf. Daniel Amorim Assumpção Neves, *Código de Processo Civil comentado*, Salvador: JusPodivm, 2019, 4ª ed. p. 1.351; Fernando da Fonseca Gajardoni, Luiz Dellore, André Vasconcelos Roque, Zulmar Duarte de Oliveira Jr., *Execução e recursos*: comentários ao CPC de 2015, Rio de Janeiro: Forense, 2017, pp. 103-104; Humberto Theodoro Junior, A fraude de execução e o regime de sua declaração em juízo. In: *Revista de Processo*, vol. 102, abr.-jun./2001, *passim*; Sálvio de Figueiredo Teixeira, Fraude de execução. In: *Revista dos Tribunais*, vol. 609, jul./1986, *passim*; e Luiz Antônio Ferrari Neto, Fraude contra credores vs. fraude à execução e a polêmica trazida pela Súmula 375 do STJ. In: *Revista de Processo*, vol. 195, maio/2011, *passim*.

[40] "Considera-se em fraude de execução a doação de imóvel ao descendente quando, ao tempo da doação, corria contra os devedores demanda capaz de reduzi-los à insolvência. A jurisprudência do STJ reconhece a importante proteção aos terceiros que adquirem de boa fé bem imóvel sem saber de ação executiva movida em face do alienante em estado de insolvência. Entretanto, essa proteção não se justifica quando o doador procura blindar seu patrimônio dentro da própria família mediante a doação gratuita de seus bens para seu descendente, com objetivo de fraudar a execução já em curso (STJ, 3ª T., REsp 1600111/SP, Rel. Min. Nancy Andrighi, julg. 27.9.2016, publ. *DJ* 7.10.2016).

[41] "O reconhecimento da fraude à execução depende do registro da penhora do bem alienado ou da prova de má-fé do terceiro adquirente" (Enunciado 375 da Súmula do STJ, *DJe* 30.3.2009).

Uma vez configurada a fraude à execução, o ato de alienação é considerado ineficaz perante o credor sem que haja a necessidade de ação específica para tanto. Afirma-se, nesse sentido, que basta, em geral, simples petição para veicular o pedido de reconhecimento da ineficácia do ato praticado em fraude à execução.[42]

PROBLEMAS PRÁTICOS

1. É possível a configuração da lesão em contratos aleatórios? Justifique.
2. Quais são os elementos para configuração da fraude contra credores?

Acesse o *QR Code* e veja a Casoteca.
> https://uqr.to/1p8nx

---

[42] Excepcionalmente, no caso de alienação judicial do bem, "será necessário o ingresso de ação anulatória, inclusive com a formação de litisconsórcio necessário entre o adquirente e as partes do processo no qual ocorreu a alienação judicial" (Daniel Amorim Assumpção Neves, *Código de Processo Civil comentado*, Salvador: JusPodivm, 2019, 4ª ed., p. 1.351). Colhe-se também da jurisprudência: "Agravo de instrumento. Doação de bem imóvel a filhos no curso da demanda. Negócio jurídico de disposição não oneroso no curso da demanda, sem reserva de bens suficientes para responder por eventual condenação implica fraude à execução. *Eventus damni* suficiente para tornar o ato ineficaz, sem necessidade de propositura de ação alguma. (...)" (TJRJ, 27ª C.C., A.I. 0009095-88.2019.8.19.0000, Rel. João Batista Damasceno, julg. 8.5.2019).

Capítulo XVI
INVALIDADE DO NEGÓCIO JURÍDICO

SUMÁRIO: 1. Introdução: planos de análise do negócio jurídico e merecimento de tutela – 2. Nulidade e anulabilidade: aspectos gerais – 2.1. Hipóteses de nulidade – 2.2. Hipóteses de anulabilidade – 2.3. Distinção entre nulidade e anulabilidade – 3. Simulação. Hipóteses de simulação – 4. Negócio fiduciário e negócio indireto – 5. Princípio da Conservação. Redução e conversão do negócio jurídico – Problemas práticos.

1. INTRODUÇÃO: PLANOS DE ANÁLISE DO NEGÓCIO JURÍDICO E MERECIMENTO DE TUTELA

O estudo tripartite dos planos de análise do negócio jurídico (v. Capítulo XI) busca verificar, em etapas sucessivas, os pressupostos de existência (plano de existência), os requisitos de validade (plano de validade) e as condições para produção de efeitos (plano de eficácia). Existente o negócio jurídico, parte-se para a análise de sua validade, isto é, para a verificação do cumprimento dos requisitos negociais previstos pelo art. 104 do Código Civil. Trata-se das qualidades exigidas para os elementos essenciais: capacidade do agente que declara a vontade; licitude, possibilidade e determinabilidade do objeto negocial; bem como legalidade da forma escolhida para o ato.[1]

Desrespeitado algum requisito essencial, reputa-se o negócio jurídico inapto à produção de efeitos válidos. As possíveis causas de invalidade do negócio jurídico podem gerar duas espécies de reação por parte do ordenamento: a nulidade e a anu-

_{Planos de análise do negócio jurídico}

---

[1] Art. 104 do Código Civil: "A validade do negócio jurídico requer: I – agente capaz; II – objeto lícito, possível, determinado ou determinável; III – forma prescrita ou não defesa em lei".

labilidade, as quais representam grau diverso de reprovação ao negócio praticado, consubstanciando a nulidade consequência mais gravosa.[2]

Controle axiológico dos atos de autonomia privada

Importante ressaltar, a propósito, que o exame da validade não exaure o controle axiológico sobre os atos de autonomia privada. Além da análise de conformidade do negócio jurídico com os requisitos indispensáveis à sua validade, e do controle de regularidade do exercício das situações jurídicas dele decorrentes, coibindo-se o abuso do direito, deve-se proceder à valoração do negócio concretamente praticado

Merecimento de tutela

à luz dos demais interesses em jogo, com vistas a verificar se merece tutela jurídica. Assim, ainda que formalmente válido, não será protegido o ato que não promover, em positivo, os valores constitucionais.[3]

Perspectiva funcional

É a perspectiva funcional que permite que o controle social sobre os atos de autonomia privada não se limite à análise de estruturas ou tipos abstratamente considerados – em simples valoração de licitude –, mas adentre no exame do merecimento de tutela do negócio praticado. Tal juízo de merecimento de tutela apenas se revela possível por meio da aplicação das normas constitucionais como núcleo valorativo hierarquicamente superior e indispensável para a unificação do sistema. Cumpre evitar, para tanto, que os princípios constitucionais, dotados de menor concretude, percam sua força normativa diante das regras, que apresentam maior densidade e detalhamento regulatório. Torna-se fundamental, por isso mesmo, a releitura de conceitos tradicionais do direito privado a partir da tábua axiológica constitucional, parte integrante da dogmática do direito civil.[4]

Autonomia privada

Ou seja, na legalidade constitucional, a autonomia privada não representa valor absoluto, como unidade normativa isolada, somente sendo considerada merecedora de tutela se promover, de forma positiva, os demais princípios e valores constitucionais.[5] Impõe-se ao intérprete, portanto, verificar se os atos de autonomia privada fazem jus à proteção do ordenamento, concedida se – e somente se – realizarem não apenas a vontade individual dos contratantes (perseguida precipuamente pelo regu-

---

[2] Caio Mário da Silva Pereira, *Instituições de direito civil*: vol. I, Rio de Janeiro: Forense, 2019, 32ª ed., pp. 532-533.

[3] Pietro Perlingieri, *O direito civil na legalidade constitucional*, Rio de Janeiro: Renovar, 2008, pp. 649-650.

[4] "Considerando que os valores constitucionais impõem plena concretização, compreende-se totalmente a necessidade, aqui manifestada, de não limitar a valoração do ato ao mero juízo de licitude e de requerer também um juízo de valor: não basta, portanto, negativamente, a não invasão de um limite de tutela, mas é necessário, positivamente, que o fato possa ser representado como realização prática da ordem jurídica de valores, como desenvolvimento coerente de premissas sistemáticas colocadas na Carta Constitucional. O juízo de valor do ato deve ser expresso à luz dos princípios fundamentais do ordenamento e dos valores que o caracterizam. Nem todo ato lícito é merecedor de tutela" (Pietro Perlingieri, *O direito civil na legalidade constitucional*, Rio de Janeiro: Renovar, 2008, p. 650). V. tb. Gustavo Tepedino, Direito civil e ordem pública na legalidade constitucional. In: Nelcir Antoniazzi, (Org.), *República, poder e cidadania*: Anais da XIX Conferência Nacional dos Advogados, Brasília: OAB, Conselho Federal, 2006, vol. 2, p. 1.142.

[5] Pietro Perlingieri, *Perfis do direito civil*: introdução ao direito civil-constitucional, cit., pp. 18-19 e 277.

lamento de interesses), mas, da mesma forma, os interesses extracontratuais socialmente relevantes voltados à promoção dos valores constitucionais.[6]

2. NULIDADE E ANULABILIDADE: ASPECTOS GERAIS

A nulidade consiste na consequência mais drástica à invalidade do negócio jurídico.[7] Consubstancia reação da ordem jurídica para reestabelecer o equilíbrio perturbado em razão da violação à lei, de modo que ao ato praticado não se prendam os efeitos jurídicos que normalmente são produzidos por atos semelhantes.[8] A anulabilidade, a seu turno, traduz reação menos gravosa por parte do ordenamento e, por isso, as normas que a regulam são mais tolerantes à produção de efeitos pelo ato inválido.

No direito civil brasileiro não é necessário o prejuízo para que se verifiquem as consequências da nulidade do negócio jurídico, já que esta se fundamenta na violação a normas de ordem pública, independentemente da apuração de qualquer prejuízo. Não incide, assim, o princípio *"pas de nullité sans grief"* para a aplicação das consequências relativas à nulidade.[9] A disciplina das nulidades processuais, a seu turno, reputa imprescindível a verificação do prejuízo, como se extrai do art. 282 do Código de Processo Civil.[10]

"Pas de nullité sans grief"

A nulidade pode ser *expressa* ou *textual*, quando o legislador expressamente a estabelece como consequência; ou pode ser *implícita* ou *virtual*, nas hipóteses em que a lei simplesmente proíbe o ato ou estipula requisitos para sua validade.[11] Seja textual, seja virtual, toda nulidade provém da lei. Esse é o sentido do art. 166, VII, do Código Civil, que dispõe haver nulidade quando a lei assim o declarar ou quando proibir-lhe a prática sem cominar sanção. Por outro lado, consoante se depreende do art. 171 do Código Civil, as hipóteses de anulabilidade dependem de previsão expressa na lei, não existindo anulabilidade virtual.

Nulidade textual e nulidade virtual

---

[6] Gustavo Tepedino, O princípio da função social no Direito Civil contemporâneo. In: Thiago Ferreira Cardoso Neves (coord.), *Direito & justiça social*, São Paulo: Atlas, 2013, pp. 257-271.

[7] Clovis Bevilaqua, *Teoria geral do direito civil*, Rio de Janeiro: Francisco Alves, 1976, p. 262.

[8] Clovis Bevilaqua, *Código Civil comentado*, Rio de Janeiro: Francisco Alves, 1956, p. 331.

[9] Caio Mário da Silva Pereira, *Instituições de direito civil*, vol. I, cit., p. 534.

[10] Art. 282 do Código de Processo Civil: "Ao pronunciar a nulidade, o juiz declarará que atos são atingidos e ordenará as providências necessárias a fim de que sejam repetidos ou retificados. § 1º O ato não será repetido nem sua falta será suprida quando não prejudicar a parte. § 2º Quando puder decidir o mérito a favor da parte a quem aproveite a decretação da nulidade, o juiz não a pronunciará nem mandará repetir o ato ou suprir-lhe a falta". Confira-se o seguinte julgado: "O reconhecimento da nulidade de atos processuais exige efetiva demonstração de prejuízo suportado pela parte interessada, em respeito ao princípio da instrumentalidade das formas (*pas de nullité sans grief*)" (STJ, 4ª T., AgInt no AREsp 977.423/PR, Rel. Min. Raul Araújo, julg. 25.6.2019, publ. *DJ* 1.7.2019). No âmbito do processo penal, cf.: "O reconhecimento de nulidades no curso do processo penal reclama uma efetiva demonstração do prejuízo à parte, sem a qual prevalecerá o princípio da instrumentalidade das formas positivado pelo art. 563 do CPP (*pas de nullité sans grief*), o que não correu na hipótese" (STJ, 5ª T., RHC 101.284/PR, Rel. Min. Ribeiro Dantas, julg. 25.6.2019, publ. *DJ* 1.7.2019).

[11] Caio Mário da Silva Pereira, *Instituições de direito civil*, vol. I, cit., p. 534; Orlando Gomes, *Contratos*, Rio de Janeiro: Forense, 2007, 26ª ed., p. 184.

Tanto a nulidade como a anulabilidade consubstanciam reações da ordem jurídica a negócios celebrados sem a observância dos requisitos de validade necessários à plena produção de efeitos jurídicos. Nesses casos, a consequência imposta pela lei é a ineficácia do ato praticado, a qual deve ser concretamente modulada, de modo a se aferir quais efeitos, produzidos anteriormente à declaração de nulidade, serão preservados a despeito do vício que inquina o negócio. Em geral, a ordem jurídica é mais tolerante com a conservação dos efeitos nos casos de anulabilidade, existindo, de outra parte, maior resistência com a admissão de efeitos produzidos por ato nulo. De toda forma, em qualquer caso caberá ao intérprete avaliar, à luz do arcabouço normativo aplicável, se algum efeito há de ser reconhecido e em qual medida.[12]

2.1. Hipóteses de nulidade

De acordo com o art. 166 do Código Civil, é nulo o negócio jurídico: (i) celebrado por pessoa absolutamente incapaz; (ii) cujo objeto seja ilícito, impossível ou indeterminável; (iii) cujo motivo determinante, comum a ambas as partes, seja ilícito; (iv) que não revestir a forma prescrita em lei; (v) que preterir alguma solenidade que a lei considere essencial para a sua validade; (vi) que tiver por objetivo fraudar lei imperativa; (vii) que a lei taxativamente declarar nulo, ou proibir-lhe a prática, sem cominar sanção.

Incapacidade absoluta do agente

O art. 166 enumera hipóteses que ensejam expressamente a nulidade do negócio jurídico. Em primeiro lugar, é nulo o negócio praticado pelo absolutamente incapaz (v., acerca da incapacidade absoluta, Capítulo VII, e sobre a atividade contratual sem negócio, v. Capítulo XI). Atualmente, a única hipótese de incapacidade absoluta remanescente diz respeito aos menores de 16 (dezesseis) anos (art. 3º do Código Civil).

Objeto ilícito, impossível ou indeterminável

No inciso II, o legislador alude à nulidade do negócio jurídico em decorrência de ter objeto ilícito, impossível ou indeterminável. Considera-se ilícito o objeto vedado pela ordem jurídica, a exemplo da venda de drogas proibidas. Diz-se indeterminável o objeto que, em razão da ausência de definição precisa, não tenha aptidão a ser exequível. Ilustrativamente, a venda de quantidade não declarada de certo bem fungível, sem que se estabeleça qualquer critério para a quantificação (e. g., vendo-lhe trigo), não permite que se ingresse em juízo para exigir efetivamente o cumprimento da prestação.[13] Desse modo, a determinabilidade do objeto é indispensável para se conferir seriedade e coercitividade ao negócio celebrado.

---

[12] José do Valle Ferreira, Subsídios para o estudo das nulidades. In: *Doutrinas essenciais obrigações e contratos*, vol. 2, jun./2011, pp. 655-662. Cf. tb. Eduardo Nunes de Souza, *Teoria geral das invalidades do negócio jurídico*, São Paulo: Almedina, 2017, pp. 249-286.

[13] Cf. Humberto Theodoro Júnior, *Comentários ao novo Código Civil*, Livro III: dos fatos jurídicos: do negócio jurídico, vol. III, t. I, coord. Sálvio de Figueiredo Teixeira, Rio de Janeiro: Forense, 2006, 3ª ed., pp. 454-455.

Por fim, o negócio igualmente será nulo se o objeto consistir em prestação reputada impossível, seja do ponto de vista material, seja do ponto de vista jurídico.[14] Imagine-se, por exemplo, que alguém se obrigue a vender um pedaço do Oceano Atlântico: tal obrigação não seria dotada de coercitividade, diante da absoluta impossibilidade da prestação.[15]

Será nulo também o negócio se o motivo determinante, comum a ambas as partes, for ilícito (CC, art. 166, III). Em regra, os motivos pelos quais o agente celebra determinado negócio afiguram-se irrelevantes no direito brasileiro (v. Capítulo XI). Por exemplo, se alguém compra, com a devida autorização, uma arma, a eventual intenção de praticar homicídio não macula a validade do contrato de compra e venda. Suponha-se, porém, que esse motivo tenha sido externado durante a compra como razão determinante para a aquisição da arma. Neste momento, insere-se na declaração o motivo determinante reputado ilícito. Tal motivo determinante, à medida que deixa de ser mera intenção e se torna parte integrante do negócio, porque perceptível pelos contratantes, contamina a sua validade.[16] *Motivo determinante*

O legislador prevê, ainda, a nulidade do negócio que não revestir a forma prescrita em lei (CC, art. 166, IV).[17] A nulidade por vício de forma pode ensejar, presentes certos pressupostos, a conversão do negócio jurídico (v. item 5 deste Capítulo). Será nulo, igualmente, o negócio em que for preterida alguma solenidade que a lei considere essencial para a sua validade, como ocorre nos negócios complexos, formados pela convergência de vários atos – pense-se, exemplificativamente, no casamento (CC, art. 166, V).[18] Os negócios complexos resultam da "fusão orgânica e incindível de diversos atos, sem eficácia cada um *de per si*", em oposição aos negócios simples, assim entendidos aqueles que "consistem num único ato (declaração ou comportamento)".[19] *Forma prescrita em lei*

O inciso VI do art. 166 cuida do negócio celebrado em fraude à lei. Objetivava-se a produção de resultado vedado pelo ordenamento mediante a prática de negócio formalmente válido. Ao contrário do que ocorre na simulação, na fraude não há discrepância entre o tipo negocial utilizado e a realidade. A ilicitude se atinge por meio dos efeitos conflitantes com norma imperativa, não já por conta do tipo jurídico praticado.[20] Daqui a afirmação corrente segundo a qual a *Fraude à lei*

---

[14] V. Orlando Gomes, *Introdução ao direito civil*, Rio de Janeiro: Forense, 2016, 21ª ed., p. 288.
[15] Cf. Caio Mário da Silva Pereira, *Instituições de direito civil*, vol. I, cit., pp. 534-536; Francisco Amaral, *Direito civil*: introdução, São Paulo: Saraiva Educação, 2018, p. 621-622.
[16] Caio Mário da Silva Pereira, *Instituições de direito civil*, vol. I, cit., p. 535.
[17] Sobre a forma dos negócios jurídicos, v. Capítulo 11 desta obra.
[18] Caio Mário da Silva Pereira, *Instituições de direito civil*, vol. I, cit., p. 535.
[19] Emílio Betti, *Teoria geral do negócio jurídico*, Campinas: Servanda, 2008, pp. 434-435.
[20] Em caso apreciado pelo Tribunal de Justiça de Santa Catarina, reputou-se inválida a emancipação voluntária de menor por sua mãe, por ter se identificado, no caso, que o único escopo da emancipação fora o de dispensar a manifestação do Ministério Público em um processo judicial. Assim se decidiu: "Ação declaratória de nulidade de ato jurídico c/c indenização por danos morais. Acidente de trânsito. Passageiro de ônibus. Autor que sofreu lesão permanente

fraude à lei importa em violação indireta à prescrição normativa. Em outras palavras, trata-se de maneira oblíqua de se cumprir formalmente um comando legal para atingir objetivos por ele vedados. A lei fraudada deve ser imperativa, pois, se supletiva, poderia ser legitimamente afastada, não acarretando a nulidade do negócio.[21]

O inciso VII do art. 166, finalmente, estipula ser nulo o negócio jurídico se a lei taxativamente o declarar nulo, ou proibir-lhe a prática sem cominar sanção. Como já aludido, quando a lei expressamente declara nulo certo ato, trata-se da

Nulidade textual e nulidade virtual: exemplos

nulidade *textual* ou *expressa*. Nos casos em que a lei proíbe a prática do ato sem cominar sanção, há nulidade *virtual* ou *implícita*, que não é expressamente cominada pelo legislador.[22] Exemplo de nulidade expressa pode ser encontrada no art. 209 do Código Civil, segundo o qual será nula a renúncia à decadência fixada em lei.[23] Tanto a nulidade expressa como a virtual acarretam a mesma consequência jurídica, qual seja, a invalidação do negócio jurídico. Por isso se mostra ociosa a classificação dentro de uma ou outra modalidade. Exemplificativamente, há quem sustente que o art. 426 do Código Civil, que veda contrato que tenha por objeto a herança de pessoa viva, consubstanciaria exemplo de nulidade virtual, ao passo que é possível cogitar-se, de outra parte, enquadrar o art. 426 no inciso II do art. 166, que trata do objeto ilícito, impossível ou indeterminável. Em qualquer caso, a consequência jurídica será a mesma, independentemente da classificação adotada.

2.2. Hipóteses de anulabilidade

O art. 171 do Código Civil estipula ser anulável o negócio jurídico celebrado por relativamente incapaz sem a devida assistência (v. Capítulo VII), ou se resultar

Taxatividade

de erro, dolo, coação, estado de perigo, lesão ou fraude contra credores (v. Capítulos XIV e XV). As hipóteses de anulabilidade, consoante se ressaltou, são taxativamente previstas em lei. Ilustrativamente, além do art. 171 ora referido, encontra-se a

---

(paraplegia) e contava com 16 (dezesseis) anos à época do infortúnio. Emancipação concedida cinco meses após a ocorrência dos fatos. Pedido de anulação. [...] Evidências de que a emancipação foi concedida para dispensar a participação do Ministério Público no acordo. Evidente prejuízo ao apelante que, apesar de não ser mais incapaz civilmente, estava acometido de depressão e outros problemas originários da invalidez permanente, não podendo ter plena ciência das suas provisões futuras" (TJ/SC, 4ª C.D.Pub., Ap. Cív. 2009.057139-3, Rel. Des. José Volpato de Souza, julg. 28.6.2012).

[21] Gustavo Tepedino, Legitimidade da transferência de bens a particulares nos casos de desapropriação para formação de distrito industrial. In: Gustavo Tepedino, *Soluções práticas de direito*: pareceres, vol. I, São Paulo: Editora Revista dos Tribunais, 2012, pp. 225-241. Cf. tb. Regis Velasco Fichtner Pereira, *A fraude à lei*, Rio de Janeiro: Renovar, 1994. p. 26; Francesco Ferrara, *A simulação dos negócios jurídicos*, São Paulo: Saraiva, 1939. pp. 91-92; Luigi Carraro, Frode alla legge. In: *Novissimo digesto italiano*, Torino: Utet, 1961. t. VII, p. 650.

[22] Caio Mário da Silva Pereira, *Instituições de direito civil*, vol. I, cit., p. 534; Orlando Gomes, *Contratos*, Rio de Janeiro: Forense, 2007, 26ª ed., p. 184.

[23] Art. 209 do Código Civil: "É nula a renúncia à decadência fixada em lei".

consequência da anulabilidade nos seguintes preceitos: arts. 117,[24] 119,[25] 496,[26] 533, II,[27] do Código Civil.

Muito embora o negócio jurídico praticado pelo relativamente incapaz seja anulável, estabelece o art. 180 do Código Civil que "o menor, entre dezesseis e dezoito anos, não pode, para eximir-se de uma obrigação, invocar a sua idade se dolosamente a ocultou quando inquirido pela outra parte, ou se, no ato de obrigar-se, declarou-se maior". O objetivo do dispositivo é coibir que o menor relativamente incapaz se beneficie com sua própria torpeza.[28]

Ocultação dolosa da idade

O art. 181, por sua vez, elucida que, anulado o negócio jurídico celebrado com relativa ou absolutamente incapaz, a recuperação dos valores despendidos pela contraparte depende da prova de que tais montantes efetivamente se reverteram em benefício do incapaz,[29] evitando-se, assim, que haja enriquecimento sem causa deste.[30] Na mesma direção, o art. 588 do Código Civil estabelece que o mútuo feito a pessoa menor não comporta devolução de valores por parte do mutuário,[31] salvo nas

---

[24] Art. 117 do Código Civil: "Salvo se o permitir a lei ou o representado, é anulável o negócio jurídico que o representante, no seu interesse ou por conta de outrem, celebrar consigo mesmo. Parágrafo único. Para esse efeito, tem-se como celebrado pelo representante o negócio realizado por aquele em quem os poderes houverem sido substabelecidos".

[25] Art. 119 do Código Civil: "É anulável o negócio concluído pelo representante em conflito de interesses com o representado, se tal fato era ou devia ser do conhecimento de quem com aquele tratou. Parágrafo único. É de cento e oitenta dias, a contar da conclusão do negócio ou da cessação da incapacidade, o prazo de decadência para pleitear-se a anulação prevista neste artigo".

[26] Art. 496 do Código Civil: "É anulável a venda de ascendente a descendente, salvo se os outros descendentes e o cônjuge do alienante expressamente houverem consentido. Parágrafo único. Em ambos os casos, dispensa-se o consentimento do cônjuge se o regime de bens for o da separação obrigatória". Sobre essa causa de anulabilidade, entende o STJ que o prazo para anular a venda direta entre ascendente e descendente é de 2 anos, a contar da conclusão do ato (art. 179 do CC). A venda de bem entre ascendente e descendente, por meio de interposta pessoa, também é ato jurídico anulável, devendo ser aplicado o mesmo prazo decadencial de 2 anos previsto no art. 179 do CC. Isso porque a venda por interposta pessoa não é outra coisa senão a tentativa reprovável de contornar a exigência da concordância dos demais descendentes e também do cônjuge. Em outras palavras, é apenas uma tentativa de se eximir da regra do art. 496 do CC, razão pela qual deverá ser aplicado o mesmo prazo decadencial de 2 anos (STJ, 3ª T., REsp 1.679.501/GO, Rel. Min. Nancy Andrighi, julg. 10.3.2020).

[27] Art. 533 do Código Civil: "Aplicam-se à troca as disposições referentes à compra e venda, com as seguintes modificações: I – salvo disposição em contrário, cada um dos contratantes pagará por metade as despesas com o instrumento da troca; II – é anulável a troca de valores desiguais entre ascendentes e descendentes, sem consentimento dos outros descendentes e do cônjuge do alienante".

[28] Conforme pontua Clovis Bevilaqua, "o menor que, dolosamente, esconde a sua idade e consegue convencer a outrem de que é capaz, não pode invocar, depois, a proteção da lei em favor da sua debilidade mental. A malícia não deve aproveitar a ninguém, diz outro brocardo, nem, ainda, aos menores" (*Código civil dos Estados Unidos do Brasil*, vol. I, Rio de Janeiro: Francisco Alves, 1956, p. 340).

[29] Art. 181 do Código Civil: "Ninguém pode reclamar o que, por uma obrigação anulada, pagou a um incapaz, se não provar que reverteu em proveito dele a importância paga".

[30] O Tribunal de Justiça do Estado do Rio de Janeiro teve ocasião de aplicar o dispositivo à hipótese de concessão de empréstimo a interditado logo após a sentença de interdição (TJRJ, 26ª C.C., Ap. Cív. 0016390-81.2012.8.19.0208, Rel. Des. Wilson do Nascimento, julg. 8.3.2018).

[31] Art. 588 do Código Civil: "O mútuo feito a pessoa menor, sem prévia autorização daquele sob cuja guarda estiver, não pode ser reavido nem do mutuário, nem de seus fiadores".

hipóteses previstas no art. 589 do Código Civil, dentre as quais se destaca que haverá restituição no limite do efetivo aproveitamento para o menor[32] ou caso este tenha procedido com malícia,[33] em reiteração da regra constante no art. 180.

Prazo decadencial

A possibilidade de pleitear a anulação do negócio jurídico com base em uma das causas do art. 171 se sujeita ao prazo decadencial de 4 anos, a teor do art. 178 do Código Civil.[34] Nos termos do art. 179 do Código Civil, "quando a lei dispuser que determinado ato é anulável, sem estabelecer prazo para pleitear-se a anulação, será este de dois anos, a contar da data da conclusão do ato". Exemplo de incidência do prazo decadencial bienal tem-se com as hipóteses constantes nos arts. 117[35] e 119[36] do Código Civil, sobre as quais se remete o leitor ao Capítulo 12 desta obra.

2.3. Distinção entre nulidade e anulabilidade

Tanto a nulidade como a anulabilidade consubstanciam reação do ordenamento à falta de requisito de validade do negócio jurídico. Diferenciam-se pela intensidade da consequência legal, representando a nulidade resposta mais gravosa da ordem jurídica. A intensidade da reprovação legislativa verifica-se na maior ou menor tolerância com a produção de efeitos, bem como na possibilidade de o negócio ser convalidado, sanando-se o vício original que maculava sua validade.

Ordem pública e interesses privados

Em virtude de a nulidade se relacionar à reprovação mais intensa quanto à causa da invalidade, costumam-se associar as hipóteses de nulidade à violação da ordem pública, ao passo que os casos de anulabilidade estariam adstritos a interesses privados. Daí decorreria também distinta legitimidade para arguir a invalidade do ajuste, sendo mais ampla em se tratando de nulidade, a qual, inclusive, poderia ser conhecida de ofício pelo magistrado.

Desse modo, as diferenças tradicionalmente enumeradas pela doutrina entre nulidade e anulabilidade decorrem, fundamentalmente, da premissa segundo a qual as nulidades se relacionam ao interesse público e as anulabilidades, de outra parte, se referem ao interesse privado. A partir desse pressuposto é construída a normativa

---

[32] Art. 589, IV, do Código Civil: "Cessa a disposição do artigo antecedente: (...) IV – se o empréstimo reverteu em benefício do menor; (...)".

[33] Art. 589, V, do Código Civil: "Cessa a disposição do artigo antecedente: (...) V – se o menor obteve o empréstimo maliciosamente".

[34] Art. 178 do Código Civil: "É de quatro anos o prazo de decadência para pleitear-se a anulação do negócio jurídico, contado: I – no caso de coação, do dia em que ela cessar; II – no de erro, dolo, fraude contra credores, estado de perigo ou lesão, do dia em que se realizou o negócio jurídico; III – no de atos de incapazes, do dia em que cessar a incapacidade".

[35] Art. 117 do Código Civil: "Salvo se o permitir a lei ou o representado, é anulável o negócio jurídico que o representante, no seu interesse ou por conta de outrem, celebrar consigo mesmo. Parágrafo único. Para esse efeito, tem-se como celebrado pelo representante o negócio realizado por aquele em quem os poderes houverem sido substabelecidos".

[36] Art. 119 do Código Civil: "É anulável o negócio concluído pelo representante em conflito de interesses com o representado, se tal fato era ou devia ser do conhecimento de quem com aquele tratou. Parágrafo único. É de cento e oitenta dias, a contar da conclusão do negócio ou da cessação da incapacidade, o prazo de decadência para pleitear-se a anulação prevista neste artigo".

aplicável a cada uma dessas hipóteses, a saber: (i) as nulidades podem ser conhecidas de ofício, já as anulabilidades devem ser alegadas pela parte a quem aproveita (arts. 168, parágrafo único, e 177 do Código Civil); (ii) o negócio anulável é suscetível de confirmação – ressalvado o direito de terceiro –, ao passo que o negócio nulo não convalesce (arts. 169, 172 a 176 do Código Civil); (iii) o negócio nulo não gera nenhum tipo de efeito, retroagindo a declaração de nulidade à data de celebração do ato (*ex tunc*), como se este nunca tivesse existido, ao passo que o negócio anulável produz efeitos até sua invalidação pelo juiz (*ex nunc*) (arts. 169 e 177 do Código Civil).

Especialmente as duas últimas distinções devem ser vistas com cautela, pois a diferença entre nulidade e anulabilidade no campo dos efeitos nem sempre se afigura tão diversa no caso concreto.[37] Com efeito, por vezes negócios nulos produzem efeitos que são preservados pelo ordenamento jurídico, e negócios simplesmente anuláveis, uma vez anulados, operam o retorno das partes ao estado anterior, expurgando-se os efeitos produzidos.

O negócio anulável pode ser ratificado por aquele que detinha o direito potestativo de pleitear a anulação,[38] conforme permite o art. 172 do Código Civil. O ato de confirmação pode ser expresso ou tácito. O art. 174 aduz haver confirmação tácita "quando o negócio já foi cumprido em parte pelo devedor, ciente do vício que o inquinava". Assim, se o devedor dá início à execução da obrigação, ciente da anulabilidade do negócio jurídico, não poderá posteriormente postular a sua anulação.[39] O art. 173 estabelece, ao propósito da ratificação expressa, que o "ato de confirmação deve conter a substância do negócio celebrado e a vontade expressa de mantê-lo". Ratificação

No que tange à retroatividade dos efeitos da nulidade em contraposição à anulabilidade, há de se ter presente que, na primeira hipótese, por estar em jogo vício de maior gravidade, o ordenamento afigura-se mais intolerante com os efeitos produzidos pelo ato nulo, visando a expurgá-los por completo do ordenamento jurídico. Entretanto, essa solução nem sempre será possível, existindo casos em que se preservam os efeitos gerados pelo negócio nulo.[40] Pense-se no exemplo de contrato de locação de imóvel nulo: impossível que se desconsidere o tempo em que o imóvel ficou Retroatividade da declaração de invalidade

---

[37] José do Valle Ferreira, Subsídios para o estudo das nulidades. In: *Doutrinas essenciais obrigações e contratos*, vol. 2, jun./2011, pp. 655-662.

[38] Segundo Menezes Cordeiro, "a confirmação é específica dos negócios anuláveis. Trata-se dum ato unilateral, a praticar pelo beneficiário da anulabilidade e que põe termo à invalidade (...). Compreensivelmente, a confirmação só é eficaz quando posterior à cessação do vício que conduziu à anulabilidade e, ainda, desde que o seu autor tenha conhecimento do vício e do direito à anulação" (*Tratado de direito civil português*, vol. I, t. 1, Coimbra: Almedina, 2000, p. 670).

[39] "Traduz *confirmação tácita* (Código Civil, art. 174) o começo de execução da obrigação, levada a efeito pela parte na ciência do vício que inquinava o negócio, pois não pode conceber o direito uma dualidade de atitudes prejudicial à ordem social: no seu desfazimento estaria a intenção de lhe recusar valia, em contradição com o começo de execução, que significa o propósito de lhe reconhecer eficácia" (Caio Mário da Silva Pereira, *Instituições de direito civil*, vol. I, cit., p. 542).

[40] Hamid Charaf Bdine Júnior, *Efeitos do negócio jurídico nulo*, São Paulo: Saraiva, p. 131; Eduardo Nunes de Souza, *Teoria geral das invalidades do negócio jurídico*: nulidade e anulabilidade no direito civil contemporâneo, São Paulo: Almedina, 2017, p. 278. Cf., ainda, o Enunciado n. 537 da VI Jornada de Direito Civil do CJF: "A previsão contida no art. 169 não impossibilita que, excepcionalmente,

na posse do locatário, o qual, por isso mesmo, deve contrapartida financeira pelo uso do imóvel, reconhecendo-se, em alguma medida, os efeitos produzidos pelo contrato de aluguel nulo.[41]

Nessa esteira, o ato anulável, a depender do vício que enseja essa reação por parte da ordem jurídica, pode ser insuscetível de produzir quaisquer efeitos uma vez anulado. Veja-se, ilustrativamente, a compra e venda anulada com base em erro essencial sobre o objeto adquirido. A consequência será a restituição das partes ao estado anterior à contratação, desfazendo-se a compra e venda mediante devolução da coisa e do preço.

O art. 182 do Código Civil, segundo o qual "anulado o negócio jurídico, restituir-se-ão as partes ao estado em que antes dele se achavam, e, não sendo possível restituí-las, serão indenizadas com o equivalente", parece confirmar que a retroatividade dos efeitos, seja da nulidade, seja da anulabilidade, deve ser concretamente determinada pelo magistrado à luz das especificidades do negócio jurídico realizado, dos efeitos produzidos e do grau de reprovabilidade do ato praticado.[42]

"Nulidade de pleno direito"

Advirta-se, ainda, que a nulidade não se verifica "de pleno direito", isto é, automaticamente. No Brasil, é preciso recorrer ao Poder Judiciário para que se declare a nulidade. Não se pode sustentar, portanto, a suposta operatividade imediata como atributo distintivo entre nulidade e anulabilidade.[43]

O legislador de 2002, inovando relativamente à normativa anterior, inseriu o art. 169, asseverando que "o negócio jurídico nulo não é suscetível de confirmação, nem convalesce com o decurso do tempo". A regra, suprindo omissão legislativa,

---

negócios jurídicos nulos produzem efeitos a serem preservados quando justificados por interesses merecedores de tutela".

[41] "Via de regra, o que é nulo nenhum efeito produz. Há negócios nulos que todavia produzem efeitos. Dentre tantos outros, basta citar: a) a prescrição se interrompe por citação nula; b) declaração feita em negócio nulo serve de começo de prova; c) o parentesco por afinidade sobrevive a casamento nulo. Alguns produzem efeitos secundários, como o instrumento público nulo, que vale como instrumento particular. Outros geram todos os seus efeitos, como o casamento putativo e os atos praticados pelo herdeiro aparente, pouco importando, nesses casos, que a ordem jurídica neutralize o princípio com o recurso técnico da boa-fé ou da máxima *error communis facit jus*. Intrinsecamente tais negócios são nulos; não deveriam suscitar qualquer efeito, e, no entanto, suscitam" (Orlando Gomes, *Introdução ao direito civil*, cit., p. 371).

[42] De forma ainda mais contundente, Valle Ferreira aduz que: "Noção também infundada, mas muito repetida, é a que se refere ao efeito retroativo das declarações de nulidade. Segundo ficou exposto anteriormente, qualquer que seja a causa de invalidade, no fundo é sempre a mesma coisa, a mesma invalidade, e, em todos os casos, o vício é dirimente e contemporâneo da formação do ato, quer se trate de nulidade, quer de anulabilidade. Por este motivo bastante, uma vez pronunciada a invalidade, as duas causas invariavelmente se igualam quanto ao efeito essencial, que é o de apagar o ato desde o passado e para o futuro, tudo porque — convém salientar — também a nulidade relativa é absoluta em seus efeitos" (José do Valle Ferreira, Subsídios para o estudo das nulidades. In: *Doutrinas essenciais obrigações e contratos*, vol. 2, jun./2011, p. 655-662).

[43] José do Valle Ferreira, Subsídios para o estudo das nulidades. In: *Doutrinas essenciais obrigações e contratos*, vol. 2, jun./2011, pp. 655-662; Aubry et Rau, *Cours de droit civil français d'après la méthode de zacharie*, Paris: Marchal et Billard, 1869. t. I, p. 122. V. tb. Rodrigo da Guia Silva, Invalidade do negócio jurídico e obrigação de restituição. In: Gustavo Tepedino e Milena Donato Oliva (coord.), *Teoria geral do direito civil*: questões controvertidas, Belo Horizonte: Fórum, 2017, p. 260.

consagrou o entendimento que paulatinamente se consolidara em doutrina, segundo o qual a nulidade não é sanável, nem convalida com o tempo, não se sujeitando a prazos decadenciais ou prescricionais. Dito diversamente, o juiz não poderia suprir a nulidade, seja de ofício, seja a requerimento do interessado, sendo sempre possível atacar o negócio jurídico nulo.[44]

Contudo, tal orientação, mesmo no direito anterior, já havia sido alvo de críticas doutrinárias. Objetou-se que a vulnerabilidade do negócio nulo, suscetível de impugnação a qualquer tempo, curvar-se-ia ao princípio da segurança jurídica.[45] Assim sendo, os efeitos patrimoniais decorrentes do negócio jurídico nulo hão de se sujeitar à prescrição.[46] Com efeito, o art. 169 do Código Civil deve ser interpretado no sentido de que os efeitos patrimoniais produzidos pelo contrato nulo, e que lesionam, portanto, direitos subjetivos, prescrevem. Uma vez que não há previsão de prazo prescricional específico, incide o prazo geral de dez anos, nos termos do art. 205 do Código Civil. Em definitivo, o desfazimento da transferência patrimonial em razão de ato nulo (eficácia contratual que atinge situação jurídica subjetiva de quem confiou

Prescrição

---

[44] Sob a regência do Código Civil de 1916, anotou San Tiago Dantas: "Finalmente, uma característica fundamental nas nulidades: é a sua imprescritibilidade. As nulidades não prescrevem jamais e isto se explica, pois que se trata de um ato que não se formou ou que, depois de se formar, se dissolveu completamente e que, portanto, não pode ter ação o tempo sobre ele, para lhe dar uma eficácia que ele não tenha. Por conseguinte, a qualquer tempo pode-se pedir a decretação da nulidade de um ato, sem indagar o tempo que decorreu da data desse ato" (San Tiago Dantas, *Seminário de direito civil*, p. 336. Notas Taquigráficas (resumidas) por Mafra Filho). V. tb. Silvio Rodrigues, *Direito civil*, vol. 1, São Paulo: Saraiva, 2007, 34ª ed., p. 347. Na doutrina estrangeira, cf. Emilio Betti, *Teoria geral do negócio jurídico*, Campinas: Servanda, 2008. pp. 668-669.

[45] Na festejada passagem de Caio Mário da Silva Pereira: "Ao dizer que o negócio jurídico nulo não convalesce pelo decurso do tempo, o Código (art. 169) seguiu a doutrina tradicional que tem sustentado que, além de insanável, a nulidade é imprescritível, o que daria em que, por maior que fosse o tempo decorrido, sempre seria possível atacar o negócio jurídico. É frequente a sustentação deste princípio, tanto em doutrina estrangeira, quanto nacional. Modernamente, entretanto, depois de assentar-se que a prescritibilidade é a regra, e a imprescritibilidade, a exceção (v. n. 121, *infra*), alguns admitem que entre o interesse social do resguardo da ordem legal, contido na vulnerabilidade do negócio jurídico, constituído com infração de norma de ordem pública, e a paz social, também procurada pelo ordenamento jurídico, sobreleva esta última, e deve dar-se como suscetível de prescrição a faculdade de atingir o ato nulo. O princípio reza às testilhas com o art. 189. Dispõe este que, violado o direito, nasce para o titular a pretensão, mas esta extingue-se nos prazos previstos no Código (arts. 205 e 206). Vale dizer: o direito pátrio, tal como vigorava no Código de 1916, não conhece direitos patrimoniais imprescritíveis. Sendo a prescrição instituída em benefício da paz social, não se compadece esta em que se ressuscite a pretensão, para fulminar o ato. Estão, pois, um contra o outro, dois princípios de igual relevância social: o não convalescimento do ato nulo *tractu temporis*, e o perpétuo silêncio que se estende sobre os efeitos do negócio jurídico, também *tractu temporis*. E, do confronto entre estas duas normas, igualmente apoiadas no interesse da ordem pública, continuo sustentando que não há direitos imprescritíveis, e, portanto, também perante o Código de 2002, a declaração de nulidade prescreve em dez anos (art. 205)" (Caio Mário da Silva Pereira, *Instituições de Direito Civil*, cit., pp. 535-536). No mesmo sentido, v. Clovis Bevilaqua, *Código Civil dos Estados Unidos do Brasil comentado*, vol. 1, Rio de Janeiro: Ed. Rio, 1975, pp. 412-413; Carvalho Santos, J. M. Código Civil brasileiro interpretado, Rio de Janeiro: Freitas Bastos, 1963, vol. 3, pp. 255-256; Francisco Amaral, *Direito civil*: introdução, São Paulo: Saraiva Educação, 2018, 10ª ed., p. 632.

[46] Enunciado n. 536 da VI Jornada de Direito Civil do CJF: "Resultando do negócio jurídico nulo consequências patrimoniais capazes de ensejar pretensões, é possível, quanto a estas, a incidência da prescrição".

na higidez da causa contratual) não pode ser perseguido *ad eternum*, sob pena de sujeitar a contraparte a intermináveis insegurança e incerteza.[47] Note-se, de todo modo, que a pretensão pode, na prática, ser obstada pela ocorrência da usucapião, uma vez preenchidos seus requisitos próprios.

3. SIMULAÇÃO. HIPÓTESES DE SIMULAÇÃO

A simulação consubstanciava causa de anulabilidade no Código Civil de 1916. O diploma atual, diversamente, atribui à simulação a consequência da nulidade, como se extrai do *caput* do art. 167 do Código Civil, *in verbis*: "É nulo o negócio jurídico simulado, mas subsistirá o que se dissimulou, se válido for na substância e na forma". O negócio simulado não passa de mera aparência: as partes não querem o negócio celebrado, seja porque não desejam negócio algum (simulação absoluta), seja porque pretendem negócio diverso (simulação relativa).[48]

Simulação absoluta e simulação relativa

Na simulação, dessa forma, há divergência intencional entre o declarado e o efetivamente realizado, diferenciando-se a simulação absoluta da relativa pela inexistência, na primeira, de negócio jurídico subjacente (negócio dissimulado), que é o verdadeiro acordo almejado pelas partes na simulação relativa. O negócio dissimulado pode subsistir, consoante se depreende do art. 167 do Código Civil, caso apresente os requisitos de validade que lhe são próprios.[49]

O ato simulado pressupõe concorrência de vontades direcionada a produzir a simulação. Em uma palavra, é preciso que exista cumplicidade.[50] Com efeito, não seria possível ao declarante, sem se limitar à reserva mental, praticar algo diferente da realidade sem a cumplicidade de alguém.[51]

---

[47] Gustavo Tepedino, Prescrição da nulidade em instrumento de cessão de créditos. In: *Soluções práticas de direito*: pareceres, vol. I, cit., 2012, pp. 582-583.

[48] Francesco Ferrara, Simulazione dei negozi giuridici. In: *Nuovo digesto italiano*, Torino: UTET, 1940, p. 307. V. tb. Milena Donato Oliva, *Do negócio fiduciário à fidúcia*, São Paulo: Atlas, 2014, pp. 26-27.

[49] Cf. Custodio da Piedade Ubaldino Miranda, *Teoria geral do negócio jurídico*, São Paulo: Atlas, 2009, 2ª ed., p. 167-168. "Caso concreto em que o conjunto probatório coligido demonstra que as partes simularam contrato de compra e venda de bem imóvel quando tencionavam a realização de doação com encargo, com a única finalidade de redução de tributo. Afastadas as alegações de vício de consentimento do alienante. Nos termos dos artigos 167 c/c 170, ambos do Código Civil, quando, em caso de simulação relativa, o negócio dissimulado reunir as condições de validade substancial e formal, deverá ele subsistir em homenagem ao princípio da conservação dos atos e negócios jurídicos. Ausente ato ilícito a ensejar danos materiais. Irrelevante a discussão a respeito do cumprimento ou não do encargo associado à doação, uma vez que a sua revogação é direito personalíssimo do doador falecido, nos termos dos artigos 555 c/c 560 do Código Civil" (TJ/RS, 18ª CC., Ap. Cív. 70074991886, Rel. Des. Marlene Marlei de Souza, julg. 11.12.2018, publ. *DJ* 14.2.2018). V. tb. Enunciado n. 153 da III Jornada de Direito Civil do CJF: "Na simulação relativa, o negócio simulado (aparente) é nulo, mas o dissimulado será válido se não ofender a lei nem causar prejuízos a terceiros" e Enunciado n. 293 da IV Jornada de Direito Civil do CJF: "Na simulação relativa, o aproveitamento do negócio jurídico dissimulado não decorre tão-somente do afastamento do negócio jurídico simulado, mas do necessário preenchimento de todos os requisitos substanciais e formais de validade daquele".

[50] Franceso Ferrara, *Simulazione del negozio giuridico*, cit., p. 309.

[51] Observa Alberto Auricchio que semelhante cumplicidade não corresponde a acordo autônomo de vontades, integrando a estrutura do próprio negócio simulado: "observa-se que o *animus simulandi*

O art. 103 do Código Civil de 1916 dispunha que "a simulação não se considerará defeito em qualquer dos casos do artigo antecedente, quando não houver intenção de prejudicar a terceiros, ou de violar disposição de lei". O mesmo preceito não foi reproduzido no Código Civil de 2002, de maneira que, atualmente, não mais se distingue, para fins de invalidade, a simulação inocente da maliciosa. Em qualquer caso, a simulação é nula, por representar divergência intencional entre o que se declara e o que, efetivamente, se pratica. Nesse sentido, o Enunciado 152 da III Jornada de Direito Civil estabelece que: "toda simulação, inclusive a inocente, é invalidante".

O § 1º do art. 167 prevê três hipóteses de simulação. O inciso I trata da interposição fictícia de pessoa, que no ato simulado – mas não na realidade – é a favorecida. Quando o negócio dissimulado não produz efeitos em relação àquele que figura no negócio simulado, tem-se o chamado "testa de ferro" ou "laranja" que atua como interposta pessoa no negócio simulado para camuflar o verdadeiro envolvido no ato dissimulado.[52] A simulação subjetiva – atinente ao sujeito – de que trata este inciso diz-se relativa, pois existe o negócio dissimulado, que diz respeito à pessoa diversa daquela interposta no negócio simulado.

Hipóteses de simulação

O inciso II trata da simulação objetiva referente ao conteúdo do negócio, seu valor ou sua natureza, como no caso de se celebrar compra e venda para dissimular doação.[53] O Superior Tribunal de Justiça, por exemplo, reconheceu haver simulação em escritura pública de mútuo com prestação de garantia hipotecária, por considerar que parte do valor declarado no título fora objeto de simulação, com vistas a ocultar a prática de usura.[54] Aqui a simulação pode ser absoluta ou relativa.

é só do declarante, ao passo que o destinatário tem uma mera *scientia* da simulação, que não basta, só por si, para integrar a figura do negócio jurídico bilateral. O acordo, pelo contrário, mantém-se íntegro no seu significado tradicional, isto é, no sentido de que existe o consenso das partes sobre o verdadeiro conteúdo do ato, ou melhor, falta o desacordo, na forma típica da reserva mental. Mas, evidentemente, para chegar a este resultado, não é preciso que o destinatário concorra com uma declaração para a realização da intenção da contraparte, mas é suficiente que ele tome aquela mesma posição que a lei lhe atribui para o negócio não simulado" (Alberto Auricchio, *A simulação no negócio jurídico*: premissas gerais, Coimbra: Coimbra Editora, 1964, pp. 63-64).

[52] Exemplifica Arnoldo Wald: "A simulação realiza-se ainda por interposição de pessoas, recorrendo-se aos chamados testas-de-ferro ou aos 'laranjas'. Pode ocorrer que certo grupo econômico não queira comprar diretamente certas ações, que lhe dariam controle de determinada sociedade. Faz então a compra por intermédio de uma pessoa de confiança, que compra em nome próprio, aparentemente, mas, na realidade, adquire para terceiros" (Arnoldo Wald, *Direito civil*, vol. 1, São Paulo: Saraiva, 2011, 13ª ed., p. 289). Cf. tb. Humberto Theodoro Júnior. In: Sálvio de Figueiredo Teixeira (coord.), *Comentários ao novo Código Civil*, voll. III, t. I, Rio de Janeiro: Forense, 2006, 3ª ed., p. 492.

[53] J. M. de Carvalho Santos, *Código Civil brasileiro interpretado*, vol. II, Rio de Janeiro: Freitas Bastos, 1964, p. 383; Orlando Gomes, *Introdução ao direito civil*, cit., p. 332.

[54] STJ, 4ª T., REsp 1.046.453, Rel. Min. Raul Araújo, julg. 25.6.2013, publ. *DJ* 25.11.2013. Pertinente, ao propósito, a análise do caso por Eduardo Nunes de Souza: "No caso, a Corte, analisando de forma exemplar os interesses envolvidos, verificou que parte do valor declarado no título fora objeto de simulação, com vistas a ocultar a prática de juros usurários; por outro lado, identificou-se que o mutuário atentara contra a boa-fé, uma vez que participou da simulação e pretendeu,

O inciso III, por sua vez, trata da simulação quando os instrumentos particulares forem antedatados, ou pós-datados. Pense-se na aposição de data pretérita com a finalidade de evitar o reconhecimento de fraude à execução[55] ou, ainda, para escapar ao concurso de credores.[56] Neste caso, a simulação é relativa, pois existe o negócio jurídico subjacente, dissimulado pelo negócio antedatado ou pós-datado.

<small>Terceiros de boa-fé</small>

O § 2º do art. 167 protege os direitos de terceiros de boa-fé em face dos contraentes do negócio jurídico simulado.[57] Em consequência, o terceiro de boa-fé terá sua situação jurídica tutelada, mesmo diante da nulidade, em relação aos que celebraram o negócio simulado. Solução diversa acarretaria maior proteção àqueles que procederam deliberadamente para iludir em detrimento dos que confiaram legitimamente no ato aparentemente celebrado. O preceito demonstra inequívoca opção legislativa pela preservação de efeitos do ato nulo. Assim, se o terceiro de fato confiou na aparência de legitimidade do ato, ele merecerá proteção em face dos contraentes do negócio simulado.[58]

Por fim, o Código Civil de 2002 não reproduziu o art. 104 do Código Civil de 1916, segundo o qual "tendo havido intuito de prejudicar a terceiros, ou infringir preceito de lei, nada poderão alegar, ou requerer os contraentes em juízo quanto à simulação do ato, em litígio de um contra o outro, ou contra terceiros". Dessa forma, não mais se veda a possibilidade de que os partícipes do ato simulado invoquem sua nulidade em litígio entre si, desde que isso não afete direitos de terceiros de boa-fé, nos termos do já aludido § 2º do art. 167 do Código Civil. Consoante já teve ocasião de decidir o Superior Tribunal de Justiça, "com o advento do CC/02 ficou superada a regra que constava do art. 104 do CC/1916, pela qual, na simulação, os simuladores não poderiam alegar o vício um contra o outro, pois ninguém poderia se beneficiar da própria torpeza. O art. 167 do CC/02 alçou a simulação como causa de nulidade do negócio jurídico. Sendo a

---

depois, a invalidação total do contrato, a despeito de ter recebido montante substancial do valor do empréstimo. Por tais razões, o título foi reputado parcialmente nulo (quanto à simulação realizada e à ilegalidade dos juros dissimulados), considerando-se válido como confissão de dívida" (*Teoria geral das invalidades do negócio jurídico*, cit. p. 308).

[55] Itamar Gaino, Invalidade do negócio jurídico. In: Renan Lotufo, Giovanni Ettore Nanni (coords.), *Teoria geral do direito civil*, São Paulo: Atlas, 2008, p. 662.

[56] Humberto Theodoro Júnior. In: Sálvio de Figueiredo Teixeira (coord.), *Comentários ao novo Código Civil*, voll. III, t. I, Rio de Janeiro: Forense, 2006, 3ª ed., p. 494.

[57] Segundo Carlos Alberto da Mota Pinto, o "conceito de terceiros, para efeitos de invocação da simulação, é, normalmente, definido de forma a abranger quaisquer pessoas, titulares de uma relação, jurídica ou praticamente afetada pelo negócio simulado e que não sejam os próprios simuladores ou os seus herdeiros (depois da morte do *de cujus*)" (*Teoria geral do direito civil*, Coimbra: Coimbra Editora, 2005, p. 477).

[58] "Por exemplo, se uma compra e venda de imóvel é feita com o intuito de disfarçar uma doação, evitando-se a incidência do respectivo tributo, mesmo que venha a ser, posteriormente, declarada sua nulidade, o corretor de imóveis não deixa de fazer jus à sua comissão se da simulação não tinha conhecimento, pois se qualifica como terceiro de boa-fé." (Anderson Schreiber, in Anderson Schreiber; Flávio Tartuce; José Fernando Simão; Marco Aurélio Bezerra de Melo; Mário Luiz Delgado, *Código Civil Comentado: doutrina e jurisprudência*, Rio de Janeiro: Forense, 2019, p. 105).

simulação uma causa de nulidade do negócio jurídico, pode ser alegada por uma das partes contra a outra".[59]

4. NEGÓCIO FIDUCIÁRIO E NEGÓCIO INDIRETO

O negócio fiduciário não se confunde com o simulado.[60] A confusão entre simulação e negócio fiduciário ocorre quando este se apresenta como negócio indireto, como na compra e venda realizada para fins de garantia. Entretanto, a celebração de negócio jurídico para a obtenção de finalidade diversa daquela tipicamente prevista pelo legislador não traduz, por si só, simulação.[61] A vontade no negócio fiduciário é séria, os contratantes desejam o ajuste com as suas consequências jurídicas, ainda que se sirvam dele para finalidade diversa, mas também legítima e protegida pelo ordenamento. As partes querem, efetivamente, o negócio que realizam, submetendo-se à sua correspondente disciplina jurídica, daí decorrendo os efeitos típicos do ajuste adotado, na medida em que sem estes não alcançariam o objetivo final a que visam.[62]

Diferenças em relação ao negócio simulado

Com efeito, na compra e venda para fins de garantia, por exemplo, as partes efetivamente desejam transmitir a propriedade ao credor e, com isso, torná-lo detentor de garantia fortíssima, insuscetível de sofrer os influxos da falência do devedor. Esse efeito jurídico apenas pode ser alcançado com a transmissão da propriedade, a qual, portanto, é efetivamente desejada pelas partes que, por isso, não praticam simulação alguma, mas compra e venda com a finalidade de garantia.

---

[59] STJ, 3ª Turma, REsp n. 1.501.640/SP, Rel. Min. Moura Ribeiro, julg. 27.11.2018, DJ 6.12.2018. V. tb. Enunciado n. 294 da IV Jornada de Direito Civil do CJF: "Sendo a simulação uma causa de nulidade do negócio jurídico, pode ser alegada por uma das partes contra a outra".

[60] Sobre o tema, amplamente, Milena Donato Oliva, *Do negócio fiduciário à fidúcia*, São Paulo: Atlas, 2014, pp. 26-27. Para os conceitos de negócio fiduciário e negócio indireto, v. capítulo 11.

[61] Na doutrina brasileira cf., no sentido de que o negócio fiduciário não se confunde com a simulação, Antonio Junqueira de Azevedo, *Negócio fiduciário. Frustração da fidúcia pela alienação indevida do bem transmitido. Oponibilidade ao terceiro adquirente dos efeitos da fidúcia germânica e de procuração em causa própria outorgada ao fiduciante*, cit., pp. 112-114; Orlando Gomes, *Introdução ao direito civil*, cit., pp. 277-279; J. M. de Carvalho Santos, *Código Civil brasileiro interpretado*, vol. II, Rio de Janeiro: Freitas Bastos, 1964, p. 385; José Xavier Carvalho de Mendonça, *Tratado de direito comercial brasileiro*, vol. VI, livro IV, Rio de Janeiro: Freitas Bastos, 1960, p. 85; Caio Mário da Silva Pereira, *Instituições de direito civil*, vol. III, cit., p. 369; Luiz Gastão Paes de Barros Leães, *Contrato de locação de postos de abastecimento como negócio indireto*. In: *Pareceres*, vol. I, São Paulo: Singular, 2004, p. 44. Na jurisprudência, cf., também no sentido de que o negócio fiduciário não se confunde com a simulação, STJ, 4a T., REsp 155242, Rel. Min. Sálvio de Figueiredo Teixeira, julg. 15.2.1999, publ. DJ 2.5.2000; TJ/SP, 1ª C.C., Ap. Cív. 97.513, In: *Revista dos Tribunais*, vol. 295, 1960, pp. 190-192; TJ/SP, 13ª C.D.Priv., Ap. Cív. 7159349-2, Rel. Des. Heraldo de Oliveira, julg. 30.1.2008; TASP, 4ª C.C., Ap. Cív. 29.651. In: *Revista dos Tribunais*, vol. 292, 1960, pp. 504-508; TJ/SP, 4ª C.C., Ap. Cív. 95.126, In: *Revista dos Tribunais*, vol. 291, 1960, pp. 363-365; TJ/MG, 2ª C.C., Ap. Cív. 27.069, In: *Revista Forense*, vol. 218, 1967, pp. 164-171.

[62] Tullio Ascarelli, *Problema das Sociedades Anônimas e direito comparado*, cit., pp. 111-112; Pontes de Miranda, *Tratado de direito privado*, t. IV, São Paulo: Revista dos Tribunais, 2012, pp. 505; Francesco Ferrara, *A simulação dos negócios jurídicos*, cit., p. 76, p. 90 e pp. 239-240; Manuel A. Domingues de Andrade, *Teoria geral da relação jurídica*, vol. II, cit., p. 176.

O negócio simulado, por outro lado, não passa de mera aparência, encenação destinada a encobrir os objetivos pretendidos. Isto porque, as partes não querem o negócio celebrado, seja porque não desejam negócio algum (simulação absoluta), seja porque querem negócio diverso (simulação relativa).[63] O fato de o negócio fiduciário não se confundir com a simulação não significa que seja sempre lícito. Os fins almejados pelas partes podem ser ilícitos e, desse modo, o negócio fiduciário também o será. Como qualquer outro ajuste, o negócio fiduciário pode ser utilizado para fraudar a lei, ocasião em que se sujeita às sanções previstas no ordenamento.[64]

Com efeito, há preceitos cogentes que devem ser observados toda vez que as partes pretenderem a produção de determinado efeito, não importa o instrumental jurídico por elas utilizado. A título ilustrativo, a transmissão da propriedade para fins de garantia não pode fazer tábula rasa dos preceitos relativos à vedação do pacto comissório, sob pena de fraude à lei.[65]

Em definitivo, não há de se confundir o negócio fiduciário com o simulado. Este não é querido e serve para dissimular o ajuste realmente desejado ou apenas para criar uma aparência falsa. O negócio fiduciário, por outro lado, para alcançar plenamente os seus fins, precisa dos efeitos do tipo eleito pelas partes, que, por isso mesmo, é verdadeiramente desejado por elas, embora para finalidade que não é a natural do tipo utilizado.

5. PRINCÍPIO DA CONSERVAÇÃO. REDUÇÃO E CONVERSÃO DO NEGÓCIO JURÍDICO

O princípio da conservação dos negócios jurídicos busca preservar, tanto quanto possível, a eficácia do ajuste celebrado, de modo a se promoverem os interesses perseguidos pelas partes com o negócio. Cuida-se de norma que se faz especialmente presente em alguns dispositivos legais, tais como os arts. 170 (conversão do negócio jurídico), 184 (redução do negócio jurídico), 157, § 2º, 317, 479 (que tratam da possibilidade de revisão do negócio jurídico no lugar de sua resolução), todos do Código Civil.

Redução do negócio jurídico

O art. 184 do Código Civil trata da *redução* do negócio jurídico, em que se expurga a parte viciada, em sendo separável, quando ela não for essencial à subsistência

---

[63] V. Pietro Perlingieri, Maria Di Bartolomeo, Accordo simulatorio. In: *Autonomia negoziale e autonomia contrattuale*, Napoli: Edizioni Scientifiche Italiane, 2000, p. 404; Emilio Betti, Consapevole divergenza della determinazione causale nel negozio giuridico. Simulazione e riproduzione dicis causa o fiduciae causa. In: *Bullettino dell'Istituto di Diritto Romano 'Vittorio Scialoja'*, nuova serie vol. I, Roma: Istituto di Diritto Romano, 1934, p. 302.

[64] Francisco Campos, *Direito civil*, Rio de Janeiro: Freitas Bastos, 1956, pp. 242-243; Alvino Lima, *A fraude no direito civil*, cit., pp. 80-81; Tullio Ascarelli, *Problema das sociedades anônimas e direito comparado*, cit., pp. 112-115; Francesco Galgano, *Il negozio giuridico*, cit., p. 492; Regis Velasco Fichtner Pereira, *A fraude à lei*, cit., p. 93; Otto de Sousa Lima, *Negócio fiduciário*, cit., p. 209 e Francisco Paulo De Crescenzo Marino, *Notas sobre o negócio jurídico fiduciário*, cit., p. 63.

[65] V. item 2.1 deste capítulo.

do ato, de modo a se preservar, parcialmente, o negócio[66] (*utile per inutile non vitiatur*). Por força do princípio da conservação dos negócios jurídicos, assim, deve-se preservar o contrato na parte não afetada pelo vício que o macula parcialmente. Exemplificativamente, o art. 549 do Código Civil preceitua que "nula é também a doação quanto à parte que exceder à de que o doador, no momento da liberalidade, poderia dispor em testamento". Por força dessa nulidade, reduz-se, por comando expresso do art. 549, em consonância com o art. 184 do Código Civil, o montante da liberalidade, preservando-se a doação nos limites permitidos por lei.

Também como decorrência do princípio da conservação dos negócios jurídicos, tem-se, ao lado da redução já examinada, a possibilidade de sua conversão, prevista no art. 170 do Código Civil.[67] A conversão ocorre quando, a despeito da nulidade do negócio jurídico, este contiver os requisitos de validade de outro negócio capaz de desempenhar função análoga à pretendida pelas partes com o negócio nulo.[68] Assim ocorre, por exemplo, com a conversão de contrato de compra e venda nulo por inobservância da forma pública em promessa de compra e venda, a qual é válida quando celebrada por instrumento particular.[69] Note-se que a conversão não altera a vontade declarada, mas a qualificação do negócio jurídico praticado, de forma a se preservar, o máximo possível, os efeitos almejados pelas partes.[70]

Conversão do negócio jurídico

Consoante aludido, outras manifestações do princípio da conservação do negócio jurídico se fazem presentes, como na possibilidade de revisão do contrato como substitutivo à resolução nos casos de excessiva onerosidade ou de negócio celebrado em lesão a uma das partes. Também nas relações de consumo a manutenção do contrato, tanto quanto possível, é preceito que se impõe, preferindo o Código de Defesa

---

[66] Clovis Bevilaqua, *Código Civil dos Estados Unidos do Brasil*, vol. I, Rio de Janeiro: Francisco Alves, 1956, p. 338.

[67] Art. 170 do Código Civil: "Se, porém, o negócio jurídico nulo contiver os requisitos de outro, subsistirá este quando o fim a que visavam as partes permitir supor que o teriam querido, se houvessem previsto a nulidade".

[68] Antônio Junqueira de Azevedo, A conversão dos negócios jurídicos: seu interesse teórico e prático. In: Gustavo Tepedino e Luiz Edson Fachin (org.), *Doutrinas essenciais*: Obrigações e contratos, vol. I, São Paulo: Revista dos Tribunais, 2011, p. 1007; Luís Carvalho Fernandes, *A conversão dos negócios jurídicos civis*, Lisboa: Quid Juris, 1993, pp. 3-4; Eduardo Luiz Bussatta, Conversão Substancial do Negócio Jurídico. In: *Revista de Direito Privado*, vol. 26, abr./jun., 2006, pp. 146-171.

[69] "O Código Civil de 2002 prestigia a manutenção dos negócios jurídicos, de sorte que a nulidade do contrato de compra e venda não impede a sua conversão em promessa de compra e venda, conforme permitido pelo art.170 do CC/02. Não violação ao artigo 108 do CC" (TJ/RJ, 16ª C.C., Ap.Cív. 0037718-08.2014.8.19.0011, Rel. Des. Lindolpho Morais Marinho, julg. 29.1.2019, publ. *DJ* 1.2.2019). V. tb. TJ/RJ, 25ª C.C., Ap. Cív. 0009723-09.2017.8.19.0207, Rel. Des. Leila Maria Rodrigues Pinto de Carvalho e Albuquerque, julg. 10.4.2019, publ. *DJ* 11.4.2019; TJ/PR, 7ª C.C., Ap. Cív.12787109, Rel. Des. Fábio Haick Dalla Vecchia, julg. 9.12.2014, publ. *DJ* 17.12.2014. V. tb. Carlos Edison do Rêgo Monteiro Filho, *Pacto comissório e pacto marciano no sistema brasileiro de garantias*, Rio de Janeiro: Processo, 2017, pp. 244-250.

[70] Pontes de Miranda, *Tratado de direito privado*, t. IV, São Paulo: Revista dos Tribunais, 2012, p. 131. Ana Carolina Kliemann, O princípio da manutenção do negócio jurídico: uma proposta de aplicação. In: *Revista Trimestral de Direito Civil*, vol. 26, Rio de Janeiro: Padma, 2006, p. 22-24.

do Consumidor a revisão à resolução contratual, haja vista que, para o consumidor, a extinção do ajuste, no mais das vezes, não atende aos seus interesses, especialmente quando depende daquele vínculo contratual.

📝 PROBLEMAS PRÁTICOS

1. O negócio jurídico nulo pode produzir efeitos? Justifique, dando exemplos.
2. Diferencie nulidade de anulabilidade.

Capítulo XVII
ATO ILÍCITO E ABUSO DO DIREITO

Sumário: 1. Ato ilícito: definição, generalidades e requisitos – 1.1. Contrariedade ao direito – 1.2. Culpa ou dolo – 1.3. Dano – 1.4. Nexo de causalidade: teorias e jurisprudência – 2. Excludentes de ilicitude – 3. Abuso do direito – Problemas práticos.

1. ATO ILÍCITO: DEFINIÇÃO, GENERALIDADES E REQUISITOS

Considera-se ato ilícito a conduta culposa ou dolosa contrária ao direito que gera dano a outrem e deflagra o dever de indenizar (CC, art. 186).[1] O pressuposto da responsabilidade civil subjetiva é a prática do ato ilícito. Nela, valora-se a conduta do causador do dano, de maneira a aferir se obrou com culpa ou dolo, indispensáveis à noção de ilícito e, conseguintemente, ao dever de reparar com fundamento na responsabilidade civil subjetiva. Não releva distinguir se o autor do ilícito agiu dolosa ou culposamente, pois, em qualquer caso, a consequência é a mesma: reparação dos danos causados. *Ato ilícito e responsabilidade subjetiva*

Para a caracterização do ato ilícito, exigem-se quatro requisitos: (i) o comportamento contrário ao direito (por violar norma contratual ou legal); (ii) a imputabilidade subjetiva da conduta (por culpa ou dolo do agente, decorrente de ato comissivo ou *Requisitos do ato ilícito*

---

[1] Art. 186 do Código Civil: "Aquele que, por ação ou omissão voluntária, negligência ou imprudência, violar direito e causar dano a outrem, ainda que exclusivamente moral, comete ato ilícito". Na mesma direção, o *caput* do artigo 927, no Título IX da Parte Especial, dedicado à Responsabilidade Civil, dispõe: "aquele que, por ato ilícito (arts. 186 e 187), causar dano a outrem, fica obrigado a repará-lo".

omissivo); (iii) o dano de qualquer natureza (moral ou material); e (iv) o nexo causal (entre a conduta e o dano).[2]

1.1. Contrariedade ao direito

O primeiro requisito para a caracterização do ato ilícito é a atuação contrária ao direito, isto é, violadora de norma legal ou contratual. Por ser fonte de responsabilidade subjetiva, a reprovação social da conduta do agente, que a torna antijurídica, revela-se indispensável para que o dano produzido seja indenizável e para que se reconheça a imputabilidade do ressarcimento ao agente causador.[3] Fosse o comportamento conforme ao direito positivo ou ao contrato, não haveria falar de responsabilidade subjetiva, ainda que danoso fosse o resultado. Imagine-se, a título de exemplo, o devedor que, demandado legitimamente pelo credor, após o vencimento da dívida, viesse a sofrer mal súbito no momento da cobrança. Não houve aqui antijuridicidade por parte do credor, afigurando-se o lamentável episódio, posto que evidentemente danoso, insuscetível de ressarcimento. A antijuridicidade apresenta-se, assim, indispensável, embora não suficiente, para o surgimento do ilícito.

1.2. Culpa ou dolo

Imputabilidade

O segundo requisito do ato ilícito consiste no comportamento culposo ou doloso. A valoração da conduta como dolosa ou culposa pressupõe a imputabilidade do agente, isto é, a livre determinação de sua vontade,[4] de modo que o incapaz não pratica ato ilícito,[5] mesmo quando, por política legislativa, arca com o dever de indenizar.[6] O Código Civil de 1916 flexibilizava essa regra no tocante aos menores entre 16 e 21 anos, estabelecendo, em seu art. 156, que "o menor, entre dezesseis e vinte e um anos, equipara-se ao maior quanto às obrigações resultantes de atos ilícitos, em que for culpado". O Código Civil de 2002 não manteve o preceito, de sorte que o incapaz, não importa se relativa ou absolutamente, não pratica, tecnicamente, ato ilícito, o que não significa que não possa responder, nas hipóteses legais, pelos danos causados.[7]

---

[2] Na lição de José de Aguiar Dias, no ato ilícito "concorrem elementos objetivos e subjetivos. São requisitos da primeira categoria: o ato *contra jus, sans droit*, isto é, praticado de maneira ilícita, contra o direito; o resultado danoso; a relação causal entre o ato e o dano. São requisitos subjetivos: a imputabilidade do agente e que tenha agido com culpa" (*Da responsabilidade civil*, vol. I, Rio de Janeiro: Forense, 1979, p. 139).

[3] Caio Mário da Silva Pereira, *Instituições de direito civil*, vol. I, Rio de Janeiro: Forense, 2019, 32ª ed. rev. e atualizada por Maria Celina Bodin de Moraes (1ª ed., 1961), pp. 551-552.

[4] Aguiar Dias, *Da responsabilidade civil*, vol. II, Rio de Janeiro: Forense, 1973, p. 10.

[5] Carlos Roberto Gonçalves, *Direito civil*, vol. 1, São Paulo: Saraiva Educação, 2015, 13ª ed., p. 504.

[6] Nos termos do art. 928 do Código Civil, é possível que o incapaz seja responsabilizado. Eis a dicção do preceito: "Art. 928. O incapaz responde pelos prejuízos que causar, se as pessoas por ele responsáveis não tiverem obrigação de fazê-lo ou não dispuserem de meios suficientes. Parágrafo único. A indenização prevista neste artigo, que deverá ser equitativa, não terá lugar se privar do necessário o incapaz ou as pessoas que dele dependem".

[7] Além da responsabilidade subsidiária e equitativa prevista no já aludido art. 928, transcrito na nota *supra*, o art. 116, *caput*, do Estatuto da Criança e do Adolescente – ECA, estabelece que, "em

O dolo consiste no agir intencional à prática do ato causador do dano. Para que se configure o dolo, tanto o agente pode praticar o ato com o intuito de provocar o dano (dolo direto), como pode praticar o ato ciente do risco de lesão, o qual deliberadamente assumiu (dolo eventual).[8] Para a caracterização do ato ilícito, não importa perquirir se o agente operou com dolo ou culpa, de sorte que perde relevo, também, a distinção entre dolo eventual e culpa consciente.[9]

Por culpa, em acepção ampla, entende-se a consciência da transgressão à ordem jurídica mediante comportamento por negligência, imprudência ou imperícia. Atualmente, para aferição da culpa, não se perscruta a real intenção do agente, mas se avalia, objetivamente, a correspondência entre o comportamento do causador do dano e o padrão de conduta exigível para a hipótese específica. Formula-se, assim, o conceito de culpa normativa (ou culpa objetiva), que se vale de parâmetros ou standards objetivos para a valoração do comportamento do agente causador do dano. A culpa, em uma palavra, passa a ser entendida como o desrespeito a uma norma objetiva de conduta.

Afasta-se, desse modo, do aspecto intencional e recôndito do agente (culpa psicológica), em favor de padrões objetivos de conduta exigíveis em dada situação fática. Esses standards valorativos não são extraídos a partir do modelo abstrato do bom pai de família, mas à luz de circunstâncias concretas, como as condições pessoais do causador do dano, por exemplo, avaliadas com base no princípio da boa-fé objetiva.

Controverte-se acerca da utilidade e da precisão técnica da gradação da culpa. Tradicionalmente, identificam-se três graus de culpa: grave, leve e levíssima. Na culpa grave, o agente violaria *standard* de comportamento elementar, configurando-se o erro grosseiro. A culpa leve corresponderia à ausência de diligência razoável.

---

se tratando de ato infracional com reflexos patrimoniais, a autoridade poderá determinar, se for o caso, que o adolescente restitua a coisa, promova o ressarcimento do dano, ou, por outra forma, compense o prejuízo da vítima". V., por oportuno, Enunciados 39 e 40 da Jornada de Direito Civil.

[8] Silvio Rodrigues, *Direito civil*, vol. 1, São Paulo: Saraiva, 2007, 34ª ed., p. 311; Antonio Junqueira de Azevedo, Nulidade de cláusula limitativa de responsabilidade em caso de culpa grave. Caso de equiparação entre dolo e culpa grave. Configuração de culpa grave em caso de responsabilidade profissional. In: *Novos estudos e pareceres de direito privado*, São Paulo: Saraiva, 2009, p. 427-441.

[9] Acerca da diferença entre dolo eventual e culpa consciente, v. Juarez Tavares, Espécies de dolo e outros elementos subjetivos do tipo. In: *Revista da Faculdade de Direito da UFPR*, v. 14, 1971, pp. 107-119; e Juarez Cirino dos Santos, *Direito penal*, Rio de Janeiro: Forense, 1985, pp. 76-79. Cf., ainda, Antonio Junqueira de Azevedo, Nulidade de cláusula limitativa de responsabilidade em caso de culpa grave. Caso de equiparação entre dolo e culpa grave. Configuração de culpa grave em caso de responsabilidade profissional. In: *Novos estudos e pareceres de direito privado*, São Paulo: Saraiva, 2009, pp. 430-431. Na clássica lição de Aníbal Bruno: "A forma típica da culpa é a culpa inconsciente, em que o resultado previsível não é previsto pelo agente. É a culpa sem previsão. Ao lado desta, construiu a doutrina a chamada culpa consciente, em que o resultado é previsto pelo agente, embora este sinceramente espere que ele não aconteça. A culpa com previsão representa um passo mais da culpa simples para o dolo. É uma linha quase imponderável que a delimita do dolo eventual. Neste, o agente não quer o resultado, mas aceita o risco de produzi-lo. Na culpa com previsão, nem esta aceitação do risco existe, o agente espera que o evento não ocorra" (Aníbal Bruno, *Direito Penal*, tomo 2, Rio de Janeiro: Forense, 1967, 3ª ed., pp. 92-93).

A culpa levíssima, por sua vez, diria respeito à exigência de conduta própria de uma pessoa extremamente diligente.[10]

A rigor, a gradação da culpa não se mostra relevante no âmbito da responsabilidade civil.[11] Com efeito, uma vez que o dever de reparar mede-se pela extensão do dano,[12] não importaria indagar se o ofensor agiu com culpa grave, leve ou levíssima. Em sua literalidade, contudo, o parágrafo único do art. 944 do Código Civil parece reputar relevante o grau de culpa para a quantificação do valor indenizatório, na medida em que estabelece que, "se houver excessiva desproporção entre a gravidade da culpa e o dano, poderá o juiz reduzir, equitativamente, a indenização". Muito já se debateu sobre o preceito e, a despeito das dúvidas interpretativas que o circundam, deve-se interpretá-lo sob a perspectiva do nexo causal e da garantia do patrimônio mínimo ao ofensor.[13]

Discute-se se, nas hipóteses em que o legislador diferencia o agir culposo do doloso,[14] deve ser aplicada a disciplina do dolo ao ato gravemente culposo, na esteira do brocardo latino *culpa lata dolo aequiparatur*. Nada obstante a equiparação legislativa e jurisprudencial que por vezes se verifica entre os efeitos jurídicos da culpa grave e do dolo, as noções não se confundem e não devem ser tratadas como intercambiáveis entre si.[15] Não é possível elevar o adágio latino *culpa lata dolo aequiparatur* em regra absoluta, como se fosse sempre possível equiparar dolo e culpa grave.[16]

Responsabilidade objetiva

Ao lado do ato ilícito, do qual decorre a responsabilidade subjetiva, o Código Civil, além de prever hipóteses específicas de responsabilidade objetiva, instituiu, no

---

[10] Antonio Junqueira de Azevedo, Nulidade de cláusula limitativa de responsabilidade em caso de culpa grave. Caso de equiparação entre dolo e culpa grave. Configuração de culpa grave em caso de responsabilidade profissional, cit., p. 429; Paula Greco Bandeira, A evolução do conceito de culpa e o art. 944 do Código Civil. In: *Revista da EMERJ*, v. 11, n. 42, Rio de Janeiro, 2008.

[11] V. volume 4 desta coleção.

[12] Art. 944, *caput*, do Código Civil: "A indenização mede-se pela extensão do dano".

[13] Novamente, v. volume 4 desta coleção e Carlos Edison do Rêgo Monteiro Filho, Artigo 944 do Código Civil: o problema da mitigação do princípio da reparação integral. In: *Revista de Direito da Procuradoria Geral do Estado do Rio de Janeiro*, v. 63, 2008, pp. 69-94.

[14] Confiram-se, a título ilustrativo, os arts. 180, 392, 400, 786, § 1º, 1.235, do Código Civil.

[15] Na lição de Antonio Junqueira de Azevedo: "Constitui afirmação frequente que a culpa se equipara ao dolo, havendo até mesmo um aforisma latino nesse sentido: *culpa lata dolo aequiparatur*. Se, na culpa grave, não está presente o elemento subjetivo característico do dolo (a intenção ou a assunção do risco de produzir o resultado danoso), ela se equipara ao dolo por conta da intensidade da negligência, isto é, da gravidade da desatenção para com os interesses da contraparte ou do interessado. Dada a distinção entre dolo e culpa, entretanto, a afirmação de que a culpa grave sempre recebe o mesmo tratamento do dolo, como parece resultar do citado aforismo, não é verdadeira. Às vezes, por exceção, o dolo é punido com mais gravidade – porque a culpa, embora se equipare, não é dolo" (*Nulidade de cláusula limitativa de responsabilidade em caso de culpa grave. Caso de equiparação entre dolo e culpa grave. Configuração de culpa grave em caso de responsabilidade profissional*, cit.. In: *Novos estudos e pareceres de direito privado*, São Paulo: Saraiva, 2009, p. 431).

[16] Confira-se, sobre o tema, Milena Donato Oliva e André Brandão Nery Costa, A excludente de cobertura de "culpa grave equiparável ao dolo" no seguro de responsabilidade civil profissional. In: Ilan Goldberg e Thiago Junqueira (coords.), *Temas de Direito dos Seguros*, São Paulo: Revista dos Tribunais, 2020, p. 639-655.

parágrafo único do seu artigo 927, cláusula geral de responsabilidade objetiva para atividades de alto risco. Consolidou-se, assim, modelo dualista,[17] convivendo a norma geral de responsabilidade civil subjetiva (CC, art. 186) com a cláusula geral de responsabilidade objetiva (CC, art. 927, parágrafo único).

1.3. Dano

O terceiro requisito para a responsabilidade civil constitui-se no dano ressarcível, sem o qual não surge o dever de reparar. Ausente o dano, ausente o ato ilícito, ainda que a conduta seja antijurídica. Em termos gerais, o dano consiste em lesão a um bem jurídico. Entretanto, nem todo dano é ressarcível, já que bens jurídicos são atingidos diuturnamente sem a proteção do ordenamento. Bastaria pensar na morte natural, insuscetível de reparação; ou, no prosaico exemplo já mencionado do devedor que, ao tomar conhecimento da regular cobrança por parte do credor, viesse a sofrer mal súbito. Não haveria falar, aqui, em dever de reparar por parte do credor a despeito da grave lesão sofrida pelo devedor em sua integridade física.

Ressarcível, portanto, é o dano injusto a bem jurídico tutelado pelo ordenamento. *Dano injusto* O dano será ressarcível seja porque decorrente de comportamento reprovado socialmente (imputação subjetiva), seja porque oriundo de riscos de certa atividade atribuídos a determinado agente (imputação objetiva). Na primeira hipótese, a injustiça do dano é subjetivamente valorada, de acordo com a conduta do agente, enquanto no segundo caso a injustiça do dano é objetivamente valorada, traduzindo reprovação social em relação aos efeitos socialmente nocivos (não do comportamento do agente, mas) de certa atividade.

O dano, para ser ressarcível, deve ser certo – ou seja, de existência comprovada, *Danos futuros* e não meramente hipotética ou eventual – e atual – vale dizer, que já tenha ocorrido no momento em que se determina a sua reparação. Dano presente é aquele já verificado por ocasião da decisão judicial que condena à reparação, ao passo que dano futuro é aquele que, embora decorrente do ato lesivo, apenas se materializa após prolatada a decisão condenatória.[18]

A despeito do requisito da atualidade, admite-se, em algumas hipóteses – notadamente envolvendo danos ambientais,[19] em que não se sabe, ao tempo do evento danoso, toda a real extensão do impacto que ainda será sentido –, a reparação do dano futuro, desde que se possa demonstrar, no momento da decisão, que ele é certo: não é ressarcível o dano futuro hipotético ou eventual. A aferição da "certeza" do dano

---

[17] Ao propósito, v. Gustavo Tepedino, A evolução da responsabilidade civil no direito brasileiro e suas controvérsias na atividade estatal. In: *Temas de direito civil*, Rio de Janeiro: Renovar, 2008, 4ª ed., p. 201 e ss.
[18] Gisela Sampaio da Cruz Guedes, *Lucros cessantes*: do bom senso ao postulado normativo da razoabilidade. São Paulo: Revista dos Tribunais, 2011, p. 59.
[19] Cf. STJ, REsp 1.145.083/MG, 2ª T., Rel. Min. Herman Benjamin, julg. 27.9.2011, publ. *DJ* 4.9.2012. V. mais em: Délton Winter de Carvalho, *Dano ambiental futuro*: a responsabilização civil pelo risco ambiental. Rio de Janeiro: Forense Universitária, 2008.

futuro deve se escorar em critérios de probabilidade. Com efeito, como se trata de dano que, ao momento da decisão condenatória, ainda não se configurou, a certeza quanto à sua futura ocorrência deve ser amparada na probabilidade de que ocorrerá.[20]

Dano patrimonial

O dano pode ser patrimonial ou moral. À primeira categoria correspondem os danos materialmente mensuráveis em termos econômicos. Os danos patrimoniais subdividem-se em danos emergentes e lucros cessantes. Os primeiros consistem naquilo que efetivamente se perdeu, seja em razão da diminuição do ativo, seja por força do aumento do passivo (diminuição do patrimônio).[21] Os lucros cessantes, por sua vez, representam o que razoavelmente se deixou de ganhar, buscando reparar a lesão consistente no não aumento do patrimônio (ausência de crescimento do patrimônio).[22] Os lucros cessantes, ao contrário dos danos emergentes, não comportam juízo de certeza, mas sim de probabilidade. E tal se justifica porque os lucros cessantes vinculam-se a evento que não aconteceu, não sendo possível, por isso mesmo, precisar com absoluta segurança o valor patrimonial desse acontecimento obstado pelo dano.[23]

Dano emergente

Lucro cessante

Esclareça-se que a palavra "cessante" pode transmitir a falsa ideia de que só caberá indenização a esse título se houver a interrupção de algo que já vinha acontecendo. Todavia, o lucro cessante não se prende a essa ideia de continuidade de algo que já existia, mas refere-se à impossibilidade de obtenção de vantagem que provavelmente seria obtida (juízo de probabilidade) não fosse o evento danoso.[24] Assim, aquele que acaba de iniciar como taxista e sofre um dano ressarcível no seu carro, tem direito a lucros cessantes, ainda que não tenha um histórico de lucratividade por ser seu primeiro dia naquela função.

Também cabe advertir acerca do vocábulo razoavelmente aludido no art. 402 do Código Civil: "Salvo as exceções expressamente previstas em lei, as perdas e danos devidas ao credor abrangem, além do que ele efetivamente perdeu, o que *razoavelmente* deixou de lucrar". O vocábulo não se refere ao aspecto quantitativo, a significar indenização razoável, mas sim à própria configuração do dano, isto é, à sua existência: haverá o dever de reparar, dessa forma, se se puder, razoavelmente (juízo de probabilidade), admitir que houve lucro cessante. Admitida a existência do lucro cessante, seu ressarcimento não se pautará pelo razoável, mas pelo demonstrado.[25]

---

[20] Caio Mário da Silva Pereira, *Responsabilidade civil*, Rio de Janeiro: Forense, 2018, 12ª ed., atualizada por Gustavo Tepedino, pp. 56-57; Gisela Sampaio da Cruz Guedes, *Lucros cessantes*: do bom senso ao postulado normativo da razoabilidade, cit., p. 60-64; Sérgio Savi, Inadimplemento das obrigações, mora e perdas e danos, In: *Obrigações*: estudos na perspectiva civil-constitucional, Gustavo Tepedino (coord.), Rio de Janeiro: Renovar, 2005, p. 479; Délton Winter de Carvalho, *Dano ambiental futuro*: a responsabilização civil pelo risco ambiental, Rio de Janeiro: Forense Universitária, 2008, p. 127.

[21] Agostinho Alvim, *Da inexecução das obrigações e suas consequências*, São Paulo: Saraiva, 1972, 4ª ed., p. 174.

[22] Sobre o conceito de lucros cessantes, cf. Gisela Sampaio da Cruz Guedes, *Lucros cessantes*: do bom senso ao postulado normativo da razoabilidade. São Paulo: Revista dos Tribunais, 2011, *passim*.

[23] Agostinho Alvim, *Da inexecução das obrigações e suas consequências*, cit., pp. 190-191; José de Aguiar Dias, *Da responsabilidade civil*, Rio de Janeiro: Lumen Juris, 2012, 12ª ed., 827.

[24] Agostinho Alvim, *Da inexecução das obrigações e suas consequências*, cit., p. 174.

[25] Agostinho Alvim, *Da inexecução das obrigações e suas consequências*, cit., p. 191.

Os danos morais, a seu turno, referem-se à lesão não economicamente mensurável, que atinge interesse jurídico extrapatrimonial, associado à personalidade humana. Na medida em que se trata de lesão a bens inestimáveis, utiliza-se o verbo compensar para se aludir à reparação do dano moral, já que este é insuscetível de indenização, que significa, tecnicamente, a possibilidade de recomposição ao estado anterior ao dano.[26] A autonomia da reparação do dano moral encontra-se assegurada por sua previsão constitucional (CF, art. 5º, X), de maneira que, atualmente, mostra-se pacífica a possibilidade de sua cumulação com os danos patrimoniais, ainda que oriundos do mesmo fato.[27]

Dano moral

Existem, basicamente, dois entendimentos fundamentais acerca da configuração do dano moral.[28] De uma parte, sustenta-se que os danos morais caracterizam-se pela dor psicológica sofrida pelo indivíduo.[29] Por outro lado, argui-se que o dano moral deve ser apreendido objetivamente, independentemente do íntimo sofrimento que a vítima tenha experimentado em razão do fato danoso.[30] A primeira vertente tem sido designada como subjetiva, por atribuir relevância aos efeitos psíquicos do dano moral sobre a vítima. O segundo entendimento, por sua vez, apresenta conotação objetiva, na medida em que busca caracterizar o dano moral a partir da identificação de lesão a interesses extrapatrimoniais, independentemente do impacto que o dano tenha causado nos sentimentos da vítima.

Configuração do dano moral

Embora não raras vezes o dano moral venha acompanhado de indignação, dor, revolta, angústia, fato é que esses sentimentos não podem ser reputados inerentes à ideia de dano moral. Caso contrário, chegar-se-á à conclusão de que pessoas sem aptidão de compreender não são suscetíveis de sofrer certos danos morais, como a violação à sua honra e imagem, por exemplo. E isso seria o mesmo que não assegurar proteção a tais direitos, uma vez que a sua violação restaria irressarcida.

Apesar de os tribunais, em numerosas ocasiões, adentrarem nos aspectos subjetivos para a análise do dano moral, tem-se verificado importante movimento no sentido de não atribuir à repercussão psicológica caráter preponderante para a configuração do dano moral, justamente para não se negar a proteção de valores extrapatrimoniais quando sua violação não vem necessariamente acompanhada de abalo psicológico.

---

[26] Maria Celina Bodin de Moraes, *Danos à pessoa humana*, Rio de Janeiro: Renovar, 2003, p. 145.
[27] Enunciado 37 da Súmula do STJ, *in verbis*: "São cumuláveis as indenizações por dano material e dano moral oriundos do mesmo fato".
[28] Sobre o tema, Milena Donato Oliva, Dano moral e inadimplemento contratual nas relações de consumo. In: *Revista de Direito do Consumidor*, vol. 93, maio/2014, pp. 13-28.
[29] "Só se deve reputar como dano moral a dor, o vexame, o sofrimento ou mesmo a humilhação que, fugindo à normalidade, interfira intensamente no comportamento psicológico do indivíduo, chegando a causar-lhe aflição, angústia e desequilíbrio em seu bem-estar" (STJ, 3.ª T., REsp 1.234.549/SP, Rel. Min. Massami Uyeda, julg. 1.12.2011, publ. *DJ* 10.2.2012). V. tb. STJ, 4.ª T., REsp 1.101.664, Rel. Min. Marco Buzzi, julg. 7.2.2013, publ. *DJ* 28.2.2013.
[30] Cf. Maria Celina Bodin de Moraes, *Danos à pessoa humana*, Rio de Janeiro: Renovar, 2003, pp. 130-132.

Duas decisões emblemáticas demonstram essa preocupação. O primeiro caso, julgado pelo STJ no REsp 910.794, consiste em ação ajuizada pelo recém-nascido, seus pais e irmão, em que buscavam receber, além das perdas patrimoniais, compensação pelos danos morais oriundos de o recém-nascido ter tido seu braço amputado por erro médico.[31] O acórdão recorrido abraçou a tese de que o recém-nascido não teria aptidão para sofrer dano moral, pois lhe faltaria capacidade intelectiva para avaliar e sofrer pela perda do braço. O STJ, no entanto, entendeu que o dano moral não pode ser visto como de ordem puramente psíquica, devendo-se tutelar e, conseguintemente, compensar a objetiva lesão à dignidade humana, fundamento central do ordenamento.[32]

O segundo caso consiste no julgado relativo às "pílulas de farinha". O fabricante, por falha no controle produtivo, acabou distribuindo diversas "pílulas de farinha", as quais foram elaboradas apenas para teste de maquinário e por isso não deveriam ter chegado às prateleiras de venda. Entretanto, o produto-teste alcançou indevidamente o mercado de consumo e foi ingerido por várias mulheres, tendo um bom número delas engravidado. Diante disso, consumidoras ajuizaram ação com vistas a obterem reparação por dano moral decorrente da gestação indesejada. O fabricante, em sua defesa, arguiu que a gravidez seria insuscetível de ensejar danos morais, pois o nascimento de um filho não poderia ser reputado dano causador de sofrimento e dor.

O STJ, contudo, entendeu que, independentemente de a gravidez ter propiciado sentimentos de felicidade e alegria para as mães, houve lesão objetiva ao direito existencial da mulher de decidir o momento ideal para engravidar.[33] Dessa forma, na espécie, considerou-se que a consequência da lesão – dor, sofrimento ou mesmo

---

[31] Para o aprofundamento do tema, v. Eduardo Nunes de Souza, O chamado "erro médico" à luz dos requisitos normativos da responsabilidade civil. In: Gustavo Tepedino; Vitor Almeida (org.). *Trajetórias do direito civil*: estudos em homenagem à Professora Heloisa Helena Barboza. Indaiatuba: Foco, 2023, p. 537-548.

[32] Veja-se a ementa do julgado: "Não merece prosperar o fundamento do acórdão recorrido no sentido de que o recém-nascido não é apto a sofrer o dano moral, por não possuir capacidade intelectiva para avaliá-lo e sofrer os prejuízos psíquicos dele decorrentes. Isso porque o dano moral não pode ser visto tão somente como de ordem puramente psíquica – dependente das reações emocionais da vítima –, porquanto, na atual ordem jurídica-constitucional, a dignidade é fundamento central dos direitos humanos, devendo ser protegida e, quando violada, sujeita à devida reparação. A respeito do tema, a doutrina consagra entendimento no sentido de que o dano moral pode ser considerado como violação do direito à dignidade, não se restringindo, necessariamente, a alguma reação psíquica. (...)" (STJ, 1ª Turma, REsp n. 910.794/RJ, Rel. Min. Denise Arruda, julg. 21.10.2008, publ. *DJ* 4.12.2008).

[33] Eis a ementa da decisão: "O dever de compensar danos morais, na hipótese, não fica afastado com a alegação de que a gravidez resultante da ineficácia do anticoncepcional trouxe, necessariamente, sentimentos positivos pelo surgimento de uma nova vida, porque o objeto destes autos não é discutir o dom da maternidade. Ao contrário, o produto em questão é um anticoncepcional, cuja única utilidade é a de evitar uma gravidez. A mulher que toma tal medicamento tem a intenção de utilizá-lo como meio a possibilitar sua escolha quanto ao momento de ter filhos, e a falha do remédio, ao frustrar a opção da mulher, dá ensejo à obrigação de compensação pelos danos morais" (STJ, 3ª Turma, REsp n. 1.096.325/SP, Rel. Min. Nancy Andrighi, julg. 9.12.2008, publ. DJ 3.2.2009). V. tb. STJ, 3.ª T., REsp 866.636/SP, Rel. Min. Nancy Andrighi, julg. 29.11.2007, publ. *DJ* 6.12.2007; STJ, 3.ª T., AgRg no Ag 1.157.605/SP, Rel. Min. Vasco Della Giustina, julg. 3.8.2010, publ. *DJ* 16.8.2010.

alegria – seria irrelevante para a configuração do dano objetivamente considerado, referente à impossibilidade de autodeterminação da mulher em escolha existencial dessa magnitude.

Depreende-se de tais exemplos que, apesar de a noção subjetiva de dano moral ser muito difundida, adentrando os julgadores com frequência nos sentimentos das vítimas para a verificação da ocorrência do dano moral, tem-se cada vez mais relativizado a importância do abalo psicológico, não mais tido como elemento essencial ao dano moral – embora possa ser levado em conta na sua quantificação – de maneira a se privilegiar a lesão objetivamente considerada, independentemente da repercussão psíquica do dano.

Mostra-se possível, ainda, a indenização por danos morais e materiais pela "perda de uma chance". Neste caso, a lesão refere-se à impossibilidade de a vítima se valer de uma chance idônea para obter um benefício ou evitar um prejuízo.[34] A reparação pela perda de uma chance repousa, a um só tempo, em juízo de certeza e de probabilidade. Certeza quanto ao fato de que a chance desperdiçada teria sido aproveitada não fosse a ofensa a tal direito. Probabilidade no sentido de que a chance poderia efetivamente ter redundado em vantagem à vítima.[35] Ilustrativamente, pense-se no erro de diagnóstico que inviabiliza o tratamento prematuro de grave doença, reduzindo-se drasticamente, por conta disso, as chances de cura. Perda de uma chance

A reparação pela chance perdida não corresponde ao pleno benefício que se pretendia obter com o seu aproveitamento. Isso porque se trata de chance perdida, não havendo certeza de que, uma vez aproveitada a chance, a vantagem teria sido obtida. No exemplo do advogado que perde o prazo recursal de apelação contra sentença desfavorável ao seu cliente, não se pode afirmar que, mesmo se tivesse recorrido tempestivamente, o resultado teria se alterado. Não se indeniza, portanto, o dano hipotético (e.g. cura, vitória judicial), mas o dano certo consistente na perda de uma probabilidade de se conseguir o resultado favorável ou de se escapar de acontecimento nefasto (e. g. perda da chance de tratamento precoce, perda da chance de recorrer de uma decisão ruim).

Alude-se, ainda, aos chamados danos decorrentes da "privação de uso",[36] que se relacionam com a supressão temporária das faculdades de usar e fruir um bem, da qual resultaria dano a quem delas se vê privado. Seria a hipótese, por exemplo, do Danos por privação de uso

---

[34] Acerca da responsabilidade civil pela perda da chance, cf. Gustavo Tepedino, Milena Donato Oliva, André Nery, Responsabilidade civil pela perda da chance: uma questão de dano ou de causalidade? In: *Revista da Faculdade de Direito UFPR*, 2023, passim. V. Rafael Peteffi da Silva, *Responsabilidade civil pela perda de uma chance*. 3. ed. São Paulo: Atlas, 2013; Sérgio Savi. *Responsabilidade civil por perda de uma chance*. São Paulo: Atlas, 2012, 3ª ed.; Caio Mário da Silva Pereira, Responsabilidade civil, cit., pp. 57-60.

[35] Gisela Sampaio da Cruz Guedes, *Lucros cessantes*: do bom senso ao postulado normativo da razoabilidade, cit., p. 118.

[36] Cf., sobre o tema, António Santos Abrantes Geraldes, *Temas da responsabilidade civil*: indemnização do dano da privação do uso. Coimbra: Almedina, 2007. v. I; Júlio Manuel Vieira Gomes, O dano da privação do uso. In: *Revista de Direito e Economia*, Coimbra, Universidade de Coimbra, 1986; Gustavo Tepedino e Rodrigo da Guia Silva. Novos bens jurídicos, novos danos ressarcíveis: análise

ônibus abalroado por fato exclusivo do condutor de outro veículo. Nesta hipótese, se a empresa proprietária do ônibus dispõe de veículos de reserva, não haveria propriamente lucros cessantes, pois a frota em circulação não foi desfalcada, mantendo-se inalterado seu faturamento. Nada obstante, cogita-se do dano representado pela privação de uso pelo tempo necessário ao conserto do veículo, em que a empresa não pôde utilizar o ônibus.

Na atualidade, também se debate quanto ao tratamento que deve ser conferido aos danos causados pela Inteligência Artificial (IA). Pense-se nos carros autônomos[37], na IA capacitada para jogar xadrez[38], nos algoritmos que atuam no reconhecimento facial e no policiamento preditivo[39] ou, até mesmo, na seleção de currículos por empregadores,[40] inserindo-se no espectro das decisões tomadas única ou preponderantemente com base em sistemas automatizados.[41]

Apesar dos desafios interpretativos propiciados pela introdução cada vez maior da IA na vida social, o intérprete possui instrumental jurídico para lidar com tais situações, mesmo sem lei específica.[42]

Não há consenso quanto ao conceito de IA, embora haja convergência em relação ao atributo inserto nas principais tipologias de IA: a autonomia decisória.[43] A despeito de sua autonomia decisória, a IA tem natureza instrumental, pois projetada para servir a necessidades humanas. Por tal razão, são as pessoas físicas ou jurídicas que se valem da IA que devem responder, conforme o regime que lhes seja aplicável, pelos danos causados pela IA. Mostra-se possível, nesse contexto, a incidência das

---

dos danos decorrentes da privação do uso. In: *Revista de Direito do Consumidor*, vol. 129/2020. p. 133-156, maio-jun./2020.

[37] Eduardo Goulart Pimenta; Eduardo Henrique de Oliveira Babosa, Responsabilidade em acidentes causados por carros autônomos. In: *Revista Brasileira de Direito Civil – RBDCivil*, Belo Horizonte, v. 32, n. 3, p. 53-73, jul./set. 2023, p. 61 e ss.

[38] Paulius Čerka, Jurgita Grigienė, Gintarė Sirbikytė, Liability for damages caused by Artificial Intelligence. In: *Computer Law & Security Review*, Elsevier, v. 31, n. 3, p. 376-389, jun. 2015, p. 382.

[39] Carolina Braga, Discriminação nas decisões por algoritmos: polícia preditiva. In: Ana Frazão; Caitlin Mulholland (coords.). *Inteligência Artificial e Direito*: ética, regulação e responsabilidade. São Paulo: Thomson Reuters Brasil, 2019, p. 687.

[40] Raub Mckenzie, Bots, Bias and Big Data: Artificial Intelligence, Algorithmic Bias and Disparate Impact Liability in Hiring Practices. In: *Arkansas Law Review*, vol. 71, n. 2, 2018, p. 534.

[41] Filipe Medon, Decisões automatizadas: o necessário diálogo entre a Inteligência Artificial e a proteção de dados pessoais para a tutela de direitos fundamentais. In: Gustavo Tepedino, Rodrigo da Guia Silva, *O Direito Civil na Era da Inteligência Artificial*, São Paulo: Thomson Reuters Brasil, 2020, p. 337-372; Danilo Doneda, Laura Schertel Mendes, Carlos Affonso Souza, Norberto Nuno Gomes de Andrade, Considerações iniciais sobre inteligência artificial, ética e autonomia pessoal. In: *Pensar*, Fortaleza, v. 23, n. 4, p. 1-17, out./dez. 2018.

[42] Nas palavras de Gustavo Tepedino e Rodrigo da Guia, "a disciplina ordinária da responsabilidade civil – tanto em relações paritárias quanto em relações de consumo –, embasada na tábua axiológica constitucional, serve de fundamento suficiente para o equacionamento dos problemas referentes aos danos causados por sistemas autônomos" (Desafios da inteligência artificial em matéria de responsabilidade civil. In: Ana Frazão; Caitlin Mulholland (coords.), *Inteligência Artificial e Direito*: ética, regulação e responsabilidade. São Paulo: Thomson Reuters Brasil, 2019, p. 71).

[43] V., sobre o tema, Filipe Medon, *Inteligência Artificial e Responsabilidade Civil*: autonomia, riscos e solidariedade. Salvador: JusPodivm, 2020, p. 78-102.

normas do Código de Defesa do Consumidor, da cláusula geral de responsabilidade subjetiva (art. 186 do Código Civil), da cláusula geral de responsabilidade objetiva (parágrafo único do art. 927 do Código Civil), sem prejuízo ainda de, em outras hipóteses mais específicas, conforme o caso, invocar-se a responsabilidade pelo fato de outrem ou pela guarda da coisa ou do animal. A definição do regime aplicável deve levar em conta a função desempenhada pela IA e não apenas as diferenças estruturais de tipologia de uma IA para outra.[44]

1.4. *Nexo de causalidade: teorias e jurisprudência*

O quarto requisito para a deflagração do dever de reparar consiste no nexo causal entre o dano injusto e o ato ao qual se pretende imputar o dever de indenizar.[45] Uma das mais antigas teorias a respeito do nexo de causalidade é conhecida como da *equivalência das condições*, cunhada por Von Buri no direito penal alemão, em 1860. Essa corrente considerava que qualquer evento capaz, por si só, de gerar o dano poderia ser identificado como causa para fins reparatórios. Afirmava-se que o dano não teria ocorrido se não existisse cada uma das condições que foram identificadas anteriormente ao resultado danoso (*conditio sine qua non*).[46] Tais condições não eram selecionadas ou afastadas por sua maior ou menor proximidade para a produção do resultado; ao revés, todas eram consideradas, para fins de responsabilidade, equivalentes. A crítica que se faz a esta teoria, por vezes ainda invocada, funda-se na ilimitada ampliação da cadeia causal, a deflagrar infinita espiral de concausas, que imputa a um sem-número de agentes o dever de reparar, levando a exageros inaceitáveis e soluções injustas.[47] Nessa direção, afirmou-se, com fina ironia, que a fórmula tenderia a tornar "cada homem responsável por todos os males que atingem a humanidade".[48]

Teoria da equivalência das condições

---

[44] "Exemplificativamente, ao se enumerar a guarda do animal como possível norma a ser levada em consideração pelo intérprete, não se objetiva equiparar, em termos naturalísticos, a IA ao animal, que são, à evidência, completamente distintos. Cuida-se de se valorar em termos funcionais a IA para, a partir daí, se extrair o regime jurídico da responsabilidade civil. Pense-se no exemplo do cachorro que serve de guia ao deficiente visual. Se o animal, no futuro, fosse substituído por um robô que desempenhasse função semelhante à do animal, o regime jurídico da guarda do animal poderia servir de parâmetro ao intérprete. E mais: caso esse robô apresentasse defeito, o fornecedor ainda poderia responder pelo fato do produto. Assim também, se a IA desempenhar a função de um preposto, pode-se atrair, conforme o caso, as disposições da responsabilidade por fato de outrem. Importa perquirir, em qualquer situação, a função da IA, a qual será determinante para definir o regime jurídico aplicável." (Milena Donato Oliva e Renan Soares Cortazio, Desafios da responsabilidade civil no contexto da inteligência artificial e o debate em torno da utilidade do patrimônio de afetação. In: Gustavo Tepedino, Rodrigo da Guia Silva, *O Direito Civil na Era da Inteligência Artificial*, São Paulo: Thomson Reuters Brasil, 2020, p. 721-738.

[45] Para o aprofundamento do tema, com ampla referência bibliográfica e jurisprudencial, v. Gustavo Tepedino, *Notas sobre o nexo causal*. In: *Revista Trimestral de Direito Civil*, v. 6, abr-jun/2001.

[46] Caio Mário da Silva Pereira, *Responsabilidade civil*, cit., p. 108.

[47] Sobre o tema, v. Gisela Sampaio da Cruz, *O problema do nexo causal na responsabilidade civil*, Rio de Janeiro: Renovar, 2005, pp. 37-47.

[48] Agostinho Alvim, *Da inexecução das obrigações e suas consequências*, cit., pp. 369-370.

Teoria da causalidade adequada — Nos termos da teoria da *causalidade adequada*, por sua vez, formulada no final do século XIX pelo filósofo alemão Von Kries, procura-se identificar, na presença de mais de uma possível causa, qual delas, em tese, independentemente das demais circunstâncias que também operam em favor de determinado resultado, é potencialmente mais apta a produzir o efeito danoso. Embora tenha por mérito a considerável redução das causas a serem consideradas pelo magistrado, a teoria da causalidade adequada não se livrou de críticas, já que nem sempre a causa que, em abstrato, seria mais apta à produção do dano coincide, no caso concreto, com a causa que verdadeiramente o produziu. Ademais, o caráter adequado da causalidade associa-se ao grau de probabilidade do dano; o que não representa certeza para fins de imposição do dever de reparar.[49]

Teoria da causalidade direta e imediata — Tanto a teoria da equivalência das condições quanto a teoria da causalidade adequada foram afastadas, no ordenamento jurídico brasileiro, pelo art. 1.060 do Código Civil de 1916, cuja dicção foi reproduzida no art. 403 do Código Civil atual,[50] que consagrou a teoria da interrupção do nexo de causalidade, também conhecida como *teoria da causalidade direta e imediata*. Embora topograficamente inserido no âmbito da responsabilidade contratual, o dispositivo foi estendido pela doutrina também para a responsabilidade aquiliana. Segundo essa concepção, apenas se consideram causas do dano aquelas vinculadas a ele direta e imediatamente.

Dano indireto — Levada tal doutrina às últimas consequências, não seria possível o ressarcimento pelo chamado dano indireto ou *dano por ricochete*. No direito brasileiro, contudo, o ressarcimento por danos reflexos foi reconhecido pela jurisprudência ao menos em uma hipótese – a do homicídio cuja vítima deixara dependentes econômicos, hipótese que restou positivada no art. 948, II, do Código Civil.[51] Trata-se, portanto, de dano indireto ressarcível, haja vista que o dependente econômico da vítima de homicídio se torna vítima *indireta* do crime.[52]

Subteoria da necessariedade da causa — Em face da insuficiência da teoria da causalidade direta e imediata para explicar a aludida admissibilidade, pelo texto legal, do dano remoto, formulou-se construção evolutiva da teoria da relação causal imediata, denominada de *subteoria da necessariedade da causa*, que enfatiza a vinculação necessária entre a ação e o dano, em detrimento da natureza imediata e direta. Segundo tal construção, "suposto certo dano, considera-se causa dele a que lhe é próxima ou remota, mas, com relação a esta última, é mister que ela se ligue ao dano diretamente. Ela é causa necessária desse dano,

---

[49] Caio Mário da Silva Pereira, *Responsabilidade civil*, cit., p. 109.
[50] Eis a linguagem do art. 403 do Código Civil: "Ainda que a inexecução resulte de dolo do devedor, as perdas e danos só incluem os prejuízos efetivos e os lucros cessantes por efeito dela direto e imediato, sem prejuízo do disposto na lei processual".
[51] O dispositivo prevê, no caso de homicídio, indenização consistente "na prestação de alimentos às pessoas a quem o morto os devia, levando-se em conta a duração provável da vida da vítima".
[52] Confira-se decisão sobre o tema: "No caso de homicídio o responsável deve pagar os alimentos a quem o defunto os devia, sendo razoabilíssima a fixação em 0,75% de 1 (um) salário mínimo, que como o próprio nome indica é a quantia de menor limite a permitir a sobrevivência humana" (TJ/RJ, 10ª CC, Ap. Cív. 1999.001.10545, Rel. Des. Luiz Fux, julg. 11.4.2000).

porque ele a ela se filia necessariamente; é causa única, porque opera por si, dispensadas outras causas. Assim, é indenizável todo o dano que se filia a uma causa, ainda que remota, desde que ela lhe seja causa necessária, por não existir outra que explique o mesmo dano".[53] Em síntese, o dever de reparar surge quando o evento é efeito necessário de certa causa.

A despeito das teorias nominalmente adotadas pelos tribunais brasileiros, as decisões revelam-se substancialmente fundamentadas na *teoria da necessariedade da causa*, demonstrando que o dever de reparar advém da *necessariedade* existente entre o dano e a atividade. Em termos práticos, os tribunais brasileiros costumam invocar a causalidade adequada, investigando, contudo, em concreto, qual a causa mais eficiente – vale dizer, necessária – para a produção do dano, distanciando-se, portanto, inteiramente, da construção teórica antes exposta relativamente à causalidade adequada. Nesta direção, vale sempre refletir sobre decisão proferida há mais de três décadas no Recurso Extraordinário n. 88.407/RJ, no qual foi afastada a responsabilidade da empresa de ônibus pela morte de passageiro decorrente de assalto ocorrido durante o transporte. Embora a ementa do Acórdão faça menção à teoria da causalidade adequada, o voto vencedor do Ministro Soares Muñoz adota a teoria da causalidade necessária: "O assalto, portanto, se constitui no fato necessário e impossível de impedir que, arrebatando do transporte a qualidade de causa, se erigiu na causa adequada da morte do marido da recorrente (...). À hipótese se aplica a teoria da causa adequada ou do condicionamento adequado (...). O transporte, em si, não foi a causa direta e imediata a que alude o art. 1.060 do Código Civil, vale dizer, não foi a causa adequada da morte do marido da recorrente".[54]

Em sentido semelhante, o Superior Tribunal de Justiça, em interessante precedente, embora também se refira à inexistência de causalidade adequada, investigou qual a causa necessária de determinado dano. No caso, uma montadora de veículos foi acionada pela vítima de um acidente automobilístico que buscou responsabilizá-la pela utilização de *vidro temperado* no para-brisa de seu veículo, não já de *vidro laminado*. O vidro rompeu-se com o acidente, ferindo gravemente o motorista, e, segundo o autor, caso houvesse sido usado o vidro laminado, o dano seria substancialmente menor. Entendeu-se pela não responsabilização da empresa ré, devido à

---

[53] Agostinho Alvim, *Da inexecução das obrigações*, cit., p. 356.
[54] STF, Tribunal Pleno, RE n. 88.407/RJ, Rel. Min. Thompson Flores, julg. 7.8.1980. Remata o magistrado: "Quer se adote esta teoria, do dano direto e imediato, quer a da causalidade adequada, não é possível, *data venia*, concluir-se que a morte do marido da autora, resultante do tiroteio que ele manteve com os assaltantes do ônibus, constitua dano direto e imediato do contrato de transporte". A teoria permanece sendo aplicada: "A responsabilidade objetiva não restou caracterizada no presente caso, dado que não demonstrado o nexo de causalidade entre o fato danoso e o ato omissivo atribuído ao Estado de Minas Gerais. O homicídio foi praticado em concurso de pessoas, sendo um dos autores fugitivo da Delegacia Estadual de Ibirité – MG. O crime não teve como *causa necessária* a fuga, vez que resultou da formação de concurso de pessoas com o objetivo de matar e ocorreu aproximadamente 20 (vinte) dias após a evasão" (2ª T., RE no Ag.R. 460.812/MG, Rel. Min. Eros Grau, julg. 8.5.2007, grifou-se).

inexistência de liame causal de necessariedade entre a utilização de vidro laminado (fato) e os danos sofridos pela vítima em decorrência do acidente automobilístico. Com efeito, a utilização daquela espécie de vidro não foi a causa necessária dos danos sofridos pela vítima, para os quais concorreram fatores humanos imprescindíveis.[55] O Ministro Nilson Naves assinalou em seu voto: "(...) torna-se difícil, senão impossível, o estabelecimento da causalidade; a propósito, disse, e corretamente, o acórdão recorrido: a conduta do fabricante do veículo está muito longe de uma relação de causalidade mercê da qual, mesmo no campo da responsabilidade objetiva (não é o caso) se justificasse o dever de reparação".[56]

Pode-se afirmar, nesse contexto, que prevalece na jurisprudência pátria a subteoria da necessariedade em matéria de causalidade. De fato, diversas decisões fazem referência expressa à causalidade necessária ao adotarem a teoria da causalidade direta e imediata. O entendimento encontra-se traduzido no voto do Ministro Moreira Alves no julgamento do Recurso Extraordinário n.º 130.764: "Em nosso sistema jurídico, como resulta do disposto no artigo 1.060 do Código Civil, a teoria adotada quanto ao nexo de causalidade é a teoria do dano direto e imediato, também denominada teoria da interrupção do nexo causal. (...) Essa teoria, como bem demonstra Agostinho Alvim (...) só admite o nexo de causalidade quando o dano é efeito necessário de uma causa, o que abrange o dano direto e imediato sempre, e, por vezes, o dano indireto e remoto, quando, para a produção deste, não haja concausa sucessiva".[57]

---

[55] STJ, 3ª Turma, REsp n. 2.821/RJ, Rel. Min. Gueiros Leite, julg. 16.10.1990. Veja-se excerto da ementa da decisão: "Acidente caracterizado por violenta colisão de automóvel com anteparo fixo. O recorrente ressalta a conduta do fabricante do veículo em face da relação de causalidade no campo da responsabilidade objetiva, fato irrelevante para a produção do evento por inexistência de causalidade adequada".

[56] No mesmo sentido, v. STJ, 2ª T., REsp 776.732/RJ, Rel. Min. Humberto Martins, julg. 8.5.2007. Ressalte-se, contudo, que há, no âmbito deste Tribunal, alguns julgados que se afastam do critério da necessariedade, aplicando a teoria da causalidade adequada em seu sentido estrito. Nessa segunda direção, confira-se: "Nesse contexto, o ato ilícito praticado pela concessionária, consubstanciado na ausência de corte das árvores localizadas junto aos fios de alta tensão, permitindo seu contato com a rede elétrica, possui sim a capacidade em abstrato de causar danos aos consumidores, segundo o curso natural das coisas e a experiência comum, restando, portanto, configurado o nexo de causalidade nos moldes pretendidos pela teoria da causalidade adequada" (4ª T., AgRg no Ag 682.599/RS, Rel. Min. Fernando Gonçalves, julg. 25.10.2005). V., ainda, STJ, 4ª T., REsp 729.732, Rel. Min. Cesar Asfor Rocha, julg. 21.9.2006.

[57] STF, RE n. 130.764-1/PR, Voto do Min. Moreira Alves, julg. 12.5.1992. No mesmo sentido, v. STF, 2ª T., RE 409.203/RS, Rel. Min. Carlos Velloso, Rel. p/ Acórdão Min. Joaquim Barbosa, julg. 7.3.2006, em que se discute a responsabilidade estatal decorrente de estupro praticado por indivíduo que, por desídia do Estado, ainda desfrutava de regime prisional aberto, apesar de sete evasões consecutivas. Na hipótese, entendeu o Tribunal, nos termos do voto vencedor, pela responsabilização do Estado, pois, ao contrário do caso acima aludido (RE 130.764-1/PR), não se verificou nenhum elemento capaz de descaracterizar a causalidade direta. Assim, reconheceu-se "a imediatidade da conexão entre o ato omissivo dos agentes estatais e o grave episódio danoso (...). Aqui, se os agentes do poder público houvessem antecipadamente cumprido com suas atribuições, o apenado deveria estar encarcerado na noite em que agrediu mãe e filha. A omissão se coloca, portanto, como causa material suficiente a permitir que o evento danoso ocorresse".

2. EXCLUDENTES DE ILICITUDE

O artigo 188 do Código Civil[58] elenca hipóteses em que não há ato ilícito, muito embora exista dano provocado voluntariamente por uma pessoa. Cuida-se das excludentes de ilicitude, quais sejam: (i) legítima defesa, (ii) exercício regular do direito, (iii) estado de necessidade. Importante advertir, desde já, que apesar de não haver ato ilícito, há o dever de indenizar os danos oriundos de atos realizados em estado de necessidade. Cuida-se de responsabilidade que não tem como fonte a prática do ato ilícito, mas mandamento legal no sentido de reparar o dano (licitamente) provocado (arts. 929 e 930 do Código Civil). As excludentes de ilicitude afastam a configuração do ato ilícito, com repercussão na responsabilidade subjetiva, mas não necessariamente interferirão com o dever de reparar fundado na responsabilidade objetiva.

A primeira excludente de ilicitude corresponde à *legítima defesa*, que pode ser própria ou de terceiro (art. 188, I, do Código Civil). Consubstancia reação imediata à injusta violação de direito próprio ou alheio, desde que absolutamente necessária e proporcional à agressão.[59] No âmbito da defesa possessória, o art. 1.210, § 1º, do Código Civil, traz a figura do desforço pessoal, que consubstancia espécie de legítima defesa.

Legítima defesa

Em seguida, tem-se como segunda excludente de ilicitude o *exercício regular do direito* (CC, art. 188, I). O exercício regular do direito, em contraposição ao abuso do direito, consiste na utilização de situação jurídica subjetiva de acordo com a finalidade axiológica que justifica a sua tutela pelo ordenamento jurídico.[60] Não há ato ilícito justamente porque a conduta conforme ao direito não é antijurídica. O dano oriundo do exercício regular do direito, assim, não é ressarcível (ausência de dano injusto). Invoque-se novamente o exemplo do credor que, ao notificar regularmente o devedor para pagamento do que lhe é devido, provoca neste mal súbito: a lesão moral sofrida pelo devedor não é ressarcível, pois o credor exerceu regularmente seu direito, não havendo antijuridicidade em sua conduta.

Exercício regular do direito

Por fim, o *estado de necessidade* consubstancia a última hipótese de excludente de ilicitude. Caracteriza-se o estado de necessidade pelo dano provocado a direitos alheios para salvar bem jurídico de igual ou maior valor.[61] O ato praticado em estado

Estado de necessidade

---

[58] Art. 188 do Código Civil: "Não constituem atos ilícitos: I – os praticados em legítima defesa ou no exercício regular de um direito reconhecido; II – a deterioração ou destruição da coisa alheia, ou a lesão a pessoa, a fim de remover perigo iminente. Parágrafo único. No caso do inciso II, o ato será legítimo somente quando as circunstâncias o tornarem absolutamente necessário, não excedendo os limites do indispensável para a remoção do perigo".

[59] Confira-se o art. 25 do Código Penal: "Entende-se em legítima defesa quem, usando moderadamente dos meios necessários, repele injusta agressão, atual ou iminente, a direito seu ou de outrem". Na doutrina, v. Clovis Bevilaqua, *Código Civil comentado*, vol. I, Rio de Janeiro: Francisco Alves, 1956, 11ª ed., p. 345.

[60] Cf. Pietro Perlingieri, *Manuale di diritto civile*, Napoli: Edizioni Scientifiche Italiane, 1997, pp. 83-84.

[61] Veja-se, por oportuno, o art. 24 do Código Penal: "Considera-se em estado de necessidade quem pratica o fato para salvar de perigo atual, que não provocou por sua vontade, nem podia de outro modo evitar, direito próprio ou alheio, cujo sacrifício, nas circunstâncias, não era razoável exigir-se".

de necessidade – que pode ser deterioração ou destruição da coisa alheia, ou lesão à pessoa –, será legítimo somente quando as circunstâncias o tornarem absolutamente necessário para remover perigo iminente, não excedendo os limites do indispensável para tanto (art. 188, II e parágrafo único do Código Civil). A lesão à pessoa humana apenas será legítima para remover perigo iminente a bem extrapatrimonial de igual ou superior valor, não sendo lícito provocá-la para evitar dano patrimonial.

Para se configurar o estado de necessidade, assim, deve-se verificar a existência dos seguintes requisitos: (i) perigo atual, não provocado pelo agente; (ii) impossibilidade de evitar o perigo por outro modo que não seja sacrificar o bem alheio; e (iii) o direito ameaçado ser de valor igual ou superior ao sacrificado.[62] O estado de necessidade pressupõe, ainda, que o sujeito atue *em razão do perigo*. Vale dizer, se age em desconhecimento da situação de perigo, com outra finalidade, estará afastado o estado de necessidade.[63]

Dever de reparar

O Código Civil, a despeito de reconhecer a licitude da conduta praticada em estado de necessidade, impõe ao autor do dano o dever de reparar a vítima, sempre que esta não for a responsável pela situação de perigo criada. De acordo com o art. 929 do Código Civil, "se a pessoa lesada, ou o dono da coisa, no caso do inciso II do art. 188 [estado de necessidade], não forem culpados do perigo, assistir-lhes-á direito à indenização do prejuízo que sofreram". Dessa forma, o ato praticado em estado de necessidade pode acarretar o dever de indenizar caso o titular da coisa destruída ou deteriorada ou a pessoa lesada com o ato não tenha, ela própria, dado causa ao perigo.[64]

Ação regressiva

O causador do dano possui, a teor do art. 930, *caput*, do Código Civil, direito de regresso em face daquele que gerou o perigo, na hipótese de o estado de necessidade ter sido provocado por terceiro. Rememore-se que se aquele que ocasionou o estado de necessidade foi a própria vítima do dano, esta não terá direito à reparação. O parágrafo único do art. 930 do Código Civil estabelece que "a mesma ação competirá contra aquele em defesa de quem se causou o dano (art. 188, inciso I)". À luz do dispositivo, entende-se, não sem controvérsia,[65] que se em legítima defesa de outrem alguém causar dano à pessoa diversa do agressor, fica obrigado a ressarcir-lhe o prejuízo, mas tem regresso em face daquele em benefício de quem o ato danoso foi praticado.[66]

---

[62] V., sobre o tema, Gisela Sampaio da Cruz, As excludentes de ilicitude no Novo Código Civil. In: Gustavo Tepedino, *O Código Civil na perspectiva civil-constitucional*: parte geral, Rio de Janeiro: Renovar, 2013, p. 458.

[63] Celso Delmanto, *Código Penal comentado*, Rio de Janeiro: Renovar, 1991, 3ª ed., p. 43.

[64] "O estado de necessidade não afasta a responsabilidade civil do agente, quando o dono da coisa atingida ou a pessoa lesada pelo evento danoso não for culpado pela situação de perigo" (STJ, 3a T., REsp. 1.278.627/SC, Rel. Min. Paulo de Tarso Sanseverino, julg. 18.12.2012).

[65] Acerca das dificuldades hermenêuticas do dispositivo, cf. Carvalho Santos, pp. 211-212 e Claudio Luiz Bueno de Godoy, *Código Civil comentado*, Min. Cezar Peluso (coord.), Barueri: Manole, 2019, pp. 913-914.

[66] De acordo com Clovis Bevilaqua, "se, na defesa de outrem, alguém destruir a propriedade de terceiro terá de indenizá-la. Neste caso, o Código concede ao defensor ação regressiva contra quem foi beneficiado por sua intervenção oportuna" (*Código Civil dos Estados Unidos do Brasil*, vol. 5, Rio de Janeiro: Francisco Alves, 1956, p. 229).

A despeito de o parágrafo único apenas aludir à legítima defesa para franquear ao autor do dano obter regresso perante o beneficiado, deve-se ampliar essa possibilidade também para o estado de necessidade, por identidade de *ratio*. Dessa forma, aquele que, agindo em legítima defesa ou em estado de necessidade, tenha ressarcido a vítima pelo dano causado, poderá pedir ressarcimento da pessoa em favor de quem praticou o ato danoso.[67] Assegura-se o regresso, assim, contra o agressor; contra quem deu causa ao estado de necessidade; ou contra a pessoa em favor de quem o dano foi gerado.

3. ABUSO DO DIREITO

Previsto no art. 187 do Código Civil, o abuso do direito consiste no exercício de posição jurídica de modo incompatível com a função que lhe é própria, isto é, com a finalidade que justifica axiologicamente a sua proteção pelo ordenamento.[68] Trata-se de atividade que formalmente se mostra legítima – por decorrer dos poderes que a ordem jurídica atribui ao titular de certo direito –, mas que, a rigor, se afigura disfuncional – por contrariar a razão pela qual o ordenamento assegura poderes ao titular.[69]

<small>Exercício disfuncional do direito</small>

O Código Civil de 1916 não previu especificamente o abuso do direito, o qual era extraído *a contrario sensu* da excludente de ilicitude do exercício regular do direito.[70] O Código Civil atual previu o abuso do direito no artigo 187, segundo o qual "também comete ato ilícito o titular de um direito que, ao exercê-lo, excede manifestamente os limites impostos pelo seu fim econômico ou social, pela boa-fé ou pelos bons costumes".

Ao se referir a ato ilícito no artigo 187, aludiu o legislador à ilicitude *lato sensu*, isto é, à antijuridicidade que não se confunde com o ato ilícito *stricto sensu*, previsto no artigo 186 do Código Civil.[71] O ato praticado em abuso do direito não se confunde com o ato ilícito, já que o comportamento do titular do ato abusivo se encontra formalmente autorizado pela ordem jurídica, desvirtuando-se, contudo,

<small>Abuso do direito e ato ilícito</small>

---

[67] Gisela Sampaio da Cruz, As excludentes de ilicitude no Novo Código Civil. In: Gustavo Tepedino, *O Código Civil na perspectiva civil-constitucional*: parte geral, cit., p. 439; Gustavo Tepedino, Heloisa Helena Barboza, Maria Celina Bodin de Moraes et al., *Código Civil interpretado conforme a Constituição da República*, vol. II, Rio de Janeiro: Renovar, 2012, 2ª ed., p. 827.

[68] Eis a dicção do art. 187 do Código Civil: "Também comete ato ilícito o titular de um direito que, ao exercê-lo, excede manifestamente os limites impostos pelo seu fim econômico ou social, pela boa-fé ou pelos bons costumes". Na doutrina italiana, leciona Pietro Perlingieri: "O abuso é o exercício contrário ou de qualquer modo estranho à função da situação subjetiva. Se o comportamento concreto não for justificado pelo interesse que impregna a função da relação jurídica da qual faz parte a situação, configura-se o seu abuso" (*O direito civil na legalidade constitucional*, cit., p. 683).

[69] V., na perspectiva do texto, dentre outros, Heloisa Carpena, *Abuso do direito nos contratos de consumo*, Rio de Janeiro: Renovar, 2001, *passim*; Rosalice Fidalgo Pinheiro, *O abuso de direito nas relações contratuais*, Rio de Janeiro: Renovar, 2002, *passim*.

[70] Na síntese de Clovis Bevilaqua sendo lícito o ato descrito no art. 160, I, "*a contrario sensu*, o praticado em exercício não regular de um direito, é ilícito" (*Código Civil*, cit., p. 433).

[71] Nesta direção, Gustavo Tepedino, Heloisa Helena Barboza, Maria Celina Bodin de Moraes et al., *Código Civil interpretado conforme a Constituição da República*, vol. I, cit., p. 346. V. tb. Francisco Amaral, *Direito civil*: introdução, São Paulo: Saraiva Educação, 2018, 10ª ed., pp. 641-644.

ao contrariar a finalidade econômica e social almejada pelo legislador, a boa-fé objetiva ou os bons costumes.

Ilustrativamente, imagine-se certo agente e representante comercial de marca de roupa, que celebra contrato de doze meses, renovável a cada ano por igual período, desde que não haja denúncia por qualquer das partes, mediante aviso prévio de até 90 dias. Suponha-se que o contrato se renove a cada ano, sucessivamente, por mais de duas décadas. Em determinado momento, o representado, confirmando o comportamento dos anos anteriores, seis meses antes do termo anual, estimula o representante a viajar para o exterior, inteirar-se das coleções a serem preparadas para o ano seguinte, comprar os novos tecidos e preparar-se para a produção. Após suscitar no agente a legítima expectativa de renovação, o representado, ao contrário dos anos anteriores, decide denunciar o contrato a exatos 90 dias do termo anual. Neste caso, embora fosse indiscutível o direito potestativo do representado, contratualmente assegurado, há abuso no exercício de seu direito, na medida em que, ao longo da relação contatual, tenha sido despertado no representante e agente a confiança na renovação, como vinha ocorrendo nos anos anteriores, daí decorrendo inclusive investimentos relacionados à futura coleção.[72]

Abuso e dano

Por outro lado, diferentemente do ato ilícito, o abuso do direito independe da ocorrência de dano,[73] hipótese em que da antijuridicidade não resultará o dever de reparar, mas a cessação do ato, configurando-se a sua invalidade ou ineficácia.[74] A caracterização do abuso do direito prescinde da intenção emulativa do titular, direcionada a prejudicar outrem. Daí a necessidade de se interpretar adequadamente o art. 1.228, § 2º, do Código Civil,[75] para que não se reproduza, acriticamente, paradigma superado, notadamente em vista da função social da propriedade.

Abuso do direito e ato emulativo

---

[72] Sobre o tema, v. Francisco de Assis Viégas, *Denúncia contratual e dever de pré-aviso*, Belo Horizonte: Fórum, 2019, pp. 94-96. Confira-se, na jurisprudência do STJ, duas interessantes hipóteses de abuso de direito. Na primeira, (STJ, 4ª T., REsp 1.297.847/RS, Rel. Min. Luís Felipe Salomão, julg. 17.10.2013, publ. *DJ* 28.10.2013), após fusão societária, uma das sociedades cobrou dívidas antigas da outra, embora a primeira tenha criado na segunda a expectativa da completa extinção das obrigações por ter dado quitação de todas as dívidas anteriores. Na segunda (STJ, 3ª T., REsp 1.403.272/RS, Rel. Min. Marco Aurélio Bellizze, julg. 10.3.2015, publ. *DJ* 18.3.2015), depois da extinção de um contrato, o distribuidor (representante) ajuizou ação para compelir o representado a restituir certos valores relacionados à compra dos bens, embora por 20 anos tais valores não tenham sido cobrados pelo representante.

[73] Fernando Augusto Cunha de Sá, *Abuso do direito*, Coimbra: Almedina, 2005, p. 640. Assim dispõe o Enunciado n. 539 da VI Jornada de Direito Civil do CJF: "Oé uma categoria jurídica autônoma em relação à responsabilidade civil. Por isso, o exercício abusivo de posições jurídicas desafia controle independentemente de dano".

[74] Veja-se o Enunciado n. 617 da VIII Jornada de Direito Civil do CJF: "O abuso do direito impede a produção de efeitos do ato abusivo de exercício, na extensão necessária a evitar sua manifesta contrariedade à boa-fé, aos bons costumes, à função econômica ou social do direito exercido".

[75] Art. 1.228 do Código Civil: "O proprietário tem a faculdade de usar, gozar e dispor da coisa, e o direito de reavê-la do poder de quem quer que injustamente a possua ou detenha. (...) § 2º São defesos os atos que não trazem ao proprietário qualquer comodidade, ou utilidade, e sejam animados pela intenção de prejudicar outrem".

Em definitivo, reputa-se determinado exercício como abusivo não em razão da intenção que o motivou, mas em virtude do resultado alcançado, objetiva e manifestamente contrário à boa-fé objetiva, aos bons costumes ou aos fins econômicos ou sociais a que se destina o direito. Desse modo, para a apreciação da abusividade, o intérprete não deve considerar o elemento intencional ou as razões subjetivas que teriam determinado o exercício do direito.[76]

Sublinhe-se que essa valoração axiológica do exercício das situações jurídicas subjetivas não se limita aos direitos subjetivos, estendendo-se aos direitos potestativos, faculdades, funções ou poderes privados, na medida em que todas essas prerrogativas individuais se submetem aos mesmos fundamentos axiológicos consagrados pela Constituição da República.[77]

Ressalte-se, por fim, o Enunciado n. 617 da VIII Jornada de Direito Civil, segundo o qual "[o] abuso do direito impede a produção de efeitos do ato abusivo de exercício, na extensão necessária a evitar sua manifesta contrariedade à boa-fé, aos bons costumes, à função econômica ou social do direito exercido".

PROBLEMAS PRÁTICOS

1. O exercício do direito potestativo à resilição unilateral do contrato pode ser abusivo? Exemplifique.
2. Quais são os elementos do ato ilícito?

 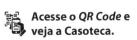 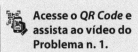

---

[76] Assim, também, Ruy Rosado de Aguiar Junior, O novo código civil e o código de defesa do consumidor – pontos de convergência. In: *Revista de Direito Renovar*, no 26, Rio de Janeiro: Renovar, maio/ago. 2003, p. 9 e ss.

[77] "Almeja-se com a disciplina do abuso de direito uma valoração axiológica do exercício de determinada situação jurídica subjetiva – não apenas dos direitos subjetivos, mas também dos interesses potestativos, dos poderes jurídicos etc. – à luz dos valores consagrados no ordenamento civil-constitucional" (Gustavo Tepedino, Heloisa Helena Barboza, Maria Celina Bodin de Moraes et al., *Código Civil interpretado conforme a Constituição da República*, vol. I, Rio de Janeiro: Renovar, 2007, 2ª ed. p. 345); "'Quer se trate de liberdades, faculdades, direitos potestativos ou poderes, todos constituem vantagens, cuja configuração depende, em última análise, da estrutura qualificativa da norma jurídica. Logo, em reação a qualquer situação subjetiva será admitida a figura do abuso do direito, visto que nenhuma delas será jamais desprovida de fundamento axiológico" (Heloisa Carpena, O abuso do direito no Código de 2002. Relativização de direitos na ótica civil-constitucional. In: Gustavo Tepedino (coord.). *A parte geral do novo Código Civil*: Estudos na perspectiva civil-constitucional, Rio de Janeiro: Renovar, 2003, 3ª ed., p. 417).

Capítulo XVIII
PRESCRIÇÃO E DECADÊNCIA

SUMÁRIO: 1. Noções introdutórias: prescrição e decadência – 2. Prescrição extintiva e prescrição aquisitiva (*rectius*, usucapião) – 3. Objeto da prescrição – 4. Termo inicial da prescrição – 5. Imprescritibilidade de determinadas pretensões. *Suppressio* – 6. Causas impeditivas e suspensivas da prescrição – 7. Causas interruptivas da prescrição – 8. Prazos prescricionais no Código Civil – 9. Decadência – Problemas práticos.

1. NOÇÕES INTRODUTÓRIAS: PRESCRIÇÃO E DECADÊNCIA

A prescrição vincula-se aos efeitos do transcurso do tempo sobre determinadas situações jurídicas. Se o Direito se destina à pacificação de conflitos de interesse, é natural que, diante de embates aparentemente superados, em razão da aparência de normalidade decorrente da inércia dos seus titulares, a ordem jurídica não admita a perpetuação de relações indefinidas, oferecendo mecanismos de reconhecimento da aparência de direito suscitada pela inércia dos interessados.

<small>Efeitos do tempo</small>

Surgem nesse contexto a prescrição e a decadência. A primeira associa-se aos direitos subjetivos, aos quais se contrapõe o dever jurídico indispensável à satisfação do interesse do seu titular, como no caso do credor que faz jus a determinada prestação pecuniária a ser paga pelo devedor. Essa exigibilidade pelo credor da prestação necessária à satisfação do seu interesse traduz tecnicamente a pretensão, a qual, no caso de não pagamento, permitirá a cobrança da dívida. Sobre a pretensão, própria do direito subjetivo, incidem as regras da prescrição.[1]

<small>Prescrição e direito subjetivo</small>

---

[1] Orlando Gomes, *Introdução ao direito civil*, Rio de Janeiro: Forense, 2016, 21ª ed., p. 391; Caio Mário da Silva Pereira, *Instituições de direito civil*, vol. I, Rio de Janeiro: Forense, 2019, 32ª ed., p.

Decadência e direito potestativo

Em contrapartida, a decadência refere-se aos direitos potestativos, que autorizam a intervenção unilateral na esfera jurídica de outrem, sem que a este caiba qualquer atividade para promover ou impedir a satisfação do titular, como é o caso do contratante a quem é autorizada a resilição do negócio jurídico. Os direitos potestativos, dessa forma, são insuscetíveis de lesão, vez que não correspondem a dever jurídico que pudesse ser violado. O invocado direito à resilição do negócio jurídico, para produzir seus regulares efeitos, independe de qualquer conduta da contraparte. Trata-se de atuação unilateral do interessado para a satisfação do próprio interesse.[2]

De outra parte, se há direito subjetivo, ao qual se contrapõe ontologicamente um dever jurídico, poderá necessariamente haver a sua lesão, decorrente do descumprimento do dever jurídico a ele correspondente. E a inércia do credor em exigir a reparação do direito subjetivo dará ensejo às regras da prescrição. Em contrapartida, quando se está diante de direitos potestativos, o decurso de prazo para a atuação do titular se submeterá à disciplina dos prazos decadenciais.

2. PRESCRIÇÃO EXTINTIVA E PRESCRIÇÃO AQUISITIVA (*RECTIUS*, USUCAPIÃO)

Com o escopo de estabilizar as relações sociais e, com isso, alcançar segurança jurídica, o legislador estipula que o decurso de certo lapso temporal, associado a outros elementos, provoca a extinção de pretensões ou mesmo a criação de novos direitos subjetivos.[3] Por outras palavras, em atenção à almejada estabilização das relações sociais, o ordenamento estabelece mecanismos para consolidar situação fática que tenha perdurado por certo período de tempo (prescrição aquisitiva) ou, ao revés, para solidificar o não exercício do direito subjetivo pelo sujeito (prescrição extintiva).[4]

A prescrição aquisitiva se circunscreve aos Direitos Reais e, por tal razão, não constitui objeto de estudo da Teoria Geral do Direito Civil. Trata-se de matéria afeta ao direito das coisas, por traduzir modo de aquisição dos direitos reais denominado usucapião. A usucapião apresenta disciplina própria, tendo como ponto de contato com a prescrição extintiva tão somente a relevância atribuída ao fator tempo para a produção de efeitos jurídicos. Os demais requisitos que devem se somar ao transcurso do tempo são diversos. Nessa direção, a aproximação entre as duas figuras cinge-se

---

576; San Tiago Dantas, *Direito civil*: seminário de direito civil, vol. 2, 1978, p. 7; Giuseppe Pugliese, *La prescrizione estintiva*, Torino: Vicenzo Bona, 1924, 4ª ed., p. 2.

[2] "Os direitos potestativos se caracterizam porque o estado de sujeição que o exercício deles cria para a outra pessoa independe da vontade e pode mesmo contrariar o desejo desta pessoa; e, ainda, porque eles são insuscetíveis de violação" (Silvio Rodrigues, *Direito civil*: parte geral, vol. 1, São Paulo: Saraiva, 2007, 34ª ed., p. 331). V. tb. Pietro Perlingieri, *O direito civil na legalidade constitucional*, Rio de Janeiro: Renovar, 2008, p. 685; 688 e 690.

[3] V. Bernardo Windscheid, *Diritto delle pandette*, vol. I, Torino UTET, 1925, p. 360.

[4] A propósito da distinção entre as duas modalidades de prescrição, v. Gustavo Tepedino, Heloisa Helena Barboza, Maria Celina Bodin de Moraes *et al.*, *Código Civil Interpretado conforme a Constituição da República*, vol. I, Rio de Janeiro: Renovar, 2014, p. 352; Caio Mário da Silva Pereira, *Instituições de direito civil*, vol. I, cit., 2019, p. 573.; San Tiago Dantas, *Direito civil*, vol. 2, cit., p. 407; Pontes de Miranda, *Tratado de direito privado*, t. VI, São Paulo: Revista dos Tribunais, 2013, pp. 218-219.

ao disposto no art. 1.244 do Código Civil, segundo o qual "estende-se ao possuidor o disposto quanto ao devedor acerca das causas que obstam, suspendem ou interrompem a prescrição, as quais também se aplicam à usucapião".

Essa pontual confluência, adstrita à configuração do requisito temporal, não tem o condão de atribuir disciplina unitária à prescrição extintiva e à prescrição aquisitiva, as quais configuram, por isso mesmo, institutos distintos. Vale dizer, as prescrições aquisitiva e extintiva regem-se por normativa própria e autônoma, que tem como ponto de contato unicamente a exigência do fator tempo para se aperfeiçoarem. Diante disso, por se tratar de institutos diversos, é recomendável que o termo prescrição seja reservado somente à prescrição extintiva, aludindo-se, na perspectiva da prescrição aquisitiva, à usucapião.[5]

3. OBJETO DA PRESCRIÇÃO

Como se destacou, a prescrição é regulamentada na parte geral do Código Civil. De acordo com o art. 189 do Código Civil, "violado o direito, nasce para o titular a pretensão, a qual se extingue, pela prescrição, nos prazos a que aludem os arts. 205 e 206". O preceito orientou-se no sentido de que a prescrição tem por objeto a pretensão, não já o direito subjetivo ou a ação.[6]

Assim, mesmo que tenha ocorrido a prescrição, o direito subjetivo resta incólume, de sorte que permanece passível de ser satisfeito. Nessa direção, o art. 882 do Código Civil esclarece que "não se pode repetir o que se pagou para solver dívida prescrita, ou cumprir obrigação judicialmente inexigível". Como se vê, o pagamento efetuado é hígido mesmo estando a dívida prescrita, pois o direito não é fulminado pela prescrição, mas apenas a pretensão.[7]

<small>Direito subjetivo</small>

---

[5] Cf. Antônio Luis da Câmara Leal, *Da prescrição e da decadência*, Rio de Janeiro: Forense, 1978, pp. 6-7; Orlando Gomes, *Introdução ao direito civil*, cit., p. 381; Rodrigo Xavier Leonardo, A prescrição no Código Civil brasileiro (ou o jogo dos sete erros). In: *Revista da Faculdade de Direito – UFPR*, n. 51, 2010, p. 110; Humberto Theodoro Júnior, *Prescrição e decadência*. 2. ed. Rio de Janeiro: Forense, 2021, p. 1.

[6] Sobre os diversos entendimentos doutrinários acerca do objeto atingido pela prescrição, cf. Rachel Saab, *Prescrição*: função, pressupostos e termo inicial, Belo Horizonte: Fórum, 2019, pp. 112-118.

[7] A propósito, a 3ª Turma do STJ decidiu que, embora não seja possível a cobrança extrajudicial de dívida prescrita, a prescrição não impõe a retirada do devedor de plataforma de negociação de débito, já que não extingue o débito nem o direito de crédito correspondente. Assim, a Corte julgou ação declaratória de inexigibilidade de dívida em razão da prescrição, juntamente com pedido para que fosse retirado o nome do autor do cadastro da "Serasa Limpa Nome", o qual informa a existência de débitos passíveis de negociação, não necessariamente negativados. Para a Relatora, Min. Nancy Andrighi, a plataforma não se confunde com o cadastro de inadimplentes, que, por sua vez, repercute no score de crédito do devedor. Além disso, preserva a liberdade do devedor, que pode optar por acessar o sistema e celebrar acordos de maneira facilitada, obtendo a quitação dos débitos. Ressaltou ainda que a extinção do débito só ocorrerá com o pagamento pelo devedor ou com a renúncia do credor. É dizer, "o devedor não deixa a categoria dos devedores em razão da prescrição da dívida, motivo pelo qual não há qualquer óbice para a manutenção de seu nome na plataforma" (STJ, 3ª T., REsp 2.103.726, Rel. Min. Nancy Andrighi, julg. 14.5.2024, publ. *DJe* 17.5.2024).

Ação   A ação, por sua vez, também não é atingida pela prescrição. Consubstancia a ação direito abstrato, a ser exercido em face do Estado, e que independe do direito concreto existente contra o devedor. Daí por que não pode a prescrição atingir o direito de ação.[8] Dessa forma, o credor de dívida prescrita pode exercer seu direito de ação e ajuizar demanda para cobrança da prestação. A prescrição da dívida, a ser reconhecida pelo juiz, refere-se ao exame do direito material submetido a juízo e não se confunde com a possibilidade – sempre abstrata – de ajuizamento de ação.

Pretensão   A pretensão é, portanto, o objeto da prescrição. Consiste a pretensão no elemento dinâmico do direito subjetivo atinente ao poder (material, não se confundindo com o direito de ação) de exigir a prestação. Configura a pretensão, assim, a exigibilidade do direito subjetivo.[9] Uma vez operada a prescrição, a efetividade do direito subjetivo fica dependente do comportamento do devedor, que pode espontaneamente cumprir a prestação ou renunciar à prescrição.[10]

Exceção   O art. 190 do Código Civil estabelece que "a exceção prescreve no mesmo prazo em que a pretensão". O Enunciado n. 415 da V Jornada de Direito Civil esclarece que "o art. 190 do Código Civil refere-se apenas às exceções impróprias (dependentes/não autônomas). As exceções propriamente ditas (independentes/autônomas) são imprescritíveis." As exceções impróprias são aquelas que poderiam ter sido deduzidas em ação própria e visam ao reconhecimento de um direito. Assim, por exemplo, a alegação de compensação, que pressupõe o reconhecimento de um crédito a favor de quem a alega. Por outro lado, as exceções próprias são aquelas diretamente relacionadas à pretensão que se pretende efetivar, não se vinculando a qualquer omissão ou inércia por parte de quem a alega. A título ilustrativo, tem-se a exceção de pagamento da dívida cobrada. Tendo em vista que as exceções impróprias implicam o reconhecimento de um direito, utilizado como exceção em verdadeiro "contra-ataque", elas prescrevem no prazo deste direito que pretendem ver reconhecido. De outra parte, como as exceções impróprias não têm por escopo o reconhecimento de um direito, mas apenas objetivam desconfigurar a pretensão exercida contra si, são imprescritíveis, pois se configuram genuína defesa, e as defesas são imprescritíveis.[11]

---

[8]   Por todos, cf. Andre Vasconcelos Roque, et. al., *Teoria geral do processo*: comentários ao CPC de 2015, São Paulo: Método, 2019, pp. 115-125.

[9]   Karl Larenz, *Derecho civil*: parte general, Jaén: Editorial Revista de Derecho Privado, 1978, pp. 315-317.

[10]   A prescrição da pretensão de cobrança não equivale à quitação. A prescrição importa a inexigibilidade do crédito, não já sua inexistência. Com a prescrição, o direito ao crédito, posto inoperante, se mantém vivo, o que impossibilita o nascimento do direito, em favor do devedor, à quitação. Por isso mesmo, embora prescrita a dívida, nada impediria que o devedor efetuasse o pagamento, deflagrando-se, por conseguinte, a produção dos efeitos daí decorrentes, desde que houvesse interesse útil do credor. Sobre o tema, v. Gustavo Tepedino, Admissibilidade da retomada de imóveis pelo promitente vendedor. In: *Soluções práticas de direito*, vol. II, São Paulo: Editora Revista dos Tribunais, 2012, p. 208.

[11]   Cf. Antônio Luís Câmara Leal, *Da prescrição e da Decadência. Teoria Geral do Direito Civil*, Rio de Janeiro: Forense, 1978, 3ª ed., p. 46.

4. TERMO INICIAL DA PRESCRIÇÃO

Na medida em que o objeto da prescrição é a pretensão, o prazo prescricional tem início com o surgimento da pretensão. O art. 189 do Código Civil parece equiparar o momento de nascimento da pretensão ao momento de violação do direito. Entretanto, nem sempre esses eventos coincidem temporalmente, já que a pretensão surge, por vezes, anteriormente ou mesmo posteriormente à violação do direito. Em outros termos, o poder de exigir a prestação, isto é, a pretensão, não necessariamente é deflagrado com a violação ao direito. Pode existir antes de configurada a lesão ou também é possível que, mesmo tendo sido o direito violado, o titular careça de exigibilidade.

Violação do direito

A exemplificar a primeira hipótese, pense-se na prestação quesível[12] a termo certo, em que o credor deve, no vencimento, procurar o devedor para receber o pagamento. Vencida a dívida, o credor pode exigi-la do devedor, tendo nascido, neste momento, a pretensão. Sem a recusa do pagamento, por parte do devedor, não houve violação ao direito, muito embora, desde o vencimento, já haja pretensão[13] e, conseguintemente, início do prazo prescricional para cobrança do crédito. De outra parte, a ilustrar situações em que a pretensão surge em momento posterior à violação do direito, tem-se os casos em que o titular não tinha condições objetivas de agir, por desconhecer, em virtude circunstâncias a ele não imputáveis, o dano ou sua autoria.[14]

Pretensão anterior à violação do direito

Violação do direito sem pretensão

Essa segunda hipótese suscita maiores polêmicas, por vincular o nascimento do termo inicial da prescrição a critérios fortemente dependentes dos contornos fáticos de cada hipótese concreta. Com efeito, a necessidade de investigação das razões pelas quais, a despeito da violação do direito, o seu titular não poderia exercê-lo por desconhecer o dano ou a sua autoria, torna demasiadamente complexo avaliar o decurso do prazo prescricional. Nada obstante, cuida-se de requisitos presentes em determinados dispositivos legais, a denotar sua íntima conexão com o conceito de pretensão, que pressupõe a exigibilidade do direito e, por conseguinte, a possibilidade material de exercício do direito, a qual só nasce com o conhecimento – ou a possibilidade de conhecimento – do dano e de sua autoria.

A ciência do dano é aludida em alguns dispositivos, como o art. 206, § 1º, II, *b*, do Código Civil,[15] segundo o qual prescreve, em um ano, a pretensão do segurado

---

[12] Art. 327 do Código Civil: "Efetuar-se-á o pagamento no domicílio do devedor, salvo se as partes convencionarem diversamente, ou se o contrário resultar da lei, da natureza da obrigação ou das circunstâncias. Parágrafo único. Designados dois ou mais lugares, cabe ao credor escolher entre eles". Como regra, as dívidas são quesíveis, isto é, o credor deve buscar o pagamento no domicílio do devedor. Sobre o tema, cf. Gustavo Tepedino, Anderson Schreiber, Álvaro Villaça Azevedo (coord.), *Código Civil comentado*, vol. IV, São Paulo: Atlas, 2008, p. 235.

[13] Rachel Saab, *Prescrição*, cit., p. 125.

[14] "Não nos parece racional admitir-se que a prescrição comece a correr sem que o titular do direito violado tenha ciência da violação" (Antônio Luis da Câmara Leal, *Da prescrição e da decadência*, cit., p. 23).

[15] Destaque-se que, em dezembro de 2024, foi publicada a Lei n.º 15.040, também denominada "Lei dos Contratos de Seguro", que revoga expressamente, encerrada a *vacatio legis* de 1 (um) ano após sua publicação, o inteiro capítulo do contrato de seguro e o inciso II do § 1º do art. 206 do Código Civil. Durante o período da *vacatio*, as disposições do Código Civil e do Decreto-Lei n. 73/1966 permanecem em vigor. A nova Lei tratou sobre o tema da prescrição nos contratos de seguro em seu art. 126, para cujo exame remete-se ao vol. 3 desta Coleção.

contra o segurador, contado o prazo da ciência do fato gerador da pretensão. O Código de Defesa do Consumidor, em seu art. 27, estatui que a contagem do prazo de cinco anos atinente à reparação pelos danos causados por fato do produto ou do serviço inicia-se a partir do conhecimento do dano e de sua autoria.

Nos tribunais pátrios é possível identificar, para além das relações de consumo, tendência em se considerar a pretensão como a real possibilidade de exercício do direito, de modo a se prestigiar o momento em que o titular do direito, efetivamente, tinha meios de agir.[16] Na I Jornada de Direito Civil foi aprovado o Enunciado 14, segundo o qual: "1) O início do prazo prescricional ocorre com o surgimento da pretensão, que decorre da exigibilidade do direito subjetivo; 2) o art. 189 diz respeito a casos em que a pretensão nasce imediatamente após a violação do direito absoluto ou da obrigação de não fazer". O Enunciado 579 da VII Jornada de Direito Civil, na mesma linha, estabelece que "nas pretensões decorrentes de doenças profissionais ou de caráter progressivo, o cômputo da prescrição iniciar-se-á somente a partir da ciência inequívoca da incapacidade do indivíduo, da origem e da natureza dos danos causados".

Standards objetivos de comportamento

Para que não se incorra em perigoso subjetivismo, afere-se o instante em que o sujeito poderia de fato agir – o que marcaria o nascimento da pretensão – a partir de *standards* objetivos de comportamento. Aduz-se, nessa direção, ser imprescindível comparar o comportamento exigível do titular com aquele efetivamente adotado. Não se investiga, assim, a efetiva ciência, mas se era possível, nas circunstâncias concretas, que o sujeito houvesse tido conhecimento da lesão e de sua autoria.[17]

Inércia

A inércia pelo lapso temporal previsto em lei, elemento indispensável à configuração da prescrição, não deve ser compreendida como simples inação, mas sim a partir da ideia de inatividade qualificada. Ou seja, a inércia se verifica quando não se observa conduta que poderia ter sido adotada. Não basta, portanto, o decurso de certo lapso temporal para que a pretensão reste fulminada pela prescrição. Deve-se verificar se houve inércia do titular, a qual só restará configurada se este podia agir e não o fez.[18] A inércia, em definitivo, pressupõe a possibilidade de exigir o direito subjetivo, isto é, o nascimento da pretensão. Apenas com o surgimento da pretensão pode-se falar de inércia do titular e, assim, em início do decurso do prazo prescricional.

Actio nata

Ressalte-se, a propósito, que a expressão *actio nata*, oriunda do brocardo latino *actioni nondum natae non praescribitur* ("as ações ainda não nascidas não prescrevem"),

---

[16] "Por aplicação da teoria da *actio nata*, o prazo prescricional, relativo à pretensão de indenização de dano material e compensação de dano moral, somente começa a correr quando o titular do direito subjetivo violado obtém plena ciência da lesão e de toda a sua extensão, bem como do responsável pelo ilícito, inexistindo, ainda, qualquer condição que o impeça de exercer o direito de ação" (STJ, 3ª T., AgInt no AREsp 639.598/SP, Rel. Min. Nancy Andrighi, julg. 13.12.2016, publ *DJ* 3.2.2017). V. tb. STJ, 4ª T., AgInt no AREsp 1114487/DF, Rel. Min. Luis Felipe Salomão, julg. 11.6.2019, publ. *DJ* 27.6.2019.

[17] Rachel Saab, *Prescrição*, cit., p. 168. Cf. tb. Gisela Sampaio da Cruz, Carla Lgow, Prescrição extintiva: questões controversas. In: Gustavo Tepedino (coord.), *O Código Civil na perspectiva civil-constitucional*: parte geral, Rio de Janeiro: Renovar, 2013, p. 496.

[18] Cf., por oportuno, Leopoldo Alas, Demófilo de Buen, Enrique R. Ramos, *De la prescripción extintiva*, Madrid: Imprenta Ibérica, 1918, p. 46; Ermanno Calzolaio, La reforma dela prescrizione in Francia nella prosprttiva del diritto privato europeu. In: *Rivista trimestrale di diritto e procedura civile*, vol. 65, 2011, pp. 1094-1096.

tem sido utilizada com variados sentidos. Ora é invocada para coincidir o termo inicial do prazo prescricional com a lesão ao direito,[19] ora para vincular o início do prazo com a ciência da lesão pelo titular.[20] Dessa sorte, cuida-se de expressão que, por seu uso polissêmico, apresenta-se de pouca valia para auxiliar no intrincado problema de identificar o marco temporal inicial da prescrição.

5. IMPRESCRITIBILIDADE DE DETERMINADAS PRETENSÕES. SUPPRESSIO

O balanceamento dos princípios constitucionais pode conduzir à identificação de pretensões imprescritíveis na hipótese de direitos existenciais. Ilustrativamente, entende-se ser imprescritível a pretensão reparatória nos casos de tortura ocorridos durante o regime militar.[21] Cuida-se, neste caso, de lesão à pessoa humana reputada imprescritível, ao contrário de outros danos morais – como a perda de bagagem em aeroporto ou desavença em relações de consumo – que, embora dignas de reparação, se sujeitam a prazos prescricionais. De fato, algumas lesões existenciais, por sua gravidade, devem ser reputadas permanentes, insuscetíveis de serem superadas em virtude do transcurso do tempo. Postergam-se no tempo e têm repercussão definitiva na dignidade da vítima, de modo equivalente, do ponto de vista axiológico, às hipóteses admitidas como imprescritíveis pelo Superior Tribunal de Justiça, embora ainda sejam consideradas sujeitas à prescrição pela jurisprudência, como no caso de perda de filho[22] ou de dano permanente à saúde ou à integridade psicofísica oriundo de erro médico.[23]

> Direitos existenciais

---

[19] "Termo a quo da prescrição: o termo inicial da prescrição surge com o nascimento da pretensão (actio nata), assim considerada a possibilidade do seu exercício em juízo. Conta-se, pois, o prazo prescricional a partir da ocorrência da lesão, sendo irrelevante seu conhecimento pelo titular do direito" (STJ, REsp 1003955/RS, 1ª S., Rel. Min. Eliana Calmon, julg. 12.8.2009, publ. *DJ* 27.11.2009). V. tb. STJ, RMS 22.575/PB, 5ª T., Rel. Min. Laurita Vaz, julg. 5.8.2010, publ. *DJ* 13.9.2010.

[20] "Não há reparos a serem feitos no acórdão recorrido, pois é assente a jurisprudência desta Corte no sentido de que o termo inicial do prazo prescricional para a propositura de ação indenizatória é a data em que o consumidor toma ciência do registro desabonador, pois, pelo princípio da actio nata o direito de pleitear a indenização surge quando constatada a lesão e suas consequências" (STJ, 4ª T., AgInt no AREsp 1533829/RS, Rel. Min. Luis Felipe Salomão, julg. 21.11.2019, publ. *DJ* 29.11.2019).

[21] "Este Superior Tribunal de Justiça orienta-se no sentido de ser imprescritível a reparação de danos, material e/ou moral, decorrentes de violação de direitos fundamentais perpetrada durante o regime militar, período de supressão das liberdades públicas" (STJ, 1ª T., REsp 1565166/PR, Rel. Min. Regina Helena Costa, julg. 26.6.2018, publ. *DJ* 2.8.2018).

[22] O prazo de 3 (três) anos, aplicável às relações de natureza extracontratual, revela-se extremamente razoável para que o titular de pretensão indenizatória decorrente de falecimento de ente familiar promova a demanda. (...). No ordenamento jurídico brasileiro inexiste previsão legal de prescrição gradual da pretensão. Ainda que ajuizada a demanda no dia anterior ao término do prazo prescricional, a parte autora faz jus ao amparo judicial de sua pretensão por inteiro. Não se mostra razoável presumir que o abalo psicológico suportado por aquele que perde um ente familiar é diminuído pela não manifestação imediata do seu inconformismo por intermédio de uma demanda judicial" (STJ, 3ª T., REsp 1677773/RJ, Rel. Min. Ricardo Villas Bôas Cueva, julg. 4.6.2019, publ. *DJ* 7.6.2019).

[23] Cf., ilustrativamente, STJ, 3ª Turma, AgInt no AREsp n. 1.311.258/RJ, Rel. Min. Moura Ribeiro, julg. 10.12.2018, publ. DJ 13.12.2018.

O instituto da prescrição, como se vê, não é infenso à principiologia constitucional. Ao revés, a determinação do seu regime jurídico é feita a partir do cotejo com todo o ordenamento, donde sobressai a Constituição da República. Além da redefinição das hipóteses de imprescritibilidade com base na axiologia constitucional, sujeita-se a prescrição ao influxo, em especial, da boa-fé objetiva, que servirá de parâmetro valorativo da conduta do titular do direito.

Suppressio

O não exercício continuado de certo direito pode criar a legítima expectativa de que essa inatividade será definitiva, de modo que a pretensão do titular seja reputada extinta antes mesmo do decurso formal do prazo prescricional, em nome da proteção da confiança despertada, fundamento na *suppressio*.[24] A *suppressio* pressupõe, para além do comportamento omissivo do titular do direito, circunstâncias fáticas específicas que inspirem na outra parte a confiança legítima de que o direito não mais seria exercido.

Trata-se de instituto peculiar, que revela a imbricação da disciplina da prescrição com o princípio da boa-fé objetiva. Desse modo, diante do cenário em que ao comportamento inerte sobrepõe-se a legítima expectativa suscitada pelo próprio credor quanto ao não exercício de sua pretensão, é possível configurar a *suppressio*, superando-se a incompatibilidade conceitual de sua admissibilidade com os institutos da prescrição e da decadência.[25]

6. CAUSAS IMPEDITIVAS E SUSPENSIVAS DA PRESCRIÇÃO

Há três espécies de causas aptas a influir sobre o decurso do prazo prescricional, a saber: a) impeditivas, que obstam a deflagração do prazo prescricional; b) suspensivas, que impedem o prosseguimento do prazo já em curso, o qual voltará, após a cessação da causa suspensiva, a ser contado do exato ponto em que parou; e c) interruptivas, que inutilizam todo o prazo já decorrido e fazem reiniciar a contagem do prazo prescricional.[26]

As causas de suspensão e de impedimento vinculam-se a situações fáticas objetivas, relacionadas ao *status* da pessoa ou a situações especiais em que o credor

---

[24] Sobre a figura da *suppressio*, afirma a doutrina especializada que "el ejercicio de un derecho es inadmisible cuando se realiza con un retraso objetivamente desleal" (Díez-Picazo, *La doctrina de los propios actos*: un estudo crítico sobre la jurisprudencia del Tribunal Supremo, Barcelona: Bosch, 1963, p. 100). Nas palavras de Menezes Cordeiro: "Diz-se suppressio a situação do direito que, não tendo sido, em certas circunstâncias, exercido durante um determinado lapso de tempo, não possa mais sê-lo por, de outra forma, se contrariar a boa fé" (Menezes Cordeiro, *Da boa-fé no direito civil*, Coimbra: Almedina, 2001. p. 797).

[25] Sobre o tema, dentre outros, Gustavo Tepedino, Direito de preferência previsto em estatuto societário e o Direito das Sucessões. In: *Soluções práticas de direito*, vol. II, São Paulo: Revista dos Tribunais, 2012, pp. 382-384.

[26] "Se l'inerzia è il presupposto della prescrizione, questa non opera allorché sopraggiunga una causa che, rendendo impossibile o comunque estremamente difficile l'esercizio del diritto, giustifichi l'inerzia, e allorché l'inerzia cessi in quanto il diritto viene esercitato (o riconosciuto dalla controparte): ipotesi che corrispondono rispettivamente agli istituti della sospenzione e dell'interruzione della prescrizione" (Pietro Perlingieri, *Manuale di diritto civile*, Napoli: Edizioni Scientifiche Italiane, 1997, p. 328).

se encontra em face do devedor. Já as causas de interrupção fundam-se no comportamento do credor direcionado à cobrança da prestação, ou em ato do devedor que importe em reconhecimento do direito.[27]

A diferenciação entre as causas suspensivas e impeditivas é de ordem temporal, tendo como base o momento em que surge o fato que impede o exercício da pretensão pelo titular: se o óbice se concretizar quando já tiver se iniciado o prazo, se estará diante de causa suspensiva. Do contrário, caso tais circunstâncias sejam anteriores ao próprio surgimento da pretensão, se estará diante de causa impeditiva.[28]

Por sua vez, os prazos prescricionais são interrompidos mediante o exercício da pretensão pelo credor ou o reconhecimento expresso da existência do direito por parte do devedor. No caso da interrupção, esse exercício ou reconhecimento faz com que o prazo seja contado novamente desde o início, ao contrário das causas suspensivas, nas quais o cômputo do prazo é retomado de onde parou. *Exercício da pretensão ou reconhecimento do direito*

No primeiro grupo de causas suspensivas ou impeditivas, previstas no art. 197, o Código Civil estipula que não corre a prescrição entre cônjuges, na constância da sociedade conjugal (CC, art. 197, I). O preceito estende-se aos companheiros, conforme consagrado no Enunciado 296 da IV Jornada de Direito Civil do CJF: "Não corre a prescrição entre os companheiros, na constância da união estável". Também não flui o prazo prescricional entre ascendentes e descendentes, enquanto perdurar o poder familiar (CC, art. 197, II), bem como entre tutelados e curatelados e seus respectivos tutores ou curadores, durante a tutela ou curatela (CC, art. 197, III).[29] Em todos esses casos, a solidariedade familiar e a confiança mútua se mostram incompatíveis com o exercício de pretensões entre si. *Cônjuges e companheiros* *Ascendentes e descendentes*

No segundo grupo de causas suspensivas ou impeditivas, previstas no art. 198 do Código Civil,[30] tem-se, em primeiro lugar, a determinação de que não corre a prescrição *contra* os absolutamente incapazes. A regra beneficia apenas os absoluta- *Absolutamente incapazes*

---

[27] V. Roberto de Ruggiero, *Instituições de direito civil*: introdução e parte geral, vol. I, São Paulo: Saraiva, 1935, pp. 329-332; Miguel Maria de Serpa Lopes, *Curso de direito civil*: introdução, vol. I, Rio de Janeiro: Freitas Bastos, 1989, 7ª ed., p. 512; Luiz F. Carpenter, *Da prescrição*, vol. I, Rio de Janeiro: Nacional de Direito, 1958, 3ª ed., p. 356.

[28] "Assim, v.g., entre cônjuges não corre prescrição. Surgindo uma situação jurídica, na vigência do casamento, em que um deles tenha ação contra o outro, está a prescrição *impedida* de se iniciar; ao contrário, ela se *suspenderia* se a situação jurídica determinadora da ação fosse precedente ao casamento" (Miguel Maria de Serpa Lopes, *Curso de direito civil*, vol. I, cit., pp. 512). Cf. tb. Francisco Amaral, *Direito civil*: introdução, São Paulo: Saraiva Educação, 2018, 10ª ed., pp. 691-692; Clovis Bevilaqua, *Teoria geral do direito civil*, Campinas: Servanda, 2015, p. 376; Orlando Gomes, *Introdução ao direito civil*, cit., pp. 386-388; J. M. de Carvalho Santos, *Código Civil brasileiro interpretado*, Rio de Janeiro: Freitas Bastos, 1963, p. 404.

[29] A partir da incorporação da tomada de decisão apoiada ao Código Civil (art. 1.783-A) pelo Estatuto da Pessoa com Deficiência, defende-se, em doutrina, que a causa suspensiva ou impeditiva do art. 197, III, CC deve ser expandida à relação entre pessoa apoiada e seus apoiadores. Cf. Rachel Saab, *Prescrição*, cit., p. 82.

[30] Art. 198 do Código Civil: "Também não corre a prescrição: I – contra os incapazes de que trata o art. 3º; II – contra os ausentes do País em serviço público da União, dos Estados ou dos Municípios; III – contra os que se acharem servindo nas Forças Armadas, em tempo de guerra".

mente incapazes, não sendo extensível aos relativamente incapazes. Cabe, porém, pretensão indenizatória destes em face de seus assistentes caso a demora no exercício do direito seja imputável a estes últimos (CC, art. 195).[31] Após a entrada em vigor do Estatuto da Pessoa com Deficiência (EPD), o inciso I do artigo 198 tornou-se objeto de preocupação por parte da doutrina. Isso porque, a se interpretar o dispositivo em sua literalidade, deve-se admitir a fluência do prazo prescricional contra as pessoas com deficiência e contra aquelas que não podem exprimir a sua vontade, a propiciar menor proteção dessas pessoas que se encontram em situação de especial vulnerabilidade em relação ao cenário existente antes da entrada em vigor do Estatuto protetivo.

Dessa forma, a depender do grau de discernimento e da efetiva capacidade de agir, é possível a incidência, por identidade de *ratio*, do inciso I mesmo para relativamente incapazes ou pessoas consideradas, pelo EPD, plenamente capazes.[32] É justamente nesse sentido o Enunciado de Proposta de Reforma Legislativa da VIII Jornada de Direito Civil (2018): "Art. 198: Contra os incapazes de que trata o art. 3º e contra aqueles que não possam, por causa transitória ou permanente, exprimir sua vontade".

Prestação de serviço público no exterior

Também não corre prescrição *contra* aqueles que se ausentam do país para prestar serviço público no exterior. Tutela-se o servidor que, no exterior a serviço do Estado, da União ou dos Municípios, não pode cuidar adequadamente de seus interesses. Idêntica lógica se aplica à última hipótese prevista no art. 198, referente aos

Prestação de serviço às Forças Armadas em tempo de guerra

que servirem às Forças Armadas em tempo de guerra, *contra* os quais não corre prescrição.[33] Observe-se que nos casos previstos no art. 198 a prescrição não corre *contra* as pessoas ali mencionadas. Vale dizer, os prazos prescricionais a favor delas seguem seu cômputo normal, só havendo suspensão ou impedimento para o decurso temporal que as prejudica.[34]

O legislador também prevê, no art. 199 do Código Civil,[35] a não fluência do prazo prescricional se pender condição suspensiva sobre o direito. A rigor, antes de imple-

---

[31] Art. 195 do Código Civil: "Os relativamente incapazes e as pessoas jurídicas têm ação contra os seus assistentes ou representantes legais, que derem causa à prescrição, ou não a alegarem oportunamente". Ao propósito, v. Eduardo Nunes de Souza e Rodrigo da Guia Silva, Influências da incapacidade civil e do discernimento reduzido em matéria de prescrição e decadência. In: *Pensar*, vol. 22, n. 2, mai.-ago./2017, pp. 494 e ss.

[32] Sobre o tema, cf. Filipe Medon. Caminhos para a verdadeira proteção e igualdade: uma releitura do art. 198 do Código Civil. In: Maria Celina Bodin de Moraes, Gisela Sampaio da Cruz Guedes, Eduardo Nunes de Souza (coord.). *A juízo do tempo*: estudos atuais sobre prescrição, Rio de Janeiro: Processo, 2019, pp. 95-112; Eduardo Nunes de Souza, Rodrigo da Guia Silva. Incapacidade civil e discernimento reduzido como causas obstativas da prescrição e da decadência. In: Maria Celina Bodin de Moraes, Gisela Sampaio da Cruz Guedes, Eduardo Nunes de Souza (coord.). *A juízo do tempo*: estudos atuais sobre prescrição, Rio de Janeiro: Processo, 2019, pp. 39-94.

[33] Cf. Washington de Barros Monteiro, *Curso de direito civil*, vol. I: parte geral, São Paulo: Saraiva, 2007, 41ª ed., p. 350; Silvio Rodrigues, *Direito civil*, vol. 1, cit., p. 338; Caio Mário da Silva Pereira, *Instituições de direito civil*, vol. I, cit., p. 587; Carlos Roberto Gonçalves, *Direito civil brasileiro*, vol. 1, São Paulo: Saraiva, 2015, 13ª ed., p. 528.

[34] J. M. de Carvalho Santos, *Código Civil brasileiro interpretado*, cit., p. 409.

[35] Art. 199 do Código Civil: "Não corre igualmente a prescrição: I – pendendo condição suspensiva; II – não estando vencido o prazo; III – pendendo ação de evicção".

mentada a condição suspensiva sequer se terá adquirido o direito,[36] razão pela qual o pagamento efetuado nessa situação é repetível.[37] Até que a condição se implemente não há que se falar em pretensão e, por conseguinte, em prescrição. O dispositivo também cuida da hipótese em que não está vencido o prazo. Aqui, da mesma forma, não há que se falar em pretensão, haja vista que não há exigibilidade do direito antes do termo.[38] Finalmente, pendente ação de evicção, não corre a prescrição até que se determine definitivamente a quem assiste permanecer com a coisa (CC, arts. 447 e ss.).

Pendência de condição suspensiva

Por fim, as pretensões cíveis que se originarem de fatos que dependam de apuração em juízo criminal tampouco se sujeitam à prescrição enquanto não prolatada a respectiva sentença penal (CC, art. 200).[39] Muito embora as esferas cível e criminal sejam independentes,[40] o dispositivo se justifica para evitar decisões discrepantes. Caso nenhuma medida seja adotada na seara penal, corre normalmente a prescrição para pretensões de natureza civil.[41]

Fato que deva ser apurado no juízo criminal

Advirta-se, ainda, que a mera existência de ação penal não é suficiente para obstar o início do prazo prescricional da ação cível, exigindo-se a verificação de "relação de subordinação entre o fato a ser provado na ação penal e o desenvolvimento regular da ação cível".[42] Com efeito, figure-se hipótese em que tenha havido atropelamento por ônibus pertencente a determinada concessionária. A vítima pode pleitear reparação em face da concessionária com base na responsabilidade objetiva do Código de Defesa do Consumidor, não havendo relação de prejudicialidade com o deslinde do eventual processo penal envolvendo o motorista.

Além disso, em 12 de junho de 2020 foi publicada a Lei n. 14.010, que institui o Regime Jurídico Emergencial e Transitório (RJET) no período da pandemia do coronavírus (Covid-19). O art. 3º do RJET dispõe que *"os prazos prescricionais consideram-se impedidos ou suspensos, conforme o caso, a partir da entrada em vigor desta Lei até*

Regime Jurídico Emergencial e Transitório

---

[36] Art. 125 do Código Civil: "Subordinando-se a eficácia do negócio jurídico à condição suspensiva, enquanto esta se não verificar, não se terá adquirido o direito, a que ele visa".

[37] Art. 876 do Código Civil: "Todo aquele que recebeu o que lhe não era devido fica obrigado a restituir; obrigação que incumbe àquele que recebe dívida condicional antes de cumprida a condição".

[38] Art. 131 do Código Civil: "O termo inicial suspende o exercício, mas não a aquisição do direito".

[39] Art. 200 do Código Civil: "Quando a ação se originar de fato que deva ser apurado no juízo criminal, não correrá a prescrição antes da respectiva sentença definitiva".

[40] Art. 935 do Código Civil: "A responsabilidade civil é independente da criminal, não se podendo questionar mais sobre a existência do fato, ou sobre quem seja o seu autor, quando estas questões se acharem decididas no juízo criminal".

[41] "A despeito de sua redação, o artigo 200 do CC/2002 se traduz em causa suspensiva do prazo prescricional. Se o ato ilícito vier a ser alvo de investigação policial ou de processo judicial, o prazo prescricional se suspende, exatamente para que se observe a finalidade do dispositivo legal: evitar decisões conflitantes nas esferas cível e penal e permitir que o titular da pretensão aguarde, se preferir, o desfecho da ação penal para adotar as providências no âmbito civil. Se o ato ilícito não gerar qualquer efeito prático na esfera penal, a inércia do titular da pretensão cível passa a ser injustificada" (Louise Vago Matieli, *Análise funcional do artigo 200 do Código Civil*. Dissertação de Mestrado apresentada à UERJ, Rio de Janeiro, 2016, pp. 136-137).

[42] STJ, 2ª T., A.Rg. no REsp. 1.474.840/MS, Rel. Min. Mauro Campbell Marques, julg. 3.9.2015, publ. *DJ* 17.9.2015.

30 de outubro de 2020". Além disso, o § 1º estabelece que o dispositivo não se aplica enquanto perdurarem as hipóteses específicas de impedimento, suspensão e interrupção dos prazos prescricionais previstos no ordenamento. E o § 2º estende a aplicação do artigo também às hipóteses de decadência, com base no art. 207 do Código Civil.

7. CAUSAS INTERRUPTIVAS DA PRESCRIÇÃO

O rol das causas impeditivas, suspensivas e interruptivas é considerado taxativo. Nada obstante, doutrina e jurisprudência têm conferido interpretação que permite contemplar como causas impeditivas, suspensivas e interruptivas situações que guardem identidade funcional com as hipóteses previstas em lei.[43] Exemplificativamente, mesmo antes de 2015, quando foi introduzido o § 2º ao art. 19 da Lei de Arbitragem (Lei n. 9.307/1996),[44] já se sustentava que a instituição da arbitragem interrompe a prescrição, em interpretação extensiva ao inciso I do art. 202 do Código Civil.[45] Assim também se defende que, a partir da incorporação da tomada de decisão apoiada ao Código Civil (art. 1.783-A) pelo Estatuto da Pessoa com Deficiência, a causa suspensiva ou impeditiva do art. 197, III, do Código Civil deve ser expandida à relação entre pessoa apoiada e seus apoiadores.[46]

As causas interruptivas relacionam-se ao agir do credor, que não se quedou inerte, ou a ato inequívoco do devedor que, reconhecendo sua obrigação, torna desnecessária manifestação do credor para fins de interrupção do prazo prescricional. As causas interruptivas inutilizam todo o prazo já decorrido e fazem reiniciar a contagem do prazo prescricional.[47] O termo inicial definido para o recomeço da contagem será o da

---

[43] V. Antônio Luis da Câmara Leal, *Da prescrição e da decadência*, cit., pp. 164-165; Rachel Saab, *Prescrição*, cit., p. 214; Marcella Campinho Vaz; Marina Duque Moura Leite, Causas suspensivas e interruptivas da prescrição no Código Civil. In: Maria Celina Bodin de Moraes, Gisela Sampaio da Cruz Guedes, Eduardo Nunes de Souza (coord.), *A juízo do tempo*: estudos atuais sobre prescrição, Rio de Janeiro: Processo, 2019, pp. 166-167.

[44] "§ 2º A instituição da arbitragem interrompe a prescrição, retroagindo à data do requerimento de sua instauração, ainda que extinta a arbitragem por ausência de jurisdição".

[45] Assim lecionava Luiz F. Carpenter, *Da prescrição*, vol. I, cit., pp. 368-369. V. tb. Gustavo Tepedino, Heloisa Helena Barboza, Maria Celina Bodin de Moraes et al., *Código Civil Interpretado conforme a Constituição da República*, vol. 1, cit., p. 394; Judith Martins-Costa, O "princípio da unicidade da interrupção": notas para a interpretação do inciso I do art. 202 do Código Civil. In: Maria Celina Bodin de Moraes, Gisela Sampaio da Cruz Guedes e Eduardo Nunes de Souza (Coords.), *A juízo do tempo*: estudos atuais sobre prescrição, Rio de Janeiro: Processo, 2019, pp. 192-195. Nessa direção, entendeu o STJ: "A controvérsia dos autos resume-se a saber se a anterior instauração de procedimento arbitral constitui causa de interrupção do prazo prescricional, mesmo antes do advento da Lei n. 13.129/2015 (...) A inequívoca iniciativa da parte em buscar a tutela dos seus direitos por um dos meios que lhes são disponibilizados, ainda que sem a intervenção estatal, é suficiente para derruir o estado de inércia sem o qual não é possível falar na perda do direito de ação pelo seu não exercício em prazo razoável. Modificação perpetrada pela Lei n. 13.129/2015 que veio somente para consolidar a orientação que já era adotada pela doutrina majoritária" (STJ, 3ª T., REsp 1.981.715/GO, Rel. Min. Ricardo Villas Bôas Cueva, julg. 17.9.2024, publ. DJe 20.9.2024).

[46] V., nesse sentido, Rachel Saab, *Prescrição*, cit., p. 82.

[47] Registra Orlando Gomes: "A interrupção produz efeito no passado e no futuro. Em relação ao passado, inutiliza o tempo transcorrido. Em relação ao futuro, determina o reinício da prescrição. Com o ato interruptivo procede-se, portanto, à recontagem do prazo prescricional. A prescrição

data do próprio ato que interrompeu o prazo prescricional, ou, tendo havido processo judicial, do último ato do processo que provocou a interrupção (CC, art. 202, p. ú.).[48]

De acordo com o inciso I do art. 202, interrompe-se o prazo "por despacho do juiz, mesmo incompetente, que ordenar a citação, se o interessado a promover no prazo e na forma da lei processual". O legislador estabelece que, ainda que o juízo seja incompetente,[49] o prazo prescricional terá sido interrompido, retroagindo à data da propositura da ação, nos termos do art. 240, § 1º, do Código de Processo Civil.[50]

Além do despacho do juiz que ordenar a citação do devedor, também interrompem a fluência do prazo prescricional o protesto (CC, art. 202, II), o protesto cambial (CC, art. 202, III), a apresentação do título de crédito em juízo de inventário ou em concurso de credores (CC, art. 202, IV), qualquer ato judicial[51] que constitua em mora o devedor (CC, art. 202, V);[52] ou, ainda, qualquer ato inequívoco, judicial ou extrajudicial, que importe no reconhecimento do direito pelo devedor (CC, art. 202, VI).[53]

O Código Civil prevê que a interrupção da prescrição apenas pode ocorrer uma vez (CC, art. 202).[54] Isso significa que, sobrevindo uma causa interruptiva da prescri-

Unicidade da interrupção da prescrição

---

[48] recomeça a correr, como se não houvesse fluído (...)" (Orlando Gomes, *Introdução ao direito civil*, cit., p. 386).

Art. 202, parágrafo único, do Código Civil: "A prescrição interrompida recomeça a correr da data do ato que a interrompeu, ou do último ato do processo para a interromper".

[49] O despacho que ordena a citação tem efeito interruptivo da prescrição mesmo se feito por juízo incompetente, não importando se a incompetência é absoluta ou relativa.

[50] Ressalte-se, no entanto, o teor do art. 240, §2º, CPC, nos termos do qual caberá ao credor adotar as providências necessárias para viabilizar a citação, no prazo de 10 (dez) dias, sob pena de não ser aplicado o disposto no aludido §1º. Por sua vez, o §3º do referido dispositivo legal estabelece que "a parte não será prejudicada pela demora imputável exclusivamente ao serviço judiciário".

[51] "A interrupção do prazo prescricional somente se admite nas hipóteses do artigo 202 do Código Civil, cujo inciso VI a considera eficaz quando efetivada extrajudicialmente apenas se houver manifestação do devedor no sentido de reconhecer o direito do credor. Precedentes do E. Superior Tribunal de Justiça e deste E. Tribunal de Justiça. A inexistência de manifestação da devedora reconhecendo a obrigação torna ineficaz a notificação extrajudicial destinada a interromper o prazo prescricional" (TJ/RJ, 5ª C.C., AI 0055725-76.2017.8.19.0000, Rel. Des. Henrique Carlos de Andrade Figueira, julg. 6.3.2018, publ. *DJ* 8.3.2018). No mesmo sentido, v., ainda, TJ/RJ, 22ª C.C., Ap. Cív. 0013299-25.2008.8.19.0207, Rel. Des. Carlos Eduardo Moreira da Silva, julg. 23.9.2014, publ. *DJ* 25.9.2014; TJ/SP, 9ª C.D.Priv., Ap. Cív. 1026331-72.2017.8.26.0562, Rel. Des. José Aparício Coelho Prado Neto, julg. 25.6.2019, publ. *DJ* 25.6.2019.

[52] O Superior Tribunal de Justiça tem entendimento no sentido de que também ações movidas pelo devedor podem vir deflagrar a interrupção do prazo prescricional a partir da manifestação do credor em defesa: "A manifestação do credor, de forma defensiva, nas ações impugnativas promovidas pelo devedor, afasta a sua inércia no recebimento do crédito, a qual implicaria a prescrição da pretensão executiva; além de evidenciar que o devedor tinha inequívoca ciência do interesse do credor em receber aquilo que lhe é devido" (STJ, 3ª T., REsp 1.321.610/SP, julg. 21.2.2013, publ. *DJe* 27.2.2013). No mesmo sentido, v. STJ, 3ª T., REsp 1.810.431/RJ, Rel. Min. Nancy Andrighi, julg. 4.6.2019, publ. *DJ* 6.6.2019.

[53] Consoante Câmara Leal, "sempre que o sujeito passivo pratique algum ato ou faça alguma declaração verbal ou escrita, que não teria praticado ou feito, se fosse sua intenção prevalecer-se da prescrição em curso, esse ato ou declaração, importando em reconhecimento direto ou indireto do direito do titular, interrompe a prescrição" (Antônio Luis da Câmara Leal, *Da prescrição e da decadência*, cit., pp. 190-192).

[54] Art. 202 do Código Civil: "A interrupção da prescrição, que somente poderá ocorrer uma vez, dar-se-á: (...)".

ção, o prazo que começa a ser recontado não mais poderá ser interrompido. Tem-se afirmado que a unicidade da interrupção da prescrição se atém aos incisos II a VI do art. 202 do Código Civil, não se aplicando ao inciso I, ainda que previamente verificada uma das hipóteses constantes nos incisos II a VI. Alude-se que interpretação diversa impediria a interrupção da prescrição com base nos demais incisos, contrariando a própria função do instituto – proteger o credor não inerte. Isto por que os incisos II a VI desembocariam, necessariamente, no primeiro, caso não houvesse satisfação extrajudicial do credor.[55]

Em perspectiva diversa, Humberto Theodoro Júnior observa que, a rigor, não há exceção à unicidade da prescrição, que se aplica inclusive ao inciso I. Com efeito, a interrupção da prescrição com base nos incisos II a VI com o subsequente ajuizamento da ação correspondente não implica dupla interrupção da prescrição, na medida em que o ajuizamento da ação já seria o próprio exercício da pretensão resistida, não havendo, portanto, de se cogitar de continuidade de transcurso do prazo prescricional após o ajuizamento da ação. Dito diversamente, o ajuizamento da ação judicial posteriormente à interrupção da prescrição promovida com base nos incisos II a VI consubstancia o exercício da pretensão, não havendo, nessa hipótese, nova interrupção.[56]

8. PRAZOS PRESCRICIONAIS NO CÓDIGO CIVIL

O legislador de 2002 reuniu todos os prazos prescricionais do Código Civil em um único dispositivo – o art. 206. Resolveu antiga controvérsia quanto à natureza de diversos prazos existentes no Código Civil de 1916: no sistema atual, todos os prazos previstos no art. 206 consideram-se prescricionais.

---

[55] Como registra Nestor Duarte, "interrompida a prescrição por um dos modos previstos nos incisos II a VI, seria inconcebível entender que, voltando a correr, na conformidade do parágrafo único, não mais fosse detida com o despacho ordenatório da citação (inciso I), levando, eventualmente, à sua consumação no curso do processo, ainda que a parte nele fosse diligente. Assim, é compreensível que a interrupção por uma só vez diz respeito, apenas, às causas dispostas nos incisos II a VI, de modo que, em qualquer hipótese, fica ressalvada a interrupção fundada no inciso I" (Nestor Duarte, *Código Civil comentado*. Min. Cezar Peluso (coord.), Barueri: Manole, 2019, p. 128). Cf. tb. Judith Martins-Costa, O "princípio da unicidade da interrupção": notas para a interpretação do inciso I do art. 202 do Código Civil. In: Maria Celina Bodin de Moraes, Gisela Sampaio da Cruz Guedes e Eduardo Nunes de Souza (Coords.), *A juízo do tempo*, cit., 2019, pp. 196-199; Caio Mário da Silva Pereira, *Instituições de direito civil*, vol. I, cit., p. 589; Gustavo Tepedino, Heloisa Helena Barboza, Maria Celina Bodin de Moraes et al., *Código Civil Interpretado conforme a Constituição da República*, vol. 1, cit., pp. 383-384.

[56] "A nosso ver, não há razão para ignorar a regra da única interrupção quando se coteja a ocorrida extrajudicialmente com a que deveria ocorrer posteriormente em virtude do ajuizamento da demanda. O risco de o prazo prescricional continuar fluindo e se encerrar antes de findo o processo, simplesmente não existe. É que o ajuizamento da demanda corresponde ao exercício da pretensão que, por si só, afasta a incidência da prescrição: enquanto o processo estiver em curso, o autor estará exercitando a pretensão, sendo impossível cogitar-se da inércia essencial à sua extinção pela via prescricional. Pouco importa que a citação não tenha mais eficácia interruptiva, se o exercício da pretensão (propositura da ação) tiver ocorrido antes de consumado o lapso prescricional renovado" (Humberto Theodoro Júnior, *Prescrição e decadência*. 2. ed. Rio de Janeiro: Forense, 2021, p. 145).

Com a entrada em vigor do Código Civil de 2002, ocorreu drástica redução dos prazos prescricionais correspondentes no Código Civil de 1916, incluindo-se o prazo prescricional geral que passou a ser decenal (CC, art. 205[57]) e o prazo prescricional atinente à reparação civil, reduzido de 20 (vinte) para 3 (três) anos, consoante o disposto no art. 206, § 3º, V.[58]

De acordo com a regra de direito intertemporal contida no art. 2.028 do Código Civil, "serão os da lei anterior os prazos, quando reduzidos por este Código, e se, na data de sua entrada em vigor, já houver transcorrido mais da metade do tempo estabelecido na lei revogada". Segundo o preceito, com a entrada em vigor do Código Civil de 2002, preservar-se-iam os prazos prescricionais que se encontravam em curso se preenchidos dois requisitos, a saber: (i) o novo diploma legal reduzisse o prazo prescricional; e (ii) tivesse transcorrido mais da metade do prazo prescricional previsto na lei anterior contado da data da violação ao direito. Afora tais hipóteses, aplicam-se os prazos previstos pelo Código Civil de 2002, tendo como termo *a quo* a data da sua entrada em vigor.[59]

Sublinhe-se que o Código Civil de 1916 não destinava prazo prescricional específico para o exercício da pretensão de reparação por perdas e danos, razão pela qual se aplicava à hipótese o prazo geral de 20 (vinte) anos previsto no art. 177. Em contrapartida, o Código Civil de 2002 introduziu a anteriormente aludida regra do art. 206, § 3º, V, que fixa o prazo de 3 (três) anos para o pedido de reparação civil, suprindo a omissão do diploma revogado.

Especificamente no que se refere à responsabilidade civil contratual,[60] ressalte-se o debate doutrinário e jurisprudencial quanto ao prazo prescricional aplicável, se de 3 (três) ou de 10 (dez) anos. A despeito de o legislador civil não ter diferenciado, no art. 206, § 3º, V, do Código Civil, a responsabilidade civil contratual e extracontratual e inexistir razão lógica, sistemática ou teleológica para a aplicação do

---

[57] Art. 205 do Código Civil: "A prescrição ocorre em dez anos, quando a lei não lhe haja fixado prazo menor".
[58] Art. 206 do Código Civil: "(...) § 3º. Em três anos: (...) V – a pretensão de reparação civil;".
[59] A aplicação de regra de transição diversa, que determinasse a contagem dos novos prazos prescricionais a partir do evento, faria com que a vítima de um ato ilícito, ocorrido em 1998, se encontrasse, com a entrada em vigor do novo Código Civil, desprovida de sua pretensão de obter a reparação civil. Isto porque se contaria o novo prazo de três anos, introduzido pelo novo Código Civil (art. 205, § 3.º, V), a partir do evento danoso, chegando-se à conclusão de que a prescrição tenha ocorrido em 2001, ou seja, antes mesmo da entrada em vigor do novo Código Civil, ao passo que, se já tivesse transcorrido mais da metade do prazo prescricional, sendo a lesão, por isso mesmo, mais antiga, aplicar-se-ia a lei antiga e, dessa forma, não teria ocorrido prescrição. Nesse sentido, cf. STJ, 4ª T., REsp 813.293/RN, Rel. Min. Jorge Scartezzini, julg. 9.5.2006, publ. *DJ* 29.5.2006; STJ, 4ª T., REsp 761.634/PB, Rel. Min. Honildo Amaral de Mello Castro, julg. 5.11.2009, publ. *DJ* 16.11.2009.
[60] Sobre o ponto, cfr. Eduardo Nunes de Souza, Do prazo prescricional aplicável à pretensão indenizatória na responsabilidade civil contratual. In: Anderson Motta; Carla Moutinho; Marcelo Cabral. (org.). *Responsabilidade civil e seus rumos contemporâneos*: estudos em homenagem ao Professor Carlos Edison do Rêgo Monteiro Filho. Indaiatuba: Foco, 2024.

prazo decenal,[61] o Superior Tribunal de Justiça manifestou entendimento, por sua Corte Especial, de que se aplica o prazo prescricional de 10 (dez) anos à pretensão de reparação civil contratual.[62]

Cobrança de dívida líquida

No que tange à prescrição de cobrança de dívida líquida, o art. 206, § 5º, I, do Código Civil estabelece o prazo quinquenal para "a pretensão de cobrança de dívidas líquidas constantes de instrumento público ou particular". No julgamento do Recurso Especial Repetitivo 1.483.930/DF pela Segunda Seção do STJ, reconheceu-se o

Cobrança de dívida ilíquida

prazo quinquenal à pretensão de cobrança de taxas condominiais. A cobrança de dívida ilíquida, por sua vez, submete-se ao prazo geral de 10 (dez) anos previsto no art. 205 do Código Civil, já que não há previsão legal específica acerca do prazo aplicável nessa hipótese.[63] Além disso, decidiu o STJ que se aplica a regra geral da pres-

---

[61] V., sobre o ponto, Gustavo Tepedino, Prescrição aplicável à responsabilidade contratual: crônica de uma ilegalidade anunciada. In: *Editorial da Revista Trimestral de Direito Civil*, Rio de Janeiro: Padma, vol. 37, jan.-mar./2009.

[62] A decisão restou assim ementada: "Civil e Processual Civil. Embargos de Divergência no Recurso Especial. Dissenso caraterizado. Prazo prescricional incidente sobre pretensão decorrente da responsabilidade civil contratual. Inaplicabilidade do art. 206, § 3º, V, do Código Civil. Subsunção à regra geral do art. 205, do Código Civil, salvo existência de previsão expressa de prazo diferenciado. Caso concreto que se sujeita ao disposto no art. 205 do diploma civil. Embargos de divergência providos. I – Segundo a jurisprudência deste Superior Tribunal de Justiça, os embargos de divergência têm como finalidade precípua a uniformização de teses jurídicas divergentes, o que, *in casu*, consiste em definir o prazo prescricional incidente sobre os casos de responsabilidade civil contratual. (...) III – A unidade lógica do Código Civil permite extrair que a expressão 'reparação civil' empregada pelo seu art. 206, § 3º, V, refere-se unicamente à responsabilidade civil aquiliana, de modo a não atingir o presente caso, fundado na responsabilidade civil contratual. IV – Corrobora com tal conclusão a bipartição existente entre a responsabilidade civil contratual e extracontratual, advinda da distinção ontológica, estrutural e funcional entre ambas, que obsta o tratamento isonômico. V – O caráter secundário assumido pelas perdas e danos advindos do inadimplemento contratual, impõe seguir a sorte do principal (obrigação anteriormente assumida). Dessa forma, enquanto não prescrita a pretensão central alusiva à execução da obrigação contratual, sujeita ao prazo de 10 anos (caso não exista previsão de prazo diferenciado), não pode estar fulminado pela prescrição o provimento acessório relativo à responsabilidade civil atrelada ao descumprimento do pactuado. VI – Versando o presente caso sobre responsabilidade civil decorrente de possível descumprimento de contrato de compra e venda e prestação de serviço entre empresas, está sujeito à prescrição decenal (art. 205, do Código Civil)" (STJ, Corte Especial, EREsp n. 1.281.594/SP, Rel. Min. Benedito Gonçalves, Rel. p/ Acórdão Min. Felix Fischer, julg. 15.5.2019, DJe 23.5.2019).

[63] "No caso concreto, os magistrados de segunda instância decidiram que a hipótese mencionada estaria sujeita ao prazo prescricional ordinário de 10 (dez) anos, previsto no art. 205 do Código Civil de 2002, haja vista a inexistência de disposição legal específica. Por outro lado, a recorrente defende que a pretensão formulada se adequa à previsão dos prazos prescricionais específicos do art. 206 do CC/2002, precisamente o prazo trienal dedicado às reparações civis ou, subsidiariamente, o quinquenal que regula às dívidas líquidas constantes de instrumento público ou particular. (...) Como visto, está delimitado que o objeto da ação de cobrança é simplesmente a prestação contratada, acrescida de encargos, pretensão que, frise-se, não se confunde com a reparação civil mencionada no art. 206, § 3º, inciso V, do CC/2002. Com efeito, a reparação civil sujeita ao prazo prescricional de 3 (três) anos, apesar de ser interpretada de maneira ampla pela jurisprudência desta Corte Superior (STJ, REsp 1.281.594/SP, 3ª T., Rel. Min. Marco Aurélio Bellizze, publ. *DJ* 28.11.2016), está vinculada à compensação de danos extracontratuais e contratuais, alcançando o último apenas os pleitos de ressarcimento pela imprestabilidade da obrigação principal ou de prejuízos advindos da demora no seu cumprimento. Nota-se, assim, que a tentativa de cumprimento forçado do contrato não se insere no rol de danos contratuais. Inviável também o acolhimento da tese subsidiária de aplicação do prazo prescricional de 5 (cinco) anos reservado às pretensões de cobranças de dívidas líquidas

crição em dez anos para as hipóteses envolvendo contrato verbal sem determinação para prazo para cumprimento da obrigação.[64]

Eis, em síntese, o sistema previsto pelo Código Civil no tocante à prescrição de obrigações contratuais: (i) 3 anos ou, no entendimento atual do STJ, 10 anos para pretensão de reparação civil contratual, (ii) 5 anos para pretensão de cobrança de dívida líquida constante em instrumento público ou particular, (iii) 10 anos para pretensão de cobrança de dívida ilíquida.

Prescrição de obrigações contratuais: síntese

Note-se, ainda, que a Medida Provisória n. 1.040/2021, relativa à "modernização do ambiente de negócios no país", convertida posteriormente na Lei n. 14.195/2021, incluiu o art. 206-A no Código Civil, segundo o qual "a prescrição intercorrente observará o mesmo prazo de prescrição da pretensão". Da exposição de motivos da aludida MP, extrai-se que "com objetivo de elevar a segurança jurídica, baliza transversal para melhoria dos indicadores do ambiente de negócios, promove-se a alteração pontual no Código Civil para cristalizar o instituto da prescrição intercorrente já consagrado pelo Supremo Tribunal Federal na Súmula n. 150".[65] O Enunciado n. 150 da Súmula do STF estabelece que "prescreve a execução no mesmo prazo de prescrição da ação".[66]

A Lei n. 14.382/2022 alterou a redação do dispositivo, para prever que: "A prescrição intercorrente observará o mesmo prazo de prescrição da pretensão, observadas as causas de impedimento, de suspensão e de interrupção da prescrição previstas neste Código e observado o disposto no art. 921 da Lei n. 13.105, de 16 de março de 2015 (Código de Processo Civil)".

A incidência da prescrição intercorrente limita-se ao cumprimento de sentença, não incidindo na fase de conhecimento.[67] Vale destacar que, tratando-se de dois

---

constantes de instrumento público ou particular. A dívida é considerada líquida, nas palavras de Carnelutti, 'quando o título não deixa dúvidas em torno de seu objeto' (...). O caso concreto, contudo, aborda obrigação rodeada de indagações quanto à existência e ao objeto, circunstância que revela a sua incompatibilidade com a definição de dívida líquida. (...) Diante de tais considerações, não consistindo a pretensão da recorrida em reparação civil ou cobrança de dívida líquida, inafastável a aplicação do prazo decenal ordinário – art. 205 do CC/2002 –, sendo irreparável o entendimento lançado no acórdão recorrido" (STJ, 3ª T., REsp 1.510.619, Rel. Min. Ricardo Villas Boas Cuêvas, julg. 27.4.2017, publ. *DJ* 19.6.2017). No mesmo sentido, a Corte também decidiu que "[a] postulação de caráter secundário ou acessório (...) voltada à percepção de juros e correção monetária, segue a sorte da principal quanto ao prazo prescricional aplicável, no caso, o decenal, como anotado no referido julgado paradigma" (STJ, 1ª Turma, AgInt no AREsp n. 2.069.513/SP, Rel. Min. Gurgel de Faria, julg. 12.12.2022, publ. *DJe* 27.1.2023).

[64] STJ, 3ª Turma, REsp n. 1.758.298/MT, Rel. Min. Moura Ribeiro, julg. 3.5.2022, publ. DJ 4.5.2022.
[65] Disponível em: http://www.planalto.gov.br/ccivil_03/_ato2019-2022/2021/Exm/Exm-MP-1040-21.pdf. Acesso em: 17 nov. 2023.
[66] A orientação sumular deriva de três principais julgados (STF, RE 52.902, 2ª T., julg. 4.6.1963, publ. DJ 19.7.1963; RE 49.434, 2ª T., julg. 17.4.1962, publ. DJ 24.5.1962; e RE 34.944, 1ª T., julg. 22.8.1957, publ. DJ 19.9.1957), todos consolidando o entendimento de que, depois de concluída a fase de conhecimento, inicia-se novo prazo prescricional para a instauração da execução, assim como entende-se que o prazo da prescrição executiva seria o mesmo da pretensão da respectiva ação, afastando-se o prazo geral subsidiário.
[67] Cf., sobre o tema, Pablo Stolze; Salomão Viana, A Prescrição Intercorrente e a nova MP n. 1.040/21. In: *Jusbrasil*. Disponível em: https://direitocivilbrasileiro.jusbrasil.com.br/artigos/1186072938/a-

momentos diferentes, ou seja, fase de conhecimento e fase de execução, a sentença de mérito não interrompe a prescrição, mas, diversamente, faz nascer nova pretensão executiva,[68] a ser computada a partir do trânsito em julgado, a qual se submete ao regime da prescrição intercorrente do art. 206-A do Código Civil.

9. DECADÊNCIA

Decadência e direitos potestativos

Assim como ocorre com a prescrição, a decadência também representa instituto voltado a regular a incidência do tempo na relação jurídica. Os direitos subjetivos se sujeitam à prescrição, ao passo que a decadência atinge os direitos potestativos. Enquanto a prescrição atinge a pretensão, própria do direito subjetivo, a decadência extingue o próprio direito potestativo.[69] Ao contrário do direito subjetivo, ao qual se contrapõe dever jurídico correspondente (cujo cumprimento é essencial para a satisfação do titular do respectivo direito), o direito potestativo independe, para o seu exercício e eficácia, da conduta de outrem.[70] Exemplifique-se com o direito à resilição do negócio jurídico, que, para produzir seus regulares efeitos, independe de qualquer conduta da contraparte, tratando-se de atuação unilateral do interessado para a satisfação do próprio interesse. Quando se está diante de direitos potestativos, o decurso de prazo para a atuação do titular se submeterá à disciplina dos prazos decadenciais. Por ser exercido unilateralmente, o direito potestativo não pode ser violado[71] e, por conseguinte, não se sujeita aos prazos prescricionais, submetendo-se aos prazos decadenciais fixados em lei. Decorrido o prazo decadencial, extingue-se o próprio direito potestativo, que é extirpado do mundo jurídico.[72] Decadência, portanto, é o perecimento do direito potestativo em virtude do seu não exercício dentro do prazo fixado.

-prescricao-intercorrente-e-a-nova-mp-n-1040-21-medida-provisoria-de-ambiente-de-negocios. Acesso em: 17 no. 2023; Luiz Guilherme Marinoni, *Novo curso de processo civil*: tutela dos direitos mediante procedimento comum, vol. II, São Paulo: Editora Revista dos Tribunais, 2016, 2ª ed., pp. 880-881.

[68] Humberto Theodoro Júnior, *Prescrição e decadência*, Rio de Janeiro: Forense, 2021, 2ª ed., p. 80; Araken de Assis, *Manual da execução*, São Paulo: Editora Revista dos Tribunais, 2016, 18ª ed., pp. 660-661.

[69] "Se se estiver diante de um direito subjetivo (de um direito ao qual corresponde um dever jurídico, quer se trate de direito absoluto, quer se trate de direito relativo), concluir-se-á: cuida-se de um prazo de prescrição, porque este direito pode ser lesado, pela infração do dever correspondente e, a partir da lesão, se contará o prazo prescritivo. Se, porém, não se trata de um direito subjetivo, se se trata de uma mera faculdade à qual não corresponde um dever jurídico alheio, então decidimos: estamos diante de uma decadência" (San Tiago Dantas, *Programa de Direito Civil*, Rio de Janeiro: Forense, 2001, p. 346); "(...) a decadência é a perda do direito potestativo pela falta de exercício em tempo prefixado, enquanto a prescrição extingue a pretensão um direito subjetivo (...)" (Caio Mário da Silva Pereira, Instituições do direito civil, vol. 1, Rio de Janeiro: Forense, 2016, 29ª ed., p. 577).

[70] Francesco Ferrara, *Trattato di Diritto Civile Italiano*, vol. I, Roma: Athenaeum, 1921, p. 343 e ss. Ainda na doutrina italiana, cf. Andrea Torrente e Piero Schlesinger, *Manuale di Diritto Privato*, Milano: Dott. A. Giuffrè Editore, 1985, pp. 70-71; e Alberto Trabucchi, *Instituzioni di Diritto Civile*, Padova: CEDAM, 1993, p. 53.

[71] Pietro Perlingieri, *Manuale di Diritto Civile*, Napoli: Edizioni Scientifiche Italiane, 1997, p. 71; Francisco Amaral, *Direito Civil*: introdução, Rio de Janeiro: Forense, 2006, p. 564.

[72] "Por conseguinte, também se impõe, necessariamente, a conclusão de que só na classe dos potestativos é possível cogitar-se da extinção de um direito em virtude do seu não exercício. Daí se infere que

O exercício de certos direitos potestativos pode estar submetido a prazo fixado pelo legislador, cuja natureza é decadencial. Assim ocorre, por exemplo, no direito potestativo de pedir a anulação do casamento durante dois anos após a realização do ato, se incompetente a autoridade celebrante,[73] ou no direito a renovar contrato de locação comercial que preencha os requisitos legais.[74]

Prazo decadencial

Alguns direitos potestativos, por outro lado, não têm prazo previsto para seu exercício, a permitir que seus titulares os exerçam a qualquer tempo. Assim ocorre, por exemplo, com o direito ao reconhecimento de paternidade[75] e com o direito à mudança do nome pela pessoa transgênero, independentemente de cirurgia ou autorização judicial, conforme reconhecido pelo Supremo Tribunal Federal.[76]

Direitos potestativos sem prazo decadencial

A decadência, diversamente da prescrição, não pode ser, salvo disposição legal em contrário,[77] interrompida ou suspensa (CC, art. 207), ressalvada a hipótese excepcional do art. 208 do Código Civil,[78] que amplia a proteção dirigida aos absolutamente incapazes para os casos de decadência. O Código de Defesa do Consumidor também prevê causas obstativas da decadência do direito de reclamação por vícios do produto ou serviço.[79]

Interrupção ou suspensão da decadência

O prazo decadencial pode ter origem legal ou contratual – quando a decadência é chamada de voluntária ou convencional –, ao contrário da prescrição, que sempre será prevista por lei. A decadência legal é estabelecida em lei, a qual define o direito potestativo a ser exercido em prazo certo, sob pena de caducidade. Os prazos de decadência legal podem ser identificados ao longo do Código Civil, em dispositivos diversos, como se observa em relação ao prazo de quatro anos (CC, art. 178) para que

Decadência legal e decadência contratual

---

os potestativos são os únicos direitos que podem estar subordinados a prazos de decadência, uma vez que o objetivo e efeito desta é, precisamente, a extinção dos direitos não exercitados dentro dos prazos fixados (...)" (Agnelo Amorin, *Critério científico para distinguir a prescrição da decadência e para identificar as ações imprescritíveis*, vol. 193, Rio de Janeiro: Forense, 1961, p. 40).

[73] Código Civil: "Art. 1.560. O prazo para ser intentada a ação de anulação do casamento, a contar da data da celebração, é de: (...) II – dois anos, se incompetente a autoridade celebrante".

[74] Lei n. 8.245/1991: "Art. 51. (...) § 5º Do direito a renovação decai aquele que não propuser a ação no interregno de um ano, no máximo, até seis meses, no mínimo, anteriores à data da finalização do prazo do contrato em vigor".

[75] Código Civil: "Art. 1.606. A ação de prova de filiação compete ao filho, enquanto viver, passando aos herdeiros, se ele morrer menor ou incapaz. Parágrafo único. Se iniciada a ação pelo filho, os herdeiros poderão continuá-la, salvo se julgado extinto o processo".

[76] STF, ADI 4.274, T. P., Rel. p/ Acórdão Min. Edson Fachin, julg. 1.3.2018.

[77] A Lei n. 14.010, publicada em 12 de junho de 2020, também conhecida por Regime Jurídico Emergencial e Transitório (RJET), que trata das relações privadas durante o período da pandemia da Covid-19, dispôs, em seu art. 3º, que os prazos prescricionais consideram-se impedidos ou suspensos entre 12 de junho e 30 de outubro de 2020, tendo seu § 2º estabelecido que o artigo se aplica também à decadência, conforme ressalva prevista no art. 207 do Código Civil.

[78] Art. 208 do Código Civil: "Aplica-se à decadência o disposto nos arts. 195 e 198, inciso I".

[79] Código de Defesa do Consumidor: "Art. 26. (...) § 2º Obstam a decadência: I – a reclamação comprovadamente formulada pelo consumidor perante o fornecedor de produtos e serviços até a resposta negativa correspondente, que deve ser transmitida de forma inequívoca; (...) III – a instauração de inquérito civil, até seu encerramento". "Obstar (...) tem o sentido de invalidar o prazo já transcorrido, o que se assemelha ou se aproxima das hipóteses de interrupção" (Antonio Herman V. Benjamin; Claudia Lima Marques; Leonardo Roscoe Bessa, *Manual de direito do consumidor*, São Paulo: Editora Revista dos Tribunais, 2017, 8ª ed., p. 257).

o interessado proponha a ação de anulação do negócio jurídico por vício de consentimento. Por outro lado, a decadência convencional resulta da vontade das partes, que podem, quando da celebração do negócio jurídico, fixar o lapso de tempo ao fim do qual se extingue o direito potestativo para o titular.[80]

O art. 209 estabelece que "é nula a renúncia à decadência fixada em lei", tratando-se, pois, de norma de ordem pública. Como se depreende, apenas a decadência contratual, dado seu caráter voluntário, é suscetível de renúncia, a qual deve ser cuidadosamente valorada pelo magistrado em se tratando de relação não paritária.[81]

O art. 210 estipula que "deve o juiz, de ofício, conhecer da decadência, quando estabelecida por lei",[82] ao passo que, consoante dispõe o art. 211, se a decadência for convencional, "o juiz não pode suprir a alegação". A decadência legal, desse modo, deve ser suscitada de ofício pelo juiz, ao passo que a convencional depende de alegação da parte a quem aproveita.[83]

PROBLEMAS PRÁTICOS

1. Em que consiste a unicidade da interrupção da prescrição?
2. Diferencie prescrição de decadência, dando exemplos.

Acesse o *QR Code* e veja a Casoteca.

> https://uqr.to/1p8o0

---

[80] Nas relações de consumo, os tribunais têm efetuado controle de abusividade quanto à exiguidade de prazo decadencial estipulado para o consumidor. Exemplificativamente: "Tratando-se de relação de consumo, as cláusulas que se mostrem iníquas ou excessivamente onerosas a desfavor do consumidor devem ser consideradas nulas de pleno direito. Cláusula contratual que fixa decadência de 30 dias do direito de reclamar incorreção nos repasses de valores coloca o consumidor em excessiva desvantagem, não podendo ser considerada válida." (TJRJ, 27ª C.C., Ap. Cív. 0017133-73.2016.8.19.0007, Rel. Des. João Batista Damasceno, julg. 21.10.2020, publ. *DJ* 10.11.2020). Na mesma direção: TJSP, 11ª Câm. Dir. Priv., Ap. Cív. 1009845-62.2019.8.26.0361, Rel. Des. Gil Coelho, julg. 24.9.2020, publ. *DJ* 24.9.2020.

[81] "Se a decadência resulta de prazos prefixados pela vontade do homem, em declaração unilateral ou em convenção bilateral, nada impede a sua renúncia, depois de consumada, porque quem tem poderes para estabelecer uma condição ao exercício do direito também o tem para revogar essa condição." (Câmara Leal, *Da prescrição e da decadência*, Rio de Janeiro: Forense, 1978, 3ª ed. atual. José de Aguiar Dias, p. 101)

[82] "A decadência, mesmo na vigência do Código Civil de 1916, podia, perfeitamente, ser declarada, de ofício, pelo juiz. O Código Civil de 2002 previu, expressamente, essa competência ao magistrado, no art. 210." (STJ, 6ª T., REsp 575629/DF, Rel. Min. Paulo Gallotti, julg. 9.12.2005, publ. *DJ* 21.5.2007)

[83] Segundo o disposto no art. 487, II, do Código de Processo Civil, proferirá o juiz sentença de mérito quando reconhecer, de ofício ou por provocação da parte, a decadência. O parágrafo único do art. 487 indica que, à exceção da hipótese prevista no § 1º do art. 332 do mesmo Código – que trata das hipóteses de julgamento liminar de improcedência –, o reconhecimento da decadência depende de manifestação prévia da parte, de forma que, percebendo o juiz que transcorreu o prazo decadencial para o exercício do direito, e que a parte que dela se beneficia não a invocou, deverá instar as partes a se manifestarem sobre a sua ocorrência.

REFERÊNCIAS BIBLIOGRÁFICAS

A. Ferreira Coelho, *Código Civil dos Estados Unidos do Brasil*, vol. 5, Oficinas gráficas do "Jornal do Brasil": Rio de Janeiro, 1928.

Adalberto Pasqualotto, O destinatário final e o 'consumidor intermediário'. In: *Revista de Direito do Consumidor*, vol. 74, 2010.

Adolfo Di Majo Giaquinto, Profili dei diritti della personalità. In: *Rivista trimestrale di diritto e procedura civile*, 1962.

Adolfo Di Majo Giaquinto, Termine. In: *Enciclopedia del diritto*, vol. XLIV, Milano: Giuffrè, 1992.

Adriano De Cupis, "A proposito di codice e di decodificazione". In: *Rivista di diritto civile,* 1979.

Adriano De Cupis, *I diritti della personalità*, Milano: Giuffrè, 1950.

Adriano De Cupis, *Il danno*, Milano: Giuffrè, 1970.

Afranio de Carvalho, *O Condomínio no Registro de Imóveis*. In: *Revista Forense*, vol. 260, 1977.

Agnelo Amorin, *Critério científico para distinguir a prescrição da decadência e para identificar as ações imprescritíveis*, vol. 193, Rio de Janeiro: Forense, 1961.

Agostinho Alvim, *Da inexecução das obrigações e suas consequências*, São Paulo: Saraiva, 1972, 4ª ed.

Aguiar Dias, *Da responsabilidade civil*, vol. II, Rio de Janeiro: Forense, 1973.

Alberto Auricchio, *A simulação no negócio jurídico*: premissas gerais, Coimbra: Coimbra Editora, 1964.

Alberto Auricchio, Associazioni (diritto civile) – Premessa generale, in Francesco Calasso (dir.), *Enciclopedia del Diritto*, Milano: Giuffrè, 1958.

Alberto Auricchio, *La individuazione dei beni immobili*. Napoli: Jovene, 1960.

Alberto Trabucchi, *Istituzioni di diritto civile*, Padova: CEDAM, 2013.

Alessandro Graziani, *Negozi Indiretti e Negozi Fiduciari*. In: *Rivista del Diritto Commerciale*, vol. XXXI, parte prima, 1933.

Alexandre Ferreira de Assumpção Alves, *A desconsideração da personalidade jurídica à luz do Direito Civil-Constitucional*: o descompasso entre as disposições do Código de Defesa do Consumidor e a disregard doctrine, Tese (Doutorado em Direito), Rio de Janeiro, 2003.

Alexandre Ferreira de Assumpção Alves, O elemento subjetivo da relação jurídica: pessoa física, pessoa jurídica e entes não personificados. In: *Revista Trimestral de Direito Civil*, n. 5, Rio de Janeiro: Padma, 2001.

Alexandre Freitas Câmara, *Lições de Direito processual civil*, vol. I, Rio de Janeiro: Lumen Juris, 2006.

Aline de Miranda Valverde Terra, *Cláusula resolutiva expressa*, Belo Horizonte: Fórum, 2017.

Aline de Miranda Valverde Terra; Milena Donato Oliva; Filipe Medon. Aspectos controvertidos sobre herança digital. In: *Migalhas*, 09 abr. 2021. Disponível em: <https://www.migalhas.com.br/depeso/343356/aspectos-controvertidos-sobre-heranca-digital> Acesso em 09.11.2021.

Aline de Miranda Valverde Terra; Milena Donato Oliva; Filipe Medon, Acervo digital: controvérsias quanto à sucessão causa mortis. In: Ana Carolina Brochado Teixeira; Livia Teixeira Leal (coords.) *Herança Digital*: Controvérsias e Alternativas. Indaiatuba: Editora Foco, 2021.

Aline de Miranda Valverde Terra; Milena Donato Oliva; Filipe Medon, Herança digital e proteção do consumidor contra cláusulas abusivas. In: *Revista de Direito do Consumidor*, vol. 135, ano 30, São Paulo: Ed. RT, maio/jun. 2021. Disponível em: <http://revistadostribunais.com.br/maf/app/document?stid=st-rql&marg=DTR-2021-9055>. Acesso em 28 set. 2021.

Alinne Arquette Leite Novais, *A teoria contratual e o Código de Defesa do Consumidor*, Biblioteca de Direito do Consumidor, n. 17, São Paulo: Revista dos Tribunais, 2001.

Aliomar Baleeiro, *Limitações constitucionais ao poder de tributar*, Rio de Janeiro: Forense, 2006.

Álvaro Marcos Cordeiro Maia, *Disciplina jurídica dos contratos eletrônicos no direito brasileiro*, Salvador: Nossa Livraria, 2003.

Álvaro Villaça Azevedo, *Código Civil comentado*, São Paulo: Atlas, 2003.

Álvaro Villaça Azevedo, *Teoria geral do direito civil*: parte geral, São Paulo: Atlas, 2012.

Álvaro Villaça de Azevedo, *Bem de Família: com comentários à lei 8.009/90*, São Paulo: Revista dos Tribunais, 1996, 3ª ed.

Alvino Lima, *A fraude no direito civil*, São Paulo: Saraiva, 1965.

Amílcar de Castro, *Direito internacional privado*, vol. II, Rio de Janeiro: Forense, 1956.

Ana Alvarenga Moreira Magalhães, *O erro no negócio jurídico:* autonomia da vontade, boa-fé objetiva e teoria da confiança, São Paulo: Atlas, 2011.

Ana Carolina Brochado Teixeira, Carlos Nelson Konder, Autonomia e solidariedade na disposição de órgãos para depois da morte. In: *Revista da Faculdade de Direito da UERJ*, n. 18, 2010. Disponível em: https://www.e-publicacoes.uerj.br/rfduerj/article/view/1357. Acesso em: 18 nov. 2023.

Ana Carolina Brochado Teixeira; Carlos Nelson Konder, Bens digitais dúplices: desafios tecnológicos à distinção entre situações jurídicas patrimoniais e existenciais. *Pensar*, Fortaleza, vol. 29, n. 3, jul./set. 2024.

Ana Carolina Brochado Teixeira, Deficiência psíquica e curatela: reflexões sob o viés da autonomia privada. In: *Revista Brasileira de Direito das Famílias e Sucessões*, n. 7, 2009.

Ana Carolina Kliemann, O princípio da manutenção do negócio jurídico: uma proposta de aplicação. In: *Revista Trimestral de Direito Civil*, vol. 26, Rio de Janeiro: Padma, 2006.

Ana Frazão, Desconsideração da personalidade jurídica e tutela de credores. In: Fábio Ulhoa Coelho; Maria de Fátima Ribeiro (coords.), *Questões de direito societário em Portugal e no Brasil*, Coimbra: Almedina, 2012.

Ana Frazão, Nova LGPD: principais repercussões para a atividade empresarial. In: *Jota*, Disponível em: https://www.jota.info/paywall?redirect_to=//www.jota.info/opiniao-e-analise/colunas/constituicao-empresa-e-mercado/nova-lgpd-principais-repercussoes-para-a-atividade--empresarial-29082018. Acesso em 26.7.2019.

Ana Luiza Maia Nevares, *A função promocional do testamento*: tendências do direito sucessório, Rio de Janeiro: Renovar, 2009.

Ana Luiza Maia Nevares, Anderson Schreiber, Do sujeito à pessoa: uma análise da incapacidade civil. In: Gustavo Tepedino, Ana Carolina Brochado Teixeira e Vitor Almeida (coords.), *O direito civil entre o sujeito e a pessoa*: estudos em homenagem ao Professor Stefano Rodotà, Belo Horizonte: Fórum, 2016.

Ana Luiza Maia Nevares, O erro, o dolo, a lesão e o estado de perigo no Código Civil. In: Gustavo Tepedino (coord.), *O Código Civil na perspectiva civil-constitucional*, Rio de Janeiro: Renovar, 2013.

Ana Paula de Barcellos, *Eficácia jurídica dos princípios constitucionais*: o princípio da dignidade da pessoa humana, Rio de Janeiro: Renovar, 2002.

Ana Prata, *Dicionário jurídico*, vol. I, Coimbra: Almedina, 2008.

Anderson Schreiber, *A proibição de comportamento contraditório*: tutela da confiança e venire contra factum proprium, Rio de Janeiro: Renovar, 2007.

Anderson Schreiber, *Novos paradigmas da responsabilidade civil*, São Paulo: Atlas, 2007.

André Brandão Nery Costa, Direito ao esquecimento na internet: a scarlet letter digital, In: Anderson Schreiber (org.), *Direito e mídia*, São Paulo: Atlas, 2013.

Andre Vasconcelos Roque et. al., *Teoria geral do processo*: comentários ao CPC de 2015, São Paulo: Método, 2019.

Andre Vasconcelos Roque; Milena Donato Oliva; Filipe Medon, *Qual o valor jurídico das assinaturas digitalizadas?*. Disponível em: https://www.migalhas.com.br/depeso/339521/qual-o-valor-juridico-das-assinaturas-digitalizadas. Acesso em: 22.9.2021.

Andrea Torrente e Piero Schlesinger, *Manuale di diritto privato*, Milano: Dott. A. Giuffrè Editore, 1985.

Andreas Von Tuhr, *Derecho civil*: teoria general del derecho civil aleman, Buenos Aires: Depalma, 1946.

Anelise Becker, *Teoria geral da lesão nos contratos*, São Paulo: Saraiva, 2000.

Aníbal Bruno, Direito Penal, tomo 2, Rio de Janeiro: Forense, 1967, 3ª ed.

Antonio Carlos de Araujo Cintra, *Comentários ao Código de Processo Civil,* vol. IV, arts. 332 a 475, Rio de Janeiro: Forense, 2002.

Antonio Carlos Wolkmer, *Fundamentos de história do direito*, Belo Horizonte: Del Rey, 2008.

Antonio Herman Benjamin, Bruno Miragem, Claudia Lima Marques, *Comentários ao Código de Defesa do Consumidor*, São Paulo: Revista dos Tribunais, 2013.

Antonio Herman V. Benjamin et al, *Código brasileiro de Defesa do Consumidor*: comentado pelos autores do anteprojeto, Rio de Janeiro: Forense Universitária, 1998, 5ª ed.

Antonio Herman V. Benjamin, Claudia Lima Marques, Leonardo Roscoe Bessa, *Manual de direito do consumidor*, São Paulo: Revista dos Tribunais, 2017, 8ª ed.

Antonio Junqueira de Azevedo, A conversão dos negócios jurídicos: seu interesse teórico e prático. In: Gustavo Tepedino e Luiz Edson Fachin (org.), *Doutrinas essenciais:* obrigações e contratos, vol. I, São Paulo: Revista dos Tribunais, 2011.

Antonio Junqueira de Azevedo, Bens acessórios. In: Antônio Junqueira de Azevedo, *Estudos e pareceres de direito privado,* São Paulo: Saraiva, 2004.

Antonio Junqueira de Azevedo, Depósito de ouro e pedras preciosas feito em 1878. Forma e prova do contrato de depósito. Depósito mercantil e depósito bancário. Mora do credor. In: Antônio Junqueira de Azevedo, *Estudos e pareceres de direito privado,* São Paulo: Saraiva, 2004.

Antonio Junqueira de Azevedo, Negócio Fiduciário. Frustração da fidúcia pela alienação indevida do bem transmitido. Oponibilidade ao terceiro adquirente dos efeitos da fidúcia germânica e de procuração em causa própria outorgada ao fiduciante. In: *Novos estudos e pareceres de direito privado*, São Paulo: Saraiva, 2009.

Antonio Junqueira de Azevedo, *Negócio jurídico*: existência, validade e eficácia, São Paulo: Saraiva, 2002.

Antonio Junqueira de Azevedo, Nulidade de cláusula limitativa de responsabilidade em caso de culpa grave. Caso de equiparação entre dolo e culpa grave. Configuração de culpa grave em caso de responsabilidade profissional. In: *Novos estudos e pareceres de direito privado*, São Paulo: Saraiva, 2009.

Antonio Junqueira de Azevedo, Responsabilidade civil dos pais. In: Yussef Cahali (org.), *Responsabilidade civil*: doutrina e jurisprudência, São Paulo: Saraiva, 1988.

Antonio Luiz da Camara Leal, *Da prescrição e da decadência*, Rio de Janeiro: Forense, 1978, 3ª ed.

Antonio Luiz da Camara Leal, *Manual elementar de direito civil*, vol. I, São Paulo: Saraiva, 1930.

António Manuel Hespanha, *Cultura jurídica europeia*: síntese de um milênio, Publicações Europa-América, 2003.

António Santos Abrantes Geraldes, *Temas da responsabilidade civil*: indemnização do dano da privação do uso. Coimbra: Almedina, 2007. v. I.

Araken de Assis, *Manual da execução*, São Paulo: Editora Revista dos Tribunais, 2016, 18ª ed.

Aristóteles, *Política*, Brasília: UnB, 1985.

Arnaldo Vasconcelos, "Sanção – I". In: *Enciclopédia Saraiva do Direito*, vol. 66, São Paulo: Saraiva, 1981.

Arnoldo Medeiros da Fonseca, *Caso fortuito e teoria da imprevisão*, Rio de Janeiro, 1943, 2ª ed.

Arnoldo Wald, Da aplicação da desconsideração da personalidade jurídica pelo Superior Tribunal de Justiça – Comentários ao acórdão no REsp 693.235/MT (rel. Min. Luis Felipe Salomão, DJe 30.11.2009). In: Gustavo Tepedino, Ana Frazão (coords.), *O Superior Tribunal de Justiça e a Reconstrução do Direito Privado*, São Paulo: Editora Revista dos Tribunais, 2011.

Arnoldo Wald, *Direito civil*, vol. I, São Paulo: Saraiva, 2011, 13ª ed.

Arruda Alvim, *Manual de direito processual civil*, vol. 2, São Paulo: Revista dos Tribunais, 2008.

Aubry et Rau, *Cours de droit civil français d'après la méthode de zacharie*, Paris: Marchal et Billard, 1869. t. I.

Augusto Passamani Bufulin, *O erro e seus requisitos*, Rio de Janeiro: LMJ, 2013.

Augusto Tavares Rosa Marcacini, *O documento eletrônico como meio de prova*, 1999. Disponível em: https://simagestao.com.br/wp-content/uploads/2016/05/Odocumentoeletronicocomo-meiodeprova.pdf. Acesso em: 23.9.2021.

Barriere François, *La réception du trust au travers de la fiducie*, Litec, Groupe Lexis Nexis, 2004.

Bernardo Souza Barbosa; Rafael Silveira e Silva, Direito ao esquecimento: um direito potestativo? *Revista Brasileira de Direito Civil – RBDCivil*, Belo Horizonte, vol. 33, n. 2, p. 95-115, abr./jun. 2024.

Bernardo Windscheid, *Diritto delle pandette*, vol. I, Torino UTET, 1925.

Bobby Chesney; Danielle Citron, Deep Fakes: A Looming Crisis for National Security, Democracy and Privacy?, *LAWFARE* (Feb. 21, 2018), Disponível em: <https://www.lawfareblog.com/deep-fakes-looming-crisis-national-security-democracy-and-privacy> Acesso em: 23.9.2021.

Bruno Lewicki, O domicílio no Código Civil de 2002. In: Gustavo Tepedino (coord.), *O Código Civil na perspectiva civil-constitucional*, Rio de Janeiro: Renovar, 2013.

Bruno Miragem, *Curso de direito do consumidor*, São Paulo: Thomson Reuters Brasil, 2019, 8ª ed.

C. Aubry, C. Rau, *Cours de droit civil français d'après la méthode de zacharie*, Paris: Marchal et Billard, 1869. t. I.

Caio de Azevedo Trindade, *Constitucionalismo, tributação e direitos humanos*, Rio de Janeiro: Renovar, 2007.

Caio Mário da Silva Pereira, *Comentários ao Código Civil de 2002*, vol. I, Rio de Janeiro: GZ, 2017.

Caio Mário da Silva Pereira, *Incorporação Imobiliária*. In: *Revista Forense*, vol. 265, ano 75, jan./fev./mar. 1979.

Caio Mário da Silva Pereira, *Instituições de direito civil*, vol. I, Rio de Janeiro: Forense, 2019, 32ª ed.
Caio Mário da Silva Pereira, *Instituições de direito civil*, vol. II, Rio de Janeiro: Forense, 2019, 31ª ed.
Caio Mário da Silva Pereira, *Instituições de direito civil*, vol. III, Rio de Janeiro: Forense, 2019, 23ª ed.
Caio Mário da Silva Pereira, *Instituições de direito civil*, vol. IV, Rio de Janeiro: Forense, 2016, 24ª.
Caio Mário da Silva Pereira, *Lesão nos contratos*, Rio de Janeiro: Forense, 1999.
Caio Mário da Silva Pereira, *Responsabilidade civil*, Rio de Janeiro: Forense, 2018, 12ª ed., atualizada por Gustavo Tepedino.
Caio Tácito, Tendências Atuais sobre a responsabilidade civil do Estado. In: *Revista de Direito Administrativo*, vol. 55, 1959.
Caitlin Mulholland, Responsabilidade civil e processos decisórios autônomos em sistemas de Inteligência Artificial (IA): autonomia, imputabilidade e responsabilidade. In: Ana Frazão; Caitlin Mulholland (coords.), *Inteligência Artificial e Direito*: ética, regulação e responsabilidade. São Paulo: Thomson Reuters Brasil, 2019.
Calixto Salomão Filho, *O novo direito societário*, São Paulo: Malheiros, 2015.
Câmara Leal, *Da prescrição e da decadência*, Rio de Janeiro: Forense, 1978, 3ª ed.
Cândido Rangel Dinamarco, *Instituições de direito processual civil*, vol. II, São Paulo: Malheiros, 2017, 7ª ed.
Cândido Rangel Dinamarco, *Instituições de direito processual civil*, vol. III, São Paulo: Malheiros, 2004.
Capelo de Sousa, *O direito geral de personalidade*, Coimbra: Coimbra Editora, 1995.
Carlo Angelici, Responsabilità precontrattuale e protezioine dei terzi in uma recente sentenza del Bundesgerichtshof. In: *Rivista del diritto commerciale e del diritto generale delle obbligazioni*, I, a. LXXV, 1977.
Carlos Alberto Bittar Filho, *A figura da lesão na jurisprudência pátria*: do direito anterior aos nossos dias, São Paulo: Revista dos Tribunais, 2001.
Carlos Alberto Bittar, *Os direitos da personalidade*, Rio de Janeiro: Forense, 1989.
Carlos Alberto da Mota Pinto, *Teoria geral do direito civil*, Coimbra: Coimbra Editora, 2005.
Carlos Barbosa Moreira, *O novo Código Civil e o direito processual*. In: Revista Forense, a. 98, vol. 364, nov.-dez./2002.
Carlos Edison do Rêgo Monteiro Filho, Artigo 944 do Código Civil: o problema da mitigação do princípio da reparação integral. In: R. Dir. Proc. Geral, Rio de Janeiro, 2008. Disponível em: https://pge.rj.gov.br/comum/code/MostrarArquivo.php?C=MTI0OQ%2C%2C. Acesso em: 19 nov. 2023.
Carlos Edison do Rêgo Monteiro Filho, Reflexões metodológicas: a construção do observatório de jurisprudência no âmbito da pesquisa jurídica. In: *Revista Brasileira de Direito Civil – RBDCivil*, vol. 9, p. 20-21, jul./set. 2016.
Carlos Edison do Rêgo Monteiro Filho, *Pacto comissório e pacto marciano no sistema brasileiro de garantias*, Rio de Janeiro: Processo, 2017.
Carlos Edison do Rêgo Monteiro Filho; Diana Paiva Castro, Proteção de dados pessoais e direitos da personalidade: a tutela integral da pessoa à luz das novas tecnologias. In: Ricardo Villas Bôas Cueva; Caroline Somesom Tauk; Flávio Galdino, Gustavo Tepedino; Laura Schertel Mendes (org.). *Direitos fundamentais e novas tecnologias*. Homenagem ao Professor Danilo Doneda. Rio de Janeiro: GZ, 2024, v. 1.
Carlos Edison do Rêgo Monteiro Filho; Filipe Medon, *A reconstrução digital póstuma da voz e da imagem*: critérios necessários e impactos para a Responsabilidade Civil. Migalhas, 19 ago. 2021. Disponível em: <https://www.migalhas.com.br/coluna/migalhas-de-responsabilidade--civil/350356/a-reconstrucao-digital-postuma-da-voz-e-da-imagem> Acesso em 12.9.2021.

Carlos Maximiliano, *Condomínio*, Rio de Janeiro: Freitas Bastos, 1956.

Carlos Maximiliano, *Hermenêutica e aplicação do direito*, Rio de Janeiro: Forense, 1980.

Carlos Nelson Konder, A proteção pela aparência como princípio. In: *Princípios do Direito Civil contemporâneo*, Maria Celina Bodin de Moraes (coord.), Rio de Janeiro: Renovar, 2006.

Carlos Nelson Konder, Causa do contrato x função social do contrato: estudo comparativo sobre o controle da autonomia negocial, In: *Revista Trimestral de Direito Civil*, vol. 43, Rio de Janeiro: Padma, 2010.

Carlos Nelson Konder, Privacidade e corpo: convergências possíveis. In: *Pensar*, vol. 18, n. 2, mai.-ago./2013.

Carlos Nelson Konder; Williana Nayara Carvalho de Oliveira, A interpretação dos negócios jurídicos a partir da Lei da Liberdade Econômica. In: *Revista Fórum de Direito Civil – RFDC*, Belo Horizonte, ano 9, n. 25, p. 13-35, set./dez. 2020.

Carlos Roberto Gonçalves, *Direito civil brasileiro*, vol. 1, São Paulo: Saraiva, 2015.

Carlos Santos de Oliveira, Da prova nos negócios jurídicos. In: Gustavo Tepedino (Coord.), *O Código Civil na perspectiva civil-constitucional*, Rio de Janeiro: Renovar, 2013.

Carlos Young Tolomei, *A proteção do direito adquirido sob o prisma civil-constitucional*: uma perspectiva sistemático-axiológica, Rio de Janeiro: Renovar, 2005.

Carmen Tiburcio, Disciplina legal da pessoa jurídica à luz do direito internacional brasileiro. In: *Revista de Direito Bancário e do Mercado de Capitais*, vol. 53, 2011.

Carmine Donisi, "Verso la 'depatrimonializzazione' del diritto privato". In: *Rassegna di diritto civile*, 1980.

Carolina Braga, Discriminação nas decisões por algoritmos: polícia preditiva. In: Ana Frazão; Caitlin Mulholland (coords.). *Inteligência Artificial e Direito*: ética, regulação e responsabilidade. São Paulo: Thomson Reuters Brasil, 2019.

Caroline Pomjé; Simone Tassinari Cardoso Fleischmann, Ensaio sobre a dupla dimensão procedimental da desconsideração inversa da personalidade jurídica aplicada ao direito de família. In: Revista Brasileira de Direito Civil – RBDCivil, Belo Horizonte, vol. 27, jan./mar. 2021. Disponível em: https://rbdcivil.ibdcivil.org.br/rbdc/article/view/568. Acesso em: 18 nov. 2023.

César Fiúza, *Direito civil*: curso completo, Belo Horizonte: Del Rey, 2006.

Cesare Grassetti, Del negozio fiduciario e della sua ammissibilità nel nostro ordinamento giuridico. In: *Rivista del Diritto Commerciale e del diritto generale delle obbligazioni*, vol. XXXIV, Parte I, Milano: Casa Editrice Dottor Francesco Vallardi, 1936.

Charles Demolombe, Traité des contrats ou des obligations conventionnelles, t. II. In: *Cours de Code Napoléon*, t. XXV, Paris: Imprimerie Générale, 1877.

Claudia Lima Marques, *Contratos no Código de Defesa do Consumidor*: o novo regime das relações contratuais, São Paulo: Revista dos Tribunais, 2002, 4.ª ed.

Claudio Luiz Bueno de Godoy, *Código Civil comentado*, Min. Cezar Peluso (coord.), Barueri: Manole, 2019.

Clovis Bevilaqua, *Código Civil dos Estados Unidos do Brasil comentado*, vol. I, Rio de Janeiro: Editora Rio, 1975 (edição histórica).

Clovis Bevilaqua, *Direito das Coisas*, vol. I, 5ª ed. Rio de Janeiro: Forense.

Clovis Bevilaqua, *Princípios elementares de direito internacional privado*, Rio de Janeiro: Freitas Bastos, 1938.

Clovis Bevilaqua, *Teoria geral do direito civil*, Campinas: Servanda, 2015.

Conselheiro Lafayette, *Direito das coisas*, Rio de Janeiro: Editora Rio, 1977, vol. I.

Custódio da Piedade Ubaldino Miranda, Negócio jurídico indireto e negócios fiduciários. In: Gustavo Tepedino e Luiz Edson Fachin (org.), *Doutrinas essenciais*: obrigações e contratos, vol. VI, São Paulo: Revista dos Tribunais, 2011.

Custodio da Piedade Ubaldino Miranda, *Teoria geral do negócio jurídico*, São Paulo: Atlas, 2009, 2ª ed.

Daniel Amorim Assumpção Neves, *Código de Processo Civil comentado*, Salvador: JusPodivm, 2019, 4ª ed.

Daniel Bucar, Controle temporal de dados: o direito ao esquecimento. In: *Civilistica.com,* a. 2, n. 3, 2013.

Daniel Bucar, *Superendividamento*: reabilitação patrimonial da pessoa humana, São Paulo: Saraiva, 2017.

Daniel Romero Muñoz e Paulo Antonio Carvalho Fortes, O princípio da autonomia e o consentimento livre e esclarecido. In: *Iniciação à bioética*, Conselho Federal de Medicina, 1998.

Daniel Sarmento e Cláudio Pereira de Souza Neto, *Direito constitucional*: teoria, história e métodos de trabalho, Belo Horizonte: Fórum, 2012.

Daniel Sarmento, Direito adquirido, emenda constitucional, democracia e justiça social. In: *Revista Trimestral de Direito Civil*, vol. 20, Rio de Janeiro: Padma, 2004.

Danielle Tavares Peçanha, A disciplina do bem de família em perspectiva funcional: (im)penhorabilidade do bem de família luxuoso. In: Revista EMERJ, vol. 23, n. 1, jan./mar. 2021. Disponível em: https://www.emerj.tjrj.jus.br/revistaemerj_online/edicoes/revista_v23_n1/revista_v23_n1_96.pdf. Acesso em: 19 nov. 2023.

Danielle Tavares Peçanha; Renan Soares Cortazio, Sistematização dos documentos e contratos eletrônicos: qualificação, aspectos formais e valor probatório. In: Milena Donato Oliva; Andre Roque (coords.), *Direito na era digital*: aspectos negociais, processuais e registrais, São Paulo: JusPodivm, 2022.

Danilo Doneda, *Da privacidade à proteção de dados pessoais*, Rio de Janeiro: Renovar, 2006.

Danilo Doneda, Laura Schertel Mendes, Carlos Affonso Souza, Norberto Nuno Gomes de Andrade, Considerações iniciais sobre inteligência artificial, ética e autonomia pessoal. In: *Pensar*, Fortaleza, v. 23, n. 4, out./dez. 2018.

Darcy Bessone, *Direitos reais*, São Paulo: Saraiva, 1996.

David C. Vladeck, Machines without principals: liability rules and Artificial Intelligence. In: *Washington Law Review*, vol. 89, n. 117, 2014.

Davide Messinetti, Personalità. In: *Enciclopedia del diritto*, n. 33, Giuffrè, 1983.

Deborah Kirschbaum, Cláusula resolutiva expressa por insolvência nos contratos. In: *Revista Direito GV*, vol. 2, n. 1, 2006. Disponível em: https://periodicos.fgv.br/revdireitogv/article/view/35213. Acesso em: 19 nov. 2023.

Dieter Medicus, Il ruolo centrale delle disposizioni relative al negozio giuridico. In: *I Cento anni del codice civile tedesco in Germania e nella cultura giuridica italiana* – Atti del convegno di Ferrara, 26-28 settembre 1996, Padova: Cedam, 2002.

Diogo Leite de Campos, *Lições de direitos da personalidade*, Coimbra: Almedina, 1995, 2ª ed.

Domenico Barbero, *Le universalità patrimoniali* – universalità di fatto e di diritto, Milano: Giuffrè, 1936.

Domenico Rubino, *Il negozio giuridico indiretto*, Milano: Giuffrè, 1937.

E. H. Perreau, Des droits de la personnalité. In: *Revue trimestrielle de droit civil*, 1909.

Ebert Chamoun, *Apostila do curso de direito civil*, Ministrado na Faculdade de Direito da Universidade do Estado da Guanabara em 1972.

Ebert Chamoun, *Instituições de direito romano*, Rio de Janeiro: Forense, 1951.

Eduardo Andrade Ribeiro de Oliveira, *Comentários ao novo Código Civil*, vol. II, Rio de Janeiro: Forense, 2008.

Eduardo Carlos Bianca Bittar; Guilherme Assis Almeida, Curso de filosofia do Direito, São Paulo: Atlas, 2015.

Eduardo Espínola e Eduardo Espínola Filho, *A Lei de Introdução ao Código Civil Brasileiro*: comentada na ordem de seus artigos, Rio de Janeiro: Renovar, 1995.

Eduardo Espínola e Eduardo Espínola Filho, Introdução ao estudo do direito civil, vol. 1, Rio de Janeiro: Livraria Freitas Bastos, 1939.

Eduardo Espínola, *A Lei de Introdução ao Código Civil Brasileiro*, vol. II, Rio de Janeiro: Renovar, 1995, 2ª ed.

Eduardo Espínola, *A Lei de Introdução ao Código Civil Brasileiro*, vol. III, Rio de Janeiro: Renovar, 1995, 2ª ed.

Eduardo Espínola, *Manual do Código Civil brasileiro*, vol. III, Rio de Janeiro: Jacintho Ribeiro dos Santos, 1926.

Eduardo Goulart Pimenta; Eduardo Henrique de Oliveira Babosa, Responsabilidade em acidentes causados por carros autônomos. In: *Revista Brasileira de Direito Civil – RBDCivil*, Belo Horizonte, v. 32, n. 3, p. 53-73, jul./set. 2023.

Eduardo Luiz Bussatta, Conversão Substancial do Negócio Jurídico. In: *Revista de Direito Privado*, vol. 26, abr./jun., 2006.

Eduardo Nunes de Souza, A chamada tutela *post mortem* dos direitos da personalidade: entre dilemas teóricos e alegações de defasagem legislativa. In: *Revista dos Tribunais*, São Paulo, vol. 1065, p. 81-113, 2024.

Eduardo Nunes de Souza, Do prazo prescricional aplicável à pretensão indenizatória na responsabilidade civil contratual. In: Anderson Motta; Carla Moutinho; Marcelo Cabral (org.). *Responsabilidade civil e seus rumos contemporâneos*: estudos em homenagem ao Professor Carlos Edison do Rêgo Monteiro Filho. Indaiatuba: Foco, 2024.

Eduardo Nunes de Souza, O chamado "erro médico" à luz dos requisitos normativos da responsabilidade civil. In: Gustavo Tepedino; Vitor Almeida (org.). *Trajetórias do direito civil*: estudos em homenagem à Professora Heloisa Helena Barboza. Indaiatuba: Foco, 2023.

Eduardo Nunes de Souza, Rodrigo da Guia Silva. Incapacidade civil e discernimento reduzido como causas obstativas da prescrição e da decadência. In: Maria Celina Bodin de Moraes, Gisela Sampaio da Cruz Guedes, Eduardo Nunes de Souza (coord.). *A juízo do tempo*: estudos atuais sobre prescrição, Rio de Janeiro: Processo, 2019.

Eduardo Nunes de Souza e Rodrigo da Guia Silva, Influências da incapacidade civil e do discernimento reduzido em matéria de prescrição e decadência. In: *Pensar*, vol. 22, n. 2, mai.-ago./2017.

Eduardo Nunes de Souza, *Teoria geral das invalidades do negócio jurídico*: nulidade e anulabilidade no direito civil contemporâneo, São Paulo: Almedina, 2017.

Eduardo Ribeiro de Oliveira. In: Sálvio de Figueiredo Teixeira (coord.), *Comentários ao novo Código Civil*, vol II, Rio de Janeiro: Forense, 2012.

Eduardo Tomasevicius Filho, Inteligência artificial e direitos da personalidade: uma contradição em termos? In: *Revista da Faculdade de Direito da Universidade de São Paulo*, v. 113, p. 133-149, jan./dez. 2018.

Elimar Szaniawski, Direitos da personalidade na antiga Roma. In: *Revista de Direito Civil*, vol. 43.

Emilio Betti, "Problemi dello sviluppo del capitalismo e della tecnica di guerra". In: *Studi in onore di A. Cicu*, vol. II, Milano: Giuffrè, 1951.

Emilio Betti, Consapevole divergenza della determinazione causale nel negozio giuridico. Simulazione e riproduzione dicis causa o fiduciae causa. In: *Bullettino dell'Istituto di Diritto Romano 'Vittorio Scialoja'*, nuova serie vol. I, Roma: Istituto di Diritto Romano, 1934.

Emilio Betti, *Teoria geral do negócio jurídico*, Campinas: Servanda, 2008.

Enneccerus Ludwig, *Tratado de derecho civil*, vol. I, parte general, Barcelona: Bosch, 1947.

Enzo Roppo, *O contrato*, Coimbra: Almedina, 2009.

Ermanno Calzolaio, La reforma dela prescrizione in Francia nella prosprttiva del diritto privato europeu. In: *Rivista trimestrale di diritto e procedura civile*, vol. 65, 2011.

Eros Grau, *A construção do direito*: da elaboração do texto à produção da norma, palestra proferida na Faculdade de Direito da Universidade do Estado do Rio de Janeiro – UERJ, em 31.3.2008

Eros Grau, Técnica Legislativa e Hermenêutica Contemporânea. In: Gustavo Tepedino (org.), *Direito Civil contemporâneo*: novos problemas à luz da legalidade constitucional, São Paulo: Atlas, 2008.

Eugen Ehrlich, *Fundamental principles of sociology of law,* New Brunswick: Transaction Publishers, 2009.

Everaldo Augusto Cambler, *Incorporação Imobiliária*, São Paulo: Revista dos Tribunais, 1993.

Ezio Capizzano, La tutela del diritto al nome civile. In: *Rivista di diritto commerciale*, 1962.

Ezio Capizzano, Vita e integrità fisica (diritto alla). In: *Novissimo digesto italiano*, vol. XX, Torino: UTET, 1975.

Fabio De Mattia, Direitos da personalidade II. In: *Enciclopédia Saraiva do Direito*, vol. XXVIII, São Paulo: Saraiva, 1979.

Fábio Konder Comparato, Calixto Salomão Filho, *O poder de controle na sociedade anônima*, Rio de Janeiro: Forense, 2005.

Fábio Ulhoa Coelho, *Comentários à nova lei de falências e de recuperação de empresas*, São Paulo: Saraiva, 2005.

Fábio Ulhoa Coelho, *Curso de direito comercial*, São Paulo: Saraiva, 2014.

Fátima Nancy Andrighi, O conceito de consumidor direto e a jurisprudência do Superior Tribunal de Justiça. In: *Revista de Direito Renovar*, n. 29, Rio de Janeiro: Renovar, 2004.

Federico Castro y Bravo, *El negocio jurídico,* Madrid: Instituto Nacional de Estudios Politicos, 1967.

Federico D. Quinteros, *Subrogacion Real*, Buenos Aires: Valerio Abeledo, 1942.

Felipe Soares de Sousa, A extensão e os efeitos do reconhecimento do direito à identidade genética. In: *Revista de Direito Privado*, vol. 74, fev./2017.

Fernanda Martins-Costa, *Condição suspensiva*: função, estrutura e regime jurídico, São Paulo: Almedina, 2017, 1ª ed.

Fernando Augusto Cunha de Sá, *Abuso do direito*, Coimbra: Almedina, 2005.

Fernando da Fonseca Gajardoni, Luiz Dellore, Andre Vasconcelos Roque, Zulmar Duarte de Oliveira Jr., *Processo de conhecimento e cumprimento de sentença*: comentários ao CPC de 2015, vol. 2, São Paulo: Método, 2018, 2ª ed.

Fernando da Fonseca Gajardoni, Luiz Dellore, Andre Vasconcelos Roque, Zulmar Duarte de Oliveira Jr., *Execução e recursos*: comentários ao CPC de 2015, Rio de Janeiro: Forense, 2017.

Fernando da Fonseca Gajardoni; Luiz Dellore; Andre Vasconcelos Roque; Zulmar Duarte de Oliveira Jr., *Processo de conhecimento e cumprimento de sentença*: comentários ao CPC de 2015, São Paulo: Método, 2018, 2ª ed.

Fernando de Los Ríos, *Obras completas*, vol. V, Madrid: Fundación Caja de Madrid, 1997.

Fernando Schwarz Gaggini, *Fundos de Investimento no Direito Brasileiro,* São Paulo: Liv. e Ed. Universitária de Direito, 2001.

Filipe Medon, Caminhos para a verdadeira proteção e igualdade: uma releitura do art. 198 do Código Civil. In: Maria Celina Bodin de Moraes, Gisela Sampaio da Cruz Guedes, Eduardo Nunes de Souza (coord.). *A juízo do tempo*: estudos atuais sobre prescrição, Rio de Janeiro: Processo, 2019.

Filipe Medon, Decisões automatizadas: o necessário diálogo entre a Inteligência Artificial e a proteção de dados pessoais para a tutela de direitos fundamentais. In: Gustavo Tepedino, Rodrigo da Guia Silva, *O Direito Civil na Era da Inteligência Artificial*, São Paulo: Thomson Reuters Brasil, 2020.

Filipe Medon, *Inteligência Artificial e Responsabilidade Civil*: autonomia, riscos e solidariedade. Salvador: JusPodivm, 2020.

Filipe Medon, Inteligência Artificial e Responsabilidade Civil: Diálogos entre Europa e Brasil. In: Anna Carolina Pinho, *Discussões sobre Direito na Era Digital*, Rio de Janeiro: GZ, 2021.

Filipe Medon, O direito à imagem na era das deepfakes. In: Revista Brasileira de Direito Civil – RBDCivil, Belo Horizonte, vol. 27, p. 251-277, jan./mar. 2021. Disponível em: https://rbdcivil.ibdcivil.org.br/rbdc/article/view/438. Acesso em: 18 nov. 2023.

Filipe Medon, (Over)sharenting: a superexposição da imagem e dos dados de crianças e adolescentes na Internet e os instrumentos de tutela preventiva e repressiva. In: Priscilla Silva Laterça; Elora Fernandes; Chiara Spadaccini de Teffé; Sérgio Branco. *Privacidade e Proteção de Dados de Crianças e Adolescentes*, Rio de Janeiro: Instituto de Tecnologia e Sociedade do Rio de Janeiro. Obliq, 2021.

Filipe Medon, Diálogos entre direito civil e processual civil em matéria de negócios jurídicos: em busca da construção de um ordenamento unitário. In: Antonio do Passo Cabral; Pedro Henrique Nogueira (org.), *Negócios processuais*, tomo II. Salvador: JusPodivm, 2019.

Filippo Vassalli, "Della legislazione di guerra e dei nuovi confini del diritto privato" (1918). In: *Studi giuridici*, vol. II, Roma: Soc. ed. del foro italiano, 1939.

Flávio Tartuce, *Direito civil*: lei de introdução e parte geral, vol. 1, Rio de Janeiro: Forense, 2019, 15ª ed.

Francesco Carnelutti, Diritto alla vita privata (contributo alla vita privata). In: *Rivista trimestrale di diritto pubblico*, 1955.

Francesco Carnelutti, *Teoria geral do direito*, São Paulo, Saraiva, 1942.

Francesco Donato Busnelli, Clausola Risolutiva. In: *Enciclopedia del diritto*, vol. VII, Milano: Giuffrè, 1960.

Francesco Ferrara, "Influenza giuridica della guerra nei rapporti civili" (1915). In: *Scritti giuridici*, vol. I, Milano: Giuffrè, 1954.

Francesco Ferrara, *A simulação dos negócios jurídicos*, trad. Bossa, São Paulo: Saraiva, 1939.

Francesco Ferrara, Diritto di guerra e diritto di pace. In: *Scritti giuridici*, vol. I, Milano: Giuffrè, 1954.

Francesco Ferrara, Simulazione dei negozi giuridici. In: *Nuovo digesto italiano*, Torino: UTET, 1940.

Francesco Ferrara, Teoria delle Persone Giuridiche. In: *Il Diritto Civile Italiano*, Biagio Brugi, Torino: UTET, 1923.

Francesco Ferrara, *Trattato di diritto civile italiano*, vol I, Dottrine generali, Roma: Athenaeum, 1921.

Francesco Galgano, Il negozio giuridico. In: *Trattato di diritto civile e commerciale* (già diretto da Antonio Cicu, Francesco Messineo, Luigi Mengoni, continuato da Piero Schlesinger), Milano: Giuffrè, 2002.

Francesco Santoro-Passarelli, *Interposizione di persona, negozio indiretto e successione della prole adulterina*. In: *Il Foro Italiano: raccolta generale di giurisprudenza*, vol. LVI, 1931.

Francesco Santoro-Passarelli, *La Surrogazione Reale*, Roma: Attilio ampaolesi, 1926.

Francisco Santoro-Passarelli, *Teoria geral do direito civil*, Coimbra: Atlântida Editora, 1967.

Francisco Amaral, A descodificação do direito civil brasileiro. In: *Revista do Tribunal Regional Federal da 1° Região*, vol. 8, out.-dez./1996.

Francisco Amaral, *Direito civil:* introdução, São Paulo: Saraiva Educação, 2018, 10ª ed.

Francisco Campos, *Direito civil:* introdução, Rio de Janeiro: Freitas Bastos, 1956.

Francisco Paulo De Crescenzo Marino, Notas sobre o negócio jurídico fiduciário. In: Revista Trimestral de Direito Civil, vol. 20, Rio de Janeiro: Padma, 2004.

François Barriere, *La réception du trust au travers de la fiducie,* Paris: LexNexis, 2004.

Franz Wieacker, *História do direito privado moderno*, Lisboa: Fundação Calouste Gulbenkian, 2010.

Fredie Didier Jr., Paula Sarno Braga, Rafael Alexandria de Oliveira, *Curso de direito processual civil*, vol. 2, Salvador: JusPodivm, 2017, 12ª ed.

G. Azzariti, "Codificazione e sistema giuridico". In: *Politica del diritto*, 1982.

G. Perlingieri, Profili applicativi della ragionevolezza nel diritto civile. In: G. Perlingieri *et al.* (Diretta da), *Cultura giuridica e rapporti civili*, 14. Napoli: Edizioni Scientifiche Italiane, 2015.

Gabba, *Teoria della retroattività delle leggi*, vol. I, Torino: UTET, 1884.

Gabriel Honorato; Livia Teixeira Leal. Exploração econômica de perfis de pessoas falecidas: reflexões jurídicas a partir do caso Gugu Liberato. In: *Revista Brasileira de Direito Civil – RBDCivil*, Belo Horizonte, vol. 23, jan./mar. 2020. Disponível em: https://rbdcivil.ibdcivil.org.br/rbdc/article/view/523/350. Acesso em: 23 set. 2021.

Georges Ripert, *Le régime démocratique et le droit civil moderne*, Paris: Librairie Génerale de Droit et de Jurisprudence, 1948, 2ª ed., 1948.

Giambattista Impallomeni, Persona giuridica (Diritto Romano). In: *Novissimo Digesto Italiano*, vol. XII, Torino: UTET, 1965.

Gilmar Ferreira Mendes, Paulo Gustavo Gonet Branco, *Curso de direito constitucional*, São Paulo: Saraiva, 2012, 7ª ed.

Gilmar Mendes, O princípio da proporcionalidade na jurisprudência do Supremo Tribunal Federal: novas leituras. In: *Revista Diálogo Jurídico*, n. 5, 2001.

Giorgio Del Vecchio, *Lezioni di filosofia del diritto*, Milano: Giuffrè, 1963.

Giorgio Giampiccolo, La tutela giuridica della persona umana e il c.d. diritto alla riservatezza. In: *Rivista trimestrale di diritto e procedura civile*, 1958.

Giovanni Bonato, Algumas considerações sobre coisa julgada no novo Código de Processo Civil brasileiro: limites objetivos e eficácia preclusiva. In: *Revista de Processo Comparado*, vol. 2, jul./dez., 2015.

Giovanni Gentile, Diritto". In: *Nuovo digesto italiano*, vol. IV, Torino: Tipografia Sociale Torinese, 1938.

Giovanni Tarello, *Le ideologie della codificazione nel secolo XIX*, Genova: ECIG, s.d.

Gisela Sampaio da Cruz Guedes, *Do bom senso ao postulado normativo da razoabilidade,* São Paulo: Revista dos Tribunais, 2011

Gisela Sampaio da Cruz Guedes e Carla Lgow, Prescrição extintiva: questões controversas. In: Gustavo Tepedino (coord.), *O Código Civil na perspectiva civil-constitucional*, Rio de Janeiro: Renovar, 2013.

Gisela Sampaio da Cruz Guedes, As excludentes de ilicitude no Novo Código Civil. In: Gustavo Tepedino, *O Código Civil na perspectiva civil-constitucional*, Rio de Janeiro: Renovar, 2013.

Gisela Sampaio da Cruz Guedes, *Lucros cessantes*: do bom senso ao postulado normativo da razoabilidade. São Paulo: Revista dos Tribunais, 2011.

Gisela Sampaio da Cruz Guedes, *O problema do nexo causal na responsabilidade civil*, Rio de Janeiro: Renovar, 2005.

Giuseppe Auletta (Attività (dir. priv.)). In: *Enciclopedia del diritto*, vol. III, Milano: Giuffrè, 1958.

Giuseppe Messina, *Scritti giuridici*, vol. I, Negozi fiduciari, Milano: Giuffrè, 1948.

Guido Alpa, *Manuale di diritto privato*, Padova: CEDAM, 2017, 10ª ed.

Guilherme Braga da Cruz, *Obras esparsas*: estudos de história do direito, vol. II, Coimbra: Almedina, 1981.

Guilherme Peña de Moraes, *Curso de direito constitucional*, São Paulo: Atlas, 2012, 4ª ed.

Gunther Teubner, Digital Personhood? The Status of Autonomous Software Agents in Private Law. Tradução de Jacob Watson. In: *Ancilla Iuris*, 2018.

Gustavo Alberto Bossert, A influência do Código Civil francês sobre o Código Civil argentino com referência a outros códigos da América Hispânica. In: Revista da EMERJ, vol. 7, n. 27, 2004. Disponível em: https://www.emerj.tjrj.jus.br/revistaemerj_online/edicoes/revista27/revista27_125.pdf. Acesso em: 18 nov. 2023.

Gustavo Saad Diniz, Responsabilidade dos administradores por débitos negociais das sociedades limitadas. In: *Revista de Direito Privado*, vol. 18, 2004.

Gustavo Tepedino, *Comentários ao novo Código Civil*, v. X, Rio de Janeiro: Forense, 2008, 1ª ed.

Gustavo Tepedino, Conflito de leis no tempo e harmonização das fontes normativas. In: Desdêmona T. B. Toledo Arruda; Roberto Dalledone Machado Filho; Christine Oliveira Peter da Silva (orgs.), *Ministro Luiz Edson Fachin: cinco anos de Supremo Tribunal Federal*, São Paulo: Editora Fórum, 2021.

Gustavo Tepedino, Novos princípios contratuais e teoria da confiança: a exegese da cláusula do best knowledge of the sellers. In: *Temas de Direito Civil*, tomo II. Rio de Janeiro: Renovar, 2006.

Gustavo Tepedino (coord.), *O Código Civil na perspectiva Civil-Constitucional*, Renovar: Rio de Janeiro, 2013.

Gustavo Tepedino, O inquietante retorno de doutrinas maximalistas. Editorial. In: *Revista Brasileira de Direito Civil – RBDCivil*, vol. 33, n. 2, abr./jun. 2024.

Gustavo Tepedino, O reconhecimento pelo STF do direito fundamental à proteção de dados. In: *Revista Brasileira de Direito Civil – RBDCivil*. Belo Horizonte, v. 24, p. 11-13, abr./jun. 2020.

Gustavo Tepedino (org.), *Direito civil contemporâneo*: novos problemas à luz da legalidade constitucional, São Paulo: Atlas, 2008.

Gustavo Tepedino e Anderson Schreiber. In: Álvaro Villaça Azevedo (coord.), *Código Civil comentado*, vol. IV, São Paulo: Atlas, 2008.

Gustavo Tepedino e Anderson Schreiber, Os Efeitos da Constituição em Relação à Cláusula da Boa-fé no Código de Defesa do Consumidor e no Código Civil. In: Revista da EMERJ, vol. 6, n. 23, 2003. Disponível em: https://www.emerj.tjrj.jus.br/revistaemerj_online/edicoes/revista23/revista23_139.pdf. Acesso em: 19 nov. 2023.

Gustavo Tepedino; Camila Helena Melchior Baptista de Oliveira, Streaming e Herança Digital. In: Ana Carolina Brochado Teixeira; Livia Teixeira Leal (coords.) *Herança Digital: Controvérsias e Alternativas*, Indaiatuba: Editora Foco, 2021.

Gustavo Tepedino e Chiara Spadaccini de Teffé, Consentimento e proteção de dados pessoais na LGPD. In: Ana Frazão, Gustavo Tepedino e Milena Donato Oliva (coords.), *A Lei Geral de Proteção de Dados Pessoais e suas repercussões no direito brasileiro*, São Paulo: Revista dos Tribunais, 2020, 2ª ed.

Gustavo Tepedino e Francisco de Assis Viégas, A evolução da prova entre o Direito Civil e o Direito Processual Civil. In: *Pensar*, Fortaleza, vol. 22, n. 2, maio-ago./2017.

Gustavo Tepedino; Danielle Tavares Peçanha; Simone Cohn Dana. Os bens comuns e o controle de desafetação de bens públicos. In: *Revista de Direito da Cidade*, vol. 13, n. 1, 2020. Disponível em: https://www.e-publicacoes.uerj.br/rdc/article/view/58570. Acesso em: 18 nov. 2023.

Gustavo Tepedino; Filipe Medon. A superexposição de crianças por seus pais na internet e o direito ao esquecimento. In: Gabrielle Bezerra Sales Sarlet; Manoel Gustavo Neubarth Trindade; Plínio Melgaré (coords.). In: *Proteção de Dados*; temas controvertidos. Indaiatuba: Editora Foco, 2021.

Gustavo Tepedino; Milena Donato Oliva, A proteção do consumidor no ordenamento brasileiro. In: Claudia Lima Marques; Bruno Miragem (orgs.), *Diálogo das Fontes*: Novos estudos sobre a coordenação e aplicação das normas no direito brasileiro, São Paulo: Revista dos Tribunais, 2020.

Gustavo Tepedino e Milena Donato Oliva, Notas sobre a cláusula de eleição de foro. In: Aluísio Gonçalves de Castro Mendes, José Roberto dos Santos Bedaque, Paulo Cezar Pinheiro Carneiro, Teresa Arruda Alvim (Org.), *O novo processo civil brasileiro*, vol. 1, Rio de Janeiro: LMJ Mundo Jurídico, 2018.

Gustavo Tepedino e Milena Donato Oliva, Personalidade e capacidade na legalidade constitucional. In: Joyceane Bezerra de Menezes (Org.), *Direito das pessoas com deficiência psíquica e intelectual nas relações privadas*: Convenção sobre os Direitos da Pessoa com Deficiência e Lei Brasileira de Inclusão, Rio de Janeiro: Processo, 2016.

Gustavo Tepedino, Milena Donato Oliva, André Nery, Responsabilidade civil pela perda da chance: uma questão de dano ou de causalidade? In: Revista da Faculdade de Direito UFPR, 2023.

Gustavo Tepedino e Rodrigo da Guia Silva. Desafios da inteligência artificial em matéria de responsabilidade civil. Cit In: Ana Frazão; Caitlin Mulholland (coords.), *Inteligência Artificial e Direito*: ética, regulação e responsabilidade. São Paulo: Thomson Reuters Brasil, 2019.

Gustavo Tepedino e Rodrigo da Guia Silva. Novos bens jurídicos, novos danos ressarcíveis: análise dos danos decorrentes da privação do uso. In: *Revista de Direito do Consumidor*, vol. 129/2020. p. 133-156, Maio-Jun, 2020.

Gustavo Tepedino, A evolução da responsabilidade civil no direito brasileiro e suas controvérsias na atividade estatal. In: *Temas de direito civil,* vol. 1, Rio de Janeiro: Renovar, 2008, 4ª ed.

Gustavo Tepedino, A MP da liberdade econômica e o direito civil, Editorial à *Revista Brasileira de Direito Civil*, v. 20, abr.-jun./2019. Disponível em: https://rbdcivil.ibdcivil.org.br/rbdc/article/view/421. Acesso em: 18 nov. 2023.

Gustavo Tepedino, A razoabilidade e sua adoção à moda do jeitão. In: *Revista Brasileira de Direito Civil* – RBDCivil, vol. 8, 2016. Disponível em: https://rbdcivil.ibdcivil.org.br/rbdc/article/view/61. Acesso em: 18 nov. 2023.

Gustavo Tepedino, A razoabilidade na experiência brasileira. In: Gustavo Tepedino, Ana Carolina Brochado Teixeira, Vitor Almeida (orgs.), *Da dogmática à efetividade do direito civil*: anais do Congresso Internacional de Direito Civil Constitucional, Belo Horizonte: Fórum, 2018, 2ª ed.

Gustavo Tepedino, Acesso aos direitos fundamentais, bens comuns e unidade sistemática do ordenamento. In: *Direito civil, Constituição e unidade do sistema*: Anais do Congresso Internacional de Direito Civil Constitucional – V Congresso do IBDCivil, Belo Horizonte: Fórum, 2019.

Gustavo Tepedino, Código de Defesa do Consumidor, Código Civil e complexidade do ordenamento. In: *Revista Trimestral de Direito Civil*, vol. 22, Rio de Janeiro: Padma, 2005.

Gustavo Tepedino, *Comentários ao Código Civil*, vol. 14. In: Antonio Junqueira de Azevedo (coord.), São Paulo: Saraiva, 2011.

Gustavo Tepedino, *Comentários ao novo Código Civil*, vol. 10, Rio de Janeiro: Forense, 2008.

Gustavo Tepedino, Construção interpretativa do direito civil: ativismo judicial e o dever de fundamentação das decisões judiciais. In: Gilmar Ferreira Mendes; Victor Marcel Pinheiro (org.). *Súmulas, Teses e Precedentes:* estudos em homenagem a Roberto Rosas, Rio de Janeiro: Editora GZ, 2023.

Gustavo Tepedino, Direito de preferência previsto em estatuto societário e o direito das sucessões. In: *Soluções práticas de direito,* vol. II, São Paulo: Editora Revista dos Tribunais, 2012.

Gustavo Tepedino, Do sujeito de direito à Pessoa Humana (editorial). In: *Revista Trimestral de direito civil,* vol. 2, abr.-jun/2000.

Gustavo Tepedino, Empresa e atividade negocial. In: *Soluções práticas de direito: pareceres,* vol. III, São Paulo: Revista dos Tribunais, 2012.

Gustavo Tepedino, Esboço de uma classificação funcional dos atos jurídicos. In: *Revista Brasileira de Direito Civil* – RBDCivil, vol. 1, 2014. Disponível em: https://rbdcivil.ibdcivil.org.br/rbdc/article/view/129. Acesso em: 18 nov. 2023.

Gustavo Tepedino, Heloisa Helena Barboza, Maria Celina Bodin de Moraes, et al., *Código Civil interpretado conforme a Constituição da República,* vol. I, Rio de Janeiro: Renovar, 2014, 3ª ed.

Gustavo Tepedino, Heloisa Helena Barboza, Maria Celina Bodin de Moraes et al., *Código Civil interpretado conforme a Constituição da República,* vol. II, Rio de Janeiro: Renovar, 2012, 2ª ed.

Gustavo Tepedino, Interpretação contratual e boa-fé objetiva. In: *Soluções práticas de direito,* vol. II, São Paulo: Revista dos Tribunais, 2012.

Gustavo Tepedino, *La ragionevolezza nell'esperienza brasiliana.* Rassegna di diritto civile, vol. 2, 2017.

Gustavo Tepedino, Laís Cavalcanti, Notas sobre as alterações promovidas pela Lei nº. 13.874/2019 nos artigos 50, 113 e 421 do Código Civil. In: Luis Felipe Salomão; Ricardo Villas Bôas Cueva; Ana Frazão (coord.), *Lei de Liberdade Econômica,* São Paulo: Revista dos Tribunais, 2020.

Gustavo Tepedino, Legitimidade da transferência de bens a particulares nos casos de desapropriação para formação de distrito industrial. In: Gustavo Tepedino, *Soluções práticas,* Rio de Janeiro: Renovar, 2011, vol. I.

Gustavo Tepedino, Liberdade de informação e de expressão: reflexão sobre as biografias não autorizadas. In: Revista da Faculdade de Direito da UFPR, vol. 61, n. 2, 2016. Disponível em: https://revistas.ufpr.br/direito/article/view/46157/29057. Acesso em: 18 nov. 2023.

Gustavo Tepedino, Liberdades, tecnologia e teoria da interpretação. In: *Revista Forense,* vol. 419, 2014.

Gustavo Tepedino, Livro (eletrônico) e o perfil funcional dos bens jurídicos na experiência brasileira. In: Dário Moreira Vicente, José Alberto Coelho Vieira, Sofia de Vasconcelos Casimiro, Ana Maria Pereira da Silva (orgs.), *Estudos de Direito Intelectual em homenagem ao Prof. Doutor José de Oliveira Ascensão,* Coimbra: Almedina, 2015.

Gustavo Tepedino, Milena Donato Oliva, Autonomia da representação voluntária no direito brasileiro e determinação da disciplina que lhe é aplicável. In: *Revista Magister de Direito Civil e Processual Civil,* vol. 72, 2016.

Gustavo Tepedino, *Multipropriedade Imobiliária,* São Paulo: Saraiva, 1992.

Gustavo Tepedino, Nexo de Causalidade: anotações acerca de suas teorias e análise da controvertida casuística. In: *Responsabilidade civil:* 50 anos em Portugal, 15 anos no Brasil, Salvador: Juspodivum, 2017.

Gustavo Tepedino, Normas constitucionais e direito civil na construção unitária do ordenamento. In: *Temas de direito civil,* t. 3, Rio de Janeiro: Renovar, 2009.

Gustavo Tepedino, Notas sobre a desconsideração da personalidade jurídica. In: *Diálogos sobre direito civil,* vol. II, Rio de Janeiro: Renovar, 2008.

Gustavo Tepedino, Notas sobre o nexo causal. In: *Revista Trimestral de Direito Civil*, vol. 6, abr-jun/2001.

Gustavo Tepedino, Novos princípios contratuais e teoria da confiança: a exegese da cláusula to the best knowledge of the sellers. In: *Temas de direito civil*, t. II, Rio de Janeiro: Renovar, 2006.

Gustavo Tepedino, O call option e o abuso de poder perante o acordo de acionistas. In: *Soluções práticas de direito*: empresa e atividade negocial, vol. III, São Paulo: Revista dos Tribunais, 2012.

Gustavo Tepedino, O Código Civil e o direito civil constitucional. In: *Revista Trimestral de Direito Civil*, vol. 13, jan-abr/2003, Editorial.

Gustavo Tepedino, O princípio da função social no direito civil contemporâneo. In: Thiago Ferreira Cardoso Neves (coord.), *Direito & Justiça Social*, São Paulo: Atlas, 2013.

Gustavo Tepedino, O regime jurídico da revogação de doações. In: *Soluções práticas de direito*, vol. II, São Paulo: Editora Revista dos Tribunais, 2012.

Gustavo Tepedino, Pelo princípio de isonomia substancial na nova Constituição – notas sobre a função promocional do direito. In: *Atualidades forense*, n. 112, 1987; (republicado na Revista Trimestral de Direito Civil, vol. 42, Rio de Janeiro: Padma, out-dez/2012)

Gustavo Tepedino, Prefácio a Alexandre Assumpção, *A pessoa jurídica e os direitos da personalidade*, Rio de Janeiro: Renovar, 1998.

Gustavo Tepedino, Premissas metodológicas para a constitucionalização do direito civil. In: *Temas de direito civil*, t. 1, Rio de Janeiro: Renovar, 2008.

Gustavo Tepedino, *Prescrição aplicável à responsabilidade contratual*: crônica de uma ilegalidade anunciada, Editorial da Revista Trimestral de Direito Civil, Rio de Janeiro: Padma, vol. 37, jan.-mar./2009.

Gustavo Tepedino, Prescrição da nulidade em instrumento de cessão de créditos. In: *Soluções práticas de direito*: pareceres, vol. I, São Paulo: Editora Revista dos Tribunais, 2012.

Gustavo Tepedino, Questões controvertidas sobre o contrato de corretagem. In: *Temas de direito civil*, t. I, Rio de Janeiro: Renovar, 2008.

Gustavo Tepedino, Reflexões sobre o art. 38 da Lei 8.880/1994. In: *Soluções práticas de direito*, vol. I, São Paulo: Revista dos Tribunais, 2012.

Gustavo Tepedino, Relações obrigacionais e contratos. In: *Soluções práticas de direito: pareceres*, vol. II, São Paulo: Revista dos Tribunais, 2012.

Gustavo Tepedino, Resolução parcial de acordo de acionistas. In: Gustavo Tepedino, *Soluções práticas de direito*, vol. 3, São Paulo: Revista dos Tribunais, 2011.

Gustavo Tepedino, Rui Barbosa e o Código Civil. In: *Temas de direito civil*, t. 1, Rio de Janeiro: Renovar, 2008.

Gustavo Tepedino, *Temas de direito civil*, t. 1, Rio de Janeiro: Renovar, 2008.

Gustavo Tepedino, Direito das Coisas. In: Antônio Junqueira de Azevedo (coord.), *Comentários ao Código Civil*, vol. XIV, São Paulo: Saraiva, 2011.

Hamid Charaf Bdine Júnior, *Efeitos do negócio jurídico nulo*, São Paulo: Saraiva, 2010.

Hans Kelsen, *Teoria pura do direito*, São Paulo: WMF Martins Fontes, 2009, 8ª ed.

Haroldo Valladão, *Direito internacional privado*: em base histórica e comparativa, positiva e doutrinária, especialmente dos Estados americanos, vol. 1, Rio de Janeiro: Freitas Bastos, 1980, 5ª ed.

Heloisa Carpena, *Abuso do direito nos contratos de consumo*, Rio de Janeiro: Renovar, 2001.

Heloisa Helena Barboza, O estatuto ético do embrião humano. In: Daniel Sarmento, Flávio Galdino (Coords), *Direitos fundamentais*: estudos em homenagem ao Professor Ricardo Lobo Torres, Rio de Janeiro: Renovar, 2006.

Heloisa Helena Barboza, Reprodução Assistida. In: Maria de Fátima Freire de Sá e Bruno Torquato de Oliveira Naves (coords.), *Bioética, biodireito e o novo Código Civil de 2002*, Belo Horizonte: Del Rey, 2004.

Hely Lopes Meirelles, *Direito administrativo brasileiro*, São Paulo, Malheiros, 1995, 20ª ed.

Hely Lopes Meirelles, *Direito Administrativo Brasileiro*, São Paulo: Editora Malheiros, 1988, 23ª ed.

Henri De Page, *Traité élémentaire de droit civil belge*, t. I, Bruxelles: Émile Bruylant, 1948.

Henri De Page, *Traité élémentaire de droit civil belge*, t. III, Bruxelles: Établissements Émile Bruylant, 1950.

Henri De Page, *Traité élémentaire de droit civil belge*, t. V, Bruxelles: Émile Bruylant, 1941.

Henri De Page, *Traité élémentaire de droit civil belge*, t. VIII, Bruxelas: Émile Bruylant, 1944.

Henri et Léon Mazeaud, *Traité théorique et pratique de la responsabilité civile délictuelle et contractuelle*, t. I, Paris: Montchrestien 1965, 6ª ed.

Henrique de Moraes Fleury da Rocha, *Desconsideração da personalidade jurídica*. Salvador: JusPodivm, 2022.

Hermes Lima, *Introdução à ciência do direito*, Rio de Janeiro: Freitas Bastos, 1996, 31ª ed.

Humberto Ávila. *Teoria dos princípios*: da definição à aplicação dos princípios jurídicos. São Paulo: Malheiros, 2016.

Humberto Theodoro Júnior, A fraude de execução e o regime de sua declaração em juízo. In: *Revista de Processo*, vol. 102, abr.-jun./2001.

Humberto Theodoro Júnior, *Comentários ao novo Código Civil*, vol. III, t. I, Rio de Janeiro: Forense, 2008.

Humberto Theodoro Júnior, *Comentários ao novo Código Civil*, vol. III, t. II, Rio de Janeiro: Forense, 2008.

Humberto Theodoro Júnior, *Curso de direito processual civil*, vo. I, Rio de Janeiro: Forense, 2018.

Humberto Theodoro Júnior, *Curso de direito processual civil*, vol. II, Rio de Janeiro: Forense, 2018.

Humberto Theodoro Júnior, *Fraude contra credores*: a natureza da sentença pauliana. 2ª ed. Belo Horizonte: Del Rey, 2001.

Humberto Theodoro Júnior, *Prescrição e decadência*, Rio de Janeiro: Forense, 2018.

Humberto Theodoro Júnior, *Prescrição e decadência*, Rio de Janeiro: Forense, 2021, 2ª ed.

Ihering, *L'esprit du droit romain*, vol. IV, Paris, A. Maresq, 1880.

Immanuel Kant, *Fundação da metafísica dos costumes*, traduzido por Paulo Quintela, Lisboa: Edição 70, 2007.

Ingo Wolfgang Sarlet, Direitos fundamentais sociais, mínimo existencial e direito privado. In: Clèmerson Merlin Clève, Luís Roberto Barroso (org.), *Doutrinas Essenciais de Direito Constitucional*, vol. 7, São Paulo: Revista dos Tribunais, 2015.

Inocêncio Galvão Teles, *Das universalidades*, Lisboa: Minerva, 1940.

Itamar Gaino, Invalidade do negócio jurídico. In: Renan Lotufo, Giovanni Ettore Nanni (coords.), *Teoria geral do direito civil,* São Paulo: Atlas, 2008.

Ivo César Barreto de Carvalho, Imunidade tributária na visão do STF. In: Revista de Direito Público, vol. 33, Porto Alegre: Síntese, 2010. Disponível em: https://www.portaldeperiodicos.idp.edu.br/direitopublico/article/view/1748/988. Acesso em: 18 nov. 2023.

J. A. Penalva Santos, *Obrigações e contratos na falência*, Rio de Janeiro: Renovar, 2003.

J. J. Gomes Canotilho, *Direito constitucional e teoria da Constituição*, Coimbra: Almedina, 1999.

J. M. de Carvalho Santos, *Código Civil brasileiro interpretado*, vol. I, Rio de Janeiro: Freitas Bastos, 1963.

J. M. de Carvalho Santos, *Código Civil brasileiro interpretado*, vol. II, Rio de Janeiro: Freitas Bastos, 1964.

J. M. de Carvalho Santos, *Código Civil brasileiro interpretado*, vol. III, Rio de Janeiro: Freitas Bastos, 1963.

J. M. de Carvalho Santos, *Código Civil brasileiro interpretado*, vol. VI, Rio de Janeiro: Freitas Bastos, 1961.

J. M. de Carvalho Santos, *Código Civil brasileiro interpretado*, vol. VIII, Rio de Janeiro: Freitas Bastos, 1963.

J. M. de Carvalho Santos, *Código Civil brasileiro interpretado*, vol. XIII, Rio de Janeiro: Freitas Bastos, 1964.

J. M. de Carvalho Santos, *Código Civil brasileiro interpretado*, vol. XVIII, Rio de Janeiro: Freitas Bastos S.A., 1961, 10ª ed.

J. M. Leoni Lopes de Oliveira, *Novo Código Civil anotado*, vol. I, Rio de Janeiro: Lumen Juris, 2006.

J. M. Leoni Lopes de Oliveira. In: J. M. Leoni Lopes de Oliveira e Marco Aurélio Bezerra de Melo (coord.), *Direito civil*, Rio de Janeiro: Forense, 2018.

J. Nascimento Franco, *Condomínio*, São Paulo: Revista dos Tribunais, 2005.

J. X. de Carvalho de Mendonça, *Doutrina e pratica das obrigações*: tratado geral dos direitos de crédito, vol. II, Rio de Janeiro: Francisco Alves, 1911.

J. X. de Carvalho de Mendonça, *Tratado de direito comercial brasileiro*, vol. VI, livro IV, Rio de Janeiro: Freitas Bastos, 1960.

J. X. de Carvalho de Mendonça, *Tratado de direito comercial brasileiro*, vol. VII, livro V, Rio de Janeiro: Freitas Bastos, 1960.

Jack Balkin, The path of robotics law. In: *California Law Review Circuit*, Berkeley, v. 06, jun. 2015.

Jacob Dolinger, *Direito Internacional privado*, vol. I, Rio de Janeiro: Renovar, 2005.

Jacob Dolinger, *Direito internacional privado*, vol. II, Rio de Janeiro: Renovar, 2007.

Jacques Charlin, *La fiducie-libéralité*: essai de synthèse en vue d'un contrat. In: *Les opérations fiduciaires*. Colloque de Luxembourg des 20 et 21 septembre 1984, Paris: Feduci, 1985.

James Marins, *Responsabilidade da empresa pelo fato do produto*, São Paulo: Revista dos Tribunais, 1993.

Jane Reis, Os imperativos da proporcionalidade e da razoabilidade: um panorama da discussão atual e da jurisprudência do STF. In: Daniel Sarmento; Ingo Sarlet (Orgs.). *Direitos fundamentais no Supremo Tribunal Federal*: balanço e crítica. Rio de Janeiro: Lumen Juris, 2011.

Jaqueline Gomes Jesus, *Orientações sobre identidade de gênero*: conceitos e termos, Brasília: 2012. Disponível em: www.diversidadesexual.com.br/wp-content/uploads/2013/04/g%c3%8anero--conceitos-e-termos.pdf. Acesso em 24.6.2019.

João Baptista Machado, *Introdução ao direito e ao discurso legitimador*, Coimbra: Almedina, 2000.

João Baptista Villela, Do fato ao negócio: em busca da precisão conceitual. In: *Estudos em homenagem ao professor Washington de Barros Monteiro*, São Paulo: Saraiva, 1982.

João Batista de Almeida, *A proteção jurídica do consumidor*, São Paulo: Saraiva, 2009.

João Carlos de Siqueira, Propriedade resolúvel. In: *Revista de Direito Imobiliário*, n. 3, São Paulo: Revista dos Tribunais, 1979.

João Carlos Magalhães Prates Junior, A inconstitucionalidade das leis que proíbem o estudo de gênero, de sexualidade e de diversidade sexual, In: *Revista de Direito Constitucional e Internacional*, vol. 108/2018, jul-ago/2018.

João de Matos Antunes Varela, *Das obrigações em geral*, vol. II, Coimbra: Almedina, 2006, 7ª ed.

João Gomes da Silva, *Herança e sucessão por morte*, Lisboa: Universidade Católica Editora, 2002.

João Luiz Alves, *Código Civil da República dos Estados Unidos do Brasil*, Rio de Janeiro: Borsoi, 1957, 3ª ed.

João Nascimento Franco, *Incorporações Imobiliárias*, São Paulo: Revista dos Tribunais, 1972.

Jorge Lobo, Efeitos da concordata e da falência em relação aos contratos bilaterais do concordatário e do falido. In: *Revista Forense*, vol. 347, 1999.

Jorge Roberto Hayzus, *Fideicomiso*, Buenos Aires: Astrea, 2004.

José Afonso da Silva, *Curso de direito constitucional positivo*, São Paulo: Malheiros, 1994, 9ª ed.

José Antonio Chagas Azzolin, Análise do depoimento pessoal em uma perspectiva cooperativa. In: *Revista de Processo*, vol. 285, nov./2018.

José Augusto Delgado, Luiz Manoel Gomes Júnior. In: Arruda Alvim, Thereza Alvim (coord.), *Comentários ao Civil brasileiro*: Dos fatos jurídicos, vol. II, Rio de Janeiro: Forense, 2008.

José Carlos Barbosa Moreira Alves, A eficácia preclusiva da coisa julgada material no sistema do processo civil brasileiro. In: *Temas de direito processual*, Primeira Série, São Paulo: Saraiva, 1977.

José Carlos Barbosa Moreira, Anotações sobre o título "Da Prova" no novo Código Civil. In: Fredie Didier Jr., Rodrigo Mazzei (coord.), *Reflexos do novo Código Civil no direito processual*, Salvador: JusPodivm, 2ª ed.

José Carlos de Matos Peixoto, *Curso de direito romano*, t. I, Rio de Janeiro: Renovar, 1997, 4ª ed.

José Carlos Moreira Alves, *A parte geral do projeto de Código Civil brasileiro*, São Paulo: Saraiva, 2003, 2ª ed.

José Carlos Moreira Alves, *A retrovenda*, São Paulo: Revista dos Tribunais, 1987.

José Carlos Moreira Alves, *Da alienação fiduciária em garantia*, Rio de Janeiro: Forense, 1979, 2ª ed.

José Carlos Moreira Alves, *Direito romano*, vol. I, Rio de Janeiro: Forense, 2000.

José Carlos Moreira Alves, O negócio jurídico no anteprojeto de Código Civil brasileiro. In: *Arquivos do Ministério da Justiça*, Rio de Janeiro, vol. 13, set/1974.

José de Aguiar Dias, *Da responsabilidade civil*, vol. I, Rio de Janeiro: Forense, 1979.

José de Oliveira Ascensão, *Direito civil*, vol. II, Coimbra: Coimbra Editora, 2001.

José de Oliveira Ascensão, *Direito civil*, vol. III, Coimbra: Coimbra Editora, 2002.

José do Valle Ferreira, Subsídios para o estudo das nulidades. In: *Doutrinas essenciais obrigações e contratos*, vol. 2, jun./2011.

José Henrique da Rocha Fragoso, *Direito autoral*: da antiguidade à internet, São Paulo: Ed. Quartier Latin do Brasil, 2009.

José Ignácio Gonzaga Franceschini, Contratos inominados, mistos e negócio indireto. In: *Revista dos Tribunais*, vol. 464, 1974.

José Lamartine Correia de Oliveira, *A dupla crise da pessoa jurídica*, São Paulo: Saraiva, 1979.

José Roberto de Castro Neves, Coação e fraude contra credores no Código Civil de 2002. In: Gustavo Tepedino (Coord.), *O Código Civil na perspectiva civil-constitucional*, Rio de Janeiro: Renovar, 2013.

José Theodoro Mascarenhas Menck (org.), *Código Civil brasileiro no debate parlamentar*, Brasília: Câmara dos Deputados, Edições Câmara, 2012.

Juarez Cirino dos Santos, *Direito penal*, Rio de Janeiro: Forense, 1985.

Juarez Tavares, Espécies de dolo e outros elementos subjetivos do tipo. In: *Revista da Faculdade de Direito da UFPR*, vol. 14, 1971. Disponível em: https://revistas.ufpr.br/direito/article/view/7199. Acesso em: 19 nov. 2023.

Judith Martins-Costa, *A boa-fé no direito privado*, São Paulo: Revista dos Tribunais, 2000.

Judith Martins-Costa, Capacidade para consentir e esterilização de mulheres. In: Judith Martins-Costa, Letícia Ludwig Moller (Orgs.), *Bioética e responsabilidade*, Rio de Janeiro: Forense, 2009.

Judith Martins-Costa, Os campos normativos da boa-fé objetiva: as três perspectivas do Direito Privado brasileiro. In: *Princípios do Novo Código Civil Brasileiro e outros temas*: Homenagem a Tullio Ascarelli, São Paulo: Quartier Latin, 2010.

Judith Martins-Costa, Os negócios fiduciários: Considerações sobre a possibilidade de acolhimento do trust no direito brasileiro. In: *Revista dos Tribunais*, nº 657, 1990.

Júlia Costa de Oliveira Coelho, *Direito ao esquecimento e seus mecanismos de tutela na internet*. Indaiatuba: Editora Foco, 2020

Juliana Pedreira da Silva, *Contratos sem negócio jurídico*, São Paulo: Atlas, 2011.

Júlio Manuel Vieira Gomes, O dano da privação do uso. In: *Revista de Direito e Economia*, Coimbra, Universidade de Coimbra, 1986.

Kantorowicz, *La lotta per la scienza del diritto*, Milano, 1908.

Karina Fritz, A garota de Berlim e a Herança Digital. In: Ana Carolina Brochado Teixeira; Livia Teixeira Leal (coords.) *Herança Digital*: Controvérsias e Alternativas. Indaiatuba: Editora Foco, 2021.

Karl Engisch, *Introdução ao pensamento jurídico*, Lisboa: Calouste Gulbekian, 2001, 8ª ed.

Karl Larenz, *Derecho civil*: parte general, Madrid: Editoriales de Derecho Reunidas, 1978.

Karl Larenz, O estabelecimento de relações obrigacionais por meio de comportamento social típico (1956). In: *Revista Direito GV*, vol. 2, n. 1, jan-jun/2006. Disponível em: https://periodicos.fgv.br/revdireitogv/article/view/35214. Acesso em: 19 nov. 2023.

Konder Comparato, A proteção do consumidor: importante capítulo do direito econômico. In: *Revista de Direito do Consumidor*, 77, São Paulo: Revista dos Tribunais, 2011.

L. Cabral de Moncada, *Lições de direito civil*, vol. I, Coimbra: Atlântida, 1959.

Laura Marques Gonçalves, Exploração *post mortem* de bens digitais. In: *Revista Brasileira de Direito Civil – RBDCivil*, Belo Horizonte, v. 32, n. 3, p. 201-222, jul./set. 2023.

Laura Schertel Mendes, *Privacidade, proteção de dados e defesa do consumidor*: linhas gerais de um novo direito fundamental, São Paulo: Saraiva, 2014.

Lênio Streck, A atualidade do debate da crise paradigmática do direito e a resistência positivista ao neoconstitucionalismo. In: *Revista do Instituto de Pesquisas e Estudos*, Bauru, vol. 40, n. 45, jan/jun 2006.

Leonardo Brandelli, Considerações acerca do direito ao nome numa perspectiva constitucional do princípio da dignidade da pessoa humana (Comentário ao acórdão exarado na Apelação Cível n. 2003.001.12476, do TJRJ). In: *Revista Trimestral de Direito Civil*, vol. 22, abr.-jun./2005.

Leonardo Greco, Limitações Probatórias no Processo Civil. In: *Revista Eletrônica de Direito Processual – REDP*, vol. IV, 2009, p. 28. Disponível em: https://www.e-publicacoes.uerj.br/index.php/redp/article/view/21605/15632. Acesso em 28.12.2019

Leonardo Mattietto, A simulação no novo Código Civil. In: *Revista Trimestral de Direito Civil*, vol. 13, Rio de Janeiro: Padma, 2003.

Leonardo Mattietto, Invalidade dos atos e negócios jurídicos. In: Gustavo Tepedino (coord.), *A parte geral do novo Código Civil*. Rio de Janeiro: Renovar, 2003.

Leonardo Roscoe Bessa, *Relação de consumo e aplicação do Código de Defesa do Consumidor*, São Paulo: Revista dos Tribunais, 2009.

Leopoldo Alas, Demófilo de Buen, Enrique R. Ramos, *De la prescripción extintiva*, Madrid: Imprenta Ibérica, 1918.

Louise Vago Matieli, *Análise funcional do artigo 200 do Código Civil*, Dissertação de Mestrado apresentada à UERJ, Rio de Janeiro, 2016.

Luigi Cariota-Ferrara, *I negozi fiduciari*, Padova: Cedam, 1933.

Luigi Carraro, Frode alla legge. In: *Novissimo digesto italiano*, Torino: Utet, 1961. t. VII.

Luís A. Carvalho Fernandes, *Teoria geral do direito civil*, vol. I, Lisboa: Lex, 1995.

Luis Bustamante Salazar, *El patrimonio*: dogmatica jurídica, Santiago: Editorial Juridica de Chile, 1979.

Luís Cabral de Moncada, *Lições de direito civil*, Coimbra: Almedina, 1995.

Luís Carvalho Fernandes, *A conversão dos negócios jurídicos civis*, Lisboa: Quid Juris, 1993.

Luis Díez-Picazo, *La doctrina de los propios actos*: un estudo crítico sobre la jurisprudencia del Tribunal Supremo, Barcelona: Bosch, 1963.

Luís Roberto Barroso, "Aqui, lá e em todo lugar": a dignidade humana no direito contemporâneo e no discurso transnacional. In: *Revista dos Tribunais*, vol. 919, 2012.

Luís Roberto Barroso, Colisão entre liberdade de expressão e direitos da personalidade. Critérios de ponderação. Interpretação constitucionalmente adequada do Código Civil e da Lei de Imprensa. In: *Revista Trimestral de Direito Civil*, n. 16, out.-dez./2003.

Luís Roberto Barroso, *Curso de direito constitucional contemporâneo*, São Paulo, Saraiva: 2009.

Luis Roberto Barroso, Fundamentos Teóricos e Filosóficos do Novo Direito Constitucional Brasileiro (pós-modernidade, teoria crítica e pós-positivismo). In: *Revista de Direito Administrativo*, 2001. Disponível em: https://periodicos.fgv.br/rda/article/download/47562/44776/92456.

Luís Roberto Barroso, Neoconstitucionalismo e constitucionalismo do Direito (O triunfo tardio do direito constitucional no Brasil). In: *Revista de Direito Administrativo*, 2005. Disponível em: http://bibliotecadigital.fgv.br/ojs/index.php/rda/article/view/43618.

Luís Roberto Barroso, O começo da história: a nova interpretação constitucional e o papel dos princípios no direito brasileiro. In: Luís Roberto Barroso (Org.), *A nova interpretação constitucional*: ponderação, direitos fundamentais e relações privadas, Rio de Janeiro: Renovar, 2006.

Luís Roberto Barroso, *O controle de constitucionalidade no direito brasileiro*, São Paulo: Saraiva, 2006, 2ª ed.

Luís Roberto Barroso, *O direito constitucional e a efetividade de suas normas*, Rio de Janeiro: Renovar, 2003, 7ª ed.

Luís Roberto Barroso, *O novo direito constitucional brasileiro*, Belo Horizonte: Forum, 2013.

Luiz Antônio Ferrari Neto, Fraude contra credores vs. fraude à execução e a polêmica trazida pela Súmula 375 do STJ. In: *Revista de Processo*, vol. 195, mai./2011.

Luiz Carlos Sturzenegger, A doutrina do 'patrimônio de afetação' e o novo sistema de pagamento brasileiro. In: *Revista de Direito Bancário do Mercado de Capitais e da Arbitragem*, nº. 11, jan./mar. 2001, Revista dos Tribunais.

Luiz Carpenter, *Da prescrição*, vol. I, Rio de Janeiro: Editora Nacional de Direito Ltda., 1958.

Luiz da Cunha Gonçalves, *Tratado de direito civil*, vol. I, São Paulo: Max Limonad, 1955.

Luiz da Cunha Gonçalves, *Tratado de direito civil*, vol. VII, t. II, São Paulo: Max Limonad, 1955.

Luiz Edson Fachin, Bem de família e patrimônio mínimo. In: Rodrigo da Cunha Pereira (org.), Tratado de Direito das Famílias, Belo Horizonte: IBDFAM, 2015.

Luiz Edson Fachin, *Estatuto jurídico do patrimônio mínimo*, Rio de Janeiro: Renovar, 2006, 2ª ed.

Luiz Edson Fachin, *Novo conceito de ato e negócio jurídico*: consequências práticas, Curitiba: PUC/PR, 1988.

Luiz Edson Fachin, *Teoria crítica do direito civil*, Rio de Janeiro: Renovar, 2000.

Luiz Edson Fachin. Bem de família e o patrimônio mínimo. In: *Tratado de direito das famílias*, Belo Horizonte: IBFAM, 2016.

Luiz Gastão Paes de Barros Leães, Contrato de locação de postos de abastecimento como negócio indireto. In: *Pareceres*, vol. I, São Paulo: Singular, 2004.

Luiz Gastão Paes de Barros Leães, *O acordo de acionistas como negócio fiduciário*. In: *Pareceres*, vol. II, São Paulo: Singular, 2004.

Luiz Guilherme Marinoni, Sérgio Cruz Arenhart, Daniel Mitidiero, *Novo curso de processo civil*, vol. 2, São Paulo: Revista dos Tribunais, 2016.

Luiz Guilherme Marinoni, Sérgio Cruz Arenhart, *Prova*, vol. 2, São Paulo: Revista dos Tribunais, 2009.

Mafalda Miranda Barbosa, O Código Civil português e os sujeitos da relação jurídica. In: *Revista Brasileira de Direito Civil* – RBDCivil, Belo Horizonte, v. 22, out./dez. 2019. Disponível em: https://rbdcivil.ibdcivil.org.br/rbdc/article/view/504. Acesso em: 18 nov. 2023.

Mairan Gonçalves Maia Júnior, *A representação no negócio jurídico*, São Paulo: Revista dos Tribunais, 2001.

Manoel A. Domingues de Andrade, *Teoria geral da relação jurídica*, vol. I, Coimbra: Almedina, 2003.

Manoel Ignacio Carvalho de Mendonça, *Doutrina e prática das obrigações*, t. I, Rio de Janeiro: Freitas Bastos, 1938, 3ª ed.

Manoel Justino Bezerra Filho, *Lei de recuperação de empresas e falências comentada*, São Paulo: Ed. Revista dos Tribunais, 1999, 6ª ed.

Manuel A. Domingues de Andrade, *Teoria geral da relação jurídica*, vol. I, Coimbra: Almedina, 2003.

Manuel A. Domingues de Andrade, *Teoria geral da relação jurídica*, vol. II, Coimbra: Almedina, 1983.

Marcel Planiol Georges Ripert, *Traité pratiqe de droit civil français*, Paris: Librairie Générale de Droit et Jurisprudence, 1952.

Marcela Maffei Quadra Travassos, *Empresa individual de responsabilidade limitada* (EIRELI): análise constitucional do instituto, unipessoalidade e mecanismos de controle de abusos e fraudes, Rio de Janeiro: Renovar, 2015.

Marcella Campinho Vaz e Marina Duque Moura Leite, Causas suspensivas e interruptivas da prescrição no Código Civil. In: *A Juízo do Tempo*: estudos atuais sobre prescrição, Maria Celina Bodin de Moraes, Gisela Sampaio da Cruz Guedes, Eduardo Nunes de Souza (coord.), Rio de Janeiro: Processo, 2019.

Marcelo Junqueira Calixto, Dos bens. In: Gustavo Tepedino (coord.), *A parte geral do novo Código Civil*: estudos na perspectiva civil-constitucional, Rio de Janeiro: Renovar, 2007.

Marcelo Terra. In: Arruda Alvim e Thereza Alvim (coord.), *Comentários ao Código Civil brasileiro*, vol. I, Rio de Janeiro: Forense, 2005.

Márcio Souza Guimarães, Aspectos modernos da teoria da desconsideração da personalidade jurídica. In: Revista da EMERJ, Rio de Janeiro: EMERJ, 2004. Disponível em: https://www.emerj.tjrj.jus.br/revistaemerj_online/edicoes/revista25/revista25_229.pdf. Acesso em: 18 nov. 2023.

Marcos Bernardes de Mello, *Teoria do fato jurídico*, São Paulo: Saraiva, 2011.

Maria Celina Bodin de Moraes, A Caminho de um direito civil constitucional. In: *Revista de Direito Civil*, vol. 65.

Maria Celina Bodin de Moraes, A tutela do nome da pessoa humana. In: *Na medida da pessoa humana*: estudos de direito civil-constitucional, Rio de Janeiro: Renovar, 2010.

Maria Celina Bodin de Moraes, *Danos à pessoa humana*, Rio de Janeiro: Renovar, 2003.

Maria Celina Bodin de Moraes e Carlos Nelson Konder, *Dilemas de direito civil-constitucional*. Rio de Janeiro: Renovar, 2012, p. 207.

Maria Celina Bodin de Moraes, O procedimento de qualificação dos contratos e a dupla configuração do mútuo no Direito Civil brasileiro. In: *Revista Forense,* vol. 309, 1990.

Maria Celina Bodin de Moraes, Recusa à realização do exame de DNA na investigação da paternidade e direitos da personalidade. In: *Revista Forense*, vol. 343, 1998.

Maria Helena Diniz, *Curso de direito civil brasileiro*, vol. I, São Paulo: Saraiva, 2004.

Maria Helena Diniz, Reflexões sobre a problemática das novas técnicas científicas de reprodução humana e a questão da responsabilidade civil por dano moral ao embrião e ao nascituro. In: *Livro de estudos jurídicos*, vol. VIII, Rio de Janeiro: Instituto de Estudos Jurídicos, 1994.

Maria Sylvia Zanella Di Pietro, *Direito administrativo*, São Paulo: Atlas, 2015, 28ª ed.

Maria Vital da Rocha e Álisson José Maia Melo, Direito ao conhecimento das origens genéticas no Brasil. In: *Revista de Direito de Família e das Sucessões*, vol. 2, out.-dez./2014.

Mariano Navarro Martorell, *La propiedad fiduciaria, Barcelona*: Bosch, 1950.

Mario Viola, Combate à fraude e proteção de dados: inimigos ou aliados? In: Revista Brasileira de Risco e Seguro, vol. 6, Rio de Janeiro, n. 12, out. 2010/mar. 2011. Disponível em: https://www.rbrs.com.br/arquivos/RBRS12-3%20Mario%20Viola.pdf. Acesso em: 18 nov. 2023.

Massimo Bianca, *Istituizioni di diritto privato,* Milano: Giuffrè, 2014.

Massimo Dogliotti, I diritti della personalità: questioni e prospettive. In: *Rassegna di diritto civile,* 1982.

Mauro Cappelletti, "Riflessioni sulla creatività della giurisprudenza nel tempo presente". In: *Rivista trimestrale di diritto e procedura civile*, 1982.

Melhim Namem Chalhub, *Curso de direito civil*: direitos reais, Rio de Janeiro: Forense, 2003, 1ª ed.

Melhim Namem Chalhub, *Negócio fiduciário*, Rio de Janeiro: Renovar, 2009.

Melhim Namem Chalhub, *Trust,* Rio de Janeiro: Renovar, 2001.

Menezes Cordeiro, *Da boa fé no direito civil*, Coimbra: Almedina, 2001.

Menezes Cordeiro, *Tratado de direito civil português*, vol. I, t. 1, Coimbra: Almedina, 2000.

Michel Miaille, *Uma introdução crítica ao direito,* Lisboa: Moraes, 1919.

Michele Giorgianni, "Il diritto privato ed i suoi atuali confini". In: *Rivista trimestrale di diritto e procedura civile*, 1961.

Michele Giorgianni, Diritti reali (diritto civile). In: *Novissimo Digesto Italiano*, t. 5, Torino: UTET, 1968.

Miguel Maria de Serpa Lopes, *Curso de direito civil,* vol. I, Rio de Janeiro: Freitas Bastos, 1995.

Miguel Maria de Serpa Lopes, *Curso de direito civil,* vol. IV, Rio de Janeiro: Freitas Bastos, 1993.

Miguel Maria de Serpa Lopes, *Curso de direito civil,* vol. V, Rio de Janeiro: Freitas Bastos, 1995.

Miguel Maria Serpa Lopes, *Curso de Direito Civil,* vol. VI, Rio de Janeiro: Freitas Bastos, 1996.

Miguel Reale, *Filosofia do direito*, São Paulo: Saraiva, 1991, 14ª ed.

Miguel Reale, *Lições preliminares de direito*, São Paulo: Saraiva, 2012, 27ª ed.

Miguel Reale, *Teoria tridimensional do direito*, São Paulo: Saraiva, 1994, 5ª ed.

Milena Donato Oliva e André Brandão Nery Costa, A excludente de cobertura de "culpa grave equiparável ao dolo" no seguro de responsabilidade civil profissional. In: Ilan Goldberg e Thiago Junqueira (coord.), *Temas de Direito dos Seguros*, Tomo I. São Paulo: Thomson Reuters Brasil, 2020.

Milena Donato Oliva e Andre Vasconcelos Roque, Patrimônio de afetação no Novo Código de Processo Civil. In: *Pensar*, vol. 21, mai.-ago./2016.

Milena Donato Oliva e Andre Roque (coords.), *Direito na era digital*: aspectos negociais, processuais e registrais, São Paulo: JusPodivm, 2022.

Milena Donato Oliva e Francisco de Assis Viégas, Tratamento de dados para a concessão de crédito. In: Ana Frazão, Gustavo Tepedino e Milena Donato Oliva (coords.), *A Lei Geral de Proteção de Dados Pessoais e suas repercussões no direito brasileiro*, São Paulo: Revista dos Tribunais, 2020, 2ª ed.

Milena Donato Oliva e Renan Soares Cortazio, Desafios da responsabilidade civil no contexto da inteligência artificial e o debate em torno da utilidade do patrimônio de afetação. In: Gustavo Tepedino, Rodrigo da Guia Silva, *O Direito Civil na Era da Inteligência Artificial*, São Paulo: Thomson Reuters Brasil, 2020.

Milena Donato Oliva, André Roque, Vivianne da Silveira Abílio, Certificado digital: Silenciosa ameaça aos dados pessoais dos advogados. In: *Migalhas*, 17.6.2020. Disponível em: <https://www.migalhas.com.br/depeso/329088/certificado-digital-silenciosa-ameaca-aos-dados-pessoais-dos-advogados> Acesso em 01.8.2020.

Milena Donato Oliva, Condomínio e subjetividade. In: Gustavo Tepedino e Luiz Edson Fachin (coord.), *Diálogos sobre Direito Civil*, vol. II, Rio de Janeiro: Renovar, 2008.

Milena Donato Oliva, Condomínio edilício e subjetividade: análise crítica da categoria dos entes despersonalizados. In: Carlos Eduardo Guerra de Moraes, Ricardo Lodi Ribeiro (coords.), Carlos Edison do Rêgo Monteiro et. al. (orgs.), *Direito civil*, Rio de Janeiro: Freitas Bastos, 2015.

Milena Donato Oliva, Dano moral e inadimplemento contratual nas relações de consumo. In: *Revista de Direito do Consumidor*, vol. 93, mai/ 2014.

Milena Donato Oliva, Desafios contemporâneos da proteção do consumidor: codificação e pluralidade de fontes normativas. In: Revista Brasileira de Direito Civil – RBDCivil, vol. 16, Belo Horizonte: Editora Revista dos Tribunais, abr./jun. 2018. Disponível em: https://rbdcivil.ibdcivil.org.br/rbdc/article/view/229. Acesso em: 18 nov. 2023.

Milena Donato Oliva, Deve o trust ser incorporado no direito brasileiro?. In: *JOTA*. Disponível em: https://www.jota.info/paywall?redirect_to=//www.jota.info/opiniao-e-analise/artigos/deve-o-trust-ser-incorporado-no-direito-brasileiro-07012018.

Milena Donato Oliva, *Do negócio fiduciário à fidúcia*, São Paulo: Atlas, 2014.

Milena Donato Oliva, O patrimônio no direito brasileiro. In: Gustavo Tepedino (coord.), *O Código Civil na perspectiva civil-constitucional*, Rio de Janeiro: Renovar, 2013.

Milena Donato Oliva, O trust e o direito brasileiro. In: Revista Semestral de Direito Empresarial, vol. 6, 2010. Disponível em: https://rsde.com.br/wp-content/uploads/2021/07/RSDE-6-completo_pdf.pdf. Acesso em: 19 nov. 2023.

Milena Donato Oliva, Pablo Renteria, Patrimônio de Afetação e Patrimônio Mínimo. In: Marcos Ehrardt Júnior, Eroulths Cortiano Junior. (Org.). *Transformações no direito privado nos 30 anos da Constituição*: estudos em homenagem a Luiz Edson Fachin. Belo Horizonte: Forum, 2018.

Milena Donato Oliva, *Patrimônio Separado*, Rio de Janeiro: Renovar, 2009.

Milena Donato Oliva, Trust. In: Daniele Chaves Teixeira (Org.), *Arquitetura do Planejamento Sucessório*, Belo Horizonte: Fórum, 2018, v. 1.

Milton Fernandes, *Os direitos da personalidade*, São Paulo: Saraiva, 1986.

Modesto Carvalhosa (coord.), *Empresa individual de responsabilidade limitada e sociedade de pessoas*, São Paulo: Revista dos Tribunais, 2016.

Modesto Carvalhosa, *Comentários à lei de sociedades anônimas*, São Paulo: Saraiva, 2002, 4ª ed.

Montesquieu, *De l'esprit des lois*, t. 1er., Paris, P. Pourrat, 1831.

Moreira Alves, O problema da vontade possessória. In: *Revista do Tribunal Regional Federal*, vol. 8, out-dez/1996.

Nádia de Araújo, *Direito internacional privado*: teoria e prática brasileira, Rio de Janeiro: Renovar, 2011, 5ª ed.

Natalino Irti, *L'età della decodificazione*, Milano: Giuffrè, 1976.

Nelly Potter, *Grupos societários de fato*, Rio de Janeiro: Lumen Juris, 2016.

Nelson Hungria, *Comentários ao Código Penal*, vol. VI, Rio de Janeiro: Forense, 1945.

Nelson Nery Jr., Rosa Maria de Andrade Nery, *Código Civil anotado e legislação civil extravagante*, São Paulo: Revista dos Tribunais, 2003, 2ª ed.

Nestor Duarte. In: Cezar Peluso (coord.), *Código Civil comentado*, Barueri: Manole, 2019.

Nestor José Forster, *Alienação fiduciária em garantia*, Porto Alegre: Sulina, 1976.

Newton de Lucca, Títulos e contratos eletrônicos: o advento da informática e seu impacto no mundo jurídico. In: Newton de Lucca; Adalberto Simão Filho (orgs.), *Direito e Internet – aspectos jurídicos relevantes*, São Paulo: Edipro, 2000.

Nicole Kobie, *The complicated truth about China's social credit system*. Disponível em: https://www.wired.co.uk/article/china-social-credit-system-explained. Acesso em 16.6.2019.

Nicolò Lipari, *Il negozio fiduciario*, Milano: Giuffrè, 1964.

Norberto Bobbio, "Diritto". In: *Novissimo digesto italiano*, vol. V, Torino: UTET, 1960.

Norberto Bobbio, A função promocional do direito. In: *Da estrutura à função*: novos estudos de teoria do direito, Barueri: Manole, 2008.

Norberto Bobbio, *Dalla struttura alla funzione*, Milano: Edizioni di comunità, 1977.

Norberto Bobbio, *Direito e Estado no pensamento de Immanuel Kant*, São Paulo: Mandarim, 2000.

Norberto Bobbio, Em direção a uma teoria funcionalista do direito. In: *Da estrutura à função*, São Paulo: Manole, 2007.

Norberto Bobbio, *Enciclopedia del diritto*, vol. IX, Milano: Giuffrè, 1961.

Norberto Bobbio, *Função promocional do direito*. In: Da estrutura à função, Barueri: Manole, 2007.

Norberto Bobbio, *O positivismo jurídico*, São Paulo: Ícone, 1995.

Norberto Bobbio, *O positivismo jurídico*, São Paulo: Ícone, 2006.

Norberto Bobbio, *Teoria da norma jurídica*, Bauru: Edipro, 2001.

Norberto Bobbio, *Teoria do ordenamento jurídico*, Brasília: UnB, 1995.

Orlando Gomes, A agonia do Código Civil. In: *Revista de Direito Comparado Luso-brasileiro*, 1988, n. 7. Disponível em: http://www.idclb.com.br/revistas/07/revista7%20(6).pdf. Acesso em: 18 nov. 2023.

Orlando Gomes, *Alienação fiduciária em garantia*, São Paulo: Revista dos Tribunais, 1975, 4ª ed.

Orlando Gomes, Contrato de Fidúcia ('trust'). In: *Revista Forense*, vol. 211, ano 62, julho-agosto-setembro de 1965.

Orlando Gomes, Contrato de Incorporação Imobiliária. In: *Revista dos Tribunais*, vol. 461, ano 63, São Paulo: Revista dos Tribunais, março de 1974.

Orlando Gomes, *Contratos*, Rio de Janeiro: Forense, 2007, 26ª ed.

Orlando Gomes, *Direitos reais*, Rio de Janeiro: Forense, 2008, 19ª ed.

Orlando Gomes, *Introdução ao direito civil*, Rio de Janeiro: Forense, 2016, 21ª ed.

Orlando Gomes, Raízes históricas e sociológicas do Código Civil brasileiro. In: *Direito privado (novos aspectos)*, Rio de Janeiro: Freitas Bastos, 1961.

Referências bibliográficas

Orlando Gomes, *Raízes históricas e sociológicas do Código Civil brasileiro*, São Paulo: Martins Fontes, 2003.

Orlando Gomes, *Responsabilidade civil*, Rio de Janeiro: Forense, 2011.

Orlando Gomes, Tendências modernas na teoria da responsabilidade civil. In: José Roberto Pacheco Di Francesco (Org.), *Estudos em homenagem ao Professor Silvio Rodrigues*, São Paulo: Saraiva, 1989.

Oscar Tenório, *Direito internacional privado*, vol. II, Rio de Janeiro, Freitas Bastos, 1976, 11ª ed.

Osmar Vieira da Silva, *Desconsideração da Personalidade Jurídica*: aspectos processuais, Rio de Janeiro: Renovar, Série Biblioteca de Teses, 2002.

Pablo Rentería, *Penhor e autonomia privada*, São Paulo: Atlas, 2016.

Pablo Stolze; Salomão Viana, A Prescrição Intercorrente e a nova MP nº 1.040/21. In: *Jusbrasil*. Disponível em: https://direitocivilbrasileiro.jusbrasil.com.br/artigos/1186072938/a-prescricao-intercorrente-e-a-nova-mp-n-1040-21-medida-provisoria-de-ambiente-de-negocios. Acesso em: 22.9.2021.

Paolo Grossi, *Prima lezione di diritto*, Roma: Laterza, 2003.

Paula Greco Bandeira, A evolução do conceito de culpa e o art. 944 do Código Civil. In: Revista da EMERJ, v. 11, n. 42, Rio de Janeiro, 2008. Disponível em: https://www.emerj.tjrj.jus.br/revistaemerj_online/edicoes/revista42/Revista42_227.pdf. Acesso em: 17 nov. 2023.

Paula Greco Bandeira, Espaços de não direito e as liberdades privadas. In: *Revista Trimestral de Direito Civil*, vol. 52, out.-dez./2012.

Paula Moura Francesconi de Lemos Pereira, *Relação médico-paciente*: o respeito à autonomia do paciente e a responsabilidade civil do médico pelo dever de informar, Rio de Janeiro: Lumen Juris, 2011.

Paulius Čerka, Jurgita Grigienė, Gintarė Sirbikytė, Liability for damages caused by Artificial Intelligence. In: *Computer Law & Security Review*, Elsevier, v. 31, n. 3, jun. 2015.

Paulo Bonavides, *Curso de direito constitucional*, São Paulo: Malheiros.

Paulo Cunha, *Do património*, Lisboa: Minerva, 1934.

Paulo Dourado de Gusmão, *Introdução ao estudo do direito*, Rio de Janeiro: Forense, 1992, 15ª ed.

Paulo Franco Lustosa, De volta ao bem de família luxuoso: comentários sobre o julgamento do Recurso Especial nº 1.351.571/SP. In: *Revista Brasileira de Direito Civil* – RBDCivil, vol. 10, Belo Horizonte: Editora Revista dos Tribunais, out./dez. 2016. Disponível em: https://rbdcivil.ibdcivil.org.br/rbdc/article/view/48. Acesso em: 19 nov. 2023.

Paulo Lôbo, *Direito civil*: parte geral, São Paulo: Saraiva, 2017, 6ª ed.

Paulo Luiz Netto Lobo, *Direito ao estado de filiação e direito à origem genética*: uma distinção necessária. In: Revista CEJ, n. 27, out.-dez./2004. Disponível em: https://revistacej.cjf.jus.br/cej/index.php/revcej/article/view/633. Acesso em: 19 nov. 2023.

Paulo Nader, *Curso de direito civil*, vol. 1, Rio de Janeiro: Forense, 2018.

Paulo Nader, *Introdução ao estudo do direito*, Rio de Janeiro: Forense, 2010, 32ª ed.

Paulo Restiffe Neto, *Garantia fiduciária*, São Paulo: Revista dos Tribunais, 1976.

Pedro Elias Avvad e Rafael Augusto de Mendonça Lima, *Direito Imobiliário*, Rio de Janeiro: Renovar, 2001.

Piero Bonfante, *Istituzioni di diritto romano*, Milano: Casa Editrice Dottor Francesco Vallardi, 1932, 9ª ed.

Piero Schlesinger, Arricchimento. In: *Novissimo digesto italiano*, Torino: Vnione, 1957.

Piero Schlesinger, *Trattato di diritto civile e commerciale*, vol. VIII, t. I, Milano: Giuffrè, 1980.

Pietro Perlingeri, *Forma dei negozi e formalismo degli interpreti*, Napoli: Edizioni Scientifiche Italiane, 1987.

Pietro Perlingieri e Vito Rizzo, Vincoli nella formazione dei contratti. In: *Autonomia negoziale e autonomia contrattuale*, Napoli: Edizioni Scientifiche Italiane, 2000.

Pietro Perlingieri, "Le ragioni di un Convegno. Le leggi `speciali' in materia civile: tecniche legislative e individuazione della normativa". In: *Scuole, tendenze e metodi*, Napoli: Edizioni Scientifiche Italiane, 1989.

Pietro Perlingieri, Complessità e unitarietà dell'ordinamento giuridico vigente. In: *Rassegna di diritto civile*, vol. 1/05, Edizioni Scientifiche Italiane.

Pietro Perlingieri, *La persona e i suoi diritti*, Napoli: Edizioni Scientifiche Italiane, 2005.

Pietro Perlingieri, *La personalità umana nell'ordinamento giuridico*, Napoli: Edizioni Scientifiche Italiane, 1972.

Pietro Perlingieri, *Le ragioni di un Convegno. Le leggi `speciali' in materia civile: tecniche legislative e individuazione della normativa*. In: Scuole, tendenze e metodi, Napoli: Edizioni Scientifiche Italiane, 1989.

Pietro Perlingieri, *Manuale di diritto civile*, Napoli: Edizioni Scientifiche Italiane, 2014.

Pietro Perlingieri, Maria Di Bartolomeo, Accordo simulatorio. In: *Autonomia negoziale e autonomia contrattuale*, Napoli: Edizioni Scientifiche Italiane, 2000.

Pietro Perlingieri, Norme costituzionali e rapporti di diritto civile. In: *Scuole, tendenze e metodi*, Napoli: Edizioni Scientifiche Italiane, 1989.

Pietro Perlingieri, *O direito civil na legalidade constitucional*, Rio de Janeiro: Renovar, 2008.

Pietro Perlingieri, *Perfis do direito civil*, Rio de Janeiro: Renovar, 2002.

Pietro Perlingieri, Personalità. In: *Enciclopedia del diritto*, n. 33, Giuffrè, 1983.

Pietro Perlingieri, *Profili del diritto civile*, Napoli: Edizioni Scientifiche Italiane, 1994, 3ª ed.

Pietro Rescigno, "L'autonomia dei privati". In: *Justitia*, 1967.

Pietro Trimarchi, *Istituzioni di diritto privato*, Milano: Giuffrè, 2016, 21ª ed.

Planiol, *Traité élémentaire de droit civil*, vol. I, 4ª ed., nº 243.

Poland profiles unemployed to determine access to job search assistance. Disponível em: https://privacyinternational.org/examples-abuse/1893/poland-profiles-unemployed-determine--access-job-search-assistance. Acesso em 16.6.2019.

Pontes de Miranda, *Comentários ao Código de Processo Civil*, tomo IV, arts. 282 a 443, Rio de Janeiro: Forense, 1979.

Pontes de Miranda, *Tratado de direito privado*, t. I, São Paulo: Revista dos Tribunais, 2012.

Pontes de Miranda, *Tratado de direito privado*, t. II, Rio de Janeiro: Borsoi, 1954.

Pontes de Miranda, *Tratado de direito privado*, t. III, São Paulo: Revista dos Tribunais, 2012.

Pontes de Miranda, *Tratado de direito privado*, t. IV, São Paulo: Revista dos Tribunais, 2012.

Pontes de Miranda, *Tratado de direito privado*, t. V, São Paulo: Revista dos Tribunais, 2013.

Pontes de Miranda, *Tratado de direito privado*, t. VI, Rio de Janeiro: Borsoi, 1970.

Pontes de Miranda, *Tratado de direito privado*, t. IX, Rio de Janeiro: Borsoi, 1954.

Pontes de Miranda, *Tratado de direito privado*, t. XLIII, São Paulo: Revista dos Tribunais, 2012.

R. C. Van Caenegem, *Uma introdução histórica ao direito privado*, São Paulo: Martins Fontes, 2001.

Rachel Saab, *Prescrição*: função, pressupostos e termo inicial, Belo Horizonte: Forum, 2019.

Rachel Sztajn, Desconsideração da Personalidade Jurídica. In: *Revista de Direito do Consumidor* n. 2, Rio de Janeiro: Revista dos Tribunais, 1990.

Rachel Sztajn, Quotas de Fundos Imobiliários – Novo Valor Mobiliário. In: *Revista de Direito Mercantil, Industrial, Econômico e Financeiro*, nº. 93, ano XXXIII, jan/mar 1994.

Rafael Peteffi da Silva, *Responsabilidade civil pela perda de uma chance*. São Paulo: Atlas, 2013, 3ª ed.

Rafaele Corona, *Contributo alla Teoria del Condominio negli Edifici,* Milano: Giuffrè Editore, 1973.

Raub Mckenzie, Bots, Bias and Big Data: Artificial Intelligence, Algorithmic Bias and Disparate Impact Liability in Hiring Practices. In: *Arkansas Law Review*, vol. 71, n. 2, 2018.

Raul Cleber da Silva Choeri, *O direito à identidade na perspectiva civil-constitucional*, Rio de Janeiro: Renovar, 2010

Regis Velasco Fichtner Pereira, *A fraude à lei*, Rio de Janeiro: Renovar, 1994.

Renan Lotufo, *Código Civil comentado*, vol. 1, São Paulo: Saraiva, 2003.

Ricardo Luis Lorenzetti, *Tratado de los contratos*, t. II, Buenos Aires: Rubinzal-Culzoni Editores.

Ricardo Pereira Lira, *Crédito imobiliário e sua conceptuação. A revogação da categoria dos bens imóveis por acessão intelectual pelo Código Civil brasileiro de 2002: conseqüências. As pertenças e seu regime jurídico. A securitização. Os recebíveis: Créditos Recebíveis Imobiliários (CRIs) e as Cédulas de Crédito Imobiliário (CCIs). O Continuum Imobiliário como lastro da emissão desses títulos imobiliários.* In: *Revista Forense*, vol. 373, ano 100, maio/junho 2004.

Ricardo Pereira Lira, Sobre a indivisibilidade do negócio jurídico 'Shopping Center'. In: *Revista Trimestral de Direito Civil*, vol. I, jan-mar/2000.

Ricardo Villas Bôas Cueva, A insuficiente proteção de dados pessoais no Brasil, In: *Revista de Direito Civil Contemporâneo*, vol. 13, a. 4, out.-dez./2017.

Robert Alexy, Balancing, constitutional review, and representation. In: *International Journal of Constitutional Law,* vol. 3, n. 4, 2005.

Robert Alexy, *La institucionalización de la justicia*, Editora Granada, 2005, trad. José Antonio Seoane; Eduardo Roberto Sodero e Pablo Rodríguez.

Roberta Mauro Medina Maia, *Teoria geral dos direitos reais*, São Paulo: Revista dos Tribunais, 2013.

Roberto de Ruggiero, *Instituições de direito civil*, vol. I, Campinas: Bookseller, 2005.

Rodolfo Sacco, "Codificare: modo superato di legisferare?" In: *Rivista di diritto civile*, 1983, II.

Rodrigo Azevedo Toscano de Brito, *Incorporação Imobiliária à Luz do CDC*, São Paulo: Saraiva, 2002.

Rodrigo da Guia Silva, *Enriquecimento sem causa: as obrigações restitutórias no direito civil*, São Paulo: Thomson Reuters Brasil, 2018.

Rodrigo da Guia Silva, Invalidade do negócio jurídico e obrigação de restituição. In: Gustavo Tepedino e Milena Donato Oliva (coord.), *Teoria geral do direito civil: questões controvertidas*, Belo Horizonte: Fórum, 2017.

Rodrigo Xavier Leonardo, A prescrição no Código Civil brasileiro (ou O jogo dos sete erros). In: *Revista da Faculdade de Direito – UFPR*, n. 51, 2010. Disponível em: https://revistas.ufpr.br/direito/article/view/30279/19528. Acesso em: 19 nov. 2023.

Rogério de Meneses Fialho Moreira, "A supressão da categoria dos bens imóveis por acessão intelectual pelo Código Civil de 2002". In: *Revista Trimestral de Direito Civil*, vol. 11, jul-set/2002.

Rolf Madaleno, *A desconsideração judicial da pessoa jurídica e da interposta pessoa física no direito de família e no direito das sucessões*, Rio de Janeiro: Forense, 2009, 2ª ed.

Roque Antonio Carraza, Importação de bíblias em fitas: sua imunidade: exegese do art. 150, VI, d, da Constituição Federal. In: *Revista Dialética de Direito Tributário*, nº 26, São Paulo, 1997.

Rosalice Fidalgo Pinheiro, *O abuso de direito nas relações contratuais*, Rio de Janeiro: Renovar, 2002.

Rosalice Fidalgo Pinheiro, Katya Isaguirre, O direito à moradia e o STF: um estudo de caso acerca da impenhorabilidade do bem de família do fiador. In: Luiz Edson Fachin, Gustavo Tepedino (coords.), *Diálogos sobre Direito Civil*, Rio de Janeiro: Renovar, 2008.

Rosario Nicolò, "Diritto civile". In: *Enciclopedia del diritto*, XII, Milano: Giuffrè, 1964.

Rose Melo Vencelau Meireles, O negócio jurídico e suas modalidades. In: Gustavo Tepedino (org.), *O Código Civil na perspectiva civil-constitucional*, Rio de Janeiro: Renovar, 2013.

Rubens Limongi França, Direitos da personalidade I. In: *Enciclopédia Saraiva do Direito*, vol. XXVIII, São Paulo: Saraiva, 1979.

Rubens Limongi França, *Instituições de direito civil*, São Paulo: Saraiva, 1994, 3ª ed.

Rubens Requião, Abuso de direito e fraude através da personalidade jurídica. In: *Revista dos Tribunais*, n. 803, Rio de Janeiro: Revista dos Tribunais, 2002.

Rubens Requião, *Curso de direito comercial*, vol. I, São Paulo: Saraiva, 2003.

Rubens Requião, *Curso de direito comercial*, vol. II, São Paulo: Saraiva, 2003.

Ruy Rosado de Aguiar Júnior, *Comentários ao novo Código Civil*: da extinção do contrato. In: Sálvio de Figueiredo Teixeira (coord.). t. II, vol. VI, Forense: Rio de Janeiro, 2011.

Ruy Rosado de Aguiar Júnior, O novo código civil e o código de defesa do consumidor – pontos de convergência. In: *Revista de Direito Renovar*, n. 26, Rio de Janeiro: Renovar, mai/ago 2003.

Ruy Rosado de Aguiar Júnior, Responsabilidade civil do médico. In: *Revista dos Tribunais*, vol. 718, 1995.

Salvatore Pugliatti, Cosa (teoria generale). In: *Enciclopedia del diritto*, vol. XI, Milano: Giuffrè, 1962.

Salvatore Pugliatti, Beni (teoria generale). In: *Enciclopedia del diritto*, vol. V, Milano: Giuffrè, 1959.

Salvatore Pugliatti, Fiducia e rappresentanza indiretta. In: *Diritto civile*: metodo, teoria, pratica, Milano: Giuffrè, 1951.

Salvatore Pugliatti, Precisazioni in tema di causa del negozio giuridico. In: *Diritto civile*: metodo--teoria-pratica. Milano: Giuffrè, 1951.

Sálvio de Figueiredo Teixeira, Fraude de execução. In: *Revista dos Tribunais*, vol. 609, jul./1986.

Samir Namur, A inexistência de espaços de não direito e o princípio da liberdade. In: *Revista Trimestral de Direito Civil*, vol. 42, abr.-jun./2010.

San Tiago Dantas, *Programa de direito civil*, Rio de Janeiro: Forense, 2001, 3ª ed.

San Tiago Dantas, *Programa de direito civil*, vol. II, Rio de Janeiro: Editora Rio, 1999.

San Tiago Dantas, *Rui Barbosa e o Código Civil*, Rio de Janeiro: Casa de Rui Barbosa, 1949.

Savigny, *La vocazione del nostro secolo per la legislazione e la giurisprudenza*, Verona: Libreria alla Minerva Editrice, 1857.

Savigny, *Traité de droit romain*, t. 1, Paris: Firmin Didot Frères, 1840.

Savigny, *Traité de droit romain*, t. 3, Paris: Firmin Didot Frères, 1856.

Sérgio Campinho, *Curso de sociedade anônima*, Rio de Janeiro: Renovar, 2015.

Sérgio Campinho, *Falência e recuperação de empresa*, Rio de Janeiro: Renovar, 2009.

Sérgio Campinho, *O direito de empresa à luz do novo Código Civil*, Rio de Janeiro: Renovar, 5ª ed., 2005.

Sergio Cavalieri Filho, *Programa de direito do consumidor*, São Paulo: Atlas, 2008.

Sergio Cotta, Diritto Naturale. In: *Enciclopedia del Diritto*, vol. XII, Giuffrè, 1964.

Sérgio Savi. *Responsabilidade civil por perda de uma chance*. São Paulo: Atlas, 2012, 3ª ed.

Silmara Chinelato, *Tutela civil do nascituro*, São Paulo: Saraiva, 2000.

Silvio de Salvo Venosa, *Direito Civil*, vol. I, São Paulo: Atlas, 2002, 2ª ed.

Silvio Rodrigues, "Fraude à lei". In: Rubens Limongi França (coord.), *Enciclopédia Saraiva do Direito*, vol. 38, São Paulo: Saraiva, 1977.

Silvio Rodrigues, *Direito civil*, vol. 1, São Paulo: Saraiva, 2007, 34ª ed.

Silvio Rodrigues, *Direito civil*, vol. 2, São Paulo: Saraiva, 2002, 30ª ed.

Silvio Rodrigues, *Direito civil,* vol. 3, São Paulo: Saraiva, 2007.

Silvio Rodrigues, *Dos vícios do consentimento*, São Paulo: Saraiva, 1979.

Stacey B. Steinberg, Sharenting: children's privacy in the age of social media. In: *Emory Law Journal,* vol. 66: 839.

Stefano Rodotà, *A vida na sociedade de vigilância*: a privacidade hoje, Rio de Janeiro: Renovar, 2008.

Stefano Rodotà, *La vita e le regole*: tra diritto e non diritto, Milano: Feltrinelli, 2006.

Stefano Rodotà, *Le fonti di integrazione del contrato*, Milano: Giuffrè, 2004.

Stefano Rodotà, Un Codice per L'Europa? Diritti nazionali, diritto europeo, diritto globale. In: P. Cappellini e B. Sordi (a cura di), *Codici* – una riflessione di fine millennio, Milano: Giuffrè, 2002.

Sthéfano Bruno Santos Divino, A aplicabilidade do Código de Defesa do Consumidor nos contratos eletrônicos de tecnologias interativas: o tratamento de dados como modelo de remuneração. In: *Revista de Direito do Consumidor*, vol. 118, 2018.

Tânia da Silva Pereira, *Direito da criança e do adolescente*, Rio de Janeiro: Renovar, 1996.

Teixeira de Freitas, *Código Civil* – Esboço, Rio de Janeiro: Tipografia Universal de Laemmert, 1860.

Teresa Ancona Lopes, "Vacatio legis". In: *Enciclopédia saraiva do direito*, vol. 76, São Paulo: Saraiva, 1977.

Teresa Negreiros, *Teoria do Contrato:* novos paradigmas, Rio de Janeiro: Renovar, 2006.

Thamis Dalsenter Viveiros de Castro, *Bons costumes no direito civil brasileiro*, São Paulo: Almedina, 2017.

Thamis Dalsenter Viveiros de Castro. Notas sobre a cláusula geral de bons costumes: a relevância da historicidade dos institutos tradicionais do direito civil. In: *Pensar,* Fortaleza, vol. 22, n. 2, maio/ago. 2017.

Thatiane Cristina Fontão Pires, Rafael Peteffi da Silva, A responsabilidade civil pelos atos autônomos da inteligência artificial: notas iniciais sobre a resolução do Parlamento Europeu. In*: Rev. Bras. Polít. Públicas*, Brasília, v. 7, nº 3, 2017.

The world's most valuable resource is no longer oil, but data. The Economist. 16.6.2017. Disponível em: https://www.economist.com/leaders/2017/05/06/the-worlds-most-valuable-resource-is-no-longer-oil-but-data. Acesso em 16.6.2019.

Thomas da Rosa de Bustamante, A razoabilidade na dogmática jurídica contemporânea: em busca de um mapa semântico. In: *Teoria do Direito e decisão racional*: temas de teoria da argumentação jurídica, Rio de Janeiro: Renovar, 2008.

Tullio Ascarelli, "Norma giuridica e realtà sociale". In: *Il diritto dell'economia*, 1955.

Tullio Ascarelli, *Lezioni di diritto commerciale*: introduzione, 1955, Milano: Giuffrè.

Tullio Ascarelli, *Problema das sociedades anônimas e direito comparado*, São Paulo: Saraiva, 1969.

Tulio Ascarelli, Società, associazione, consorzi, cooperative e trasformazione, in *Rivista del Diritto Commerciale e del Diritto Geneale delle Obbligazioni*, anno XLVII (1949), parte seconda.

Umberto Eco, *Em que creem os que não creem*, Rio de Janeiro: Record, 2001.

Valdir Carlos Pereira Filho, Clearing houses: aspectos jurídicos relevantes e seu papel no mercado de capitais e no sistema de pagamentos brasileiro. In: *Revista de direito bancário e do mercado de capitais*, vol. 27, São Paulo: Revista dos Tribunais, 2005.

Vicente Ráo, *Ato jurídico*, São Paulo: Revista dos Tribunais, 1997, 4ª ed.

Vicente Ráo, *O Direito e a vida dos direitos*, São Paulo: Revista dos Tribunais, 2013.

Vincenzo Arangio-Ruiz, *Istituzioni di diritto romano*, Napoli: E. Jovene, 1934, 3ª ed.

Virgílio de Sá Pereira, Direito das coisas. In: Paulo de Lacerda (coord.), *Manual do Código Civil brasileiro,* vol. VIII, Rio de Janeiro: Jacintho Ribeiro dos Santos, 1924.

Vitor Almeida, *A capacidade civil das pessoas com deficiência e os perfis da curatela,* Belo Horizonte: Fórum, 2019.

Vitor Almeida, A disciplina jurídica do nome da pessoa humana à luz do direito à identidade pessoa. In: *RJLB,* a. 3, n. 3, 2017. Disponível em: https://www.cidp.pt/revistas/rjlb/2017/3/2017_03_1141_1205.pdf. Acesso em: 18 nov. 2023.

Vittorio Frosini, Diritto positivo. In: *Enciclopedia del diritto,* vol. XII, Giuffrè, 1964.

Vivianne da Silveira Abílio, A questão da configuração de fraude nas alienações envolvendo bem de família e suas consequências: análise da jurisprudência do Superior Tribunal de Justiça e a partir do Recurso Especial nº 1.227.366. In: *Revista Brasileira de Direito Civil* – RBDCivil, vol. 3, jan./mar. 2015. Disponível em: https://rbdcivil.ibdcivil.org.br/rbdc/article/view/114. Acesso em: 19 nov. 2023.

Walter Vieira Nascimento, *Lições de história do direito,* Rio de Janeiro: Forense, 1984.

Washington de Barros Monteiro, *Curso de direito civil,* vol. I: parte geral, São Paulo: Saraiva, 2007, 41ª ed.

Wilson de Andrade Brandão, *Lesão e contratos no direito brasileiro,* Rio de Janeiro: Aide, 1991.

Yussef Said Cahali, *Dano moral,* São Paulo: Revista dos Tribunais, 2011.

Yussef Said Cahali, *Fraude contra credores,* São Paulo: Revista dos Tribunais, 2002.

Zeno Veloso, *Invalidade do negócio jurídico – nulidade e invalidade,* Belo Horizonte: Del Rey, 2005.